文字缘

陈蒲清 著

岳麓書社·长沙

作者与湖南师范大学古汉语组同仁

作者在韩国参加东亚寓言国际学会会议

作者全家福

作者与夫人

作者部分著作书影

作者部分著作外文本书影

前　言

"记得少年骑竹马"，"白驹过隙感韶华"。转瞬就是迈进八十岁的人了。近年来，有好几位朋友劝我出个集子，甚至出全集。人贵有自知之明，全集当然不是我们这样的小人物可以出的，出了也是没有什么人阅读，那就是一堆废纸，白白浪费资源。古人把刻印这类书叫做"祸枣灾梨"。然而，人总有"敝帚自珍"的弱点，于是就拼凑了这个纪念性的小册子。

这个集子叫做《文字缘》，由两部分组成：一、论文选辑。包括讨论语言、寓言、文史方面的论文，以及回顾为学的点滴体会，附录已发表的论文总目录。我的论文多而杂，只能尽量少收，特别是寓言类论文。二、拙作回顾。包括主要著作简介，特别是师友对这些著作的评论，附录已经出版的著作总目录。本来还想选录我为朋友们写的序跋，朋友们、学生们对我的几篇批评，以及自己练笔的诗赋、散文和《八十回忆》，但是，由于字数太多，这些就只好删略了。我想把它们另外编一本，叫做《文字缘续篇》。

这个集子，取名不容易。本来想取名叫做《见异思迁集》，以反省自己治学的大弱点。《尚书·盘庚上》说："人惟求旧；器非求旧，惟新。"回顾一生，我没有很好地实践这条古训。在现实生活中，我比较保守，不仅人惟求旧，连工作单位也不太变换，废旧的物品也舍不得抛弃。但是，在学术研究中，本来应该专一，我却又犯了见异思迁的毛病。什么课都教，写的文章，时而古代汉语，时而现代汉语，时而文学，时而寓言、童话，时而历史，时而文化，时而中国，时而跑到外国。随兴趣而转移，结果样样不精，几乎没有根据地。梁启超先生说他的研究有不够专深的教训，但是他到底是根器不凡的大学问家，因此在他曾经介入的领域都有所创获。如果像我这样的平庸之才，就只会有样样不精的结果了。我想用"见异思迁"这个贬义词命名，就是为了反省自己治学的大弱点，给后来者留个教训。

这个集子，最终取名叫做《文字缘》。为什么呢？佛教认为，一切事物都是因缘而起的。我取这个名称，一是表示自己跟文字结缘，二是纪念师生、朋友间的文字缘。我一生没有干什么大事业，大部分时间是教书，写教案，业余写了几十本书和几百篇文章。这都是跟文字结缘。我科研起步很迟，大学时代政治运动不断，“文化大革命”中只能苟全性命于乱世，“四人帮”覆灭后才真正开始，已经是四十多岁了。所以我曾经在《步刘上生教授赠诗韵》中说：“青春已逝愧知己，绛帐重悬怕误人。难立德功酬古国，聊凭文字慰今身。”有幸的是，我写的书和文章，侥幸获得了茅盾、吕叔湘、公木、王利器等先贤的青睐，获得了羊春秋、宋祚胤、马积高、周秉钧、邓福南、秦旭卿等恩师的奖掖，获得了马达、朱靖华、鲍延毅、李维琦、王大年、胡本昱、喻岳衡、李忠初、汤孝纯、卜庆华、朱有志等友辈的鼓励，这也是结文字之缘。我后半生有幸生活在充满生气的改革开放新时代，有缘生活在湖南师大文学院古汉语教研室这个优秀集体。在蒋冀骋同志的带动下，这个集体和谐、谦逊、奋发向上，人才济济，而且敬老尊贤。这个集体的蒋冀骋同志，还有唐贤清、郑贤章、蔡梦麒、徐朝红等同志，直接帮助或促成了这本小册子的出版。这是最大的缘分。

飞鸿偶踏雪泥迹，旧雨新朋皆是缘。我谨以这本小册子感恩大自然，感恩新时代，感恩先贤、老师和朋友们。

目　录

第一部分　论文选辑

第二部分　拙作回顾

第一部分　论文选辑

一 语言类论文选辑

论世界文字发展轨迹与汉字

世界文字的发展轨迹，流行“表形文字→表意文字→表音文字”三阶段的说法。如《辞源》说：“表形文字，也叫象形文字。描成物体形象的文字，代表一定的意义，有一定的读音。是文字发展的最初阶段。”“表意文字，有一定体系的象征性符号表示词或词素的文字，不直接或不单纯表示语音。通常把古埃及字、楔形文字和汉字看作表意文字。是文字发展中在表形文字和表音文字中间的一个阶段。”“表音文字，用字母表示语音的文字。现在世界上大多数文字都是表音文字，使用最为便利。”这种说法自然会引申出汉字落后的结论。

这种三阶段说，虽然影响广泛，其实是不能成立的。第一，表形文字和表音文字并列，不符合语言文字的性质和实际。语言本来是语音和语义的结合体，无形体可言；而文字是有形体的，是记录语言的语音或语义的书写符号系统，并不直接记录客观事物。它或借助图形（也就是象征性符号）表示语词，或借助语音表示语词。形只是文字记录语言的手段之一，而不是目的。图画进化到文字的一个关键因素，就是获得约定俗成的语音和语义。任何文字都是有形体的，而且都要表示语义。哪里有不表义的表形文字或表音文字呢？又哪里有既不通过形又不通过音的单纯表意文字呢？如果说，以形（形是事物的象征符号）表义的文字，称为象形文字（从符号特点看）或表意文字（从表达特点看）还勉强可以的话，那么称为表形文字则是不适当的。实际上，世界上的文字只有两种，记录词或词素（语素）表义，记录语音（音节或音位）表义。第二，这三个阶段不符合世界文字发展的实际轨迹。世界上没有任何一个国家的文字完全经历了这样的三个阶段。如：古埃及字、楔形文字和汉字，都很难划分出表形文字与表意文字两个阶段；它们也没有变成本民族的表音文字。古埃及字在公元前3000年已经发展得相当完备，其中的人民体一直延续使用到公元5世纪，在四千年的历史长河中它并没有变成表音文字；楔形文字跟古埃及字一样古老，使用到公元初年，也没有变成拼音文字；汉字使用了几千年，一直使用到现在，也没有变成拼音文字。事实是：一方面，这些古老的文字，在本民族中没有演变为表音文字，传播到外民族中才演变为表音文字；另一方面，现在各国使用的拼音文字，都是从国外引进古文字作为表音符号而制作出来的。并没有经历表形文字、表意文字的阶段。可见，上述三阶段说，是不太符合实际的。

学术界对上述的三段说，早已有人不表示赞同。美国语言学家布龙菲尔德在其代表作《语言论》中说："词（words）显然是首先用符号表现在文字里的语言单位。用一个符号代表口语里的每个词，这样的文字就是所谓表意文字（ideographic writing），这是一个很容易引起误会的名称。文字的重要特点恰恰就是，字并不是代表实际世界的特征（"观念"），而是代表写字人的语言的特征；所以不如叫作表词文字或言词文字（word - writing 或 logographic writing）。"他还说："汉字发展了完善的表词文字体系，音符（根符的名称）和义符连接成为一个单独的复合字。"①后来不少语言学家纷纷接受布氏的说法而加以改进，把汉字叫做表词文字或表词素文字（即语素文字）。如美籍华人语言学家赵元任就提出了各种文字的差别主要是所标示的语言单位的不同。他说，从原则上讲，语言可以标示句、短语、词、词素或音位。但是，如果句、短语、词各用一个文字单位标示，那么文字将不胜其烦，于是文字只能表示词素或表示语音。他说："把文字的单位从句缩小到词素的尺寸；这样子就把全部文字的字数，从多少百万甚至于多少万万的可能的句子，减到了只有几千个成为可以运用的一个数目。"所以，现在世界上只有记录词素和记录音位的两种文字。他说："用一个文字单位写一个词素，中国文字是一个典型的最重要的例子。……他跟世界多数其他文字的不同，不是标义标音的不同，乃是所标的语言单位的尺寸不同。"②我国著名语言学家吕叔湘先生、朱德熙先生等也都认为汉字是语素文字。吕叔湘先生在《汉语语法分析问题》中说：汉字是语素文字的代表，"汉字以外的文字都只是形和音的结合，只有汉字是形、音、义三结合。""汉语的语素和汉字，多数是一对一的关系。"

既然"表形文字→表意文字→表音文字"三阶段说不能成立，那么，世界文字的发展轨迹是如何呢？根据学术界的研究成果，本人以为可以作这样的概括：第一阶段以形表义，第二阶段盛行借音表义，第三阶段分化为语素文字与表音文字。古埃及字、苏美尔楔形文字，特别是汉字，都经过以形表义、借音表义向语素文字发展。古埃及首先有一大批象形字，这是以形表义阶段。有些词不代表具体事物，只好借用语音近似的象形字来代表，于是就进入了盛行借音表义（假借）阶段。如：用代表棋盘形象的字符，既表示"棋子"，又借用来表示同音词“遗留”；用代表鹅的形象的字符，既表示“鹅”，又表示同音词“儿子”。这样一来，文字中孕育出了表示语音的因素。但是，同音词多了，引起阅读困难，于是加上义符、定符（类似汉字的部首）表示区别，有些义符又演变成声符。古埃及圣书字在公元前500年发展到两千多个表音或表义的符号，这就是字形与音义结合的语素文字。苏美尔楔形文字，也走着同样的发展道路。他们有象形字，有假借字。假借造成了大量同音现象，“为了分辨起见，有一些字是专作类别符号而没有发音的。表示类别的字，有的写在本字之前，有的写在本字之后……这些表示类别的字，与汉字里的‘偏旁’或‘字头’在作用上是颇为相似的”。[3]表示发音与表示类别相结合，这就是发展成了语素文字。可惜的是语素文字在古埃及和苏美尔都没有完备发展，大概与他们的语言特点有关，也与他们国家亡于异族有关；然而，它们的文字传播到异民族，却发展成为表音文字。

只有汉字发展成为完备的语素文字。汉字历史悠久。据唐兰先生推断，大概有一万年历史；据裘锡圭先生推断，汉字大概在夏商之际形成了完整的文字体系。西安仰韶文化遗址（距今6000年）的陶文，有一百多个文字符号，大多数是象形字或指事字，没有形声字。那时的汉字完全处于以形表义的阶段。语言中的很多词是无形可象，无意可会的，于是不得不采用同音假借的方法。马叙伦《说文解字六书疏证》、周祖谟《汉字的产生和发展》等文，都推断假借字的产生可能要比形声字早得多。殷墟甲骨文完全可以证明这一点。殷墟甲骨文的字大都可以作为假借字使用，而且有一批字，这时已经不表示造字时代的意义，只作假借字用。比如“余”字本为木柱支撑屋顶的形状。如：甲270，鄴初下29.4，續甲，何尊，秦公簋。但是在已经发现的甲骨文献中，“余”字根本不表示与房屋有关的意义；而是作第一人称代词。甲骨文献大量使用假借，使用率高达70%以上；而当时形声字还很少。可见当时汉字正处于盛行借音表义的阶段。徐中舒先生所主编的《甲骨文字典》中，已经完全认识的1163个字，只有222个形声字，这些形声字主要是与人们密切相关的水旁字、女旁字、人旁字、木旁字、彳旁字、鸟（隹）旁字之类，它们占了当时形声字的一半以上。所以，文字学家陈梦家先生在《殷墟卜辞综述》中肯定了假借先于形声。总之，这时的汉字处于盛行借音表义的阶段。

借音表义的盛行，造成了大量的同音字。同音词多了，造成表达上的模糊，给认读带来麻烦。于是，我们的祖先就增添表示类别或词义的形旁，以区别意义不同的同义字。如甲骨文中，把表示水名的字都加上一个“水”旁，把跟女性有关的字都加上一个“女”旁，把表示鸟类的字都加上“鸟”或“隹”旁，以与其他同音字区别，它们是一批最早的形声字。它们还启发了甲骨文中另一类形声字的创造，就是给以形表义的字加上声旁。如：表示鼻子的“自“加上声旁“畀”，成为“鼻”字；在牙齿形的原始字上加上声旁“止”，成为齿字。后来，推而广之，大量创造形声字代替原来的以形表义的字，这就是人们所说的“古今字”。其代替方法有三：一是给原来的古字加上形旁，例如，“要”表示腰部时就加上月肉旁成为“腰”字，“辟”字表示偏僻、躲避、譬如、墙壁等词义时就分别加上人旁、走之旁、言旁、土字底，以与其他同音字区别。二是更换形旁，例如，古“说”字可以表示说话，也可以表示喜悦，为了区别它们，就把表示喜悦的“说”更换为“心”旁，成为“悦”字。三是干脆另起炉灶，例如，用新造的形声字“腋”、“柎”、“娠”，代替古字“亦”（胳肢窝）、“不”（花托）、“身”（怀孕）。这就造成了形声字（转注字也是一种特殊的形声字）的大量繁衍，于是，汉字进入了语素文字阶段。到《说文解字》时代形声字已经占汉字总数的80%左右。形声字得到长足发展，使汉字成为世界上最完备的语素文字。

表音文字的历史怎样呢？首先看世界主要的表音文字，如希腊字母、拉丁字母、斯拉夫字母、阿拉伯字母等等。它们都是来源于塞姆人（或译为闪米特人，Semites）所创造的“腓尼基字母”。塞姆人大概在公元前15世纪就开始使用字母，现在已经发现的公元前11世纪的“阿希拉姆碑”，共有22个表示辅音的字母。第一个字母是𐤀（aleph），第二个字母是𐤁（beth）。所以人们俗称为“阿尔发彼他”字母。如𐤀这个字母的形状，脱胎于古埃及的象形文字。是“牛头”的形象，本义是“公牛”或“牲畜”，腓尼基人用以表示辅音。希腊人引进腓尼基字母，再从腓尼基字母中提取出5个字母表示元音，用以表示元音a、e、o、u、i，字形也改造成了现在这个样子。希腊字母又发展成为拉丁字母、斯拉夫字母。其次，我们看看楔形文字演变的历史。苏美尔人的楔形文字已经发展为一种语素文字。巴比伦取代苏美尔之后，继承发展了苏美尔文字，仍然使用义符与声符，具有语素文字的特点；但简化为640个基本字，则有向音节文字过渡的特点。亚述时代进一步向音节文字发展。阿拉米人和波斯人曾经使用的楔形文字，则主要是表示音节的音节文字了。波斯被亚历山大灭亡之后，楔形文字发展的历史就中断了。

汉字也曾经在异族发展成表音文字，突出例子就是日本的“假名”，朝鲜王朝的“谚文”。“假名”在日本平安时代发展完备，它借用汉字作为音节符号。朝鲜王朝1446年颁布的“谚文”，是借用汉字笔画和方块形体而创造出的拼音文字。此外，还有辽国于924年创制的拼音的“契丹小字”，金国于1139年创造的拼音的“女真小字”等历史文字。

综合上面的情况，那么表音文字的发展线路可以这样概括：先是假借使文字脱离具体的词义，产生了语音因素；外族借用字形，只记录语音，不顾语义，就产生了表音文字，包括音节文字和音素文字。其中的音素文字又经过了两个步骤：先是仅仅表示辅音，完成了拼音字母创造的第一步；另一个外族，进一步用字母表示元音，于是完成了拼音文字的创造。

现在需要探讨的问题有四个。一是为什么借形表义的文字在本民族经过了借音表义阶段，演变成语素文字？而在外民族中却演变成表音文字？二是为什么汉字能够发展为完备的语素文字？三是语素文字与表音文字谁优谁劣？四是汉字的发展前途如何？这分别与语言心理、语言特点、文字作用、文化传统等有关。

第一个问题，显然不能像过去一样，用“保守”两个字简单地回答。而是跟语言心理有关。文字是记录语言的，在创造文字时又与具体词义形成对应关系。本民族的人自然形成了把文字看成是以形表义的思维定势。所以，当假借大量出现之后，他们觉得模糊了文字的意义，觉得文字不能再向这个方向发展，于是加上表义成分，创造了语素文字。而外民族则不同，这些字，对不懂原语言的人来说仅仅是一连串的语音，对懂得原语言的人来说，也首先是一连串的语音；这些语音原来所表示的词义，跟他们自己的语言没有关系。于是，他们受到假借的启发，借用原字的语音，选择其中的一部分字来代表自己语言中的音节或音位，记录自己的语言，创造出了表音文字。总之，对外民族来说，使文字完全脱离语义，没有什么语言心理的障碍。

第二个问题，与语言特点密切相关。汉语有两个突出特点：一是重视意义的组合，无论语素构成词、词组合成短语、造句，都讲究义合法，而没有什么形态变化；二是音节整齐，古汉语的词和词素（语素）是单音节的，现代汉语的语素基本上是单音节的。因此，可以创造出数量不是很大而表义明确的单音节的汉字，用这些字进行意义组合，完备地记录自己的语言。也就是说，汉语的基本词汇和文法构造，并不需要拼音字来表现。汉字的优点，国外语言大师也是承认的。世界著名语言大师索绪尔说：“对汉人来说，表意的字和口说的词都是观念的符号；在他们看来，文字就是第二语言。在谈话中，如果有两个口说的词发音相同，他们有时就求助于书写的词来说明他们的思想。但是这种代替因为可能是绝对的，所以不致像在我们的文字里那样引起令人烦恼的后果。

汉语各种方言表示同一观念的词都可以用相同的书写符号。”[④]当然，汉字的表示语素的模式不一定适应其他的语言。那些音节繁复的语言或讲究形态变化的语言，就不可能用几千个单音节字来完整地表达。

日语的情况也可以作一个旁证。它音节整齐，可以借用汉字；它音节单纯，使用汉字可以表义明确，所以日本人创造出假名以后，还要继续使用汉字；但是它有复杂的词形变化，又不得不借鉴汉字创造假名，以弥补汉字描写日语的不足。

第三个问题，与文字的作用有关。文字的作用是记录语言，判断其优劣的主要标准应该是看它是否适应该语言的特点，是否便于学习与应用。因此，只要适应语言特点，语素文字和拼音文字没有谁优谁劣的问题。汉字若采用拼音，同音词的问题就很难解决；屈折语若采用语素文字，形态变化就不容易描写。如果抛开语言特点，硬是要作比较，两种文字则各有优劣。语素文字书写单位多（汉字常用字最低限度也有两千多个），初学困难较大，然而一旦掌握，“熟字新词”，扩大词汇很容易；拼音文字字母简单，容易学习，但其所记录的语言构词复杂，不能类推，必须记忆大量的词形。语素文字，不便认读但是有超越时空的特点，有一定文化基础的人可以阅读上千年以前的书面语言，不同方言的人可以用书面语言进行交流；拼音文字便于认读，但是语音变化迅速，拼音文字不能适应语音变化，更不可能像汉字一样通行于不同的国度或时代。卢遂现《纯粹拼音文字必然走向它的反面》一文指出：“纯粹拼音文字，因为一字一词，字数急剧地增加……英文已有五十多万，而且每天还在增加中。”“故此字母虽少，每字仍能念，但个个都是新字，每个新字后面代表新的意义。太多字的结果将使本来易学的纯粹拼音文字成为难学的拼音文字。”据说，德国哲学家莱布尼茨，受到汉字通行于东亚各国的启发，于1666年曾经提出“世界通文”的主张。他设想，把人的意象分析为许多简单的要素，然后用符号表现出来；无论使用哪一种语言的人，只要学会了这些符号就能相互了解。其实，阿拉伯数字也是这样的符号，它们可能对莱布尼茨有同样的启发作用。本文引用了一些讲汉字优点和拼音文字缺点的说法，只是想纠正一下对汉字的偏见，希望大家不要简单地判定两种文字的优劣；并不是说汉字不要改革，更不是说汉字比拼音文字优秀。在没有更精密的结论之前，我赞成吕叔湘先生的意见：“第一，无论是汉字还是拼音字，它的优点和缺点分不开，有这么个优点，就不免有那么个缺点。第二，汉字的优点恰好是拼音字的缺点，汉字的缺点也就是拼音字的优点。”（《汉字和拼音字的比较》）

汉字的发展前途如何呢？由于表形文字、表意文字、表音文字三阶段说的影响，又由于中国近代落伍，于是产生了人们对待汉字的不同态度。第一种态度是，不少人出于爱国图强的想法，希望把汉字改革成拼音文字。如清朝末年主张文字改革的代表人物劳乃宣说："今日欲救中国，非教育普及不可；欲教育普及，非有易识之字不可；欲为易识之字，非用拼音之法不可。"清末主张文字改革的人物，只是主张另造拼音文字与汉字并行。到了后来，人们认为由表意文字发展成表音文字是世界文字的必由之路，因此主张完全废除汉字，走世界文字的共同的拼音化方向。第二种态度是，有人出于民族自尊心，认为汉字是世界最优秀的文字。有人说，汉字早已经进入表音文字阶段。他们把盛行借音表义的文字叫做拼音文字。如姚孝遂先生《古汉字的形体结构及其发展阶段》一文，把汉字发展分为两个阶段，甲骨文以前是表意文字阶段，甲骨文进入了表音文字阶段。他说："就甲骨文的整个体系来说，就它的发展阶段来说，就它的根本功能和作用来说，它的每一个符号都有固定的读音，完全是属于表音文字的体系，已经发展到了表音文字的阶段。"我们认为，假借与表音文字是大不相同的。假借字是相对本字而言，而且以本字为基础，汉字中单纯的表音字极少；既然本字都是以形表义的，怎么能说整个体系是表音文字呢？何况，这些假借字并没有音节化，与语音没有形成对应关系。这一点，连推崇假借字的钱玄同先生也早已经看到并指出了，他在1923年写的《汉字革命》说："表音的假借字，和拼音文字只差了一间：就是⑴还没有把许多同音的注音字母并用一个；⑵还没有把这种注音字母的笔画改到极简；⑶还没有把同声的字归纳为一个声母，同韵的字归纳为一个韵母。"其实，假借字与拼音文字有本质差别，它只是为表音文字（包括音节文字与拼音文字）的产生提供了契机。有人更进一步提出了与本文开头所讲的三阶段说相反的另一种三阶段说。如卢遂现先生在《意音文字是现阶段最高水平的文字》一文中说："人类的文字在发展，在前进。它发展的过程也可以约略地表现为：象形→拼音→意音。""中国的汉字亦必须跳过西方纯粹拼音文字阶段而发展到意音文字。"他肯定汉字的优点，又把汉字看成是象形文字，这既矛盾，又不符合汉字实际；他所构想的三个阶段，也没有展开有力的论证。第三种态度是，客观地分析汉字的发展轨迹，评价汉字的优劣。如：唐兰先生《古文字学导论》把汉字发展分为三个阶段，他说："由绘画到象形文字的完成是原始时期，由象意文字（按：指事、会意）的兴起到完成是上古期，由形声文字的兴起到完成是近古期。"刘又辛先生又提出了另外一种三阶段说，他把汉字分为象形文字阶段、假借文字阶段（从商代到战国）、形声字阶段。⑤唐兰先生和刘又辛先生的意见，都是客观的，都有可取之处。但是，唐兰先生的意见似乎限于就事论事；刘先生把商代到战国叫做假借字阶段，把现代汉字叫做形声字阶段，则有以偏概全之处，因为假借字没有形成一个独立阶段，形声字也至今没有形成一统天下之局面。所以，还是按照赵元任先生的意见，把汉字叫词素文字或语素文字为好。而且，按照文字所标语言单位，把文字分为语素文字和表音文字，可以从更大的范围来审视文字发展问题。当然，还有很多先生对汉字特别是现代汉字的状况作了精密的客观的分析，如周有光、裘锡圭、冯志伟、傅永和、苏培成、尹斌庸等等。苏培成《现代汉字学纲要》论述科学地评价汉字说："评价一种文字的优劣，要考虑到相关的几个方面：①从功能看，是不是能准确地记录语言；②从结构看，是不是比较简明、合理；③从学习和应用看，是不是好学好用，是不是便利机械处理和信息处理；④从文化传统看，是不是有较久的文化传统。文字跟其他工具不一样，它不单有个简便与否的问题，还有个文化背景和民族传统的问题。"

本文主要是想探讨世界文字发展的真正轨迹。一是指出把文字分为表形文字、表意文字、表音文字三个阶段是不妥当的，而且把文字分为表形文字和表意文字是不正确的，文字正是以自己的形来表示语言的义或音，哪里存在有形而不表义的文字，或无形而表义的文字呢？二是提出世界文字发展轨迹的设想：从以形表义开始，然后因为大量使用假借而产生表示语音的倾向，最后，在本民族发展为语素文字，在外族发展为表音文字，没有先后关系。三是认为语素文字和表音文字，是在不同环境中所形成的两种体系的文字，它们与各民族的语言特点和文化传统有关，各有所长，各有所短，不能简单判断其优劣。四是说明，应该在明了世界文字发展轨迹的宏观认识的基础上，客观地分析汉字，给以正确的定位。至于汉字改革的问题，则不是本文所探讨的范围。

按：此文发表于《湖南师范大学学报》2001 年 4 期。《新华文摘》2001 年 11 期转载、封面标题；《高校文摘》2001 年 5 期转载。台湾《国文天地》241 期，以《试论汉字与表音文字的不同发展道路》为题发表。

【参考文献】

①布龙菲尔德《语言论》（袁家骅译），商务印书馆，1980 年。

②赵元任《语言问题》，商务印书馆，1980 年。

③周有光《字母的故事》，东方书店，1954 年。

④索绪尔《普通语言学教程》（高名凯译），商务印书馆，1980 年。

⑤刘又辛《通假概说》，巴蜀书社，1988 年。

论 《说文解字》 的文字学成就

——兼评对《说文解字》文字学成就的否定

《说文解字》的成就是任何研究中国语言文字学的学者所一致公认的。清朝著名学者王鸣盛甚至说："《说文》为天下第一种书。读遍天下书，不读《说文》，犹不读也。但能通《说文》，余书皆未读，不可谓非通儒也。"（《说文解字正义序》）现代学者也普遍肯定《说文解字》是不朽之作。但是，学术界大多数人都只从字典学的角度来赞扬其价值，说它"是中国最早的对后代影响极大的一部字典"（《中国大百科全书·语言文字》）；"作为一部字典，《说文解字》对后代语文学的影响非常之大"（王力《中国语言学史·字书的兴起》）。有的学者干脆否定《说文解字》有文字学理论的建树。如蒋善国先生《说文解字讲稿》是颇有学术见解的著作，全书五编，介绍了《说文解字》的体例、价值和研究状况，并指导初学者如何研究《说文解字》。但是，蒋先生不承认《说文解字》在文字学上的成就，他说："《说文》对汉字只剖析单字，没有揭示出汉字发展演变的规律，没有建立起一个科学的理论体系，这样使它局限于字典，而不是文字学，因此不论后世学者怎样研究《说文》，也不能把汉字剖析上升为理论，不能上升到理论高度。不能上升到理论高度，就不能成为一门有系统的科学，也就不能建立文字学这门社会科学。"（蒋善国《说文解字讲稿》第二编第二章）学术界持这种看法的并不止蒋先生一个人，而且由来有渐。1936 年，胡朴安先生著《中国文字学史》。该书把中国文字学史分为四个时期：第一时期为文字书时期，自秦汉至于隋止；第二时期为文字学前期，自唐至于明止；第三时期为文字学后期，有清一代；第四时期为古文字学时期，自清末至现在。该书说："何谓文字书时期？言此时期中，仅有文字书之搜辑，而无文字学之研究。"该书把《说文解字》归为文字书时期，虽然肯定了《说文解字》在文字学史上的权威性和八项价值，但只局限于划分部首、阐明六书和具体的音形义，没有肯定《说文解字》对文字学理论的探讨。王力先生 1962 年写成《中国语言学史》，该书把扬雄的《方言》称为"汉语方言学的第一部著作"，却只把《说文解字》称为"中国的第一部字书"，而谈到六朝语言学时才使用了“文字学”这个术语。

当然，承认《说文解字》是文字学著作的学者也大有人在。如著名文字学家唐兰先生就说：“中国人把文字统一了古今的殊语，也统一了东南西北无数的分歧的语言，所以，从纪元以前就有了文字学，而且一直在发展。”“许慎写出中国文字学里唯一的经典：《说文解字》。”可惜，唐兰先生对《说文解字》的文字学理论成就也没有展开具体论述。有些学者对《说文解字》的文字学成就虽然展开了论述，但是实际内容还是限于字典学和六书。如：黄建中、胡培俊《汉字学通论》，第九章回顾汉字研究历史时，明确肯定说：“许慎《说文解字》是汉字学建立的标志。”他们分四个方面阐述《说文解字》的成就：其一，创造了汉字字典的体例；其二，对汉字形体学的贡献；其三，对训诂学的贡献；其四，对汉语音韵学的贡献。其二是真正关于文字学的，又只谈了两点，一是建立六书理论，二是完整保存秦篆。又如：郑慧生《中国文字的发展》以一章的篇幅谈许慎《说文解字》的文字学成就，共谈了三点，一是建立六书理论，二是开创从形音义三方面综合分析文字的先例，三是建立以部首区分汉字的义类。这也不够全面，而且后两点主要属于字典学。

诚然，《说文解字》是一部字典。它首创540部首，又把9000多个汉字“分部别居，不相杂厕”；它析形释义，都有完整而严格的体例，为后代字典树立了典范。它在重视本义和语源的探讨等方面，甚至是后代很多字典所赶不上的。放在世界范围来比较，它处在遥遥领先的地位。这一切都是人们早已经公认的《说文解字》在字典学方面的成就。

更重要的是，《说文解字》不仅是一部字书，而且其文字学成就是十分全面、巨大的，在当时世界上是无与伦比的。即使只就其阐明汉字结构规律“六书”之功而论，它也应该称为是一部文字学的奠基开创之作。“六书”一词来源于古文学派的经典《周礼》，东汉时代略早于许慎的郑众、班固才说明是哪六类，但是既无定义，也无例证。自至许慎才吸收古文学派的“六书”说，把模糊的六书给以严格的定义，并把9000多个汉字分别归入六书之中。这说明许慎贡献巨大而且思维精密。现代学者提出的新说，几乎都不能取代“六书说”的地位。唐兰先生说六书“从来就没有明确的界说”，又说它不是归纳而是演绎出来的概念。唐先生的这种看法值得商榷。许慎不仅给六书下了定义，解释了9000多个字的结构，而且根据六书理论探讨了汉字的音、形、义之间的关系，怎么能说是演绎出来的呢？当然，许慎的六书理论有不完备之处。但是大大超过了前人，使六书理论成为了真正的文字学理论，是中国语言文字学理论的一次质的飞跃。这不是理论创造又是什么呢？无论是在它之前的《仓颉篇》等童蒙课本和《尔雅》、《方言》等专书，还是在它之后的《字林》乃至《玉篇》、《康熙字典》之类的字书，又有哪一部在理论创造方面赶得上它呢？既然《说文解字》的理论成就已经超过了《方言》及后代字书《字林》、《玉篇》之类，后者可以称为"学"，《说文解字》为什么不可以称为"学"呢？后代那些研究《说文解字》的汗牛充栋的著作可以称为"文字学"，《说文解字》本身为什么不可以称为"文字学"呢？何况，《说文解字》在六书理论创立方面的成就，这是人们早已经公认的理论成就。《说文解字》正是根据这种理论解释了9000多个汉字的构形和本义，我们怎么能既肯定其解释单字的成就，却又忽视其理论建树呢？

更为重要的是，《说文解字》不仅阐明了六书理论，还阐明了其他方面的文字理论。我们只要把《说文解字·叙》阅读一下，就可以看出作者许慎已经阐述了比较系统的文字学理论。其系统理论，除了汉字结构规律，还包括：汉字的起源，汉字的繁衍及其规律，文字的作用，字形的变异及其原因，当时的研究成果与失误。

在文字起源方面，《说文解字》讨论文字与八卦、结绳、契刻的关系，提出了文字起源于模仿自然，而最早的文字是图画式的"依类象形"的象形字。先秦时代，《易·系辞》提出："上古结绳而治，后世圣人易之以书契。"先秦时代还产生了仓颉造字的传说。《荀子·解蔽》提出："好书者众矣，而仓颉独传者壹也。"《世本》、《韩非子》、《吕氏春秋》等跟《荀子》说法相同。但是，文字是如何起源的呢？许慎以前没有人系统探讨过。许慎总结前人的观点，在《说文解字》叙中说："古者庖牺氏之王天下也，仰则观象于天，俯则观法于地，视鸟兽之文与地之宜，近取诸身，远取诸物，于是始作《易》八卦，以垂宪象。及神农氏结绳为治而统其事，庶业其繁，饰伪萌生。黄帝之史仓颉，见鸟兽蹄迒之迹，知分理之可相别异也，初造书契。"又说："书者如也。""仓颉之初作书，盖依类象形"。在这里，他系统整理了前人的学说，提出了文字与八卦、结绳的关系；他采用了仓颉造字的传说（传说中往往有历史的影子），而又克服了传统说法的神秘性。如《淮南子·本经训》说："昔者苍颉作书，而天雨粟，鬼夜哭。"许慎就没有采用这种理论。最突出的是，他提出了具有科学性的"书者如也"、"依类象形"的文字起源理论。所谓"如"，所谓"依类象形"，就是指早期文字是从图画脱胎出来的。他根据这种理论，改造了仓颉造字的传说，把汉字一分为二，一是"文"，二是"字"。他说："仓颉之初作书，盖依类象形，故谓之文；其后形声相益，即谓之字。文者，物象之本；字者，言孳乳而浸多也。”这就是说，仓颉所造的只是“依类象形”的早期的“文”(初文)；后代孳乳的“字”，则不是仓颉创造的。这就明确显示了文字是逐步发展而不是一蹴而就的，创造汉字不是仓颉一人的功劳，并初步勾画了汉字发展的轨迹。当然，“文”和“字”这两个术语是古已有之的。《左传》等把文字称为“文”,《周礼》、《仪礼》等把文字称为“名”,《荀子》、《韩非子》等把文字称为“书”,《商君书》和秦朝琅琊刻石把文字称为“字”。它们名异实同，没有区分作用。《说文解字》却利用这些名称对古老传说进行了根本性的改造，揭示了文字的产生不是一蹴而就的。许慎的这个重大突破，被后人概括为“独体为文、合体为字”（郑樵《通志·六书略》根据《说文解字》所概括)，它对汉字分析影响深远，直至今天。电脑“五笔字型”发明人王永明先生在《“说文解字”与“五笔字型”》中说它是解决汉字输入电脑的“金钥匙”。

在揭示汉字演变规律方面，许慎提出了“形声相益”说。他把接近图画的单体字叫做“文”，把由文衍生出来的合体字叫做“字”，认为字就是孳乳的意思。他抓住字音和字形（代表字义）两个方面，探寻孳乳的原因，揭示了汉字的造字运动。一是表义运动（即衍形运动)，那就是“比类合谊”的会意字的产生。二是衍声运动，那就是“依声托事”的假借字的产生。南唐徐锴在《说文解字系传·疑义》中说：“古者文字少而民务劳，是以古文字多象形、假借。”清代孙诒让《与王子壮论假借书》说：“天下之事无穷，造字之初，苟无假借一例，则逐事而为之字，而字有不可胜造之数，此必穷之数也，故依声而托以事焉。”他们分别从用字或造字角度，说明了文字衍声的原因。甲骨文中，假借字占用字比例达百分之七十，就是这个原因。三是形音义结合的衍生运动，那就是形声字以及转注字的大量创造。徐锴说：“无形可象，无事可指，无意可会，故以形声。”而转注字可以看作是特殊的形声字，是为了限制假借字完全脱离字义的一种造字方法。许慎用“形声相益”来概括汉字的敷衍规律，是很简洁扼要的。

许慎还研究了汉字的字体演变及其原因。许慎确定了《说文解字》“今叙篆文，合以古、籀”的字头标准，即以小篆为主，兼收了作者所见到的跟小篆字体有差异的籀文（大篆）和“古文”。籀文（大篆）和“古文”只是小篆的异体字，叫做“重文”。《说文解字》有5340个小篆字，明确注明是籀文的共有200多字，注明是古文的有500来个字。5340个小篆是根据当时的字书《仓颉》《训纂》所保存的字，籀文是《史籀篇》所保存的字，古文来源于孔子壁中书和钟鼎上的六国古文。许慎交代古文来源说："壁中书者，鲁恭王坏孔子宅，而得《礼记》、《尚书》、《春秋》、《论语》、《孝经》；又北平侯张仓献《春秋左氏传》；郡国亦往往于山川得鼎彝，其铭即前代之古文，皆自相似。"许慎通过考察研究小篆、古文、籀文，初步建立了一个字体演变的系统，即：古文（许慎所见到的是战国时期关东六国文字，他以为这就是仓颉造字时的字体）→籀文（大篆，许慎认为是西周末年太史籀所规范，它们在秦国通行，后来成为小篆的基础）→小篆→隶书。他满怀信心地说："虽叵复见远流，其详可得略说也。"他进一步分析字体变异的原因，指出主要是政治和社会的需要。他说："秦始皇帝初兼天下，丞相李斯乃奏同之，罢其不与秦文合者……皆取史籀大篆，或颇省改，所谓小篆者也。"又说："是时，秦烧灭诗书，涤除旧典，大发隶卒，兴役戍，官狱职务繁，初有隶书，以趣约易，而古文由此绝矣。"说明了小篆继承大篆并取代古文、隶书又取代小篆的经过与原因，而且接触到了文字有从繁复、杂乱趋向简易、统一的发展规律。《说文解字》的字体演变理论，和今天相比，其不足主要是没有见到甲骨文和更加古远的陶文，并把孔壁古文误认为是比籀文更早的最古老的汉字。这主要是材料所造成的局限，其理论建树在当时已经是很了不起的了。许慎还考察了秦汉时代的用字现象。他提到了秦朝的八体文字（即大篆、小篆、刻符、虫书、摹印、署书、殳书、隶书），汉朝的六体文字（古文、奇字、篆书、左书、缪篆、鸟虫书），以及汉朝学习与考试文字的状况。

《说文解字》整理了当时字书编撰和文字研究的成果，树立了文字是发展变化的观念，批评了对文字的谬误解释。许慎指出，当时的读书人在理解文字方面，有两大根本错误，一是没有发展变化的观念，二是牵强附会。当时这些人不相信古文字，认为文字是不变的。对于隶书以外的古文字，他们不仅不相信，而且加以诋毁攻击，"以为好奇者也，故诡更正文，向壁虚造不可知之书，变乱常行，以耀于世。"这些人"喧称秦之隶书为仓颉时书"，并根据流行的隶书对文字作牵强附会的解释，说什么"马头人为长，人持十为斗，虫者屈中也"。许慎批评这些人说："俗儒鄙夫，玩其所习，蔽所希闻，不见通学，未尝睹字例之条，怪旧势而善野言，以其所知为秘妙……"许慎之所以能够廓清这些迷雾，是因为他考察了当时能够见到的古文字，而且广泛吸收了前人的成果。他提到的字书有 14 种，包括李斯的《仓颉篇》，赵高的《爰历篇》，胡毋敬的《博学篇》，扬雄的《训纂篇》。他提到的通人有孔子、楚庄王、韩非子、刘向、刘歆、扬雄、贾逵、爰礼等 33 人，他还提到了汉朝朝廷所组织的一次关于文字的学术讨论，“孝平皇帝时，征礼（爰礼）等百余人，令说文字未央廷中，以礼为小学元士。”因此，他非常有信心地说：“博采通人，至于小大，信而有证，稽撰其说，将以理群类，解谬误，晓学者，达神旨。”许慎就是在总结前人成果和实地考察的基础上，建立了具有发展变化观念的文字学理论。当然，许慎在说文解字方面也犯有跟那些俗儒相同的错误。如：“长”字，解释成马头人固然不对，许慎解释成从兀从化亡声，也是不对的，这是由于他没有见到甲骨文。又如：“一贯三为王”则受了今文经学和谶纬之学的错误影响。然而，许慎的错误是局部的，而且跟那些人有本质的不同，其关键是许慎有发展变化的观念。

《说文解字》比较全面地论述了文字的作用，包括政治作用、教化作用、文化传承作用。许慎说：“盖文字者，经艺之本，王政之始。”“文者宣教明化于王者朝廷，君子所以施禄及下，居德则［明］忌也。”这是说的文字有政治教化作用。又说：“前人所以垂后，后人所以识古。”这是说的文字有突破时空限制的文化传承作用。当然，由于许慎受到当时政治学说与经学的局限，对文字的作用还理解得不够全面。文字的最根本的作用是记录语言，许慎也没有明确认识到。他说：“书者如也。”段玉裁注解说：“谓如其事物之状也。”他们都忽视了语言这个关键环节。事物——语言——文字，文字并不直接反映事物，文字所记录的是具有固定语音和语义的语词，这正是文字不同于图画的特点。

什么是文字学呢?《辞海》下的定义是：“语言学的一个部门。以文字为研究对象，研究文字的起源、发展、性质、体系，文字的形、音、义的关系，正字法以及各别文字演变的情况。”由此可见，现代文字学所研究的最基本的问题，许慎几乎都接触到了。这种研究不仅在中国而且在世界对处于领先水平。中国古代的文字学几乎就是《说文解字》学，而全世界可以说没有比中国发达的文字学。正如唐兰所说的那样：“但由西方输入的科学名词……没有一个字，能相当于中国的文字学。”“西方的语言学，中国的文字学，是两个不同的学科，充分表现出两种倾向不同的文字里所造成的极明显的差别。”（《中国文字学·前论》）我国现代的文字学则是吸收传统文字学和欧洲语言学成果的基础上产生的，大大超过了古代文字学的水平。当然，许慎没有现代学者讲得全面深刻，《说文解字》没有达到现代文字学的水平，但它的确是文字学的奠基之作。我们对任何筚路蓝缕者都不应该提出超越其时代的要求。

《说文解字》文字学理论成就为什么被忽视或否认呢？个人以为，有一个原因是源于前人研究《说文解字》的一个失误。古代对《说文解字》的研究不可谓不发达，洋洋大观，形成了“许学”。但是，古代的《说文解字》学有不全面的弊病。如：近人丁福保《说文解字诂林》，引用了200多种研究《说文解字》的著作，这些著作的范围不外乎研究六书、引文、校勘、体例以及具体单字的音形义，而忽视了研究并阐述《说文解字》的除“六书”以外的文字学理论。现代很多颇有成就的学者的研究，也还受到这种传统的局限。如：陆宗达先生《说文解字通论》全书四章，只谈了《说文解字》的内容体例、解释古书、保存古代社会资料、局限性四个方面。任学良先生《说文解字引论》全书三章，只谈了《说文解字》概略、造字法、释义形音。他们谈《说文解字》的价值，概括起来不外乎三个方面：一是研究了汉字的结构规律“六书”；二是开创了字典辞书的部首编撰法；三是资料价值，即大量保存了古代的文字、词义（训诂）、语音和社会、科技、文化方面的史料，是阅读研究古籍的梁津。总之，人们很少总结《说文解字》的文字学理论方面（除“六书”以外）的价值。这就是源于传统研究只见树木却不见森林而造成的局限。

前人的研究，还往往只注意研究正文十四篇，而不重视研究第十五篇《叙》；即使注意了《叙》，也往往就事论事，而忽视宏观理论的阐述。研究《说文解字·叙》具有代表性的今人著作，一是向夏先生的《说文解字叙讲疏——中国文字学导论》，二是洪诚先生《中国历代语言文字学文选》中关于《说文解字·叙》的注释讲解。他们都能旁征博引，并有所发挥，但似乎对《说文解字》的文字学成就还总结得不够明确而全面。个人以为，《叙》与正文（即字典部分）的关系，是总与分的关系，是理论与编辑实践的关系。许慎是在总理论的指导下编辑字典正文的。而古代不少研究《说文解字》的专家，恰好忽视了这点。如：段玉裁的《说文解字注》，是研究《说文解字》的不朽名作，有不少博大精深的见解。但是，他对《说文解字·叙》的注解，却有就事论事之局限。“依类象形”、“形声相益”，本是许慎关于文字起源和演变的重要理论。段注就事论事说：“依类象形，谓指事、象形二者也，指事亦所以象形也。”“形声相益，谓形声、会意二者也，有形则必有声，声与形相附为形声，形与形相附为会意。”他没有提高到文字起源与演变规律的高度来阐述许慎的理论。这种不重视理论推理的倾向，是封建时代传统学术常见的局限，特别是秦汉以后的学术研究。这种局限造成了《说文解字》研究的失误，今天有些学者没有摆脱这种失误，于是出现了上述的对《说文解字》文字学理论进行探讨和评价的偏差。个人以为，这种研究局限绝不是《说文解字》本身的局限，这种失误再不能继续影响对《说文解字》的评价。

总之，《说文解字》在文字学理论方面有巨大贡献，现代文字学理论的基本方面它都作了阐述，因此应该肯定《说文解字》是文字学的不朽的奠基之作。当然，《说文解字》的文字学理论也是有局限的，正如其字典学成就一样。然而，《说文解字》的局限，主要是时代的局限，资料的局限。作为字典，其缺点有：分部烦琐，不便查检，存在析形错误（不少错误已经为甲骨文等所证实），存在释义错误（如“横一贯三为王”之类）等。其宏观的文字理论也是一样。如：他对文字作用的看法，认为文字是“经艺之本，王政之始”，就把文字的作用狭隘化了。这是由于作者是一位经学家，没有突破经学局限。而且，《说文解字·叙》跟很多传统理论文章一样，提出论题后没有作细致周密的阐述，如果后人不善于钩微索隐，就会忽视其精辟的理论见解。在资料方面，作者没有研究外族的语言和文字，他的文字学理论主要是汉字学理论；而且由于作者没有系统地看到以甲骨文为代表的古文字，因此其文字起源和演变的理论不够完备。但是，我们应该看到，他所建立的理论体系是博大系统的，对文字学研究具有普遍意义（如文字的起源与作用的理论，就不仅适用于汉字）。我们还应该看到，作者虽然没有看到甲骨文这样的古文字，但是《说文解字》却作了今人识别古文字的桥梁。如果我们不因为其字典方面的缺点而否认它是一部伟大的字典，那么，我们就不能因为其文字学理论的不够完备而否定其文字学理论的伟大成就。我们评价《说文解字》和任何历史典籍，都应该：1. 应该全面研究，不应该割裂其内容（《说文解字》的字典部分和叙就是一个整体）；2. 主要看他在什么地方超过了前人，而不应该苛求他在什么地方不如后人。3. 我们应该超过前人，但是首先必须实事求是地评价前人。总之，《说文解字》奠定了文字学基本理论，它不仅作为字典，而且作为文字学专著，在当时都是世界领先水平的不朽著作。

谈处动用法

意动用法和使动用法，是叙述古汉语词类活用现象时经常使用的两个语法概念，用以表示特殊的动宾关系。但是，意动用法的内涵与外延却不能吻合：意动用法以“意谓性”为本质属性，而大家所列举的语言现象（例句）却有两类，一类具有意谓性，一类则不具备意谓性而具有处置性。因此，必须把具有处置性的用法独立为一类；这一类用法，为了求得跟意动、使动、为动等用法命名的一致性，可名之曰处动用法。

一

意动与致动（使动）这两个概念，首先是陈承泽先生提出来的。他在《国文法草创》第十三“活用之实例”中说：“他动字以外之字（属于体、相、用者）变为他动，而特含有‘致然’或‘以为然’之意者，含‘致然’之意时，谓之致动用，含‘以为然’之意时，谓之意动用。”他把意动分为两类，一类是形容词转为意动用法，一类是名词转为意动用法。形容词转为意动用法，陈承泽先生举了十六个例句，并说“象字（按：即形容词）之用于意动者颇多”。这些例句的意谓性也毫无疑义，如：《汉书·赵充国传》中的“上壮而许之”中的“壮”，“时充国年七十余，上老之”中的“老”。名词转为意动用法，陈承泽先生只举了一个例句，并说“名字之为意动者，近文中较为罕”。那个例句是：

①诸侯用夷礼则夷之。（韩愈文）

这句话出自韩愈的《原道》：“孔子之作《春秋》也，诸侯用夷礼则夷之，进于中国则中国之。”意思是说孔子作《春秋》时对待诸侯的写法（所谓春秋笔法）：谁采用夷礼便把他当夷人对待，谁采用中原的礼便把他当成中原人对待。“夷之”、“中国之”，都是实际处置（对史实的叙述），而不仅是思想上的看法，不具备意谓性。陈承泽先生敏锐地发现了意动用法这种特殊的动宾关系，但把名词的处置用法误为意动用法，却是审察不够精细。不过，他仅举了一个例子，而且说明这种现象“较为罕”，还是比较审慎的。

后来的很多古汉语语法著作都沿袭了陈承泽的这一失误。杨树达的《高等国文法》补充了两个例句：

②夫人之，我可以不夫人之乎？（《穀梁传》僖公八年）

③人其人（韩愈文）

②例“夫人之”也是一种实际处置，是指把鲁庄公的夫人哀姜当作夫人对待，“禘于太庙”。③例“人其人”是使僧道还俗的意思，是使动用法。

南开大学《古代汉语读本》、杨伯峻《文言语法》、王力主编《古代汉语》又分别补充了以下例句：

④友风而子雨。（《荀子·赋篇》）

⑤孟尝君客我。（《战国策·齐策》）

⑥今公子乃自骄而功之，窃为公子不取也。（《史记·魏公子列传》）

⑦不如吾闻而药之也。（《左传》襄公三十一年）

④例是说云把风当朋友，把雨当儿子；⑤例是把我当客人；⑥例是说信陵君把救赵当成功劳；⑦例是说把乡校中人士的批评当成治病的药物。总之，都是说的客观对待而不仅仅是“以为然”。

吕叔湘先生的《中国文法要略》，讲到意动用法时，没有举名词用为意动的例子。这是很精当的，但吕先生没有指出这种现象是处置用法。

二

处动用法为什么会混同于意动用法呢？这跟“以为”（或“以……为……”）这个词组的歧义有密切关系。在文言文中，“以为”可表示三种意义。

当“以为”带上动词形容词或动词形容词性词组时，表示意谓性，可译为“认为……是……”。如：

⑧或以为死，或以为亡。（《史记·陈涉世家》）

⑨齐使以为奇。（《史记·孙子吴起列传》）

当“以为”带上名词或名词性词组时，表示处置性或致使性。表示处置可译为“把……当成……”。如：

⑩人皆以孔子为大圣，吾亦以为大圣。（《题孔子象于芝佛院》）

⑪以丛草为林，以虫蚁为兽，以土砾凸者为丘，凹者为壑，神游其中，怡然自得。（《浮生六记》）

表示致使可译为“叫……做……”或“使……成为……”。如：

⑫威王问兵法，遂以为师。（《史记·孙子吴起列传》）

⑬輮以为轮，其曲中规。（《荀子·劝学》）

这三种“以为”的意义是有差别的：意谓只是一种主观想法；处置是一种实际对待；致使则是叫它发生动作与变化。但是，它们的形式很相近，又可以分别用意动、处动、使动来表示。如：例⑨“以为奇”可说成“奇之”。例⑩“以为大圣”可以说成“圣之”。《题孔子象于芝佛院》后文便说：“既从众而圣之，亦从众而事之。”有人把“以为大圣”、“圣之”解释为“认为他是大圣人”，是有乖李贽原意的，应解释为“把他当成大圣人”，才符合原文对随声附和（非出于内心）的批判。例⑩“以为师”可说成“师之”。

人们遇到文言文的处动、意动时，正好都可以用“以…为…”的格式来讲解，由于没有仔细辨识，便把它们一律当成意动了。同时，意谓与处动也有相通之处，若只在心中便是意谓，付之实施则是处置（有时是致使），古人写作时也可能没有仔细辨别。这在古代是不足为奇的。正如虚词“可”既表示能够，又表示许可，往往混淆一样。而我们今天则要深入研究，加以鉴别，并用现代汉语明白地表达出来。

有的语法研究者，可能察觉到了所谓名词的意动用法没有什么意谓性，便提出了“以动用法”这个术语来代替“意动用法”。我们在教学与阅读中也逐步察觉到了这一点，曾经想采用“以动用法”这个术语来缓和矛盾（见拙作《文言文基础知识问答》初版）。吴福熙同志最近出版的《古代汉语》用“以动用法”代替“意动用法”，并把它分为两类，一类是“主语认为宾语是（事实不一定是那样）什么样的性质、状态、程度或什么样的人物。这种用法也叫意动用法。”另一类是“主语按照自己的意志把宾语所代表的事物作为别的什么来使用”，“这种用法的动词原来都是名词。”该书把“另一类”从意动用法中分离了出来，这是很好的。但是，没有指出这“另一类”的处置性，更主要的是仍然把具有处置用法的名词分割在两类之中，因而造成了含混不清。该书举了十三个例句，有六句归入“意动用法”：

⑭君子病无能焉，不病人之不己知也。（《论语·卫灵公》）

⑮公子乃自骄而功之。（《史记·魏公子列传》）

⑯鲁人欲勿殇童汪踦。（《礼记·檀弓下》）

⑰今君有区区之薛，不拊爱子其民，因而贾利之。（《战国策·齐策》）

⑱其谓之秦何？夷狄之也。（《公羊传》僖公三十二年）

⑲不言战而言败，何也？狄秦也。（《穀梁传》僖公三十三年）

有七句归入“另一类”：

⑳采（菜）荼薪樗，食我农夫。（《诗经·豳风·七月》）

㉑友其士之仁者。（《论语·卫灵公》）

㉒驾青虬兮骖白螭。（《涉江》）

㉓夫以畏垒之细民，而窃窃然欲俎豆予于贤人之间。（《庄子·庚桑楚》）

㉔使赵不将括即已，若必将之，破赵军者必括也。（《史记·廉颇蔺相如列传》）

㉕生乎吾前，其闻道也，固先乎吾，吾从而师之；生乎吾后，其闻道也，亦先乎吾，吾从而师之。吾师道也，夫庸知其年之先后生于吾乎？（《师说》）

㉖诗者：根情，苗言，华声，实义。（《与元九书》）

对于前六个例句，有两点值得讨论：第一、它们是表意谓还是表处置？第二，它们与后七句是否相同？我们觉得除例㉔实际上是使动用法外，其他十二个句子都是表处置的，具有相同的语法意义；又都是名词转为动词，具有相同的语法形式。特别是⑰例的“子”与㉑例的“友”、㉕的“师”，都是表示人事关系的名词，分为两处，实在说不出理由。例⑭的“病”，似乎具有意谓性，但也有处置性，把它与其他表处置用法的名词划为一类，而不与表意动的形容词划为一类，是更为恰当的。

三

如果名词用如处动，真正是“较为罕“，则归入“意动用法”，改名为“以动用法”便得了。甚至可以忽略不计，在名词活用为动词时举两个例子就够了。但是，我们查一查古籍，这种现象并不罕见。除了上面的例句，还可以举出很多。先秦的例句如：

㉗国君而仇匹夫，惧者甚众矣。(《左传》僖公二四年)

㉘越国以鄙远，君知其难也。(僖公三〇年)

㉙过我而不假道，鄙我也，鄙我，亡也。(宣公一四年)

㉚因县陈。……今县陈，贪其富也。(宣公一一年)

㉛其翦以赐诸侯，使臣妾之。(宣公一二年)

㉜孙桓子……如晋乞师，臧宣叔亦如晋乞师，皆主郤献子。(成公二年)

㉝吾子布大命于诸侯，而曰必质其母以为信，其若王命何？(成公二年)

㉞利人之难，不知其私。(昭公五年)

㉟君王始求诸侯而则纣，无乃不可乎？(昭公七年)

㊱故王臣公，公臣大夫，大夫臣士，士臣皂，皂臣舆，舆臣隶，隶臣僚，僚臣仆，仆臣台。(昭公七年)

㊲王一岁而有三年之丧二焉，于是乎以丧宾宴，又求彝器，乐忧甚矣。(昭公一五年)

㊳若不朝夕见，谁能物之？(昭公二九年)

㊴尔欲吴王我乎？(定公一〇年)

㊵卫人立遗，使室孔姞。(哀公一一年)

㊶周人禘喾而郊稷，祖文王而宗武王。(《国语·鲁语上》)

㊷圉闻国之宝，六而已：圣能制议百物，以辅相国家，则宝之……若夫哗嚣之美，楚虽蛮夷，不能宝也。(《国语·楚语下》)

㊸此二士弗业，一女不朝，何以王齐国子万民乎？(《战国策·赵威后问齐

使》)

㊹今不问王而先问岁与民，岂先贱而后尊贵者乎？(同上)

㊺吾请去，不敢复言帝秦。(《战国策·鲁仲连义不帝秦》)

㊻主忠信，无友不如己者。(《论语·学而》)

㊼及其使人也，器之。(《论语·子路》)

㊽老吾老，以及人之老；幼吾幼，以及人之幼。(《孟子·梁惠王上》)

㊾乐民之乐者，民亦乐其乐；忧民之忧者，民亦忧其忧。(《孟子·梁惠王下》)

㊿无处而馈之，是货之也。(《孟子·公孙丑下》)

(51)二者皆法尧舜而已矣。(《孟子·离娄上》)

(52)人人亲其亲，长其长，而天下平。(同上)

(53)盛德之士，君不得而臣，父不得而子。(《孟子·万章上》)

(54)非敌百姓也。(《孟子·尽心下》)

(55)诸侯之宝三：土地、人民、政事。宝珠玉者，殃必及身。(同上)

(56)将原先王、本仁义，则礼正其经纬蹊径也。(《荀子·劝学》)

(57)非以为得求也，以文之也。故君子以为文，而百姓以为神。(《荀子·天论》)

(58)思物而物之，孰与理物而勿失之也。(同上)

(59)然则仲尼之圣尧奈何？……贤舜，则去尧之明察；圣尧，则去舜之德化。(《韩非子·难一》)

(60)尧为人君，而君其臣；舜为人臣，而臣其君。(《韩非子·忠孝》)

(61)上德不德，是以有德。(《老子》)

(62)脍人肝而铺之。(《庄子·盗跖》)

先秦以后的文章中，处动用法的例子也很多。如：

(63)纵江东父老怜而王我，我何面目见之？(《史记·项羽本纪》)

(64)芥千金而不盼，屣万乘其如脱。(孔稚珪《北山移文》)

(65)襟三江而带五湖，控蛮荆而引瓯越。(王勃《滕王阁序》)

(66)圬之为技，贱且劳者也。有业之，其色若自得者。(韩愈《圬者王承福传》)

(67)后人哀之而不鉴之，亦使后人而复哀后人也。(杜牧《阿房宫赋》)

(68)稍稍宾客其父。(王安石《伤仲永》)

(69)网罗六经之遗文，断以己意，糠秕百家之陈迹，作新斯人。(苏轼《王安石赠太傅制》)

⑩是欲臣妾我也，是欲刘豫我也。（胡铨《上高宗封事》）

⑪吾业是有年矣。（刘基《卖柑者言》）

⑫党豺为虐。（马中锡《中山狼传》）

⑬唯大辟无可要，然犹质其首。（方苞《狱中杂记》）

这种用法还保留在成语中。如："党同伐异"、"鉴往知来"、"鱼肉人民"、"草菅人命"等。

以上各例中活用为动词的名词，它们都表示对宾语的客观处置，而不仅是主观看法。如果看作意动用法，则会扞格不通。全日制高中语文课本第二册，选了方苞的《狱中杂记》。其中的"唯大辟无可要，然犹质其首"，教学参考资料把"质其首"看成意动用法，就引起了中学教师的怀疑。江西弋阳一位中学教师提出怀疑说："这句话是叙述刽子手残忍勒索财物的实际行动的，而不是表达刽子手对死人的头的主观看法的。"（见江西《语文教学》一九八〇年四期《"质其首"是意动用法吗?》）我们如将处动用法与意动用法明确加以区分，便不会引起类似的混乱解释。

四

从意动用法中分离出一种处动用法，是否有明确的标准呢？有的。无论是语法意义与语法形式，两者皆有区别特征。从意义看，意动是表示意谓性，即主观看法；处动是表示处置，即客观对待。从形式看，充当意动用法的是表示心理活动的动词与形容词，充当处动用法的是名词。这两方面结合起来看，就很容易区分意动用法与处动用法了。有些表示处动的动宾结构似乎也可以看作意动，但结合词性一分析就一清二楚了。当然，也有个别例句，词性要结合上下文才好辨识。如：

a. 时充国年七十余，上老之。（《汉书·赵充国传》）

b. 老吾老，以及人之老。（孟子·梁惠王上》）

"老"是一个形容词，因此在 a 例中"老之"是"认为他老了"的意思，为意动用法。但在 b 例中，三个"老"字都是"老年人"的意义，充当名词；因此，"老吾老"是"把自己家的老人当老人对待"（即尊敬老人）的意思，为处动用法。

这样的划分，还有助于更好地区分意动用法与使动用法。当形容词活用为动词时，意动与使动的鉴别，大家都举了不少例子，也分得很清楚。如：

c. 管仲世所称贤臣，然孔子小之。（（《史记·管仲列传》）

d. 工师得大木，则王喜，以为能胜其任也，匠人斫而小之，则王怒，以为不胜其任矣。(《孟子·梁惠王下》)

c 例的“小之”是“认为小”的意思，d 例的“小之”是“使它小”的意思，从上下文可以鉴别出前者是意动，后者是使动。

当名词活用为处动用法时，如看成意动用法，则容易跟使动用法混淆。如：

e. 尔欲吴王我乎?《左传》定公一〇年)

f. 越国以鄙远，君知其难也。(《左传》僖公三〇年)

g. 纵江东父老怜而王我，我何面目见之?(《史记·项羽本纪》)

这三个例句，有人看成意动，有人看成使动，结果都不确切。因为它们既没有意谓性，也没有致使性，而是一种处置。且看 g 例的“王我”，项羽本已称王，不是江东父老的主观看法，故不是意动；也不是江东父老使他称王，故不是使动；而是说项羽虽已兵败，江东父老仍然把他当王看待，是一种处动。e、f 两例情形也是一样。

处动用法一旦独立，名词活用为动词便不存在意动用法，自然就没有意动用法与使动用法混淆的问题了。在这种情况下，只需区分处动与使动。如：

h. 怀王与诸将约曰：“先破秦入咸阳者王之。(《史记·项羽本纪》)

这句话与例 g 不同。g 例的“王之”是“把我当成王”的意思，动作由主语发出，是处动用法；h 例的“王之”是“叫他做王”的意思，动作（做王）由宾语发出，是使动用法。又如：杨树达先生举的“人其人”，意思是“使其人（那些僧道）成为普通的人”，吴福熙举的“将括”、“将之”（见例㉔），意思是“叫赵括当将军”。它们都是使宾语发生动作与变化，故应归入使动用法。当然，也可能有归类两可的个别例句。个别例外，是任何归类都有的现象。

总而言之：第一、当名词活用为动词时，没有意动用法，可能是处动用法与使动用法（可见，处动与使动的关系更密切），不应归入意动用法。第二、处动与使动的区分在于：处动是表示主语对宾语的处置，动作（处置、态度）由主语发出；使动是主语使宾语发生动作或变化。名词活用为动词时，处动用法多于使动用法；使动用法的动词多由动词或形容词充当，由名词充当者比较少。

按：此文发表于《中国语文通讯》(《中国语文》复刊前的试刊) 1982 年 1 期

试论 《左传》 中的处动与意动用法

汉语是一种重意象、重整体领悟的语言，句法讲究灵活、简洁。述宾在意义上的复杂关系，便是这种特点的体现。古代汉语尤其突出。《左传》是先秦著作中语言现象最为丰富的一部著作，往往被后代的散文家、辞赋家乃至骈文家奉为圭臬，因此后世文言文中的复杂述宾关系及其他句法关系，几乎都可以在《左传》中寻找到它们的先例。如：

①亟肄以罢之，多方以误之。(昭公三十年)

②不如吾闻而药之也。(襄公三十一年)

⑧及齐，齐桓公妻之，有马二十乘，公子安之。(僖公二十三年)

④文嬴请三帅。(僖公三十三年)

⑤二国图其社稷，而求纾其民。(成公三年)

⑥初，楚武王克权，使斗缗尹之。(庄公十八年)

⑦能求其耆欲以饮食之。(昭公二十九年)

⑧割臂盟公。(庄公三十二年)

⑨公子忽在王所，故陈侯请妻之。(隐公七年)

例①即通常所说的使动关系，例③为意动关系，例③通常被认为是意动关系，而实际上是处动关系。这三种特殊的述宾关系，在古汉语中是极为常见的，并且很早就被古代注释家们所认识了。例①，晋杜预注云：“亟，数也，数劳肄之，使之罢（疲）敝。”“声东击西，使之迷误。”明确指出“罢”、“误”两动词与宾语是使动关系。例②，杜预注解说：“以为已药石。”例③，宋林尧叟注云：“以齐为可安，不复有四方之志。”例②是客观处置，例③是主观意识，分别为处动关系与意动关系。例④述宾间为因果关系，例⑤述宾间为目的关系，不少人把它们都称作“为（Wèi）动关系”。例⑥“尹之”是担任其地之尹的意思，张世禄先生称此类关系是“为（Wéi）动关系”。例⑦“饮食之”是供给关系，宋玉柯先生称为“供动关系”。例⑧“盟公”，述宾间是对象关系。例⑨“妻之”（例②同），是把与自己有关的女子嫁给对方做妻子，述宾内涵很不单一。

在各种述宾关系中，以使动、处动、意动最为常见。据个人粗略统计，《左传》中使动关系达100例以上，处动关系达70例左右，意动关系达40例左右。所以，这三种关系古代注释家常常标出。但是，古代语文家们不重视语法概括，未给以明确定义。直到1922年，陈承泽《国文法草创》出版，才明确提出"致动用"与"意动用"："含致然之意时，谓之致动用，含以为然之意时，谓之意动用。"他指出，致动词可由动字、名字（转为动字）、象字充当，意动词由名字充当者罕见，主要由象字充当。后来的语法著作讲使动关系、意动关系，都是承袭陈承泽的说法。

所谓"意动"，含义应是心理上认为怎样，所以多由象字（形容词）充当。陈氏即举了"固"、"壮"、"细"、"大"、"老"、"久"、"美"、"陋"、"狂"、"良"、"贤"、"勇"、"愚"、"拙"、"危"、"贵"、"贱"、"迟"等18字。在《左传》中最常用的也是象字。如：

①曰仪父，贵之也。(隐公元年)

②向姜不安莒而归。(隐公二年)

③秦师侵芮，败焉，小之也。(桓公四年)

④谷伯、邓侯来朝。名，贱之也。(桓公七年)

⑤嘉之，故不名。(庄公二十五年)

⑥必易晋而不抚其民矣。(僖公二年)

⑦齐、晋，匹也。何以卑我？(僖公二十三年)

⑧书曰公子遂，珍之也。(文公八年)

⑨不义宋公而出，遂来奔。(文公十四年)

⑩人不难以死免其君，我戮之不祥。(成公二年)

⑪先君有冢卿以为师保，而蔑之，二罪也。(襄公十四年)

⑫良司臣而逸之。(襄公十五年)

⑬吾浅之为丈夫也。(襄公十九年)

⑭鲁弱晋而远吴，冯恃其众，而背君之盟，辟君之执事，以陵我小国。(哀公七年)

表心理活动的动词"耻"、"辱"等，也常用为意动关系。如：

⑮鲁人辱之，故不书。(成公十年)

⑯侨焉得耻之？(昭公十六年)

⑰吾有二位于戎路，敢不耻乎？(襄公十四年)

名词动化，则很难表示对宾语的主观意念。所以陈承泽说："名字之为意动者，近文中为较罕。”他仅举了韩愈《原道》的一个例句：“诸侯用夷礼则夷之。”《原道》的原句是：“孔子之作《春秋》也，诸侯用夷礼则夷之，进于中国则中国之。”“夷之”和“中国之”都是一种实际处置而不仅仅是一种意念。陈承泽先生大概感觉到了这一点，所以只断取了中间的一个分句，而且声称“较为罕”。前修未密，这是完全可以理解的。

其实，《左传》中的处动用例，大大超过意动用例，象“夷之”这种以名词作处动词的情况达到70例左右，出现的名词有“君”、“臣”、“主”、“先”、“后”、“鄙”、“封”、“药”、“枕”、“乐”、“哀”等三十多个。如：

①初，戎朝于周，发币于公卿，凡伯弗宾。（隐公七年）

②薛侯许之？乃长滕侯。（隐公十一年）

③国君而仇匹夫，惧者甚众矣。（僖公二十四年）

④宋祖帝乙，郑祖厉王。（文公二年）

⑤好行凶德，丑类恶物。（文公十八年）

⑥其翦以赐诸侯，使臣妾之，亦唯命。（宣公十二年）

⑦过我而不假道，鄙我也。鄙我，亡也。（宣公十四年）

⑧而曰必质其母以为信，其若王命何？（成公二年）

⑨故王臣公，公臣大夫，大夫臣士，士臣皂，皂臣舆，舆臣隶，隶臣僚，僚臣仆，仆臣台。（昭公七年）

⑩夫子将有异志，不君君矣。（昭公十七年）

⑪昔吾主范氏，今子主赵氏。（定公六年）

⑫公若曰：“尔欲吴王我乎？”（定公十年）

⑬能执干戈以卫社稷，可无殇也。（哀公十一年）

⑭卫人立遗，使室孔姞。（哀公十一年）

⑮女专利而不厌，予取予求，不女疵瑕也。（僖公七年）

⑯君以为雄，谁敢不雄？（襄公二十一年）

⑰使鲁为其班，后郑。（桓公六年）

⑱乃先楚人。书先晋，晋有信也。（襄公二十七年）

⑲先事后贿，礼也。（襄公二十八年）

⑳夫州吁，阻兵而安忍。（隐公四年）

㉑今王子颓歌舞不倦，乐祸也。（庄公二十年）

㉒幸灾，不仁。（僖公十四年）

㉓心不则德义之经，为顽。（僖公二十四年）

㉔越国以鄙远，君知其难也。（僖公三十年）

㉕既东封郑，又欲肆其西封。（同上）

㉖遂入陈……因县陈。（宣公十一年）

㉗以为盟主，而利其难。（襄公二十三年）

㉘诸侯之币重，郑人病之。（襄公二十四年）

㉙晋不邻也。（襄公二十九年）

㉚不如吾闻而药之也。（襄公三十一年）

㉛台骀能业其官。（昭公元年）

㉜哀乐而乐哀，皆丧心也。（昭公二十五年）

以上三十二例，按照宾语性质大体可分两类：第一类宾语为人，述宾关系是讲对人的处置对待，多为确定彼此间的身份关系。例①至例⑱属于第一类。第二类宾语为事物，述宾关系是讲对事物的处置对待，多为安排或估价。例⑲至㉜属于第二类。两类中充当处动词的名词大致有分工：第一类多为表示人际关系的词，如：君、臣、臣妾、宾、仇、主、长、室（妻）、殇等；第二类为表示非人际关系的词，如阻、乐、幸、则、鄙、封、县、利、病、药、业、哀等。但第一类也可以使用表示非人际关系的词，如例⑦“鄙我”，例⑧“质其母”，即把对方作物处置。第二类偶尔使用表示人际关系的词，如例㉙“不邻”。不过，这种用词并未混淆基本界线，而且可以看作词义早已引申了，如“质”早已由“抵押物”引申为“人质”，“邻”早已不限于“邻里”的意义。方位名词的用法则较灵活，可以表示人际关系，如例⑰的“后郑”，例⑱的“先晋”，也可以表示非人际关系，如例⑲的“先事后贿”。

处动句式的宾语也可以省略或前置。例⑬“无殇”，即“不殇之（汪锜）”，例㉙“不邻”，指晋不再亲近鲁、郑、卫等姬姓诸侯国。它们都省略了宾语。例⑮“不女疵瑕”属否定句宾语前置，即“不以女为疵瑕”，指楚文王不把申侯当作有过错的人。

从以上实例，已经完全显示出了意动关系与处动关系的差异：1. 在内容上，意动关系是指主语认为宾语具有什么性质，是一种心理意念，不影响宾语的客观状况；处动关系是指主语把宾语作什么处置，是一种实际行为，它对宾语施加影响。如：“秦师侵芮，败焉，小之也。”—指出秦国军队侵犯芮国失败的原因是小看了芮国，犯了骄傲轻敌的错误。“小”是一种主观意念，对芮国没有任何客观影响。“遂入陈……因县陈。”是说楚王率军进入陈国，借平乱为名吞并陈国，把陈国作了楚国的一个县。“县”是一种客观处置，而不是主观意念。2. 在用词上，意动词由形容词或表心理活动的动词充当，处动词由名词充当。用词与所要表述的内容是一致的，形容词与心理动词表示意念，名词表示处置的后果，即把甲事物当作为乙事物。

那么，人们为什么会混淆这两种关系呢？除了察之不精，还因为受到“以为”“以……为……”这种句式的多重含义的影响。因为，这种句式可以表示使动，也可以表示处动，也可以表示意动。如。

①信而使之，以为己相。（襄公四年）

②遇坤之比，曰“黄裳元吉”，以为大吉也。（昭公十二年）

③楚国方城以为城，汉水以为弛。（僖公四年）

④乃使子南为令尹。（襄公二十一年）

⑤以公子目夷为仁。（僖公九年）

⑥以三公子为质。（昭公二十年）

①至③都是“以为”句式，其中①为使动关系，②为意动关系，③为处动关系。④至⑥都是“以（使）……为……”句式，其中④为使动关系，⑤为意动关系，⑥为处动关系。《左传》中用“使……为……”表示使动关系，而不用“以……为”表示。

意动关系中“为”字的宾语是形容词，使动与处动关系中“为”字的宾语则是名词。再从“为”字的含义看，意动关系中的“为”具有判断作用，相当于现代汉语中的“是”字；使动关系和处动关系中的“为”更具有动作意义，分别相当“担任”与“当作”。由此可见，有的语法学者把可以用“以……为……”对译的述宾关系都称为意动关系，是不恰切的。如果处动关系真正“较罕”，也许可以勉强附庸在意动关系之中，但实际上处动用法比意动用法更常见，因此两者必须分开。有的语法学者感觉到了“意动”一词的内涵与外延不能吻合，它不能涵盖处动用法的大用量例，于是想易名为“以动用法”。如吴福熙编《古代汉语》，即用“以动用法”替代“意动用法”，并将“以动用法”分为两类。这种办法掩盖了矛盾，其名称无法确切界定，而且靠“以动”一词把使动的很多用例也包括进来了，只会引起更多的混乱。

语法界由于将处动混同于意动，实际上已经引起了句法分析中的混乱。其表现有两个方面。一是把处动当成意动分析，往往扞格不通。如高中语文教材入选方苞的《狱中杂记》，其中有一句：“唯大辟无可要，然犹质其首。”课本注释为“意动用法”。这“质其首”并不是一种心理意念，而是一种客观处置，即狱卒将犯人的脑袋当作抵押品以要挟家属。所以，中学教师大惑不解，有的向语文杂志提出质疑。如江西省《语文教学》1980 年第 4 期就刊登了一位中学语文教师的质疑文章:《“质其首”是意动用法吗?》。二是造成使动、意动分界不清。如:

①孟尝君客我。(《战国策·齐策》)

②吾所以为此者,以先国家之急而后私仇也。(《史记·廉蔺列传》)

王力先生主编的《古代汉语》教材,把例①当作使动用法,周秉钧先生编的《古汉语纲要》则把它当成意动用法。王力先生《古代汉语常识》把例②当作使动用法,而全国高中语文教材则把它当成意动用法。其实,这两句既没有使动意义,宾语完全是被处置的,也没有意谓性,而是一种实际处置。它们被当作意动用法,是语法界用“以……为……”来概括意动用法的后果,王力先生察觉到了它们的非意谓性,看出它们是一种实际行为,但忽略了动作发出者的区别。这说明,把实际上存在的处动用法,勉强包括在意动用法中或者使动用法中,是行不通的。

处动用法的历史渊源很古老,影响也很深远。如:

①鄙廿邑。(殷契粹编 801 片)

②汝无侮老成人,无弱孤有幼。(尚书·盘庚上)

⑧惟天监下民,典厥义。(尚书·高宗肜日)

④毋金玉尔音。(诗·小雅·白驹)

⑤骐骝是中,騧骊是骖。(诗·秦风·小戎)

①②③例皆出自商代文献。“鄙”作处动词,直接为《左传》继承。“侮老”是动词与名词连用,即把成人当作年老无用的人而轻侮,“老”是一种处动用法,后来《孟子》中的“老吾老以及人之老”便是这种用法的继承。“弱孤”是形容词与名词连用,即认为幼年人弱小而把他们当作孤儿虐待,“弱”是意动用法,“孤”是处动用法,这种用法后代很少见。“典厥义”的含义就是把义作为标准。以前人们不知是处动用法,认为“典通腆”,是善的意义,绕了一个大弯子。④⑤例是西周末年作品中的用例。“金玉尔音”即把你自己的声音当作金玉那么宝贵。“骐骝是中,騧骊是骖”,为宾语前置句,即以骐骝为中间的服马,以騧骊为两旁的骖马。以上各例皆说明处动用法渊源很古老。它产生之后,特别在《左传》大量运用之后,对后代的史传、散文、骈文和赋都有深远影响。如:

⑥此二士弗业,一女不朝,何以王齐国、子万民乎?(《战国策·齐策》)

⑦秦地被山带河以为固,四塞之国也。(贾谊《过秦论上》)

⑧（孔子）月余反乎卫，主蘧伯玉家。（《史记·孔子世家》）

⑨祖述尧舜，宪章文武，宗师仲尼，以重其言。（《汉书·艺文志》）

⑩吞若云梦者八九于其胸中，曾不蒂芥。（司马相如《子虚赋》）

⑨芥千金而不盼，屣万乘其如脱。（孔稚珪《北山移文》）

⑧襟三江而带五湖。（王勃《滕王阁序》）

⑨圣人无常师，孔子师郯子、苌弘、师襄、老聃。（韩愈《师说》）

⑩驼业种树。（柳宗元《种树郭橐驼传》）

⑩人知从太守游而乐，而不知太守之乐其乐也。（欧阳修《醉翁亭记》）

⑪稍宾客其父。（王安石《伤仲永》）

⑫况吾与子渔樵于江渚之上，侣鱼虾而友麋鹿。（苏轼《前赤壁赋》）

这些句子都出于《左传》之后的史传、散文、骈文与赋。“祖述”是名词与动词连用，意即以尧舜为创始之祖而承述之，用法颇似《尚书·盘庚上》之“侮老”。我们没有举先秦诸子散文的例句，虽然这些散文中存在大量处动用法的例句。这是因为，它们跟《左传》的时代关系学术界尚有不同看法。此外，现代成语中也保留了不少处动关系的例子，如：席地而坐、鉴往知来、党同伐异、鱼肉百姓、草菅人命，等等。这种用法往往既精练又形象，有言简意赅的表达效果。

总之，把处动与意动分开，从各方面看都是应该的。使动、处动、意动是文言文中使用频率很高的特殊动变关系，将三者区分开来，无论是对准确理解古代文献，还是深入研究文言句法的特点，都有重要作用。那么，如何将三者明确区分呢，其难点何在呢？将前文的论述总括起来，共有两个方面：第一、从语法意义看，使动是主语使宾语发生动作，处动是主语对宾语进行处置，其区别在于宾语是否具有动作的主动性，而意动是主语认为宾语有什么性质，是主观意识，而非客观动作。第二、从充当述语的词性看，处动关系的述语由名词充当，意动关系的述语由形容词或心理动词充当，两者的区别很明显，而使动关系的述语可以由动词、名词、形容词，数词、代词等充当。由此可见，难点并不在意动与处动的区分，而在于：由形容词充当述语时如何区分使动与意动；由名词充当述语时，如何区分使动与处动。如：

A、安民而宥宗卿，不亦可乎？（成公十四年）

有马二十乘，公子安之。（僖公二十三年）

B、夫子所谓生死而肉骨者也。（襄公二十二年）

今县陈，贪其富也。（宣公十一年）

C、能官人，则民无觎心。（襄公十五年）

止而见之，弗宾。（庄公十年）

D、君老矣，吾又不乐。（僖公四年）

哀乐而乐哀，皆丧心也。（昭公二十五年）

A组的述语都是形容词，“安民”是使民安定，属使动关系；“安之”是心理上以之为安，属意动关系。B组的述语是非人际关系的名词，“肉骨”是使白骨生肉，属使动；“县陈”是把陈国当作一个县，属处动。C组的述语是与人有关的名词，“官人”是使人做官，择贤任职，属使动，“弗宾”是不把他当宾客对待，属处动。使动的述语多为具体职务（如：官、守、相、令尹、将、王等），处动的述语多为人际相互关系（如：君与臣，主与宾，祖、父与子、孙等）。D组的述语是一种兼类词，“乐”既可作名词，又可作形容词。“不乐”是使他不高兴，“乐”是形容词的使动用法；“乐祸”是把别人的灾祸作为自己的快乐，“乐”是名词的处动用法。“哀乐”与“乐祸”，结构和意义都一致。碰到兼类词（如哀、弱、老、幼等）要根据上下文确定其词性及句法意义。

述宾关系复杂是文言句法的一个重要特点，而《左传》的句法对后代影响深远。因此，本文重点研究了《左传》中两种特殊的述宾关系——意动关系与处动关系。总之，使动关系、处动关系、意动关系是三种使用频率很高的特殊述宾关系，各有不同的表达作用和特征，将三者加以区分是必要的，也是可能的。过去，将处动混淆在意动之中，是察焉不精所致，容易造成句法分析的混乱，不利于对古代文献的阅读和整理（注释、今译等）。

按：此文为参加瑞士伯尔尼召开的“国际古汉语研究年会”论文。

《马氏文通》与传统语文学

——兼评文化断层说

《马氏文通》问世将近一个世纪了。学术界一致肯定其开创之功，“中国之有文典，自马氏始”[①]。学术界对《文通》的批评，集中在它模仿西方语法（主要是拉丁语法）的框架而忽视了汉语的特点。如陈承泽先生说：“今使不研究国文所特有，而第取西文所特有者，一一模仿之，则削趾适履，扞格难通。”[2]申小龙博士的批评更加严厉，他说：“中国传统的虚字、句读释经之学就这样在具有时代责任感，自觉肩负起在思想文化领域披荆斩棘、拓荒播种任务的维新派手中戛然而止。代之而起的是面目全非的西方语言理论体系。《马氏文通》成了改良主义者急功近利的语文宪章。‘文化断层’就这样形成了。”[3]学者们致力于发掘汉语语法特点，强调对传统语文学精华的继承，反对“不能脱模仿之窠臼”[4]，无疑是正确的。但是，正如吕叔湘先生所指出的那样，《马氏文通》寻求了不少“华文所独”的规律，对语言实事作了细致的剖析和活灵活现的描述，因此说他一味模仿西方语法，是“批评过甚其辞”。[5]

个人以为，《马氏文通》在借鉴西方语法方面，有所突破，又有所不足，在继承中国传统语文学方面，也有所突破，有所不足。语言学界的评议，似乎只侧重于前者，而忽视了后者。申小龙博士的“断层说”，跟忽视后者有极大关系。故本文打算探讨一下《文通》与传统语文学的关系，看作者继承和突破了什么，在这方面有哪些不足。

梁启超先生最早肯定《马氏文通》与传统语文学的继承关系。他说：“推其所自出，则亦食戴学之赐也。”[6]“眉叔是深通欧文的人。这部书是把王、俞之学融会贯通之后，仿欧人的文法书把语词详密分类组织而成的。”[7]可惜的是，梁先生没有展开论述，因而没有引起学术界的足够重视。而且，《马氏文通》对传统语言学的继承并不限于戴震、王念孙、王引之、俞樾等清代训诂学家，其继承范围是异常广泛的。

《马氏文通》引证前人之说，有的标明了出处。如：［界说十一］云，“凡字相配而辞意已全者，曰句。《文心雕龙》云：‘置言有位’，‘位言曰句’，‘句者，局也；局言者，联字以分疆。’所谓联字者，字与字相配也，分疆者，盖辞意已全也。句者，所以达心中之意。”第四章［静字总论］云：“静字，所以肖事物之形者。形者，附事物而生。《左传·僖公十五年》曰：‘物生而后有象，象而后有滋。’是故静字统分两门：曰象静，曰滋静。象静者，以言事物之如何也；滋静者，以言事物之几何也。”但是，《马氏文通》中更多的是吸收融汇前人之说而未标明出处，这是《马氏文通》的缺点之一。

本文抉《马氏文通》吸收融汇前人之说而又有所突破的条目于下：

一、关于字（词）的分类

在古代汉语中，语素、词、字、音节四者基本上是一致的，故古人多以

“字”称词。马建忠不能突破古人局限，使书中的“字”出现歧义，有时指词，有时指汉字。吕叔湘、王海棻先生已经批评了这一关键性术语的局限，“把汉字和词用同一个术语‘字’来表示，有时会带来理解文义的障碍，甚至会导致逻辑上的混乱”。[⑧]

1. 虚实之分。马建忠把字分为虚实两大类，实字有五类（名、代、动、静、状），虚字有四类（介、连、助、叹），并说：“外此无类，故虚实两宗可包括一切字”。这虚实之分，在传统语言学中可追溯到宋代，周辉《清波杂志》、孙奕《示儿编》、罗大经《鹤林玉露》、张炎《词源》等都提到实字和虚字。元明清时代还出现了各类虚字专著。但是，无论实字和虚字，都没有明确的定义和分类标准。马建忠正确地批评了传统语言学的局限，“读王怀祖、段茂堂诸书，虚实诸字，先后错用，自无定例，读者无所适从。”在此基础上，他提出了明确的定义和分类标准：“凡字有事理可解者，曰实字。无解而惟以助实字之情态者，曰虚字。”这无疑是一个值得肯定的突破和进步，但是采用“虚实”的术语和采用以意义为标准的分类方法，又是对传统语言学的继承。这只能说是“前修未密，后出转精”的进步；而不能说是断层。

2. 动静的分析。宋人已把动词叫活字。明人《对类》把形容词归入死字，动词归入活字。《对类》卷一把高、长、斜、清、稠、低、稀等字叫做虚死字，把吹、飘、驱、腾、埋、浮、迷、连、椋、同等字叫虚活字。清人又用动静来分析词性，他们把动词叫动字，把名词形容词叫静字，王筠《说文句读》曾大量运用这种动静之说。《马氏文通》作者经过仔细斟酌，作出了选择。书中说：“凡实字以言事物之行者，曰动字。”“凡实字以肖事物之形者，曰静字。”“动字与活字无别。不曰活字而曰动字者，活字对待者曰死字，未便于用，不若动字对待之为静字之愈也。”他挣脱传统的虚实死活之说，把动词、形容词归入实词，并用动静之分代替死活之分。他的学说并未与传统断裂。更可贵的是他发现了动词、形容词在文言文中语感相近：“其或动静两种字先后参用，而义有相关者，亦以‘而’字为过递焉。”“可知动静两类字，古人于遣词造句，视同一律，并无偏重也。”

3. 字的小类与“助字”。《马氏文通》九类词下的小类，除了“内动与外动”之外，几乎都来自传统的语文学。静字分象静与滋静，其术语来自《左传》，我们已在前文提到。代字中的指名、询问、指示，状字中的双声、叠韵，重言、加尾诸式，连字分为提起、承接，转捩、推拓，助字分为传信、传疑、合助，都根源于中国传统的训诂学与文章学著作。如第九章［助字总论］云：

“凡虚字用以结煞实字与句读者，曰助字。《文心雕龙·章句》云，‘乎’‘哉’‘矣’‘也’，亦送末之常科。’‘送末’云者，即结煞实字与句读之谓也。故古人谓助字为语已之辞，所以别于连字为句端之辞也。泰西文字……惟其动字之有变，故无助字一门。助字者，华文所独，所以济夫动字不变之穷。”马建忠正是由于继承了传统语文学的成果，才认识到了汉语助字的特点与功能，为其独立一类。马氏将助字分为传信、传疑两大类，则来源于传统的决辞、疑辞说。如《论语·泰伯》：“君子人与？君子人也。”朱熹《论语集注》云：“与，疑辞。也，决辞。设为问答，所以深著其必然也。”马氏提出“合助助字”，也是根据传统的虚字著作。如《论语·雍也》：“女得人焉尔乎？”《朱子语类》云：“焉、尔、乎，语助辞。圣人之言，宽缓而不急迫。”清刘淇《助字辨略》等都引用了这个例句。而俞樾《古书疑义举例》卷四又有“语词复用例”。这一切无疑地都给《马氏文通》以启发。

此外，在具体问题上《马氏文通》引证前人学说之处，更是不胜枚举。如第七章介字云：介字云者，犹为实字之介绍耳。……中国文字无变也，乃以介字济其穷。《文心雕龙·章句》有云，“‘之’‘而’‘于’‘以’者，札句之旧体。”“札句”也者，盖以为实字之介绍耳。然后，全章详尽分析了之、于、以、与、为等介字，其分析与用例都得益于古代训诂及虚字专著。

二、关于字（词）类假借

汉语的词类基本上没有形态标志，因而一词可以灵活地用于不同的语法环境，表现出不同的语法作用。《马氏文通》把这种现象叫做字类假借。“假借”二字，来源于文字学，本来是讲字义问题，后来推广到讲字的语法性质。如《说文解字》：“梳，理发也。”段玉裁注：“器曰梳，用之理发因亦曰梳，凡字之体用同称如此。”段氏借用哲学上的体用说来讲词性变化。朱骏声《说文通训定声》：“转注，以梳理发即曰梳。”朱氏把词性变化看作是转注，而朱氏所讲的转注相当《说文解字》中所说的某些假借字。《马氏文通》说：“字无定义，故无定类，而欲知其类，当先知上下之文义何如耳。”正是从字义变化推广到词性变化，并选定“假借”二字作为术语，无疑受到了说文家的启发。

1. 假借分类问题。《马氏文通》讲假借，主要是两大类，通名假借和动字假借。通名假借，即静字、动字、状字用为名字；动字假借，即名字、静字、状字、代字用为动字。通名假借说，来源于“虚字实用”说；动字假借说，则来源于“实字虚用”说。元人周伯琦《六书正讹》：“大氐古人制字多自事物始，后之修辞者每借实字为虚字，用以达其意。”明人费经虞《雅伦》：“老杜诗。‘弟子贫原宪，诸生老服虔。’‘老’字盖用‘赵充国请行，上老之’之老字。……少陵‘子能渠细石，吾亦沼清泉’，韩翃‘星河秋一雁，砧杵夜千家’。皆以实字作虚字用。”“老”字是静字（形容词）用为动字，“渠”“沼”等字是名字用为动字。马氏吸收这些成果，建立了自己的字类假借说纲目，使零乱模糊的说法变得系统明确，是对虚实体用说的一大突破。

2. 假借辨音问题。《马氏文通》有“名字辨音”和“动字辨音”两节，专讲字类不同而读音分辨问题。他在“名字辨音”中说：“至同一字而或为名字，或为别类之字，惟以四声为区别者，皆后人强为之耳，稽之古籍，字同义异者，音不异也。虽然，音韵之书，今详于古，亦学者所当切究。”他的这一看法，实际上来源于《颜氏家训》和《经典释文》。陆德明《经典释文》云：“夫质有精粗，谓之好恶（并如字）；心有爱憎，称为好恶（上呼报反，下乌路反）。当体即云名誉（音预），论情则曰毁誉（音余）。乃夫自败（薄迈反）、败他（补迈反）之殊……此等或近代始分，或古已为别，相仍积习有自来矣。余承师说，皆辨析之。”《马氏文通》所举的两百多个例字，从材料来源看，主要是取自宋人贾昌朝《群经音辨》、元人刘鉴《经史动静字音》、明人袁子让《字学元元》等书。

三、关于句读

《马氏文通》的句读理论也是与传统语文学密切相联系的。书中说：“夫文者，集句而成，如锦绣然，故谓之文。欲知文，当识句。”“凡字相配而辞意已全者，曰句。”“凡有起，语两词而辞意未全者曰读。”我国古代早就讲句读。《礼记·学记》：“一年视离经辨志。”郑玄注云：“离经，断句绝也。”《说文解字》中的“亅”和“丶”，即句和读的标识符号。高诱在《淮南子叙》中曾追述自己早年从事学习句读：“自诱之少，从故侍中同县卢君，受其句读。”《文心雕龙·章句》云：“夫人之立言，因字而成句，积句而成章，积章而成篇。”唐释湛然《法华文句记》甚至给句读下了界说：“凡经文语绝处谓之句，语未绝而点之以便诵咏谓之读。”元程端礼《程氏家塾读书分年日程》、清郝懿行《证俗文》、武亿《句读叙述》等都有类似的论断。马建忠继承了古人的看法，沿用了古人的术语；其新贡献在于引进了欧洲的句子成分学说，如称主语为“起词”，称谓语为“语词”，这使句读分辨在结构上有章可循。他的不足之处是未能完全突破古人局限，过分迁就传统学说，以致发生逻辑混乱。如对于

“读”的界定。读，传统语文学中指句中的小停顿，马氏则引进“顿”字代替“读”，他把小停顿叫顿，把中停顿叫读，把大停顿叫句。马氏又从结构上给“读”下定义，要起词、语词已全，那么，他说的“读”似乎是一种主谓短语或从句。但是，他举的例句又往往不是，而只是一种句中的停顿。这就中西杂糅，把结构与停顿混为一谈了。

《马氏文通》用“词”与“次”来分析汉语句子，这是从欧洲语法移置过来的，特别是“次”脱离了汉语特点。但是，《马氏文通》在句子分析上也注意了汉语特点，继承了传统语文学成果。试举例于下。

1. 起词（主语）省略问题。《马氏文通》说：“凡有起词、语词而辞意已全者曰句。”“凡句读各有起词”。但是，他注意了汉语的特点，列举了起词可省的多种情况。他说：“大抵议论句读皆泛指，故无起词。此则华文所独也。泰西古今方言，凡句读未有无起词者。”他所讲的各种省略情况，有的是自己的发现，有的是沿袭前人之说。如书中所说的，“读如先句，句之起词已蒙读矣，则不复置”，“句读起词既见于先，而文势直贯，可不重见”。这便是俞樾《古书疑义举例》中所说的“蒙上文而省例”。

2. 止词（宾语）先于动字问题。《马氏文通》系统描述了宾语前置的各种情况。如。“凡外动字状以弗辞，或起词为‘莫’‘无’等字，其止词如为代字者，概位乎外动之先。非代字而先焉者盖寡。”“询问代字为止词，则先其动字；为司词，则先其介字。”这便是今日常说的“否定句中的代词宾语前置”和“疑问代词作宾语前置”。马氏的总结是成功的，但并未脱离传统训诂学的基础。如《诗经·硕鼠》：“莫我肯顾。”郑笺云：“曾无教令恩德来顾眷我。”在随文释句中已指明了“我”字是“顾”字的宾语前置。

3. 受动字问题。《马氏文通》把被动叫做受动。他系统总结了“为”、“所”、“见”、“被”、“于”等字可以表示受动。这方面，古代虚词著作已为马氏积累了资料。如刘淇《助字辨略》论“见”字云：“凡云见者，加于我之辞也。……见冤者，为人所冤；见屠者，为人所屠也。”论“为”字云：“又《汉书·高帝纪》：‘赵王武臣，为其将所杀。’此为字，犹云被也。”

4. 句子节律问题。汉语注重音韵和谐，声情并茂。《文心雕龙·声律》说：“言语者，文章［关键］，神明枢机，吐纳律吕，唇吻而已。”王世贞《艺苑卮言》说：“抑扬顿挫，长短节奏，各极其致，句法也。”这正如申小龙所正确指出的那样，“古人的‘句法’概念，无不浸润着独特的气韵意识。”[⑨]可贵的是，马建忠已注意了汉语的这个特点。如该书第三章谈“偏次“说：“偏正两次之间，‘之’字参否无常。惟语欲其偶，便于口诵。故偏正两奇，合之为偶者，则不参‘之’字。”“又或偏次字偶而正次字奇，与偏次字奇而正次字偶者，概参‘之’字以四之。”

《马氏文通》有些发现，既突破了西方语法的框架，又挣出了传统语言学的樊篱。如第十章谈起词时指出了汉语一种独特的句法现象：“句读内有同指一名以为主次、为宾次或为偏次者，往往冠其名于句读之上，一若起词者然，避重名也。”他举的例子有二十五个。后来的语法学家们把这种现象，或称为宾踞句首，或称为主谓谓语句，或称为话题，或称为主题句。虽然术语有别，认识深浅不一，但都是对汉语特点的探索，其开创之功则应归于马氏。

总之，《马氏文通》能成为中国第一部系统的语法学著作，就在于它既能吸收欧洲语法科学的成果，又能吸收传统语文学的成果，而且能从汉语实际出发（他分析了七千三百二十六个例句，有人以为这是繁琐，其实这是科学学风的表现），在两个方面都有所突破。这种突破决不能叫做“断层”，而是科学发展的必然。只要比较一下《马氏文通》与传统的训诂、修辞、虚字著作，就不得不承认《马氏文通》在继承传统的基础上取得了长足进步。当然，《文通》在挖掘继承传统上还可以更深入细致些，如陈承泽后来发现“致动”与“意动”便得力于汉代注释。后来，黎锦熙、赵元任、王力、高名凯、吕叔湘诸语法大家也无不注意中国语文的特点与传统语文学的成果而有所发现。但是决不能苛求马建忠这位筚路蓝缕的作者，更不能把“不够”说成是“断层”。同时，《文通》在突破传统局限上也有不够之处，如某些逻辑上的纠缠混杂，章法上的零乱之处，行文上受“时文”影响，而且由于时代局限，“全引古人文章为证，而不及今时通用语言，仍非通晓作文者不能领略”[10]。诚然，现代某些语法研究者（也包括其他社会科学研究者），确有忽视中国传统的毛病（有的是根底太差），但是《马氏文通》似乎不能任其咎。《马氏文通》把汉语研究引向了“求其所以然”的科学道路[11]，其功伟哉！

按：《新华文摘》1992年10期详细转载此文。

【参考文献】

①⑥梁启超《论中国学术思想变迁之大势》。

②④陈承泽《国文法草创》。

③申小龙《文化断层与中国现代语言学之变迁》。

⑤⑧吕叔湘，王海棻《马氏文通读本·导言》。

⑦梁启超《中国近三百年学术史》。

⑨申小龙《中国句型文化》第一章。

⑩孙中山《建国方略》。

⑪《文通序》:“慨夫蒙子入塾，首授以《四子书》，听其终日伊吾，及少长也，则为之师者，就书衍说。至于逐字之部分类别，与夫字与字相配成句之义……罔不曰此在神而明之耳，未可以言传也。噫嚱！此岂非循其当然而不求其所以然之蔽也哉!”

一个作宾语时要求前置的代词——“自”

人称代词“自”，往往用在动词之前。语法界不少人认为，这个“自”是复指句中已经出现的名词或代词，或者泛指句中的某个主体，表示动作行为由自身发出，又以自身为对象。如：

①知人者智，自知者明。(《老子》)

②见贤思齐焉，见不贤而内自省也。(《论语·公冶长》)

③夫人必自侮，然后人侮之。(《孟子·离娄上》)

个人认为，这种“自”是前置的宾语。“自知”就是“知自”，即了解自己；“自省”就是“省自”，即反省自己；“自侮”就是“侮自”，即侮辱自己。复指的说法，转弯抹角，不如宾语前置的说法直截了当。而且，这类句子，往往不出现主语，如例句①②，那么，复指的说法就更加没有着落了。

“自”作宾语前置，是代词“自”的特性，“自”作宾语几乎都要前置，还往往跟其他的后置宾语同时出现在一个句子中。如：

④秦人不暇自哀而后人哀之。(《阿房宫赋》)

⑤轸自为厚而为王薄也。(《史记·张仪列传》)

《阿房宫赋》中的“自哀”即“哀自”（为自己悲哀)，与“哀之”（为他悲哀）相对成文。《张仪列传》中的“自为”即“为自”（为自己)，与“为王”（为国王）相对成文。

“自”作宾语前置，还影响到现代汉语。现代汉语中不少以代词“自”为词素的词语，都保存了“自”作宾语前置的语法特点。如：“自欺欺人”，意即既欺骗别人也欺骗自己；“自尊”和“自重”，就是要尊重自己；“自信”就是相信自己；“自责”、“自遣”就是责备自己；“自戕”就是伤害自己，等等。“自强”，是使自己强大起来，是使动关系。

——原载《全国教育学院、师专 1988 年年会论文集》

益阳方言的边音声母

益阳方言分布于湖南省的益阳市、益阳县、桃江县（原属益阳县）以及安化、沅江两县的大部分地区。益阳方言的主要特点是边音［l］声母字较多，特别是桃江县的板溪和大栗港一带的方言，本文记录的就是这两处的口音。

一、声韵调

1.1 声母　益阳方言有二十个声母，包括零声母［ø］在内。

p 巴比布包边　pʻ怕披铺婆偏　m 妈眉猫棉门　f 花发夫翻分

t 打低刀单雕　tʻ他梯滔贪桃　n 泥鸟牛年银　l 劳拿豆茶坐

ts 知杂召战赃　tsʻ雌车操参昌　s 思沙梢山桑　z 时瓷是字日

tɕ 机居朱交尖　tɕʻ区妻吹锹千　ɕ 西虚书消先

k 家姑高乾工　kʻ卡枯敲看空　ŋ 芽我欧安恩　x 虾蒿汉很风

ø 禾衣乌鱼烟

说明：［f］少数人读双唇音［Φ］。［n］只出现在［i］或［y］之前，少数人读舌面音［ȵ］，二者无辨字作用。［z］是［s］的浊音，只能跟舌尖［ɿ］韵相拼。［l］声母字中，“徐随罪聚层钱贱澄净墙像”等字，有人又读浊边擦音［ɮ］。

1.2 韵母　益阳方言有三十五个韵母，包括自成音节的［n̩］。

ɿ 资知雌思师时　i 皮提泥犁机衣　u 布铺夫姑枯乌　y 居朱书虚鱼女

a 巴打家芽渣沙　ia 壁爹邪惹加亚　ua 瓜括夸华话蛙　ya 抓茄靴

o 波多罗哥左河　io 虐掠脚却学药

e 泼得割额则二　ie 别热列节协叶　ue 国骨核盘碗伴　ye 决拙缺血说月

ai 拜带解改灾鞋　uai 乖怪快块歪外

ei 悲飞堆内翠隧　　uei 规鬼亏威回肥　　yei 追炊谁睡锐瑞

au 包毛刀高召袄　　iau 标苗雕鸟料交

ou 都楼路六周苏　　iou 丢牛流九曲优

an 班翻丹乾赞寒　　uan 关惯弯晚凡瓣

ə̃ 半端瞒根增恒　　iə̃ 边颠棉研尖烟　　yə̃ 捐专圈川掀冤

en 奔门敦工征很　　in 宾明丁林精英　　un 棍昆温横魂朋　　yn 军准倾春勋云

aŋ 邦忙汤张床状　　iaŋ 详娘梁将相央

[n̩]。翁红冯你风瓮

说明：[ə̃] 的鼻化成分较弱。益阳、桃江 [ə̃] 韵跟 [e] 韵不混；安化的梅城一带，[ə̃] 韵的鼻音消失，跟 [e] 韵相混。[an] 的音值和 [ã] 相近，[aŋ] 的音值和 [ɑ̃] 相近，本文分别记作 [an aŋ]。

1.3 声调　益阳方言有五个声调。

阴平　[˧] 33　刚知专尊丁边开超粗天偏三

阳平　[˩˧] 13　穷陈床才唐平寒时祥四盖菜

上声　[˥˩] 51　古展纸走短比口丑草手五女

去声　[˩] 11　共阵大害近柱是淡岸漏帽用

入声　[˧˥] 35　急竹职即各桌接百局宅意试

上声或读41调 [˦˩]，本文记作51调 [˥˩]；入声或读45调 [˦˥]，本文记作35调 [˧˥]。

古去声字在益阳话中分化了。古去声清音声母一部分字今读阳平。如“四替到靠盖菜醉变送唱”等；另一部分字今读入声，如“救汉爱怕意”等。古去声字今读入声，大概是受长沙话的影响。长沙是湖南的省会，益阳旧属长沙府，读音多模仿长沙。长沙话的阴去调值为45 [˦˥]（入声为24 [˨˦]），恰好跟益阳话的入声调值相同，益阳人按长沙的去声来念自己的去声，便促使这部分字演变为入声了。

益阳有些鼻韵尾去声字，今天也读入声，如“赞范碰甚应混谅”等。古上声全浊声母和古去声浊音声母字，也有少数今读入声，如“惰待助怒例厉”等。

二、边音声母的来源

2.1 益阳的 [l] 声母字比外地多　据《方言调查字表》记录所得的 [l] 声母字有五百三十多个。其中有两百零几个字，益阳读 [l] 声母。北京也读

[l] 声母。如“来锣路吕犁雷泪楼刘兰连林粮铃龙”等。其他三百多字，益阳读 [l] 声母，北京分别读 [pʻ m t tʻ n ts tsʻ s tʂ tʂʻ ʂ ʐ tɕ tɕʻ ɕ ø] 等十六个声母。例如：

益阳话 [l] 声母例字	北京话声母
爬（~山）	[pʻ]
们（我~）	[m]
弟地大（~码头，地名）袋贷道稻豆肚杜蛋（鸡~）	[t]
提驼台投头桃逃淘谈痰檀团腾（奔~）同	[tʻ]
拿挪（~用）暖乃奶耐脑恼南男农浓囊	[n]
罪昨（~日）坐座在造藏（西~）脏	[ts]
才曹蚕残（~废）曾（~经）层从丛（树~）存藏（躲~）	[tsʻ]
隋（~朝）随	[s]
寨（~王）助（帮~）赵兆（~头）栈阵状丈（~把长）重（~量）	[tʂ]
茶朝（~代）绸仇谗缠橙（~子）陈成虫长（~短）	[tʂʻ]
蛇社（春~）受（接~）兽（野~）陕（~西）神上（山~）	[ʂ]
绕辱褥然燃（点~）人仁壬任仍刃忍韧	[ʐ]
聚（~集）贱渐净（干~）靖静尽（~先）匠	[tɕ]
齐脐（肚~）泅（~水）全泉前钱秦情晴墙	[tɕʻ]
徐序（秩~）叙袖（衣~）旋谢（姓）旬循详	[ɕ]
圆（~心，~的）	[ø]

上面的例字益阳话都读 [l] 声母。因此外地人常常非笑益阳人把“请坐，吃茶” [tɕʻin ˦˨ lo ˩，tɕʻia ˦ la ˨˦] “一条蛇，丈把长” [i ˦ liau ˨˦ la ˨˦，laŋ ˩ pa ˦˨ laŋ ˨˦] “大码头” [lai ˩ ma ˦˨ lou ˨˦] 中的“坐茶条蛇丈长大头”等字读成 [l] 声母。

益阳 [l] 声母字多，同音字也就相应地增多了。拿 [len ˨˦] 这个音节来说，就包括了如下的一些字：论伦岺沦轮 = 龙笼隆 = 农脓浓 = 囤沌 = 同筒铜桐童瞳 = 存 = 从丛 = 沉陈尘辰晨 = 唇 = 成城诚盛（~饭）呈程承丞乘塍 = 神 = 绳 = 仁人壬任（姓） = 仍 = 旬荀。

2.2 [l] 声母字的来源　益阳方言 [l] 声母字的来源可分为三大类十小类。第一类是古来母字，共 205 个，占 38.5%。这是与北京话及全国大多数方言一致的。第二类是古泥母今开口呼字和古日母的少部分字，共 50 个，占 9.6%。这是湘方言的共同现象。第三类是“定从邪澄崇船禅” 7 个古全浊声母字，共264个，占49.7%。这是益阳方言［l］声母多于其他方言的主要原因。此外，还有一些零星字。共12个，占2.2%。下面分别列举。有些字的用法，见下文（四段）。

（1）古来母字都读［l］：只有一个“隶（奴～）”字，益阳读［ti˦］，是个例外。

（2）古泥母今开口呼字都读［l］：挪哪那糯拿奴努怒乃耐奈奶内脑恼闹南男纳赁难（～易）难（患～）捺暖嫩囊齉诺能农侬浓。共32字。古泥母今齐齿呼、撮口呼读［n］声母：泥尼腻你挠尿纽扭聂蹑镊鲇捻念碾年拈捏娘匿宁佞溺。共23字。（另外，“女”字今读［y˨˩］。）

（3）古日母字：扰绕冉任（姓～）任（～务）壬纴然燃人仁刃忍韧仍扔辱褥。共18字，约占古日母常用字的三分之一。古日母字还有两个去向：一是读［n］声母，如“惹饶日”等；二是读零声母，如“如而戎”等。

（4）古定母字：驼驮舵大惰徒屠途涂图杜肚度渡镀台薹抬待怠殆代袋题提蹄啼弟第递兑地桃逃淘陶萄涛道稻盗条调头投豆痘潭谭痰谈淡甜簟檀坛弹（～琴）但弹（子～）蛋田填电殿佃垫团糰断段缎囤沌钝盾（矛～）遁堂棠螳唐塘糖荡腾藤誊疼邓澄（把水～一下）亭停廷庭蜓同铜筒桐童瞳洞动毒（动词，～死人）。共103字。

（5）古从母字：坐座聚才 财材裁在齐脐罪曹槽皂造蚕惭暂潜渐残钱贱前全泉秦尽存藏（躲～）藏（西～）脏墙匠曾（～经）层情晴静靖净丛从昨（～日）。共45字。

（6）古邪母字：邪斜谢徐序叙绪随隋囚泅袖旋寻旬循巡祥详象像橡松（～树）。共23字。

（7）古澄母字：茶搽朝潮赵兆绸稠筹纣宙赚站（车～）沉缠陈尘阵长肠场丈仗杖撞橙澄呈程郑虫仲重（轻～）重（～复）。共34字。

（8）古崇母字：查乍锄助豺柴寨巢愁骤谗馋栈床状崇。共16字。

（9）古船母字：蛇射麝神唇盾（矛～）乘绳塍剩。共10字。

（10）古禅母字，佘社仇酬受授寿售蟾甚蝉禅善膳单姓辰晨臣肾慎常尝裳偿上尚承丞成诚城盛（～饭）盛（茂～）。共33字。

古定母等七个全浊声母，今不读［l］声母的字有178个，大致可以分为四类。

甲　古入声字一般不读［l］。①定母入声字：沓（一～纸）夺笛狄籴（～米）独读牍犊毒（有～，很～），这十个字读［t］；叠碟牒蝶谍突铎特，这八个字读［tʻ］。②从母入声字：捷截绝疾寂籍集辑嚼，这九字读［tɕ］；凿贼族三字读［tsʻ］；杂字读［ts］。③邪母入声字：习袭席夕四字读［ɕ］；俗续二字读［s］。④澄母入声字：蛰姪掷三字读［ts］；辙秩浊直值泽择宅逐轴，这十字读［tsʻ］；术字读［ɕ］。⑤崇母入声字：牐（今作闸）煠（今作炸，用油～）铡三字读［ts］；镯字读［tsʻ］。⑥船母入声字：舌实食蚀赎五字读［s］；術述秫三字读［ɕ］。⑦禅母：石十什拾涉勺芍熟淑蜀属，这十一字读［s］；折字读［ts］；植殖二字读［tsʻ］。

以上77个入声字都不读边音。入声字中只有一个字读边音，就是从母的“昨（～天）”字。口语读［lo ˦˥～laŋ ˦˥］。至于“毒”字，作动词时读［lau ˩］，如食物毒人。那是去声，不是入声。

乙 古“之支脂”三韵（包括古平上去三声）的字今多数读［zɿ］，不读［l］。①从母字：瓷瓷（～巴）慈磁四字阳平；自字牸三字去声。②邪母字：嗣饲词祠辞五字阳平；寺巳（～时）二字去声。③澄母字：池驰迟持四字阳平；痔治二字去声。④崇母字：士仕柿事俟（俟字古俟母）五字去声。⑤船母字：示字入声。⑥禅母字：时匙二字阳平；是氏豉（豆～）市四字去声；视嗜侍誓逝五字入声。另有邪母的“遂隧穗”读［sei ˥］。

以上40个字都不读边音。只有支韵邪母的“随隋”今读［li ˦˥］。

丙 读零声母的字。①从母字：樵瞧二字读［iau ˦˥］；就字读［iou ˩］。②澄母字：除储厨苎槌锤六字读［y ˦˥］；柱住二字读［y ˩］；传椽篆三字读［yə̃ ˦˥］。③船母字：船字读［yə̃ ˦˥］。④禅母字：薯（红～）字读［y ˦˥］；树竖二字读［y ˩］；垂谁二字读［yei ˦˥］；瑞（天～山）读［yei ˩］。以上共21字。

丁 读其他声母的字。①定母字：逗掉诞奠队导定锭宕九字读［t］；屯臀挺艇苔五字读［tʻ］。②从母字：藉（～故）荠剂践饯（～行）五字读［tɕ］；载（～重）赠二字读［ts］。③邪母字：颂诵讼三字读［s］；涎羡殉三字读［ɕ］。④澄母字：滞坠召绽惩五字读［ts］；瞪字读［t］。⑤崇母字：撰字读［ts］；雏字读［tsʻ］。⑥船母字：葚字读［s］。⑦禅母字：绍邵韶三字读［s］；睡字读［ɕ］。以上40个字，除“逗队”两字外，其他字都是书面用字。如：“睡觉”口语说“睏觉”；“瞪眼”口语说“鼓眼睛”；“桑葚”口语说“桑子子”。

本文记录的板溪话古定等七母的常用字444个，读［l］声母的有264个，占总字数的59%（其中定母读［l］声母的占定母总字数的80%）；不读［l］声母的只有178个。如果除掉古入声字、古“之支脂”三韵字、今零声母字，那么，古定等七个浊声母的字口语中几乎全部读边音［l］了。

除上述的边音声母字外，还有“贷掏锻浅荀脸们圆爬孕兽陕”等十二个字，益阳也读［l］声母。前六个字与偏旁类推有关。“贷”字本属透母，大概是受定母字“代袋”的影响而读［lai˩］。“掏”字也属透母，大概是受定母字“陶淘”的影响而读［lau˩˧］。“锻”字本属端母，大概是受定母字“段缎”的影响而读［lə̃˩］。“浅”字本属清母，大概受从母字“钱贱”的影响而读［liə̃˧˩］。“荀”字本属心母，大概受邪母字“旬”的影响而读［len˩˧］。“脸”字本属见母，今读［liə̃˧˩］，这跟多数方言今读［l］相同，并且同偏旁的“敛殓”原本是来母字。“们”字今口语读［len˩˧］，如：我～、你～、他～，也许是泥母“侬”字的训读。“圆”字是喻母三等，今口语读［lə̃˩˧］，如：～心、～的，也许受来母“圝”字的感染。“爬”字本属並母，今读［la˩˧］；“孕”本属喻母四等，今读［len˩˧］；“兽”字本属书母，今读［lou˦˥］；“陕”字本属书母，今读［lə̃˧˩］。这些音的来历待研究。

三、边音声母的发展趋势

益阳方言的边音声母特多，由来已久。据清同治十二年（1873）编修的《益阳县志》关于方言的记载：“陈成皆曰仁……钱曰连”。“陈成仁”三字同音，今读［len˩˧］，“钱连”二字同音，今读［liə̃˩˧］。但随着普通话的推广，益阳方言中的边音字有减少的趋势。这个发展趋势表现为三多三少。

3.1 山乡边音字较多，城镇较少　本文所记录的是桃江县的板溪和大栗港一带的口音，所以边音声母字较多。城镇的边音声母字较少。如益阳市郊，即使是土生土长的老年人，除了“毒”字作动词在口语中说［lau˩］以外，古定母的其他字都不读［l］声母了。其中读［t］声母的是：驼驮舵大惰徒屠途涂图杜肚度渡镀台臺抬待怠殆代袋题提蹄啼弟第递兑地桃逃淘陶萄涛道稻盗条调头投豆痘潭谭痰谈淡甜簟檀坛弹（～琴）弹（子～）但蛋田填电殿佃垫团糰断段缎囤沌钝盾遁堂棠螳唐糖塘荡腾藤誊邓澄亭停廷庭蜓同铜筒桐童瞳动洞，共101字。

3.2 旧词边音声母较多，新词较少　同一个字，在旧词中读边音，在新词中不读边音。如“社”字，在“春社”（早稻育秧的传统农事季节）这个古老的词中读［la˩］；在新中国成立前就出现的“社交”、“社会”等词中读［le˦˥］；在新中国成立后新出现的“合作社、人民公社、社会主义”等新词中，大都读［se˦˥］。“荡”字，在旧词“荡秋千、放荡”中读［laŋ˩］；在新词“扫荡”中读［taŋ˦˥］。“寨”字，在老地名“寨子仑、三角寨”中读［lai˩］；在新输入的地名“大寨”中读［tsai˩～tsai˦˥］。

3.3 白读边音声母较多，文读较少　这里说的文读指的是当地的读书音。古定母等七个声母不读［l］的字有的是书面用语；这些字往往只有文读音，在口语中不用或很少用。

当地的口语用字，往往白读是边音，文读不是边音。下面的例字先列文读，后列白读。

爬 pa˩˧　la˩˧　弟 ti˩　li˩　递 ti˩　li˩　兑 ti˩　li˩

地 ti˩　li˩　大 ta˩　lai˩　待 tai˦˥　lai˦˥　贷 tai˦˥　lai˦˥

调 tiau˩˧　liau˩˧　蛋 tan˩　lan˩　簟 tiə̃˩　liə̃˩　殿 tiə̃˩　liə̃˩

电 tiə̃˦˥　liə̃˦˥　动 ten˦˥　la˦˥　昨 tso˩˧　lo˩˧～laŋ˩˧　罪 tsei˩　li˩

在 tsai˩　lai˩　暂 tsan˦˩　lan˦˩　站 tsan˩　lan˩（车～）　骤 tsou˦˥　la˩

助 tsou˩　lou˩　状 tsaŋ˦˥　laŋ˦˥　从 tsʻen˩˧　len˩˧　丛 tsʻen˩˧　len˩˧

渐 tɕiə̃˦˥　liə̃˦˥　尽 tɕin˩　lin˩　松 sen˧　len˩˧　秦 tɕʻin˩˧　lin˩˧

囚 tɕʻiou˩˧　liou˩˧　袖 ɕiou˩　liou˩　谢 ɕie˦˥（感～）lia˩（姓～）

上述三种现象，说明益阳方言有向长沙话或普通话日益靠拢的趋势。

最后附带说一下古全浊声母定等七母的字在益阳方言中演变为［l］声母的途径。在音理上，这七母的发音部位与发音方法都与［l］有相近之处。特别值得注意的是，在益阳方言中还留着这种演变的痕迹，即某些字的声母既可读边音［l］，也可以读浊边擦音［ɮ］。比如桃江板溪话，澄母的"澄沉"读［len˩˧～ɮen˩˧］；从母的"聚"读［lei˦˥～ɮei˦˥］，"罪"读［li˩～ɮi˩］，"钱"读［liə̃˩˧～ɮiə̃˩˧］，"贱"读［liə̃˩～ɮiə̃˩］，"墙"读［liaŋ˩˧～ɮiaŋ˩˧］，"匠"读［liaŋ˩～ɮiaŋ˩］，"曾（～经）层"读［lə̃˩˧～ɮə̃˩˧］，"净"读［lin˩～ɮin˩］；邪母的"徐随"读［li˩˧～ɮi˩˧］，"旋"读［liə̃˩˧～ɮiə̃˩˧］，"象像橡"读［liaŋ˩～ɮiaŋ˩］。此外还有日母的"仍"读［len˩˧～ɮen˩˧］，"扔"读［len˦˥～ɮen˦˥］。根据这种又读现象，可以设想古代的浊塞音或浊塞擦音先演变为浊擦音，再变为浊边擦音［ɮ］，最后变为边音［l］。

四、［l］声母字表

本表按韵母和声调顺序排列。字下加单线的只是白读音，字下加双线的只是文读音。新词、旧词分别加注"新、旧"。

［i］　［˩˧］犁黎雷离篱璃荔梨厘狸驴题提蹄啼齐脐徐随隋（～朝）　［˦˩］礼吕旅缕屡履里裏理鲤李类　［˩］累（连～）弟（老～）第递兑

（~款）地罪（犯~）序叙绪　[˥] 虐滤例厉励丽利痢吏泪猎（打~）立笠粒恋栗律率（效~）力历

[a]　[˧] 拉拿　[˩˧] 茶搽查蛇佘爬（在地下~）　[˧˩˧] 哪　[˩] 那乍骤（暴风~雨）射麝（~香）社（旧，春~）　[˥] 腊蜡辣纳捺动（~也不动）

[ia]　[˩˧] 提（~起来）邪斜　[˩] 谢（姓~，~林港）　[˥] 累（真~人）栗（~树）

[o]　[˧] 啰　[˩˧] 罗锣箩骡螺脶手指纹挪驼驮（~东西）昨（~日）[˧˩˧] 裸卵（~生）暖　[˩] 糯舵坐座　[˥] 赂落烙络洛酪乐（快~）诺惰（懒~）

[io]　[˥] 略掠

[e]　[˥] 捋（~树叶）勒肋社（~交）

[ie]　[˥] 猎列裂烈劣

[ai]　[˩˧] 来台抬薹才纔材财裁豺柴　[˧˩˧] 乃奶　[˩] 癞耐奈大（~码头）代（~表）袋在（~家里）寨（~王；地名）　[˥] 赖奈待（等~）怠殆贷（~款）

[ei]　[˧˩˧] 儡垒　[˩] 内类聚（~集）

[au]　[˩˧] 劳唠捞涝牢桃逃淘陶萄（葡~）涛投掏曹槽朝（~代）潮巢 [˧˩˧] 老脑恼扰绕造皂　[˩] 漏陋闹道稻盗豆痘（水~），毒（~死人）兆赵

[iau]　[˩˧] 燎辽瞭疗撩寥条调（~和）　[˧˩˧] 了　[˩] 料廖

[ou]　[˧] 搂（~住）　[˩˧] 卢炉芦鸬（~鹚）庐楼奴徒屠途涂图头投绸稠筹（~码）锄愁仇酬售　[˧˩˧] 鲁橹篓虏卤努　[˩] 路鹭露杜肚度镀渡纣（~王）助（~他一把）受授寿　[˥] 捞（~上来）鹿禄六陆绿录怒辱褥宙（宇~）兽

[iou]　[˧] 溜馏　[˩˧] 流琉硫留刘囚（~犯）泅（~水）　[˧˩˧] 柳榴 [˩] 袖（衣~）

[an]　[˩˧] 蓝篮兰拦栏鸾男南难（~易）潭谭痰谈檀坛弹（~琴）蚕惭残谗（~言）馋（嘴~）　[˧˩˧] 览揽缆暂（旧，~时）赚（~钱） [˩] 滥烂淡但弹（子~）蛋（旧，鸡~）站（车~）栈（客~） [˥] 难（患~）

[ə̃]　[˩˧] 然燃团（糯米~子）誊腾藤疼曾（~经）层缠橙（~子）蟾蝉

（~娘子）掸单姓圆（~的，~心） [˩˧] 冉陕 [˨˩] 乱断（~绝）段缎邓锻善膳

[iɜ̃] [˩˧] 廉帘镰连联莲怜甜田填潜钱前泉全旋 [˩˧] 敛殓楝脸浅 [˨˩] 辇簟（竹~子）殿（宫~）垫佃（~户）贱 [˥˩] 练炼恋电（雷~）渐

[en] [˧] 聋们（我~） [˩˧] 论岑伦沦轮笼龙隆能农脓浓侬壬任（姓）人仁仍囤沌同铜筒桐童瞳存从（跟~）丛（树~）旬循巡松（~树）荀（~子）沉陈尘呈程虫重（~复）崇神唇乘绳塍辰晨臣丞（~相）承成诚城盛（~饭） [˩˧] 冷拢陇垅忍 [˨˩] 嫩钝盾（矛~）洞动阵澄（~清）郑仲重（轻~）剩肾 [˥˩] 赁任（~务）纴刃韧扔遁（~逃）甚慎盛（茂~）孕（~妇）

[in] [˩˧] 林淋临邻磷鳞楞陵凌菱灵零铃伶翎亭停廷庭蜓秦情晴寻 [˩˧] 檩领岭 [˨˩] 尽（~先）静靖净 [˥˩] 吝令另

[aŋ] [˩˧] 郎廊狼囊曩堂棠（海~）螳（~螂）唐糖塘藏（躲~）脏（五~）昨（~日）长（~短）肠场床常尝裳偿（赔~） [˩˧] 朗 [˨˩] 浪荡（~秋千）丈杖仗撞（~他一下）状（旧，~元）上（~山，~面）尚 [˥˩] 藏（西~）状（新，奖~）

[iaŋ] [˩˧] 良凉量（~长短）粮粱墙祥详 [˩˧] 两辆 [˨˩] 亮匠象像橡 [˥˩] 谅量（数~）

按：古代全浊声母，在现代汉语的普通话和大多数方言中，都已经清化，演变为送气或不送气的清声母，而本文记叙了古代全浊声母在益阳方言中的特殊演变道路。《方言》1981年3期发表后，李荣先生在《方言》1983年3期发表的《方言研究中的若干问题》中赞扬此文。

一个功能完备的复数语尾

——桃源县方言中的“俫”

现代汉语普通话和大多数方言，都缺少（或者说不完备）表示复数的形态。语言界有一种理论，认为“量词系统”与“复数系统”不重合。汉语有发

达的“量词系统”，就没有“复数系统”，欧洲语言有“复数系统”，就不需要“量词系统”。但是，湖南省桃源县的方言，却具有一个发达的表示复数的语尾。这个语尾，可能来源于“俺”，但是在桃源话中跟“岸”字同音，可写作“倠”。这个语尾往往读轻声，它的音值是 ŋan［˧］33。

桃源县位于湖南省西北部，沅水下游，东临常德，南界安化，西连大庸、沅陵，北接临澧、石门、慈利。其方言属西南官话系统，有声母18个，韵母39个，声调6个（阴平、阳平、上声、阴去、阳去、入声）。桃源话的阳去调值是［˧］33，轻声多读阳去调值（33）。

这个“倠”尾，不仅可以用在人称代词和表人的普通名词之后表示复数，大致相当普通话中的“们”而又有其独特之处；而且可用在表示动物、植物、无生物、时间、地点的名词之后表示复数，甚至可以用在名物化了的动宾词组之后表示事件的复数。

一、人称代词后的“倠”

1.1　桃源话中的人称代词，第一人称和第二人称的表示有其独特之处。第一人称代词，除了用“我”，口语中还可以用“顽”（uan 阳平）；第二人称可用“你”或“您”。“您”与“灵”同音。清光绪十八年（1892）修的《桃源县志·风俗·方言》云：“其土音之别者：谓我曰顽，谓尔曰灵。”

“顽”和“您”，在桃源话中既可表单数，也可以表复数。它们表单数时，都带有强调彼此有别的色彩。“顽的”比“我的”更强调属于自己；“您的”比“你的”更强调属于对方而与己关系不大。如：“这是您的事，不是顽的事。”“这是顽的，您不要管。”桃源话的“您”虽然也可以表敬称，但不是它的主要语法意义；桃源话表敬称时大都加上“人家”二字，如：“你人家”、“他人家”。

“顽”和“您”经常用来表复数。它们表复数时，可以加语尾“倠”，也可以不加。“我们”在口语中，或说成“顽”，或说成“顽倠”，都可以，“你们”在口语中，或说成“您”，或说成“您倠”也都可以。

1.2　“倠”在桃源话中的使用情况是：

数	第一人称	第二人称	第三人称
单数	我～顽	你～您	他
复数	顽～顽倠	您～您倠	他倠

从上表可以看出，桃源口语中“我”、你”只表单数，不能加“佴”，“顽”、“您”不加“佴”时，可表单数，也可表复数，“顽”、“您”、“他”加“佴”后，一律表示复数。如：书面语中的“我们感谢你们帮忙”，在口语中可以说成：

顽佴难为您佴帮忙。

顽难为您帮忙。

“难为”在桃源话中是“感谢”的意义。由于音变，与“郎外”同音。以上两句不能说成：

我佴难为你佴帮忙。

北京话中第二人称复数用“你们”，很少使用“您们”，桃源口语恰好相反，第二人称复数用“您佴”，决不能使用“你佴”。

二、名词后的“佴”

2.1 桃源话在表人的普通名词之后加“佴”，有两种用法和意义。

第一种用法是在一个名词之后加“佴”，表示这一类人，即表示单类复数。如：

学生～都放学打。

社员～都出工打。

伢儿（小孩）～都喜欢吃糖。

“打”字相当于普通话中的语气词“了”。在桃源话中，用“打”比较普遍，有时也用“了”。

第二种用法是在几个名词（一般是两个）之后加“佴”，表示这几类人，即表示连类复数。如：

老师、学生～都到齐打。

大人、伢儿～都欢欢喜喜。

2.2 桃源话在表人的专有名词之后加“佴”，带有列举的性质。可以只举一个代表。如：

小李～来打。

国良～挖土，大明～挖土。

“四人帮”～搞的一套真害死人。

也可以列举两个或两个以上：

小李、小张～来打。

小李、小张、小王~来打。

这第二种列举，可能是完全列举，也可能只列举代表者（不完全列举）。如：“小李、小张、小王~”，可能只有他们三个人，也可能还有其他人。这要根据语言环境判断。

专有名词和“俤”之间还可以加进第三人称代词“他”。如：

小李他~来打。

叫国良、大明他~快来。

以上两类用在表人名词之后的“俤”，跟北京话中的“们”，用法基本一致。

2.3 桃源话中的“俤”，不仅可以用在表示人的名词之后，也可以广泛地用在表物的名词之后。动物名词、植物名词、无生物名词（包括各种日用品、生产工具以及天地山川之类），都可以用“俤”表示复数。其用法和意义跟表人的普通名词一样，可分为两种。第一种是表示这一类物（单类复数）。如：

鸡~上笼打。鸭子~下水打。

白菜~长得很好。

棉花~锄了一道。

树木~都长起来打。

碗~都洗干净打。

锄头~好久不用，快生锈打。

房间~要收拾一下。

你要买的东西~都买回来打。

那几年大跃进，山~都被砍光打。

第二种是表示这几类事物（连类复数）。如：

鸡、鸭~都喂食打。

白菜、萝卜~都长得很好。

修房子的砖瓦~都作了准备。

碗筷~都洗一下。

桌椅~都抹干净。

第二种意义有时可以采用第一种形式表达，即在某一种有代表性的物件名词后加“俤”，实际上却表示几类物件。如：

修房子的砖~都作了准备。

桌子~都抹干净打。

这两个例句中，“砖～”可以包括瓦、木料等其他材料；“桌子～”可以包括椅子等其他家具。采取这种形式表达时，是代表一类还是几类物件，要根据语言环境判断。

2.4 “倨”还可以加在时间名词、地点名词之后表示复数。其用法及意义跟在用表物名词之后相同。如：

街上～好热闹。

田～都平整好打，只等插秧。

“街上～”指街上的各处地方；“田～”指各块田。又如：

堂屋、灶房～都收拾干净打。

计划生育工作，常德、汉寿～都搞得不错。

“堂屋、灶房～”指堂屋（即客厅、正屋），灶房（即厨房）等地方，“常德、汉寿～”指常德、汉寿（都是桃源的邻县）等地。几处地方有时只举出一处地方作代表。如。“计划生育工作，常德、汉寿～搞得好”，可以说成“常德～搞得好”。“常德～”，孤立地看，可以指常德境内各地，也可以指常德及其他几处地方。其具体所指，要根据语言环境判断。

表时名词后加“倨”，情况较少见。常见的只有以下几句：

这是前日～的事。

这件事后日～搞吧。

这东西留着，过年过节～用。

“前日～”意义是前天及前几天，“后日～”是后天及后几天，“过年过节～”意义是过年或过节的那些日子。

三、动宾词组后的“倨”

3.1 动宾词组在代表某件事情时，即名物化之后，可加“倨”表示复数。

这类名物化的动宾词组加“倨”，其语法意义是“干这一类事情”，在句中多充当主语，其方式有三：

一是举一件有代表性的事，在后加“倨”。如：

双抢的时候，割稻～很忙。

有了晒簟，晒东西～就方便多了。

人老了，洗衣～还干得。

二是列举两件以上的事，在后面共同加一个“倨”。如：

双抢的时候，割稻、插秧～很忙。

他病得厉害，吃饭、喝水~都要人照顾。

这小孩子，洗衣、做饭~都学会打。

三是列举两件以上的事，在后面分别加上“偖”。如：

双抢季节，割稻~，插秧~很忙。

锄草~，车水~，打农药~都要劳力。

3.2　动宾词组加“偖”，除作主语外，还可充当谓语。如：

他清早起来，就去看牛、割草~。

她每天帮家里洗衣~。

星期日晚上可以看电影~。

天气热和打，要耕田~打。

这类动宾词组，既具有名词的特点，又具有动作性，其意义是“干这一类事情”。

动宾词组加“偖”，还可以作独立成分。如：

双抢季节事情多，插秧、割插~。

今天作业多，写字~，作文~，背书~。

动宾词组加“偖”没有作宾语的情况。其原因是不便再加上一个动词，原来的动词仍然保持着动作性质。

四、“偖”的特色小结

4.1　桃源方言的“偖”具有民族特色和时代特色。

桃源方言的“偖”具有民族特色，不同于西欧诸语言表复数的形态标志。西欧诸语言表复数的形态标志，跟数词结合使用；桃源方言的“偖”，不能跟表示确定数量的数量词结合使用。如：“大人~”，“三个大人”，都是通顺的；而“三个大人~”便不通顺了。这一点跟普通话及大多数方言的“们”完全一致，它是我们民族语言的简易性的表现之一。因为，既然在句子中已经有了表示确定数量的数量词，何必又再重复使用“偖”呢？

桃源方言的“偖”，也不同于古代汉语中的“辈”、“曹”、“侪”、“属”、“等”这一类词。这些词的意义是表示“一类、一批”，使用范围异常狭窄，比如“侪”字便只能用在人称代词“吾”字后面而不能用在别处。这些词合起来还抵不上现代汉语普通话中的一个“们”字，更抵不上桃源话中的“偖”了。“偖”是汉语语法在方言中发展起来的功能相当完备的复数语尾。

4.2　桃源方言的“偖”具有地方特色。汉语大多数方言没有跟“偖”相当的复数语尾，“倸”的地方色彩是很强烈的，很独特的。跟桃源邻近的常德、临澧、澧县等也有相似的“倸”。此外，杨耐思、沈士英《藁城方言里的“们”》（载《中国语文》1958 年第六期），所记载的河北省藁城方言里的“们”，跟桃源方言的“倸”，大体相当。但是，桃源话中的“倸”与藁城话中的“们”，除了读音差别之外，其用法也有不同之处，主要有：

①“倸”不能跟在“我”、“你”之后，只能跟在“顽”、“您”之后。而且，“倸”未进入书面语。

②“倸”可以用在名物化了的动宾词组之后表示事件的复数。

⑧“倸”不能用在指示代词“这（个）”、“那（个）”之后。

④“倸”虽不与数量词同用，但可以与表约数的“些”同用，如：“那些小孩～很听话。”“这些连环画～很吸引人。”“倸”还可以与集体单位量词“群”、“帮”、“伙”、“套”、“班”、“组”等同用。如：“这群学生～”、“这伙坏蛋～”、“这套家具～”，都是很流行的说法。

桃源县与藁城县，两地相距数千里，方言中却都具有一个功能相当完备的复数语尾。两地是否有特殊的关系尚不得而知，但是我们可以产生这样的设想——现代汉语中表复数的语法形式，可能在不少方言中发展得很完备。

【附录】桃源话的声韵调

一、声母十八个（包括零声母）：

p　波班补笔　p‘坡潘普劈　m 摸满母蜜　f 法翻分飞

t　得都单敌　t‘　特头滩踢　　l 勒呢蓝南

k 革干姑钩　k‘　客刊枯抠　　ŋ 额岸挨欧　x 黑汉呼后

tɕ 鸡坚交究　tɕ‘欺千翘秋　ɕ 希先肖修

ts 资知曾真　ts‘刺痴村称　s 私诗孙生

ø 我有弯匀

二、韵母三十九个：

ɿ 知资　　i 衣鸡　　u 乌铺　　y 迂猪

a 巴大　　ia 丫加　　ua 蛙花　　ya 惹刷

e 白革　　ie 叶节　　ue 喂国　　ye 月缺

o 波多　　io 药脚

ai 哀开　　uai 歪乖　　　　　　yai 揣帅

ei 累队　　uei 威龟　　　　　　yei 追吹

au 考老　iau 妖娇

ou 藕口　iou 忧溜

an 安端　ian 烟坚　uan 弯官　yan 冤捐

en 恩灯　in 音经　uan 温昆　yn 匀群

aŋ 肮康　iaŋ 央香　uaŋ 汪光　yaŋ 恙双

oŋ 翁东　ioŋ 用穷

er 儿日

三、声调六个：

阴平　44　诗衣威

阳平　24　时移为

上声　21　使椅伟

阴去　324　世意伪

阳去　33　事异卫

入阳　55　失一胃

桃源话的入声没有塞音收尾。

桃源话的入声，调值特别高，发音时肌肉紧张，收音时上扬，实际上超过55调值，人们称为“桃源高腔”。入声的来源有四类：①古代全部清入字。如：急、竹、七、发。②古代全部次浊入声字。如：月、六、没、药。③古代部分全浊入声字。如：毒、宅、伐，习。④古代少数去声字。如：去，示。古代另一部分的全浊入声字，今日并入阳去，如：食、读、舌、俗。

按：《中国语文》2011年第5期发表丁加勇等的《湖南常德话表达连类复数的“vp俺”结构》，把本文列为参考文献，而且记录了湖南省的常德、桃源、澧县、临澧方言（属于西南官话）和南县、洞口方言（属于湘方言），都有表达连类复数的“vp俺”结构。

唐晓文歪曲史料一例

“四人帮”御用文人唐晓文在《孔子杀少正卯说明了什么》一文中，极尽其歪曲史料之能事，表现了十分恶劣的学风。姑引其对“行辟而坚”（《荀子·

宥坐》）四个字的解释为例，以见一斑。他说：

这是说，少正卯的行动是坚持“辟”的。什么是“辟”？“辟”字在当时有双重含义，这双重含义实则是一致的。《方言》卷三说“辟”是“商人丑称”。奴隶主贵族看不起新兴的工商业自由民，骂他们是“辟”。孔子给少正卯加上这条罪状，可以看出少正卯是代表当时新兴地主阶级和工商业自由民的利益的。“辟”的第二重含义就是“刑”、“法”，当时称“刑辟”……因此，“行辟而坚”是说少正卯代表新兴地主阶级和工商业自由民的利益，主张“法治”。这和孔子推行维护奴隶主“礼治”的政治实践，是背道而驰的。

唐晓文在这里是怎样装腔作势、故弄玄虚的呢？

一、利用词的多义现象大搞诡辩，否认了词在句中的单义性原则。大多数词，确实是多义的。但是，任何多义词，在特定的语言环境（上下文）中，只用其一个意义（“妙语双关”现象，也是如此），这是人们的思想交流得以正常进行的基本要求，“辟”字也不例外。唐晓文将“辟”字既解为“商人”，又解为“刑”、“法”，自以为得计，殊不知这是违反语言常识的。不信，就请唐晓文自己把这句话译出来试试。“行辟”到底是“经商”还是“执法”？或者“经商”兼“执法”？须知，先秦法家都是重农战而轻工商的。

二、寻找僻义，钻牛角尖，否认语言的地域差异和历史变化。唐晓文训“辟”为“商人”，根据于《方言》。《方言》是西汉末年扬雄编的一部以记载方言词汇为主的字书，这些方言词汇彼此分歧很大。“辟”作“商人丑称”讲，是“南楚”方言，也就是孟轲所谓的“南蛮鴃舌”。孔丘是春秋时鲁人，从未到过南楚，在诵读和司仪中都用“雅言”（以周王都城语言为基础的官话），怎么会忽地用一个冷僻的汉代方言词去宣判少正卯呢？

三、自相矛盾，不顾全书和作者的语言习惯，否认了语言的社会性。“行辟而坚”一词，在《荀子》中，除《宥坐》篇外，还原封不动地在《非十二子》篇中出现过，用以批判包括儒家子思、孟轲在内的十二子。照道理，两处的含义应该是一样的。那么，是否十二子都是商人和法家呢？是否连儒家二号人物孟轲也是法家呢？唐晓文的解释既不能在同一作者、同一本书中蒙混得过，又不能在同时代的其他作品中找出有力旁证，这就完全抛弃了语言的社会性的原理，堕入了唯心所欲的泥坑。

训诂偶得五则

一、齐谐、夷坚考

《庄子·逍遥游》："齐谐者，志怪者也。"陆德明《经典释文》："齐谐，户皆反。司马及崔并云人姓名。简文云书。""成玄英疏："姓齐，名谐，人姓名也。亦言书名也，齐国有此俳谐书也。"

《列子·汤问》："有溟海者，天池也。有鱼焉，其广数千里，其长称焉，其名为鲲。有鸟焉，其名为鹏，翼若垂天之云，其体称焉。世岂知有此物哉？大禹行而见之，伯益知而名之，夷坚闻而志之。"张湛注："夷坚未闻，亦古博物者也。"

历代"注庄"与"注列"者，皆未把"齐谐"与"夷坚"联系在一起考虑。其实，两者为同一人名。证据有三：第一，所叙为同一传闻，即天池中的大鱼与大鸟。不过《庄子》讲了鱼化为鸟的情节。第二，讲述者相同。《庄子》说是殷汤向棘询问，《列子》说是"殷汤问于夏革"，郭庆藩早已论证："革棘古同声通用。"夏革（棘）回答殷汤的询问，引证了这个故事。第三，齐谐与夷坚是双声、叠韵关系。齐、夷叠韵，都是上古脂部字；谐、坚双声。坚是古见母字，谐是古匣母字，发音部位相同，极易转化。而且，谐是从"皆"得声的，"皆"见母，其他从"皆"得声的字分属见母或匣母。两词声韵调近似，《庄》《列》写为两词，实为一词的不同记录，这在上古文献中是常见现象。当然，齐谐、夷坚是传闻中的夏禹时代人物，不一定可信。但这个故事保留了一段富于想象力的神话传说，《庄》《列》又分别赋予不同的寓意，将神话变为寓言，在文化史上颇有意义。

二、释《荀子》性恶论的"恶"

《荀子》提出性恶说，影响颇大。一般人皆片面认为"恶"为凶恶之恶，颇不合《荀子》原义。

"恶"是个多义词，其常用古义有二：一为丑陋、粗糙，与美好相对而言。如《左传·昭公二十八年》："昔贾大夫恶，取妻而美。"《论语·里仁》："士志于道而耻恶衣恶食者，未足与论也。”二为罪恶、凶恶，与善良相对而言。《周易·大有》象传：“君子以遏恶扬善，顺天休命。”前一义侧重质地，后一义侧重于抽象的品德。根据词义发展规律，前一义应为基础义，后一义为引申义。“恶”字从“亚”字得声，且义亦相关，《说文》云：“亚，丑也。”大概两者是同源字，后来引申为抽象的罪过之义，才造了今字“恶”。在先秦古籍中，“恶”用于丑陋、粗糙义也较多。

《荀子》讲性恶，其“恶”字兼有粗糙、罪恶两义。他首先强调性伪之分：“人之性恶，其善者伪也。”“不可学、不可事而在人者谓之性，可学而能、可事而成之在人者，谓之伪。是性伪之分也。”性指先天的东西，伪指后天的教育。他又说：“今人之性，生而有好利焉，顺是，故争夺生而辞让亡焉……生而有耳目之欲，有好声色焉，顺是，故淫乱生而礼义文理亡焉。”（以上引文皆见《性恶》）这里，他指出人性有罪恶的倾向。但是，他在《礼论》中还有另一段论述：“性者，本始材朴也；伪者，文理隆盛也。无性，则伪之无所加；无伪，则性不能自美。性伪合，然后成圣人之名，一天下之功于是就也。”如果人性是恶的，与后天礼义教育完全矛盾，那么两者就不可能结合。“本始材朴”就是原始而粗糙的意义加上后天的礼义教育，便可以“文理隆盛”。而且，荀子说了“性不能自美”，把“恶”与“美”相对待而言。后来，韩非子发展了荀子的“性恶论”，“恶”专指罪恶之义，故不重教育引导，而采用强制的严刑峻法。这正是儒、法的不同之处。

总之，无论从词义的历史看，还是从《荀子》的论述看，其性恶论之恶，兼有两义。也许，荀子不自觉地犯了一个逻辑错误。这在古代是毫不足怪的。他太热衷于批判孟子的性善说，也许是促成他违背逻辑的原因之一。但我们应正确理解他使用“恶”字的含义，还其思想的本来面目。

三、释共工之战

《韩非子·五蠹》：“当舜之时，有苗不服。……乃修教三年，执干戚舞，有苗乃服。共工之战，铁铦短者及乎敌，铠甲不坚者伤乎体。是干戚用于古不用于今也。”共工，一说指神话传说中与颛顼争帝的共工；一说指帝尧时的诸侯共工，后被舜流放，称为四凶之一；一说共工乃巩公之误，即周景王时跟王子朝作战的巩公。前两说，时代可疑。日本学者松皋圆《韩非子纂闻》引用物双松语云：“共工在女娲时，而前乎舜禹，而下文云：‘干戚用于古不用于今也。’可疑。”尧时的共工也前于舜伐有苗。于是松皋圆赞成吴师道的说法，认为游说之士的言辞不足信。陈奇猷《韩非子集释》说："吴师道以为游士杜撰，盖不明古代氏族之发展而妄言也。"韩非并非游说之士，而且把游说纵横之士列为五蠹之一。因此，如果把此处的"共工之战"看成游士杜撰，是无论如何不行的。巩公之说，有随意破字之嫌，而且巩公与王子朝的争斗并非重大历史事件，不能跟舜伐有苗并提。

此处的共工之战，是指禹伐共工的战争。《荀子·议兵》："是以尧伐驩兜，舜伐有苗，禹伐共工，汤伐有夏，文王伐崇，武王伐纣，此四帝两王，皆以仁义之兵行于天下也。"韩非相传为荀子学生，传承和改造了荀子的思想，他借用荀子书中的典故是很自然的。舜伐有苗以德行服敌，禹伐共工在舜之后，以武力服敌，正合文章意旨。那么，颛顼和女娲时的共工，尧时的共工，禹时的共工，三者是否可以统一呢？是可以统一处理的。共工是古代的一个部族，其首领亦称共工。共工部族世代相传，大概被夏禹在战争中消灭，所以后代再无共工之名。

四、谈"遮莫"、"教（他）莫"的语义及其生成

张相先生的《诗词曲语词汇释》，解释了流行于唐宋元明时代的特殊语词"遮莫"。张先生列出"遮莫"有五个义项①。第一个义项是"尽教"，如杜甫《月下赋绝句》："久拚野鹤如双鬓，遮莫邻鸡下五更。"第二个义项是"不论"或"不问"，如杨万里《梅》："老无半点看花意，遮莫明朝雨及晴。"第三个义项是"假如"，如《董西厢》三："休道你姐姐，遮莫是石头人也心动。"第四个义项是"甚么"，如李白《寒女吟》："下堂辞君去，去后悔遮莫？"第五个义项是"莫要"，如陈傅良《和张端士初夏诗》："短夜得眠常不足，僧钟遮莫报晨昏。"

张先生所列出的"遮莫"的五个义项中，第一、第二、第三、第五等四个义项中的"遮莫"，都出现在非疑问句中，都具有"任凭"的语义，又都可以用"任凭"替代。因此，它们不应该分成四个义项，而应该归纳为一个义项。例如，第五义项的例句"僧钟遮莫报晨昏"，从时代先后来看，明显是模仿第一义项的例句"遮莫邻鸡下五更"，仅仅是为了适应平仄格律而调整了位置。我们认为，张先生似乎归纳得不够。

值得注意的是，张先生所列出的第一、第五两个义项中的"遮莫"，既可以理解为放任，语义是"任凭"；也可以理解为劝阻，语义是"莫要"。这是为什么呢？

我们先看现代汉语方言中的一个跟“遮莫”极其相似的词语。笔者的家乡湖南省桃源县的方言中，有一个“教（他）莫”，跟“遮莫”非常相似。“教（他）莫”与“遮莫”两者的相同点有二：一、都有表示劝阻的否定词“莫”，二、都有“任凭”的语义。两者的不相同点仅是：“遮莫”已经紧密结合，“教莫”的中间插有代词“他”。“教莫”中间的代词“他”，可以表示人（不分性别），也可以表示物。这个代词“他”，可以替换为“你”或“我”，但是最常用的是“他”。“教莫”这个词语，可以放在谓语主要动词的前面，也可以放在全句之后。“莫”的发音要拖长。如：

①这件事，教他莫——自己做主。

或：这件事，他自己做主，教他莫——。

或：教他莫——。

②这件事，教你莫——自己做主。

或：这件事，你自己做主，教你莫——。

或：教你莫——。

③这件事，教我莫——自己做主。

或：这件事，我自己做主，教我莫——。

或：（你们）教我莫——。

④那棵树，教他（它）莫——枯死。

或：那棵树，已经枯死了，教他（它）莫——。

或：教它莫——。

最值得注意的是：“教（他）莫”如果放在谓语主要动词前面时，既可以表示劝阻，“莫”不拖长发音，仍然是“不要”“莫要”的本义；又可以表示放任，“莫”字拖长发音，具有“任凭”的意义。“教（他）莫”如果放在全句之后，“莫”字必须拖长发音，只能表示“任凭”的意义，不能表示“不要”的意义。

放在动词前的“教（他）莫”，既可以表示放任，又可以表示劝阻，这就留下了语义转换生成的轨迹。这道轨迹，实际上反映出语言心理。“教（他）莫”，本为劝阻，但是当对方不听劝阻时，劝阻者就会认为劝阻无用，不如放任对方。这种语言心理，就使得本来用于劝阻的否定词“莫”，转换生成出“任凭”的语义。

张相先生所举出的第一、第五两个义项中的“遮莫”，也跟“教（他）莫”一样，既可以理解为表示劝阻，具有“莫要”的语义，又可以理解为表示放任，具有“任凭”的意义，留下了由劝阻语义转换生成出任凭语义的轨迹。当然，综合张相先生所列出的五个义项，我们倾向于把“遮莫”统一理解为“任凭”的意义。但是，不可否认，“僧钟遮莫报晨昏”这类例句中的“遮莫”，正留下了语义转换生成的心理轨迹。

汉语中，由于语言心理而转换生成出另外一种语义的现象，并不罕见。如：“不管”、“无论”，本来的语义是表示否定，却转换生成出“任凭”的语义。其情况跟“遮莫”、“教（他）莫”，是基本一致的。又如：“谁”、“哪”、“什么”、“怎么”，本来是表示疑问，却转换生成出“任指”的语义。吕叔湘先生说：“任指的用法和疑问的用法比较相近，实在是一种撇开性的间接问句。”[②]吕叔湘先生分析出由实际疑问句转换为撇开性问句的轨迹。他的分析是十分精到的，对笔者本文具有启发意义。

至于张相先生所列出的“遮莫”的第四个义项，出现在疑问句中，跟第一、第二、第三、第五个义项出现的语言环境是有差别的，因此可能彼此有语义的差别。这个义项的“遮莫”，张先生解释为“甚么”，语音也跟“甚么”相近，笔者暂时提不出异议。

【参考文献】

①张相《诗词曲语词汇释》，北京中华书局，1977 年，第135—140 页。

②吕叔湘《中国文法要略》，北京商务印书馆，1982 年，第 182 页。

五、“仅”字为什么有“庶几”之义

在文言文中，“仅”有“少”和“庶几（接近）”两个相反的义项。

“仅”字，在上古汉语文献中，只有表示“少”的含义。“仅”表示“庶几”之义，兴盛于唐代。它的起源至少可以上溯到隋唐之际，甚至晋代。《晋书·刘颂传》。“至于三代……延祚久长，近者五六百岁，远者仅将千载。”这条材料即使是修撰人（唐初房玄龄）口吻，也反映了隋唐之际的用法。它的余波直到宋代。而且，同一个作者往往在不同的文章中使用不同的意义，如：

①一旦临小利害，仅如毛发比，反眼若不相识。（韩愈《柳子厚墓志铭》）

②初守睢阳时，士卒仅万人，城中居人户，亦且数万。（韩愈《张中丞传后叙》）

③一岁之耕，供公仅足，而民食不过数月。（欧阳修《原弊》）

④北虏与朝廷通好仅四十年，不敢妄动，今一旦发其狂谋者，其意何在?

（欧阳修《准诏言事上书》）

例①③之“仅”表示“少”；例②④之“仅”表示“接近”，表示多。

如何解释这种现象呢？

段玉裁《说文解字注》说：

唐人文字，“仅”多训“庶几”之“几”。如：杜诗“山城仅百层”；韩文“初守睢阳时，士卒仅万人”，又，“家累仅三十口”；柳文“自古贤人、才士被谤议不能自明者，仅以百数”；元微之文“封草谏章，繁委箱笥，仅逾百轴”。此等皆李涪所谓以仅为近远者。于多见少，于仅之本义未隔也。今人文字，皆训“仅”为“但”。

段玉裁认为，“仅”表示“庶几”，是一种“于多见少”的反训现象。段玉裁注解《说文解字》不为原著所限，能够广泛搜集资料，并且具有历史发展的眼光，是难能可贵的。所以，张相先生的《诗词曲语汇释》、王力先生的《理想的字典》、《汉语史稿》等书，都吸收了段玉裁的这条资料和解释，把“仅”字的这两种义项作为词义变化的典型例证之一。

反训，是指某一个词同时具有两种相反的义项。反训产生的原因比较多，主要是两个方面。一方面是词义的引申变化，一方面是文字的假借。词义的引申变化是反训产生的主要原因。如：“臭”，本来包括有香气、臭气两种相反的词义，后来“香”义消失了，后人就误以为“其臭如兰”的“臭”是反训，称之为“美恶同词”。“置”本有“抛弃”的词义，引申为“放置”，又由“放置”引申为“建立”，“建立”与“抛弃”恰好相反，人们就称之为“施受同词”。“仅”有“少”和“庶几”两种相反的词义，段玉裁认为是“于多见少”，也就是把它归入为词义的引申变化。而且，王力先生也似乎接受了这种解释。

但是，笔者认为，“仅”具有“少”和“庶几”两个义项，似乎不能用词义的引申变化进行解释。词义引申的反训都有演变的迹象可寻。“仅”的“少”和“庶几”两个义项，却不是如此，在上古时代，“仅”只表示“少”，那时表示庶几、接近之义，不用“仅”，而是用“且”、“几”等。唐宋时代，“仅”字忽然产生了表示庶几、接近之义。到了现代，“仅”表示“接近”的词义却完全消失了，只有表示“少”的含义，又返回到了上古时代。那么，“仅”的词义演变轨迹是：少（上古）→多（唐宋突然产生）→少（现代）。也就是说，突然由甲义转为相反的乙义，然后又突然回到甲义。这种突然的大反复是不可理解的。

“仅”表示“庶几”，实际上是文字假借。段玉裁引用李涪的“以仅为近”之说，应该是正确的。在上古时代，本用“且”、“几”等表示庶几、接近之义。唐宋时代，口语中产生了用“近”表示庶几的用法，但没有固定写法，只好假借他字。当时，“仅”、“近”完全同音，都是群母、文韵、上声，所以唐宋文人借“仅”为“近”。后来，语音发生变化，口语词“近”由浊上变为去声，而书面词“仅”仍读上声，两者便不同音了，因此人们再不借用“仅”字表示庶几之义。口语变化快，而书面语相对稳定，本来是语音变化的常见现象。这就是为什么“仅”产生“庶几”义而后又消失了的原因。这一过程跟汉语语音史上“浊上变去”的时期恰好相合。中唐开始已有浊上归去的现象，不晚于南宋时代的《韵镜》已把“浊上归去”作为定律。所以，宋以后“仅”便不能假借作“近”了。此处还可补充一个例证。欧阳修《梅圣俞诗集序》云。“予友梅圣俞……年今五十，犹从辟书，为人之佐。”当时梅圣俞只有四十三岁，“今”通“近”。这说明欧阳修已觉得在此处借用“仅”字不妥。于是借用“今”字。

总之，“仅”表示庶几义，是文字学上的假借现象，应读“近”。它不是词义引申现象。从现代语言学的观点看，字的假借与词义引申决不可混为一谈。

释《论语》的几个字义

一、释“子罕言利与命与仁”中的“仁”字

《论语·子罕》的第一句：“子罕言利与命与仁。”历来解释众多，但总觉得有扞格不通，难如人意之处。

何晏集解说：“罕者，希也。利者，义之和也。命者，天之命也。仁者，行之盛也。寡能及之，故希言也。”邢昺疏云：“此章论孔子希言难考之事也。……孔子以其利、命、仁三者，常人寡能及之，故希言也。”“‘利者，义之和也’者，《乾卦·文言》文也，言天能利益庶物，使物各得其宜而和同也。此云利者，谓君子利益万物，使各得其宜，足以和合于义，法天之利也。”

何与邢的解释是一致的，他们都认为“利、命、仁”三者，常人难做到，所以罕言。但这种解释有两个矛盾：第一是不合《论语》全书的实际与孔子的

思想体系。《论语》全书，“利”字共出现11次，作“利益”讲的8次，其中作名词者仅有6次；“命”字共出现19次，作“命运”讲的仅10次。两者都可以说是“罕言”了。但是，全书中“仁”字出现109次，几乎每篇都出现了，根本不稀罕。而且，“仁”是孔子思想的核心，如果罕言，孔子学说又如何立得起来呢？第二是对“利”作了迂回牵强的解释。注疏者知道儒家不多谈利，孟子、董仲舒更特别强调“义”、“利”之辨，所以便求助于“文言”传对乾卦的解释。“文言”传把“元亨利贞”解释为天地阴阳化育万物的过程，阴阳相合适宜（义者宜也），万物就可以顺利成长壮大。这跟天命、仁道，根本扯不到一起。何况这种解释，不一定符合卦辞作为占卜吉凶的原义。更何况，对“利”的这种解释极少被儒家及其他各家普遍认同和使用，是一种较冷僻的用法。

理学家程颐解释说：“计利则害义，命之理微，仁之道大，皆夫子所罕言也。”他的解释为朱熹所赞成，收入《四书章句集注》。程朱避免了何、邢对“利”的牵强迂回的解释，但是仍不合《论语》实际，因为《论语》中孔子不是罕言而是多次反复地讲“仁”。

金代学者王若虚发现了这一矛盾，采取了科学的阙疑态度。他说：“子罕言利一章，说者虽多，皆牵强不通。予谓利者，圣人之所不言；仁者，圣人之所常言。所罕言者，唯命耳。然而云尔者，予不解也。姑阙之。”（《滹南遗老集·论语辨惑》）王氏全面总结了《论语》中言利、言命、言仁的情况，把解释此句的矛盾集中到了“与仁”之上。这对后人具有启迪作用。

南宋末年史绳祖著《学斋佔毕》，考证经史疑义，颇有一些独辟蹊径的见解。他在“与命与仁别句”条中说：“盖子罕言者，独利而已，当以此作一义。曰命曰仁，皆平日所深与；此句别作一义。与者，许也。《论语》中自作两义。”他认为孔子多次言“仁”，故抓住“与”还有赞许一义，得出了上述结论。但此说之病有二：一是在句法上很牵强，“罕言……”跟“与（动词）……与（动词）……”无论是语义或结构，都不能形成对举关系，两者无法联在一起；二是内容上很牵强，“利”、“命”都是孔子所罕言的，史氏却否认这一事实。难怪《四库全书总目》说他“失之穿凿”。

那么，能否从“仁”字上另寻新解呢？应该是可以的。“仁”字本从“人”字分化而出，在孔子以前的文献中极少使用。《尚书》中只出现五次，有四次出现在伪古文尚书《仲虺之诰》、《太甲》、《泰誓》、《武成》中，只有一次出现在比较可靠的《金縢》篇中：“予仁若考能，多才多艺，能事鬼神。”曾运乾先生把“仁若”释为“柔顺”。“仁”在《诗经》中只出现两次，在《郑风·叔于田》与《齐风·卢令》中，都是描写出猎的美少年，大概也作“温柔”讲较好。直到《论语》中，“仁”才赋予了独特的理论意义，即“爱人”与“忠恕”等义。但是，由于“仁”本从“人”字分化而来，所以《论语》中，“人”字也有写作“仁”的例子：

①人之过也，各于其党。观过，斯知仁矣。（里仁）

②井有仁焉。（雍也）

这两个“仁”字，都通“人”。例①的“仁”含有性情之义，它跟“人”字不是简单的同音关系，而有内在的意义联系，即指人性人情。这种含义，在儒家经典中并不罕见。如：

③仁者，人也，亲亲为大；义者，宜也，尊贤为大。（礼记·中庸）

④仁者人也，道者义也。（礼记·表记）

本人认为，《子罕》篇中的“与命与仁”，正是使用“仁”的这个含义，即指人的性情，与“人”相通。

孔子使用“仁”，多从道德伦理的实践方面着眼，是一种朴素的概括；极少从抽象的人性方面进行哲学本体论的探讨。所以，孔子的高足子贡说：“夫子之文章，可得而闻也；夫子之言性与天道，不可得而闻也。”（公冶长）这就是说，孔子很少谈到人性与天道。《论语》全书仅出现两次“性”字，与“性”相近的“仁”（人）字，也只有《里仁》与《子罕》篇中的这两次出现。因此，从孔子思想特点，从《论语》全书状况，都可以证明：“子罕言利与命与仁”，应解释为“先生很少谈到利欲，天命（即天道）、人性”。

二、释“六言六蔽”

《论语·阳货》说：“子曰：‘由也！女闻六言六蔽乎？’对曰：‘未也。’‘居，吾语女。好仁不好学，其蔽也愚；好知不好学，其蔽也荡；好信不好学，其蔽也贼；好直不好学，其蔽也绞；好勇不好学，其蔽也乱；好刚不好学，其蔽也狂。’”

何晏注：“六言六蔽者，谓下六事，仁、知、信、直、勇、刚也。”朱熹注：“六言皆美德，然徒好之而不学以明其理，则各有所蔽。”他们都只根据内容推测，没有落实“言”的训释。

今人杨伯峻《论语译注》说：“这个‘言’字和‘一言可以终身行之’的‘言’相同，名曰‘言’，实是指‘德’。‘一言’，孔子拈出‘恕’字，‘六言'，孔子拈出'仁'、'知'、'信'、'直'、'勇'、'刚'六字。后代'五言诗'、'七言诗'以一字为'言'之义，盖本于此。"

何晏等人的理解，从意义上是讲不通的。所谓"六蔽"，笔者认为，并非指"仁""智"等六种品德之蔽，而是指"好仁不好学"等六种弊端，重点在于不学。从训诂上看，"言"没有"德"义。"言"的本义是说话，"直言曰言，论难曰语"（《说文解字》）。引申义为话语，又特指一句话。《论语》中有五处共九次使用作"一句话"讲的"言"字。

1.《诗》三百，一言以蔽之，曰："思无邪。"（为政）

2. 定公问："一言而可以兴邦，有诸？"孔子对曰："言不可以若是其几也。人之言曰：'为君难，为臣不易。'如知为君之难也，不几乎一言而兴邦乎？"曰："一言而丧邦，有诸？"孔子对曰："言不可以若是其几也。人之言曰：'予无乐乎为君，唯其言而莫予违也。'如其善而莫之违也，不亦善乎？如不善而莫之违也，不几乎一言而丧邦乎？"（子路）

3. 子贡曰："君子一言以为知，一言以为不知。言不可不慎也。"（子张）

4. 子贡问曰："有一言而可以终身行之者乎？"子曰："其恕乎！己所不欲，勿施于人。"（卫灵公）

5. 女闻六言六蔽矣乎？（阳货）

以上五例，前三处的七个"一言"，都确定无疑是"一句话"的含义。只有第四处的"一言"具有歧义，恰好"一个字"代表了"一句话"。但细思子贡所说的"一言"，仍是指一句话语，孔子所说的'恕'是指实行恕道，也就是下文那句话"己所不欲，勿施于人"。这种巧合，也许如杨伯峻先生所说的，开后代以一字或一词为一言的先声。但它只是一种偶合，只是词义引申中的一个偶然的过渡因素。由"一句话"引申为"一个字或一词"的含义，大概是在战国时代才确定无疑。如《战国策·齐策一》："齐人有请者曰：'臣请三言而已矣。益一言，臣请烹。'靖郭君因见之。客趋而进曰：'海大鱼。'因反走。"语言是具有时代性、社会性的。所以，从时代看，从《论语》全书用例看，以及从上下文看，"六言"是指六句话，而非六个字。

三、释"孰后倦焉"的"倦"

《论语·子张》："君子之道，孰先传焉，孰后倦焉，譬诸草木，区以别矣。"这段话的难点是"倦"字。何晏《论语集解》引包咸之说："言先传业者必先厌倦，故我门人先教以小事，后将教以大道。"这个解释不合理，难道先学的知识就会倦怠吗？朱熹不满《集解》之说，在《论语章句集注》中作了新的解释：“倦，如‘诲人不倦’之倦。区，犹类也。言君子之道，非以其末为先而传之，非以其本为后而倦教。但学者所至，自有深浅，如草木之有大小，其类固有别矣。”朱子在解释中凭空加了一个否定词“非”，犯了增字为训的错误。其关键在于“倦”字不好理解。现代人著作，大多回避这个矛盾。如杨伯峻《论语译注》翻译这句话为：“君子的学术，哪一项先传授呢，哪一项最后讲述呢，学术犹如草木，是要区别为各种各类的。”这种解释，比旧注更切合原意，更符合遣词造句规律。但是，避开了难点“倦”字。

笔者以为，“倦”是个通假字，“倦”可通“劝”。《庄子·天运》：“孰居无事淫乐而劝是。”“劝是”司马本作“倦是”，便是一个例证。这两字上古音近。而且，“倦”的异体字是“勌”，如《汉书·严助传》“士卒罢勌”，颜师古注云：“勌亦倦字。”“勌”与“劝”，偏旁相同，形体更近。故我们认为“孰后倦焉”便是“孰后劝焉”。劝是劝勉、鼓励的意义。“孰后劝”便是：哪些内容应该放在后面鼓励学生研习实践。

四、论《论语》中的“殆”以及“对文见义”

“殆”字在《论语》中一共出现四次。《卫灵公》篇云：“郑声淫，佞人殆。”《微子》篇云：“今之从政者殆而！”这两个“殆”字，人们都一致解释为：“殆，危也。”而《为政》篇中出现的两个“殆”字，则解释不一致。

《论语·为政》云：“多闻阙疑，慎言其余，则寡尤；多见阙殆，慎行其余，则寡悔。”汉宋旧注，都将其中的“殆”，解释为“危”。何晏《论语集解》引用东汉包咸之说：“殆，危也。所见危者，阙而不行，则少悔。”朱熹《四书章句集注》引用吕氏之说：“疑者所未信，殆者所未安。”到了清朝，训诂大师王引之提出新说，认为“殆”就是“疑”的意思。

《论语·为政》又云：“学而不思则罔，思而不学则殆。”何晏《论语集解》引用东汉包咸之说：“不学而思，终卒不得，徒使人精神疲殆。”刘宝楠《论语正义》补充说：“思过则损脾，故精神易致疲殆。‘殆’与‘怠’同。”朱熹《四书章句集注》认为，“殆”还是“危”的意思。他说：“不求诸心，故昏而无得；不习其事，故危而不安。”王引之则认为，这个“殆”也是“疑”的意思。

王引之的说法，在当代学术界影响颇大。杨伯峻《论语译注》采用其说，李运益主编的《论语词典》也基本上采用其说。2000年出版的新编初中《语文》教科书，也采用这种说法。笔者也曾经相信王说，并在《四书注译》的初版中，采用其解释。然而，认真思考，王说颇有可疑之处。

王引之的解释，载于他的训诂学代表作《经义述闻》中的《通说上》。其全文于下：

何休注襄四年《公羊传》曰："殆，疑也。"《论语·为政》篇："学而不思则罔，思而不学则殆。"谓思而不学则事无征验，疑不能定也。（何注读'殆'为'怠'，以为精神疲殆。失之。）又曰："多闻阙疑"、"多见阙殆"。"殆"犹"疑"也。谓所见之事若可疑，则阙而不敢行也。（范注训"殆"为"危"，失之。）《史记·仓公传》："良工取之，拙者疑殆。"殆亦疑也。古人自有复语耳。（《吕氏春秋·去尤》篇："以黄金殶者，殆。"《庄子·达生》篇作"以金注者殙"。殆也，殙也，皆迷惑也。）字亦作"怠"。《庄子·山木》篇："侗乎其无识，傥乎其怠疑。"怠疑，即疑殆也。文十二年《公羊传》："惟諓諓善竫言，俾君子易怠。"怠，疑惑也。言使君子易为其所惑也。（何注以为轻惰，失之。今《秦誓》"怠"作"辞"，借字也；彼传以为回心易辞，亦失之。）后人但知"殆"训为"危"、为"近"，而不知又训为"疑"，盖古义之失传久矣。

王氏是我敬佩的先贤，但这篇解释可商榷的地方不少。第一、它用以作为出发点的古义的出处，不能成立。《公羊传》襄公五年的原文是："故相与往殆乎晋也。"何休注是："殆，疑。疑讞于晋。齐人语。"何注语句不顺，颇费解，可能有讹误；而且又已经说明"殆"是齐地的方言，不可作为通例。王引之自己就不相信这条解释。他在本书（即《经义述闻》）的《春秋公羊传》部分，为"往殆乎晋"立了一个专门条目。他说："家大人曰：何训殆为疑，往疑乎晋，则为不辞。故加'讞'字，以增成其义。""今案，'殆'读为'治'。（'殆''治'古音相近，故字亦相通。）治谓讼理也。"第二、它违反了词义义项选择的规则。1. 解释词义，应该尽量遵循词的固有义项。"殆"字是个形声字，义符是"歹"。"歹"象肉体被割裂之后的残骨，从"歹"的字都具有死亡、危险的意义。故《说文解字》云："殆，危也。"先秦著作使用"殆"字，除了虚词和通假之外，基本上都是"危"义。《老子》云："知足不辱，知止不殆。"《孟子·万章上》："天下殆哉，岌岌乎！"屈原《惜诵》："故众口其烁金兮，初若是而逢殆！"把"殆"解释为"疑"，不是它的固有义项。2. 解释词义，应该使解释既通于此又通于彼。从《论语》全书的四个"殆"字看，都可以解释成"危险"的含义，既通于此又通于彼。如果解释成疑惑，最多只能通于两句，不能通于其他两句。而且“殆”字，在先秦几乎没有解释为“疑”的例句。《吕氏春秋·去尤篇》云：“以瓦投者翔，以钩投者战，以黄金投者殆。”是说赌注轻心里就安详，赌注加重心里就紧张，用黄金作赌注心里就有危险的感觉。把“殆”解释为危险，完全文从字顺；解释为疑惑，反而不通顺。因此，不必把“殆”解释成疑惑。第三、它有随意使用通假的嫌疑。它所引用的《庄子·山木》篇和《公羊传》文公十二年的例句，原文都是“怠”字，完全可以作疲倦、懈怠解释，不必破字。解释古书时，能够不破字则尽量不破字，不应该滥用通假。而且，在古籍通假中，“殆”通“怠”的用例颇多，如《商君书·农战》：“农者殆则土地荒。”反之，“怠”通“殆”几乎没有用例。通假中，甲词可通乙词，乙词不可通甲词，这几乎是一个常规，大大多于互通的情况。据此，我们宁可把《扁鹊仓公列传》中的“疑殆”解释为“疑怠”，而且文从字顺。《论语》中的两句更是如此。朱熹对《论语》的解释能够一以贯之，其中的“殆”都是危险不安的意思。总之，王氏之说，不仅不能一以贯之，而且在本句之中也不合情理。试问：“学而不思”与“思而不学”，是两种相反的途径，其结果应该不同，怎么结果都是“疑”呢?

王引之训“殆”为“疑”，可能还有一条没有说出的更加重要的理由，那就是他在《经义述闻》的《通说下》中所说的“经文数句平列，上下不当歧异”。他说：“经文数句平列，义多相类。如其类以解之，则较若画一；否则，上下参差，而失其本旨矣。”这是王氏父子对汉语应用规律的一条重大发现，汉语的书面语中，几个短语或句子平列在一起，往往句法结构相同，其中处于对应位置的词语往往词性相似。在《经义述闻》中，王氏成功地运用这条规律解决了不少疑难字句，纠正了前人的牵强附会。如《礼记·礼器》：“礼也者，合于天时，设于地财，顺于鬼神，合于人心，理万物者也。”《礼记正义》训“设”为“所设用物”。王念孙指出，这样解释“设”，就与上下文的“合”、“顺”，文义参差；又指出，“且所设之物，是其土地之物，则当云设以地财，不当云设于地财矣。”王引之补充说：“设，亦合也。《广雅》曰：‘设，合也。’设于地财者，谓合于地理之宜也。”王氏父子这种重视语言环境的科学精神，正如许嘉璐先生在《〈经义述闻〉弁言》中所说的那样，与现代语法理论以及“语言环境限定字词具体涵义之原理”相合。后代训诂家把王氏父子的这种方法称为“对文见义”或“互文见义”。周大璞先生《训诂学初稿》说：“古人行文，一句之中词语往往两两对称，上下几个文句中又多作对偶并列。那些处在相同地位的词，就是我们所说的对文，它们一般同义同类，或同类反义。”张相先生《诗词曲语辞汇释》说："有同义互文者，从互文之字以定其义。"

王氏父子的代表作《读书杂志》与《经义述闻》，在训诂上有重要贡献，解释了前人不能解释的很多疑难。其主要方法，一是明通假，一是重语境（包括互文见义），给读者开了新的法门。但是，这两种方法，如果滥用，就会造成流弊。因为，真理再前进一步也可能成为谬误。滥用通假之弊，学术界已经有不少论述。"对文见义"的滥用之弊，亦应该引起警惕。

我们认为，王氏父子完全断定处于对文中相应位置的词语"义多相类"、"不当歧义"，有其片面之处，从而导致了他们的一些失误。其实，所谓"对文"往往只能决定词性而不能确定具体的词义。因此，在运用"对文见义"这条训诂规律时，应该注意以下三条原则：

第一，应该明确"对文见义"的应用范围，即"对文"首先只能帮助我们判断句法结构相同和有关词语词性相似，很难帮助我们确定具体词义。如：《尚书·洪范》："木曰曲直，金曰从革。"《孔传》解释说："木可以揉曲直，金可以改更。"这种解释没有注意句法结构相似的特点，忽略了"从"的含义。俞樾根据"对文"理论更正《孔传》，在《古书疑义举例》中说："从革，即因革也。金之性可因可革，谓之从革；犹木之性可曲可直，谓之曲直也。"他正确地理解了"从革"与"曲直"处于对文位置，句法结构相同，词性相同，都是动词性并列结构。所以，根据"曲直"是"可曲可直"的含义，而把"从革"理解为"可从可革"。王引之的父亲王念孙所著的《读书杂志》中有一个著名的关于"强自取柱"的训诂解释。他说："强自取柱，柔自取束。杨注曰：'凡物强则以为柱而任劳，柔自见束而约急，皆其自取也。'引之曰：杨说强自取柱之义甚迂。柱与束相对为文，则柱非屋柱之柱也。柱当读为'祝'。……此言物强则自取断折，所谓太刚则折也。"在这里，王氏父子根据对文确定"柱"不是名词，而是动词，是非常准确的。但是，他们在这里并没有说"柱"与"束"同义，而是运用通假方法寻找"柱"的具体词义。这是准确而慎重的。可惜，王引之在解释《论语》的"殆"字时，却不恰当地扩大了对文的应用范围。

第二，利用"对文见义"确定词义不可简单化地肯定"义多相类"。在句式结构内处于对称位置的词语，可能同义，也可能不同义，甚至是反义。周大璞先生主编的《训诂学初稿》说得好："那些处在相同地位的词，就是我们所说的对文。它们一般同义或同类，或同类反义。"它们到底是同义，还是不同义，要参考句中其他词语的意义而确定。如《史记·五帝本纪》（根据《尚书

·尧典》而成）云："请流共工于幽陵，以变北狄；放驩兜于崇山，以变南蛮；迁三苗于三危，以变西戎；殛鲧于羽山，以变东夷。"这里的"流、放、迁、殛"是同义的。为什么呢？因为"流"、"放"、"迁"本来都有流放的意义，"殛"字跟它们用在一起，所以段玉裁说"殛"通"极"，"极"有远义，在此是流放到远方的意义；而且，后文还有"以变东夷"，可见没有杀死鲧，而只是流放。又如《尚书·洪范》云："向用五福，威用六极。""向"与"威"处于平列对称位置，但只是同类，而不是同义关系，而且还是反义关系。因为，"向"采用的手段"五福"，与"威"采用的手段"六极"，正是对立相反的。故"向"应该与"威"的词义相反。所以注释家谁也不认为"向"就是"威"，而是认为"向"通"飨"，是劝勉的意思。王引之把《礼记·礼器》"合于天时，设于地财"中的"设"字解释为动词，与"合"、"顺"等同义，是颇有道理的。因为从前后文看，都是强调"礼"符合天地鬼神与人心。但是，《论语》中的"学而不思"与"思而不学"是两种相反的学习方式，其结果不应该是相同的，所以"罔"与"殆"不应该是同义关系，而是各有不同的含义。王引之把它们解释为同义关系就值得商榷了。

第三，利用"对文见义"与其他手段相结合以确定具体词义时必须根据该词原来具有的义项。多义词的义项虽然靠上下文确定，但是词在上下中的具体义项必须从其本来具有的义项中寻找，不应该根据上下文而望文生义。如果把对文中各句的关系，从语法相似扩展到具体词义相同，而且进一步认为某个词可以在一定的上下文中临时产生一种词义，那就值得商榷了。王引之训"设"为"合"，之所以没有错，是因为"设"本来就具有"合"的含义，而且保存在辞书《广雅》中。他把《论语》中的"殆"训为"疑"，却犯了错误，因为"殆"本来就没有这个义项，他举的出处又不可靠。正如王力先生在《训诂学上的一些问题》一文中所说的那样："一词多义，无论多到什么程度，总不能认为词无定义。何况所谓多义词也不会像一般人所想象的那样多，那样杂乱无章。大家知道，多义词总有一个基本意义，其他意义都从这个基本意义引申出来，而且在同一个时代也不会有太多的意义。""更重要的是：一个词即使有很多的意义，我们也不能说，词在独立时没有某种意义，到了一定的上下文里却能生出这种意义来。"《经义述闻》，把《论语》中的"殆"，或解释为"罔"（与"罔"相对时），或解释为"疑"（与"疑"相对时），都既缺乏根据，又自我矛盾，因而具有词无定义、望文生义的弊病。

《尚书·洪范》“若”字的字义与“天人感应”说

《尚书·洪范》之八“庶征”说：“曰休征：曰肃，时雨若；曰乂，时旸若；曰晢，时燠若；曰谋，时寒若；曰圣，时风若。曰咎征：曰狂，恒雨若；曰僭，恒旸若；曰豫，恒燠若；曰急，恒寒若；曰蒙，恒风若。”其中，共有10个“若”字。

这里的“若”字，有不同解释。1. 汉儒主要解释为“顺”，如《孔传》解释“曰肃时雨若”说：“君行敬，则时雨顺之。”后来注家多承此说。2. 南宋蔡沉《书经集传》解释说：“若曰者，非尽当时之言，大意若此也。”3. 王引之解释为“如此”。4. 近人，或解释为比喻之词，如曾运乾《尚书正读》云：“譬况之词，位于句末。……‘肃时雨若’，犹《孟子》言若时雨降也。”或解释为尊者说话的书面体习用语。如董作宾《王若曰古义》、谭戒甫《论若字的本义及其演变》。5. 日本学者加藤常贤著《王若曰考》（载《真古文尚书集释》），先引述孔颖达、王先谦、陈梦家、董作宾等各家之说，然后列举《尚书》中涉及“若”字的49例，提出自己的见解。他认为，甲骨文、金文中的“若”字，像披发的神形，“王若曰”是含有神的意味的敬辞。

我们认为，汉儒的解释、加藤常贤的解释比较接近本义。“若”的含义，就是上帝或祖先对人的答复与应诺，反映了天人感应的观念。论述于下：

第一，甲骨文如《殷虚文字甲编205》等，金文如《盂鼎》等，“若”字都好像女巫施行巫术的形象，披头散发，两手上扬。后来，书写形式演变，有的加上形旁“口”（《毛公鼎》），孳乳为“诺”的初文。甲骨文中，“若”的词义是：上帝或祖先对巫祝卜问所作的答复。殷墟卜辞中有如下用例：A.“丙子卜夬贞：帝弗若。”（刘鹗《铁云藏龟》614）B.“贞：且（祖）丁隹（惟）德若于王。”（董作宾《殷虚文字乙编》3321）C.“王占曰：吉，帝若。”（同上5858）D.“辛丑卜殻贞：帝若王。”（郭若愚等《殷虚文字缀合》323）E.“壬寅卜宾贞：若兹不雨，帝隹（惟）兹邑龙不若。”（金祖同《殷契遗珠》620）这些用例的“若”的含义，都是上帝或祖先对人的答复与应诺。《洪范》中的八个“若”字，就是这种原始意义，即上天对人的行为的答复与报应。这个原始意义引申为“顺从”，就是汉儒所说的“顺”。郭沫若《卜辞通纂》解释甲骨文“帝降若”、“帝降不若”说：“若者，顺也。不若，不顺也。”郭沫若的解释与汉儒一致。古文字学家商承祚说：“卜辞诸若字，象人举手而跽足，乃象诺时巽顺之状。古诺与若为一字，故若字训为顺。”商先生解释为恭顺，已经不符合“若”字的引申义。

第二，《尚书》除了《洪范》以外，还有不少篇仍然保持了“若”的原始义项，出现了“天若”、“若曰”等词语。“天若”就是上天的答复，如：《酒诰》云“兹亦惟天若元德”，《康诰》云“宏于天若德，裕乃身不废在王命”，《召诰》云“面稽天若”。到了后来“若曰”又泛化为一般的答复（不限于神灵的回答），如：《盘庚》、《大诰》、《康诰》、《酒诰》、《洛诰》、《多士》、《多方》、《康王之诰》、《文侯之命》等篇都出现“王若曰”，《微子》篇出现“微子若曰”、“父师若曰”，《君奭》、《立政》篇出现“周公若曰”。西周金文中也有“天若”，与甲骨文、《盘庚》、《微子》、《洪范》及西周文诰用法一致。

第三，古代神话，“若木”是神木，“海若”是海神。它们间接反映了若字的原始意义。

第四，“时雨若”、“恒雨若”等句的句法结构，可以这样分析：主语“上天”（上帝）省略；“若”作谓语动词；“时雨”等相当“以时雨”（省略“以”、“于”之类的介词是古汉语常见现象），作状语。而表示比喻意义的“若”，只能在后面带宾语，不可能出现这样的句法。

第五，后来，时代离上古越来越辽远，“若”的原始义项消失了，学者们不了解这个义项，所以解释不中肯。所谓“大意若此”、“如此”、“譬况之词”等，都是以今律古的揣度。在甲骨文没有发现的时代，这是不可避免的错误，是可以谅解的。

“若”字的解释关系到《洪范》写作的年代和中国哲学史的某些大问题。

《洪范》中的10个“……若”，具有强烈的天人感应观念。《孔传》解释说：“君行敬则时雨顺之”，“君行政治则时旸顺之”，“君昭哲则时燠顺之”，“君能谋则时寒顺之”“君能通理则时风顺之”；“君行狂妄则则常雨顺之”，“君行僭差则常旸顺之”，“君行逸豫则常燠顺之”，“君行急则常寒顺之”，“君行蒙暗则常风顺之”。孔颖达《尚书正义》云：“其所致者皆顺其所行，故言‘若’也。”这种观念，经过阴阳五行家和董仲舒、刘向等的宣扬发挥，对中国古代哲学与政治产生过深远的影响。

《洪范》这篇文献，古代一直认为是由周初史官笔录箕子思想的作品。现代学术界则存在分歧：有的学者认为它是周初作品；有的学者认为它是战国时代的作品。《洪范》运用“若”字的原始意义，与甲骨文、金文、周初文诰相似，是它作于周初的一个有力证明。而这篇文献的写作年代，又关系到中国哲学史的某些根本问题，如：“五行”、“天人感应”、“王道”等重要学说究竟起源于何时，中国最早的哲学家是谁，周公、孔子思想与商代思想的关系。这些问题又进而关系到中国哲学在世界哲学史上的定位。由于周初说没有得到有力地论证，于是不少政治思想史与哲学史著作，讲中国政治思想与哲学历史时，往往从孔子开始，而忽视了孔子以前的思想家，使中国哲学史发生的时间大大滞后。这种现象还影响到了国外。如：前苏联科学院法学研究所与莫斯科大学集体编著的《政治学说史》（凯切江、费季金主编），讲埃及政治思想史，从公元前3000年的布达荷特普开始；讲巴比伦政治思想史，从公元前18世纪的汉谟拉比开始；讲希腊政治思想史，从公元前8世纪的赫西俄德开始；而讲中国政治思想史，却从孔子才开始。这是很不符合实际的。讲中国哲学史上的思想家至少应该从箕子、周公开始，才是符合实际的。

二 寓言类论文选辑

一座宝库，一扇橱窗，一支轻骑

——《大中华文库》英汉对照《中国古代寓言选》序

摆在大家面前的《中国古代寓言选》，是中国新闻出版总署组织出版《大中华文库》系列丛书中的一本，古文、白话、英文三者对照，英译者为著名翻译家杨宪益、戴乃迭先生。本书是外文出版社的一个久经琢磨的选本。古人说："十年磨一剑。"此书却经过了快半个世纪的琢磨。早在1962年，外文出版社就出版外文版《中国古代寓言选》，选入寓言80余篇。1981年修订再版，增加到121篇，多次重印。现在这个版本即以1981年版作为基础而加工完善的。本书所选取的一百多篇作品，大都是从中国传统寓言宝库中挑选出来的佳作，它们流传广，影响大，饱含智慧，充满趣味。

我们希望本书能够成为外国朋友了解中国文化、了解中国传统寓言这座宝库的一扇橱窗，能够成为中外文化交流的一支轻骑。

一

本书英译者杨宪益先生，在《译余偶拾》中曾经揭示一段中西文化的因缘。他指出，19世纪丹麦著名童话家安徒生的著名童话《皇帝的新衣》，是受到了中国6世纪佛教史著作《高僧传》中的《虚空细缕》故事的影响。《高僧传》是中国6世纪问世的一部佛教史著作，其中的《虚空细缕》故事说：有个狂人要求纺织出极细的纱，纺织匠把纱纺得像微尘一样细，狂人还是嫌粗。纺织匠愤怒，指着虚空说："这就是极细的纱，但是一般人看不见。"狂人大喜，重重地赏赐纺织匠。这个故事是一则寓言，用以讽刺鸠摩罗什。鸠摩罗什是中国4世纪末期大乘佛教理论家和著名佛经翻译家，他宣传"诸法皆空"（世界上的一切都是空幻的）理论。小乘佛经的大师反对鸠摩罗什，认为他信奉的"诸法皆空"就好像狂人相信的虚空细缕。14世纪西班牙作家曼纽埃尔，在《卢卡诺尔伯爵》中移植改编了这则寓言故事，讲述三个骗子谎称能够纺织出看不见的衣料以欺骗国王。5 个世纪之后，安徒生受曼纽埃尔的影响而创作了驰誉世界的童话《皇帝的新衣》。我们推测，大概在公元 8 世纪初阿拉伯帝国占领西班牙的时期，这个故事已经随着其他东方文化传入了欧洲。中国其他文学作品传入欧洲的时间，跟这个寓言故事相比就晚得多了。直到公元 1735 年法国人杜赫德编印《中华帝国志》，才译介了《诗经》10 多首、《今古奇观》小说 4 篇、元杂剧《赵氏孤儿》。

无独有偶，西方最早传入中国的文学作品也是寓言。中国 6 世纪梁元帝著《金楼子》，其中的“富者求羊”故事，明显吸收了《圣经·旧约·撒母耳记下》中的“富户取羊”故事。明朝末年，意大利耶稣会传教士利玛窦到中国传播基督教，他在 1608 年使用文言文写作《畸人十篇》，其中就引用了好几则伊索寓言的故事。1625 年，法国传教士金尼阁口授的伊索寓言汉语选译本《况义》在西安刊行。欧洲其他文学作品传入中国的时间，跟寓言故事相比，也晚了许多。西方小说、戏剧、史诗等被翻译成汉语出版，始于 19 世纪末至 20 世纪初。

中国与欧洲文学作品交流的情况就是如此。其实，据个人研究所看到的资料，中国与印度文学作品交流的情况，印度与欧洲文学作品交流的情况，也是如此。寓言总是早于其他文学作品率先到达异国的土地，寓言是各民族文化交流的轻骑。其原因大概是：第一，寓言是世界大多数民族具备的文体。寓言的足迹遍布五大洲的各个国家。任何一个发展到了文明社会阶段的民族，它可能没有其他文体品种，而不可能没有寓言。所以，各民族都具有接受外来寓言的机制。第二，寓言一般短小精悍而思想隽永，既以形象感染人，又以道理启发人。所以，人们乐于接受寓言，能够比较容易地记忆寓言，传播寓言。即使是文化程度不高的商旅或者是远征的士兵，也可以成为寓言传播的中介力量。第三，寓言是一种渗透性很强的边缘文体，渗透到宗教、哲学、教育、政治等各个领域。所以，无论哪一方面的文化交流活动，寓言往往介入其中。例如，佛教徒与基督教传教士在传教过程中都充分利用了寓言故事，在散播宗教种子的同时也散播了寓言的种子。

因此，我们希望本书发挥寓言固有的优势，能够成为一支中外文化交流的轻骑。

二

中国古代寓言，是中国文化与中国文学中的一座宝库。中国古代寓言历史悠久，从未中断，名家辈出，奇峰迭起，其发展可以划分为七个大的阶段。

第一是酝酿阶段。这是一个漫长的历史时期，包括夏、商、西周与春秋时代。夏商时代（约公元前21世纪至公元前12世纪），中国已经进入文明社会，先觉者们已经告别了原始思维方式，用理性的目光审视自然、社会与人生。无论从社会发展水平与思维发展水平看，都具备了产生寓言的条件。但是，我们至今还没有发现流传到今天的夏商时代的寓言。本书所选的“小鸟笑大鹏”的故事，出于《庄子·逍遥游》与《列子·汤问》。据《列子》说，这个故事是大禹治水时代流传下来的。《列子》的记述，透露出中国古老寓言产生于夏商时代的蛛丝马迹，也符合寓言产生的世界公例。不过，《列子·汤问》所记述的大多数是荒诞不经的神话传说，故这个记述还不能作为历史证据。我们推测，大概由于早期寓言大多是从神话脱胎的故事，中国古代学者们不屑于记载“怪力乱神”的故事，而普通百姓又没有掌握运用文字的能力，所以夏商时代寓言没有被记载，没有流传到今天。有的学者认为中国古代寓言产生在西周初期（公元前11世纪），他们把《周易》中的某些卦爻辞，《诗经》中的咏物诗或禽言诗，看作寓言。但是，这些作品，虽然具有寓言以此寓彼的特点，却没有完整的故事情节，缺乏了故事性这个必备要素，不能看作是寓言故事。个人认为，直到春秋时期，才出现具有雏形的书面寓言，如《左传》中所记载的“内外蛇斗”、“蹊田夺牛”、“老人结草”等。总之，漫长的夏、商、西周时期没有寓言作品直接以书面形式流传到后世。但是，神话传说、历史故事等给后代寓言创作准备了丰富的素材；《周易》的象征暗示手法，《诗经》的比兴手法以及士大夫“赋诗言志”的活动，给后代寓言创作以极大启示。经过漫长的酝酿，到了春秋时代寓言才进入书面文学的殿堂。本书没有入选酝酿阶段的作品。

第二是繁盛阶段。中国古代寓言的繁盛出现在战国时代。战国时代（公元前475年至前221年），社会发生激烈变革，诸子百家应运而生，提出不同的政治哲学社会主张。英国大思想家弗兰西斯·培根在《古人的智能》中提出：在理性思维尚不十分发达的古代，使用寓言说理是一种大智能，所以，人们要以新的光亮照耀人类的理解力，既要克服偏见，而又不至于引起敌意、反对，往往求助于寓言。诸子百家为了使他们的学说容易被人接受，大都喜欢采用寓言作为阐述并宣传自己学说的有力工具。这种形势，推动了寓言创作的进步与繁荣。《墨子》、《孟子》等开其风气，《庄子》、《列子》、《韩非子》、《吕氏春秋》、《战国策》发扬光大，其他各家也成绩斐然。于是，中国寓言创作迎来了第一个黄金时代。这个时期的寓言总数量达到约2000则。而且以形见理，思想博大，风格多样，异彩纷呈。如：《庄子》、《列子》寓言，想象飞驰，夸张大胆，语汇富丽，汪洋恣肆，宣传了道家重道、贵虚、齐物、逍遥的主张。《韩非子》寓言，驱使历史亡灵现身说法，文字简洁准确，风格峻峭挺拔，宣传了法家因时变法、严刑峻法、“法”“术”“势”结合的主张。《战国策》寓言，手法铺张，气势宏伟，针对外交、内政、军事方面的大事，随机应变，往往能够收到化险为夷的效果。总之，战国时期寓言成绩辉煌，其中的不少作者是世界一流的思想家。本书入选的“愚公移山”、“失斧疑邻”、“东施效颦”、“朝三暮四”、“拔苗助长”、“偷鸡的人”、“掩耳盗钟”、“刻舟求剑”、“自相矛盾”、“滥竽充数”、“鹬蚌相争”、“狐假虎威”等，都是战国时代的作品。

第三是沿袭阶段。秦王朝历史短（公元前221年至前207年），又实行文化专制主义，既无文学，也无寓言。西汉与东汉时期（公元前206年至公元220年），寓言创作的特点是沿袭战国寓言。这种沿袭情况，跟古罗马寓言沿袭古希腊寓言，颇有相似之处。汉王朝建立后，继承先秦文化遗产，寻找长治久安之策。西汉前期主要奉行休养生息的“黄老之道”，从汉武帝开始，罢黜百家，独尊儒术，实行儒表法里的政治方针。东汉乃至以后的历代王朝，基本上是奉行汉武帝的政治方针。政治思想的沿袭，必然影响寓言创作，故两汉寓言以沿袭先秦寓言的题材与主题为主，主要劝诫人们遵守社会道德规范，适应社会的要求。这个时期的寓言作品主要有两类，一类是宣传黄老之道的，以淮南王刘安组织宾客们编写的《淮南子》中的寓言为代表，一类是宣传儒家思想的，以刘向编著的《说苑》、《新序》中的寓言为主要代表。本书入选的“瞎子和跛子”、“哭妈妈”是《淮南子》寓言，“猫头鹰搬家”、“龙王变鱼”、“皮之不存，毛将焉附”等是《说苑》、《新序》寓言。

第四是转折阶段。六朝时期（220年至589年），是一个动乱的时代，也是一个思想活跃的时代。人们突破儒家思想的范畴，玄学、佛学相继兴起。这个时期的寓言也突破了两汉寓言沿袭与劝诫的特点，从劝诫转为嘲讽。以《笑林》为代表的讽刺诙谐寓言，开了后代讽刺寓言与诙谐寓言的先河。但是，这个时期寓言创作的成绩不大。本书只选了“神鱼”、“刻凤凰”等几篇作品。此外，这个时期还有两个新情况出现：一是印度佛经寓言的传入，为中国寓言注入了新鲜血液；二是诗体寓言开始成熟。它们为唐宋寓言的复兴做了铺垫。

第五是融汇阶段。唐宋时期（618年至1279年），是中国封建社会的鼎盛时期，也是中国文化融汇印度与西域文化的时期。唐宋在融汇印度与西域文化的同时，也融汇了印度与西域的寓言，传统与外来寓言的融汇促使中国古代寓言创作进入了第二个黄金时期。唐宋的古文革新运动，革新文学语言，强调文学为现实服务，对寓言创作影响巨大。古文运动的领袖人物韩愈、柳宗元、苏轼，都对寓言发展有杰出的贡献。柳宗元寓言，关切社会现实，讽刺官场与世俗的丑恶，能抓住典型，描写细腻，风格峻洁。苏轼寓言，风格诙谐，嬉笑怒骂，对明清寓言有巨大影响。本书入选的“黔驴技穷”、“要钱不要命”、“用骗术的猎人”等是柳宗元的寓言，“瞎子问太阳”等是苏轼寓言。此外，唐诗的繁荣促进了寓言诗的繁荣，以白居易、刘禹锡的成就最突出。传奇小说的繁荣则促使了寓言体小说的成熟。

第六是世俗化阶段。元明时期（13 世纪至 17 世纪），是中国封建社会发展到极端专制并走向没落的时期。元明又是中国世俗文学崛起的时期，寓言深受世俗文学的影响。作家们在言论极端不自由的情况下，往往吸收世俗笑话的手法创作寓言，寓言与笑话合流而形成诙谐寓言，对社会现实进行旁敲侧击、冷嘲热讽。这个时期的重要寓言作家刘基、宋濂、刘元卿、江盈科、赵南星、冯梦龙等的作品，都具有诙谐特殊。本书入选的江盈科的作品就有“医驼背”、“只是没有糟”等 9 篇。元明时期，戏剧与长篇小说作为世俗文学而异军突起，它们的繁荣推动了寓言戏剧与寓言长篇小说的产生与繁荣。例如：“中山狼”是非常流行的一篇寓言，但是，情节曲折、刻画细腻，颇似小说，而且它在当时就被改编为《中山狼杂剧》、《中山狼院本》等多种戏剧，体现了寓言与戏剧、小说结合的趋势。“中山狼”寓言篇幅比较长，本书只节选了其中的小部分。

第七是变革阶段。明朝末年，西学开始传入中国，西方寓言也随之传入，特别是 1625 年刊印了《伊索寓言》的最早汉译本《况义》。不久，又出现了中国作家模仿《况义》而创作的寓言集《物感》。这种模仿创作的寓言，大量吸收欧洲寓言的拟人化手法，走上了中西结合的道路。当然，大部分传统文人仍然走的是传统寓言的创作道路。1644 年清王朝建立，寓言创作跟明朝末年近似。1840 年鸦片战争以后，救亡图存、改革开放，成为中国的时代主旋律，也成为寓言的思想主旋律。晚清著名小说家吴趼人《俏皮话》中的寓言，思想上侧重于鞭挞奴性、唤醒国民，艺术上中西结合，在这个时期颇具有代表性。而且，教育界接受西方的经验，把寓言引入儿童读物与儿童启蒙课本。1900 年出现供儿童阅读的寓言故事集《中西异闻益智录》，1901 年出版的启蒙课本也编入了寓言。

三

寓言是一种历史悠久而生命力强大的影响广泛的文体。从公元前3000年的苏美尔寓言算起，它已经有了5000年的历史。寓言不一定短小，但是大多数作品比较短小。然而，它的容量不小，可以容纳许多东西。中国寓言作家严文井先生把它比作魔袋。用佛教的话说就是：“纳须弥于芥子。”“一花一世界，一叶一乾坤。”寓言与人类文化的发展密切相关，负载着许多文化信息。

世界上历史悠久古老而又传承至今的传统文化有三大体系。一是发源于地中海区域的欧洲文化，一是发源于印度的南亚中东文化，一是发源于中国大陆的东亚文化。世界寓言与世界文化相适应，也有这样的三大体系，即印度东南亚中东寓言体系，希腊欧洲寓言体系，中国东亚寓言体系。三大寓言体系的寓言各自具有鲜明的文体特色。

希腊欧洲寓言体系的寓言，大多数以拟人化动物故事为载体，其寓意主要是讽刺不平等或不良的社会现象，宣传道德教训。这个传统是古希腊Aesop（伊索）奠定的。古希腊称寓言为fables，fable的含义主要是虚构的故事，可以包括汉语所说的寓言、童话与神话，作为寓言它主要是指包含道德教训的拟人化的动物故事。如：现在流行的《伊索寓言》版本，有数百则寓言，其中以拟人化动物故事为载体而宣传道德教训的寓言约占70%以上。古罗马时代，继承了伊索寓言的传统，又吸收了《圣经》中的希伯来寓言（Parable）。而且，古罗马菲德鲁斯采用诗体写作寓言以后，大多数欧洲作家都喜欢采用诗体写作寓言。后来产生的著名寓言家，如：法国的拉封丹，德国的莱辛，俄国的克雷洛夫等都继承了希腊、罗马的传统。

印度中东寓言体系，发源于印度，南传东南亚各国，北传中东地区。印度中东寓言，从故事载体看，既有大批以国王、僧侣、官吏、商旅、农民、渔夫等为主角的人物故事，也有大批以大象、狮子、老虎、猴子、牛羊、龟鱼等为主角的拟人化动物故事，两者几乎旗鼓相当；从寓意看，大部分寓言富于冥想，具有浓烈的宗教色彩或神秘的哲学氛围。如：佛经为了宣传佛教哲理，运用了500多个寓言故事。这些故事都渗透着佛教教义。后来产生于中东地区的寓言，则渗透着伊斯兰教的教义。印度中东的寓言作家，往往采用散文与诗体交错的形式写作寓言。如：佛经、《五卷书》中的寓言都是这样。

中国东亚寓言体系，发源于中国大陆，先后传入朝鲜、韩国、日本、越南等国。中国东亚寓言在漫长的发展过程中，曾经接受过印度寓言与欧洲寓言的影响，也影响过印度寓言与欧洲寓言。中国东亚寓言，大多数以人物故事特别是历史故事为载体，拟人化的动物故事极少，其寓意主要是宣传政治哲学主张。从先秦诸子，到后代作家，大多数都是这样。如：先秦时期的《韩非子》中有400则寓言，其中拟人化动物故事仅有2则。本书选入的120多篇中国古代寓言中，拟人化动物故事只有10多篇。中国的寓言作家，基本上采用散文体写作寓言，诗体寓言比较少。

中国使用的“寓言”这个词，来源于《庄子》的《寓言》篇与《天下》篇，其主要含义是以此喻彼，即假借另外的事情来阐述自己的主张。中国晚清著名翻译家林纾、严璩，把寄托在古希腊伊索名下的fables，翻译为《伊索寓言》，于1902年出版。从此，大部分人就把“寓言”等同于fable了。其实，fable与“寓言”的含义是交叉的。fable可以包括汉语所说的寓言、童话与神话；汉语的“寓言”，可以相当fable型的寓言，也可以指《圣经》中的parable型寓言，还可以指如英国班扬所写的《天路历程》那样的allegory寓言。

不同文化体系的寓言，不仅各自具有鲜明的文体特色，而且，更主要的是体现出各自的文化精神。寓言可以说是展示各民族文化精神与文化特征的橱窗。如：《列子·汤问》中的著名寓言“愚公移山”，以智叟衬托愚公，说明智者办不到的事情，愚人可以办得到。它体现的观念是道家的“绝圣弃智”的主张。晋人张湛注解这则故事说：“世俗所说的愚蠢未必不是智慧。”“世俗所说的智慧未必不是愚蠢。”这个故事写老翁弱子可以移走高万仞的两座大山，还体现了道家的朴素的辩证法思想，认为事物的大小、强弱都可以转化。张湛注解说：“只要不停止地做下去，不期望一朝一夕就成功，那么，任何微小的东西都可以积累成巨大的东西，任何巨大的东西都可以把它削弱变小。”这便是原作的寓意。人们通过这则寓言，可以了解到中国古代道家的哲学思想。后来，人们逐渐从积极有为方面来理解这则寓言：认为只要意志坚定，持之以恒，便可战胜困难，创造奇迹。这种理解曾经形成了新的思维定势。有个在美国留学的中国人，有一次向美国小朋友讲这个寓言故事，美国小朋友听了，提出疑问说：“愚公为什么这样愚蠢？搬家不比搬山容易得多吗？”小朋友提出的疑问，表现出中国与美国的文化差异。美国小朋友不仅不能理解原作中的道家观念，也不能理解故事中所反映的小农经济所形成的安土重迁的心理定势。又如：《孟子》中的寓言“偷鸡的人”，写偷鸡贼不听别人的劝告，不愿意立即改正错误，而是找借口拖延。这个寓言的原意就是宣传儒家的仁政主张，抨击向百姓征收繁重赋税的暴政。《孟子》中的另一则寓言“拔苗助长”，原意是宣传儒家的修养方法，认为只有循序渐进才能养成浩然正气，做事必须尊重客观规律，既不可半途而废，也不可存在侥幸心理，不能希望一蹴而就。读这两则寓言，可以了解儒家的政治主张，也可以了解儒家的修养方法与思维方法。道家哲学与儒家哲学，是中国古代最主要的哲学，它们互相对立而又互相补充。所以，研究者们往往用“儒道互补”来概括中国古代哲学与古代文化。所以，个人曾经在《中国古代寓言史》中说：“读先秦寓言，等于在读先秦思想史；读中国古代寓言，等于在读中国古代思想史。”

阅读中国寓言，还对掌握汉语的丰富语汇有帮助。中国的许多典故成语都是来源于寓言故事，如：揠苗助长、专心致志、鹏程万里、朝三暮四、望洋兴叹、井底之蛙、杞人忧天、滥竽充数、刻舟求剑、画蛇添足、叶公好龙、对牛弹琴、杯弓蛇影、黔驴技穷、囫囵吞枣等成语，就来源于本书所入选的故事。据说欧洲的典故与成语的主要来源也是《圣经》与寓言。如：The crab and its mother（母蟹与小蟹），比喻说话容易做来难；The grapes are sour（葡萄是酸的），比喻不服输而找借口。它们都来源于《伊索寓言》。

总之，我们希望本书能够成为外国朋友了解中国文化、了解中国传统寓言这座宝库的一扇橱窗，能够成为中外文化交流的一支轻骑。

［按］《大中华文库》汉英对照《中国古代寓言选》，外文出版社，2008年新版。责任编辑蔡莉莉。

文明无国界，异域有知音

——《世界寓言通论》韩译本序

2008年1月21日，来自韩国与湖南的数十所高校的古代文学界的学者们，冒着冰冻齐集湖南师范大学文学院，联合举行“中韩第二届古代文学学术研讨会”。在会场，我第六次会见了韩国檀国大学的尹柱弼教授。尹柱弼教授告诉我说：“我正在翻译您的《世界寓言通论》，希望您能够写几句话。”听了尹教授的话，我的脑际忽然涌出“高山流水”的典故。尹柱弼教授是我的老朋友，我们前后有六次会见，每次都是讨论寓言。我们可以算作是异国知音。

尹柱弼教授更是始终不渝致力于寓言研究的学者，他为东亚寓言研究作了突出的贡献。尹柱弼教授跟我六次会见，每次都是讨论寓言。1999 年 8 月，我接受韩国中国学会的邀请，赴首尔（汉城）参加“第十九届中国学国际会议”，结识了一大批研究寓言的韩国朋友。会议结束后，我于 8 月 22 日前往韩国的千年古都庆州，中途在天安小憩。祥明大学权锡焕博士把我接进天安的一间茶社。刚进门，就有一位身材颀长、面容清瘦的中年学者迎上前来握手，权锡焕博士介绍说：“这是檀国大学的尹柱弼教授，是专程来讨论寓言的。”我不会说韩语，于是找来纸笔，围绕寓言进行笔谈。通过笔谈，我了解到尹教授对寓言有深入的思考，并且搜集了许多资料。2000 年，通过权锡焕与我的牵线，湖南师范大学与韩国祥明大学建立了校际关系。当年 10 月，我参加湖南师范大学访问团去韩国访问。10 月 10 日，我在祥明大学天安校区讲韩国古代寓言，这本是一个通俗的讲座，尹柱弼教授竟然也赶来参加，我十分感动。2002 年 10 月，正在韩国首尔大学攻读博士的南燕女士打电话告诉我说：“檀国大学的尹柱弼教授等成立了韩国东亚寓言研究会，准备 2003 年 1 月访问北京大学，共同探讨东亚寓言问题，特别邀请您参加，并希望通过您邀请中国寓言研究会的主要专家参加。”2003 年 1 月 8 日我到达北京，第三次会见尹柱弼教授，并会见了仁荷大学的金泳教授、尹柱弼教授的夫人姜英顺教授，以及其他韩国朋友。我打电话把情况报告给中国寓言研究会的负责人。1 月 9 日至 10 日，韩国朋友、北京大学东方文学研究基地的教授、中国寓言研究会的主要成员，共同参加东亚寓言研讨会，探讨有关问题，并协商同意成立东亚各国共同组成的东亚寓言研究会。2004 年 5 月，我应韩国古典文学学会与仁荷大学金泳教授的邀请，参加仁荷大学校庆与东亚寓言国际学术研讨会。5 月 14 日举行大会，晚上，尹柱弼教授组织韩国、中国、日本的与会人员，认真磋商成立东亚各国寓言研究会的具体细节，并且主动承担由韩国举办第一届东亚寓言国际研讨会。通过尹柱弼教授、金泳教授等的努力筹备，2005 年 2 月，第一届东亚寓言国际研讨会在韩国城南市如期召开。我因故不能出席，只能发贺信遥祝会议成功。我在贺信中说：“我佩服韩国同仁们的远见卓识，还要特别感谢尹柱弼教授、金泳教授等为会议所付出的努力。有耕耘就一定有收获，历史将记住作出了贡献的人们。”2007 年 5 月，我应金泳教授邀请参加韩国仁荷大学的校庆，第五次会见尹柱弼教授，讨论了第二届东亚寓言国际研讨会的问题。这次在长沙相见，是第六次会见了。六次会见，每次都是讨论寓言。尹柱弼教授对研究寓言的执着精神，尹柱弼教授对东亚寓言研究的贡献，都令我由衷钦佩，历史将记住他作出的贡献。

我从事寓言研究 30 多年，祥明大学权锡焕教授跟我合作写了《韩国古代寓言史》，首尔大学吴洙亨教授翻译了我的《中国古代寓言史》，仁荷大学的金泳教授与尹柱弼教授跟我一起商讨成立东亚各国寓言研究会，现在尹柱弼教授又在翻译我的《世界寓言通论》。他们都是我研究寓言的知音朋友。古人说："君子以文会友，以友辅仁。"又说："相识满天下，知音能几人!"我通过寓言研究，不仅在国内获得了朋友，也在韩国获得了这些知音，真是多么荣幸啊。我想起韩国古代史书记载，大约公元前2333年，檀君开辟了古朝鲜的美丽山河，大约公元前1120年，殷商贤人箕子把中国文化带进古朝鲜，试行八条之教，他自己也成为古朝鲜民族的一个成员。因此，我觉得我跟尹柱弼教授、权锡焕教授之间的友谊，跟吴洙亨教授、金泳教授之间的友谊，都不仅是我们之间的缘分，也是中韩两国几千年文化交流所形成的缘分。情动于中而形于外，于是我写了一首七言绝句：

檀君开辟山河美，
箕子施行教化深。
自古文明无国界，
于今异域有知音。

我祝福尹柱弼教授的译本胜利出版，我更祝福东亚寓言研究进一步繁荣，祝福中韩两国的文化交流进一步加强，中韩友谊进一步加深。

（2008年1月31日）

按：《世界寓言通论》，韩文版2010年出版。

领悟佛理的方便法门——佛典寓言

佛典中的寓言是学习佛理的方便法门。

佛典由经、律、论组成，合称“三藏”。方便是十波罗蜜之一，是诱导众生入于真实法而权设的法门。佛典中的佛理，精深博大，如“三法印”、“四圣谛”、“十二因缘”等，芸芸众生不一定能够理解。为了诱导众生领悟佛理，佛典往往借寓言故事以说教，于是乎，佛典中的寓言就成了学习佛理的方便法门。

佛典，有雅语（梵文）和俗语（巴利文）两种文本。现存佛典，按照语文有三大系统，汉译佛典，藏译佛典，巴利文佛典。汉译佛典、藏译佛典，是按照梵文翻译的。各种文本的佛典，都善于用寓言说理。

汉译佛典《百喻经》，明白宣示了寓言是领悟佛理的方便法门。《百喻经》是一部完全由寓言故事组成的佛典。全书开头的缘起说：释迦牟尼佛在王舍城的鹊封竹园，为几万名信徒与五百名来求教的梵志（婆罗门），“广说众喻”。“喻”就是用作譬喻的故事，也就是寓言。佛说了98个寓言故事，包括“愚人食盐喻”、“三重楼喻”、“乘船失盂喻”、“杀群牛喻”、“欲食半饼喻”、“奴守门喻”、“口诵乘船法而不解用喻”、“小儿得大龟喻”等等。这些寓言的寓体都是讥笑痴愚人物的笑话故事。佛说完这些故事之后，念了24句偈语：“此论我所造，和合喜笑语。……戏笑如叶裹，实义在其中。智者取正义，戏笑便应弃。”这几句偈语，明确地告诉人们：讥笑痴愚人物的戏笑故事，就是作为外壳的寓体；故事的目的是帮助受众领悟其中的“正义”，“正义”就是故事的寓意，也就是佛理。如：第一篇“愚人食盐喻”的故事说：

昔有愚人，至于他家。主人与食，嫌淡无味。主人闻已，更为益盐。既得盐美，便自念言：“所以美者，缘有盐故。况复多也？”愚人无智，便空食盐。食已口爽，反为其患。

佛在故事结尾点明正义说：“譬彼外道，闻节饮食可以得道，即便断食。或经七日，或十五日，徒自困饿，无益于道。”可见本则故事的寓意，就是批评当时流行的苦行修炼方法。这种修道方法往往采用不恰当的苦行（如：挨饿、摧残自己的肉体之类），以追求精神的解脱。这个故事实际上总结了释迦牟尼佛悟道的教训与经验。释迦牟尼出家修行，开始数年曾经采用当时流行的苦行修炼方法，没有获得解脱。他于是抛弃绝食与苦行，到菩提伽耶一棵毕钵罗树下，结跏趺坐，静思冥索，终于觉悟成道。佛通过这则故事告诫人们：修炼的根本在于觉悟人生的真谛，而不在于苦行。当然，适当的苦行（如遵守戒律），有助于超脱贪欲与无明，但是，过分的苦行反而妨碍悟道。正如，适当的盐可以调味，光吃盐只会败坏口味。任何事物过了头，都会走向反面。

佛经说：“芥子容须弥，毛孔收刹海。”佛典中的短小而生动形象的寓言，往往蕴涵着精深博大的佛理。且看寓言“虬与猕猴”，梵文佛典与巴利文佛典都有这则寓言故事。汉译《佛本行集经》说：

往昔，于大海中，有一大虬（鳄鱼之类）。其虬有妇，身正怀妊，忽然思欲猕猴心食。……

妇言：“奈何？我今意思如此之食。若不能得如是物者，此胎必堕，我身不久，恐取命终。”是时其夫复与妇言：“贤善仁者，汝且容忍，我今求去。若成此事，深不可言。则我与汝，并皆庆快。”

尔时彼虬，即从海出，至于岸上。去岸不远，有一大树，名优昙婆罗。时彼树上有一大猕猴，在于树头，取果子食……见已渐渐到于树下。到已即便共相慰喻，以美语言问讯猕猴……

是时，虬复语猕猴言：“我今见汝甚大欢喜，遍满身体，不能自胜。我欲将汝作于善友，共相爱敬。汝取我语，何须住此？又复此树子少无多，云何乃能处此？愿乐，汝可下来，随逐于我。我当将汝渡海彼岸。别有大林，种种诸树，花果丰饶。所谓菴婆果、阎浮果、梨拘阇（shé）果、颇那娑果、镇头迦果、无量树等。”猕猴问言：“我今云何得至彼处？海水深广，甚难越渡。我当云何堪能浮渡？”是时，彼虬报猕猴言：“我背负汝，将渡彼岸。汝今但当从树下来，骑我背上。”

尔时猕猴心无定故，狭劣愚痴，少见少知。闻虬美言，心生欢喜。从树而下，上虬背上，欲随虬去。其虬内心生如是念：“善哉善哉！我愿已成。”即欲相将至自居处，身及猕猴，俱没于水。是时猕猴问彼虬言：“善友，何故忽没于水？”虬即报言：“我妇怀妊，彼如是思欲汝心食。以是因缘，我将汝来。”

尔时猕猴，作如是念：“呜呼！我今甚不吉利，自取磨灭。……”复如是念：“我须诳虬。”作是念已，而语虬言：“仁者善友，我心留在优昙婆罗树上寄着，不持将行。仁于当时，云何依实不语我知‘今须汝心’？我于当时，即将相随。善友还回，放我取心，得已还来。”

尔时彼虬闻于猕猴如是语已，二俱还出。猕猴见虬欲出水岸，是时猕猴努力奋迅，捷疾跳踯，出大筋力从虬背上跳下，上彼优昙婆罗大树之上。

《佛本行集经》是讲述释迦牟尼诞生、出家、修行、成道以及前生转世的故事。“虬与猕猴”的故事见于《佛本行集经》卷三十一。这个故事在巴利文《佛本生故事》中叫做“鳄鱼本生”。汉译《生经》卷十、《六度集经》卷三十六，也有这个故事，情节都大同小异。这个故事广泛地流传于世界各地。

巴利文《佛本生故事》说，释迦牟尼成佛前，曾经转生为喜马拉雅山的一只猴子，住在恒河拐弯处的森林中。《佛本行集经》说，猕猴是释迦牟尼的前身，虬是魔界之王魔波旬的前身。魔的含义是扰乱身心、破坏善事、障碍善法。魔总是破坏佛，但是，最终魔不能胜佛。这就是故事的正义。为什么魔不能胜佛而佛能够战胜魔呢？这是因为，佛能够大彻大悟，了解世界真相，觉悟“四圣谛”之理。“四圣谛”即苦谛、集谛、灭谛、道谛，这是佛教的最基本的教义。猴子堕入的大海，象征着人生的茫茫苦海，这就是“苦”谛。猴子堕入大海的原因，是由于无明，由于贪欲和痴迷。无明就是愚昧，没有智慧，没有觉悟。贪欲、痴迷、嗔怒（即无明怒火），佛教称为“三毒”，它们造成苦果。鳄鱼所说的菴婆果、阎浮果、梨拘阇果、颇那娑果、镇头迦果等实际上都是空幻的，猕猴却为贪欲所迷而愚蠢地认为其真实存在，欲令智昏，于是集合成痛苦，堕入苦海，这就是“集”谛。猴子急中生智，战胜鳄鱼，终于脱离苦海而获救，所谓“苦海无边，回头是岸”，这就是“灭”谛。猴子之所以能够脱离苦海，是因为能够急中生智，靠智慧与觉悟，摆脱了贪欲无明，这就是“道”谛。觉悟“四圣谛”的义理，这就是佛战胜魔的根本所在。佛，就是觉悟，就是自觉、觉他、觉行圆满。

再看《杂譬喻经》卷下的“瓮中影”，它说明了“色空”的义理。这个故事说：

昔有长者子，新迎妇，甚相爱敬。夫语妇言：“卿入厨中，取蒲萄酒来，共饮之。”妇往开瓮，自见身影在此瓮中，谓更有女人，大恚。还语夫言：“汝自有妇，藏着瓮中，复迎我为?”夫自得入厨视之，开瓮见己身影，逆恚其妇，谓藏男子。二人更相忿恚，各自呼实。有一梵志，与此长者子素情亲厚，遇与相见夫妇斗，问其所由。复往视之，亦见身影。恚恨长者［子］：“自有亲厚藏瓮中，而阳共斗乎!”即便舍去。复有一比丘尼，长者所奉，闻其所诤如是，便往视瓮中，有比丘尼，亦恚舍去。须臾，有道人亦往视之，知为是影耳。喟然叹曰：“世人愚惑，以空为实也。”呼［夫］妇共入视之。道人曰：“吾当为汝出瓮中人。”取一大石，打坏瓮，酒尽，了无所有。二人意解，知定身影，各怀惭愧。

这篇故事比较透彻地宣讲了“五蕴皆空”、“诸法皆空”的理论。佛经把现实世界中有形色的物质现象叫做“色”，认定“色”并没有实在性质，本质是空幻无常的。色、受、想、行、识，合称“五蕴”。“五蕴”都是因缘造作而产生的“有为法”，是生灭变化的无常现象。《般若波罗蜜多心经》说；“色不异空，空不异色，色即是空，空即是色。受想行识，亦复如是。”《金刚经》说：“一切有为法，如梦、幻、泡、影。”那酒瓮中的影子，本来是空幻的，这就是“诸法皆空”、“色即是空”、“当体即空”。实际上空幻的东西，小夫妻因为心怀偏见，而把它当成真实；道行浅薄的梵志、比丘尼，也把它当成真实，这就是“空即是色”、“遇缘而起”，烦恼皆自心生，烦恼出于无知。

佛典浩如烟海，其中的寓言也丰富多彩。巴利文的《佛本生故事》，就有547个寓言故事。梵文佛典也是一样。如：汉译佛典《杂譬喻经》的各种译本有180多个寓言故事，如“瓮中影”等；《六度集经》有90多个寓言故事。如“瞎子摸象”等；《杂宝藏经》有120多个寓言故事，如“乌枭报怨”等；《大庄严论经》有90则寓言故事，如“猫儿问食”等；《生经》、《佛本行集经》、《天尊说阿育王譬喻经》、《出曜经》、《贤愚经》、《僧祇律》、《十诵律》、《五分律》等，也有不少寓言故事。法国汉学家沙畹曾经钩稽出《佛经中五百故事》，当然这还不是佛典寓言的全部。总之，我们领悟博大精深的佛理，应该重视佛典中的这些如“大林深泉”（鲁迅）的寓言故事，开启这扇方便法门。

2009年中国寓言文学研究会于上海云翔寺召开年会，此为发言稿。

开中西合璧的寓言创作之路——谈李世熊的 《物感》

在中国寓言发展历史上，中西合璧的寓言创作之路的开辟者是福建宁化人李世熊。

中国传统寓言与西欧传统寓言，在题材与手法上存在明显差别。中国古代传统寓言，在题材上以人物故事为主。如：先秦时期的《韩非子》中有400则寓言，其中拟人化动物故事仅有两则。中国自古以农立国，在上古时代即已经脱离畜牧业而附着在土地上进行平凡的农业劳动，养成了不重幻想的早熟的民族心理；儒家又提倡实践理性精神，“不语怪力乱神”。所以，寓言很少有披着神话外衣的拟人化的动物故事。而且，中华民族自古重视血缘关系，重视历史，重视人事，寓言作家为了说服人，所以多采用人物故事，特别是历史故事。

西欧传统寓言则与中国不同。其奠基之作伊索寓言在艺术上最大的特色是使用拟人化手法描写动物生活，并用以影射社会生活。罗念生等译的《伊索寓言》（人民文学出版社1981年版），共有330则，其中有动物寓言231则（如果包括有动物参与的寓言，则有259则），共出现73种动物形象（兽类26种，禽类24种，虫鱼23种）；还有植物寓言12则，无生物寓言5则，身体器官寓言2则。这些寓言大都采用了拟人化手法。

明末清初是西学东渐的时代。西方文学中最早传入中国的是寓言。明万历三十六年（1608），意大列传教士利玛窦（1552—1610）著《畸人十篇》，由我国著名政治家徐光启（1562—1633）笔述。全书介绍西方古典哲学和基督教义，也介绍了伊索寓言，如“肚胀的狐狸”、“孔雀足丑”，“两只狗”、“狮子和狐狸”、“两棵树”、“马和鹿”等。明天启五年（1625），西安刊行了伊索寓言的第一个汉语选译本《况义》，共收寓言22则，“况”指作比况的故事，“义”指点题的话，即寓意。此书由法国传教士金尼阁（1577—1628）口述，福建泉州人张赓笔传。

中华民族是善于接受外来文化的民族，在寓言创作方面也是如此。《况义》出版不久，我国便出现了模仿它的寓言集《物感》。

《物感》的作者是李世熊。李世熊（1602—1686），字元仲，号寒支，福建宁化人。他是明末清初的一位颇有气节的学者。《清史稿·遗佚二》记载了他的事迹，称赞他“少负奇气，植大节，更危险死生弗渝”。李世熊著作丰富，《物感》是他的寓言作品集，在题材和手法方面都有意学习《况义》。李世熊与张赓都是福建人，福建是当时接受西方文化的前沿地区。李世熊在《物感·蛙怖》中说：“西士曰：有生者，夫各有所制矣。”可见他接触过西方的学说。

《物感》有寓言20篇，包括缩蚓、蹇驴、旷猫、才狐、似凤、蝙蝠、效雕、肉影、佞狐、礼驴、蛙怖、老虫、佛猫等。这20篇寓言都是关于动物的寓言，描写了30多种动物形象。除“老虫”篇是引自江盈科的《雪涛小说》外，其余19篇都是模仿《况义》，采用了拟人化的手法，这是中国传统寓言以前没有出现过的新特点。如“佞狐”：

乌栖枝啄肉。

狐欲夺肉，诡谀乌曰：“人言黑如乌，乃濯濯而雪，是堪为百鸟王。但未闻声如何耳?”

乌大喜，“喏”然而鸣，肉下坠，狐遂得去。

文雉遇狐而叱之曰：“反黑为白，割肉之贼!”

孔雀遇乌而笑曰：“饱人之谀，咮不自濡。”

这篇“佞狐”故事是模仿《伊索寓言》中的《大鸦与狐狸》而创作的寓言。作者加进了两个评论事件的角色：野鸡与孔雀，并且通过这两个角色的口全面揭示寓意：既谴责进行诈骗的狡猾的狐狸，又批评爱奉承的愚蠢的乌鸦。

《物感》的可贵之处是，作者并不是亦步亦趋地模仿《况义》，而是立足于中国的现实生活与文化土壤。如“旷猫”：

猫职治鼠，故人皆珍畜之。

田舍翁恶鼠之害物也，得巨猫而喜。循其毛羽，饲以膏腴。命之曰：“有贪残不靖，害于予家者，汝若予治。”猫为环眼张牙，状甚武。主人益喜。

越数日，鼠害如故。主人迹之，猫则高坐唾脸，循厨灶舐唇，熟睡而已。

于是，大鼠谓小鼠曰：“汝便捷多智，盍尝试之?”小鼠密过猫前，猫不为觉。小鼠奔谓大鼠曰：“此不过欲饱腹耳。吾辈远致珍馐事之，其口可钳也。”于是佥辇所得于猫。猫甘之，置群鼠不问。

后鼠益甚，主人怒，将执猫诛之。而猫逾他家，不顾旧主人矣。

这则寓言借鉴了伊索寓言的拟人化方法，但是，在情节、主旨诸方面则是完全独创的，反映的是中国当时的现实，表达的是中国知识分子对社会与人生的见解。“旷猫”，就是玩忽职守的猫。故事以旷猫影射明朝末年的一批无耻的官僚。这些人平日玩忽职守，养尊处优，而且贪污受贿，与坏人勾结；在国家危难时刻，则投奔新主子，毫无气节。

《物感》是中国人模仿西欧寓言而创作的第一本寓言集，标志着中国寓言创作的新的转折点。《物感》之后，特别是进入近现代之后，中国的寓言作家们基本上都是沿着中西合璧的寓言创作之路进行创作。

三　文史类论文选辑

中国文化史上第一子——箕子

一、箕子的生卒年和身份

箕子（约公元前1173年—公元前1080年），是中国文化史上有可靠著作传世的第一位思想家。箕子的事迹散见于《尚书》、《周易》、《逸周书》、《竹书纪年》、《论语》、《韩非子》、《楚辞》、《史记》、《汉书》、《后汉书》、《三国志》等中国古籍，也见于高丽王朝的《三国遗事》、朝鲜王朝的《东史纲目》等外国古籍。《庄子·大宗师》有“箕子胥馀”，司马彪注云：“箕子，名胥馀。”

箕子的生卒年代，中国史书没有具体记载。古代朝鲜的史书记载了箕子的卒年与年龄。朝鲜王朝安鼎福所著的《东史纲目》说：己卯年（周武王十三年）为箕子封于朝鲜的元年，四十年后的戊午年（周成王三十三年）箕子去世，享年九十三岁。我们可以根据这条记载，结合周武王伐纣的年代，推算出箕子生活的具体年代。

武王伐纣的具体年代到底相当公元哪一年，学术界众说纷纭。有公元前1132年、前1130年、前1122年、前1116年、前1078年、前1070年、前1066年、前1056年、前1051年、前1047年、前1046年、前1045年等各种说法。

柏杨所编的《中国帝王、皇后、亲王、公主世系录》，把周武王在位年代定在公元前1134年至1116年，把武王灭纣定在公元前1122年。《尚书》说武王灭纣后两年封箕子于朝鲜，那么，箕子到朝鲜立国就是公元前1120年。如果采用柏杨的说法，那么，箕子到朝鲜40年后去世，由前1120年向后推40年，箕子去世的年代就应该是公元前1080年；他活了93岁，由卒年向前推93年，则其生年是公元前1173年。根据柏杨的说法推断，有一定道理。第一、它恰好跟古代中国史籍与古代朝鲜史籍的记载吻合。中国《帝王世纪》说：“周凡三十七王，八百六十七年。”周被秦灭亡是在公元前256年，上推867年，基本接近公元前1122年。古朝鲜《东史纲目》记载说，箕子的四十一代孙箕准，在汉惠帝二年（公元前193年），被卫满驱逐。从箕子立国到箕准被驱逐，共享国930年。由公元前193年上推930年，箕子立国应该在公元前1123年，基本接近箕子封于朝鲜的公元前1120年。彼此仅仅相距三年，而且这三年的差距，可能由于《东史纲目》所说的930年，是举成数而言。第二、恰好跟中国古代的干支纪年相吻合。周召共和元年，历史界公认为是公元前841年，干支纪年是庚申年。下推到前822年，就是己卯年。上推五个花甲（300年），正是公元前1122年。不过，根据柏杨的说法推断也有局限。因为，柏杨的说法主要是根据古书的记载，利用现代科学成果不足。

《夏商周工程》，把武王灭纣定前1046年。如果采用《夏商周工程》的说法，那么，箕子到朝鲜立国就是公元前1044年。箕子到朝鲜40年后去世，由前1044年向后推40年，箕子去世的年代就应该是公元前1004年；他活了93岁，由卒年向前推93年，则其生年是公元前1097年。《夏商周工程》对于历史年代的推算，不仅利用古籍的记述，而且利用考古发掘、天文研究等方面的成果，是比较慎重、比较科学的。当然，学术界仍然有不同的看法，这是完全正常的。但是，采用《夏商周工程》的说法，推断箕子的生卒年与建立朝鲜国的年代，存在的问题是：跟箕子朝鲜国立国达930年的记述有矛盾。因为，从公元前1044年建立国家，到前193年亡于卫满，仅有851年。

箕子的身份如何呢？他是商纣王的大臣，担任太师，掌管文献；又是同族伯叔辈。《尚书·微子》孔传认为：箕子担任太师，是三公之首，是地位最高的大臣。马融、郑玄、王肃等注释《论语·微子》时都认为箕子是纣的“诸父”，即族叔辈。服虔、杜预等却认为箕子是纣的庶兄。唐朝林宝《元和姓纂》云：“箕氏：箕子，殷畿内同姓诸侯也。”宋朝邓名世《古今姓氏书辨证》云：“商之季世，封其父师为畿内诸侯，谓之箕子。”从各种材料综合看，箕子应该是纣王的族叔。为什么有人说是庶兄呢？这可能因宋微子是纣的庶兄，故有人混淆起来，认为箕子也是纣的庶兄。清代梁玉绳《汉书人表考》已对此作了辨析。他根据《尚书·微子》推论说：“《商书》：箕子呼微子为王子，则箕子非兄矣；微子称箕子为父师，则箕子为诸父矣。庶兄之解，殊非事实。”

箕子虽然是商纣王的伯叔辈，但是亲密程度如何呢？根据《元和姓纂》、《古今姓氏书辨证》等的记载，箕子只是“同姓诸侯”，应该是比较疏远的。根据何光岳的关于箕子是子其后代的说法，关系也是疏远的。武丁的王位继承人是祖庚，箕子的先祖是子其，与祖庚是兄弟关系。祖庚传祖甲，再传廪辛，再传庚丁，再传武乙，再传太丁，再传乙，再传纣，已传王位七代。箕子既然是纣王的叔辈，那么，子其至箕子，已经传国六代。箕子与纣王出了五服，关系疏远。另外有一种说法，说箕子是太丁（纣王的祖父）的儿子。那么，关系就比较亲密。但是，本人没有查找到这个说法的历史资料。

二、箕子的封国

箕子的“箕”，是什么意思呢？箕是封国名，一般认为是箕子的封国名，或认为是箕子祖先子其的封国名。后来以国为姓，成为姓氏。箕氏，实际上是子姓（商王族姓子）的分支。箕国，在什么地方呢？“箕”作为地名，出现范围很广泛，在今河南省西北部、山西省东南部乃至陕西省南部，许多地方都有箕山、箕谷或箕城。箕为什么这样广阔呢？可能有两个因素。一是跟居民迁徙有关。箕字，在甲骨文中，往往作地名与部族名称，写作“其”，或加上土旁作“基”，或加上木旁作“棋”，或加上水旁作“淇”，或者在“其”字加上已字头。何光岳《中原古国源流史》考证，最早的箕人，本为炎帝之后，姜姓，最初立国于陕西省勉县境内的箕山一带，后来东迁山西平陆县的箕山一带，再南迁河南济源县的箕山与登封县的箕山一带，又再东迁河南淇县、濮阳一带。二是可能跟古代的分野有关。“箕”，在古代天文学的星区划分上，属于二十八宿中的东方苍龙七宿之一；古人把星宿与地理上的州国相对应，叫做“分野”，“箕”星对应古幽州，古幽州包括今河北省、辽宁南部的广大地区，还可能包括跟河北省相连的山西东部与河南西北部。因为这两个因素，所以箕的范围这样广阔。

箕地如此广阔，那么，箕子的具体封地在哪里呢？箕子的封地有太谷、左权、陵川三种说法。《左传·襄公二十五年》：“且昔天子之地一圻。”京城周围一千里都叫圻（畿）。上古地广人稀，箕子是王族和太师，封国在王圻之内，十分广阔，可以包括以上三地，中心在太谷，休闲在陵川（离京城近）。

《古今姓氏书辨证》云：“箕氏，出自子姓。商之季世，封其父师为畿内诸侯，谓之箕子。其地太原阳邑县箕城是也。武王克商，释箕子囚，访以《洪范》，而别封于朝鲜。后人以国为氏。”汉朝的阳邑县，隋朝改名为太谷县，隶属于太原。《姓纂》云：“商之圻内在太原。”《辞海》（上海古籍出版社，1999年版）云：“箕子，商代贵族。纣王的诸父，官太师。封于箕（今山西太谷东北）。”

何光岳《中原古国源流史》说商代初期，箕族比较强大，又称基方，一直与商朝为敌。甲骨文中多次提及讨伐基方。商王武丁在位期间，多次命令雀侯与王子子商征伐基方。何光岳推测说，商王武丁征服箕人之后，封自己的一个儿子为箕国诸侯，取名为“子其（箕）”。子其的后代就以封国为姓。箕子便是子其的后代。基方在今山西省东部的左权县。左权县原名辽县。

民间以及学术界有人认为，“箕方”就是今山西省的陵川县。当地相传箕子是殷末周初著名的“占卜”宗师，其专职是占卜阴阳、观测天象、授时制历，并以此指导国家的军事、农事、渔牧。箕子观测天象的地方就在他的封地陵川。还有人说，箕子与围棋有密切关系。周武王灭商，命人将箕子从监狱中释放出来后，箕子便沿淇水西上，到达他的封地陵川县，进入太行山深处隐居。今陵川境内有箕子山，箕子山上有谋棋崖，崖上布满了黑白分明的小石子，圆滑光洁，像围棋子。传说箕子在这里发明了围棋，与仙人对弈，此山故名谋棋山。当地民间现仍保留有远古的“占方”棋类。箕子山上不但有谋棋岭，而且还有箕子洞。据说当年箕子洞的顶壁上还能隐隐约约看到许多灰白色圆点，形状像围棋子，又像一幅古代星象图。箕子山上有块巨石，石上留有巨人足印，据说这足印也是箕子当年所留。两年后，周武王寻访箕子，来到这里，请他到镐京。《陵川县志》与《山西通志》记载说：“箕子避地憩山中，及武王访以治道，于此纳履焉”。陵川的说法不是空穴来风。第一、从地理位置看，陵川跟纣王首都朝歌（今淇县），相距只有约七十公里，比太谷、左权都要近得多。这正属于“畿内”之地。而且，陵川是淇水发源地。“箕”的古字就是“其”字，“淇”只是加了“水”旁而已。第二、从箕子身份看，陵川的传说更加符合他的身份。箕子可能是精通巫术的学者。《韩非子·说林上》记载了箕子的一个故事：“纣为长夜之饮，（惧）〔欢〕以失日。问其左右，尽不知也。乃使人问箕子。箕子谓其徒曰：‘为天下主而一国尽失日，天下其危矣！一国皆不知而我独知之，吾其危矣！’辞以醉而不知。”可见他是掌握天文历法的人。箕子陈述的治国大法《洪范》，更是大谈五行、天人感应。而且，后代还有人将天象观测和阴阳卜筮称作“箕子之术”。“扶乩”术，又称“扶箕”、“箕占”。所以，箕子至少是精通巫术的学者。《左传》说：“国之大事，在祀与戎。”巫或精通巫术的学者，是中国古代的文化人，在上古具有重要地位。第三、从围棋历史看，箕子可能跟围棋发生关系。相传围棋起源于尧舜时代，后代逐步完善。张华《博物志》说：“尧造围棋以教子丹朱。”甘肃省永昌县鸳鸯地出土的原始社会末期陶罐，有酷似围棋棋盘的图案，线条是10道至12道，这跟《博物志》的说法相近。又，湖南省湘阴唐朝大墓出土的围棋盘，纵横线条各15道；现代围棋盘是19道。由10道、12道，而15道，而19道，这证明围棋是逐步发展的，箕子时代已经有了围棋。而且，“棋”字，就是“其”字加上了“木”旁。总之，陵川的传说，应该不是空穴来风。

三、箕子的“子”

箕子的“子”是什么含义？传统的解释，都认为是爵位名称。东汉大经师马融说：“箕，国名也；子，爵也。箕子，纣之诸父。”裴骃《史记集解》，孙星衍《尚书今古文注疏》，都引用了马融的注。朝鲜王朝安鼎福《东史纲目》认为“子”是姓：“箕子，子姓，名胥馀。封于箕而子爵，故号箕子。”我们认为“子”不是爵位。

这个“子”，为什么不是爵位呢？第一，“子”在殷商时代不是爵位。古代文献说殷商不同于周的五等爵位，而爵位只有三等，根本没有子爵。《白虎通》说：“殷爵三等：谓公、侯、伯也。”从甲骨文卜辞分析，商王朝官职分外服、内服两大类，外服有侯、田（甸）、白（伯）、男、卫，内服有师、傅、保、尹、史等，也没有“子”爵。第二，退一步说，即使有子爵，箕子本人或箕子的祖先，都不可能是子爵。箕子不仅是纣王的族叔，而且担当太师的重要职位，他在殷商时代不可能是子爵。后来箕子到了古朝鲜地区，西汉焦延寿《易林》说：“朝鲜之地，箕伯所保。”这个“箕伯”就是指箕子。箕子的祖先子其既然是商朝著名帝王武丁的儿子，作为王子，不会被封为地位很低的子爵。武丁派自己的儿子去治理新征服的箕人，对如此亲密而重要的人物，至少也会封为伯爵。出土的殷商时代的青铜器中，多次出现“箕伯”的字眼。这“箕伯”很可能是箕子祖先的爵位。后来，周王朝的王子，大都被封为侯爵或伯爵（如鲁、晋、卫、蔡、郑、曹等），也可以作为旁证。祖先是什么爵位，继承人也当然是什么爵位。总之箕子可能是伯爵或更高的爵位，而不可能是子爵。第三，微子的“子”，可以作为旁证。汉儒误以为微子也是子爵。《尚书·微子》孔传云：“微，圻内国名；子爵。”其实，微子的“子”也不是爵位。微子是纣王的同母庶兄，又是商朝当权大臣，不会是低爵位；周灭商以后，武王封微子于宋，宋国的爵位是公爵（这当然与继承殷商的祭祀有关），而不是子爵，这是明确记载的事实。第四，周武王灭纣以后，可能是封箕子为侯爵。箕子在殷商的地位很高，武王进入朝歌，马上派召公释放箕子，后来把他请到周的首都，箕子向武王陈述了《洪范》大法。周武王如此重视箕子，对他的封爵决不会太低。武王封微子于宋，爵位是公爵；对前往朝鲜的箕子，即使降低一个等级，也不会只封为子爵。中国和古代朝鲜的史书，都称箕子的后代为“朝鲜侯”，他们应该是继承了箕子的爵位。

“子”既然不是爵位，那么又是什么呢？我们以为，无论箕子或微子的“子”，都首先是商王族的姓，后来演变为尊称。且论述于下：

第一，“子”字有两个意义不同的字源，一个是表示“幼儿”特征的字，一个是表示燕子形状的字。表示幼儿特征的字，好像幼儿在襁褓中的形状。甲骨文、金文和小篆都是一致的。表示燕子形状的字，召伯簋作𢀈，好像一只燕子的形状，口张开，有双翅，尾成剪刀状。其他金文也一样。在小篆中，只保留了表示幼儿特征的“子”字。以致渊博的许慎误解了籀文中表示燕子形状的“子”字，说什么：“囟有发，臂胫在几上也。”（见《说文解字》）

第二，殷商以表示燕子形状的“子”字为姓。《史记·殷本纪》说：“契为子姓。”《诗经·商颂·玄鸟》云：“天命玄鸟，降而生商。”殷商的图腾传说，简狄等三个少女在野外洗澡，有一只玄鸟（即燕子）生下一个蛋，简狄吞下鸟蛋，于是怀了孕，生的孩子就是殷商的始祖契。于是商以玄鸟为图腾，以子为姓。

第三，在甲骨文文献中，“子”，是王族的标志。日本学者岛邦男《殷墟卜辞研究》早指出，“称子者与殷为同姓氏的一族”；中国学者裘锡圭先生也指出，“子”不少是特指商王同姓的族长（见《新探》）。《逸周书·商誓》记载周武王对商邑人群训话，称他们为“多子”，武王说：“尔多子其人自敬，助天永休于我西土。”宋朝邓名世《古今姓氏书辨证》云：“箕氏，出自子姓。”

第四，“子”既然成为王族的称呼，后来演变为尊称是十分自然的。箕子、微子等的“子”，在殷商时代是王族称呼；商王朝灭亡之后，他们仍然受到尊敬，于是“子”就具有了尊称的性质。“子”的词义从此发生变迁。由于箕子是一个思想家，到了春秋战国时代，“子”就完全演变成对有学术造诣者的尊称了。我的朋友鲍延毅教授写了一篇文章《“子”作尊称及其所构成的尊称词说略》，对“子”演变为尊称有详细的论述，可以参考。

我们认为，表示幼儿的“子”，与表示燕子的“子”，不仅来源与意义不同，而且用法也不同。表示幼儿的“子”字，往往被用在人名的“字”中。先秦时代，人们有名有字，字是名的补充与解释。人们给男子取字时，往往加“子”，称为“子某”。如：郑国大政治家姬侨，字子产；孔子得意门生颜回，字子渊。正如《白虎通》所说的：“子者，丈夫之通称也。”“子”字，本来不分性别，后来区分性别，专指男子。于是，“子”的含义由幼儿变成男子的通称，也是非常自然的。来源于燕子形状的“子”，则由殷商王族的姓演变为表示尊称，加在姓氏的后面，称为“某子”。如：箕子、孔子。从语言学的角度看，“子”为贵族的标志，后来衍变为尊称，再演变为特指有学术造诣的德高望重的人，这是符合词义演变规律的现象。

春秋战国诸子，如孔子、老子等，与箕子的称呼是一脉相承的。箕子传授并阐述的《洪范》，是中国最早的有系统性的政治哲学著作，其五行学说、天人关系学说、王道学说，都在中国思想史上有深远的影响。箕子是中国历史上第一个有著作传世的思想家，可以称为中国文化史上的“第一子”。后来的思想家称“子”，都可以溯源到箕子。

箕子的文化地位

柳宗元《箕子庙碑》一开头便提出伟大人物的三个标准：正蒙难，法授圣，化及民。并且，认为箕子完全符合这三个标准。箕子在政治残暴的纣王末年，进谏被拒绝就佯狂避世，能够坚持正道；商朝灭亡后，向周武王陈述治国方略《洪范》，对中国古代政治思想产生了巨大影响；然后去到古朝鲜地区，建立了箕氏王朝，促使该半岛由石器时代飞速发展到青铜时代，后来朝鲜文化又影响日本，促进了东亚文化圈的形成。这三大业绩和五行、王道、天人感应等三大思想，奠定了箕子的文化地位。

箕子在古代受到人们一致的推崇，而在现代却被思想界忽视，几乎是被遗忘了。现代不少政治思想史与哲学史著作，讲中国思想家时，往往从孔子开始，而忽视了孔子以前的思想家，只是简略地提到周公、伯阳父、史伯、管仲、子产、晏婴，根本不介绍箕子。也就是说，大家的注意力只在春秋战国时代，其上限没有超过西周，忽视了早已经进入文明时代的夏王朝与商王朝，似乎这一千年的漫长岁月竟然没有产生一个有代表性的思想家。这种现象影响到了国外。如：前苏联科学院法学研究所与莫斯科大学集体编著的《政治学说史》，讲埃及政治思想史，从公元前3000年的布达荷特普开始；讲巴比伦政治思想史，从公元前18世纪的汉谟拉比开始；讲希腊政治思想史，从公元前8世纪的赫西俄德开始；而讲中国政治思想史，却从公元前6世纪的孔子才开始。这是很不符合实际的，而且关系到中国哲学史的某些根本问题，关系到中国哲学在世界哲学史上的定位。如：“五行”、“天人感应”、“王道”等重要学说究竟起源于何时？夏商时代一千多年，在思想界有没有代表人物？周公、孔子思想与商代思想有什么关系？中国最早的哲学家是谁，其年代与世界上其他国家相比如何？

孔子整理六经，创立儒学，在中国思想史上的地位是大家一致公认的。周公是孔子思想的先驱，也是大多数学者公认的。孔子认为，周朝文化的代表人物是周公。他对周公非常钦佩，晚年甚至感叹说："甚矣，吾衰矣！久矣，吾不复梦见周公！"所以，儒家经典中有相传周公所作的《周礼》，《尚书》中收录周公的文诰达11篇。《淮南子·要略》说："孔子修成康之道，述周公之训，以教七十子，使服其衣冠，修其篇籍，故儒者之学生焉。"然而，人们往往忽视了周公、孔子对夏商思想的继承。其实，周公、孔子都继承了夏、商两代的思想，特别是商代思想成就。周公的文诰反复提到殷商的先王，他的政治思想的核心"明德保民"直接来源于商代思想的精华。他说："自成汤至于帝乙，罔不明德恤祀。""惟殷先人，有典有册。"（《多士》）他教导康叔说："在昔，殷先哲王，迪畏天显小民，经德秉哲。"（《酒诰》）他要求康叔"敷求殷先哲王用保乂民"（《康诰》）孔子明确地说："殷因于夏礼，所损益，可知也。周因于殷礼，所损益，可知也。"（《论语·为政》）"周监于二代，郁郁乎文哉！吾从周。"（《论语·八佾》）所以，儒家的先王不仅有周朝的文王、武王，还有夏朝的禹，商朝的汤，而且有夏商所直接继承的唐尧、虞舜。

那么，夏商文化的代表人物在儒家心目中是谁呢？个人以为，应该是箕子。孔子把箕子与微子、比干称为殷商的"三仁"（《论语·微子》）。微子、比干是单纯的政治家，没有著作传世，而箕子既是政治家，又是有著作传世的思想家。儒家经典《周易》与《尚书》，都给箕子突出的地位。《周易》的卦爻辞，指名道姓提到的真实历史人物，只有殷高宗、帝乙、箕子和康侯，这四人中只有箕子以思想家的面目出现。《周易·明夷·六五》云："箕子之明夷，利贞。"《周易·彖辞》云："明入地中，明夷。内文明而外柔顺，以蒙大难，文王以之；利艰贞，晦其明也，内难而能正其志，箕子以之。"儒家所作的《易传》把箕子与周文王并列，可见箕子在儒家心目中地位的崇高。《尚书》有《微子》、《武成》、《洪范》等三个篇章，提到箕子。《微子》篇记录微子向父师箕子、少师比干请教，主要记录箕子的思想。《武成》写武王进入朝歌后"释箕子囚"。《洪范》是箕子向武王陈述的九个方面的治国大法，全面体现了箕子的哲学政治思想。《洪范》中的"王道"，直接启发了周公的"德政"和孔子的"仁"。因此，《洪范》这篇代表箕子思想的著作，在古代是《尚书》中被研究得最多的篇章，是对夏商文化思想的总结和发展。箕子还留下了古老的诗歌《麦秀歌》。

箕子之所以能够称为思想家，是因为他在《洪范》中所阐述的五行学说、天人感应学说、王道学说，都具有开创意义，奠定了中国封建时代政治哲学的基础。《洪范》虽然被编在“周书”中，实际上应该是“商书”，它是箕子对商朝及夏朝政治思想的哲学总结，又是周及周以后政治思想的重要哲学指导。

一、《洪范》的五行学说是世界最古老的元素学说之一

《洪范》阐述了古老的五行学说。“五行”这个词，最早出现在《尚书·甘誓》中，但是，并没有明确说明“五行”是什么，更没有阐述。然而，夏启的《甘誓》跟《洪范》颇有联系。其一，《洪范》说“帝”把九畴传授给夏禹，而夏启正是禹的儿子与继承人。其二，《甘誓》说：“有扈氏威侮五行……今予惟恭行天之罚。”夏曾佑解释“威侮五行”道：“即言有扈氏不遵洪范之道。”《洪范》说：“鲧陻洪水，汩陈其五行，帝乃震怒，不畀洪范九畴……鲧则殛死。”两者都以不遵守五行规律作为“帝”给以惩罚的前提。其三，《洪范》中的所谓“洛书”原文，也只有“五行”这个孤立的词，而没有阐述，正与《甘誓》一致。《甘誓》与《洪范》的这种关系，可说明五行思想由来已久。萧萐父、李锦全主编的《中国哲学史》说：“五行思想的产生，有其深刻的历史根源。文明的前夕，崇伯鲧‘汩陈其五行’(《尚书·洪范》)，招致治水斗争的重大失败；国家起源后，有扈氏‘威侮五行’(《尚书·甘誓》)，又造成国家经济的严重破坏。夏统治者为了巩固并占有治水平土的胜利成果，便把‘五行’列为根本大法，并专门设立经常管理水、火、木、金、土等五个部门的‘职官五正’(《左传》定公四年)。这样，由于治水斗争的客观要求和奴隶制国家的政治经济利益，‘五行之官’和五行思想就被法典化、神圣化，成为‘是尊是奉’、不可违犯的历史传统。”然而，《甘誓》对“五行”没有进行任何阐述，第一个阐述五行思想的思想家应该是箕子。

箕子在《洪范》中阐述五行说：“五行：一曰水，二曰火，三曰木，四曰金，五曰土。水曰润下，火曰炎上，木曰曲直，金曰从革，土爰稼墙。润下作咸，炎上作苦，曲直作酸，从革作辛，稼穑作甘。”箕子的这个阐述具有如下特点：1. 它是朴素的，实用的。五行不过是五种生活和生产的不可缺少的物质形态。《尚书正义》注曰：“此章所演，文有三重：第一言其名次，第二言其体性，第三言其气味。言五者性异而味别，各为人之用。书传云：‘水火者，百姓之所饮食也；金木者，百姓之所兴作也；土者，万物之所资生也。是为人用。’

五行，即五材也。《襄二十七年·左传》云：‘天生五材，民并用之。’言五者各有材干也。”这五种物质是人们最常见而经常使用的物质，它们的性能也是从观察中提炼出来的。水可以滋润生物，具有向下流动的特性；火可以燃烧，并具有向上的特性；树木可以弯曲或伸直；金属可以保持原貌或使它变形；土地可以种植收获庄稼。人们就是利用它们的特性，为生产生活服务。2. 它已经具有逻辑归类的意义。首先，它至少已经明确地说明了“五行”与“五味”的联系。李约瑟《中国科学技术史》分析“五行”与“五味”的联系说：“咸与水的联系对沿海居民说来确实是自然的，但还表示了对溶液和晶化的原始实验和观察。苦与火的联系或许是这五者之中最不明显的，但可能含有热煎草药的意思，那大概是人们所知道的最苦的物质。还有调味品‘辛辣’和苦的联系。酸与木的关联是很容易解释的，因为木是植物，与一切因腐败而变酸的草木物质有关。草木灰中的碱也有酸味。辛与金的关联直接指熔冶作业，它们大多发散强烈的辛辣气体，例如二氧化硫。最后，甘甜与土的联系是由于在土中的蜂窝里发现了蜂蜜；还由于谷类一般都有甜味。”李约瑟先生的分析大部分是正确的。不过，他分析苦与火的联系值得商榷，草药并不是属于火，而是属于木；火把食物烧焦后都会产生苦味，才是苦与火的真正联系。其次，它还提出了“五事”、“五纪”、“五休征”、“五咎征”、“五福”等，初步形成了互相配搭的大体框架。所以，我们说它有把各种事物按照五行归类的萌芽倾向。当然，这种归类是朴素的，仅仅是以当时的生产生活经验为基础的。3. 它已经具有抽象的哲学意蕴。首先，“五行”的“行”，是运行的意义；所以，它并非静止地排列出五种具体的物质。《尚书正义》阐述说：“谓之行者，在天，则五气流行；在地，世所行用也。”其次，它还指出五行具有生发作用：“润下作咸，炎上作苦，曲直作酸，从革作辛，稼穑作甘。”就是说，有润下性能的水，能够产生咸性事物；有炎上性能的火，能够产生苦性事物；可弯曲又可伸展的木，能够产生酸性事物；可保持原形又可变革形状的金属，能够产生辣性事物；可以种植庄稼的土，能够产生甜性事物。《国语·鲁语》说：“及天之三辰，民所以瞻仰也；及地之五行，所以生殖也。”正是继承了这个思想。总之，在万事万物中，挑出这五种事物作为基本物质，而且认为这五种物质是变化流行的，并具有生发作用，这就获得了一定的本体论的意义。4. 它具有由巫文化向史官文化过渡的特点。原始的九畴及其中的五行，从来源看明显具有巫文化的神秘色彩，而箕子的阐述侧重于人事。故有的学者说它是“当时史官派关于政治的见解的要领”（范寿康《中国哲学史通论》）。但是，它仍然保留着巫文化的底色，那就是把五行与后面的天人感应学说、王道学说联系在一起。《礼记·礼运》云："王前巫而后史。"巫术在原始社会中具有举足轻重的地位，其中包孕着哲学与科学的因子。巫就是文化史上的第一代文化人。随着文字的出现，就出现了用文字记载大事的史。开始时期，巫的地位在史之上，所以"前巫而后史"。文明越向前发展，理性思维逐步取代原始的神话思维方式，史的地位就越重要，并逐步超越了巫的地位。由原始的所谓"洛书"中的五行，发展到箕子在《洪范》中对五行的阐述，就反映了史官文化继承并逐步超越巫文化的过程，反映了商文化继承并发展夏文化的过程。

《洪范》的五行说在中国与世界思想史上有重要地位。它是中国最早的关于世界本体的学说。与"五行"说齐名的"阴阳"说，正式得到阐述是周幽王二年（公元前780）。《国语·周语》说："幽王二年，西周三川皆震。伯阳甫曰：'周将亡矣！天地之气，不失其序；若过其序，民乱之也。阳伏而不能出，阴迫而不能烝，于是有地震。'"这是中国最早的关于"阴阳"与"气"的观念，这个观念的提出与阐述，比箕子的《洪范》晚了三百多年。《洪范》的五行说，也是世界上最早的关于物质本体的学说。古印度，在公元前6世纪左右，发生了反婆罗门或非婆罗门的沙门思潮，其中最有影响的是佛教思潮、耆那教思潮、顺世论思潮。顺世论提出了元素理论，认为世界的一切事物是由"地"、"水"、"火"、"风"四大元素组成，人也是由四大元素组成。古希腊，它的第一个哲学家泰勒斯（约前624—前547）提出，万物都由"水"生成，又复归于水。阿那克西米尼（约前588—前525）提出，万物的本原是"气"。色诺芬尼（约前565—前473）提出，一切事物都从"水"和"土"而出。赫拉克利特（约前540—前470）提出，"火"是万物的本原，并认为火变气，气变水，水变土。恩培多克勒（约前490—前430）综合各家，认为万物都由"四根"，即火、水、土、气四种元素组成。可见，《洪范》中的五行学说，比古印度与古希腊的同类学说，都要早五六个世纪。

从西周末到春秋战国时代，人们发展《洪范》中的五行观念，先后提出了五行相杂、相生、相克的观念，战国时代的阴阳五行家还提出了基于五行相克的"五德始终说"。"五行"说不仅影响到哲学，而且影响到政治和科技，影响到民间。

二、《洪范》的王道学说是古代农业社会的最好的政治理想

《洪范》提出了以"皇极"为中心的王道学说。《洪范》"皇极"在中国历史上第一次使用“王道”一词。《洪范》的王道政治学说，强调行政应该公平正直，保护民众：“天子作民父母，以为天下王。”同时强调君主的权威和臣民对君主的顺从，只有君主才能行使庆赏、刑罚大权，才能享受珍美的食物。它还强调君主和臣下的道德，君主应该注意用人。君主应该爱护百姓，臣民应该服从君主，两者是相辅相成的，构成王道思想的核心。王道思想是中国农业家长制的产物。由于中国文明是聚族而居的农业文明，因此在告别原始氏族社会而成立国家的时候，并没有破坏血缘氏族关系，而是按照氏族的精神来组织国家，形成了“家庭——氏族——国家”一体化的社会结构。君主制度就是家长制的扩大，君主相当全国的家长，家长就是家庭的君主。家庭希望有慈爱的家长和孝顺的子孙，那么国家就希望有仁慈的君主和忠顺的臣民。农业家庭不需要契约，所以国家也就没有契约观念，没有明确的权利与义务观念。这就是王道政治产生的根源。《洪范》的王道学说强调臣民对君主的绝对服从，继承了旧的传统；但是又总结夏商千年的经验教训，提出爱民、重道德、任贤的新思想。只要小农家长制不变，只要“家国同构”的政治体制不变，那么，提倡爱民、反对暴政的王道思想就是这种社会所能够达到的最好境界。

《洪范》的王道学说是周公德治思想与孔子仁政思想的源头。周公所说的“敬德保民”、“若保赤子”，后世所说的“爱民如子”，乃至百姓称官吏为“父母官”，都与《洪范》这种“作民父母”的思想一脉相承。孔子思想的核心“仁”，主要含义就是“爱人”、“为政以德”。孔子是殷商王族的后裔，殷商情结很重，逝世前几晚还梦见自己享受殷商的祭奠，醒后对门徒说：“予始殷人也。”他推崇箕子是殷商的“三仁”之一，也透露出其“仁”学的来源。

《洪范》的王道说，在中国和世界政治思想史上同样有重要地位。它是中国最早的有系统的政治学说。在《洪范》以前，中国没有出现系统的政治学说。《甘誓》、《汤誓》、《盘庚》、《微子》、《牧誓》，都没有系统的学说。《皋陶谟》虽然提出了修身、知人、重民的思想，“九德”说尤其给人印象深刻；但是，《皋陶谟》与《尧典》一样，是后代的追述，它实际上产生于《盘庚》、《洪范》之后。而且，《皋陶谟》与《洪范》相比，其思想是零星而缺乏系统性的。《洪范》的王道学说，在当时世界上也是处于先进地位的。我们可以跟世界文明古国比较一下。古埃及新王国时代的《阿米涅莫普箴言》，大致与《洪范》同时，它虽然提出了法官要主持公道，“不许掠夺贫民和对弱者施用暴力”，但是，又强调“人们的事业完全操纵在神的手里”。这篇《箴言》中的思想明显不如《洪范》先进，也没有《洪范》系统。古印度《吠陀》也大体与

《洪范》同时代，但是它却露骨地维护不平等的残酷的“种姓制度”，而且认为这一切都是神的安排。古希腊在相当于《洪范》的时代，还处于神话时代，谈不上政治学说；公元前8世纪产生的赫西俄德的《工作与时日》，虽然有一些关于道德、劳动、经济、政治的见解，但根本谈不上系统；即使到了前6世纪，著名的唯物主义思想家赫拉克利特，还在为社会的不平等与贫富悬殊辩护，为暴君与寡头政治辩护。在古代世界，唯一可以与《洪范》比较长短的著作，大概是古巴比伦王国的《汉谟拉比法典》。这部法典产生于公元前18世纪，比《洪范》早；该法典有282条法律条文，制定了有关财产、奴隶、雇佣、商业、债务、婚姻、诉讼诸方面的法律，这是处于世界领先地位的。然而，如果仅仅从政治思想方面看，它虽然有可取的地方，但似乎不如《洪范》系统。它一方面宣称国王要永远地为人民造福，公正地管理国家，反对强暴欺凌孤弱；但另一方面又宣传国王的权力来源于神。

三、《洪范》的“天人感应”观念影响深远

中国传统哲学中关于天人关系的学说，以“天人感应”的影响最深远。所谓“天人感应”，就是认为人的行为可以感动天，天可以对人的行为给以报应，特别认为上天往往根据当权者行为的好坏而给以不同的报应（奖励或惩罚）。

“天人感应”观念在《洪范》以前就已经产生。至迟产生于殷高宗武丁时代。武丁是一位有见识、有作为的英明帝王。他不拘一格使用人才，提拔服劳役的傅说为相，修明内政；他对外作战，扩大了殷商的势力，而且在战争中废除杀戮俘虏的做法。《高宗肜日》记载武丁的大臣祖己的话说：“惟天监下民，典厥义，降年有永有不永。”上天能够监视人，根据人的德义决定人的寿命的长短，这就是天人感应。但是，《高宗肜日》并无系统论述。《洪范》则是系统宣传“天人感应”观念的第一篇著作。《洪范》讲九畴的来源、“稽疑”的方法、“庶征”，都表现出“天人感应”观念。它讲九畴的来源说，鲧违背规律，上帝就不赐给九畴；禹顺应规律，上帝就赐给九畴。讲稽疑的方法，既重视代表天意的龟卜与筮兆，又重视君主和臣民的意志，把天意与人事结合在一起。特别是讲“庶征”，把气象变化与君主的道德表现紧密地联系在一起。“庶征”中的10个“若”，就是上天对人的行为的答复、感应。君主德行好，就风调雨顺、寒热适宜；君主德行不好，就气候异常，造成灾害。

从历史发展来看，“天人感应”观念的产生，应该是一种思想进步。这个观念超越了原始社会的“万物有灵”观念。在原始社会中，人崇拜天，完全处

于被动地位，只能向天祈祷，于是就有了巫术，有了卜筮。后来，人们在长期的生产活动与社会活动中，觉得人的遭遇的好坏，也与自己的行为有关，把“天”和人事活动联系起来。人由完全被动地接受命运，进步到用自己的行为、道德来决定自己的命运。它是由“神权”过渡到“人权”的必要前提。

《洪范》的天人感应观念对后代影响巨大。汉朝初年的《洪范五行传》，董仲舒的《春秋繁露》，班固的《汉书·五行志》，都大力发挥“天人感应”观念。汉朝以后的正统的思想家、政治家几乎都受到《洪范》的“天人感应”观念的影响。如：汉明帝、宋仁宗、明太祖等这些著名帝王也十分推崇《洪范》。宋仁宗赵祯亲自撰写《洪范政鉴》12卷，搜罗历代的自然变异现象，把它们与政治事变联系在一起。又如：历代学者编纂正史，从《汉书》开始都有《五行志》。二十五史中，有十六部史书有《五行志》，只有几部小史书没有《五行志》。这些《五行志》大都讲天人感应。

总之，我们认为，箕子是中国思想史上的第一个思想家，他总结夏商思想的成果，开后代哲学思想与政治思想的先河，是周公和孔子的先驱。箕子之所以为现代学术界所忽视，是因为疑古思潮盛行所致。从清朝后期开始的疑古之风，至20世纪初叶而愈演愈烈，对传统典籍的记载往往采取怀疑甚至否定的态度。他们曾经怀疑夏王朝甚至商王朝的存在，自然更加怀疑当时的历史人物与记载。现代考古发现，已经证实了商王朝与夏王朝的存在，那么，给作为夏商文化的总结者箕子以实事求是的评价，对箕子所传的《洪范》作实事求是的研究，就是一项迫切的工作了。现代学者对古史记载提出怀疑，这本来是学术进步的表现，表现出崇尚科学、崇尚实证的精神。通过考古发现与深入的科学研究，证实这些怀疑或者否定这些怀疑，同样是学术进步的表现，表现出崇尚科学、崇尚实证的精神。这符合事物发展过程中的否定之否定的规律，正反两个方面的结合可以把人们的认识提高到一个新水平。

我们进而认为，中国思想史和中国儒学史可以划分为五个阶段。第一个阶段是殷周之际，那是周文化吸收、改造、发展夏商文化的阶段，即儒学的萌芽阶段，其代表人物是箕子、周公。第二个阶段是春秋战国时期，那是儒学创立和百家争鸣的阶段，其代表人物以孔子为首，还有孟子、荀子等。第三个阶段是两汉，那是儒学融汇阴阳家、法家而后独尊的阶段，其代表人物是董仲舒。第四个阶段自魏晋至清朝前期，那是援释道入儒而成为理学的阶段，其代表人物是周敦颐、二程、朱熹、王守仁及王夫之、黄宗羲等。第五个阶段是西学东渐以后，这是东西方文化碰撞并互相融汇的阶段，儒学则发展为现代新儒学。

《尚书·洪范》作于周朝初年考

《洪范》从五行、王道、天人关系三方面奠定了中国封建时代政治哲学的基础。它是箕子对商及商以前政治思想的哲学总结，又是周及周以后政治思想的重要哲学指导。

《洪范》这篇文献，古代一直认为是由周初史官笔录箕子思想的作品。直到宋朝，才有赵汝谈、傅子骏等少数几个人怀疑《洪范》全文或其中的某些语句不是箕子的作品[①]。但是，他们的说法遭到了人们的反对。大学者顾炎武在《日知录》卷二中把这类看法，归入“不依章句，妄生穿凿”之列。现代情况则与古代相反，怀疑《洪范》写作年代与否定箕子著作权的说法，曾经长期占了优势。20世纪30年代，梁启超的弟子刘节著《洪范疏证》，此文载《东方杂志》1928年1月号，后来改名《“洪范”这篇统治大法的形成过程》，收入《古史续辨》第五册[②][P388—403]。此文否定传统的周初箕子传《洪范》的说法，认为《洪范》作于战国末期，其中的五行说是邹衍等阴阳五行家们的学说。梁启超为《洪范疏证》所作的《跋》，认为其最有力的论据有四：1.“春秋战国以前，‘皇’决无训王训君之说，今《洪范》曰‘惟皇作极’。”2.“此章‘成、明、康、宁’为韵，上章‘明、恭、从、聪、容’为韵，下章‘强、同、逢’为韵，皆与《诗经》不合……乃战国时协韵之通例。”3.“《墨子·兼爱篇》称引‘王道荡荡’等四句曰《周诗》，显见此数语为春秋战国间颇流行之诗。”4.“肃、乂、哲、谋、圣五义亦有所本，盖出于《诗·小雅·小旻》。……其为袭《诗》，显然有据。”此文发表后，梁启超、钱玄同、顾颉刚等都表示赞赏。从此以后，学术界几乎都否定了古代的传统说法。有的认为《洪范》成书于战国早期，有的认为成书于战国中期，甚至还有人认为成书于西汉初年。

当然，学术界也还是有人相信传统的说法。如：范文澜《中国通史》第二章就这样说：“《尚书·洪范篇》据说是周史官记录箕子所说殷政治文化的纲要，大体可信。”但是，他并没有作系统论证。直到1980年《中国社会科学》第三期发表了顾颉刚弟子刘起釪先生的《洪范成书时代考》，才系统论证了《洪范》是商朝传下来的思想。此文后来更名为《“洪范”这篇统治大法的形成过程》，收入作者的论文集《古史续辨》③[P303—336]。他认为《洪范》的中心思想是商代思想，《洪范》虽然有周代史官加进去的东西，但大都是西周或东周初期所加，至迟不晚于春秋前期。他主要从四个方面论证：第一方面，《左传》在文公五年、成公六年、襄公三年引用《洪范》的语句，都称作《商书》，孔颖达《正义》说："箕子商人所说，故《传》谓之《商书》。"先秦其他引用者也不称其为《周书》。第二方面，"皇极"在《尚书大传》的《洪范五行传》中作"王极"，"皇"字是汉人所改。《洪范》中的"上依神意和下以威福来统治臣民的手段，是赤裸裸的神权政治加暴力手段，丝毫没有用其他的统治术如周人所强调的所谓'德政'之类作为辅助手段，显然只有商代才是这样的"。第三方面，古史和古代史料往往是层累地造成的（顾颉刚说），《洪范》中有周史官所加的东西，但是仍保留了其原来的东西，所加的东西至迟不晚于春秋前期。这方面又分五点：1.《洪范》出现了"三德"、"比德"、"攸好德"，但主要是要求臣民循规蹈矩，而不是周代的"德政"。2.《洪范》出现了周代的"筮"，但是以龟卜为主，非常重视神意。3.《洪范》几乎通体用韵，正如西周金文很多都用韵一样，是一种较早期的文风。其用韵都合于西周及《诗》的用韵通例。4. 文句显出西周痕迹。于省吾《尚书新证》指出，"强弗友刚克"等句，与康王时器《沈子它簋》的"考克渊克"句例同。"汝（女）"字用于主格和宾格，"乃"字用于领格，与甲骨文及西周金文同。5."历数"与岁、月、日、星辰并举，是重视历法，不同于后代王权神授循环论的"历数"。将庶民比作星，只能是战国以前的用法，从甘德、石申《星经》开始列星比贵族。"月之从星则以风雨"以比君臣如果顺从民欲就要招致动乱，告诫统治者不可顺从民意。这种赤裸裸地敌视庶民的说法，也是商代思想的反映。6. 是《小旻》套用《洪范》语句，而非相反，因为《洪范》在西周末年已经被广泛地引用。第四方面是《洪范》中的"五行"、"五事"、"八政"，都不同于后代的阴阳五行说与天人感应说。

这篇文献的写作年代，关系到中国哲学史的某些根本问题，如："五行"、"天人感应"、"王道"等重要学说究竟起源于何时，中国最早的哲学家是谁，周公、孔子思想与商代思想的关系；而且关系到中国哲学在世界哲学史上的定位。由于周初箕子传《洪范》的传统说法，在现代没有得到有力的论证，于是不少政治思想史与哲学史著作，讲中国政治思想与哲学历史时，往往从孔子开始，而忽视了孔子以前的思想家，使中国哲学史发生的时间大大滞后。这种现象还影响到了国外。如：前苏联科学院法学研究所与莫斯科大学集体编著的

《政治学说史》（凯切江、费季金主编），讲埃及政治思想史，从公元前3000年的布达荷特普开始；讲巴比伦政治思想史，从公元前18世纪的汉谟拉比开始；讲希腊政治思想史，从公元前8世纪的赫西俄德开始；而讲中国政治思想史，却从孔子才开始④[P20—51]。这是很不符合实际的。

我们认为它是周朝初年史官记录箕子思想的作品。我们除了赞同传统记载和现代刘起釪等学者的意见，还补充出我们自己的某些看法（包括某些不同于刘起釪先生等的个人看法），共有下列四个方面：

第一，从流传历史、版本以及传统研究成果看，《洪范》不同于《伪孔传古文尚书》，而是可信的《尚书》篇章。

我们有必要先回顾一下《尚书》的流传历史。《汉书·艺文志》云："古之王者，世有史官，君举必书，所以慎言行、昭法式也。左史记言，右史记事；事为《春秋》，言为《尚书》。帝王靡不同之。"说明《尚书》是上古史官以记录帝王言语为主而形成的文献。《尚书》的篇数，《艺文志》说："故《书》之所起远矣，至孔子撰焉，上断于尧，下讫于秦，凡百篇，而为之序，言其作意。"《尚书纬》甚至说，孔子得书凡3240篇，存102篇。今天，我们能够看到的《尚书》是58篇。

据历史记载，秦始皇焚书坑儒时，济南的伏胜把《尚书》藏在夹层墙壁中。西汉社会安定后，访求古籍，伏胜传《尚书》28篇，包括《尧典》、《皋陶谟》、《禹贡》、《甘誓》、《汤誓》、《盘庚》、《牧誓》、《洪范》等；又从民间得到一篇《泰誓》。总共29篇，用汉朝流行的隶书（今文）记录传世，称为《今文尚书》。到了汉武帝末年，鲁恭王坏孔子宅，得到用蝌蚪文（古文）写的《尚书》45篇，称为《古文尚书》，其中29篇与今文相同，多出的16篇又特称为"逸书"。西晋末年"永嘉之乱"（311年），《古文尚书》中的"逸书"与《今文尚书》，都被毁灭失传，只留下了立于学宫的与《今文尚书》一致的29篇《古文尚书》。

到了东晋元帝时代，豫章内史梅赜（颐），忽然献上58篇《古文尚书》和署名孔安国所作的"序言"与"传"（注释），即所谓《孔传古文尚书》。这就是今天我们看到的《尚书》。把它与"永嘉之乱"后所保存的29篇对比，主要差别是：1.《泰誓》名同而文字不同，而且分为3篇；2. 其余28篇分成了33篇；3. 跟28篇相比，增加了25篇，包括《大禹谟》等。当时的人们，都信以为真。唐朝孔颖达为这58篇《孔传古文尚书》作注疏，称为《尚书正义》。于是，经过"永嘉之乱"后保存下来的那篇《泰誓》从此失传。然而，经过从宋朝吴棫、朱熹、蔡沉，到清朝阎若璩等的考证，证明这58篇《孔传古文尚书》，并不是真正的古本，其中多出的25篇是后人伪造的，因而被称为《伪古文尚书》。

根据以上的历史，我们可以把现存的58篇《尚书》，按真伪与时代，分为两大类三小类。第一大类是真正的上古文献，那就是跟“永嘉之乱”以后所留下的28篇文献相同的那33篇。第二大类是增加的25篇，被后代称为“晚书”，或称为“伪书”。“晚书”的称呼比“伪书”的称呼要好些，因为“晚书”中至少也吸收了已经散佚的《尚书》有关篇章的资料，它们只是产生的时代比较晚而又伪托是上古文献而已。

第一大类33篇，我们认为，大体可以以《盘庚》篇为界线，划分为两小类：第一小类包括《盘庚》（分上、中、下三篇）及《盘庚》以后的《高宗肜日》、《西伯戡黎》、《微子》（以上6篇是“商书”）、《牧誓》、《洪范》、《金縢》、《大诰》、《康诰》、《酒诰》、《梓材》、《召诰》、《洛诰》、《多士》、《无逸》、《君奭》、《多方》、《立政》、《顾命》（分出《康王之诰》）、《费誓》、《吕刑》、《文侯之命》、《秦誓》（以上20篇是周朝文诰）。这26篇文献是当时史官的及时记录。第二小类是《盘庚》以前的各篇，包括《尧典》（分出《舜典》）、《皋陶谟》（分出《益稷》）、《禹贡》、《甘誓》、《汤誓》。这7篇文献，大体是后代史官的追述。

为什么这样划分呢？1. 要及时记录当时的谈话，必须有一个条件，即人们已经能够运用书面语言。人类有了书面语言以后，才可以记录当时的史实。从《盘庚》时代开始，已经有了完整的书面文献，殷墟甲骨文就是铁证；而且，正是盘庚迁都到安阳殷墟，留下了用甲骨文记录占卜结果的“殷墟卜辞”。2. 《盘庚》及以后的各篇文献，其文字反而比《尧典》等艰涩，正如韩愈所敏感到的那样，“周诰殷盘，佶屈聱牙”（《进学解》）。根据语言演变的规律，时代越古的作品应该越艰涩，跟现代的距离越大。《尧典》等篇如果是远古的作品，其文字决不会比后代的作品平易，因而它们一定是后代的追述，产生于《盘庚》等篇之后。这是因为，首先有一批史官运用书面语言记录当代的史实（其时代大概从盘庚时代开始），后来的史官又进一步想到要追述往古的史实，于是就有了对远古历史的追述。这样一来，记述远古历史的篇章，就自然比记录当代谈话的篇章要晚；而且所使用的语言，比较接近后代而显得平易。3. 记述远古历史的文献，有的明确标明是追记。如《尧典》开宗明义就说：“曰若稽古”，意思是追述考察往古的历史。很多考察《尚书》不同篇章写作年代的学者，他们的具体结论千差万别，但一致都感觉到：记录远古历史的篇章，编成的年代反而越晚。

从《尚书》流传版本看，《洪范》是古今一贯的，而且各种版本都有《洪范》篇。刘起釪《尚书学史》列出八种古老的《尚书》版本的篇目，每种版本中都有《洪范》篇。这八种版本及所列篇目数是："书序"所序100篇，《史记》所引今文68篇，《尚书人传》所述今文27篇，大小夏侯所传今文本29篇，欧阳氏所传今文本29篇，中秘孔壁古文本45篇（后来分为58篇），马郑古文本58篇，伪孔传本（即后来的《尚书注疏》本）58篇。这些不同的《尚书》版本，即使有篇目多少之别，有今古文之分，有真伪之辨，但是每本中都有《洪范》篇，无一例外。总之，从《尚书》流传历史和版本看，《洪范》是最可信的篇章。

《洪范》不仅各种版本都有，不仅从没有受到怀疑，而且是《尚书》中被历代学者研究得最多的篇章。前人研究《尚书》的著作，可谓汗牛充栋。不仅有研究《尚书》全书的著作，而且有不少人研究《尚书》中单篇文献的著作。从单篇研究看，《尚书》中被研究得最早、研究得最多的篇章就是《洪范》，其次才是《禹贡》，别的篇章，很少有单独的研究专著。（参考刘起釪《尚书学史》）。

总之，根据《尚书》流传研究的历史看，我们完全可以肯定，产生于《盘庚》之后的《洪范》，不仅是真正的上古文献，而且是当时史官的现场笔录。

第二，从语言文字看，《洪范》的字句与用韵，都可以证明它产生于商周之际。

《洪范》字句古拙。《洪范》被先秦两汉典籍频繁引用。在引用时，有的把古奥的字句改为比较平易的字句。如：《史记·宋微子世家》全文引用《洪范》，只是把古奥的字词改为了比较通俗的字词。比如：把"乱败厥德"改为"乱败汤德"，把其他的"厥"字都改为"其"字；把"惟天阴骘下民"该改为"惟天阴定下民"；把"土爰稼穑"改为"土曰稼穑"；把"乂"改为"治"。这种改动，本身也可以证明：《洪范》的确是真正的"佶屈聱牙"的上古文献，而不是晚出的伪作。《洪范》正因为文字古奥，而且被频繁引用，所以从来没有人认为它是伪作；而且，从西汉初年开始，历代王朝都有研究《洪范》的单篇著作，也从来没有人怀疑它的写作年代。当然，《洪范》中也有比较平易的字句，从语言的渐变性看，是完全合乎逻辑的。《尚书》中的《盘庚》等篇章和《诗经》中的古老篇章，都有这种情况。个别字句问题，还不能排除后代改换或传抄差误的因素。这是古籍中经常遇到的情况。

1.《洪范》用字，有的可以与甲骨文相互印证。我们重点讨论一个“若”字。

《洪范》第八条“庶征”，讲天人感应，一连用了“时雨若”、“恒雨若”等10个“若”字。这里的“若”字，有不同解释。（1）汉儒主要解释为“顺”，如《孔传》解释“曰肃时雨若”说：“君行敬，则时雨顺之。”孔颖达《尚书正义》说：“其所致者，皆顺其所行，故言若也。”也就是说，君主有什么作为，上天就用什么气象来回应。后来注家多承此说。（2）北宋王安石《洪范传》把“若”解释为“如”，即用天气现象比喻君主的五事。曾运乾《尚书正读》继承此说，云：“譬况之词，位于句末。……‘肃时雨若’，犹《孟子》言若时雨降也。”（3）南宋蔡沉《书经集传》解释说：“若曰者，非尽当时之言，大意若此也。”（4）近人或解释为尊者说话的书面体习用语。如董作宾《王若曰古义》、谭戒甫《论若字的本义及其演变》。（5）日本学者加藤常贤著《王若曰考》（载《真古文尚书集释》），先引述孔颖达、王先谦、陈梦家、董作宾等各家之说，然后列举《尚书》中涉及“若”字的49例，提出自己的见解。他认为，甲骨文、金文中的“若”字，像披发的神形，“王若曰”是含有神的意味的敬辞。

我们认为，汉儒的解释与加藤常贤的解释比较接近本义。“若”的含义，就是上帝或祖先对人的答复与应诺，反映了天人感应的观念。论述于下：第一，若字，甲骨文（《殷虚文字乙编3664》）好像女巫施行巫术的形象，披头散发，两手上扬。后来，因为书写的演变，这个字或写作“叒”，《说文解字》认为就是神话中太阳升起处（汤谷）的扶桑木；或写作“若”，《说文解字》误解其义是“择菜”。在金文中，有的加上形旁“木”，成为“桑”字；有到加上形旁“口”（《昌鼎》），孳乳为“诺”的初文。甲骨文中，“若”的词义是：上帝或祖先对巫祝卜问所作的答复。殷墟卜辞中有如下用例：A.“丙子卜夬贞：帝弗若。”（刘鹗《铁云藏龟》614）B.“贞：且（祖）丁隹（惟）德若于王。”（董作宾《殷虚文字乙编》3321）C.“王占曰：吉，帝若。”（同上5858）D.“辛丑卜殻贞：帝若王。”（郭若愚等《殷虚文字缀合》323）E.“壬寅卜宾贞：若兹不雨，帝隹（惟）兹邑龙不若。”（金祖同《殷契遗珠》620）这些用例的“若”的含义，都是上帝或祖先对人的答复与应诺。《洪范》中的八个“若”字，就是这种原始意义，即上天对人的行为的答复与报应。这个原始意义引申为“顺从”，就是汉儒所说的“顺”。郭沫若《卜辞通纂》解释甲骨文“帝降若”、“帝降不若”说：“若者，顺也。不若，不顺也。”郭沫若的解释与汉儒一致。古文字学家商承祚说：“卜辞诸若字，象人举手而跽足，乃象诺时巽顺之状。古诺与若为一字，故若字训为顺。”商先生解释为恭顺，已经不符合“若”字的引申义。第二，《尚书》除了《洪范》以外，还有不少篇仍然保持了“若”的原始义项，出现了“天若”、“若曰”等词语。“天若”就是上天给人答复，如：《酒诰》云“兹亦惟天若元德”，《康诰》云“宏于天若德，裕乃身不废在王命”，《召诰》云“面稽天若”。后来，“若曰”泛化为一般的答复（不限于神灵的回答），如：《盘庚》、《大诰》、《康诰》、《酒诰》、《洛诰》、《多士》、《多方》、《康王之诰》、《文侯之命》等篇都出现“王若曰”，《微子》篇出现“微子若曰”、“父师若曰”，《君奭》、《立政》篇出现“周公若曰”。西周金文中也有“天若”，与甲骨文、《盘庚》、《微子》、《洪范》及西周文诰用法一致。第三，古代神话，“若木”是神木，“海若”是海神。它们间接反映了若字的原始意义。第四，“时雨若”、“恒雨若”等句的句法结构，可以这样分析：主语“上天”（上帝）省略；“若”作谓语动词；“时雨”等相当“以时雨”（省略“以”、“于”之类的介词是古汉语常见现象），作状语。而表示比喻意义的“若”，只能在后面带宾语，不可能出现这样的句法。第五，后来，时代离上古越来越辽远，“若”的原始义项消失了，学者们不了解这个义项，所以解释不中肯。所谓“大意若此”、“如此”、“譬况之词”等，都是以今律古的揣度。在甲骨文没有发现的时代，这是不可避免的错误，是可以谅解的。

2.《洪范》用字，有的可以与周初其他篇章相互印证。如：《洪范成书时代考》所指出的，“强弗友刚克”之类的语句，以及第二人称代词“汝”、“乃”的用法，与西周金文、甲骨文相同。我们再补充一个例子。“八政”的“政”字，与周初文诰用法相同。《洪范》中的“八政”，就是讲八种官员的设置。略后的《尚书·立政》，也是讲设置官员的事情。王引之《经义述闻》卷三说：“政，与‘正’同。正，长也。立正，谓建立长官也。篇内所言，皆官人之道，故以立正名篇。”又说：“解者不知‘政’为‘正’之假借，而以为政治之政，于是，《立政》一篇遂全失其指。”周公与箕子，是同一时代的人，《洪范》与《立政》，是同一时代的著作。用词相同，正可以证明《洪范》不是后人的作品。而且，后人不理解“政”的古义，可以进一步反证后人不可能写作出《洪范》。我们上文谈到了“若”字。其实，周初文诰中的“若”字，也跟《洪范》中的“若”字词义相同或相近。如《君奭》篇本是周公答召公的词令，一开头就说：“周公若曰”。后人不了解“若”的古义是回答，与不了解

"政"的古义是官员，情况完全相似。

3. 后代的改字或传抄错误，不能作为晚出的证明。顾颉刚先生的古史与古代史料的层累说，是颇有道理的。前代的史料往往有后代的增加或改动。《洪范成书时代考》举了把"王极"改为"皇极"的例子。我们再举一个"者"字。《洪范》"庶征"条出现了"五者来备"一语。"者"字在《尚书》其他篇中没有出现，在《尚书》时代的其他书面材料中也没有出现。管燮初《西周金文语法研究》说，他统计了208篇西周金文，没有发现"者"字。那么，这个"者"字，就可能成为《洪范》是伪作的文字证明。对这种情况，我们应该认真分析。钱宗武《今文尚书语言研究》曾经这样分析道："《洪范》'五者来备'，《后汉书·李云传》引作'五氏来备'，《后汉书·荀爽传》引作'五韪来备'，章怀注引《史记》'者'作'是'。知'者'又作'氏'、'韪'、'是'。'氏'古代主要用来区别不同的民族和宗族关系，当然也可以区别不同的事物。'韪'与'是'形义相近容易讹误，'是'和'氏'古音同在禅纽齐韵，可以通假。我们认为《洪范》里的'者'，有可能是后人在传抄《尚书》时，以今律古，因为构成名词性结构的结构助词'者'已大量运用，而误改'氏'为'者'。"⑥[P283—284] 他还引用了黄侃先生的说法："汉之于周、楚，犹唐宋之于汉魏也。故凡后之引古者多改为今语以便通晓。"（见《文字音韵训诂笔记》第151页）我基本赞成钱宗武的解释，但有以下补充。"氏"字在《尚书》中出现了6次，包括《甘誓》中的"有扈氏"，《汤誓》中的"夏氏"，《牧誓》和《顾命》中的"师氏"，以及《大诰》中2次出现的"尹氏"。这些"氏"都有指代作用，可能是后代文章中的"者"的最早书写形式。而且，"氏"、"是"和"者"，在上古时代都属于舌头音，语音上可以互相转换。

4.《洪范》用韵，是商周之际的古韵。《洪范成书时代考》已经作了论述，本文拟作进一步论述。《洪范》的每个部分，除了限于专有名称不能押韵之外，都是讲究押韵的，而且都与《诗经》及金文相合。且列于下：

（1）"惟十有三祀，王访于箕子。""祀"、"子"押韵，古［之］部。

（2）武王的问话，"居"、"叙"押韵，古［鱼］部。

（3）箕子的答话，"怒"、"斁"、"叙"押韵，［鱼］部与［铎］部对转。

（4）所谓《洛书》65字，"事"、"纪"、"极"、"德"、"疑"押韵，［之］、［职］对转。

（5）五行部分，"直"、"革"、"穑"押韵，古［职］部。

（6）五事部分，"恭"、"从"、"聪"、"容"押韵，古［东］部。

(7) 皇极部分，首先是反复用“极”字押韵，反复用“之”字押韵；再用“色”、“德”、“福”、“极”押韵，古［职］部；“明”、“行”、“昌”押韵，古［阳］部；“家”、“辜”押韵，古［鱼］部。那一段有名的四字句更是押韵的。“无偏无颇，遵王之义。”是古韵［歌］部。“无有作好，遵王之道。”是古韵［幽］部。“无有作恶，遵王之路。”是古韵［铎］部。“无偏无党，王道荡荡。”是古韵［阳］部。“无党无偏，王道平平。”是［真］［耕］合韵。“无反无侧，王道正直。”是古韵［职］部。在四字句之后的总结性话语，则是“行”、“光”、“王”押韵，古［阳］部。

(8) 三德部分，首先是反复用“克”字押韵；然后是“福”、“食”、“国”、“忒”押韵，古［职］部。

(9) 稽疑部分，“从”、“同”、“逢”、“凶”押韵，古［东］部。刘节所说的“强”字，不是韵脚字。

(10) 庶征部分，先是“叙”、“庑”押韵，古［鱼］部；接着是反复用“若”字押韵；然后是“成”、“章”、“康”、“明”、“宁”押韵，属于［耕］、［阳］合韵。

(11) 五福部分，“宁”、“命”押韵，古［耕］部；六极部分，“恶”、“弱”押韵，古［铎］部。

这些押韵，都完全符合当时的语音，在音韵学还没有产生的先秦时代，不可能出于后人的伪造。如：“无党无偏，王道平平。”是［真］［耕］合韵。［真］［耕］合韵，在当时是比较常见的现象。周初祭祀宗庙的乐歌，《诗经·周颂·维清》：“维清缉熙，文王之典，肇禋。迄用有成，维周之祯。”《诗经·周颂·烈文》：“无竞维人，四方其训之；丕显维德，百辟其刑之。”它们都是［真］［耕］合韵。如果是后人伪造，就根本不会出现这种后代不协韵而商周之际协韵的现象。后人不仅伪造不出，而且也理解不了。唐玄宗不了解音韵变化而改经就是一个明显的例证。唐玄宗读到“无偏无颇，遵王之义”，认为不押韵，就下诏把“颇”字改为“陂”字。这可以从反面证明《洪范》不是伪作。

《洪范》的押韵，是当时文风的反映。因为上古时期书写资料困难，所以讲究押韵以便于人们记忆。《洪范》讲究押韵，也可以说明《墨子》为什么把所引的《洪范》中的语句称为“诗”。

第三，从龟卜与筮兆的地位看，《洪范》反映的是殷商时代的风尚。

龟卜，是烧灼龟视其裂纹而判断吉凶的一种巫术；“筮”字从“巫”，是利用一种蓍草的茎进行排列组合而判断吉凶的巫术。《史记·龟策列传》说：“自三代之兴，各据祯祥：涂山之兆从，而夏启世；飞燕之卜顺，故殷兴；百谷之筮吉，故周王。”由此推断，龟卜可能起源于东方（今河南省境内）的夏族、商族；筮可能起源于西北（今陕西省境内）的周族。龟卜的历史比筮长，故《左传·僖公四年》说“筮短龟长”。但是，各族相互交流，所以周人也使用龟卜，周原发现的甲骨文就是证明；殷商也使用筮法，《洪范》本身就是证明。《洪范》在稽疑时，既采用龟卜，也采用筮法，但是更重视本族长期使用的龟卜。这就反映了殷商时代的风尚。它说：“汝则从、龟从、筮从、卿士从、庶民从，是之谓大同；而身其康强，而子孙其逢，吉。汝则从、龟从、筮从、卿士逆、庶民逆，吉。卿士从、龟从、筮从、汝则逆、庶民逆，吉。庶民从、龟从、筮从、汝则逆、卿士逆，吉。汝则从、龟从、筮逆、卿士逆、庶民逆：作内，吉；作外，凶。”这里反映出两个重要观念：1. 龟筮赞同的事便吉利，龟筮反对的事便不吉利。这反映明殷商时代鬼神观念很强，对卜筮非常重视。2. 如果龟与筮发生矛盾，只要龟赞同，即使筮反对，还加上卿士、庶民反对，还是“作内吉”。可见它把龟卜的地位，放在筮之上。宋朝思想家王安石在其著作《洪范传》中解释说：“汝则从、龟从、筮逆、卿士逆、庶民逆：作内，吉；作外，凶。何也？尊者从，卑者逆。故逆者虽众，以作内，犹吉也。”（见《王文公文集》卷二十五）大家都知道，商代重龟卜，甲骨卜辞便是证明；周代重筮，一部《周易》便是证明。殷周虽然龟筮并用，但由于龟仅重鬼神，筮并注意人谋，还可能由于龟的捕获比蓍草的采集要困难得多，所以越到后来筮越占优势。周王朝时代，对筮的重视超过对卜的重视，明显不同于殷商时代。《左传》中用筮的例子明显多于用龟，就是一个例证。《左传》中预测吉凶，常常只用筮，不用卜，如“庄公二十二年”、“僖公十五年”、“成公十六年”、“襄公二十五年”、“昭公五年”等的记载；有时兼用卜筮，也详于筮，略于卜，如“闵公元年”、“闵公二年”的记载。《左传》还在“僖公四年”记载晋献公欲立骊姬为夫人，兼用卜与筮，发生矛盾：卜的结果是吉利，筮的结果是不吉利。卜人力主服从龟卜的结果，并且说：“筮短龟长，不如用长。”卜人代表的是殷商时代流传下来的看法。晋献公却听从筮的意见，反映当时卜的崇高地位已经丧失。到了战国时代，很少看到龟卜的记载。因此，《洪范》兼用龟筮，又特别重龟卜，都可以证明它是商末周初之作，而不可能是战国时代阴阳五行家的著作。

说到龟卜，还有一点值得提出。古代传说，“洛书”是刻在神龟背上的文字，由龟从洛河中背负出来。这个奇想似乎只能产生在盛行龟卜的时代。吕振羽先生说："龟背列字，固非战国及汉代五行家所能想象，然自近代殷墟的发现，始信'龟背列字'为具体事实而非神秘；同时列字的龟贝，浮于水中为人拾得，亦事理之极可能者。因而传说的本来面目，便不难大白。""所谓'六十五字'、'三十八字'、'二十字'，固至合历史事实。今日所发现的龟片，每片有六十字或百二十字以上者，已所多见。"（《中国政治思想史》）

第四，从思想发展轨迹看，《洪范》反映的是当时的社会发展水平与思想水平。

《洪范》中的学说，与后代同类学说相比，有明显的发展轨迹。怀疑《洪范》不可能产生于商周之际的主要理由是，《洪范》的思想是春秋战国时代的思想。这完全是一种主观认定。后代盛行什么思想，只能追溯它的根源，而不能否定前代有相似的思想。我们只能根据事物发展由粗糙简单到精密完备的规律，来判断某种思想观念发展的先后与轨迹。《洪范》与后代有关思想观念的关系正是这样。无论是五行与天人感应学说，还是王道政治学说，《洪范》的表述形式跟后代（包括春秋战国时代）的著作相比，都是粗糙的，逻辑上不够严密，这证明它是较原始的思想；而后代著作的表述形式，继承了《洪范》，发展得逐渐完整系统，发展轨迹非常清晰。

1. 五行学说。有人说，春秋战国时代五行思想盛行，从而怀疑《洪范》是出于阴阳五行家之手。我们认为，《洪范》的五行思想是比较原始朴素的，比较粗糙的，它所阐述的五行是日常生活生产中所常见的物质，其性能也是当时生活生产水平的反映，五行之间的关系如何没有进行任何的论证，五行与其他事物（如："五事"、"五休征"等）也没有形成系统的对应关系。经过从西周到战国时代的发展，先后出现了"五行相杂"、"五行相生"、"五行相克"、"五德始终"等学说，五行思想逐步完整，五行的应用范围逐步扩大。战国时代的阴阳五行家，继承前代的五行思想，构成了一个非常系统的庞大而复杂的体系。总之，五行观念从《洪范》到战国时代的发展轨迹，非常明显。

如果认为《洪范》是出于战国阴阳五行家之手，有不少矛盾现象无法解决。我们在这里举出三点矛盾，证明《洪范》不是出于阴阳五行家之手：第一点是，《尚书》是儒家整理和传习的经典，其产生在阴阳五行家产生之前；它不是五行家的经典，《洪范》是《尚书》中的篇章。儒家根本没有可能把后代出现的阴阳五行家的著作收入早就成书的《尚书》之中。第二点是，儒家与阴阳五行家是不同的学派，它没有必要将阴阳五行家的著作收入自己的经典，从而为宣扬五行家服务。第三点是，《洪范》的五行顺序与战国时代出现的五行顺序不相同。《洪范》的五行顺序是水、火、木、金、土，战国五行家的五行顺序是土、木、金、火、水（见《吕氏春秋·应同》引《邹子》）。《洪范》的排列不具有生克关系；五行家的顺序是按照相克关系排列的，是为时代变革制造舆论。五行家如果作《洪范》，怎么会构筑一个与自己体系不同的五行顺序呢？到了汉朝初年，人们甚至按照这个相克的顺序，把《洪范》中提到的内容加以重新排列。如：《洪范》出现的“五事”与“五庶征”，它们之间是有感应关系的；但是，它们与“五行”之间，本无系统的对应关系。我们按照《洪范》的顺序把它们勉强排列出来是这样的关系：

五　行：水　火　木　金　土

五　事：貌　言　视　听　思

五庶征：雨　旸　燠　寒　风

相传伏胜所作的《洪范五行传》则排列出这样的顺序：

五　行：木　金　火　水　土

五　事：貌　言　视　听　思

五庶征：雨　旸　燠　寒　风

可见，五行与五事、五庶征只是数字上的巧合。后来被看作必然的联系，也反映出五行思想的发展轨迹。今天看来，这种所谓必然联系完全是人为的。

2. 王道政治学说。《洪范》九畴在中国古代政治思想史，有两个重大突破，一是由迷信鬼神转向强调人事；二是提出了以“皇极”为核心的王道学说。殷商时代迷信鬼神，《洪范》强调人事。殷商帝王们要做什么事情，首先就要向鬼神占卜询问，于是就留下了甲骨卜辞。在神权时代，帝王完全假托神的意志来使唤臣民，专断大事。如：《尚书·汤誓》记载，商汤讨伐夏桀就是完全以天命为号召：“夏氏有罪，予畏上帝，不敢不正。”到了商汤的第十代孙盘庚，为了避免水患，抑制奢侈，决定迁都，由奄地迁到殷（今河南安阳）。《尚书·盘庚》记载说，大臣们反对迁都，他也拿出天命这块王牌说，你们如果心里怀着邪恶的想法，那么我的先王就会告诉你们的祖先，你们的祖先就会抛弃你们，不挽救你们的死亡。到了殷商末年，纣王的神权思想仍然根深蒂固，他不讲道德，拒绝进谏说：“我生不有命在天？”（《尚书·西伯戡黎》）而先进人物则看到了道德和民心的重要，《微子》篇就指出，纣王用横征暴敛与酷刑对待民众，只会使民众的怨恨集中，把殷商王朝推向灭亡。箕子总结殷商几百年的经验，在《洪范》中特别强调人事的参与。如《洪范》的第七项“稽疑”，既讲用龟与筮占卜决疑，要求“择建立卜筮人，乃命卜筮”，继承了殷商的旧传统；但是，又明显地注重人事的参与，而且提到了庶人，开了新思想的先河。

《洪范》提出了以“皇极”为中心的王道学说。《洪范》“皇极”在中国历史上第一次使用“王道”一词。《洪范》的王道政治学说，以“皇极”为中心，辅以“五事”、“三德”与“八政”。《洪范》王道政治学说具有以下五项主要内容：第一是强调行政应该公平正直，保护民众：“天子作民父母，以为天下工。”只有像父母爱护子女一样爱护百姓的君主，才能统一天下，实行王道。强调不要欺凌弱者，不要畏惧强暴：“无虐茕独而畏高明。”第二是强调君主的权威和臣民对君主的顺从。只有君主才能行使庆赏、刑罚大权，才能享受珍美的食物。第三是强调君主和臣下的道德。“五事”说，君主做人必须谦恭，说话必须顺从事理，看问题必须明察，听意见必须全面，思想必须缜密。只有这样做了，才会产生政治效果。强调当权者的道德修养，这是实行人治的基础，是中国政治哲学的突出特点。第四是强调君主应该注意用人。一方面提拔有道德有才能的人，另一方面不任用无道德的人。第五是强调君主可以采用不同的政治措施。总之，《洪范》的王道学说既强调臣民对君主的绝对服从，继承了旧的传统，但是又提出爱民、重道德、任贤，则是周公德治思想与孔子仁政思想的源头，周公所说的“若保赤子”，后世所说的“爱民如子”，乃至百姓称官吏为“父母官”，都与《洪范》这种“作民父母”的思想，一脉相承。我们决不能说它是“赤裸裸地敌视庶民”，我们只能说它不如周公的德治思想那样明确和系统，这也正好说明《洪范》作于周公诸文诰之前。

从清朝后期开始的疑古之风，至20世纪初叶而愈演愈烈，对传统典籍的记载往往采取怀疑甚至否定的态度。他们的怀疑理由，往往是“当时社会发展没有达到这样的水平”。然而，他们的某些怀疑却被后来的发现所否定，即后来的考古发现证明传统古籍的记载是正确的，而怀疑是根据不足的。箕子这个人的名字，多次出现在《尚书》、《周易》与其他先秦著作中；《洪范》又是《尚书》中的可信篇章，而且有考古发现的甲骨文可以作为写作条件的旁证。所以，怀疑甚至否定《洪范》写作于周初，却提不出有力的反证，这是值得商榷的。总之，某个时期社会发展的具体水平如何，古籍记载是否可靠，要通过考古才能证实或否定；要否定一种传统说法，必须根据科学理论并提出有说服力的反证。

对古史记载提出怀疑，这本来是学术进步的表现，表现出崇尚科学、崇尚实证的精神。通过考古发现与深入的科学研究，证实这些怀疑或者否定这些怀疑，同样是学术进步的表现，表现出崇尚科学、崇尚实证的精神。这符合事物发展过程中的否定之否定的规律，正反两个方面的结合可以把人们的认识提高到一个新水平。在《洪范》真伪问题上，也应该是这样。没有怀疑，盲从古籍记载，甚至以伪为真，这是缺乏科学精神的表现；同样，对怀疑本身毫不怀疑，轻易否定古籍的记载，甚至以真为伪，也是缺乏科学精神的表现。大胆怀疑，是科学研究的开始；但只有小心求证，才能得出科学的结论；如果怀疑被事实否定，就要勇敢地放弃，这才是真正彻底的科学精神。

【参考文献】

①《宋史·赵汝谈传》、赵汝谈《南塘书说》、陆游《老学庵笔记》。

②顾颉刚《古史辨（五）》，上海：上海古籍出版社，1982。

③刘起釪《古史续辨》，北京：中国社会科学出版社，1991。

④凯切江等《政治学说史》，北京：法律出版社，1959。

⑤钱宗武《今文尚书语言研究》，长沙：岳麓书社，1996。

箕子开发古朝鲜考

箕子不仅是中国最早的有著作传世的思想家，而且是中国最早到达国外并产生巨大影响的思想家。我们这样说，是因为箕子对古朝鲜的开发作出了杰出贡献。古朝鲜地区，包括今中国辽东半岛的东部与今朝鲜半岛的北部。这个地区生活着崇拜鸟图腾的东夷部落群。箕子在这个地区建立了箕氏王朝，传国900多年；王朝的最后一个国王箕准被卫满篡位以后，又南下立国，开发了半岛的南部。由此可见，箕子及其后代对朝鲜民主主义人民共和国和大韩民国的远古历史曾经发生深刻影响。他们作为移民成了后来Korea民族的重要组成部分。

古代中国与古代朝鲜的历史记载以及考古、民俗资料，都可以证明箕子与箕氏王朝开发古朝鲜的历史。

一、古代中国的史书对箕子开发古朝鲜有明确记载。

中国记载箕子开发朝鲜事迹的书籍，有《尚书大传》、《史记》、《汉书》、

《后汉书》、《三国志》等。《史记》和《尚书大传》都记载了周武王封箕子于朝鲜的事。

成书于西汉初年的《尚书大传》云：“武王胜殷，继公子禄父，释箕子之囚。箕子不忍周之释，走之朝鲜。武王闻之，因以朝鲜封之。”先秦史书《竹书纪年》云：“伯夷、叔齐去隐于首阳山。或告伯夷叔齐曰：‘胤子在鄁，父师在夷，奄孤竹而君之，以夹煽王烬，商可复也。’”父师在夷，与箕子开发朝鲜吻合。西汉焦延寿《易林》也说：“朝鲜之地，箕伯所保”。它们的记述可以互相印证。其中，《史记·宋微子世家》记述得比较系统具体：

公元前1122年（纣王三十四年）周武王兴兵伐纣。牧野决战，纣王兵败自焚。武王进入商都朝歌，释箕子之囚，封比干之墓。箕子出狱时已经51岁了。出狱后的第二年，武王向箕子询问殷商灭亡的原因，箕子不说话，因为他不愿意讲自己故国的坏话。武王也发觉自己失言了，就向他询问怎样顺应天命来治理国家。箕子于是陈述了《洪范》九畴，这是对中国政治影响深远的九条治理国家的大法。武王听了，非常高兴，要重用箕子。箕子早对微子说过：“商其沦丧，我罔为臣仆（殷商如果灭亡了，我不会作新王朝的臣仆）。”（《尚书·微子》）于是请求前往与商有一定族缘关系的朝鲜。武王因而封他为朝鲜侯，不把他当臣下看待。这时箕子已经52岁。

四年之后，箕子从朝鲜前来朝见周王，经过段商都城遗址，只见原来的宫室已经残破不堪，有些地方种上了庄稼。箕子亡国之痛，涌上心头，只好以诗当哭，作了《麦秀歌》：

麦秀渐渐兮，禾黍油油。

彼狡童兮，不与我好兮！

诗歌中的“狡童”比喻不听忠告的纣王。诗歌采用男女恋歌的形式，反映臣臣关系，为后世比兴手法的渊源。“油”与“好”押韵，属上古［幽］部。

清代嘉庆年间学者陈寿祺所辑校的《尚书大传》，对《麦秀歌》有不同记载。该书辑录《微子》篇注云：“微子将往朝周，过殷之故墟，见麦秀之蔪蔪，曰：‘此父母之国，宗庙社稷之所立也。’心动志悲。欲哭，则为朝周；俯泣，则妇人。推而广之，作雅声，歌曰：麦秀蔪蔪兮，禾黍䎀䎀。彼狡童兮，不在好兮！”（辑自《文选·宣德皇后令》注）又云：“微子朝周，过殷故墟，见麦秀之蔪蔪兮，禾黍之䎀䎀也，曰：‘此故父母之国。’乃为麦秀之歌，曰：麦秀渐渐兮，禾黍油油。彼狡童兮，不我好仇！”（辑自《学斋占毕》）

《史记》与《尚书大传》关于《麦秀歌》作者的说法，谁更可信呢？个人以为，司马迁《史记》的说法应该可靠一些。从时代先后看，似乎《尚书大传》可信。相传是伏生所传授，伏生曾经担任秦朝的博士，在西汉文帝年间把《尚书》传授给汉朝的朝错，又教授给济南的张生与欧阳生，伏生是汉朝今文《尚书》学的开山祖，时代早于司马迁。那么，似乎应该依据《尚书大传》的说法。但是，认真思考，则应该相信《史记》的说法。理由有三：1.《尚书大传》是后人所辑，错误多，矛盾多。连辑校者陈寿祺也在《尚书大传辨讹》中说："《尚书大传》南宋时已多佚脱。今坊间盛行卢氏雅雨堂本，讹漏不可胜举。"此处关于《麦秀歌》的记载便自相矛盾。而《史记》基本上保持了原来的版本。2. 从传授关系看。司马迁是孔安国的学生，向孔安国学习《尚书》。而孔安国呢，一方面曾经向伏生学习《尚书》，一方面又得到了孔子壁中的古文《尚书》。伏生的传人欧阳生，把《尚书》教授给倪宽；倪宽后来又拜孔安国为师，从而成为《尚书》学的权威。那么，根据常理推断，孔安国的说法不应该与伏生的说法有矛盾；如果有矛盾，则可能是孔安国根据更加可靠的史料纠正了伏生的说法。司马迁在《史记》中继承了孔安国的说法，应该是根据确凿的，比后人辑录的《尚书大传》的说法更加可靠。3.《礼记正义》也认为《麦秀歌》是箕子的作品。《礼记·乐记》云："致乐以治心，则易直谅之心，油然生矣。"《正义》曰："油然，新生好貌。书传《箕子歌》云禾黍之油油。"《礼记》的作注者肯定是郑玄，为它作《正义》的是唐朝初年的孔颖达。古代注释的原则是"疏不破注"，《礼记正义》一般忠于《礼记注》的说法；孔颖达非常尊重郑玄的意见。如果郑玄或汉朝其他训诂家，有微子作《麦秀歌》的说法，那么博学的孔颖达一定会知道，而且会采用。《尚书大传》的作注者，相传也是郑玄。况且，孔颖达还写了《尚书正义》，而且在《尚书正义》中还引用过"书传"（即《尚书大传》）。他不可能对《尚书大传》中的微子作《麦秀歌》的说法视而不见。因此，只有两个可能性：第一，现存的《尚书大传》中的这段话是假的，所以孔颖达没有看到；第二，《尚书大传》及其注，至少在传抄过程中产生了讹误。

此外，我们根据《礼记》郑玄注，可以推断箕子是一位懂得音乐的人。《礼记·乐记》说武王克殷进入商都以后，"封比干之墓；释箕子之囚，使之行商容而复其位。"郑玄注云："积土为封。封比干墓，崇贤也。行，犹视也。使箕子视商礼乐之官贤者所处，皆令反其居也。"《汉书·儒林传》云："汉兴，鲁高堂生传《士礼》十七篇，而鲁徐生善为颂。孝文时，徐生以颂为礼官大夫。""颂"通"容"，一本作"容"，指礼乐。故郑玄把"容"解释为礼乐之官，是符合秦汉时代的语言习惯的。伪古文《尚书·武成》云："式商容闾。"伪孔传说："商容，贤人，纣所贬退。"后代有不少人，竟然以此为根据，认为商容是人名，甚至怀疑郑玄注错了。《论语·微子》篇中，孔子说殷有三位仁人，他们是比干、箕子、微子。《汉书·古今人表》列举纣王时代的人物，上中三人是比干、箕子、微子，下下三人是纣、妲己、费中，一共只有六人，根本没有什么"商容"。《史记·殷本纪》与《史记·周本纪》中的"式商容之闾"，其实也可以解释为"视商礼乐之官贤者所处"。因此，我们只能相信先秦与汉代的真实史料，相信《礼记》与郑注，并且据此推断，箕子是一位懂得音乐的官员。箕子懂音乐，那么就更有可能作《麦秀歌》。

此外，《左传·僖公十五年》还记述了一条资料说："是岁，晋又饥，秦伯又饩之粟，曰：'吾怨其君而矜其民。且吾闻唐叔之封也，箕子曰："其后必大。"晋其庸可冀乎！姑树德焉以待能者。'"据《史记·晋世家》说，唐叔封于晋是周成王时代的事情，那时武王已死，箕子早已到朝鲜。如果秦穆公说的这个掌故可靠，那么，就证明箕子朝鲜与周王朝之间彼此保持往来关系。

箕子到达古朝鲜地区以后的情况，《汉书·地理志下》记载得比较具体：

玄菟、乐浪，武帝时置，皆朝鲜、濊貉、句骊蛮夷。殷道衰，箕子去之朝鲜，教其民以礼义、田蚕织作。乐浪朝鲜民犯禁八条：相杀以当时偿杀；相伤以谷偿；相盗者，男没入为其家奴，女子为婢。欲自赎者，人五十万，虽免为民，俗犹羞之，嫁取无所雠。是以其民终不相盗，无门户之闭，妇人贞信不淫辟。其田民饮食以笾豆，都邑颇放效吏及内郡贾人，往往以杯器食。郡初取吏于辽东，吏见民无闭藏，及贾人往者，夜则为盗，俗稍益薄。今于犯禁浸多，至六十余条。可贵哉，仁贤之化也！然东夷天性柔顺，异于三方之外，故孔子悼道不行，设浮于海，欲居九夷，有以也夫！①[P1658]

《后汉书·东夷传》还记叙了箕子后代的情况：

昔武王封箕子于朝鲜，箕子教以礼义田蚕，又制八条之教。其人终不相盗，无门户之闭，妇人贞信。饮食以笾豆。其后四十余岁，至朝鲜侯准，自称王。汉初大乱，燕、齐、赵人往避地者数千口；而燕人卫满击破准而自王朝鲜，传国至孙右渠。

昔箕子违衰殷之运，避地朝鲜。始其国俗未有闻也，及施八条之约，使人知禁，遂乃邑无淫盗，门不夜扃，回顽薄之俗，就宽略之法，行数百千年，故东夷通以柔谨为风。异乎三方者也。苟政之所畅，则道义存焉。仲尼怀愤，以为九夷可居，或疑其陋，子曰："君子居之，何陋之有！"②[P2817]

《三国志·东夷传》也有相同的记述。《三国志注》引《魏略》记述得更详细，而且记述箕准南逃以后，“其子及亲留在国者，因冒姓韩氏”。现在，该国的确既有箕姓，又有韩姓。

二、古代 Korea 的史书，对箕子开发古朝鲜也有明确记载。

Korea 民族历史家的记叙，都与中国史书的记载基本一致。

高丽王朝僧一然著《三国遗事》追述了朝鲜族始祖檀君的神话，并提到了箕子。书上说：

古记云：昔有桓因（谓帝释也）庶子桓雄，数意天下，贪求人世。父知子意，下视三危太伯可以弘益人间。乃授天符印三个，遣往理之。雄率徒三千，降于太伯山顶（即今太伯妙香山）神坛树下，谓之神市。是谓桓雄天王也。将风伯、雨师、云师，而主谷、主命、主病、主刑、主善恶，凡主人间三百六十余事。在世理化。时有一熊一虎同穴而居，常祈于神雄，愿化为人。时，神雄遗灵艾一炷、蒜二十枚，曰：“尔辈食之，不见日光百日，便得人形。”熊虎得而食之。忌三七日，熊得女身；虎不能忌，而不得人身。熊女者无与为婚，故每于坛树下咒愿有孕。雄乃假化而婚之，孕生子，号曰坛君王俭。以唐高即位五十年庚寅都平壤城，始称朝鲜。又移都于白岳山阿斯达，又名弓忽山，又今弥达。御国一千五百年。周虎王即位己卯，封箕子于朝鲜，坛君乃移于藏唐京，后还隐于阿斯达，为山神，寿一千九百八岁（引自《三国遗事·纪异》）。③[P13]

坛君又作“檀君”，王俭神话是古朝鲜最有影响的族源神话。檀君被认为是全民族的共同始祖，现代韩国与朝鲜仍然有时采用檀君纪年，即以公元前2333 年为檀君元年。桓因本是神话中的天神，但本书编者一然是僧人，故用印度的“帝释”比附。唐高指中国的帝尧。古史传说，王俭建立古朝鲜与帝尧同时，约相当于公元前2333 年。周虎王即周武王。公元前 12 世纪（或推算为 11 世纪），武王灭纣以后拜访箕子，箕子献“洪范九畴”，武王乃封箕子于朝鲜。神话说，箕子来到古朝鲜，檀君就退隐了。

檀君神话，反映了古朝鲜原始社会时期的图腾崇拜观念和部落间的关系。高句丽族崇拜熊，濊貊族崇拜虎。虎、熊同居一穴，正曲折反映了部落间在原始时代的亲密关系。熊变成女人，则是母系社会的反映。桓雄大王为天帝之子，檀君为天帝之孙，反映了对氏族酋长的神化与美化。熊变为人，虎未变成人，说明熊图腾的部落在发展上领先一步，取得了主导地位。也许这个神话是萌芽于熊图腾部落的。据说，现在该民族仍然有这种崇拜观念。张殿英主编《东方风俗文化辞典》说，朝鲜人崇拜熊，以熊为图腾，民间又把老虎奉为山神。这与檀君神话一致，也证明檀君神话是历史现实的产物。檀君神话既然是历史现实的影子，那么，箕子入朝鲜决非空穴来风。

箕子开发古朝鲜的具体情况，该国史书《东史纲目》的记载比中国史书更详细。朝鲜王朝史学家安鼎福编写《东史纲目》时，不仅参考了中国的各种史书，而且广泛总结了该国《三国遗事》、《三国史记》、《三国史略》、《高丽史》、《高丽史提纲》、《东国通鉴》、《东史纂要》、《东史会纲》等史书和历代作家文集的成果。他在《东史纲目》卷一记载说：

己卯（周武王十三年），朝鲜箕子元年。殷太师箕子东来，周天子因以封之。箕子，子姓，名胥馀。封于箕而子爵，故号箕子。仕殷为太师。纣为淫佚，箕子谏，不听而囚之，乃被发佯狂而为奴，鼓琴以自悲。及周武王伐纣入殷，命召公释箕子囚，问殷所以亡，箕子不忍言，王乃问以天道。箕子为陈《洪范》九畴。箕子不忍周之释，走之朝鲜。武王闻之。因以朝鲜封之而不臣也。

都平壤。筑城郭。施八条之教。

箕子之来，中国人随之者五千。诗、书、礼、乐、医、巫、阴阳、卜筮之流，百工技艺，皆从焉。初至。言语不通，译而知之。设禁八条，其略：相杀偿以命；相伤以谷偿；相盗者，男没为家奴，女为婢，自赎者人五十万。虽免为民，俗犹羞之，嫁娶无所售。是以其民不盗，无门户之闭；妇人贞信不淫。其民饮食以笾豆。崇信让，笃儒术，酿成中国之风教。以勿尚兵斗，以德服强暴，邻国皆慕其义归附。衣冠制度，悉同乎中国。

[按：据《高丽志》记述，箕子所筑平壤古城遗址，石筑周 8200 尺，土筑 10205 尺，高 30 尺。]

定田制，教民田蚕。箕子用殷田制，教民以田蚕织作。不三年，民皆向化。礼俗以兴，朝野无事，人民欢悦。以都邑之江比黄河，以其山比嵩山［注云：即大同江、永明岭］，作歌颂其德。韩氏百谦曰：“余到平壤，见箕田遗制，阡陌皆在，周然不乱。古圣人经理筹划变夷为夏之意，犹可想见。其田形亩法，与今孟子所论井字制不同。其中含球、正阳两门间区划，最为分明。其制皆为田字形，田有四区，区皆七十亩。大路之内，横而见之，有四田八区。四田，四象之义耶？八区，八卦之象耶？八八六十四，正正方方，其法象先天方图。噫！此盖殷制也！《孟子》：‘殷人七十而助。’七十亩，本殷人分田之制。箕子，殷人，其画野分田，宜效宗国。

壬午（周武王十六年），（箕子）四年，箕子朝周。箕子以素车白马［注：

殷人尚白也］朝周，过故殷墟，感宫室毁坏，生禾黍。箕子伤之，欲哭不可，欲泣为近妇人，乃作《麦秀》诗以歌之。其诗曰："麦秀渐渐兮，禾黍油油！彼狡童兮，不与我好兮！'所谓狡童者，纣也。殷人闻之，皆为流涕。

戊午（周成王三十三年），（箕子）四十年，箕子薨。寿九十三。葬平壤北兔山。[④][P39—40]

这里记述了箕子到朝鲜立国的情况。箕子率领五千人到达朝鲜地区之后，定都平壤，传播中原的文化，推广先进的生产技术，并制定了成文法，采用了类似殷商的田亩制度。

该书还记载了箕子后代（箕氏王朝）的情况。箕氏朝鲜王朝一直存在到汉高祖时代。汉惠帝二年（公元前193）被燕人卫满灭亡。《东史纲目》列箕子传世图，说从箕子立国到箕准被卫满篡位。共历年930年；箕准至马韩，称南康王，到被百济所灭，历年202年（按：应该是201年），总共传世1131年。它记载箕氏王朝的情况说：

戊戌（周显王四十六年），燕伯僭称王，侯欲伐，不果，亦称王。箕子薨，子孙世君东方，而年代无考。至是，燕易王僭号，欲东略地。朝鲜侯欲兴兵伐燕，以尊周室；大夫礼谏之，乃止。使礼西说燕，燕亦止不攻。侯复称王。

庚辰（秦始皇二十六年），王否，服属于秦。寻薨，子准立。初，朝鲜称王，其后子孙稍骄虐。燕将秦开，尝质于东胡，胡甚信之，归以袭破东胡；攻朝鲜西方，取地一千余里，至满潘汗为界。朝鲜始弱。及秦并天下，王否畏秦，遂服属于秦，不肯朝会。否，箕子四十世孙也。寻薨，子准立。

辛巳（秦始皇二十七年），王准元年。

己亥（汉高帝五年），（王准）十九年，与汉以　水为界。

丙午，（王准）二十六年，燕人卫满来降，拜为博士，守西鄙。汉燕王卢绾，反入匈奴；卫满亡命，聚党数千人。椎髻蛮夷服，东走出塞，渡　水来降。说王求居西界故秦空地上下障，与诸亡命为国藩屏。王信宠之，拜为博士，赐以圭，封之百里，令守西边。

戊申，（王准）二十八年，卫满叛袭王都，王南奔。满称朝鲜王，都王俭城。

王攻破马韩，都金马郡。[④][P42—43]

《朝鲜史略》（又名《东国史略》）也记叙说："其后，子孙稍骄虐。燕乃攻其西，满潘汗为界，朝鲜遂弱。至四十代孙否，属于秦。子准立，为卫满诱逼，浮海南奔……居韩地金马郡，号韩王。其民土著，知蚕桑，作绵布，性勇悍，居处作土屋，其户向上。统国五十四。后，百济王温祚并之。”这里记述了箕氏王朝与中原王朝的交往情况。古朝鲜与燕国接界，燕是周王室的后裔，箕氏是殷商后裔，一直存在矛盾。战国末期，燕国攻打古朝鲜，占领了原来属于箕氏王朝的大片领土，两国以满潘汗（约在现在的辽河附近）为界。秦始皇时代，箕氏王朝完全臣服于秦朝。汉高祖五年（公元前202），箕氏王朝与汉朝划分边界，以浿水为界。公元前193年，燕人卫满背信弃义篡夺了古朝鲜的王位，箕氏朝鲜王朝灭亡。但其国王箕准南逃到马韩地区立国，开发了半岛的南部，延续了两百年。直到新莽始建国元年（公元9年），才被后来兴起的百济国灭亡。《后汉书·东夷传》记叙相同：“初，朝鲜王准为卫满所破，乃将其余众数千人走入海，攻马韩，破之，自立为韩王。准后灭绝，马韩人复自立为辰王。”

综合两国史籍的记载，我们可以勾画出箕子及其后代开发古朝鲜的大体轮廓：公元前1120年，周武王向箕子咨询治国经验，箕子向周武王陈述《洪范》九畴，总结了殷商的政治思想经验，并为周王朝的政治思想奠定了基础。武王非常赏识箕子，要封他为诸侯。但是，箕子不忍心于殷商的失败，不愿意留在周朝直接统治的区域之内，因为周与商是两个起源于不同地区的部族。箕子不愿作新王朝的臣仆，于是请求前往与商有一定族缘关系的朝鲜。古朝鲜地区，包括今中国辽东半岛的东部与今朝鲜半岛的北部。这个地区生活着崇拜鸟图腾的东夷部落群。如：扶余、高句丽，甚至半岛南部的新罗，都流行始祖是卵生的神话。殷商以玄鸟为图腾，也是鸟图腾部落发展而成的部族，本与东夷有千丝万缕的联系；殷商的先王相土早已经对古朝鲜地区进行过开拓（参考蒋逸雪《南谷类稿·殷商拓地朝鲜考》）。所以，箕子要求前往古朝鲜地区。周武王成全他的志向，封他为朝鲜侯。于是，箕子带了5000个随从人员前往古朝鲜，这5000人中包括懂得诗书、礼乐、医药、阴阳、巫术的文化人员，懂得各种技艺的能工巧匠。当时，箕子年已53岁。

箕子到达朝鲜地区后，在大同江畔的平壤建立国都，用石头与土筑了城郭。在政治上，公布了8条成文法，禁止杀人、伤人、盗窃。在经济上，推广殷商的田亩制度和中原先进的耕作、养殖技术。从此，朝鲜地区由石器时代迅速地发展到青铜时代。四年之后，箕子曾经回中原一次，朝见周武王。他经过殷商故都时，看到荒凉的废墟，非常伤心。以后，他再没有回中原。他在朝鲜生活了40年，于公元前1080年去世，享年93岁。

箕子古朝鲜的疆域范围，大概包括半岛北部（约相当今朝鲜民主主义人民共和国）及辽东半岛东部。宋朝罗泌《路史·国名纪》说：“朝鲜，箕子后，封辽之乐浪。”箭内亘之《东洋读史地图》中的战国时代图，就是这样绘制的。战国时代燕国逐渐强大，成为七雄之一，向东北扩展领土，箕氏朝鲜才被退出辽东半岛，专在朝鲜半岛北部立国。安鼎福《东史纲目》附卷的《箕子疆域考》对此作了专门考证：

《汉书》曰：“玄菟、乐浪，箕子所封。”《唐书》：“裴矩曰：辽东本箕子国。”《辽史地志》：“辽东本朝鲜。周武王释箕子囚，去之朝鲜，因以封之。”《辽东志》：“辽东本箕子所封之地。《一统志》、《辽东名宦》亦载箕子。《盛京志》：沈阳奉天府、义州广宁之界，皆云朝鲜界。则辽地太半，为箕子提封。而箕子又都平壤，凡都邑之地多定国中，则吴氏云所谓“辽河以东、汉水以北，皆箕氏地”者，然也。至后孙，当燕之末，失西界千余里，以满潘汗为界，即辽东郡东部属县潘汗也，于是而辽地入中国。④[P57]

箕子去世后，其子孙继续开发朝鲜，他们已经与当地土著融为一体，共同构成了古朝鲜民族。战国时代，周王朝势力衰落，各国诸侯往往称王。在燕国称王后，箕子的后代朝鲜侯也称朝鲜王。战国末年，燕国势力比朝鲜强大，逐步占领了古朝鲜在辽东的疆域。秦始皇灭燕国统一中国之后，箕子的四十代孙箕否，曾经向秦屈服称臣。秦始皇二十七年（公元前220），箕否去世，箕准继位。秦末大动乱，中原地区有很多民众迁徙到朝鲜。箕准在位的第十九年（汉高祖五年，公元前202年），古朝鲜与汉朝划分疆界，以浿水作为两国的分界线。浿水，或以为是现在的大同江，或以为是现在的清川江，或说是鸭绿江。朝鲜王箕准二十六年（公元前195），汉朝的燕王卢绾反叛失败，逃入匈奴；卢绾的部下卫满投靠箕准，箕准信任他，封他为博士，要他防守西边的边界。箕准二十八年（公元前193），卫满背信弃义，攻克平壤；箕准南逃，箕氏王朝灭亡。箕氏王朝从立国到灭亡，共享国927年。箕准到南方的马韩地区建立新的国家，自号武康王，传国220年，至新莽始建国元年（公元9年）才被百济国始祖温祚消灭。

三、中国与半岛的考古发现，以及半岛的民俗，都可以与历史记载相互印证，证明箕子开发古朝鲜的历史事实。

首先从有关考古发现看。檀君神话说，天神降于太伯妙香山，可以与该国的石器时代相互印证。考古发现，公元前5000年至前1000年初，朝鲜半岛正当新石器时代。新石器时代典型的文化遗址，多分布在平安南道、黄海北道等处，发源于妙香山脉的大同江正好流经这些地区而进入大海。生息在平原、河谷的初民，把妙香山想象为其祖先（天神）降落之处，是很自然的事。妙香山，正如古希腊的奥林匹斯山、古代中国的泰山一样。檀君神话又说，檀君在箕子进入朝鲜后便移位隐居，正说明古代朝鲜文化接受中国文化影响，由神话时代转入了文明时代。《汉书》说箕子制定了八条禁令，标志古朝鲜社会在中国文化的影响下，已快速地迈进了有成文法的文明时代。考古发现，可以证明这个历史记载。《中国大百科全书·考古学》说：“朝鲜青铜时代的年代大体在公元前10世纪至前5世纪，主要遗址在平安北道和黄海北道。”“与周围地区存在着文化联系。”这时代正好与箕氏王朝开发朝鲜的时代相吻合；箕子朝鲜的国都王俭城的故址也正好在平壤市南郊大同江南岸。而且，古朝鲜的青铜器和支石墓跟中国辽宁和山东的青铜器与石墓，形制一致。今平壤有箕子墓，也绝不是空穴来风。

其次从该国古代的族源神话看。该国族源神话基本是卵生神话。高句丽国的始祖朱蒙是卵生；新罗国的始祖朴赫居世是卵生，新罗国的脱解王（姓昔）和金阏智也是卵生，新罗三大王族（朴、昔、金）都是卵生；南方的驾洛国的六个国王也都是卵生。这些神话与中国卵生神话有千丝万缕的联系。中国卵生神话很多，人所共知的如：简狄吞燕卵因孕生契（见《史记·殷本纪》），女修吞燕卵而生秦祖先大业，其后代曰孟戏、中衍，仍然鸟身而人言（见《史记·秦本纪》）。直到明末清初，满族还有仙女吞鸟卵而生下清始祖努尔哈赤的神话传说（参看《清史稿·太祖本纪》及蔡东藩《清史通俗演仪》）。据很多学者考证，东夷是华夏民族的重要组成部分。东夷始居地在今易水、燕山一带，后来一支沿渤海南下，一支向东北迁徙，并达到朝鲜、日本等地。更有人认为，虞舜、殷商、秦嬴等皆为东夷分支。《孟子·离娄下》便说过：“舜生于诸冯，迁于负夏，卒于鸣条，东夷之人也。”我们即使不把殷商、秦嬴划为东夷范围，但它们与东夷诸族相互影响则是无法否认的事实。因此，从卵生神话这个角度看，古代朝鲜与箕子所带去的殷商文化的关系是非常密切的。

再次从姓氏及有关考古发现看。中国的地理、姓氏、考古发现，可以与历史记载互相印证。《宋史·礼志》记载，宋徽宗封箕子为辽东公。宋朝罗泌《路史·国名纪》说：唐高祖武德年间“以辽为箕州。”今辽宁集安西有淇水县，辽宁新民一带有祺州。1973年，辽宁喀左北洞村出土西周早期铜鼎，腹内底壁铭文为：“㠱侯亚矣”。这位“亚矣”，大概是箕子的后代。这件铜器证明，箕子的确被封在辽东一带。而且，箕子东去朝鲜时，在路经河北正定时留下了一支子孙，就是后来“鲜于”复姓的来源。《风俗通·姓氏篇》云：“武王封箕子于朝鲜，其子食采于于，因氏焉。”唐朝著名书法家颜真卿写的《太子少保鲜于仲通神道碑铭》云：“先太师封于鲜，子仲食采于于而受氏。”《古今姓氏辨证》云：“鲜于——箕子佯狂避纣，为周武王陈《洪范》，武王封之朝鲜；支子仲食采于于，因合鲜、于为氏。”1997年河北武清县（今属天津市）兰城村出土的东汉时代的《鲜于璜碑》，也称鲜于氏为“箕子之苗裔”。

朝鲜半岛的姓氏也一样可以作为证明材料。今朝鲜民主主义人民共和国和大韩民国的姓氏中有箕姓，还有其分支韩姓、齐姓，他们都奉箕子为始祖，并到中国河南省淇水县朝歌镇的箕子庙寻根问祖。据何光岳《中华姓氏源流史》说，日本的箕山氏、箕田氏、箕川氏、箕户氏、箕岛氏、箕原氏、箕浦氏、箕尾氏，也都是由朝鲜半岛迁入日本的箕子后裔。

还可以从服饰、古代历法、风习等看。朝鲜族喜穿白衣，这与殷商传统有关。《史记·殷本纪》说：“汤乃改正朔，易服色，上白。”可见朝鲜族继承了殷商尚白的传统。《三国志》等史书记载，古朝鲜地区的扶余国“衣尚白，白布大袂”，这也是继承了殷商的传统。这个传统一直保持到现在。

古朝鲜的历法也跟殷商相似。《三国志·魏志·东夷传》说，该地区“以殷正月祭天，国中大会”。殷商有杀人殉葬的风俗，而《东夷传》等记载扶余国“杀人殉葬，多者百数”。《东夷传》还说，该国“水旱不调，五谷不熟，辄归咎王”。这又使人想起《吕氏春秋·顺民》的记载：“昔者，汤克夏而正天下，天大旱，五年不收。汤乃以身祷于桑林，曰：‘予一人有罪，无及万夫；万夫有罪，在余一人。无以一人之不敏，使上帝鬼神伤民之命。’于是……以身为牺牲，用祈福于上帝。民乃甚悦。”“民乃甚悦”说明百姓认为汤这样做才对，否则就不对，也就是说把大旱归咎于汤。而且，《三国志·魏志·东夷传》还说，半岛上的许多居民，都自称是来源于中国的“古之亡人”。

史籍、考古、姓氏、神话、民俗，各个方面相互吻合，都可以印证箕子与殷商遗民对古朝鲜的开发。

第四，我们从后代历史往前推，也可以证明箕子是古朝鲜地区的开发者。

《史记·朝鲜列传》明确记载说：西汉建立政权后，与古朝鲜以浿水为界。燕人卫满，是燕王卢绾的部下。高祖十一年（公元前196）卢绾反叛，投降匈奴；卫满聚集党羽数千人，逃跑到朝鲜地区，后来夺取王位，建立了卫氏王朝，建都王俭城（今平壤）。吕后当权时，卫满曾经与汉朝的辽东太守约定，称为汉朝的“外臣”。卫满传国三代，至孙子右渠王。右渠王与汉朝关系紧张。汉武帝元封二年（前109），汉朝使者涉何与右渠王反目，涉何杀死朝鲜的裨王长，右渠王派兵杀死涉何。于是，两国间爆发战争。元封三年，在汉朝大军压境的情况下，尼谿相参杀了右渠王投降。汉武帝把朝鲜地区划分为四郡：乐浪、临屯、玄菟、真番。并封右渠王的儿子长降以及尼谿相参等人为侯。

以上史实，是两国学术界都承认的。如：朝鲜民主主义人民共和国科学院历史所主编的《朝鲜通史》（贺剑城译，生活、读书、新知三联书店 1962 年出版），就是这样记述的：

> 纪元前 3 世纪，中国周灭亡，分裂为数国，互相混战。当时古朝鲜的侯也称为王，拥有相当的官僚机构和相当的武装部队。……后来，秦统一中国，筑万里长城时（纪元前 214 年），古朝鲜的否王曾企图利用这个机会，扩张自己的势力。后来，他的儿子准王收留北中国燕、齐、赵等国避乱和迁徙的居民，使住于古朝鲜西部地区，扩大了古朝鲜的领域。……
>
> 纪元前 206 年汉统一中国后，修万里长城外的辽东故塞，以卢绾为燕王，与古朝鲜以 水为界。纪元前 195 年卢绾叛汉，亡命匈奴，其部下卫满聚众千余名，渡 水入朝鲜。准王赐予博士爵位和百余里土地，令其统率亡命于古朝鲜西部国境之汉人。卫满在古朝鲜的西部境界扩张势力，于纪元前 194 年袭击王俭城，驱逐准王，自立为古朝鲜“国王”。……
>
> 汉四郡的设置对朝鲜各部落的政治、经济、文化上有巨大的影响。汉通过乐浪郡，与朝鲜各部落之间的交易广泛开展起来了。考古遗迹发掘工作中（仅辽东地方尚不得知），在大同江流域、黄海道，直到庆尚道地方，都发现汉朝时代的文化遗物的事实，就说明了这一点。⑤[P12—13]

我们如果不否认汉武帝灭卫氏王朝建立乐浪等郡的历史，那么，就不可轻易否认卫氏王朝取代箕氏王朝的史事。如果承认有箕氏王朝，就不可轻易否定箕子入朝鲜的历史记载。否则，箕否王、箕准王是从什么地方冒出来的呢？总之，我们利用史料决不可割裂。

箕氏王朝是一个客观存在，所以我们可以由它推断箕子对古朝鲜的开发。同样，根据先秦典籍记载，箕子是确有其人的。殷商的三个著名人物，比干被杀，微子封于宋，都没有疑义，为什么单独怀疑箕子去朝鲜呢？而且，如果没有去朝鲜，那么他应该有其他的下落，为什么没有任何资料提出箕子的其他去向呢？

最后，我们认为研究箕子入朝鲜的问题以及其他上古历史问题，必须正确看待古代史料，并具有发展变化的国家或民族观念。因为，有的学者之所以否定或怀疑箕子开发古朝鲜，往往与如何看待古代史料有关，与历史观念有关。

他们怀疑或否定的理由之一是：史料记述有矛盾。《史记·宋微子世家》说：武王灭殷后两年，向箕子征询治国方法，箕子陈述《洪范》，“武王乃封箕子于朝鲜而不臣。”《尚书大传》说：“武王胜殷，继公子禄父［注：禄父，纣之子也］，释箕子囚。箕子不忍周之释［注：诛我君而释己，嫌苟免也］，走之朝鲜。武王闻之，因以朝鲜封之。箕子既受周之封，不得无臣礼，故于十三祀来朝。”他们指出上述说法有矛盾：《尚书大传》说武王灭纣释放箕子之后，箕子马上就前往朝鲜，两年后再朝周；《史记》说武王克殷两年后，箕子先陈述洪范九畴，再前往朝鲜。我们认为，《尚书大传》虽相传作于周初，但现存版本乃后人辑录，错误矛盾甚多；相比之下，《史记》更加可靠。而且，《史记》与《尚书·洪范》一致，箕子是陈述《洪范》之后再往朝鲜的，《洪范》本身就是证明材料。综合各种史料看，应该是武王询知洪范九畴之后想重用箕子，箕子不愿为臣，要前往朝鲜，武王因而成全其志。殷商本为鸟图腾的部族，属于东夷范畴，箕子不愿臣服于周（非鸟图腾部族，属于西方部族），于是东走属于东夷地区的朝鲜，自然是情理中的事。各种记述没有本质上的矛盾。

其理由之二是：《史记》的《朝鲜列传》没有记述箕子的事。这是由于不了解《史记》的体例。第一，《史记》记事多用“互见法”，各传相互补充，这是人所共知的。既然《宋微子世家》写了，《朝鲜列传》就不必写。第二，“列传”不像“世家”，不一定系统讲述世系，何况《朝鲜列传》等外族列传主要是讲述他们与汉朝的关系，又何必系统追述檀君、箕氏等远古历史呢？

有的学者否定或怀疑箕子开发古朝鲜的历史记载，是出于思想顾虑。他们为了证明该国文化是独立发展起来的，往往否认箕子入古朝鲜的史料。我们认为研究文化史和国际关系史，必须树立国家或民族发展变化的观念，树立历史的空间观念：1. 在历史长河中，某个国家或民族的居住地域是不断变化的。2. 古代一个民族可能分化，其后裔分散在其他民族之中；反之，古代多个民族往往经过长期融合而形成现代民族。3. 人物的国籍是可以变化的。

今中国的东北地区和今朝鲜半岛北部，称为“古朝鲜”地区，古代生活着许多民族，主要是崇拜鸟图腾的东夷民族集团。“大致可以分为三个系统：一是濊貊系统，包括朝鲜、扶余、高句丽、沃沮、濊貊；二是东胡系统，包括乌桓和鲜卑；三是肃慎系统，包括挹娄诸部。”⑥[P143] 今朝鲜半岛南部，则开发比较迟，古代的主要居民是韩族，故称为“三韩”地区。濊貊生活于松花江、嫩江及半岛北部，箕子进入该地区后，制定成文法，推广耕作养蚕技术，促进了该地区的发展和进步，箕子所带领的商朝移民也融入了东夷民族集团；后来进入南部的箕氏王朝的一支人，又与韩族互相融合，促进了半岛南部的发展。公元初年，高句丽兴起于中国的东北地区，后来日渐强大，向北扩张征服了扶余，向东扩张到朝鲜半岛的北部，同化了那里的土著民族，统一北方，并奠都于平壤；百济、新罗兴起于半岛南部，分别以汉城、庆州为中心，逐步统一南方。公元7世纪，新罗王朝统一整个半岛，南部和北部的民族才逐步熔铸成为今天的Korea民族。在熔铸成一个民族的过程中，既有文化的交流，也充满血与火的斗争。所以，今天承认箕子开发古朝鲜，应该包括开发现在中国的东北与现在朝鲜半岛的北部。他开发朝鲜半岛北部，并在平壤建立都城，只是说他传播了中原的先进文化，不是说他把朝鲜变成了中国的一部分；恰恰相反，是他及其带领的殷商移民变成了古朝鲜族的一部分。这正如英国移民开发北美大陆一样，他们后来形成了美国民族与加拿大民族。

我们还应该树立这样的观念：民族文化的交融，是促进世界经济和文化进步的重要原因。各国文化，往往是你中有我，我中有你。一部世界各民族交往的历史，大致有两种类型：一是和平的交流；一是武力的征服与反抗。箕子入朝鲜属于前一种类型；卫满的入侵与汉武帝的征服，是属于后一种类型。箕子入朝鲜，奠定了中国和朝鲜地区几千年文化交流与友好的基础。

有的学者为了强调汉武帝的侵略与半岛人民的反抗，极力证明卫满不是汉人，而是一度归附燕国的古朝鲜人。但是，这一说法很难成立。首先，它得不到古代史籍与考古发现的印证。因为，卫是中国姓氏，姬姓的分支。《东史纲目》明确记载：公元前195年，“汉燕王卢绾，反入匈奴。卫满亡命，聚党千余人，椎髻蛮夷服，东走出塞，渡浿水来降，说王求居西界故秦空地上下障。……王信宠之，拜为博士，赐以圭，封之百里，令守西边。”而且，后来杀死卫满之孙右渠王的人，正是土著的濊貊族首领。其次，古代韩国传统史书，从来就肯定箕子的开发之功，并以箕氏王朝为正统；对卫满则采取批判的态度。因为，箕子及其后代不仅对开发半岛做出了贡献，而且已经融合为古朝鲜民族的一部分，并得到了普遍的认同。如：《东史纲目》评论卫满说：“卫满未有积仁行德，徒以亡人以诈逐王准，夺之国而并之，不义甚矣！二世而灭亡，暴得者暴亡。何以传世久长，与礼箕并哉?”该国古代三大诗人之一的李齐贤，在《题长安逆旅》中，把自己的祖国称为“海上箕封礼义邦”；并且赞扬该国与中国的关系是“河山万世同盟国”。该国著名小说家金时习写的《醉游浮碧亭记》，以箕准的女儿为女主角。作家通过女主角的口说：“卫满乘时窃其宝位，而朝鲜之业坠矣!”小说还写了朝鲜开国始祖（大概指檀君）救助箕准之女，使她成仙。小说的倾向性非常明显。

总之，箕子将先进的中原文化带到了中国东北地区和朝鲜半岛北部，促进半岛很快进入青铜时代，迈进文明社会的大门。箕氏王朝存在千年之久，使中原文化在朝鲜北部扎下了深深的根基，并影响到了朝鲜半岛南部的三韩地区，而且以朝鲜半岛为桥梁影响到日本。以中国文化为核心的东亚文化圈的形成，箕子是具有开创之功的人物。无论古代史料、考古、民俗，都可以证明，朝鲜半岛与中国有不可分割的文化联系，特别是与中国的东北和山东半岛有不可分割的文化联系。承认这种联系，并不会否认后来发展为不同的民族和国家，更不会否认各自的独立地位和独特贡献。（遗憾的是：平壤毁了箕子陵墓。）

【参考文献】

①班固《汉书》，北京：中华书局，1959。

②范晔《后汉书》，北京：中华书局，1982。

③一然《三国遗事》，韩国：弘新文化社，1991。

④安鼎福《东史纲目》，韩国：民族文化推进会，1982。

⑤朝鲜民主主义人民共和国科学院历史所《朝鲜通史》（贺剑成译），北京：生活、读书、新知三联书店，1962。

⑥江应梁主编《中国民族史》。

文化巨人，东方《圣经》

——《大中华文库》汉阿对照《论语》序

中华民族与阿拉伯民族文化交往的历史非常悠久。20 世纪 30 年代，中国著名穆斯林学者马坚先生，为了进一步促进世界上两个伟大民族的相互交流，先是把《论语》译成了阿拉伯文，后又把《古兰经》译成汉语。今天，《大中华文库》推出汉阿对照《论语》，我有幸跟马坚先生的阿拉伯文《论语》配合，担当把《论语》译为现代汉语的任务，并介绍孔子和《论语》。正好我的母亲蓢万荣也是一位虔诚的穆斯林，这也许是伊斯兰教所说的“前定”吧。

一、商王后裔，奔走救世

孔子（前551年—前479年），是中国文化史上一位承前启后而创立了儒学的伟大思想家，也是一位堪称“万世师表”的伟大教育家。

孔子，名丘，字仲尼。根据《春秋公羊传》的记载，他出生在鲁襄公二十一年（前551），经历了昭公、定公时代，至鲁哀公十六年（前479）逝世。享年73岁。

孔子是殷商君主帝乙的后代。殷商王朝君主帝乙的庶长子叫“启”，嫡子叫“辛”。帝乙去世后，辛继承王位，他就是纣王。启的封地在微，故称微子启（《史记》作“微子开”），他是纣王的庶兄。周朝消灭纣王和平定纣王儿子武庚叛乱之后，封殷商贤人微子启做宋国的第一代国君。微子启卒，微仲继位；微仲传宋公稽；宋公稽传丁公申；丁公申传缗公共。缗公的长子叫弗父何，把继承权让给弟弟鲋祀，鲋祀就是宋厉公。弗父何担任大夫，成了一般贵族。他就是孔子的十世祖。弗父何的曾孙正考父，辅佐宋戴公、宋武公、宋宣公三朝，功勋显赫却非常谦虚。正考父的儿子名嘉，字孔父，称为“孔父嘉”，在宋殇公时代担任大司马。当时，太宰华督野心勃勃，制造借口，杀死孔父嘉，并占有了孔父嘉的妻子。殇公追究此事，华督又杀死殇公，立庄公为国君。孔父嘉的幼小儿子木金父由家里人抱着逃奔到鲁国，成为鲁国人。木金父以父亲的字为姓氏，这就是中国孔姓的由来。木金父生孔睪夷，孔睪夷生孔防叔，孔防叔生孔伯夏，伯夏生孔纥。

孔纥就是孔子的父亲。孔纥，字叔梁，故称“叔梁纥”。叔梁纥曾担任鲁国陬邑的长官，勇武有力，曾用手举起闸门，救出误冲入敌城的战士。叔梁纥曾先后两次娶妻。先娶施氏，只生了九个女儿；其妾生了一个残疾儿子孟皮。晚年娶了比自己年轻得多的颜徵在，才生了孔子。颜氏怀孕前，曾前往曲阜东南的尼丘去向神明祈祷，又因为孔子的头顶凹下如丘，所以父母就给儿子取名为丘，小字仲尼。孟皮排行第一，仲尼排行第二。

孔子三岁左右，叔梁纥逝世，母亲颜徵在带着孔子从陬邑迁居到曲阜的阙里。颜徵在对儿子的教育，为孔子的成长打下了良好的基础。孔子二十岁左右，母亲去世。孔子虽为殷王族之后，但家道早已中落，父亲逝世后更是处于贫贱地位。他担任过给人帮办婚丧祭祀的“相礼”，管理仓库的“委吏”，看管牧场牛羊的“乘田”，都能恪尽职守。他自己总结说：“吾少也贱，故多能鄙事。”（《论语·子罕》）但是，孔子一直努力学习文化知识，遵守礼仪，成为青年人的榜样。

孔子所生活的鲁国，是制礼作乐的大政治家周公旦的封国，一直遵守周礼。但是，到了孔子生活的时代，周王朝中央政权早已衰微，鲁国也是一样，大权被权臣掌握。孔子很景仰周公，梦想恢复全国统一的西周盛世。他说："周监于二代，郁郁乎文哉，吾从周。"（《论语·八佾》）

孔子曾经从政。51岁出任中都（今山东汶上县西）的县宰，颇有政绩。又升任司空，管理土地工程。52岁到54岁升任大司寇，参与国家的大事。他施展抱负，干了两件大事业。一是夹谷抗齐，二是堕三都。前者是在外交上争国权，后者是在内政上谋划复兴公室。夹谷之会发生在鲁定公十年（公元前500），齐景公与鲁定公在夹谷相会，孔子以鲁相身份侍从定公。齐国是强国，齐景公想以武力劫持鲁定公，迫使鲁国屈从，孔子却早作了准备，并义正辞严斥责齐人；在定盟与宴会中，孔子坚持守礼，毅然不动，终于挫败了强大的齐国的威胁，保全了鲁国的国威。三都，是鲁国三大掌权贵族的根据地，即孟孙氏的成邑，叔孙氏的郈邑，季孙氏的费邑。三都的存在，威胁鲁国中央政权；三都又掌握在各自的陪臣手中，也威胁着三大掌权贵族本身的利益。孔子争取叔孙氏的同意，先堕了郈邑；又派弟子子路为季孙氏的宰，准备堕费邑。季氏家臣公山不狃率领费邑反叛势力袭击鲁国都城，孔子打败了他们，终于堕了费邑。但孟孙氏家臣公敛处父坚守成邑，鲁兵无力攻克，使得孔子复兴鲁国中央政权的政策功败垂成。后来，当政的季孙氏接受齐国的女乐，淫逸失政，孔子只好离开鲁国。

鲁定公十三年（前497），五十五岁的孔子开始周游天下，他带领学生们先后到了卫、宋、曹、郑、陈、蔡等国。希望能找到英明的诸侯，以实现自己的理想。他跟弟子们经受了很多磨难，在宋国受到匡人的围攻，受到宋国司马的迫害；在陈蔡两国边境的郊野，断粮几天，几乎饿死。他们还受到了很多冷遇和讥笑，但信念始终没有动摇。孔子对劝他们避世的人说："鸟兽不可与同群，吾非斯人之徒与而谁与？天下有道，丘不与易也。"（《论语·微子》）表现出热爱人类、奔走救世、知难而进的可贵精神。

周游十多年后，孔子回到了鲁国，这时已经六十八岁了。现实颇使他失望，鲁国既有外患，又有内忧。孔子无力回天，只能招收弟子，创办私学。他继续从事教学，并整理古代文化典籍。七十三岁时病卒，葬于曲阜城北泗水之旁，众弟子为其守墓三年，子贡又继续守墓三年。这里，后来成为孔子家族的墓地，叫做"孔林"。流风余韵，至今犹存。

二、整理古籍，创立儒学

孔子钻研并整理古代文化典籍，并在整理古代文化典籍的基础上创立了儒学。

第一、孔子整理了两部史书，一部是《尚书》，一部是《春秋》。《尚书》是上古时代历史文献的汇编，《春秋》是记载孔子生活时代（后人称为春秋时代）的历史大事。他的独特用心是把历史作为资政工具。孔子整理《尚书》，希望通过《尚书》，让人们了解远古历史，以尧帝、舜帝、夏禹、商汤、周文王、周武王为理想标准，推行仁政。《春秋》更是孔子毕生心血的结晶之作。他根据鲁国史书而作《春秋》，在这部书中，褒扬合符其理想的人物与事件，贬斥违背其理想的人物与事件，希望当代及后世人能够正确抉择。正如《孟子·滕文公下》所说的那样："世衰道微，邪说暴行有作，臣弑其君者有之，子弑其父者有之。孔子惧，作《春秋》。《春秋》，天子之事也。是故孔子曰：知我者，其惟《春秋》乎？罪我者，其惟《春秋》乎？"总之，孔子把自己的"大一统"、"尊王攘夷"、"正名分"、"仁政"、"中庸"等政治伦理思想，都寄托在这两部史书之中。

第二、孔子非常重视《诗经》，并刻苦钻研《周易》。《诗经》是公元前11世纪至前6世纪的中国诗歌的总集。孔子的独特之处是重视诗歌的教化作用，强调学以致用。他说："诗，可以兴，可以观，可以群，可以怨。迩之事父，远之事君，多识于鸟兽草木之名。"（《论语·阳货》）兴，就是陶冶振奋人的精神；观，就是了解社会的政治状况与风俗习性；群，就是沟通人与人的关系；怨，就是抒发心中的积郁，包括对社会的批评。学了诗就可以侍奉父母，和谐家庭关系；还可以侍奉君主，作为从政的本领。

孔子晚年爱好《周易》，刻苦钻研。《周易》本来是古老的占卜术的总结。但是，孔子并不相信占卜，而是从哲理的角度理解《周易》，把《易》学由卜筮引向哲理。他说："不占而已矣。"（《论语·子路》）即从实践理性的角度去运用卦爻辞，不必占卜，不必迷信。后来，孔子的弟子与后学，遵循孔子的思路，创作了"十翼"。"十翼"就是解释《周易》的十篇阐述文章，完全是哲理的，作了儒家学说的哲学基础。

第三、孔子认真订正《礼》、《乐》。礼，本为祭神求福的仪式；乐，本是举行仪式或演奏诗歌的乐曲。西周初年，大政治家周公（姬旦），把礼改造为社会行为的规范，制订周礼，用以规范人们的行为，协调社会关系，维护周朝的统治制度。孔子推崇周礼，又以周礼为基础，加上了"仁"的内涵，以"仁"作为"礼"的核心。孔子强调乐要具有陶冶人们性情的作用。可以说，儒学的核心是“仁”，形式是“礼”和“乐”。所以，孔子说：“克己复礼为仁。”这就是说，克服自己不正当的私欲，遵守社会行为规范，才能成为“仁人”。

第四、孔子在继承古代文化成果的基础上创立了儒学。他整理的《易》、《书》、《诗》、《礼》等著作，不仅成了儒家的经典，也成了中华文化的元典。他强调继承古代文化典籍，反对凭空构建自己的学说。他说：“述而不作，信而好古。”（《论语·述而》）孔子虽然强调继承，谦虚地说自己没有创造，但是，他在整理中是有革新的，把“作”寓于“述”中。他在继承总结前代文化成果的基础上创立了儒学。

《淮南子·要略》说：“孔子修成康之道，述周公之训，以教七十子，使服其衣冠，修其篇籍，故儒者之学生焉。”《淮南子·要略》指出孔子对周公思想的继承发扬，是完全对的。孔子特别崇拜周公，甚至梦寐不忘。他说：“甚矣，吾衰也！久矣，吾不复梦见周公！”（《论语·述而》）《淮南子·要略》却忽视了箕子与殷商思想对孔子的影响。孔子本为殷商王族的后代，对殷商文化有感情方面的认同。《史记·孔子世家》记载，孔子在逝世前七天对弟子子贡说：“夏人殡于东阶，周人于西阶，殷人两柱间。昨暮予梦坐奠两柱之间，予始殷人也。”孔子对殷商文化的代表人物箕子是很崇敬的。箕子在《尚书·洪范》中阐述了王道思想，周公继承并发展了箕子的王道思想，提出“德政”与“礼”；孔子又与时俱进，把箕子的王道与周公的思想结合起来，提出了“仁”的主张。

“仁”是儒学的核心。《说文》说，“仁”字由“人”、“二”两字组成，是讲人与人之间应该亲爱相处。孔子以前的古籍，很少使用“仁”字，大量使用的处理人际关系的字是“礼”字。如：今文《尚书》就没有“仁”字。《论语》却大量使用“仁”字，达到109次，“礼”字只出现75次，仅仅是实现“仁”的形式手段而已。孔子所说的“仁”是什么呢？门人樊迟问“仁”，孔子回答说：“爱人。”可见“仁”就是对人友爱关心的意思。有一次，马栏里面发生了火灾，孔子关心地问：“伤人乎？”不过问马匹损伤的情况。这就是“仁”的表现。

个人修养和国家政治，都必须实践“仁”。个人修养，从积极方面讲，要求推己及人，同情人，帮助人。孔子说：“夫仁者，己欲立而立人，己欲达而达人。”（《雍也》）从消极方面讲，就是不要强加于人。孔子说：“己所不欲，勿施于人。”（《论语·颜渊》）曾参概括说：“夫子之道，忠恕而已矣。”（《论语·里仁》）朱熹注解说：“尽己之谓忠，推己之谓恕。”自己办事尽职尽责，并能推己及人，这就是忠恕之道，也就是“仁”。孔子还说过：“克己复礼为仁。”（《论语·颜渊》）“刚毅木讷近仁。”（《论语·子路》）所谓“克己”，就是克服自己不正当的私欲，按照社会规范的“礼”行动。刚就是刚强，毅就是果决，木就是质朴，讷就是言语实在而慎重。“仁”统帅其他各种道德，包括：忠（办事尽职）、恕（推己及人）、孝（孝顺）、弟（友爱）、和（和谐友善）、信（诚信）、刚（刚强）、毅（果决）、让（谦让）、勤（勤劳）等优良品德。“仁”在国家政治上，就体现为德政，即爱护百姓。孔子说：“为政以德，譬如北辰，居其所而众星共之。”（《论语·为政》）他把安抚百姓，博施济众，看作是“仁”的最高体现。

孔子在方法论上，特别倡导“中庸”。他说：“中庸之为德也，其至矣乎!”（《论语·雍也》）所谓“中庸”，就是恰如其分地处理事情，不走极端。与中庸相反的举动，不是达不到标准，就是超过了限度，都会把事情办坏。所以，孔子说：“过犹不及。”（《论语·先进》）很长一段时间；人们对中庸有一种误解，认为中庸就是不分是非，不坚持原则，这种和事佬就是讲中庸的人。其实，孔子最不喜欢不分是非而媚俗讨好的人，称之为“乡愿”，并愤慨地说：“乡愿，德之贼也。”（《论语·阳货》）孔子的中庸思想，为其孙孔伋（子思）所发展，孔伋作《中庸》，被收入《礼记》中，宋儒又单独挑出，列为“四书”之一。

孔子的“仁学”，是对人性的发现与尊重，表现了对被压迫者的同情，是对古代传统思想的根本改造，标志着中国古代思想的一次巨大飞跃。这正是孔子和儒学的伟大之处，是孔子能成为世界十大历史名人之一的根本原因。儒学，不仅为中国和东亚各国长期信奉，而且影响了欧洲的启蒙运动思想家，推动了西方社会的进步。

三、首开私学，万世师表

孔子是被人们称为“万世师表”的伟大教育家。

在孔子以前，只有贵族子弟才能受到正规的教育，教师是国家任命的一种官吏。《周礼·地官·保氏》记载说：有一种官吏叫“保氏”，他的职责之一是教育贵族子弟，教育内容是“六艺”（礼、乐、射、御、书、数）。到了孔子生活的春秋晚期，连贵族教育也遭到破坏。于是，孔子毅然承担起教育家的职责，首开私人讲学授徒之风。孔子是把教育普及到平民社会的第一个伟大教育家。孔子说：“有教无类。”（《论语·卫灵公》）“自行束脩以上，吾未尝无诲焉。”（《论语·述而》）他的教育对象异常广泛，只要严格要求自己而不断上进的人，他都谆谆教育。他的弟子中有贵族，也有平民，而且平民占多数。他最得意的弟子颜渊，就非常穷困。孔子的弟子很多，数十年间，受其教诲者约三千人，其中学业有成的达七十多人。早年招收的学生，有的年龄跟孔子接近，秦商只比孔子小4岁，子路只比孔子小9岁。晚年招生的学生，则有的是孙辈、重孙辈，如：曾参是孔子学生曾皙的儿子，比孔子小46岁。学生中最突出的人物有：颜渊、闵子骞、冉伯牛、仲弓，以德行突出著称；宰我、子贡，以善于辞令著称；冉有、子路，以从事政治著称；子游、子夏、曾参，以精通文献著称。他们成为孔子学说的重要传人。如：子夏传承孔子关于《诗》、《易》、《礼》的学说与《春秋》，曾参传承《孝经》与《大学》，曾参的弟子孔伋作《中庸》。后来，人们把颜渊、闵子骞、冉伯牛、仲弓、宰我、子贡、冉有、子路、子游、子夏等十人称为“孔门十哲”，从祀于孔庙。颜渊成为“复圣”配享以后，曾参成为“十哲”之一；曾参成为“宗圣”配享以后，子张成为“十哲”之一。

孔子的教学内容非常广博。他把整理的古代文化典籍传授给学生，让学生提高自己，服务社会，他强调德、智、体全面发展。他说：“仁者不忧，智者不惑，勇者不惧。”孔子在教育活动中，特别强调道德实践，注重提高人的思想文化素质。如：孔子告诉我们应该如何对待自己与别人，“君子成人之美，不成人之恶。小人反是。”（《论语·颜渊》）“君子求诸己，小人求诸人。”（《论语·卫灵公》）“君子病无能焉，不病人之不己知也。”（同上）“君子周而不比，小人比而不周。”（《论语·为政》）“君子坦荡荡，小人长戚戚。”（《论语·述而》）这里所说的“君子”、“小人”都是从道德修养的角度来区分的。又如：《论语》中有许多待人接物的经验之谈，《季氏》篇中提出的“九思”、“三戒”、“三愆”就是例子。《季氏》篇说，“君子有九思：视思明，听思聪，色思温，貌思恭，言思忠，事思敬，疑思问，忿思难，见得思义。”“君子有三戒：少之时，血气未定，戒之在色；及其壮也，血气方刚，戒之在斗；及其老也，血气既衰，戒之在得。”“侍于君子有三愆：言未及之而言谓之躁，言及之而不言谓之隐，未见颜色而言谓之瞽。”

孔子特别强调学习。《论语》第一篇就是《学而》：“子曰：学而时习之，不亦说乎？”把学习当作人生的快乐，当作立身、治国的根本。他一生都在孜孜不倦地学习。他说：“吾，十有五而志于学，三十而立，四十而不惑，五十而知天命，六十而耳顺，七十而从心所欲，不逾矩。”（《论语·为政》）他六十八岁回国后，还在认真钻研《周易》，串连简册的牛皮带子都被翻断了三次，而且感慨说：“加我数年，五、十以学《易》，可以无大过矣。”（《论语·述而》）“学而不厌，诲人不倦。”（《论语·述而》）“发愤忘食，乐以忘忧，不知老之将至。”（同上）他善于向各种人学习，他说：“三人行，必有我师焉。择其善者而从之，其不善者而改之。”（同上）《史记·仲尼弟子列传》记载孔子向别人学习的情况说：“于周，则老子；于卫，则蘧伯玉；于齐，晏平仲；于楚，东莱子；于鲁，孟公绰。”正是这种孜孜不倦的学习精神，造就了这位伟大的教育家。孔子还告诫学生们不学习的害处，他在《阳货》篇中把不学习的害处概括为六蔽：“好仁不好学，其蔽也愚；好知不好学，其蔽也荡；好信不好学，其蔽也贼；好直不好学，其蔽也绞；好勇不好学，其蔽也乱；好刚不好学，其蔽也狂。”这是对社会各种人物经过认真观察后所得出的经验之谈，可以帮助我们了解别人与省察自己，可以督促我们刻苦好学。

孔子从丰富的教学经验中，提炼出了许多宝贵的教育教学理论。第一、他平易近人，善于调动学生的积极性。《论语·先进》记叙他与四个学生在一起，他启发学生各自陈述志向，仔细倾听，充满平等和乐的气氛。他总是把培养学生的兴趣和志向摆在首要地位，他说：“知之者不如好之者，好之者不如乐之者。”（《论语·雍也》）第二、他善于抓住最佳时机，启发学生的智慧。他从不自以为是，而是因势利导。他说：“吾有知乎哉？无知也。有鄙夫问于我，空空如也，我叩其两端而竭焉。”（《论语·子罕》）这就是从不同角度引导发问者自己思考。他又说：“不愤不启，不悱不发，举一隅不以三隅反，则不复也。”（《论语·述而》）愤，就是学生正在认真思考却又处在想不通的状态；悱，就是学生对某一问题有了表达欲望，却又处在表达不出来的状态。这种状态，是教师最要抓住的时机。抓住这个时机，进行教育，可以取得良好的教育效果。否则，教师就只能硬灌，进行填鸭式教学，讲得唇干舌燥，学生就是听不进，昏昏欲睡。第三，他善于根据学生的个性，因材施教。《论语·先进》记载了一个故事。门人子路问孔子：“听到了什么就马上实行吗？”孔子说：“有父亲和哥哥，应该先问问他们，怎么能马上实行呢？”不久，门人冉有也问：“听到了什么就马上实行吗？”孔子说：“可以马上实行。”另一个门人公西华，觉得孔子回答互相矛盾，就对孔子说：“我对先生的回答感到困惑，请先生指教。”孔子说：“子路胆量过人，办事鲁莽，所以要让他冷静些；冉有胆量小，办事退缩，所以要鼓励他果敢些。”第四，他提出温故知新的方法。孔子很强调复习巩固。孔子不仅把复习作为巩固旧知识的方法，而且把它作为求得新知识的出发点，所以他说：“温故而知新，可以为师矣。”（《论语·为政》）这个观点，至今仍有指导意义。以上四点，仅仅是孔子教学经验的几个方面，还有很多方面需要我们挖掘整理。

四、儒学根基，东方圣经

《论语》直接记述孔子的言行思想，是儒家思想的奠基之作，被现代学术界称为“东方圣经”。

《论语》是在孔子去世后编定的。“论”读 lún，是伦次、编排的意义，《论语》就是按照次序进行编排孔子的话语。《论语》的原始记录编纂者，大部分是孔子的直接门人，少数则是门人的门人。因为，《论语》大部分是孔子的谈话记录，而且对“子路”、“颜回”、“子张”、“子夏”皆直呼其名，不可能是再传、三传弟子的口吻。但是，《论语》中还有孔子弟子的言行记录，则是出于孔子弟子的门人之手。《论语》成书以后，后代可能略有增补变动，于是有不同的大同小异的版本。

汉武帝独尊儒术，设立五经博士，博士各以一经见长，但是都必须兼通《论语》，《论语》被称为“五经之管辖”（赵岐《孟子题辞》）。据《汉书·艺文志》著录，西汉时代《论语》有三种版本。一是《鲁论语》，二是《齐论语》，三是《古文论语》。《鲁论语》，共 20 篇。《齐论语》，共 22 篇，它基本上跟《鲁论语》相同，但多出了《问王》、《知道》两篇。《古文论语》，是从孔子住宅夹墙中发现的，它跟传世的《鲁论语》相似，只是发现者把《尧曰》误分为两篇，把《尧曰》的一部分叫做《子张》篇，又从而造成了跟第十九篇《子张》篇重名。

西汉末年，《鲁论语》的传习者张禹（？—前 5 年），担任汉成帝的老师，被封为安昌侯。他把《鲁论语》和《齐论语》合成一个版本，删掉了《问王》、《知道》两个篇目，这个版本称为《张侯论》。东汉末年，大经学家郑玄（127—200），以《张侯论》为依据，参照《古文论语》，作了注解。三国时代，何晏（190—249）作《论语集解》，吸收了汉代注解的一些成果。《论语集解》流行后，汉朝人的各种《论语》注本，除了郑玄注本残存外，都失传了。到了北宋时代，邢昺（932—1010）为《论语集解》作疏，形成《论语注疏》。南宋时代，人们选择儒家经典的权威注解版本，合刻为《十三经注疏》。《论语注疏》收入《十三经注疏》中，成为影响广泛的《论语》版本。

宋代理学是儒学发展的新阶段，它高扬儒学的主体精神，而又吸收了魏晋玄学与隋唐佛学的成果。南宋朱熹（1130—1200），集理学之大成，编纂《论语》、《大学》、《中庸》、《孟子》为“四书”，以《论语》为首，特别加以推崇。朱熹又用毕生精力作《四书章句集注》。《四书章句集注》，无论训诂与思想阐述都有精到之处，所以，成为元明清三代科举考试的标准教材，因而四书对中国知识界和整个社会的影响，实际上超过了五经。《论语集注》是《四书章句集注》中的一部，是古代最有影响的《论语》注本。除了《论语注疏》和《论语集注》，古代注释《论语》的著作还很多。如清代刘宝楠的《论语正义》就很有参考价值。

《论语》以孔子语录为主，分为20篇。各篇主要是语录的集合，其篇名不是中心内容的概括，仅是取开头的两个字或三个字作为篇名，以便称呼而已。如：第一篇开头一句话是“学而时习之”，故名《学而》篇；第十五篇开头一句话是“卫灵公问陈于孔子”，故名《卫灵公》。《齐论语》的《问王》、《知道》不合这种体例，可能是伪作。

《论语》各篇之下分章。《论语》中的“章”，不同于我们现代所说的章。《论语》大多数的章，往往是一个语段。如《学而》篇第一章：“子曰：学而时习之，不亦说乎？有朋自远方来，不亦乐乎？人不知而不愠，不亦君子乎？”这个语段从理性、情感、情绪等不同层面强调学习的自觉与快乐。有的章短，只有一句话。如：《述而》篇第二十章：“子不语怪、力、乱、神。”有的章比较长，已发展为一篇文章，如：《先进》篇的“四子侍坐”章。朱熹《论语集注》的分章，跟《论语注疏》大同小异。朱熹《论语集注》把全书分为482章，但是，其中《乡党》篇古本只一章，朱熹分为18节，实际是18章，那么，总共应为499章。本书采用朱熹的分章，只是把《卫灵公》篇的第一章，按照《论语注疏》而分为两章，总共500章。《论语》中，每章的内容都是独立自足的，章与章之间不一定有联系。每篇由若干章构成，也不一定有明确的中心，仅仅是编在一起而已。

《论语》全书仅11000多字，涉及的内容却非常广泛。其主要范畴，可概括为两个方面，一是孔子的以仁为核心的学说体系，主要是道德伦理的价值体系；二是孔子关于学习与教育的论述，后者也可以归入前者之中，作为其体系的一个方面。

《论语》的主要作用是为人们提供一种健康积极的文化精神。如：《论语》所提倡的“和”，无疑地具有稳定社会、增强民族团结、推进国际合作的作用。我国当代社会所发生的许多事件，都可以从正面或反面，证明“和”这种文化精神的积极健康的意义。在极左肆虐的时代，不断挑动群众斗争群众，造成许多人间苦难，弄得人人自危，国民经济也临近崩溃的边缘。这是反面的教训。今天，我们提出建设和谐社会、和谐世界的主张，促进了国民经济与文化教育的持续发展，使全社会可以享受改革开放的成果，也促进了世界的稳定与繁荣。

这是正面的经验。《论语》所提倡的修身，所提倡的“忠”、“勤”，可以鼓励人们注重道德，尽伦尽职，对事业兢兢业业；所提倡的节俭，则利于养廉，可以增加社会积累，可以避免财富的浪费，避免资源和环境的破坏。

《论语》在语言文字的运用上，也颇有成就。它善于利用语言叙事状物、传情达理，还善于运用比喻、拟人、夸张、重叠、对偶、排比等修辞手法。其中很多准确、精炼、形象的语句，早已化为成语格言，不仅是人生精义的概括，也是语言运用的典范。如：“尽善尽美”、“不耻下问”、“文质彬彬”、“举一反三”、“任重道远”、“循循善诱”、“后生可畏”、“成人之美”、“杀身成仁”,、“欲速则不达”、“小不忍则乱大谋”、“岁寒然后知松柏之后凋”、“言必信，行必果”等等。又如：“子在川上曰：逝者如斯夫！不舍昼夜。”（《子罕》）景物、诗情、哲理三者达到了水乳交融的程度。学习这些语句，可以激发我们更加热爱祖国的语言文字，可以提高我们运用语言文字的能力。

当然，《论语》也有不适合现代社会的东西。孔子是两千多年前的思想家，任何伟大人物都不可能完全超越他所生活的时代，时代的生产科技水平与社会状况最终制约着人们的思想水平。例如：孔子讲“仁”，但不能突破封建宗法制度与血缘关系的束缚。至于他忽视生产和科学技术的研究，我们不能责备求全，因为任何大人物都有自己的研究领域。而且，我们要特别指出，我们应该区分孔子本人思想和后代阐释者的思想。如：某些统治者及其御用文人，往往阉割原始儒学的民主精华，神化和利用孔子学说，从而使孔子成为偶像，使儒学成为禁锢人们思想的工具。正因为这样，“五四”时期的激进的思想家们才提出了“打倒孔家店”的口号。今天，我们研究孔子与儒学，应采取科学的分析批判的态度，分清哪些是《论语》本身的思想，哪些是阐释者附加上去的思想。比如：“三纲”思想（君为臣纲，父为子纲，夫为妻纲），本来出于法家。《韩非子·主道》说：“臣事君，子事父，妻事夫，三者顺则天下治，三者逆则天下乱。此天下之常道也，明王贤臣而弗易也。”这就是“三纲五常”中的“三纲”的来源，也是后来君主独裁思想和“愚忠”、“愚孝”言行的来源。汉儒把法家思想融入儒家，儒表而法里，于是来源自法家的“三纲”变成了束缚人们的桎梏。又如片面要求妇女的贞节观，也是宋代理学家们所倡导的，它们并非出于孔子与《论语》。

希望本书成为进一步沟通中阿友谊的桥梁，帮助阿拉伯朋友进一步了解中国文化。

汉阿对照《论语》，花城出版社 2010 年出版，责任编辑丁放鸣。

孟子的生平、思想与历史地位

一、孟子的生平

孟子是儒家大师，但是在先秦时代，除了他自己的著作《孟子》以外，只有《荀子》的《非十二子》与《性恶》篇提到孟子的“性善”主张及其跟子思在思想上的密切关系。西汉时代，司马迁《史记》的《孟子荀卿列传》是关于孟子的最完整的资料，但是非常简单，仅一百多字。《孟子荀卿列传》说：

孟轲，邹人也。受业子思之门人。道既通，游事齐宣王，宣王不能用。适梁，梁惠王不果所言，则见以为迂远而阔于事情。当是之时，秦用商鞅，富国强兵；楚、魏用吴起，战胜弱敌；齐宣王、威王用孙子、田忌之徒，而诸侯东面朝齐。天下方务于合纵、连衡，以攻伐为贤，而孟轲乃述唐、虞、三代之德，是以所如者不合。退而与万章之徒，序《诗》《书》，述仲尼之意，作《孟子》七篇。

孟子出生的邹国，是战国时代的一个小国，地在今山东省邹县，跟鲁国接壤。孟姓，是鲁国贵族孟孙氏的后裔。

孟子的生卒年代，有九种以上的不同推算。司马贞《史记索隐》说，孟子卒于周赧王二十六年（前289）。《阙里志》说孟子寿九十七岁。署名元朝程复心编的《孟子年谱》说：“寿八十四岁。”民间也广泛流传：“孔夫子活了七十三，孟夫子活了八十四。”“七十三，八十四，阎王不请自己去。”明朝彭大翼的《山堂肆考》对孟子的生卒年代说得最具体，该书说，孟子生于周定王三十四年四月二日，卒于周赧王二十六年（前289）正月十五日，享年八十四岁。按：周定王于公元前606年至前586年在位，在位仅二十一年。而且，孟子不可能活三百来岁。所以，“孟子生于周定王三十四年”肯定是错误的。目前，学术界对孟子生卒年的考证，最有影响的说法是两种。第一种说，孟子生于周烈王四年（前372），至周赧王二十六年去世。第二种说，孟子生于周安王十七年（前385），到周赧王十一年（前304）去世。读者如果对考订孟子的生卒年有兴趣，可以参阅阎若璩《孟子生卒年月考》，周广业《孟子出处时地考》，魏源《古微堂外集·孟子年表》，宋翔凤《过庭录·孟子事迹考》，以及现代人的考证。

孟子生平最重要的资料，主要是《孟子》本书的资料。如《孟子·公孙丑下》，基本上就是记载孟子在齐国的言行。所以朱熹《孟子集注》说：“凡十四章。自第二章以下，记孟子出处、行实为详。”我们根据《孟子》本书的记述，编辑了《孟子生平资料摘要》42条。根据《孟子生平资料摘要》，参考其他资料，我们把孟子一生划分为三大阶段。

第一，童年求学与授徒教学阶段。

孟子父亲早逝，靠母亲抚养成人。西汉时代韩婴的《韩诗外传》与刘向的《列女传》记载有孟子童年与青少年时代的情况，主要是孟母教子的故事。《韩诗外传》卷九，有两章记载关于孟母的故事。第一章记载了孟母“断织教子”与“买肉明信”的故事，第十七章记载了“孟子去妻”的故事。故事说：

孟子少时，其母方织。孟子辍然中止，乃复进。其母知其喧也，呼而问之曰：“何为中止?”对曰：“有所失复得。”其母引刀裂其织，以此诫之。自是之后，孟子不复喧矣。

孟子少时，东家杀豚。孟子问其母曰：“东家杀豚何为?”母曰：“欲啖汝。”其母自悔失言，曰：“吾怀妊是子，席不正不坐，割不正不食，胎教之也。今适有知而欺之，是教之不信也。”乃买东家豚肉食之，明不欺也。”

孟子妻独居，踞。孟子入户视之。白其母曰：“妇无礼，请去之。”母曰：“何也?”曰：“踞。”其母曰：“何知之?”孟子曰：“我亲见之。”母曰：“乃汝无礼，非妇无礼。《礼》不云乎：‘将入门，问孰存；将上堂，声必扬；将入户，视必下。’不掩人不备也。今汝往燕私之处，入户不有声，令人踞而视之。是汝之无礼也，非妇无礼也。”于是孟子自责，不敢去妇。

刘向《列女传·母仪·邹孟轲母》记载了孟母“三迁教子”、“断织教子”、“孟妻求去”、“孟子处齐”四个故事。其中最有名的是“三迁教子”的故事：

邹孟轲之母也。号孟母。其舍近墓。孟子之少也，嬉游为墓间之事，踊跃筑埋。孟母曰：“此非吾所以居处子也。”乃去舍市傍。其嬉戏为贾人衒卖之事。孟母又曰：“此非吾所以居处子也。”复徙舍学宫之傍。其嬉游乃设俎豆揖让进退。孟母曰：“真可以居吾子矣。”遂居之。及孟子长，学六艺，卒成大儒之名。君子谓孟母善以渐化。

孟子的母亲没有留下姓氏，有的书说孟母姓仉（zhǎng）。

孟子的老师，司马迁说是“子思之门人”，东汉赵岐说是“子思”。赵岐作《孟子章句》，在《孟子题辞》中赞扬说：“幼被慈母三迁之教，长师孔子之孙子思，治儒术之道，通五经，尤长于《诗》《书》。”我们认为司马迁的说法比较合乎实际。因为，孟子在自己的著作中说：“予未得为孔子徒也，予私淑诸人也。”（8·22）看来，孟子的老师并不是子思这样的名人。但是，孟子的老师可能是子思的弟了。因为，孟子在谈话中多次赞扬子思的人格操守，荀子在《非十二子》中又把子思与孟子归为一派，即我们现代常说的“思孟学派”。所以，孟子的老师大概是子思的弟子。孟子在谈话中经常称引《诗》、《书》，可以证明赵岐“尤长于《诗》、《书》”的说法。

孟子学成之后，便招收弟子讲学。他的主要弟子有公孙丑、万章、乐正子、公都子、高子、屋庐子、陈臻、陈代、充虞、徐辟、咸丘蒙、彭更、桃应、子叔、季孙等。

第二，游说诸侯阶段。

孟子精通《诗》、《书》，以孔子的继承者自居，又通过授徒讲学，名声大振。他为了实现自己的政治理想，于是带领弟子们游说诸侯。

我们根据《孟子生平资料摘要》与前人研究的成果，可以了解孟子曾经两次游说诸侯。孟子两次到齐国，就是主要的证明。《孟子·离娄下》记载孟子跟齐国的匡章交往，弟子公都子问孟子说：“匡章，通国皆称不孝焉。夫子与之游，又从而礼貌之，敢问何也?”孟子回答说：“世俗所谓不孝的五种表现，匡章没有一种。匡章只是得罪于父亲，从而非常悔恨，苛待自己。”（8·30）匡章，后来曾经担任齐国的大将。据《战国策·齐策一》记载，匡章的母亲因得罪丈夫而被丈夫杀死。《战国策·齐策一》又说，匡章的父亲死后不久，齐威王任命匡章担任将军，他用巧计大破入侵的秦国军队。又据《史记·燕召公世家》记载，威王死后，儿子宣王即位。齐宣王七年，燕国内乱，齐宣王命令匡章率领齐军征服燕国。综合以上资料进行分析，孟子跟匡章交往时，匡章的父亲还在，匡章大概是因为劝谏父亲而得罪父亲，背上不孝的罪名。所以，孟子跟匡章交往才会受到人们的非难。那么，这肯定是在匡章得志以前的青年时代。可见，孟子初次到到齐国的时间应该是齐威王时代（前356年至前321年）。《孟子·梁惠王》、《孟子·公孙丑》等篇，则详细记载了孟子跟齐宣王交往的情况。可见孟子曾经两次到齐国游说。

孟子第一次游说诸侯，大概是在中年时代。他到了齐国、宋国，然后回到邹国。他首先选择了齐国。因为齐国是当时比较强大的诸侯国，有可能实现自己的王道理想。孟子初次到齐国，大概是齐威王在位的中期。这次，孟子并未得到齐威王的任用。《公孙丑下》记载说：孟子本来准备朝见齐王。齐王派人来说："寡人因为寒疾，不能会见你。明天上朝时，你可以来见寡人吗?"孟子对使者说："我不幸也有疾病，不能上朝廷。"弟子公孙丑问孟子为什么这样，孟子说："将大有为的君主，必定尊德乐道，上门向贤人求教，而不敢召见贤人。"（4·2）孟子在齐国不得志，便离开了齐国，齐王赠送一百镒上等金币，他拒而不受，并且对弟子说："无缘无故赠送钱财给我，这是收买行为，君子怎么能够接受呢?"（4·3）

孟子由齐国到达宋国。当时，宋偃王想有所作为。万章问孟子说："宋，是一个小国也。今将行王政，如果强大的齐国、楚国，因为嫉妒而进攻宋国，那怎么办?"孟子说："如果行王政，四海之内都会仰望归附，齐、楚虽然强大，又惧怕什么?"（6·5）但是，孟子发现，宋王左右缺乏好的人才（6·6）。孟子劝宋国大臣戴盈之实行"什一"税，废除"关市之征"，也没有结果（6·8）。于是，孟子取道薛地，回到邹国。

当时，邹国的君主是邹穆公。有一次，跟鲁国发生冲突，邹国有三十多名官员战死，而老百姓却不肯奋战。邹穆公问孟子说："老百姓为什么对长官死而不救？应该怎样处理他们?"孟子回答说："凶年饥岁，您的老百姓或者饥饿而死，或者辗转逃亡；而您的仓库装得满满的，官员却没有谁向您报告，这是残害老百姓啊。您不要责备老百姓吧！您如果行仁政，老百姓就会爱护上级，为国家拼死战斗了。"（2·12）邹穆公后来实行仁政，大概是接受了孟子的影响。

孟子第二次游说诸侯，已经进入老年。当时，孟子名声已经很大，"后车数十乘，从者数百人，以传食于诸侯"（6·4）。他到了滕国、魏国、齐国、鲁国。

这次出游，从滕国开始。孟子第一次出游停留在宋国时，滕国的世子（君主继承人）曾经专程两次到宋国拜见孟子。孟子向他宣传"性善"与"尧舜之道"，他很欣赏（5·1）。滕定公逝世以后，世子即位，他就是滕文公。滕文公专门派人到邹国，向孟子请教如何办理丧事（5·2）。所以，孟子第二次出游，选择从滕国开始。他到达之后，滕文公询问说："滕国是一个小国，夹在大国齐国与楚国之间。我们应该结交齐国呢，还是结交楚国呢?"孟子回答说："您应该争取民心，并修建牢固的城池，跟百姓一起保卫国家。"（2·13）在滕国，孟子还遇见了宣传神农之言的许行、陈相、墨者夷之，跟他们发生了辩论（5·4）（5·5）。

孟子认为滕国太小，无法实行自己的王道政治理想，于是前往强大的梁国，拜见梁惠王（前370—前319在位）。梁国就是魏国。《史记·魏世家》说，惠王晚年招贤，邹衍、淳于髡、孟子先后到达魏国。《史记·六国年表》记载，魏惠王三十五年（前320），“孟子来，王问利国，对曰：君不可言利。”梁惠王一见面就问：“老人家不远千里而来，将给我国带来什么利益呢?”孟子回答说：“大王何必说利？我只有仁义罢了。如果君王、大夫、士、庶民都争夺利益，国家就危险了。”（1·1）他还向梁惠王宣传要“与民同乐”（1·2）。可惜，第二年梁惠王就去世了，儿子梁襄王即位（前318—前303在位）。孟子见梁襄王，对梁襄王印象不好，说梁襄王“望之不似人君，就之而不见所畏”（1·6），于是离开了梁国。大概在前318年前往齐国。

孟子经过范、平陆，到达齐国的首都，拜见齐宣王（前320—前302在位）。齐宣王向孟子询问说：“齐桓、晋文之事，可得闻乎?”孟子回答说：“仲尼之徒，无道桓、文之事者，是以后世无传焉，臣未之闻也。无以，则王乎?”（1·7）孟子坚持宣传王道，希望齐王与民同乐（2·1）。孟子得到齐宣王的尊重，担任齐国的客卿。不久，母亲去世，孟子从齐国奔丧，把母亲安葬在鲁国，丧事办得很隆重（4·7）。

孟子在齐国期间，发生了一件大事。燕国的国王姬哙，听信游说之士的怂恿，于公元前316年把王位让给相国子之，子之专权，引发内战，全国大乱。前314年，齐宣王派遣将军匡章伐燕，50天就占领了燕国。齐宣王问孟子说：“寡人应该顺应天意，并吞燕国吗?”孟子回答说：“这要根据燕国百姓的意愿，要使百姓高兴，不能让百姓更加处在水深火热之中。”（2·10）齐宣王不听劝阻，并吞了燕国，引起诸侯各国谋划救燕攻齐。宣王问孟子：“怎么办?”孟子回答说：“燕国的当权者对百姓暴虐，大王前往征讨，百姓认为您是从水火之中拯救他们，所以箪食壶浆欢迎大王的军队。而您却杀死他们的父兄，囚禁他们的子弟，毁了燕国的宗庙，搬走燕国的重器，这怎么可以呢？天下各国本来就害怕齐国的强大，您现在又扩大地盘，而且不行仁政，这是挑动天下的军队来对付齐国。大王只有迅速发出命令，恢复燕国，跟燕国百姓商量设立君主，然后撤军离开。”（2·11）宣王没有听孟子的劝告，引起燕人反叛。前312年，赵国乘机出兵燕国，拥立公子职为燕昭王。齐国失败。不久，孟子辞职离开。他离开齐国时感叹说：“五百年必有王者兴，其间必有名世者。由周而来，七百有余岁矣。以其数，则过矣；以其时考之，则可矣。夫天未欲平治天下也，如欲平治天下，当今之世，舍我其谁也?”（4·13）

孟子到达鲁国。当时的国君是鲁平公（前314—前296）。鲁平公准备接见孟子，鲁平公宠信的小人臧仓却诋毁孟子说：“孟子为母亲办理丧事超过父亲，违背礼教。”于是，鲁平公没有召见孟子。孟子感叹说：“吾之不遇鲁侯，天也。”（2·16）

第三，归邹著书的晚年阶段。

孟子游说诸侯没有取得成功，其原因，主要是司马迁所说的：“迂远而阔于事情。当是之时，……天下方务于合纵、连衡，以攻伐为贤，而孟轲乃述唐、虞、三代之德，是以所如者不合。”此外，还跟孟子的人格操守有关。《孟子》书中有许多关于孟子的思想与性格的原始资料。且以孟子两次在齐国的情况为例。《公孙丑下》记载说：

孟子将朝王。王使人来曰：“寡人如就见者也，有寒疾，不可以风。朝将视朝，不识可使寡人得见乎？”对曰：“不幸而有疾，不能造朝。”明日，出吊于东郭氏。公孙丑曰：“昔者辞以病，今日吊，或者不可乎？”曰：“昔者疾，今日愈，如之何不吊？”王使人问疾，医来，孟仲子对曰：“昔者有王命，有采薪之忧，不能造朝。今病小愈，趋造于朝，我不识能至否乎？”使数人要于路，曰：“请必无归而造于朝。”不得已而之景丑氏宿焉。景子曰：“内则父子，外则君臣，人之大伦也。父子主恩，君臣主敬。丑见王之敬子也，未见所以敬王也。”曰：“恶！是何言也！齐人无以仁义与王言者，岂以仁义为不美也？其心曰‘是何足与言仁义也’云尔，则不敬莫大乎是。我非尧、舜之道不敢以陈于王前，故齐人莫如我敬王也。”景子曰：“否，非此之谓也。《礼》曰：‘父召，无诺。’‘君命召，不俟驾。’固将朝也，闻王命而遂不果，宜与夫礼若不相似然。”曰：“岂谓是与？曾子曰：‘晋、楚之富，不可及也。彼以其富，我以吾仁。彼以其爵，我以吾义。吾何慊乎哉？’夫岂不义而曾子言之？是或一道也。天下有达尊三：爵一，齿一，德一。朝廷莫如爵，乡党莫如齿，辅世长民莫如德。恶得有其一以慢其二哉？故将大有为之君，必有所不召之臣；欲有谋焉，则就之。其尊德乐道，不如是不足与有为也。故汤之于伊尹，学焉而后臣之，故不劳而王。桓公之于管仲，学焉而后臣之，故不劳而霸。今天下地丑德齐，莫能相尚，无他，好臣其所教，而不好臣其所受教。汤之于伊尹，桓公之于管仲，则不敢召。管仲且犹不可召，而况不为管仲者乎？”（4·2）

这件事发生在孟子第一次游说齐国的时候。孟子这样对待齐威王，齐威王当然不高兴。齐宣王时代，孟子担任了客卿，曾经奉命到滕国吊丧。齐王派遣信任的大夫王驩作为副使。孟子鄙视王驩的为人，虽然朝暮相处，却在整个往返过程中不跟王驩说一句话（4·6）。这两件事反映出孟子傲岸耿直、不向君主与权贵折腰的品格。孟子不仅坚持自己的王道主张，而且坚持这样的品格与操守，当然不会得志于当时的社会。

孟子回到邹国，已经是七十多岁的人了。于是，跟弟子万章等深入研究《诗》、《书》与孔子的学说，并总结自己的主张，写作了《孟子》一书。《汉书·艺文志·诸子略》著录："《孟子》十一篇。"东汉末年，赵岐（约110—201）作《孟子章句》。他在《孟子章句·孟子题辞》中说："退而论集所与高第弟子公孙丑、万章之徒难疑答问，又自撰其法度之言，著书七篇，二百六十一章，三万四千六百八十五字。""又有外书四篇：《性善辨》、《文说》、《孝经》、《为政》。其文不能弘深，不与内篇相似，似非《孟子》本真，后世依放而托之者也。"赵岐只给七篇作注，各篇又分上下。即梁惠王章句上、梁惠王章句下、公孙丑章句上、公孙丑章句下、滕文公章句上、滕文公章句下、离娄章句上、离娄章句下、万章章句上、万章章句下、告子章句上、告子章句下、尽心章句上、尽心章句下。赵岐不给外书四篇作注，外书四篇就逐渐失传了。

孟子活到80多岁才去世。

二、孟子的思想主张

孟子的主要思想，可以用"内圣外王"四字概括。内圣，是以"性善论"为核心，认为只要加强道德修养，培养善性，人人都可以成为尧舜那样的圣人。外王，是以"民本主义"为核心，主张君主爱护百姓，实行王道（仁政）。

孟子提出了"性善论"。他说："人皆有不忍人之心。……所以谓人皆有不忍人之心者，今人乍见孺子将入于井，皆有怵惕、恻隐之心。非所以内交于孺子之父母也，非所以要誉于乡党朋友也，非恶其声而然也。由是观之，无恻隐之心，非人也；无羞恶之心，非人也；无辞让之心，非人也；无是非之心，非人也。"（3·6）"恻隐之心，人皆有之；羞恶之心，人皆有之；恭敬之心，人皆有之；是非之心，人皆有之。恻隐之心，仁也；羞恶之心，义也；恭敬之心，礼也；是非之心，智也。仁、义、礼、智，非由外铄我也，我固有之也，弗思耳矣。"（11·6）这就是著名的"四端"说。孟子又把人类可以为善的本性叫做"良知"、"良能"。

孟子主张性善，但是不主张道德是先天的。孟子鼓励人们发展善良本性，加强自身的道德修养，防止私欲的膨胀。他说："养心莫善于寡欲。其为人也寡欲，虽有不存焉者，寡矣。其为人也多欲，虽有存焉者，寡矣。"（14·35）

“古之君子，其过也如日月之食，民皆见之；及其更也，民皆仰之。”（4·9）“人不可以无耻。无耻之耻，无耻矣。”（13·6）“自暴者，不可与有言也；自弃者，不可与有为也。”（7·10）他还介绍自己的修养心得说：“夫志，气之帅也；气，体之充也。”（3·2）“我善养吾浩然之气。……其为气也，至大至刚，以直养而无害，则塞于天地之间。其为气也，配义与道；无是，馁也。是集义所生者，非义袭而取之也。行有不慊于心，则馁矣。”（3·2）

孟子特别强调论环境与教育对人性的影响。他说：“富岁子弟多赖，凶岁子弟多暴。非天之降才尔殊也，其所以陷溺其心者然也。今夫麰麦，播种而耰之，其地同，树之时又同，浡然而生，至于日至之时，皆熟矣。虽有不同，则地有肥硗，雨露之养、人事之不齐也。”（11·7）“虽有天下易生之物也，一日暴之，十日寒之，未有能生者也。吾见亦罕矣，吾退而寒之者至矣，吾如有萌焉何哉？”（11·9）“人之有道也，饱食、暖衣，逸居而无教，则近于禽兽。”（5·4）

孟子对教育有许多为大家所熟悉的深刻论述。如：“君子有三乐，而王天下不与存焉。父母俱存，兄弟无故，一乐也。仰不愧于天，俯不怍于人，二乐也。得天下英才而教育之，三乐也。君子有三乐，而王天下不与存焉。”（13·20）“君子之所以教者五。有如时雨化之者，有成德者，有达财者，有答问者，有私淑艾者。此五者，君子之所以教也。”（13·40）“大匠诲人，必以规矩；学者亦必以规矩。”（11·20）“古者易子而教之，父子之间不责善。责善则离，离则不祥莫大焉。”（7·18）“贤者以其昭昭，使人昭昭。今以其昏昏，使人昭昭。”（14·20）“君子深造之以道，欲其自得之也。自得之，则居之安。居之安，则资之深。资之深，则取之左右逢其原。故君子欲其自得之也。”（8·14）“以友天下之善士为未足，又尚论古之人。颂其诗，读其书，不知其人可乎？是以论其世也。是尚友也。”（10·8）

孟子在道德与政治建设方面，以“性善”为基础，提出了著名的“扩充”理论。他认为，人只要扩充善良的本性，“不失其赤子之心”（8·12），就可以成为道德高尚的“大人”、“君子”，甚至成为“圣人”。他说：“圣人，人伦之至也。”（7·2）“圣人，与我同类者。”（11·7）“何以异于人哉？尧、舜与人同耳。”（8·32）“子服尧之服，诵尧之言，行尧之行，是尧而已矣。子服桀之服，诵桀之言，行桀之行，是桀而已矣。”（12·2）

加强道德修养，可以达到圣人的境界，在此基础上推己及人，施行仁政，就可以达到天下太平。他说：“人有恒言，皆曰‘天下国家’。天下之本在国，国之本在家，家之本在身。”（7·5）“恻隐之心，仁之端也；羞恶之心，义之端也；辞让之心，礼人端也；是非之心，智之端也。人之有是四端也，犹其有四体也。有是四端而自谓不能者，自贼者也。谓其君不能者，贼其君者也。凡有四端于我者，知皆扩而充之矣，若火之始然、泉之始达。苟能充之，足以保四海；苟不充之，不足以事父母。”（3·6）“人人亲其亲、长其长而天下平。”（7·11）“老吾老，以及人之老；幼吾幼，以及人之幼。天下可运于掌。《诗》云：‘刑于寡妻，至于兄弟，以御于家邦。’言举斯心加诸彼而已。故推恩足以保四海，不推恩无以保妻子。古之人所以大过人者无他焉，善推其所为而已矣。”（1·7）孟子以性善论为基础，推己及人，平治天下，施行仁政，这就进入了政治领域。因此，性善论，不仅是孟子的道德修养理论，也是孟子王道（仁政）理论的人性论基础。

孟子王道理论的政治基石是民本主义。他认为人民是国家的根本，君主必须获得人民的拥护：“民为贵，社稷次之，君为轻。是故得乎丘民而为天子，得乎天子为诸侯，得乎诸侯为大夫。”（14·14）如果君主成为残害人民的独裁者，孟子认为可以推翻，甚至可以杀掉。齐宣王问他说：“汤放桀，武王伐纣，有诸?”孟子回答说：“在书传上有这样的记载。”齐宣王说：“臣弑其君可乎?”孟子回答说：“贼仁者谓之贼，贼义者谓之残。残贼之人，谓之一夫。闻诛一夫纣矣，未闻弑君也。”（2·8）又说：“桀纣之失天下也，失其民也。失其民者，失其心也。……故为渊驱鱼者獭也，为丛驱爵者鹯也，为汤、武驱民者桀与纣也。”（7·9）

人民既然是国家的根本，所以决定国家大事，包括拥立君主与任用大臣，都必须听从广大国民的意见。弟子万章询问说：“尧把天下传给舜，有这事吗?”孟子说：“不对。天子不能私自把天下传给人。天子只能把人选推荐给上天，要上天显示接受；并且向人民公布，人民表示拥护，然后才能传给天下。《尚书·泰誓》说：‘天视自我民视，天听自我民听。’就是这个意思。”（9·5）孟子又说：“国君破格提拔贤人，左右的人都说贤，那还不可以；各位大夫都说贤，那还不可以；只有国人都说贤，然后仔细考察，才可以决定。处罚大臣也是一样。”（2·7）

孟子从经济、政治以及教育方面，描绘了王道政治的蓝图。

孟子王道经济理论的核心是“制民之产”的“恒产论”。他说：“民之为道也，有恒产者有恒心，无恒产者无恒心。苟无恒心，放僻邪侈，无不为已。及陷乎罪，然后从而刑之，是罔民也。”（5·3）“是故明君制民之产，必使仰足以事父母，俯足以畜妻子，乐岁终身饱，凶年免于死亡。然后驱而之善，故民之从之也轻。”“五亩之宅，树之以桑，五十者可以衣帛矣。鸡豚狗彘之畜，无失其时，七十者可以食肉矣。百亩之田，勿夺其时，八口之家可以无饥矣。……老者衣帛食肉，黎民不饥不寒，然而不王者，未之有也。”（1·7）为此，孟子反对土地兼并说：“夫仁政，必自经界始。经界不正，井地不钧，谷禄不平。是故暴君污吏必慢其经界。经界既正，分田制禄，可坐而定也。”他的具体主张是恢复井田制度，实行“野九一而助”的力役赋税，这当然有比较迂阔的成分。

孟子虽然极力提倡“义”，提倡在关键时刻要“重义轻利”，甚至“舍生取义”，但是，他并不反对正当的利益，而且重视农业，提倡副业与商业。重视农业，关心农民，是孟子王道理论的重要内容。他说：“民事不可缓也。”（5·3）“不违农时，谷不可胜食也。数罟不入洿池，鱼鳖不可胜食也。斧斤以时入山林，材木不可胜用也。谷与鱼鳖不可胜食，材木不可胜用，是使民养生丧死无憾也。养生丧死无憾，王道之始也。”孟子不像某些见解狭隘的思想家那样排斥商业，而是积极主张发展商业，维护商人的利益。他说：“关市讥而不征，泽梁无禁，”（2·5）他憧憬的是一种各业共同繁荣、没有苛捐杂税的和谐社会：“市，廛而不征，法而不廛，则天下之商皆悦而愿藏于其市矣。关，讥而不征，则天下之旅皆悦而愿出于其路矣。耕者助而不税，则天下之农皆悦而愿耕于其野矣。廛，无夫、里之布，则天下之民皆悦而愿为之氓矣。”（3·5）孟子的这种经济理论，在古代中国是很先进的理论。中国长期处于小农宗法社会，形成了安土重迁的意识，不是万不得已，人们不愿意背井离乡去从事商业活动。而且人们总是用嫉妒的眼光，去看待那些不从事艰苦劳动而致富享受的商人，认为“无商不奸”。于是，社会普遍认为农业是本业，商业是末业。有些人为了经济利益也从事经商，但是一旦发财了，就放弃商业，用商业资本购买土地，回到农业状态。这叫做“以末致财，以本守之”。统治者也认为，附着于土地的人们最容易管理，于是重农轻商。不少王朝的法律规定，商人不是“良家”，不给商人以任何政治地位。极端敌视商业的法家代表人物韩非子认为，君主只需要农民和战士，商人是社会的五种蠹虫之一。于是，商人利益得不到任何政治保护，皇帝或官府可以找各种借口对商人敲诈勒索甚至迫害，商业无法得到长足的发展，中国社会长期处于封闭状态，不能突破封建社会的藩篱。孟子在两千多年前就主张既重视农业，又提倡副业与商业，无疑是积极的进步主张。

王道政治理论，包括爱护百姓、正确处理君臣关系、国家关系。孟子认为，国家要长治久安，就必须顺从人民的意愿，必须爱护百姓："人皆有不忍人之心。先王有不忍人之心，斯有不忍人之政矣。以不忍人之心，行不忍人之政，治天下可运之掌上。"（3·6）"得天下有道：得其民，斯得天下矣。得其民有道：得其心，斯得民矣。得其心有道：所欲与之聚之，所恶勿施尔也。民之归仁也，犹水之就下、兽之走圹也。"（7·9）"罪人不孥。老而无妻曰鳏，老而无夫曰寡，老而无子曰独，幼而无父曰孤。此四者，天下之穷民而无告者。文王发政施仁，必先斯四者。"（2·5）

实行王道政治，必须有合理的君臣关系。孟子说："欲为君，尽君道；欲为臣，尽臣道。"而且君臣关系是对等的关系："君之视臣如手足，则臣视君如腹心；君之视臣如犬马，则臣视君如国人；君之视臣如土芥，则臣视君如寇雠。"（8·3）首先，君主应该善于发现人才，尊重人才："尧以不得舜为己忧，舜以不得禹、皋陶为己忧。夫以百亩之不易为己忧者，农夫也。分人以财谓之惠，教人以善谓之忠，为天下得人者谓之仁。是故以天下与人易，为天下得人难。"（5·4）"故将大有为之君，必有所不召之臣；欲有谋焉，则就之。其尊德乐道，不如是不足与有为也。"（4·2）"不信仁贤，则国空虚。"（14·12）"入则无法家拂士，出则无敌国外患者，国恒亡。然后知生于忧患，而死于安乐也。"（12·15）其次，贤臣应该以道事君："惟大人为能格君心之非。君仁，莫不仁。君义，莫不义。君正，莫不正。一正君而国定矣。"（7·20）"长君之恶，其罪小；逢君之恶，其罪大。"（12·7）"无罪而杀士，则大夫可以去；无罪而戮民，则士可以徙。"（8·4）孟子还有一个可以称为惊世骇俗的观点，即认为君主是可以取而代之的。他对齐宣王说："贵戚之卿，如果发现君主有大过，就要劝谏；如果反复劝谏却不听，就可以取代。"齐宣王一听，脸色都变了。当然，孟子还是局限于当时的宗法制度，又对齐宣王说："异姓之卿，如果反复劝谏却不听，就不能取代，只能离开。"（10·9）

实行王道政治，还必须正确处理国与国的关系。孟子主张国家之间要和平相处。齐宣王询问说："跟邻国相处有什么原则吗？"孟子回答说："大国对小国，要讲究仁；小国对大国，要讲究智。（2·3）治水专家白圭夸耀说："我治水超过了夏禹。"孟子说："您说错了。夏禹治水，是以四海为壑；您治水，是以邻国为壑。"（12·11）因此，孟子反对不正义的战争。他说："春秋无义战。"（14·2）"争地以战，杀人盈野；争城以战，杀人盈城：此所谓率土地而食人肉，罪不容于死。故善战者服上刑，连诸侯者次之，辟草莱、任土地者次之。"（7·14）"吾今而后知杀人亲之重也。杀人之父，人亦杀其父。杀人之兄，人亦杀其兄。然则非自杀之也，一间耳。”（14·7）但是，孟子并不反对正义战争。他说：“诛其君而吊其民，若时雨降，民大悦。”（2·11）又说：“彼陷溺其民，王往而征之，夫谁与王敌？故曰：仁者无敌。”（1·5）孟子进而认为，决定战争胜负的因素就是战争的性质与人心的向背。他有一段著名论述：“天时不如地利，地利不如人和。三里之城，七里之郭，环而攻之而不胜。夫环而攻之，必有得天时者矣；然而不胜者，是天时不如地利也。城非不高也，池非不深也，兵革非不坚利也，米粟非不多也，委而去之，是地利不如人和也。故曰：域民不以封疆之界，固国不以山溪之险，威天下不以兵革之利。得道者多助，失道者寡助。寡助之至，亲戚畔之。多助之至，天下顺之。以天下之所顺，攻亲戚之所畔，故君子有不战，战必胜矣。”（4·1）“国君好仁，天下无敌焉。”（14·4）

孟子强调兴办教育在推行王道方面的重大作用，包括形成和谐的社会关系、政治关系与培养人才。他说：“谨庠序之教，申之以孝悌之义，颁白者不负戴于道路矣。”（1·7）又说：“为人臣者，怀仁义以事其君；为人子者，怀仁义以事其父；为人弟者，怀仁义以事其兄：是君臣、父子、兄弟去利，怀仁义以相接也；然而不王者，未之有也。何必曰利？”（12·4）反之，“为人臣者，怀利以事其君；为人子者，怀利以事其父；为人弟者，怀利以事其兄：是君臣、父子、兄弟终去仁义，怀利以相接；然而不亡者，未之有也。”（12·4）

教育的一项重要成果是能够培养出社会的精英——“士”。“士”就是中国古代的知识分子。战国政治舞台上，“士”是一个非常活跃的阶层，对政治、外交、军事有举足轻重的影响。孟子的王道理论，特别强调“士”的作用与气节。

孟子是一位德高望重的学士。他积极救世，而且充满自信。孟子说：“君子居是国也，其君用之，则安富尊荣；其子弟从之，则孝弟忠信。”（13·32）“民日迁善而不知为之者。夫君子所过者化，所存者神，上下与天地同流，岂曰小补之哉！”（13·13）“五百年必有王者兴，其间必有名世者。由周而来，七百有馀岁矣。以其数，则过矣；以其时考之，则可矣。夫天未欲平治天下也，如欲平治天下，当今之世，舍我其谁也？”（4·13）他认为士应该肩负自己的社会责任：“天之生此民也，使先知觉后知，使先觉觉后觉也。”（9·7）“志士不忘在沟壑，勇士不忘丧其元。”（6·1）

他不仅坚信“士”的巨大作用，而且主张士应该有独立的地位，有高尚不屈的人格气节。他自己游说诸侯时，完全没有丝毫的奴颜婢膝。他高傲地说：“说大人则藐之，勿视其巍巍然。堂高数仞，榱题数尺，我得志弗为也。食前方丈，侍妾数百人，我得志弗为也。般乐饮酒，驱骋田猎，后车千乘，我得志弗为也。在彼者皆我所不为也，在我者皆古之制也，吾何畏彼哉?”（14·34）在论述士的节操方面，孟子有许多精彩的言论。如:“天下有道，以道殉身。天下无道，以身殉道。未闻以道殉乎人者也。”（13·42）“故士穷不失义，达不离道。穷不失义，故士得己焉；达不离道，故民不失望焉。古之人得志，泽加于民；不得志，修身见于世。穷则独善其身，达则兼善天下。”（13·9）“居天下之广居，立天下之正位，行天下之大道。得志，与民由之；不得志，独行其道。富贵不能淫，贫贱不能移，威武不能屈，此之谓大丈夫。”（6·2）“鱼，我所欲也。熊掌，亦我所欲也。二者不可得兼，舍鱼而取熊掌者也。生，亦我所欲也。义，亦我所欲也。二者不可得兼，舍生而取义者也。生亦我所欲，所欲有甚于生者，故不为苟得也。死亦我所恶，所恶有甚于死者，故患有所不辟也。”（11·10）他反对贪恋爵禄:“吾闻之也:有官守者，不得其职则去。有言责者，不得其言则去。”（4·5）

孟子以历史上著名的君王和周公、孔子，作为实行王道的榜样。他最推崇的先王是尧、舜、夏禹、商汤、周文王、武王，最推崇的圣人是周公、孔子。《孟子》全书的最后一章说:“由尧、舜至于汤，五百有余岁。若禹、皋陶，则见而知之。若汤，则闻而知之。由汤至于文王，五百有余岁。若伊尹、莱朱，则见而知之。若文王，则闻而知之。由文王至于孔子，五百有余岁。若太公望、散宜生，则见而知之。若孔子，则闻而知之。由孔子而来，至于今，百有余岁。去圣人之世，若此其未远也。近圣人之居，若此其甚也。然而无有乎尔，则亦无有乎尔!”（14·38）这些人构成了儒家的道统。

总之，孟子的最主要的主张可以用“内圣外王”概括。当然，《孟子》书中，除了对人性与王道的论述以外，还有其他方面的精彩论述。如论述干事业、做学问说:“人有不为也，而后可以有为。”（8·8）“有为者辟若掘井，掘井九轫而不及泉，犹为弃井也。”（13·29）“故天将降大任于是人也，必先苦其心志，劳其筋骨，饿其体肤，空乏其身，行拂乱其所为，所以动心忍性，曾益其所不能。人恒过，然后能改。困于心，衡于虑，而后作。徵于色，发于声，而后喻。入则无法家拂士，出则无敌国外患者，国恒亡。然后知生于忧患，而死于安乐也。”（12·15）“博学而详说之，将以反说约也。”（8·15）又如论述言辞说:“诐辞知其所蔽，淫辞知其所陷，邪辞知其所离，遁辞知其所穷。”“尽信《书》，则不如无《书》。”（14·3）“故说《诗》者不以文害辞，不以辞害志；以意逆志，是为得之。”（9·4）这一切，读者自己可以在阅读中自由地获取。

三、孟子的历史地位

孟子在中国儒学史上具有突出地位，在中国思想史与文学史上也具有突出的地位。

孔子整理古代文化成果，继承并发展箕子、周公的政治理论，建立了儒家学派。孔子逝世以后，儒家发展为包括孟子学派的八个派别（《韩非子·显学》）。其中，只有孟子提出了适应“仁学”的系统的人性理论与王道理论，完善了儒家学说。所以，孟子学派是先秦儒家八派中最有影响而源远流长的一派。后世“孔孟”并称，以孔子为“至圣”，以孟子为“亚圣”，就是这个道理。当然，孟子的历史地位是逐渐被人们认识的。

战国时代，孟子的主张没有被当权者所采纳，但是，他建立了完整的学说体系。秦始皇采取野蛮的文化专制主义政策，提倡“民本思想”的孟子学派，遭到残酷镇压。汉朝吸取暴秦“二世而亡”的历史教训，整理文化遗产，重视儒学，设置研究《孟子》的传记博士。东汉赵岐在《孟子章句·孟子题辞》中，对此作了全面概括。他说：

周衰之末，战国纵横，用兵争强，以相侵夺。当世取士，务先权谋，以为上贤。先王大道，陵迟堕废。异端并起，若杨朱、墨翟放荡之言，以干时惑众者，非一。孟子闵悼尧、舜、汤、文、周、孔之业将遂湮微，正涂壅底，仁义荒怠，佞伪驰骋，红紫乱朱。于是，则慕仲尼，周流忧世，遂以儒道游于诸侯，思济斯民。然由不肯枉尺直寻，时君咸谓之迂阔于事，终莫能听纳其说。……于是退而论集所与高第弟子公孙丑、万章之徒难疑答问，又自撰其法度之言，著书七篇，二百六十一章，三万四千六百八十五字。包罗天地，揆叙万类，仁义、道德、性命、祸福，粲然靡所不载。帝王、公侯遵之，则可以致隆平，颂清庙；卿、大夫、士蹈之，则可以尊君父，立忠信；守志砺操者仪之，则可以崇高节，抗浮云。有风人之托物，二雅之正言，可谓直而不倨，曲而不屈，命世亚圣之大才者也。

孟子既没之后，大道遂绌。逮至亡秦，焚灭经术，坑戮儒生，孟子徒党尽矣。其书号为“诸子”，故篇籍得不泯绝。

汉兴，除秦虐禁，开延道德。孝文皇帝欲广游学之路，《论语》、《孝经》、《孟子》、《尔雅》皆置博士。后罢传记博士，独立五经而已。迄今诸经通义，得引《孟子》以明事，谓之博文。

魏晋南北朝时代，天下大乱，儒学失去了维系人心的独尊地位，玄学兴盛。

隋代与唐代前期，佛学繁盛，其社会影响超过了儒学。这个时期，《孟子》在儒学中的基本地位没有大的变化。

从唐朝中叶开始，随着儒学复兴的趋势，出现了孟子地位的“升格运动”。唐代宗宝应二年（763），礼部侍郎杨绾上疏，建议将《孟子》与《论语》、《孝经》并列为兼经。唐宪宗时代（806—820），韩愈提倡儒学，驳斥佛老学说，发表《原道》。韩愈在《原道》中正式提出儒家的道统论，把孟子作为孔子的继承者：“尧以是传之舜，舜以是传之禹，禹以是传之汤，汤以是传之文、武、周公，文、武、周公传之孔子，孔子传之孟轲；轲之死，不得其传焉。荀与扬也，择焉而不精，语焉而不详。”韩愈的弟子与朋友李翱写作《复性书》，融佛入儒，实际上是把孟子的“性善”论与佛学结合在一起，为宋明理学奠定了基础。晚唐的皮日休等也积极响应韩愈的主张。到了五代，后蜀主孟昶，命令毋昭裔楷书《易》、《书》、《诗》、《仪礼》、《周礼》、《礼记》、《公羊》、《穀梁》、《左传》、《论语》、《孟子》刻石，称为十一经。于是《孟子》从子书升格，被正式列入经书。北宋初年，宋太宗又把这十一经加以翻刻，肯定《孟子》的经书地位。仁宗景祐五年（1038），孔子三十五世孙孔道辅，在邹县建立孟子庙。哲宗元丰六年（1083），诏封孟子为“邹国公”，元丰七年（1084），孟子配享孔庙。学者们对孟子的评价逐步加高。施德操在《孟子发题》中大力赞扬孟子说：“孟子有大功四：道性善，一也；明浩然之气，二也；辟杨、墨，三也；黜五霸而尊三王，四也。”王安石在《扬雄三首》中也赞扬孟子说：“孔孟如日月，委蛇在苍冥。光明所照耀，万物成冬春。”北宋其他著名学者，柳开、孙奭、范仲淹、欧阳修、二程、张载等，都十分尊崇孟子。如：孙奭为《孟子》作疏，理学家程颐把《孟子》与《论语》、《大学》、《中庸》并列为“四书”。南宋时代，宋高宗御书石经，《孟子》被列入其中。集理学大成的思想家朱熹作《四书章句集注》，成为后代科举考试的标准读本。陆九渊创立跟程朱对立的心学，更是直接继承孟子。当然，宋朝也有人对孟子提出质疑，如：北宋的司马光、苏轼，南宋的叶适等。元朝至顺元年（1330），正式封孟子为“亚圣”，印证了赵岐“命世亚圣之大才”的评价，孟子地位“升格运动”基本完成。

我们认为，孟子不仅是中国儒学史上的巨擘，也是中国思想史上最杰出的思想家之一。孟子的人性理论、王道学说、民本思想等，都对后世影响巨大。

孟子以前的思想家都没有对人性展开具体论述。孔子讲“性相近，习相远”，只是偶尔涉及人性问题。到了孟子才对人性展开深入的分析。《孟子·告子章句上》说：

公都子曰："告子曰：'性无善无不善也。'或曰：'性可以为善，可以为不善。是故文、武兴则民好善，幽、厉兴则民好暴。'或曰：'有性善，有性不善。是故以尧为君而有象，以瞽瞍为父而有舜，以纣为兄之子且以为君，而有微子启、王子比干。'今曰'性善'，然则彼皆非与？"孟子曰："乃若其情，则可以为善矣，乃所谓善也。若夫为不善，非才之罪也。"（11·6）

从这段话可以看出，当时流行不同的人性理论："性无善无不善"、"性可以为善，可以为不善"、"有性善，有性不善"。除了后来荀子提出的"性恶论"，中国历史上的各种人性理论，可以说都萌芽于此时。孟子对于这些人性学说采取比较宽容的态度进行分析，然后说："乃若其情，则可以为善矣，乃所谓善也。若夫为不善，非才之罪也。"由此可见，他研究人性的目的是为了伦理道德建设。从这个目的出发，他挖掘人性中可以向善的成分，提出了"四端"说、"良知"、"良能"说，认为人们只要扩充这种向善的本性，加强道德修养，就可以达到圣人的境界。然后又推广到政治方面，提出"推恩"说，认为只要扩大爱心，推己及人，就可以施行王道政治，平治天下。孟子还论述了环境与教育对人性的决定性的影响。荀子批判孟子的"性善"论，认为孟子"是不及知人之性，而不察乎人之性、伪之分者也"（《荀子·性恶》）。这是荀子误解了孟子的"性善"论，以为孟子宣扬人性中有先天的道德。其实，孟子并不认为人性中有先天的道德，而只是说人性中有可以作为道德建设基础的善良成分。如果从道德建设的目的来考察，孟子的"性善"论与荀子的"化性起伪"论，实际上是殊途同归。如果是从法律建设的角度看，荀子的"性恶"论也许是切合实际应用的；但是，如果从道德建设的角度来评价"性善"论与"性恶"论，那么，"性善"论可能更具有逻辑合理性。因为，要进行道德建设，就不可能不重视发掘并培养人类天性中的善良成分。法制阻止人们（特别是有权者）作恶，道德鼓励人们向善，法制建设与道德建设是相辅相成的。

孟子又是儒学史与中国思想史上第一个对王道政治进行了具体描述的思想家。远在商末周初，箕子就在《洪范》中提出了"王道"政治学说，说："天子作民父母，以为天下王。"周公发展箕子的学说，提出"明德保民"的德政理论。孔子继承周公，提出"仁"学，进一步强调实行王道。他说："为政以德，譬如北辰，居其所而众星拱之。"（《为政》）又说："因民之所利而利之。"（《尧曰》）但是，箕子、周公、孔子都没有从广大百姓的层面对王道（仁政）进行具体的描述，到了孟子，才从经济、政治、教育多个角度描述出了王道政治的具体蓝图，完成了儒家的王道学说。

孟子的民本思想，是其王道理论的核心，也是王道理论中最具有人民性的精华。孟子把古代的民本思想发挥到极致，认为人民是国家的根本，君主必须获得人民的拥护。而且批判专制的“独夫”、“民贼”，维护广大百姓的权益。孟子主张，如果君主成为残害人民的独裁者，大家可以推翻他，甚至可以杀掉他。孟子的这种思想，无疑是对封建皇权的限制，甚至是一种潜在的威胁。明朝开国皇帝朱元璋，主张绝对的君主专制，对《孟子》中的民本思想深恶痛绝，所以，一度把孟子逐出孔庙，又命令文臣删除《孟子》书中这些闪耀着光辉的思想。明末的思想家黄宗羲，在《明夷待访录·原君》中维护孟子的民本思想，加以发挥，并对朱元璋的行为进行了批判：“古者，天下之人爱戴其君，比之如父，拟之如天，诚不为过也。今也，天下之人怨恶其君，视之如寇仇，名之为独夫，固其所也。而小儒规规焉以君臣之义无所逃于天地之间，至桀、纣之暴，犹谓汤、武不当诛之，而妄传伯夷、叔齐无稽之事。乃兆人万姓崩溃之血肉，曾不异夫腐鼠。岂天地之大，于兆人万姓之中，独私其一人一姓乎？是故武王，圣人也；孟子之言，圣人之言也。后世之君，欲以如父如天之空名，禁人之窥伺者，皆不便于其言，至废孟子而不立，非导源于小儒乎？”

王道政治学说，是中国古代最重要的政治学说，跟霸道政治学说相互对立。中国古代是小农生产为基础的宗法封建社会。社会存在决定社会意识形态，在这种社会中，不可能产生真正的民主思想，只可能产生王道思想与霸道思想。因为，在小农家庭中，一切权力集中在家长手中，家庭其他成员没有什么权力。同样，按照这种家庭模式组织的国家，一切权力集中在君主手中，臣民没有独立的权力。如果强调国家要以民为本，君主要关心民众的疾苦，那么，就是王道。反之，如果主张君主绝对集权，剥夺人民一切权利，让人民生活在水深火热之中，作为供养君主奢侈生活的工具，作为君主进行战争的工具，那么，就是霸道。王道政治，在古代社会也的确起了某些良好的作用，无论是实行封建分封制度（即以宗法制度为基础的领主世袭制）的周王朝，还是汉以后的各个王朝，都曾经出现一些英明帝王，采取能够给百姓以好处的“与民休息”、“与民更始”的各种让步政策，从而造成了政治宽容、经济繁荣、社会和谐、国力强大的“盛世”。这种情况应该说与王道思想有关。中国封建社会曾经在一个相当长的时期内保持世界的领先水平，也与王道思想有关。实行霸道，则往往造成乱世。王道跟霸道相比，无疑是具有人民性的主张。当然，无论王道或霸道，它们的共同局陷是立脚点的错误，即一切以君主为中心。这种局限，集中体现在法律上。中国历史上的各个朝代都有法律。但是，却没有契约思想，没有权利、义务结合的观念。特别是集中体现霸道思想的法家，其立脚点完全错误，即一切想法都是为君主服务。他们认为，法律的目的是为了便于君主统治臣民，他们苦心积虑谋划如何剥夺臣民对君主的权利，如何完善君主控制臣民的权术。由于立脚点错误，法律完全走到了反面，剥夺了民众的权利而造成极端的专制。秦朝的暴政就是法家思想的一枚恶果。所以，法家后来声名狼藉。今天，我们应该吸取历史的经验教训，加强民主和法制建设，使每个公民都明确权利与义务的关系，真正当家做主，监督当权者的专制和腐化。我们在民主和法制建设中，既应该批判“王道”学说的局限，又应该吸收其中的积极因素。比如，孟子提倡以民为本，提倡道德建设，特别强调当权者应该加强道德修养，都仍然是具有价值的。

孟子学说中还有许多东西值得我们借鉴。例如他强调“士”在实行王道政治方面的巨大作用，主张“士”应该具有独立的地位与高尚不屈的人格气节。“富贵不能淫，贫贱不能移，威武不能屈。”这几句话概括了中国知识分子的最可宝贵的气节。没有这种气节，就不是真正的知识分子。中国历史上的民族英雄与文化精英，往往就是这样的知识分子。而中国历史上的专制君王，往往使用收买、恫吓、迫害、杀戮等手段，企图磨灭这种伟大的精神，而实际上是在磨灭整个民族的伟大精神。我们中华民族要自立于世界民族之林，要对人类社会做出独特的贡献，必须发扬这种伟大的精神。

孟子在中国文学史上的地位，也是不容忽视的。孟子是中国文学史上最杰出的散文家之一，他的散文富有雄辩性，风格犀利，气势磅礴。

孟子每到一处，都积极宣传自己的性善理论与王道主张，经常跟人辩论。孟子在辩论中最擅长掌握对方，引导对方就范。如：《滕文公上》记录孟子与陈相关于社会分工的辩论，孟子先是认真倾听对方的意见，接着又有意提出一系列的询问，使对方不知不觉地进入彀中，然后才进行反驳，利用对方自己说的话语作为自己反驳的有力论据，从而完全驳倒对方的论点，树立了自己的主张。又如:《梁惠王上》中的“齐桓晋文之事”章，是为人特别称道的著名篇章。齐宣王要谈霸道，孟子要宣传王道，两人见解差距很大。但是，孟子通过事先调查，掌握了齐宣王的心理。一是调查到齐宣王祭祀时曾经“以羊易牛”，孟子当着齐宣王的面进行心理分析，指出这就是性善的表现，只要加以扩充，就可以实行王道。二是引导齐宣王说出“大欲”（即想取得天下）两字，马上抓住，进行分析。向齐宣王指出：如果实行霸道，通过战争，那么不仅达不到目的，而且会带来灾殃；如果实行王道，就可以使天下归心，自然达到目的。

于是，齐宣王不得不表示希望接受孟子的开导。

《孟子》中的文章，言辞犀利，气势磅礴。如《梁惠王上》中的第四章：

梁惠王曰："寡人愿安承教。"孟子对曰："杀人以梃与刃，有以异乎？"曰："无以异也。""以刃与政，有以异乎？"曰："无以异也。"曰："庖有肥肉，厩有肥马，民有饥色，野有饿殍，此率兽而食人也。兽相食，且人恶之；为民父母，行政不免于率兽而食人，恶在其为民父母也？仲尼曰：'始作俑者，其无后乎！'为其象人而用之也。如之何其使斯民饥而死也！"（1·4）

这段话当面批评君主，却毫不留情面，逻辑严谨，句式整散交错，声调铿锵有力，具有银河直下九天的气势。

赵岐在《孟子题辞》中早就指出《孟子》有一个表达特点："孟子长于譬喻，辞不迫切而意已独至。"孟子通过巧妙而丰富的譬喻，使逻辑推理与文学形象紧密结合起来，增强了文章的说服力量。我们认为，孟子的譬喻，包括善于运用寓言故事说理，我们辑录了《孟子》中的"譬喻与寓言故事"43则。这些譬喻与故事，有许多都成为后世人们所熟悉的成语，丰富了祖国的文学语言。如："弃甲曳兵"、"五十步笑百步"、"率兽食人"、"缘木求鱼"、"挟泰山以超北海"、"顾左右而言他"、"箪食壶浆"、"水深火热"、"揠苗助长"、"一傅众咻"、"不以规矩，不能成方圆"、"为渊驱鱼，为丛驱爵（雀）"、"盈科后进"、"羿亦有罪"、"乞食墦间"、"得其所哉"、"一暴十寒"、"专心致志"、"二者不可得兼"、"舍生取义"、"杯水车薪"、"登东山而小鲁，登太山而小天下"、"观于海者难为水，游于圣人之门者难为言"、"引而不发"、"顿开茅塞"、"再为冯妇"等。

论荀子的儒家思想及荀学的历史命运

正确评价一位对民族历史有着深远影响的人物，不仅对历史科学有重大意义，而且对现实生活有重大意义。荀子的研究受到了"四人帮"之流的严重干扰破坏，更须拨乱反正。"四人帮"把荀子武断地定为法家有两个险恶用心：一是影射比附，古为帮用，美化自己，篡党夺权；一是借抬高荀子及其他所谓法家人物而散布封建毒素，阻碍思想解放，把历史拖向后退。前一种用心较显露，容易识破；后一种用心较隐蔽，又容易与社会上的封建余毒合拍，较难引起人们的警惕。拿一句时下流行的话来类比一下，前者可称为外伤，后者可称为内伤，前者如急性热病，后者如慢性顽症。要彻底医治后者，是更要下一番工夫的。“四人帮”对荀子的歪曲，既然是先给他戴上一顶法家的桂冠，再用断章取义、歪曲篡改等手法加以论述，那么，在荀子研究上要拨乱反正，首先就要还历史以本来面目，看荀子到底是不是法家。

一、荀子重“礼治”而轻“法治”

儒法两家主要的显著差别之一，是儒家重“礼”，而法家主张严刑峻法。在这一点上，荀子的基本立场是与儒家一致的。

荀子把“礼”看作国家的根本。他说：“人之命在天，国之命在礼”。（《天论》）“礼义之谓治，非礼义之谓乱”。（《不苟》）“朝廷必将隆礼义而审贵贱”。（《王霸》）而且，他还将“礼”的作用神化，夸张为宇宙万物的共同法则：“天地以合，日月以明，四时以序，星辰以行，江河以流，万物以昌……万变不乱，贰之则丧也。礼岂不至矣哉！”（《礼论》）《荀子》一书不厌其烦地宣传这个“礼”，除了《宥坐》、《仲尼》二篇之外几乎篇篇谈“礼”，仅《礼论》、《大略》、《性恶》三篇便出现“礼”字一百四十五次。

荀子也谈到“法”，但其地位远远在“礼”之下。下一段话在《强国》、《天论》、《大略》中都反复出现过：“隆礼尊贤而王，重法爱民而霸，好利多诈而危，权谋倾覆幽险而亡”。在这里，荀子提出了四种政治状况——“王”、“霸”、“危”、“亡”，每况愈下，一蟹不如一蟹。从这明显的等差中可以看出，荀子理想的政治是隆“礼”的王道，而不是重“法”的霸道。他在《仲尼》中还说“仲尼之门，五尺之童子，言羞称乎五伯（霸）。”可见他对霸道、对法治是轻蔑的。

在“治人”与“治法”的关系上，他也与法家相反。慎到说：“尧为匹夫，不能治三人，而桀为天子，能乱天下。吾以此知势位之足恃，而贤智之不足慕也。”韩非进一步发挥了慎到的观点，他用有名的鬻矛与盾的寓言，说明“贤、势之不相容，”从而得出结论说：“抱法处势则治，背法去势则乱。”（以上皆见《韩非子·难势》）而荀子则高唱：“有治人，无治法。”“故明主急得其人，而暗主急得其势。”（《君道》）他还点名批评了慎到，说他“蔽于法而不知贤。”（《解蔽》）

有人说，荀子的“礼”本身具有“法”的意义。唐晓文《为什么说荀子是法家》（载《红旗》杂志一九七五年一期）说：荀子的“礼”“宣告了奴隶社会等级制的破产”。《论荀子的哲学思想》（载《（学习与批判》一九七三年二期）说：“反映了地主阶级打击奴隶主旧贵族，要求进行财产和权力再分配的愿望”。这个结论是不合事实的。其论据是《荀子》中的下面两段话：

“虽王公士大夫之子孙也，不能属于礼义，则归之庶人；虽庶人之子孙也，积文学，正身行，能属于礼义，则归之卿相士大夫。”（《王制》）

“礼者，断长续短，损有余，益不足。”（《礼论》）

前一段话中的“王公士大夫”是否指旧奴隶主贵族，“庶人”是否指新兴地主阶级，本身就是需要证明的东西。但有一点可以肯定，荀子并不否定王公士大夫，而只是否定其不肖子孙，恨铁不成钢。至于说这段话否定整个等级制更是天大的笑话。荀子本人是坚决维护等级制的。他说：“礼者，贵贱有等，长幼有差。”（《富国》）“分均则不遍，势齐则不一，众齐则不使。”（《王制》）他还特别贬低劳动人民的地位，认为他们够不上用“礼”来治理。《礼论》篇说：“持手而食者不得立宗庙。”《富国》篇说：“由士以上，则必以礼乐节之；众庶百姓，则必以法数制之。”这正是《礼记》中的“礼不下庶人，刑不上大夫”的直接思想来源。那么，怎么理解他说的那个“归”字呢？其实，这是一个具有强烈政治策略性的主张：一方面严惩统治阶层的不肖者，直至开除他们；一方面吸收被统治阶层中的恭顺者，以壮大统治阶级的队伍。孔子说过：“先进于礼乐野人也，后进于礼乐君子也。如用之，则吾从先进。”（《论语·先进》）荀子把孔子的道德评价变为政治策略。中国长期的封建社会中，统治级阶的某些子孙没落了，降为庶民；庶民中的个别人物也爬上了统治地位。这种情况，完全反映了荀子的思想。这种情况，巩固了中国的封建社会，而无损于等级制的一根毫毛。

后一段话中的“断长续短，损有余，益不足”，与财产和权力的再分配更是风马牛毫不相及。为了防止断章取义，试引全节原文如下：

“礼者，断长续短，损有余，益不足，达爱敬之文，而滋成行义之美也。故文饰、粗恶、声乐、哭泣、恬愉、忧戚，是反也，然而礼兼而用之，时举而代御。故文饰、声乐、恬愉，所以持平奉吉也；粗恶、哭泣、忧戚，所以持险奉凶也。故其立文饰也，不至于窕冶；其立粗恶也，不至于瘠弃；其立声乐、恬愉也，不至于流淫惰慢；其立哭泣，哀戚也，不至于隘慑伤生。是礼之中流也。”（《礼论》）

这段话只是从服饰、感情等方面说明“礼”，反对太过（即“长”和“有余”），也反对不及（即“短”和“不足”），要求达到“中”的标准。荀子反复强调这个“中”字，有时把它看成是与“礼”二而一的东西，《儒效》中便说：“曷谓中？礼义是也。”他的中心意思是要人们一切不要超过礼义的规范。附带说明一下，这一段话被误解的时间是很久了。唐人杨倞注《荀子》，认为这是要求“贤”与“不肖”都达到“中”的标准，已不合荀子本意。荀子认为人性恶，绝不是从人性的差别立论，而是从“礼”的标准立论，反对过与不及。新中国成立后出版的某些思想史与关于荀子的专著（如李德永《荀子》等），也认为“损有余益不足”是对财产而言，那是由于望文生义，没有细察前后文的结果。“四人帮”的御用文人利用这点大做文章，则出于险恶的用心。

同时，说荀子的“礼”本身包括“法”，在逻辑上也不通。“礼”与“法”在《荀子》中明明是作为相互并列、相互对立的概念出现，决不可互相包含。而且，荀子对两者并不同等看待，一抑一扬，泾渭分明。至于荀子的思想中是否有转化为法治思想的因素，我们准备在后文讨论。

二、荀子法“后王”，也法“先王”，但不法“当今”

先秦的儒家、墨家都是主张法古代之王的，而法家是主张法当今之王的。也就是说，法家是厚今薄古的，儒家、墨家是托古讽今的。荀子在这一点上，也完全是属于儒家。

众所周知，法家代表人物韩非在《五蠹》中的论述：“上古竞于道德，中古逐于知谋，当今争于气力。”因而主张：“世异则事异”，“事异则备变”，“不期修古，不法常可，论世之事，因为之备”。荀子则完全与之相反，他认为，“以道观尽，古今一也。”（《非相》），“百王之不变，足以为道贯”（《天论》）。因此，他反对变法，并批评主张变法的人是妄人。他说：“夫妄人曰：‘古今异情，其所以治乱者异道。’众人惑焉”。（《非相》）怎样才能不惑呢？荀子提出以先王为标准：“凡言不合先王，不顺礼义，谓之奸言。虽辩，君子不听。”（《非相》）“不知而问尧舜，无有而求天府。曰：先王道，则尧舜已。”（《大略》）

荀子不是也提出“法后王”吗？是的，但他的“后王”是什么呢，古代之王还是当今之王呢？还是用他自己的话来作答复吧：

“王者之制，道不过三代，法不贰后王。道过三代谓之荡，法贰后王谓之不雅。衣服有制，宫室有度，人徒有数，丧祭械用皆有等宜。声，则凡非雅声者举废；色，则凡非旧文者举息；械用，则凡非旧器者举毁。夫是之谓复古，是

王者之制也。(《王制》)

这段话曾被有些人用来证明荀子反对法先王，反对复古，主张变法。其实，荀子是极力主张复古的。(当然，复古往往只是现实斗争中的一个旗号。)荀子所说的“后王”是古代之王，具体指夏、商、周三代的禹、汤、文、武。这实际上跟孟子说的“先王”一致。至于荀子所说的“先王”就更古了，从尧、舜直到伏羲等人。这段话既然打的是复古旗号，可见其主要日的不是反对法先王，而是反对当今的变革。他认为，不按三代的规矩办事就会“荡”而“不雅”，因此对一切不合老规矩的新玩意儿，都要一律禁止、废弃。

既然如此、又怎么解释荀子在“法先王”之外还要提出个“法后王”的口号呢？第一，先王时代久远，有些东西难以查考，只有后王的政绩明白易学。他在《非相》中说：“圣王有百。”圣王包括了先王和后王。他在《非相》中说：“欲观圣王之迹，则于其粲然者也，后王是也。”“欲知上世，则审周道。”“禹、汤有传政不若周之察也。”这就是他的“以近知远”的原则，这和孔子的“吾从周”的原则是完全合拍的。第二，法后王可以更好地达到法先王的目的。他认为古今是一贯的，“文武之道同伏羲”(《成相》)，学了文武之道，也就可以更好地贯彻先王之道。否则，就会没有头绪。

至于当代之王，荀子是不在话下的。因为，荀子根本不把他们算作“王”，连“霸”也算不上。他在《议兵》中作了一个比较。他说：“齐之技击不可以遇魏氏之武卒，魏氏之武卒不可以遇秦之锐士，秦之锐士不可以当桓、文之节制，桓、文之节制不可以敌汤武之仁义。有遇之者，若以焦熬投石焉”。他还把商鞅等人的用兵称为“盗兵”，认为远远赶不上齐桓，晋文、楚庄、吴阖闾、越勾践这些霸主的“和齐之兵”，更不能比汤武等人的王者之兵。这虽是议兵，实际上也可以代表荀子对战国各君主(包括秦王)的轻蔑，证明他的“后王”决不包括今王。荀子不法当代之王，在一定程度上可以限制当代君主的个人独裁。

三、荀子尊孔、重儒而对法家持批评态度

法家是反儒的，韩非把儒列为“五蠹”之首。荀子却处处以儒者的身份出现，并把舜、禹、孔子、子弓作为他的楷模。“今夫仁人也何务哉？上则法舜、禹之制，下则法仲尼、子弓之义。”(《非十二子》)

有人说，荀子不是批评过儒吗？这话又对又不对。荀子确是批评过儒，但那是所谓“贱儒”、“俗儒”，即与荀子不同观点的儒。荀子认为他们是假儒，不过是“呼先王以欺愚者，以求衣食焉”的人物，不能真正地实行先王之道。但应指出，即使是这样的儒，荀子也认为强于普遍人。他说：“故人主用俗人，则万乘之国亡；用俗儒，则万乘之国存。”（《儒效》）荀子在《非十二子》中还批评过子思、孟轲，认为他们“略法先王而不知统，犹然材剧意大，闻见杂博”（《非十二子》）。但这完全是儒家内部之争。为什么这样说呢？第一、他批评的出发点是认为子思、孟轲不能抓住先王制度的精神实质。第二、对子思、孟轲所下的批评与对其他学派的十个人物有所区别。对其他十子的批评都归结为“其持之有故，其言之成理，足以欺惑愚众”；而对子思、孟轲的批判则归结为：“沟犹瞀儒嚾嚾然不知其所非也，遂受而传之，以为仲尼、子游为兹厚于后世。”（按：郭嵩焘认为“子游”乃“子弓”之误。）在这里，显然可以看出，荀子是把其他学派的十子看作威胁儒家的危险人物，而把子思、孟轲仅仅看作儒家的不肖之徒。

荀子对他心目中的真正大儒则是形容得无以复加的，与此同时则对法家进行了批判。如果说先秦时代儒、法两家有面对面的思想交锋，恐怕要算荀子最突出。他与秦昭王、范雎、李斯都进行过辩论。在《儒效》里，荀子当面驳斥秦昭王提出的“儒无益于人之国”的论点说：“儒者法先王，德礼义，谨乎臣子而致贵其上者也。”“势在人上，则王公之材也；在人下，则社稷之臣，国君之宝也。”“儒者在本朝则美政，在下位则美俗。”“通则一天下，穷则独立贵名。天不能死，地不能埋，桀、跖之世不能污。”在《议兵》中，李斯提出：“秦四世有胜，兵强海内，威行诸侯，非以仁义为之也……”就是说，儒家的仁义道德对秦国无用。荀子听了，几乎怒不可遏，当面指责秦兵是“末世之兵，未有本统也”，虽可以做到一时的“兼并”，但决不能达到“坚凝”的目的。他在《强国》中回答范雎说，秦国虽然“治之至也”，“然而具之以王者之功名，则倜倜然其不及远矣。是何也？则其殆无儒邪！”个人认为，这“治之至也”，显然与荀子平日的思想不合。这恐怕是荀子“穷居于暴国而无所避之，则崇其美，扬其善，违［讳］其恶，隐其败，言其所长，不称其所短”（《臣道》）的策略，更是荀子企图诱导秦国实行儒家主张的天真苦心。

荀子对法家观点的批判还可举出很多例子。如在《正论》中说：“汤、武者，民之父母也，桀、纣者，民之怨贼也。今世俗之为说者，以桀、纣为君，而以汤、武为弑。然则是诛民之父母而师民之怨贼也，不祥莫大焉。”这“世俗之说”便是法家的主张，如《韩非子·说疑》云：“舜偪尧，禹偪舜，汤放桀，武王伐纣——此四王者，人臣弑其君者也。”荀子在同一篇中还批判了法家

“主道利周”的观点，提出“主道莫恶乎难知，莫危乎使下畏己”。统计《荀子》全书，点名批评过的法家代表人物就有商鞅（见《议兵》)、慎到（《解蔽》、《非十二子》)、邓析（《非十二子》)、李斯等。他在《议兵))中说：“故庆赏、刑罚、势诈之为道者，佣徒鬻卖之道也。”这种很激烈的批评，涉及法、术、势三个方面，等于全面否定了法家学说。

四、荀子的经济、政治与文化教育主张都与法家大相径庭

荀子在经济上主张：“量地而立国，计利而畜民，度人力而授事。”“足国之道，节用裕民，而善藏其余。节用以礼，裕民以政。”（《富国》)，“田野什一，关市讥而不征，山林泽梁以时禁发而不税。”（《王制》)“故家五亩宅，百亩田，务其业而勿夺其时，所以富之也。”（《大略》）他又主张以仁义服人，“不战而胜，不攻而得，甲兵不劳而天下服。”（《王制》）这一切，都跟法家的提倡辟草莱、开阡陌、奖励耕战与片面抑制工商等主张，存在着根本差异。

在政治思想上，除了托古（“先王”或“后王”)、重礼治以外，荀子与法家还有一个根本区别：法家主张君主绝对独裁，不可侵犯，荀子则着重阐发了儒家的民本思想。他说：“天之生民，非为君也，天之立君，以为民也。”（《大略》)“马骇舆，则莫若静之；庶人骇政，则莫若惠之。选贤良，举笃敬，收孤寡，补贫穷，如是则庶人安政矣。庶人安政，然后君子安位。传曰：‘君者，舟也；庶人者，水也。水则载舟，水则覆舟’。此之谓也。”（《王制》）他称桀、纣为“民之怨贼”，并歌颂武王伐纣是“征暴诛悍，治之盛也。”他还强调发挥宰相的作用，“彼治国者，必不可以独也。然则强固荣辱在于取相矣。”（《王霸》)

荀子的文化教育主张，更是与法家水火不相容。韩非公开宣布：“明主之国，无书简之文，以法为教，无先王之语，以吏为师。”(《五蠹》）对儒家所传下来的古代文化典籍，对教师，都采取否定态度。荀子则对儒家经典推崇备至。他说：“《礼》之敬文也，《乐》之中和也，《诗》《书》之博也，《春秋》之微也，在天地之间者毕矣!”（《劝学》)“四人帮”的御用文人曾斩头去尾地抓住《劝学》中的“《礼》、《乐》法而不说，《诗》《书》故而不切，《春秋》约而不速”等几句话，说是荀子否定了儒家经典。其实，这几句话是为了证明“学莫便乎近其人”，即是说，五经有不少古奥难懂之处，必须寻找良师辅导。荀子从重视儒家经典出发，非常重视教师的作用。他说：“礼者，所以正身也；师者，所以正礼也。”“国将兴，必贵师而重傅。”“国将衰，必贱师而轻傅。”

（《大略》）

荀子不仅理论上重视儒家经典和教师，而且是身体力行的。清人汪中在《荀卿子通论》中考证，儒家经典《毛诗》、《鲁诗》、《韩诗》、《左氏春秋》、《穀梁春秋》、《大戴礼记》、《小戴礼记》等都是通过荀卿而传授到汉代。汪氏赞叹说："周公作之，孔子述之，荀卿子传之，其揆一也。"郭沫若先生在《儒家八派的批判》中还认为《易》也是荀子传授下来的。

这里还要附带说明一个问题。"四人帮"把荀子划为法家还有一条理由，即荀子是唯物主义者。不少同志已提出，把唯物与唯心作为儒法的分界是完全违背历史事实而站不住脚的。这里只需要补充一点：即荀子的唯物主义的自然观，应该说是来源于当时生产与科学的发展水平，而不是来源于法家；它可能受到其他学派的启发，但主要还是渊源于儒家重人事的主张，特别是荀子的"不求知天"的主张很容易使人联想到《论语》的"子不语怪、力、乱、神"。

五、荀子学说中有发展为法治思想的因素

我们从以上的事实完全可以得出一个结论，荀子属于儒家而不属于法家。那么，是不是说荀子的思想就完全同于孔子呢？当然不能这样说。因为思想的根子是植根于现实土壤之中的，没有凝固的现实，就没有凝固的学派，《韩非子·显学》中就列举了孔子死后"儒分为八"的事实。同时，任何一位有成就的思想家都不可能照搬他的某一前辈的思想，而往往会综合吸收各家的思想，并能有所发现，有所改革，有所前进。荀子作为儒家一个派别的大师，当然有自己的独特成就与见解，正如很多学者所指出的那样，"他不仅集了儒家的大成，而且可以说是集了百家的大成"（郭沫若《荀子的批判》）。因此，他的某些见解，既可能受到早期法家的影响，又可能为法治主义提供理论根据。

荀子提出"性恶论"，目的本在于强调礼义的作用，强调后天的学习。他说的"恶"主要含义是粗糙。但是，"性恶论"完全可以转变为法治主义的人性论根据。所以，韩非就说："民者固服于势，寡能怀于义，""民固骄于爱，听于威。"（《五蠹》）因此，必须废弃仁义，严刑峻法。就连荀子自己有时也抛开"礼"，主张对士大夫以外的某些人严刑峻法。他在《正论》中就反对废除肉刑，说："罪至重而刑至轻，庸人不知恶，乱莫大焉。"他也偶尔谈到"势"和"术"，在《君道》中他就把窥伺臣民的便嬖左右与卿相、使臣并列，作为君主的"三国具"之一。唐人韩愈说荀子"大醇小疵"（《读荀》），南宋朱熹说荀子"杂于申商"（《王氏读经说》），就是看到了荀子学说中杂入了法家色彩，认为荀子虽是儒家大师但不够纯粹。（其实，根本就没有纯粹固守的儒家大师，孟轲就有阴阳家色彩，朱熹本人就有佛学的影响。）

荀子从“性恶论”出发又自然引出了他的“礼”起源于“争”的理论。他在《礼论》中说：“礼起于何也？曰：人生而有欲，欲而不得则不能无求，求而无度量分界则不能不争，争则乱，乱则穷。先王恶其乱也，故制礼义以分之，以养人之欲，给人之求……是礼义之所起也。”而《商君书·开塞》讲“法”的起源也正是这样。法家认为人民生下来便有私心，容易造成乱，用“仁”来纠正它也会造成乱，“故圣人承之，作为土地、货财、男女之分；分定而无制，不可，故立禁”。因此，可以说荀子的“礼”和法家的“法”，找到了共同的源头，也可以说荀子为后世的“礼”“法”合流，王霸并用提供了理论基础。

荀子法后王的理论根据是“以近知远”（《非相》）。他又说：“善言古者必有节于今。”（《性恶》）这样，法家也就可以扬弃他的“后王”的具体含义（三代之王），从而得出应该法当今之王而反对法古代之王的结论。韩非子正是这样做的。他说：“无参验而必之者，愚也；弗能必而据之者，诬也。故明据先王、必定尧舜者，非愚则诬也。愚诬之学，杂反之行，明主弗受也。”（《显学》）

荀子的某些思想有利于法家，并开了后代儒法合流的先河。但就主流来说，荀子本人仍是儒家。这里可举出一件值得深思的事。在《韩非子》一书中，韩非对老子、商君、吴起、慎到、申不害等都再三致意，有时甚至把他批判的儒家代表人物孔子等也在寓言中作为正面形象塑造，唯独没有片言只字提到他的老师荀子。荀子说：“言而不称师谓之畔，教而不称师谓之倍。倍畔之人，明君不内，朝士大夫遇诸涂不与言。”（《大略》）韩非如果同意荀子的学说，是应该提起他这位大名鼎鼎的老师的；韩非如果不是荀子的学生，则可以点名批判这位儒家大师。目前这种情况，正好证明韩非是荀卿的学生，也正好证明两人已分道扬镳，一为儒，一为法。所以，韩非既不能称引其师，又不便直接加以抨击。

六、两千年间的荀学

荀子的主流是儒家，但又顺应时代潮流，综合百家之长而改造了儒学的迂腐疏阔之处。他主张“仁”、“义”与“威”并用，“以不敌之威，辅服人之道”（《王制》），即文治与武功并用。因而，荀子为代表的儒学便切实可行了，可以达到荀子在《议兵》中所追求的目的：辅助有作为的封建政治家，既能

“兼并”（消灭割据，统一全国），又可进而“坚凝”（巩固封建中央集权）。秦人由于片面排斥儒学而没有利用荀学，没有达到“坚凝”的目的。汉代统治者便吸取秦的教训而尊儒术，王霸杂用，终于巩固了封建集权制度。汉代所尊崇的王霸杂用的儒学实质上便是荀学，因而荀子实际上是汉儒的真正祖师爷。下面两段话代表了汉人对荀子的高度评价，可以作为有力的证据。

今之学者，得孙卿之遗言余教，足以为天下法式表仪。所存者神，所过者化。观其善行，孔子弗过。世不详察，云非圣人，奈何！天下不治，孙卿不遇时也。德若尧舜，世少知之，方术不行，为人所疑。其知至明，循道正行，足以为纪纲。呜呼，贤哉！宜为帝王。”（《荀子·尧问》）

至汉兴，江都相董仲舒亦大儒，作书美孙卿：“孙卿卒不用于世，老于兰陵，疾浊世之政，亡国乱君相属，不遂大道而营乎巫祝，鄙儒小拘如庄周等又滑稽乱俗，于是推儒、墨、道法之行事兴坏，序列著数万言，而卒葬兰陵。而赵亦有公孙龙为坚白同异之辞；魏有李悝尽地力之教；楚有尸子、长卢子、芋子等皆著书。然非先王之法也，皆不循孔氏之术。惟轲、孙卿为能尊仲尼。兰陵善为学，皆以孙卿也；长老至今称之曰：‘兰陵人喜字为卿，盖以法孙卿也。’”孟子、孙卿、董先生皆小五伯，以为仲尼之门五尺童子皆羞称五伯。如人君能用孙卿，庶几于王，然世终莫能用，而六国之君残灭，秦国大乱，卒以亡。（刘向《校书序录》）

第一段话虽收入《荀子》一书，实际乃汉代信奉荀学的人所作。所谓“今”就是指汉代（前文还出现过“暴秦”字样）。这段话不仅把荀子捧得很高，与尧、舜、孔子并列，而且透露出荀学在汉代的影响很大——“为天下法式表仪”，“所存者神，所过者化”。我们认为只有占据统治地位的思想才能这样显赫。我们前面已讲了，汉代经师多为荀子后学（见汪中《荀卿子通论》）。西汉后期，刘向整理先秦典籍。他在整理《荀子》这本书以后说，他曾经搜集到了323篇不同的传抄本，删除重复，加以仔细校订而成为32篇的《荀子》定本，平均每篇竟有十种不同的传抄本。（“四人帮”的御用文人说，《荀子》本有300多篇，由于地主阶级尊儒反法抹杀荀子，所以只剩了32篇。这真是令人哭笑不得的“发现”！）《荀子》这么流行，流行的儒家经典实际上是荀派经典，就更证明荀学在汉代的统治地位。

后一段话是汉儒代表人物董仲舒与刘向对荀子的高度评价。过去不少治荀学的人，都把刘向引董仲舒的话，看成了是刘向自己的话。清人卢文弨研究荀子时，甚至主张将“至汉兴……作书美孙卿”等十七字，移到“盖以法孙卿也”的后面去。卢文弨等的理解是不妥的。为什么应该看作是董仲舒的话呢？第一，从文气上看，这样才连贯，而且“作书美孙卿”，才有着落。第二，从思想内容看，这与董仲舒“罢黜百家独尊儒术”的思想一致。荀子对董仲舒的影响很大。荀子主张“言行反时者死无赦”（《王制》），这正是董仲舒“罢黜百家”的思想渊源；董仲舒的“天不变道亦不变”也分明是从荀子的“百王之不变足以为道贯”发展出来的。除董仲舒以外，汉代大多数思想家如贾谊、王充等人也莫不蒙受荀子的影响。

宋学兴起以后，荀学的正统地位在表面上曾一度衰落。但理学具有外孟而内荀的因素，其“天理”与荀子的“礼”，其“气质之性”、“人欲”与荀子的性恶说，皆一脉相承。故荀学的精神贯穿于封建社会的政治、经济、文化教育等各个方面。清代汉学兴复，清儒中有很多人推崇荀子，严可均还写了《荀子当从祀议》，荀学名声又甚嚣尘上。

清末资产阶级改良主义思潮兴起，奋起批判封建专制思想。他们的锋芒自然指向了荀学，而以谭嗣同对荀子的攻击最为激烈。他在《仁学》中说：“二千年来之政，秦政也，皆大盗也；二千年来之学，荀学也，皆乡愿也。惟大盗利用乡愿，惟乡愿工媚大盗。”谭嗣同的话有不少偏激之处，他把封建思想中最反动的东西都算在荀子身上，是非常不公平的。但是，谭嗣同以革命者的敏感察觉到了一个事实：秦之政治与荀子之学说对中国封建社会有深远影响，要反对封建、改良政治，必须批判秦政与荀学。

“五四”时期，革命者提出了“打倒孔家店”的口号。其实，孔家店是个杂货店，其中固然有孔子的货色，也有孟子、荀子、汉儒、宋儒的货色，还有法家、墨家、道家的货色。如：三纲五常这思想便是一项集体创作。可以追溯到荀子的《君道》，荀子为君臣、父子、兄弟、夫妇各订了一套行动准则；正式形成三纲观念则要数韩非子的《忠孝》：“臣事君，子事父，妻事夫，三者顺则天下治，三者逆则天下乱。此天下之常道也。”后来董仲舒又加以总结，说：“王道之三纲可求于天”（《基义》）。所以，打倒孔家店，不能单纯地理解为打倒孔丘一人，也不能单纯理解为批判儒家学说，而应是彻底批判一切封建主义的思想意识。五四运动“打倒孔家店”是有积极意义的，也是有成效的。但五四运动有其形而上学的一面，好则一切皆好，坏则一切皆坏，在批判封建糟粕的同时没有进行正确的历史评价，有时连娃娃也与脏水一起倒掉了；五四运动由于历史条件的限制，又有其不够彻底、不够全面、不够深入的一面，因而不可能从现实生活中把封建意识完全荡涤干净，这正是中国民主革命在思想领域中不够彻底的表现。即以荀子而论，他的主张等级制，他称异己为“奸人之雄”的扼杀群众言论自由的作风，他的“百王之不变足以为道贯”的形而上学观点，他的“不知无害为君子，知之无害为小人”（《儒效》）的轻视科学探索的主张，他的“官人守天而自为守道”（《天论》）的鄙薄科学技术的言论，就至今还束缚着某些人的头脑，并为“四人帮”在评法批儒中加以煽炽，作为他们推行愚民政策、复辟封建主义的历史辩护。

今天，我们一定要吸取历史的教训，打破“儒法斗争”的框框，以历史唯物主义的态度来评价荀子，清理荀子在哲学、政治学、教育学、心理学、逻辑学、语言学、文学等方面留下的丰富遗产。荀子学说，精华、糟粕互见，功罪都不小。在封建社会上升与发展时期，他顺应历史潮流提出“坚凝”之术，有利于建立和巩固封建集权制的统一国家，有利于生产力的发展与人民的休养生息，其进步作用是主要的。到了封建社会没落时期，荀学便成了维护封建统治，禁锢人民思想的东西，成了社会进步的障碍。因此，无原则的“骂”或“捧”都是不能解决问题的，而必须发扬科学的作风与实事求是的精神。（1980 年）

论韩非、李斯的独裁思想及其恶果

——兼谈“文化大革命”的传统思想根源

一切现实事件往往都有历史的根源。中国发生史无前例的“文化大革命”，然后又能拨乱反正，逐步回归到正常状态，除了别的因素，也跟昨天的传统息息相关。

1974 年在全国掀起的“评法批儒”，完全颠倒中华文化传统的精华与糟粕，狂热地吹捧法家。正好说明中国发生史无前例的“文化大革命”，是继承发扬了法家思想中的极端君主专制主义的糟粕。问题还在于“四人帮”之流所造成的恶劣影响没有受到清理，以致有人认为法家极端君主专制主义的政治思想是传统政治思想中的精华，而没有认识到法家独裁思想对中华民族所造成的深远危害。

一、韩非主张极端君主独裁

《汉书·艺文志·诸子略》说：“法家者流，盖出于理官。信赏必罚，以辅礼制，《易》曰‘先王以明罚饬法’，此其所长也。及刻者为之，则无教化，去仁爱，专任刑法而欲以致治，至于残害至亲，伤恩薄厚。”这段话概括了法家产生的历史根源和特点。法家的《汉书·艺文志》以李悝、商鞅、申不害、慎到、韩非等为先秦法家代表人物。这几位人物实际上代表了先秦法家思想发展的早期、中期、晚期三个阶段。战国初期的李悝（前455—前395），是早期法家的代表。据《晋书·刑法志》记载：“秦汉旧律，其文起自魏文侯师李悝。悝撰次诸国法，著《法经》。”李悝汇编各国法律而著《法经》（今已失传），为法家奠定了思想基础。值得注意的是，李悝虽然主张信赏必罚，但不专任刑法。据《汉书·食货志》记载，李悝的主要成就是经济改革。他实行“尽地力”与“善平籴”的政策，鼓励农民精耕细作、提高粮食产量，并由国家在丰年以平价收购粮食而在荒年以平价出售粮食，以保证粮食的供应和价格的稳定，从而使魏国富强起来。而且，史学界还考证，李悝就是《史记·魏世家》中的李克，李克是孔子学生子夏的弟子，推崇贤德的人才。这说明早期法家的思想是比较健全而不偏颇。商鞅是中期法家的代表。他继承李悝的思想遗产，辅佐秦孝公变法，信赏必罚，奖励耕战，使秦国富强。申不害、慎到是跟商鞅同时的人物，申不害的《申子》基本失传，慎到的《慎子》只有残余的辑本。申不害重视的是“术”，慎到重视的是“势”，法治思想不是他们的主要思想。而且，《慎子》中的思想说明慎到本质上属于黄老学派。所以，只有商鞅才是中期法家的真正代表。商鞅在某些方面已经使法家思想偏离了社会发展的正常轨道，如片面提倡耕战而轻视文化，而且站在君主专制的立场而提出了“民愚则易治”（《商君书》）的愚民主张。但是，商鞅不同于后期的法家，他没有提倡君主使用权术。晚期法家的代表是秦始皇嬴政时代的韩非，还有他的同学李斯。韩非综合商鞅的“法”、申不害的“术”、改造慎到的“势”，集法家的大成，也把法家思想向君主独裁方向发展到极端。

韩非的法律思想有什么特点呢？其特点是极端的君本主义，也就是君主独裁，法律完全成为君主统治臣民的手段。韩非法律思想的糟粕具体表现在七个方面。第一、主张君主集权于一身。《二柄》篇说：“明主之所导制其臣者，二柄而已矣。二柄者，刑、德也。何谓刑、德？曰：杀戮之谓刑，庆赏之谓德。”“今君人者释其刑德而使臣用之，则君反制于臣矣。”此篇把“德”的含义狭隘化为“赏赐”，指出君主必须牢牢掌握刑罚和赏赐大权，也就是说，全国臣民的生命、荣辱都操纵在君主手中。《饬令》篇进一步强调刑罚和赏赐大权只能由君主独裁：“利出一空者，其国无敌。利出二空者，其兵并用；利出十空者，民不守。”“利”指赏赐，“空”是空穴，指赏赐的发源处。利出一空，就是不允许旁人染指。第二、主张对臣民实行重刑。《饬令》篇说：“行刑，重其轻者，轻者不至，重者不来，此谓以刑去刑。罪重而刑轻，刑轻则事生，此谓以刑致刑，其国必削。”《外储说右上》开宗明义地说：“势不足以化则除之。”《八经》篇还把“势不足以化则除之”的思想具体化，露骨地主张用各种手段杀人，包括以法杀人、派人暗杀、食物下毒、借刀杀人等。范文澜《中国通史简编》说：“秦孝公用商鞅治秦国，此后秦政治是法家学说指导下的政治，国王极端专制，刑罚极端残酷，山东六国称秦为虎狼之国，是名副其实的。”韩非实际上是把商鞅的思想推向了极端。第三、主张法、术相结合。韩非认为，申不害言术而不言法，商鞅为法而不知术，都有缺陷，必须把法、术相结合。《定法》篇说：“今申不害言术，而公孙鞅为法。术者，因任而授官、循名而责实、操生杀之柄、课群臣之能者也。此人主所执也。法者，宪令著于官府，刑罚必于民心，赏存乎慎法，而罚加乎奸令者也。此臣之所师也。”《难三》篇说：“人主之大物，非法则术也。法者，编著之图籍，设之于官府，而布之于百姓者也。术者，藏之于胸中，以偶众端而潜御群臣者也。故法莫如显，而术不欲见。”韩非的“术”就是权术，就是耍阴谋，他在《储说》六篇中宣扬了许多个君主玩弄权术的故事。韩非主张以“术”行“法”，实际上阉割了法治的真正精神。第四、强调任“势”，反对任“贤”。《韩非子》的所说的“势”，就是君主独裁，大权独揽。韩非从君主独裁，又引申出排斥使用贤能或有智慧的人才。《难势》篇说：“贤智未足以服众，而势位足以屈贤者也。”《主道》篇说：“有功则君有其贤，有过则臣任其罪。是故不贤而为贤者师，不智而为智者正。臣有其劳，君有其成功，此之谓贤主之经也。”第五、主张君主不能信任任何人，并要造成紧张的政治气氛。《备内》说：“人主之患在于信人，信人则制于人。”《八奸》、《奸劫弑臣》、《八经》等篇都指出，君主对妻子、儿女、兄弟都不可信任，对没有血缘关系的大臣更加不可信任，只能用权术、赏罚等手段驾驭。《外储说右上》把君主对待臣下比喻为驯养乌鸦：“驯乌者，断其下翎，则必恃人而食，焉得不驯乎?”韩非又提出君主要造成紧张的政治气氛。就如《主道》篇所说的那样：“明君无为于上，群臣竦惧乎下。”后来，李斯提出的“督责之术”就是来源于此。第六、主张愚民、弱民。《五蠹》篇明确宣布：“故明主之国，无书简之文，以法为教；无先王之语，以吏为师。”韩非丝毫不考虑普通民众的生存状态。《显学》篇说：“故举事而求贤智，为政而期适民，皆乱之端。”《内储说右下》说，秦国发生大饥荒，昭襄王宁肯让苑囿中的大枣、蔬菜浪费也不肯拿出来救济没有为君主立功的灾民。韩非赞赏昭襄王的思想。第七、主张扼杀思想和言论的自由。《和氏》篇说：“燔《诗》、《书》而明法令。”《说疑》篇说：“太上禁其其心，其次禁其言，其次禁其事。”韩非认为社会上只要两种人：农民和战士，农民为君主生产，战士为君主打仗。农民和战士以外的儒生、文人、商人、游侠等都被看成蠹虫，列入另册（《五蠹》）。这一切，就是后来秦始皇焚书坑儒的理论先导。

总之，《韩非子》的法律思想的基础是极端君本主义，丝毫没有考虑民众的权益，本质上是独裁专制的“恶法”。

二、极端君主独裁的恶法必然导致暴政

韩非是一个富有才华而思想深刻的思想家，韩非的某些极端主张也许是鉴于韩国积弱而救世心切所致。《韩非子》的政治思想也有其合理的内核，那就是“以法治国”。《韩非子》虽主张严刑峻法，也不主张暴政。《八说》篇说：“故仁人在位，下肆而轻犯禁法，偷幸而望其上；暴人在位，则法令妄而臣主乖，民怨而乱心生。故曰：仁、暴者，皆亡国者也。”

但是，韩非的立脚点完全错误，他为君主一人立法，并苦心积虑为君主谋划剥夺臣民、控制臣民的权术，从而使君主达到一切独裁，永远独裁。而且，韩非反对任何制约君主权力的行为。《忠孝》篇说：“臣之所闻曰：‘臣事君，子事父，妻事夫，三者顺则天下治，三者逆则天下乱。’此天下之常道也，明王贤臣而弗易也。则人主虽不肖，臣不敢侵也。”后代所流行的“三纲”思想，人们往往认为是出自儒家，其实“三纲”是来源于《忠孝》篇，而不是先秦儒家的思想。《忠孝》篇批评尧把天下传给舜，批评商汤、周武讨伐暴君夏桀和纣王，认为尧、舜、商汤、周武王都违反了君臣关系。可见《忠孝》篇“三纲”思想的核心是君主可以为所欲为，君主地位永远不能改变，君主即使不好，臣民也必须绝对服从。

良好的立法，必须把权力关进法律的笼子。而韩非反对制约君权，放纵君主的权力，势必导致君主独裁，势必导致暴政。秦朝实行极端君主专制的暴政，就是这种思想的一枚硕大恶果。

秦朝以虎狼手段消灭六国以后，施行暴政，主要有三点。第一是残酷压榨、虐害百姓。秦始皇为自己修宫殿、修坟墓，为固守帝王的疆域而修长城，从而大兴劳役，弄得民不聊生。范文澜《中国通史简编》根据历史记载统计说：“秦时全中国人口约二千万左右，被征发造宫室、坟墓共一百五十万人，蒙恬所率防匈奴兵三十万人，筑长城假定五十万人，再加其他杂役，总数不下三百万人，占总人口百分之十五。”秦始皇生前征调七十万人为他在骊山修墓，死后，没有生育子女的宫女全部为他殉葬，修墓的工匠也被封闭在墓中殉葬。第二是残酷镇压异己，蔑视人权。《秦始皇本纪》记载此类事件颇多，如秦始皇三十六年，东郡坠落一块陨石，有人在陨石上刻下“始皇帝死而地分”七个字，秦始皇竟然下令把附近的居民全部杀死。在这种政治体制下，内部斗争也极其残酷，就连法家的代表人物，也难免自食恶果。商鞅作法自毙，被反对派车裂（五马分尸），全家灭族；韩非被谋害毒死在狱中；李斯为秦消灭六国和统一文字作了重要贡献，却被捕入狱，受严刑拷打，最后接受五种刑罚，即先在脸上刻字、割掉鼻子、剁掉脚、阉割生殖器，然后砍头，还牵连三族（父族、母族、妻族）的人都被处死。第三是文化专制。秦王朝实行愚民政策，仇视知识，虐杀精英。《秦始皇本纪》记载，为了扼杀不同意见，秦始皇接受李斯的建议：“非秦纪皆烧之。非博士官所职，天下敢有藏《诗》、《书》、百家语者，悉诣守尉杂烧之。有敢偶语《诗》、《书》，弃市。以古非今者，族。吏见知不举者，同罪。”最后发展到焚书坑儒，秦始皇、李斯被永远钉上了历史的耻辱柱。

李斯的《行督责书》虽然是为了阿顺秦二世而作，但是清晰地反映了秦朝暴政是以《韩非子》的极端君本主义思想为指导的。《行督责书》说：“是以明君独断，故权不在臣也。然后，能灭仁义之涂，掩驰说之口，困烈士之行，塞聪掩明，内独视听。……若此，然后可谓能明申、韩之术而修商君之法。”“故督责之术设，则所欲无不得矣。群臣、百姓救过不给，何变之敢图?”

暴政使秦朝仅维持了十几年，二世而亡，也使法家政治思想声名狼藉。汉朝代秦之后，废除秦朝残暴的政令，早期实行黄老之道而弥缝暴政的恶果；从汉武帝开始“独尊儒术”，实际上是儒法结合，既维护君主专制制度，又适当照顾百姓的利益。汉以后的各个王朝，除了极个别君主完全暴虐无道外，大都是实行儒法结合的政策，从而保证了相对的稳定。可惜的是，后来各个王朝的法律，仍然受极端君本主义的影响，所谓“人主即三尺法”，皇帝的每句话都可以成为法律或改变法律，皇帝的任何违法行为都不会受到法律的制裁。历代专制帝王最欣赏法家之处，不是“以法治国”，而是仗势用术、独断专行，甚至无法无天。故谭嗣同在《仁学》中愤慨地抨击君主专制传统说：“故常以为二千年来之政，秦政也，皆大盗也。”历代专制帝王仗势用术、独断专行，其根源是韩非的思想，至于暴君们的无法无天，则连韩非的思想也完全背离了。

有人说，秦始皇虽然暴虐，但是统一全中国有功，是统一中国的第一个皇帝。秦始皇的确是中国的第一个称“皇帝”的人，然而，他之所以把君王改称“皇帝”，是为了吹嘘自己超过了“三皇”和“五帝”，他之所以自称“始皇帝”，是企图让自己的子孙永远是统治中国的皇帝。他自己说：“朕为始皇帝，后世以数计，二世、三世至于万世，传之无穷。”我不否认秦始皇统一六国的业绩，但是，我认为不能说秦始皇是统一全中国的第一个君主。在秦朝之前，中国已经出现了统一全国的三个王朝：夏朝、商朝、周朝。秦朝跟夏朝、商朝、周朝相比，不是统一全国与否，而只是在国家组织形式上有区别。夏、商、周时期，地方政权比较具有独立性，特别是周朝的分封诸侯，颇有“联邦”制度的雏形，文化思想相对自由，故出现了百家争鸣的黄金时代。秦始皇统一六国，是顺应了历史发展的潮流，但是，秦始皇的统一不是一人一代之功，而是“积六世之余烈”。而且在统一后实行极端的君主独裁体制，实行极端的文化专制主义，实际上是文化上的倒退。郭沫若先生《十批判书·吕不韦与秦王政的批判》说得好：“秦始皇的成功一多半是时代的凑成。中国自春秋以来，由十二诸侯而成七国，无论在政治上与思想上所走的都是趋向统一的路线，而始皇承六世的余威，处居高临下的战略地位，故他收到了水到渠成的大功。但这并不是说他的方法是用正确了。相反的，假如沿着吕不韦的路线下去，秦国依然是要统一六国的，而且统一了之后断不会仅仅十五年便迅速地彻底崩溃。”问题的关键还在于，统一全国固然是一件大业绩，但是如果统一后实行的是暴政，对百姓有什么好处，对民族又有什么好处呢？这样的统一又能维持多久呢？

三、暴政必然扼杀民族的生机

暴政完全剥夺君主以外的一切民众的权利，必然扼杀民族的生机。中国民族的生命力遭受两次最突出的厄运。秦王朝的暴政是第一大厄运，明王朝的暴政是第二大厄运。

秦王朝的暴政，我们已经在前文叙述了。秦王朝暴政的恶果，不仅使这个政权二世而亡，而且，既造成了民族精神的萎靡，也扼杀了民族的创造生机。实施暴政所防范的对象是广大人民，最怕人民造反，用暴力迫使人民安分守己，这必然消磨民族的勇敢进取的精神。秦始皇筑长城防匈奴，已经不自觉地显示出内心的软弱，所以秦始皇一死，匈奴就强大起来。《史记·匈奴列传》就记载了头曼单于、冒顿单于崛起并侵扰中国的情况，以致汉高祖、吕后、文帝、景帝四代君主都不得不屈服于匈奴而采取和亲政策。暴政统治下，人民没有自由，也就没有了创造力。秦朝统治全中国的十四年间，没有留下任何有价值的新创造的精神文化遗产。所谓“书同文、车同轨”，也只有统一、规范之功，而没有创新之功。

朱元璋夺取政权时，就露出了暴虐性。比如，他为了消灭陈友谅的残余势力，就派兵血洗湖南。现在湖南许多地方民间仍然流传着朱元璋血洗湖南的故事；而且，人们只要查族谱，就可以查出许多族姓的祖先是由江西迁入湖南，以填补湖南经过血洗后的人口不足。朱元璋建立明朝后，完全实行极端的君本主义，其专制甚至超过秦朝，最突出的表现是：第一、废除对皇帝大权略有限制作用的“丞相制”，彻底独裁。他极端暴虐，大肆杀戮功臣。丞相胡惟庸案，株连杀二万多人；大将军蓝玉案，又株连杀死一万五千多人。他设立特务机构锦衣卫，密布爪牙监视和镇压全国官民的思想言行，并实行凌迟、剥皮实草等酷刑。故钱穆《国史大纲》说：“黄梨洲谓：‘有明一代政治之坏，自高皇帝废宰相始。’真可谓一针见血之论。明代一面废去宰相，一面又用严刑绳下。锦衣卫、东厂、西厂，成为皇帝的私法庭，可以不经政府司法机关而擅自逮捕鞫讯朝臣，乃至于非刑虐杀，其权全操于内寺。内寺之权极盛于熹宗时之魏宗贤。在一种黑暗的权势下面，鼓荡出举世谄媚之风。”这是秦朝严刑峻法和督责之术的明朝版本。第二、大兴文字狱，从字里行间罗织罪名，无端屠杀知识分子，控制各阶层人士的思想。明以前只偶尔有文字狱，大兴文字狱始于朱元璋。如：杭州府学教授徐一夔写贺表，用“光天之下，天生圣人，为世作则”歌颂朱元璋，朱元璋却断定是讽刺自己，“光”是讽刺他做过和尚，“则”是讽刺他出身于红巾军，不容分辩，大开杀戒。他又倡导八股文取士制度，“其文略仿宋经义，然代古人语气为之”（《明史·选举志》），又规定“军民一切利病，并不许生员建言”（《明大政纂要》卷六）。朱元璋还悍然命人删除《孟子》中的具有民本思想的语句。这一切都是为了桎梏知识分子的思想，限制言论的自由，实际上是明朝版的“焚书坑儒”。

明王朝极端集权，摧毁了民族在政治、军事、科技、文化等方面的精英，也威慑了官吏和普通百姓，促成了社会风气的恶化。官吏慑于皇权而又滥用权势，唯权唯上，欺上压下，只知跟风，不敢作为；群众慑于残酷的法律，不得不对政治淡漠，不关心他人，人云亦云，明哲保身。忠贞鲠直的人，往往受到打击迫害；小人则善于拍马、吹捧，成为压制不同意见的帮凶。明朝的宦官专政，依附宦官者的寡廉鲜耻，都达到了登峰造极的地步。极端集权和残酷杀戮的做法，甚至为反抗明朝的农民军所模仿。如张献忠不仅残酷屠杀明朝的官吏，也残酷屠杀平民，血洗四川。明王朝极端集权的结果也像秦王朝一样，既造成了民族精神的萎靡，也扼杀了民族的创造生机。

朱元璋大肆杀戮功臣和异己者，分封子弟为王，自以为政权巩固，谁知他刚一闭眼，朱棣起兵夺权，大部分手握大权的官吏望风投靠新皇帝，朱元璋的嫡孙建文帝很快被推翻，颇似秦王朝“二世而亡”的重演。清兵入关的时候，满八旗、蒙古八旗、汉八旗，兵力加起来才十七万人，却很快打败了李自成的百万大军，打败了驻守各地的明朝正规军，统治了上亿的汉人。这说明，暴政下培育出来的臣民，最容易屈服于暴力。

宋朝以前中国是世界上的先进国家，有对世界文化产生深远影响的四大发明，还有其他领先世界的创造，受到国外学者（如《中国科学技术史》的作者李约瑟等）的推崇。然而，从明朝开始，西方接受了“文艺复兴”的洗礼，而中国反而加强了封建君主的专制，所以中国日益落伍了，明清时代几乎没有一件领先世界的创造。

四、韩非极端独裁思想的不良影响

“五四”新文化运动中，有人提出“打倒孔家店”的口号，认为中国君主独裁专制的思想基础是儒家文化。个人以为，中国君主独裁专制的思想基础是法家主张。“文化大革命”中所泛滥的封建沉渣，正是“韩家店”、“嬴家店”、“朱家店”的货色。为了防止文革式悲剧重演，在传统思想这个领域，必须清除韩非所代表的法家独裁思想。我们应该打倒的是“韩家店”、“嬴家店”、“朱家店”。

也许有人反问：“法家提倡依法治国，难道不比儒家好吗?”我的回答是：中国古代法律历史悠久，首先提倡法治的是儒家，不是法家。在李悝著《法经》之前，中国早已经有了成文法。中国最早的记载法律思想的文献，保存在《尚书》、《左传》等儒家经典中。据《尚书》的《尧典》和《皋陶谟》记载，中国出现成文法的时代可以追溯到尧舜时代。尔后，最早统一全中国的三个王朝夏朝、商朝、周朝，都有成文法。《左传·昭公六年》记载说：“夏有乱政，而作禹刑；商有乱政，而作汤刑；周有乱政，而作九刑。”《尚书·吕刑》更是比较详细地记叙了西周穆王时代（前976—前922）的法律思想和成文法条款类别。所以，儒家和法家的区别，不是要不要依法治国，而是实施什么样的法律。

古代中国以小农宗法立国，政治体制是家国同构的。家国同构的政治体制，没有契约思想，没有权利、义务结合的观念，所以不可能产生民主政治，而只能产生两种政治思想，一是君本主义，一是民本主义。这就决定了古代中国的法律思想的根本思路。法家法律思想的立脚点是君本主义，提倡君权至上、君主独裁，用严刑峻法对付臣子和百姓，臣民只能唯命是从，又主张限制思想和言论自由，反对任用贤才。儒家法律思想的立脚点是民本主义，提倡正确处理君主和臣下、百姓的关系，主张“慎刑”、“和为贵”、罪人“不孥”，主张君主任贤、纳谏。孟子甚至提出了“民贵君轻”、可以诛杀“独夫”（暴君）的光辉思想。

法家放纵君主独裁，儒家则力图限制君主权力。当然，儒家提出的限制君权的手段是有严重局限的。先秦儒家崇古，希望君主们效法尧舜而实行仁政；汉儒尊天，希望君主因敬畏上天而实行仁政；宋儒提倡“正君心”，希望君主加强道德修养而实行仁政。这一切，由于没有制度的保证，故不可能阻止暴政，所以中国历史上有作为而仁爱的君主如凤毛麟角，治世少而乱世频繁。人们常说宋儒“内圣强而外王弱”，其实，这是整个儒家的弱点。但是，儒家希望限制君主专制，是不容置疑的，是跟法家放纵君权而阉割民权的思想根本对立的。这正是儒家优于法家的地方。

笔者认为，在传统政治思想领域，儒家的民本主义是催生民族进步的精华；法家的极端君本主义是阻碍民族进步的糟粕。儒家的民本主义，虽然不同于现代的民主，但是，因为重视人民，提倡社会和谐，对古代中国的政治影响主要是正面的，在现代经过改造，可以转化为民主政治的因素。此外，儒家提倡道德，特别是强调当权者应该加强道德修养，仍然是具有价值的学说。法制阻止人们作恶，道德鼓励人们向善，法制建设与道德建设可以相辅相成。我们的精神文明建设，就可以吸收儒家思想的合理内核。韩非、李斯等把法家的君本主义推向极端，主张君主独裁，绝对尊君，弱民、愚民，甚至对臣民实施“督责之术”，让人人自危。这种思想，对古代中国的政治影响主要是负面的，在现代不可能转化为民主政治的因素，而有可能转化为法西斯政治的因素。“文化大革命”中，大搞无休止的社会斗争，冤狱遍于全国，把中外优秀文化遗产都扣上“封资修”的帽子，不能不说是受到了韩非、李斯等的极端独裁思想的影响。

色彩神奇，价值独特

——《鬼谷子》浅谈

今年，我七十九岁。今天有机会在省图书馆“湘图讲坛”跟大家一起讨论鬼谷子，是一份机缘。书是人类进步的阶梯。省图书馆给大家提供读书的条件，而且举办读书活动，这对提高民族文化素质，增强国家软实力，功德无量。大家热情参加读书活动，这是高尚的精神追求，也是塑造品德和能力的基本途径。

鬼谷子这个人，在中国古代历史人物中，是一个真实而又最具有神秘光环的人物。他的著作《鬼谷子》，是一部有独特价值而又最富于神奇色彩的书。

一、色彩神奇的思想家鬼谷子

（一）鬼谷子的神奇光环

鬼谷子的名字中有个“鬼”字，一下就给这个人物蒙上了神秘色彩，容易诱发人们的神秘联想。到了鬼神之说昌盛的魏晋南北朝时期，鬼谷子这个人物的神秘色彩就更加浓重了，并与道教发生了联系。东晋初年葛洪《抱朴子·遐览》列道教经典137种，其中就有《鬼谷经》。《道藏目录》介绍鬼谷子说：“鬼谷先生，晋平公时人。姓王，名诩。不知何许人，受道于老君。”南朝梁代，梁元帝萧绎作《金楼子》，书中说：“秦始皇闻鬼谷先生言，因遣徐市入海，求金菜玉蔬。”《史记·秦始皇本纪》记载，二十八年（前219）遣徐市入海求仙与长生之药，徐市即徐福。魏晋南北朝以后，鬼谷子跟道教的关系更加密切。唐末五代道士杜光庭《录异记·仙》：“鬼谷先生者，古之真仙也。云姓王氏。自轩辕之代，历于商、周。随老君西化流沙。洎周末复还中国，居汉滨鬼谷山。受道弟子百余人，惟张仪、苏秦不慕神仙，好纵横之术。”《仙传拾遗》把鬼谷子列为道教的洞府真仙，号称“玄微真人”。还有的书说他带领徒弟范蠡帮助越王勾践复国，又说九天玄女是他的师妹。

当代，台湾有一个唯心宗的组织，奉鬼谷子为开山祖师，并印了一本《鬼谷仙师天德经》。他们还在河南淇县的云梦山修了八卦城。

民间传说也推波助澜。河南云梦山民间传说鬼谷子是其母吞谷子而生，姓王名禅（蝉）。

相传很久很久以前，云梦山所在的地区大旱。农夫庆隆为大家寻找水源，救了一条被困在即将干涸的水池中的小金鱼。这条金鱼现出人身，她原来就是东海龙王的女儿。庆隆恳求龙女解救遭受旱魔的乡亲。龙女偷偷地钻了一个“海眼”，把泉水引到了云梦山。龙王发现之后，兴兵惩罚，龙女的身躯化成了山中的“龙泉”，庆隆的身躯化成了一道保护泉水的山脊——“青龙背”。

许多年以后，龙女的精魂投胎在朝歌南王庄的王员外家，取名瑞霞。有年大旱，王家三顷土地种下的谷子，只结了一株谷穗。瑞霞的丫鬟揉搓这株奇特的谷穗，谷穗忽然变成了一颗珍珠。瑞霞把玩珍珠，珍珠忽然钻入口中，她于是怀孕。她被赶出家门，在云梦山的溶洞中生下了一个男孩。因为是吞下奇特的谷穗而生子，所以给小孩取名为“鬼谷子”。又因为小孩出生时知了叫得正欢，故取名“王蝉”，又叫“王禅”。那个溶洞就是后来的“鬼谷洞”。据说那奇特的谷穗是庆隆的精魂所化。

湖南“长沙女性频道”2011年4月3日《红尘惊奇》栏目有一则报道，报道了张家界的鬼谷洞所发生的一件怪事：

张家界有几个青年探寻鬼谷洞，第一次因溶洞复杂而退出，第二次在洞中迷路，大呼“鬼谷仙师”，忽然云雾涌起。出洞后洗照片，石壁上有鬼谷子头像，第三次进洞，遇见大蟒蛇而退出。

如此等等，这就给鬼谷子笼罩上了神秘的光环。

（二）鬼谷，一个神奇的地名

“鬼谷”引人遐想。其实，它是一个地名，是鬼谷子的隐居地。鬼谷在什么地方，有不同的说法。古代的主要说法有：1. 在齐国境内。2. 在阳城（河南登封地区）。3. 在临沮（湖北当阳）。4. 在关内云阳（即“扶风池阳”，在陕西三原县北）。5. 在汉江之滨。6. 在壶山。河南鲁山县、山东莒县，都有壶山；有人认为是湖南大庸（张家界）的壶头山。江西省、浙江省也有鬼谷。

我们如果把鬼谷的具体位置不加讨论，也是可以的。如果要讨论考证，最恰当的办法是古今结合。按照古今结合考证的办法，河南省淇县云梦山最有可能是鬼谷子的隐居地。淇县云梦山是太行山的余脉，位于黄土高原与华北大平原的交界处，距淇县县城朝歌镇大约十五公里，群峰秀丽而雄伟。云梦山的五里长的山谷叫做“鬼谷”，山顶的“鬼谷洞”传说是鬼谷子的诞生地，其他洞穴传说是鬼谷子弟子们居住的，有“孙膑洞”、“庞涓洞”、“毛遂洞”等。“南桃园”与“演兵岭”则传说是鬼谷子教导弟子们练习游说之术与排兵布阵的地方。还有“天书崖”、“青龙背”等。

淇县的云梦山，可以与《史记》“东事师于齐而习之鬼谷先生”的记载相互印证。淇县在西周时期是卫国都城，赤狄人进攻卫国，卫懿公被杀，都城被毁灭。卫人南逃，在齐桓公援助下在楚丘（今河南滑县）建立新的都城。淇县本与齐国接壤，齐桓公赶走赤狄之后，这块地方可能进入了齐国的版图。淇县云梦山，在洛阳（当时属于西周君）东北，洛阳人苏秦进入淇县的云梦山求学，正符合“东事师于齐”的记载。

（三）鬼谷子的真实性

鬼谷子是真实的人物。有三大证据：第一、他留下了著作《鬼谷子》。《隋书·经籍志》在“纵横家”类著录了《鬼谷子》三卷，注解说：“鬼谷子，楚人也，周世隐于鬼谷。”第二、《史记》的《苏秦列传》和《张仪列传》明确记载鬼谷子是苏秦和张仪的老师。《史记·苏秦列传》说：“苏秦者，东周洛阳人也。东，事师于齐，而习之鬼谷先生。”《张仪列传》又说：“张仪者，魏人也。始尝与苏秦俱事鬼谷先生，学术。苏秦自以不及张仪。”第三、西汉大学者刘向（他是中国目录学的创始人），在《说苑·善说》中引用了鬼谷子的话。《善说》讨论谈说之术，引用了荀子、鬼谷子、子贡等的话语：

孙卿曰：“夫谈说之术，齐庄以立之，端诚以处之，坚强以持之，譬称以喻之，分别以明之，欢欣愤满以送之，宝之，珍之，贵之，神之。如是，则说常无不行矣。……”鬼谷子曰；“人之不善而能矫之者，难矣！说之不行、言之不从者，其辨之不明也；既明而不行者，持之不固也；既固而不行者，未中其心之所善也。辨之，明之，持之，固之，又中其人之所善；其言神而珍，白而分，能入于人之心，如此而说不行者，天下未尝闻也。此之谓善说。”子贡曰：“出言陈辞，身之得失，国之安危也。”《诗》云：“辞之绎矣，民之莫矣。”夫辞者人之所以通也。主父偃曰：“人而无辞，安所用之？”昔子产修其辞而赵武致敬，王孙满明其言而楚庄以惭，苏秦行其说而六国以安，蒯通陈其说而身得以全。夫辞者，乃所以尊君、重身、安国、全性者也。故辞不可不修，而说不可不善。

刘向引用了五段话和四件史实。荀子的话出自《荀子·非相》，《诗经》句子出自《大雅·板》，主父偃是汉武帝时谋略家，提出“推恩法”削弱诸侯分裂势力，他的话大概出自《汉书·艺文志》所曾著录的“《主父偃》二十八篇”。子产对答赵国诘难而使赵武信服的事见于《左传·襄公二十五年》，王孙满对楚庄王问鼎事见于《左传·宣公三年》，苏秦合六国抗秦事见于《史记·

苏秦列传》，蒯通陈辞以保全性命事见于《史记·淮阴侯列传》。子贡的话无法查考。子贡没有著作传世，但子贡是一个真实历史人物毫无疑问。因此可以推断，鬼谷子也是真实人物。鬼谷子具体活动时代，可以根据苏秦、张仪的活动时代确定，大概是与墨子同时代人。

总之，鬼谷子就是隐居在鬼谷的一位学者。鬼谷是地名，“子”是尊称。隐士们不说自己的姓名是情理中的事，因为正如介子推所说的：“身将隐，焉用文之?”（《左传》僖公二十四年）大哲学家老子的真实姓名便是一桩疑案，《论语》中的“荷蓧丈人”，有著作的“鹖冠子”，都没有留下姓名。

二、色彩神奇的著作《鬼谷子》

（一）天书的神奇传说

《鬼谷子》这本书，也像鬼谷子先生一样，有许多神奇的传说。如河南淇县云梦山至今流传着《鬼谷子》是一部“天书”的传说。云梦山的“天书崖”，壁立数丈，宽十多丈，约一千平方米，颇似悬崖石刻，远看依稀有字迹。传说鬼谷子把华元真人传授的“天书”托印在悬崖上。这部天书属于阴性，白天看没有一个字，晚上就金光闪闪，内容变化万千。鬼谷子第一晚读它时，看到的是十三篇纵横游说之术；第二晚读它时，看到的是十三篇军事用兵之法；以后各晚，分别看到了货殖致富、养性修真、推命相面等等不同的方术。这部“天书”就是《鬼谷子》。

鬼谷子招收弟子，根据弟子们不同的资性，传授不同的学问。纵横之术，传授给苏秦、张仪、毛遂；军事之术，传授给孙膑、庞涓；货殖致富的方法，传授给计然（范蠡的老师）、范蠡（陶朱公），再传白圭（魏文侯时代人）、吕不韦；养性修真大法，传授给茅濛、徐福，茅濛传茅盈（茅山派祖师），再传陶弘景；推命相面的方术，传授给司马季主，再传李虚中。

这些传说荒诞不经，都给《鬼谷子》染上了浓厚的神奇色彩。

（二）《鬼谷子》的真伪问题

《鬼谷子》是一本实际存在的书。《鬼谷子》最流行的版本有：道藏本、《四库全书》本、秦恩复校订的乾隆刊本与嘉庆刊本等。今《道藏》本《鬼谷子》分上中下三卷。上卷含《捭阖》、《反应》、《内揵》、《抵巇》等四篇。中卷含《飞箝》、《忤合》、《揣篇》、《摩篇》、《权篇》、《谋篇》《决篇》、《符言》等八篇，另有《转丸》《胠乱》二篇，亡失已久。下卷含《本经阴符七篇》、《持枢》、《中经》等九篇。

关于《鬼谷子》这部著作，历来有两大争议，一是真伪争议，一是褒贬争议。研究《鬼谷子》，首先必须弄明白《鬼谷子》的真伪和写作时代。

最早著录此书的《隋书·经籍志》说："《鬼谷子》三卷，皇甫谧注。鬼谷子，周世隐于鬼谷。"《四库全书总目》云："旧本题鬼谷子撰。《唐志》则以为苏秦撰。莫能详也。其书为纵横家之祖。"

中唐著名散文家柳宗元《辨鬼谷子》一文首先对《鬼谷了》一书的真伪提出了质疑。他指出："汉时刘向、班固录书，无《鬼谷子》，《鬼谷子》后出。"后来，清人姚际恒在《古今伪书考》中断定，《鬼谷子》一书是六朝某好事者的伪作。近现代学者认为《鬼谷子》是伪书，就是沿袭了他们的说法，而且与疑古思潮有关。这种认为《鬼谷子》是伪书的意见，其主要论据是刘向《别录》与班固《汉书·艺文志》没有著录它。

清朝的朴学家阮元、秦恩复、周广业等，经过认真考证，都认为《鬼谷子》是先秦时代的著作。民国学者俞棪的《鬼谷子真伪考》，对前人成果作了总结性的论述。他从五个方面推断《鬼谷子》流行于西汉之前。

前人的研究本来基本可以肯定《鬼谷子》是先秦著作，他们的不足之处是把此书完全当作一个整体，认为其中的各篇都是先秦著作，这就给怀疑者留下了漏洞。

我们主张对《鬼谷子》各篇的写作时代应该分别研究。今《道藏》本《鬼谷子》可分三类情况。第一类十一篇，包括上卷《捭阖》、《反应》、《内揵》、《抵巇》等四篇，中卷《飞箝》、《忤合》、《揣篇》、《摩篇》、《权篇》、《谋篇》、《决篇》等七篇。第二类是中卷的《符言》篇。第三类是下卷的《本经阴符七篇》、《持枢》、《中经》。我们认为：

上中卷的《捭阖》至《决篇》等十一篇，是先秦《鬼谷子》原著；《符言》篇是从《管子》混入《鬼谷子》的；外篇可能是唐人著作。

我们认为《捭阖》等十一篇是原著的理由有四点：

第一，司马迁《史记》明确记载苏秦、张仪师事鬼谷先生；而且，《太史公自序》还引用了《鬼谷子》的话语"圣人不朽，时变是守"。在《史记》之前问世的《淮南子》书中也多次出现"忤合"一词，这个词是代表《鬼谷子》重要主张的词语。因此，鬼谷子先生就可能有著作传世。

第二，恰恰是《别录》的作者刘向引用了鬼谷子的话，而且有一定长度，不像子贡的话仅仅片言只语。那么，刘向为什么作《别录》时，没有著录《鬼谷子》呢？最大的可能性是，刘向曾经著录了《鬼谷子》，但是，刘歆、班固或者后代人在传抄过程中有意或无意地脱漏了。班固在《艺文志序》中明确地申述，他不是完全照抄刘向的《别录》与刘歆的《七略》，而是“今删其要，以备篇籍”。俞樾则指出，刘歆可能把《鬼谷子》“斥为异端而排抑之”。我们倾向于这种推测。

而且，《汉书·艺文志》没有著录的作品，也不能一概判断是伪书。如：《竹书纪年》、《穆天子传》皆不见于《汉志》，但是却在晋朝太康年间于汲郡魏襄王墓中发现了。《战国纵横家书》不见于《汉志》记载，却于20世纪在长沙马王堆汉墓发现了。

第三，《鬼谷子》所反映的现实是战国时代的现实；书中的思想是战国时代的思想。《鬼谷子·抵巇》说：“天下分错，上无明主，公侯无道德。”《鬼谷子·忤合》又说：“古之善于向背者，乃协四海，包诸侯，忤合之地而化转之，然后以之求合。”战国时代的现实就是如此。天下纷争，“士”阶层应运而生。他们在各个诸侯国中活动，宣传自己的主张，寻找能够采用自己主张的君主。战国各家的“士”都要从事游说，跟鬼谷子同时代的墨子，略后于鬼谷子的孟子等都是如此，即使是反对游说活动的法家本身也要游说诸侯，商鞅游说秦孝公就是例子。当然，游说之士（苏秦、张仪等）更加活跃。社会需要必然促进人才的培养，培养人才需要理论概括，需要有教本。鬼谷子也就可能编写《鬼谷子》作为教本。所以，《鬼谷子》是适应时代需要的产物。而且，《鬼谷子·抵巇》说：“世可以治，则抵而塞之；不可以治，则抵而得之。”公开宣称，如果国家已经腐败不堪，不可挽救，就推翻它，取而代之。这种观点，只可能在春秋战国时代有产生的土壤，有宣传的空间。因为，春秋战国时代还没有高度中央集权的君主专制制度，有作为的臣下取代无能的君主的事件经常发生。董仲舒《春秋繁露·王道》统计是，“弑君三十二，亡国五十一”。《汉书·刘向传》的统计是，“弑君三十六，亡国五十二”。如晋国的三个大夫，就取代晋国，建立了韩、赵、魏三个新的政权；齐国的大臣田成子就取代了原来的姜姓齐国而建立了田姓的齐国。在战国时代，其他著作也有与《鬼谷子》相类似的这种思想。如：《六韬·武韬·顺启》云：“天下者，非一人之天下，惟有道者处之。”《吕氏春秋·贵公》也说：“天下非一人之天下也，天下之天下也。”当然，《鬼谷子》的思想是最激进的。到了战国后期，法家对这种原始的民本思想进行批判，主张绝对尊君。这种原始的民主思想就绝迹了。战国以后再没有这种情况。秦汉时代，中央集权，不可能有这种情况。魏晋南北朝时期，也没有这样的活动舞台，当时只有战乱，没有养士的诸侯与贵族。如果没有了现实的土壤，崇尚空谈的魏晋时代要伪造一本体系完整的纵横家著作，几乎是没有任何可能性的。

第四，《鬼谷子》的文风与语言，具有战国时代的特点。清代大考据家阮元在《鬼谷子跋》中已经从用韵方面作了论证，他说："中元读《鬼谷子》，中多韵语。"跟阮元同时代的音韵学家江有诰，曾经对《鬼谷子》的《捭阖》、《反应》、《内》、《抵巇》、《忤合》及《本经阴符》等六篇的韵语用韵进行分析，载入《先秦韵读》（江氏《音学十书》之一）。

个人以为，《鬼谷子》有许多自然押韵的语句，可以用来证明《鬼谷子》是先秦著作。首先，《鬼谷子》具有先秦散文自然押韵的特点。上古时代，没有纸张，学问往往口耳相传，必须讲究押韵，讲究朗朗上口。《洪范》篇自始至终押韵，《周易》、《老子》、《庄子》等书经常出现自然押韵的语句。《鬼谷子》跟它们一样，这说明《鬼谷子》的行文暗合上古著作的特点。其次，《鬼谷子》有很多韵语，符合先秦时代的韵部。如《反应》云："其伺言也，若声之与响也；见形也，若光之与影也。"其中的"响"、"影"属于古［阳］部字，到汉朝，"景（影）"就转入［耕］部了。

《鬼谷子》不仅具有先秦文章自然用韵的文风，而且，用词与句式也与战国时代的作品接近。我统计了《鬼谷子》十一篇中的所有字词，编成《鬼谷子词典》。《鬼谷子》全书共有5000多字，篇幅跟《老子》接近。全书共使用单词757个，其含义都是先秦时代的义项。

《捭阖》等十一篇的具体作者是谁呢?《隋书·经籍志》明确承认此书为周世隐士鬼谷子的著作。萧梁时代注释《鬼谷子》的乐壹，提出了著作权应归属苏秦。司马贞《史记索隐》："乐壹注《鬼谷子》书云：'苏秦欲神秘其道，故假名鬼谷。'"俞棪《鬼谷子真伪考》（《中国政略学史》第三篇第二章），认为《鬼谷子》是苏秦记述其老师鬼谷子的学说。日本人大桥武夫，极力认为苏秦为了使自己的学说神秘，故意虚造了一个鬼谷子。

我们的看法是，《鬼谷子》和苏秦自己的作品《苏子》绝不是一本书。马王堆所发现的《战国纵横家书》，主要是苏秦著作，跟《鬼谷子》的风格也完全不同。鬼谷子是真实人物，与《墨子》、《孟子》时代相近。当时已经有师生共同著述的风气，故《鬼谷子》主要是鬼谷子本人所作，也可能有弟子们的参与，弟子中参与最力的可能是苏秦。

我们认为，《鬼谷子》内篇虽然是先秦著作，但是其中的《符言》篇则是别家作品而被误编入《鬼谷子》书中的，其原出处应该是《管子》。因为，第

一、它与《管子·九守》大同小异。第二、宋朝王应麟《汉书·艺文志考证》引唐朝尹知章《鬼谷子叙》说，《鬼谷子》内篇只有“十三章”。有些民间传说也讲《鬼谷子》是十三篇。今本《鬼谷子》内篇，如果包括存目的《转丸》和《胠乱》两篇，却是十四篇。关键在于去掉《符言》篇。

今本《鬼谷子》外篇应该是后代窜入的作品，其作者与编撰者可能是唐朝爱好纵横之术的人。柳宗元《辨鬼谷子》提出怀疑的重点就是外篇，他说：“晚乃益出七术，怪谬异甚，不可考校。”“七术”即今本下卷的《本经阴符七篇》。外篇的内容与行文风格，也跟内篇有明显区别。外篇所使用的词语也出现了唐朝文章的痕迹。如：内篇5次出现“民”字，6次出现“治”字；外篇不用这两个字，就可能是为了避唐太宗、唐高宗的名讳，唐朝人的文章都是如此。

三、《鬼谷子》的独特价值

历代对《鬼谷子》的褒贬很悬殊，我们应该客观地评价这部书。我们认为其独特价值有五个方面：

第一，《鬼谷子》是战国纵横家唯一保存至今的理论专著。

阮元《鬼谷子跋》云：“是编为纵横家独存之子书。”这可谓抓住了评价《鬼谷子》的关键。“子”，本为商朝的王族的姓氏，后来发展为尊称，又发展为特指有独到思想见解的学者。“子书”，就是成一家之言的著作。《鬼谷子》是唯一的奠定纵横家思想体系而且保存至今的理论著作。《汉书·艺文志·诸子略》著录先秦纵横家著作五种、秦汉纵横家著作七种，都散亡了。虽然《战国策》是记录纵横家游说活动的著作，而且保存下来了，但是，《战国策》记载游说人士的游说活动，不是理论著作。长沙马王堆发现的《战国纵横家书》，也主要是记载苏秦等人的游说活动，不是理论著作。除《鬼谷子》以外，在历史上曾经轰轰烈烈的纵横家就没有理论著作传世了。战国时代，是我国学术的黄金时代。儒家、道家、墨家、法家、名家、杂家都留下理论著作，阴阳家也有片断作品被保留，而如果我们轻视《鬼谷子》，那就给研究战国时代的学术思想留下了巨大的空白。

第二，《鬼谷子》总结了纵横游说之术，开创了中国的政治策略学。

《鬼谷子》建立了总结纵横游说之术的完整理论体系。

第一篇《捭阖》，“捭”是打开，属于阳；“阖”是闭合，属于阴。道藏本及《四库全书》本的题解云：“捭，拨动也；阖，闭藏也。凡与人言之道，或拨动之，令有言，示其同也；或闭藏之，令自言，示其异也。”这是什么意思呢？如何通俗地讲解呢？

《鬼谷子》纯粹讲理论，跟现代理论术语和现代汉语有相当大的距离，不太好懂。个人在《鬼谷子详解》中采用的办法是，利用《战国策》中的故事进行阐释。因为《鬼谷子》是纵横家的理论，《战国策》是纵横家的实践。且举数例：

《战国策·秦策一》记述苏秦、张仪以连横说秦惠王，他们都铺排秦的国力，夸张连横的效果，都属于“捭“。只是时机不同，一败一成。苏秦在前，秦惠王羽翼未丰，不肯接受；张仪在后，秦受连横压力，愿意采纳。

寓言也一样。《战国策·燕策一》，郭隗劝燕昭王任用自己，先说“千金买骏骨”的寓言故事，就是捭；《战国策·齐策一》，门客劝阻靖郭君城薛的“海大鱼”故事，就是“阖”。

《捭阖》是各篇的总纲，统率以下各篇。它以古老的阴阳学说作为游说之术的哲学基础。“阴阳”是我国古代重要的哲学概念，它反映了世界万事万物之间的对立统一关系与运行规律。春秋战国时代的诸子百家都应用阴阳这个概念为建立自己的思想体系服务。《捭阖》篇开宗明义就引进阴阳学说：“圣人在天地之间，为众生之先，观阴阳之开阖以命物。”“阳动而行，阴止而藏；阳动而出，阴随而入；阳还终始，阴极反阳。”《鬼谷子》引进阴阳学说之后，就进一步把阴阳与捭阖之术结合起来，说：“捭之者，开也，言也，阳也；阖之者，闭也，默也，阴也。”它把一切阳刚的进取的举动和事物，积极开口游说的行为，都称为“捭”，即哲学上的“阳”；把一切阴柔的退让的举动和事物，游说中的暂时消极沉默，都称为“阖”，即哲学上的“阴”。由此可见，《鬼谷子》一方面为纵横游说之术寻找到了哲学根据，把游说实践提到了哲学的高度；从另一方面来说，就是把阴阳学说的应用范畴推广了，推广到了具体的政治人事活动领域。

《反应》、《内揵》、《抵巇》、《飞箝》、《忤合》等五篇是讲游说之士的处世之道。第二篇《反应》，就是讲通过正面或反面地反复观察、辩说，准确地掌握对方的反应，包括心理、语言等方面的反应，以探求真伪、辨明同异、掌握虚实，从而紧紧抓住对方。《反应》篇同时强调“知之始己”、“以先定为之法则”，即首先要了解自己，自己有坚定的主张，才能制定适当的策略，控制对方，进退自如。第三篇《内揵》，揵（jian 建），跟“楗”（门闩）、“键”（钥匙）是同源词。“内”，特指内心世界。“内揵”的含义是：向君主进献说辞，要深入到君主的内心世界，使双方的关系就像门闩栓和门、钥匙和锁一样紧密结合，亲密无间。第四篇《抵巇》篇，抵，击、接触；巇（xì 戏），裂缝。抵巇，就是针对社会所出现的裂缝而采取不同的对待手段。第五篇《飞钳》，就是远远地把话语传给对方，使对方流露出真实的思想、性情、才能、爱好，然后牢牢控制。第六篇《忤合》，讨论的是纵横游说之士的归宿问题，也就是如何选择君主以从政的问题。“忤”（wu 午），就是彼此思想不合而背离。合，就是选择计谋相合的对象，使彼此亲密无间。

《揣》篇、《摩》篇、《权》篇、《谋》篇、《决》篇等五篇，是讲游说的具体程序。第七篇《揣》，就是揣测、探求对方的权势实力和思想动态。第八篇《摩》，是《揣篇》的姊妹篇。摩，着重在触摩、接触，在接触中试探对方，尽力顺从对方的心意，以求亲密无间。第九篇《权》，“权”字，本义是秤锤，引申为衡量、变化。对游说之辞要反复衡量，要善于变化。第十篇《谋》，谋，就是谋略。本篇与《权》篇是姊妹篇，故人们往往“权”、“谋”并提。《权》篇主要讨论仔细衡量游说对象，《谋》篇主要讨论如何讲究谋略，出谋划策。第十一篇《决》，决，是决断各种有疑虑的事情。如果根据《太平御览》把《揣》、《摩》、《权》、《谋》四篇分别叫做《揣情》、《摩意》、《量权》、《谋虑》，那么，本篇可以称为《决疑》。

《鬼谷子》上卷、中卷的十一篇作品，建立了一个完整的理论体系。这个理论体系培养了苏秦、张仪、陈轸、公孙衍等杰出的游说之士，在历史舞台上演出了“合纵”、“连横”的一幕幕风云变幻的戏剧场面，操纵战国政治斗争形势约百年之久。

《鬼谷子》所建立的纵横游说理论体系，实际上相当西方的政治谋略学。现代学者俞棪，在20世纪30年代著《中国政略学史》。此书定稿于抗日战争胜利之后，由于特殊原因，只有油印本托上海的图书馆保藏，直到2009年才由上海社会科学出版社出版。俞棪从政治学的角度，把游说术叫做“政略学”，而且认为中国先秦著作中只有《鬼谷子》与《孙子》是纯理哲学的巨著。此书第三篇专门论述《鬼谷子》，认为《鬼谷子》标志中国政略思想的成熟。蔡元培先生、叶恭绰先生，都为此书作序，肯定此书的学术贡献。

第三，《鬼谷子》形成了独特的政治哲学体系，在中国政治思想史上独树一帜。

《鬼谷子》的政治哲学体系不同于儒家、道家、法家等其他学派，独树一帜。

《鬼谷子》吸收了道家的“道”、“反”、“静”、“柔弱”理论。如《反应》篇说：“己欲平静，以听其辞。”“欲闻其声反默，欲张反睑，欲高反下，欲取反与。”强调从相反的方面求得变化。但是，《鬼谷子》对道家学说进行了改造，强调“有为”，推崇智谋，讲究言辞，积极从事政治活动。《忤合》篇说：“世无常贵，事无常师。”“圣人常为无不为，所听无不听。”《权》篇说：“听贵聪，知贵明，辞贵奇。”

《鬼谷子》也借鉴了儒家的思想。《鬼谷子》多次提出“仁义”、“先王”。如《内揵》篇说：“由夫道德、仁义、礼乐、计谋。先取《诗》《书》，混说损益，议去论就。”《忤合》篇赞扬伊尹辅佐商汤、吕尚辅佐周文王。《抵巇》篇以“五帝”、“三王”为范例。这都是儒家的思想资料。但是，儒家鄙视功利，把道德信念放在个人的名利追求之上；而《鬼谷子》则主张追求个人的名利富贵，主张可以择主而事。《鬼谷子·忤合》篇说：“圣人居天地之间，立身、御世、施教、扬声、明名也。”“古之善于向背者，乃协四海，包诸侯，忤合之地而化转之，然后以之求合。”“合于彼而离于此，计谋不两忠。”《鬼谷子》明确地把利害关系当作人际关系的基础。《谋》篇说：“故相益则亲，相损则疏。”“公不如私，私不如结。”“说人臣者，必于之言私。”

《鬼谷子》像法家一样崇尚权谋，但是又不同于法家的使权谋专一为帝王服务。《决》篇云：“圣人之所以能成其事者，有五：有以阳德之者，有以阴贼之者，有以信诚之者，有以蔽匿之者。”《鬼谷子》崇尚权谋是历史条件决定的。刘向《战国策叙录》也说：“战国之时，君德浅薄，为之谋策者，不得不因势而为资，据时而为画，故其谋扶急而持倾，为一切之权。虽不可以临教化，兵革救急之势也。皆高才秀士，度时君之所能行，出奇策异智，转危为安，运亡为存，亦可喜，皆可观。”

在中国古代思想界，只有法家与鬼谷子公开地宣传权术。但是，两者又有差别。法家只主张君主运用权术去驾驭臣子与百姓，把“法”、“术”、“势”都当作君主驾驭天下的手段。而鬼谷子却主张，上下之间相互都可以运用权术，甚至主张下级可以取代君主。

主张下级可以取代君主，这是《鬼谷子》独树一帜的哲学政治思想体系的最突出的表现。《鬼谷子·抵巇》公开宣布：“世可以治，则抵而塞之；不可以治，则抵而得之。”意思是说，如果国家形势还可以挽救的话，就协助当权者挽救；如果国家已经腐败不堪，不可挽救，就推翻它，取而代之。《抵巇》篇还举出上古时代的传说与历史，作为“可抵而得”的重要根据，它说：“五帝之政，抵而塞之；三王之事，抵而得之。”赞扬了夏启伐有扈氏、汤伐桀、武王伐纣的事。这就是说，《鬼谷子》的作者，不是站在最高统治者的立场来看待并处理社会矛盾，而是站在一种比较公正的立场来看待并处理社会矛盾。

《鬼谷子》的这种思想，对封建制度具有破坏性。并且，影响了秦末的反抗暴政的起义。陈涉、项羽、刘邦都受到影响。

陈涉："王侯将相，宁有种乎？"（《史记·陈涉世家》）（底层）

项羽："彼可取而代也。"（《史记·项羽本纪》）（贵族后裔）

刘邦："大丈夫当如此也。"（《史记·高祖本纪》）（小吏）

活动在战国前期的儒家大师孟子，在这个问题上几乎与鬼谷子有相同的地方。孟子不理会空有其名的周天子，到处游说诸侯。齐宣王对商汤取代夏桀、周武王伐纣这类事件有怀疑，向孟子求教说："汤伐桀，武王伐纣，真有这样的事情吗？"孟子说："历史记载有这样的事情。"宣王说："难道臣子可以弑君吗？"孟子说："破坏仁爱的人叫做'贼'，破坏道义的人叫做'残'。残贼一类的人，就是'独夫'。武王杀的是独夫纣王，不是什么君主。"（《孟子·梁惠王下》）孟子还对齐宣王说："如果君主发生过错，贵戚大臣就要劝阻；如果反复劝阻不听，贵戚大臣就可以取而代之。"（《孟子·万章下》）但是，孟子认为可以取代君主的应该是有道德的贵族大臣，《鬼谷子》则认为出身于平民的游说之士也可以取代天下，把春秋战国之交产生的原始的民本思想发展到了民主思想的边缘。

后来，秦始皇采用法家思想，建立了极端专制的君主制度，钳制其他思想，企图子孙永远统治天下，可惜历史无情，二世而亡。汉朝统治者鉴于秦王朝二世而亡的历史教训，不敢公开地毫无保留地赞扬法家，而是打着儒家的牌子而实际上施行法家的制度，这就是所谓"阳儒阴法"、"儒表法里"。用汉宣帝的话说就是"王霸杂用"，以后的封建王朝都是如此。在这种专制制度下，法家顶多被批评为"刻薄寡恩"，主要是因为法家思想有利于封建君主制度，而鬼谷子"可抵而得"的思想，当然会被看成是洪水猛兽，受到批判或歪曲。我还猜想，如果班固明知有《鬼谷子》而没有收录《鬼谷子》的话，思想忌讳也可能是一个原因。

正因为《鬼谷子》的思想对封建制度具有破坏性，所以非难和谴责鬼谷子的人物，大多数是受正统思想（儒表法里思想）影响的文人。鬼谷子在民间受到欢迎，则从反面透漏出此中的信息。

第四，《鬼谷子》是中国修辞学的开山著作之一。

中国先秦各家都注意修辞，但是，对修辞作出系统论述的只有《鬼谷子》一家。

我们今天使用的"修辞"这个词，来源于《周易·乾卦·文言》："修辞立其诚，所以居业也。”孔子说的“辞达而已矣”（《论语·卫灵公》），也为大家经常引用。但是，不管是《周易》还是《论语》，都没有对修辞进行任何明晰地界定。而《鬼谷子》则对修辞有比较系统的论述。《鬼谷子》的《权》篇就集中讨论了修辞的定义、内容、作用、目的，还讨论了如何应对、如何说理、如何诘难、如何识别对方言辞、如何针对不同的对象进行游说等问题。《权》篇开宗明义就说：“说者，说之也；说之者，资之也。”“说”是游说，“说之”是说服对方，“资之”是借助对方的力量。这十一个字阐述了游说的目的，也就是修辞的目的，是为了说服对方，借助对方的力量。它继续说：“饰言者，假之也；假之者，益损也。”“饰言”就是修饰语言，《鬼谷子》把“修辞”叫做“饰言”。这个名称是非常恰切的，不比“修辞”差，只是由于儒家的巨大影响而人们采用了“修辞”。“假之”两字是讲“饰言”（修辞）的作用。所谓“假之”就是为了借助语言的力量，即使语言更好地发挥效力。“益损”两字是讲修辞的内容，“益”是增加，“损”是减少，即对语言进行调整和修饰。这不仅是对修辞内容的高度概括，实际上也是给修辞下了一个比较简明扼要的定义。

高圣林先生说得好：“先秦时期是我国修辞学的萌芽时期，各家各派有关修辞的论述都只是只言片语，唯独《鬼谷子》中有成段乃至成篇的修辞论述，并且内容相当完备。”“有人曾把刘勰称为‘世界修辞学三大鼻祖’之一，认为他可以与古希腊亚里士多德相媲美，笔者以为刘勰与亚氏没有可比性，真正具有可比性的是鬼谷子（托名鬼谷子的苏秦亦可）。”“先秦的《鬼谷子》是中国第一部口语修辞著作；宋代陈骙的《文则》是中国第一部书面语修辞专著；而梁代刘勰的《文心雕龙》则是一部文学理论著作，但其中夹杂着大量的修辞学内容。将《鬼谷子》视为中国修辞学著作的源头，比把《文心雕龙》或《文则》当作中国修辞学的源头，在时间上向前推移了几百年乃至一千年。”（高圣林《鬼谷子：中国修辞学著作的最早源头》，湘潭师范学院学报2000年1期）

蔡元培先生为《中国政略学史》写的序言说：“古者谓之纵横家者流，近于西洋人之雄辩术。”高圣林认为，《鬼谷子》与亚里士多德《修辞学》有许多可资比较的地方。首先这两部书对修辞理论的探讨都比较全面，而且颇有吻合之处。古希腊的城邦民主制度，决定了演说辩论术的重要地位。议论城邦大事、商业与财产诉讼都需要演说，演说所面对的对象是公众。亚里士多德的《修辞学》就是在前人研究的基础上进一步总结如何说服公众的演说辩论术。中国的家长式君主制度与春秋战国时代诸侯割据的形势，决定了游说活动的重要地位。游说所面临的对象是君主或其他当权者。《鬼谷子》就是在前代行人（外交使者）辞令的基础上对游说辩论之术进行理论总结。亚里士多德《修辞学》从演说辩论的角度研究修辞，奠定了西方修辞学的传统；《鬼谷子》则从游说辩论的角度研究修辞，奠定了中国古代修辞术的传统。当然，《鬼谷子》像中国其他理论著作一样，论述比较简单含蓄，不像《修辞学》那样在逻辑分析上充分开展。这是东西方著作的不同文化传统在风格上的表现。

我赞成上述观点。我们认为，《鬼谷子》的修辞理论是为其政治策略思想服务的。《鬼谷子》最突出的修辞理论是接受修辞理论。接受修辞就是研究怎样使对方接受自己的观点，包括如何掌握对方的心理、性格、感情特点，把握时机，因人制宜，灵活变化等问题。《鬼谷子》在这方面有许多系统精彩的论述。我们且看：

揣情者，必以其甚喜之时，往而极其欲也，其有欲也，不能隐其情；必以其甚惧之时往而极其恶也，其有恶也，不能隐其情。情欲必出其变。感动而不知其变者，乃且错其人勿与语，而更问所亲，知其所安。（《揣篇》）

与智者言，依于博；与博者言，依于辨；与辨者言，依于要；与贵者言，依于势；与富者言，依于高；与贫者言，依于利；与贱者言，依于谦；与勇者言，依于敢；与过者言，依于锐。（《权篇》）

夫仁人轻货，不可诱以利，可使出费；勇士轻难，不可惧以患，可使据危；智者达于数，明于理，不可欺以诚，可示以道理，可使立功。是三才也。故愚者易蔽也，不肖者易惧也，贪者易诱也。……其身内，其言外者，疏；其身外，其言深者，危。（《谋篇》）

《鬼谷子》的这些理论，都指导了当时的游说实践。如：《战国策·秦策三》、《史记·范雎〔雎〕、蔡泽列传》的“范雎见秦昭王”、“蔡泽说应侯范雎”，都是《揣篇》理论的印证。范雎了解秦昭王称霸、掌权的欲望，开始时秦昭王求教，他再三再四故意不说话，直到秦昭王亮出底线，才献出“远交近攻”的策略；完全取得信任后，才提出废太后、逐穰侯的主张。蔡泽入秦，知道范雎所推荐的两个恩人，一个因为通诸侯被杀，一个打败仗而投降赵国。他洞察范雎的恐惧心理，于是散布说：“我要取代应侯范雎当宰相。”范雎召见他，他陈述亢龙有悔的道理，使范雎不得不推荐他取代自己。

《鬼谷子》本身的修辞实践也颇成功。如顶真句式的运用，《鬼谷子》具有领先地位。《权》篇云：“说者，说之也；说之者，资之也。饰言者，假之也；假之者，益损也。应对者，利辞也；利辞者，轻论也。成义者，明之也；明之者，符验也。难言者，却论也；却论者，钓几也。”接连使用了五个顶真句，把论述层层推进，是顶真、层递、反复的巧妙结合。《谋》篇云：“故变生于事，事生谋，谋生计，计生议，议生说，说生进，进生退，退生制，因以制于事。”“计谋之用，公不如私，私不如结，结而无隙者也。正不如奇，奇流而不止者也。”陈望道《修辞学发凡》说：“顶真是用前一句的结尾来做后一句的起头，使邻接的句子头尾蝉联而有上递下接趣味的一种措辞法。多见于歌曲。”他举的例句都是诗歌，而且认为后代才有完整的顶真格，如马致远《汉宫秋》第三折中的“梅花酒”那支曲子。《鬼谷子》在散文中使用顶真句，而且运用自如，比马致远要早一千七百年。

《鬼谷子》的修辞理论与实践，不仅在当时培养了像苏秦等一大批游说之士，促进了战国时代“纵横捭阖”的文风的形成，而且培养了后代的许多政治家与外交家，对后世的文章与文章学有深远的影响。

总之，《鬼谷子》是影响深远的中国古代修辞学的开山著作之一。

第五，《鬼谷子》是一部可以被多角度解读的著作。

《鬼谷子》在历史上是一部被多角度解读的著作。明朝冯梦龙所编著的历史小说《东周列国志》第 87 回至 90 回说：鬼谷子和墨子一同在云梦山采药修道。鬼谷子通天彻地，有各家学问：一是象数学，占往察来，言无不验；二是兵学，布阵行兵，鬼神不测；三是游说学，出词吐辩，万口莫当；四是出世学修真养性，长生成仙。鬼谷子收苏秦、张仪、孙膑、庞涓等为徒。

云梦山的民间传说，也透露出种种信息。“天书崖”的“天书”，各晚读它时看到的内容不同，或是纵横游说之术，或是军事用兵之法，或是货殖致富、养性修真、推命相面等不同的方术。鬼谷子招收弟子，根据弟子们不同的资性，传授不同的学问。

实际上，解读并运用《鬼谷子》的人，除了纵横家，还有宗教家、术数之士、政治家、军事家等。

道教从宗教的角度解读并运用了《鬼谷子》。道教成立不久，就把《鬼谷子》列入为道教的经典。鬼谷子与道教发生关系，学术界一般认为大概有两点原因。一是《鬼谷子》吸收了道家的“道”、“柔弱”、“守静”等观念，还吸收了道家学说的神秘性。《老子》以柔弱胜刚强的学说，被人称为“君人南面之术”，更是跟《鬼谷子》一致。道教正是以道家哲学为基础，并把道家学说神秘化，奉老子为道教的祖师。所以，道教把《鬼谷子》收入道藏，把鬼谷子尊为“真人”，就毫不奇怪了。二是后世道教为了与佛教抗衡，大量扩充经籍，把各家著述中带有神秘色彩的东西都搜罗进道藏，把各类有名而且有传奇色彩的人物作为道教的神仙。《四库全书总目》说得好："后世神怪之迹，多附于道家。道家亦自矜其异，如《神仙传》、《道教灵验记》是也。要其本始则主于清净自持，而济以坚忍之力，以柔制刚，以退为进。……而《阴符经》可通于兵；其后长生之说与神仙家合一，而服饵、导引入之；房中一家，近于神仙者亦入之；鸿宝有书，烧炼入之；张鲁立教，符箓入之；北魏寇谦之等又以斋醮章咒入之。"《鬼谷子》当然是首选的作品，鬼谷子当然是首选的人物。

学术界也有人认为，道教的经籍虽然有神化与传说的成分，但是也包含着历史真实。如：罗尚贤先生《论道教的起源及其现实启示》(《广东社会科学》2002 年 2 期）认为，道教不是创立于东汉时代，而是在公元前 6 世纪就由老子创立了；老子曾经带领文子、鬼谷子等西出函谷关在新疆的和田建立了"大道之邦"，即政教结合的原始道教；文子、鬼谷子、鹖冠子是道教的三大派；鬼谷子即王方平，是老君的嫡传弟子，是原始道教的第二代领袖，鬼谷子的弟子有茅濛、孙盈、章震。

中国历史上的术数家，往往与道教关系密切。所以，术数家利用《鬼谷子》也是情理中的事。中唐时代，有个李虚中（762—813)，进士及第，官至殿中侍御史。他爱好五行算命之术。韩愈为他写的《殿中侍御史李君墓志铭》，极力推崇他的算命术说："最深五行书。以人之始生年、月、日所值日辰支干相生胜，衰、死、王、相斟酌，推人寿夭、贵贱、利不利，辄先处其年、时，百不失一二者。"唐宋时代出现的算命书《命书》，题署为："鬼谷子撰，李虚中注。"《命书序》中说了一个故事：

昔司马季主居壶山之阳。一夕雨余，风清月朗。有叟踵门，自谓鬼谷子。季主因与谈天地之始，论河洛之书，箕子九畴，文王八卦，探赜幽微造化。至晓，出遗文九篇，包括三才，指陈万物。季主得而明之，每言人之祸福、时数吉凶，应如神察，为当时所贵。

司马季主是西汉初年的著名占卜家，曾经跟贾谊有交往。《史记·日者列传》专记其事。壶山，或说在今河南省鲁山县。阳，山的南面。河洛之书，指《周易》和《尚书》。《周易·系辞上》说："河出图，洛出书，圣人则之。"认为《周易》的八卦是受到龙马从黄河中背出的图形的启示而创作的，《尚书》的《洪范》则是受到神龟从洛水中背出的图形的启示而创作的。箕子（约公元前 1173—前 1080)，是中国第一个有著作传世的思想家，是周公和孔子的先驱。他向周武王陈述《洪范》，包括九项治国大法，称为"九畴"，最重要的是"五行"、"王道"、"天人感应"。这个传说，把占卜家司马季主、星命家李虚中跟鬼谷子联系在一起了，所以，后来占卜家和算命先生都把鬼谷子作为祖师爷。

军事家与《鬼谷子》也有不解之缘。河南淇县云梦山的民间传说，讲《鬼谷子》与军事的关系说：第一篇《捭阖》，讲纵横捭阖是军事方略出入的门户；第二篇《反应》讲兵机大事必须全面迅速掌握敌情，使敌人无可乘之机；第三篇《内揵》讲将帅必须了解君主的心理，取得信任，彼此计谋相合，才能建功立业；第四篇《抵巇》，讲善于发现敌方裂痕，设法堵塞或利用；第五篇《飞钳》说，发动征伐，必须权衡敌我双方财力、外交、内政的情况；第六篇《忤合》讲用兵要正确地决定联合谁、打击谁，才能进退自如；第七篇《揣》讲必须了解各国的力量，包括土地、人口、财富、地形、民心、人才等；第八篇《摩》讲不战而胜的关键是谋略的周密；第九篇《权》讲用兵的反复进退要认真斟酌；第十篇《谋》讲兵谋的规律；第十一篇《决》讲决断的重要；第十二篇讲赏罚要严明公正；第十三篇讲要善于扬长避短。

《鬼谷子》今存十一篇先秦原作，加上内容已经失传而保存了篇名的《转丸》和《胠乱》，共十三篇，跟《孙子兵法》十三篇的篇目巧合。所以，人们说：《鬼谷子》是文兵法，侧重于圆，《孙子兵法》是武兵法，侧重于方。《孙子兵法》侧重于总体战略，而《鬼谷子》则专于具体技巧，两部兵法都主张不战而屈人之兵。

彭永捷著《中国纵横家》（宗教文化出版社，1996 年）还记载了鬼谷子“用兵十谋”的民间传说——纵横捭阖、反复周旋、抵巇用间、飞钳破敌、忤合深谋、量权天下、随机决断、出奇制胜、以实击虚、千仞转圆。这也是从《鬼谷子》中引申出军事内容。

《鬼谷子》为什么跟军事家有不解之缘呢？一是历史记载的瓜葛。《战国策·秦策一》早已经记载，苏秦在游说秦国失败之后，回家发奋读书，“夜发书，陈箧数十，得太公《阴符》之谋。”《史记·苏秦列传》也继承了苏秦发奋读书得《周书阴符》的记载。因此，后人（大概是唐朝人）为《鬼谷子》一书增补了《本经阴符七篇》；又伪托鬼谷子曾为《阴符经》作注。《四库全书总目》说得好：“而《阴符经》可通于兵。”二是《鬼谷子》崇尚权谋。《鬼谷子》的《谋》篇说：“正不如奇，奇流而不止者也。”军事家用兵，正是讲究谋略奇巧，“对敌贵诈”的。《鬼谷子》的《摩》篇，还直接讲了军事：“主兵日胜，而人不畏也。”“主兵日胜者，常战于不争不费，而民不知所以服，不知所以畏，而天下比之神明。”于是民间传说推波助澜。相传晋人王嘉所作的《拾遗记》，它记载了鬼谷子向苏秦、子仪传授秘籍的故事，情节非常近似于黄石公向张良传授兵书的传说。这个故事具有把鬼谷子先生由纵横家向兵家过渡的痕迹，使鬼谷子与兵家有了一丝瓜葛。

《鬼谷子》跟政治斗争关系密切。中国历史上长期皇权专制，充满忠奸斗争，往往忠者失败，奸者胜利，原因往往是忠者“不学无术”。《宋史》列传第四十讲寇准“不学无术”的故事，颇有代表性。寇准是真宗宰相，在抗辽中起了中坚作用，杨家将故事也反映了民间对他的景仰。张詠听说寇准拜相，感叹说：“寇公奇才，惜学术不足尔。”后来寇准贬官，两人相逢，临别时，寇准向张詠请教：“何以教我?”张詠说：“《霍光传》不可不读。”寇准读《霍光传》，读至“不学无术”，笑着说：“此张公谓我也。”一般人把这个“术”解释为学问、道术，其实应该解释为策略，消极的术就是权术。寇准精通《春秋》三传，有学问，忠诚刚正，有道德，他却不精通策略，不了解小人的权术，所以被小人中伤，贬雷曾司户参军（从七品或从九品）而客死。总之，搞政治必须讲究策略，也必须了解和防范小人的权术。

总之，《鬼谷子》曾经被人们从不同的角度解读，读者可以见仁见智，得出不同的体会。日本人大桥武夫著《鬼谷子》一书，用军事、外交、政治、商业等方面人际交往的实事来应证鬼谷子的理论。大桥武夫颇能中为日用、古为今用。这一切可以启示我们认识《鬼谷子》在今日的价值。有一点是确定无疑的，即我们应该在各种场合提高自己的分析能力与修辞能力。这种能力，在外交场合关系到国家的安危得失；在商业谈判与竞争的场合，关系到经济上的成败盈亏；在日常生活中也关系到处世为人是否顺利得体。

为什么《鬼谷子》可以从不同的角度理解或运用呢？我们经过反复思考，产生了一个不成熟的看法。这个看法是：《鬼谷子》之所以能够从不同的角度理解，对宗教家、军事家、外交家、术数家、理财家都能发生影响，是因为它有一个超越具体领域的哲学体系。《鬼谷子》理论体系的基石，就是古老的阴阳之道。“阴阳”是我国古代哲学的基础概念，它反映了世界万事万物之间的互补关系与运行规律。

四、《鬼谷子》的褒贬问题

研究《鬼谷子》有两大争议问题，除了真伪问题，还有褒贬问题。

肯定《鬼谷子》的代表人物有汉朝的刘向、南北朝的刘勰、唐朝的陈子昂、宋朝的高似孙、民国的俞棪等。否定《鬼谷子》的代表人物有汉朝的扬雄、唐朝的柳宗元、明朝的宋濂等。肯定或否定《鬼谷子》，都跟评价战国时代游说之士有关。

褒扬《鬼谷子》的人，是着眼于《鬼谷子》的独特价值，注意游说之士的历史作用。

为什么有人对《鬼谷子》持否定态度呢？个人以为，关键有两点：第一点是《鬼谷子》的思想，跟中央专制集权的封建制度和正统封建思想，是水火不容的。这是最根本的一点，我们已经在前面谈了。第二点是《鬼谷子》与战国时代游说之士的关系，他们否定战国时代的游说之士，进而否定鬼谷子。且看扬雄《法言》的第十一篇《渊骞》：

或问："仪、秦学乎鬼谷术，而习乎纵横言，安中国者各十余年，是夫?"曰："诈人也，圣人恶诸。"曰："孔子读，而仪、秦行，何如也?"曰："甚矣，凤鸣而鸷翰也。"曰："然则，子贡不为欤?"曰："乱而不解，子贡耻诸；说而不富贵，仪、秦耻诸。"或曰："仪、秦其才矣乎？迹不蹈已。"曰："昔在任人，帝曰难之，亦才矣。才乎才，非吾徒之才也。"

扬雄认为鬼谷子的门徒苏秦、张仪是"诈人"，进而否定鬼谷子。扬雄的批评，主要是继承了儒家的正统立场，并且他是针对战国游说之士的。《孟子·滕文公下》记载，景春问孟子说："公孙衍、张仪岂不诚大丈夫哉！一怒而诸侯惧，安居而天下熄。"孟子从儒家的道德与政治信仰出发，马上否定了景春的说法，而认为张仪等朝秦暮楚，迎合君主，实行的是"妾妇之道"。孟子所针对的是纵横游说之士，扬雄开始牵连到了纵横游说之士的老师鬼谷子先生。后来，柳宗元、宋濂又变本加厉。柳宗元可能是有感于对立派的权谋。

首先，我们应该看到苏秦、张仪等纵横游说之士是历史的产物，他们曾经起了积极的历史作用。司马迁《史记》为先秦诸子写列传，儒家除《孔子世家》外有《仲尼弟子列传》、《孟子荀卿列传》二篇，《孟子荀卿列传》还兼及了阴阳家邹衍、名家公孙龙、墨家墨翟等等；道家与法家共有《老庄申韩列传》、《商君列传》二篇；纵横家占的比例最大，有《苏秦列传》（包括其弟苏代、苏厉）、《张仪列传》（包括陈轸、公孙衍）、《范雎蔡泽列传》、《鲁仲连列传》等，战国四公子列传中也大量记载了纵横游说之士的活动。而且，司马迁为苏秦洗雪罪名说："夫苏秦起闾里，连六国从亲，此其智有过人者。吾故列其行事，次其时序，毋令独蒙恶声焉。"刘向《战国策书录》说："战国之时，君德浅薄。为之谋策者不得不因势而为资，据时而为画。故其谋扶急持倾，为一切之权，虽不可以临国教化，兵革救急之势也。皆高才秀士，度时君之所能行，出奇策异智，转危为安，运亡为存，亦可喜，皆可观。"

其次，我们应该看到纵横游说之士的弱点是非常明显的。他们不能坚守一贯之道，迎合君主而不能做君主之师；他们无高尚操守，彼此倾轧甚至同室操戈。据《战国策》与《史记》的记载，苏秦先是到秦国宣传连衡的主张，碰壁之后才到燕、赵、韩、魏、齐、楚，宣传合纵的主张，从而得志。那么，苏秦到底是主张什么呢？他没有坚定的主张，他朝秦暮楚，主要是为了求个人的富贵而已。他佩带了六国的相印之后，仍然要小权术。最后，为了燕国而在齐国担任客卿，“身在齐而心在燕”，终于被跟他争宠的齐国大夫派人刺死。张仪，先是宣传合纵，后来成为连衡的代表，同样没有坚定的主张，主要是为了求个人的富贵。他在秦国得志之后，挑拨六国关系，耍尽了下三流的手段。如：他离间楚国与齐国的关系，诱惑楚怀王说：“大王诚能听臣，闭关绝约于齐，臣请献商於之地六百里。”等到达到目的以后，却改口说：“臣有奉邑六里，愿以献大王左右。”他跟公孙衍、犀首之间，也是钩心斗角，相互倾轧，声名狼藉。所以班固在《汉书·艺文志》中说：“及邪人为之，则上诈谖而弃其信。”

某些纵横家因为崇尚权谋而背信弃义，是应该受到道德谴责的。但是，在评价历史人物的功过时，往往不能用道德评价来代替历史评价。在历史上，有时“恶”也成为历史的推动力。

第三，我们不应该把纵横游说之士跟鬼谷子先生的著作《鬼谷子》画上等号。纵横游说之士跟《鬼谷子》有密切关系，是毫无疑义的。《鬼谷子》虽然有多个层面，但是，它的第一个层面是游说之术。至少在文字上是如此。《鬼谷子》以《捭阖》作为全书开宗明义的第一篇，而人们也把纵横家叫做“纵横捭阖”之士，正好相互一致，而不是偶合。

然而，苏秦、张仪等纵横游说之士的行为与品德，决不能跟鬼谷先生及其著作《鬼谷子》之间画上等号。唐末五代著名道士杜光庭的《录异记》，记录了一个传说：

鬼谷先生者，古之真仙也。云姓王氏。自轩辕之代，历于商、周。随老君西化流沙。洎周末复还中国，居汉滨鬼谷山。受道弟子百余人，惟张仪、苏秦不慕神仙，好纵横之术。时王纲颓弛，诸侯相争，陵弱暴寡，干戈云扰。二子得志，肆唇吻于战国之中，或遇或否，或屯或泰，以辩谲相高，争名贪禄，无复云林之志。

先生遗仪、秦书曰：“二君足下，功名赫赫，但春到秋，不得久茂。日既将尽，时既将老。君不见河边之树乎？仆驭折其枝，波浪激其根，此木非与天下人有仇怨，所居者然也。子不见嵩、岱松柏，华、霍之树，上叶凌青云，下根通三泉；上有玄狐、黑猿，下有豹隐、龙潜；千秋万岁，不逢斤斧之患。此木非与天下人有骨血，盖所居者然也。今二子好云路之荣，不慕长久之功；轻乔松之永延，贵一夕之浮爵。痛焉悲夫，二君！痛焉悲夫，二君！”

仪、秦答书曰：“先生秉德含弘，饥必啖芝英，渴必饮玉浆。德与神灵齐，明与三光同。不忘赐书，戒以贪位。仪以不敏，名闻不昭，入秦匡霸，欲翼时君。刺以河柳，喻以深山，虽素空暗，诚衔斯旨。”仪等曰：“伟哉，先生！玄览遐鉴，兴亡皎然。”二子不能抑志退身，甘蓼虫之乐，栖竹苇之巢，自掇泯没，悲夫，痛哉！

这个传说讲苏秦、张仪抛弃了修身自保的方法。反映了道家的立场。而抛弃了阴阳学说，抛弃了悲天悯人的情怀。我们只要对照《鬼谷子》，就可以发现，苏秦、张仪等的确只是运用了鬼谷子的术，没有坚定一贯的政治理想；鬼谷子的道，如阴阳学说、悲天悯人的情怀，的确被苏秦、张仪遗忘了。总之，鬼谷子是战国游说之士的老师，但是，把战国游说之士与《鬼谷子》同等看待，是不够妥当的。纵横游说之士“得其术而弃其道”，既不能坚守一贯之道，又没有高尚的操守，所以只能得志于一时，而不能留下千秋的功业或学术，难成大器。我在2010年10月于河南鹤壁市参加海峡两岸鬼谷子研讨会时，写了《咏纵横家与鬼谷子》七绝一首：

干戈攘攘七雄鸱，智圣隐居铸伟辞。弃道终难成大器，苏张空有纵横时。

总之，鬼谷子是一个真实而又最具有神秘光环的思想家。《鬼谷子》，是一部有独特价值而又最富于神奇色彩的书，具有重要文化价值。

最后，向大家介绍几本参考书：萧登福《鬼谷子研究》，台湾文津出版社，1984年。陈蒲清《鬼谷子详解》，岳麓书社，2005年。俞诚之《中国政治学史略》（外一种《鬼谷子新注》），上海科学出版社，2009年。许富宏《鬼谷子集校集注》，中华书局，2010年。

赋兴→意象→意象叠加

“兴”是《诗经》中一种重要的表现方法，出现在一首诗的开头或一章诗的开头。朱熹《诗集传》给“兴”下的定义是，“先言他物，以引起所咏之辞也”。这个“他物”，便是环境描写。诗人触景生情，所以开头的环境描写既有“发端”的含义，又有“兴起”的含义。前人和今人对《诗经》中的“兴”有不同的分类方法，我们主张将《诗经》中的兴句分为两大类。其一，不含比喻义的单纯的环境描写；其二，含比喻义的环境描写。前一类中有两种情况：（1）兴句对主干只起纯粹的押韵作用。例如《山有枢》诗：“山有枢，隰有榆。子有衣裳，弗曳弗娄。子有车马，弗驰弗驱。”（2）兴句的环境描写与主干似无任何关联，却产生一种情景交融的效果。例如《风雨》诗：“风雨凄凄，鸡鸣喈喈。既见君子，云胡不夷？”《蒹葭》诗：“蒹葭苍苍，白露为霜，所谓伊人，在水一方。”后一类中也有两种情况：（3）兴句与主干的关联较隐晦。例如《黄鸟》诗：“交交黄鸟，止于楚。谁从穆公？子在鍼虎。维此鍼虎，百夫之御。临其穴，惴惴其栗。”“楚”就是牡荆，这里作谐音双关，双关“荆条”和“痛楚”。（4）兴句与主干的关联较明显，兴句与主干之间存在明显的比喻寄托义。例如《桃夭》诗：“桃之夭夭，灼灼其华。之子于归，宜其室家。”《关雎》诗：“关关雎鸠，在河之洲；窈窕淑女，君子好逑。”

我们特别注意到，以上两类不同情况的兴句，为后代诗人所继承发展了的主要是第一类中的（2）种和第二类中的（4）种。前一种着重于诗歌的客观环境描写，前人称为“赋兴”。这类兴法创作的诗歌，诗人的主观感情消融在客观环境之中，诗人的主观寄托便是诗人笔下的客观景物，诗情与诗境交融为一，从而“使味之者无极，闻之者动心”（钟嵘《诗品·总论》）。后一种则主要是托物言志，其比喻寄托之义溢于言表。前人称为“比兴”。对于“比兴”，已经有人作了详细明了的概述研究，这里不作论述，本文我们所要着重谈的，主要是“赋兴”的历史发展，美学艺术特色及其继承借鉴意义。

一

我们说，兴句的“起兴”意义有双层含意：发端与兴趣。发端便是开头，所以《诗经》兴句一般为诗的开头句。而兴句的内涵却不简单。刘勰《文心雕龙·物色》说：“春秋代序，阴阳惨舒，物色之动，心亦摇焉。”又说：“岁有其物，物有其容；情以物迁，辞以情发。”钟嵘《诗品·总论》说：“气之动物，物之感人，故摇荡性情，形诸舞咏。”这里，兴起便是诗人的动情，因情写景，状景抒情。情即是景，景即是情，情是主客观对应交流的产物。诗人感情的兴起是“赋兴”诗歌创作的根本。

“赋兴”的最初发展，是其第一个意义（发端意义）的消失。诗人突破诗的外部形式局限，诗篇不仅可以在开头起兴，诗中的任何章节都可即兴言志，即景抒情。如《楚辞》的兴句，有出现在首章末尾的，如《湘夫人》："帝子降兮北渚，目眇眇兮愁予。袅袅兮秋风，洞庭波兮木叶下。"也有出现在末章开头的，如《山鬼》："雷填填兮雨冥冥，猨啾啾兮狖夜鸣。风飒飒兮木萧萧，思公子兮徒离忧"。诗中兴句的灵活运用，标志着诗人对起兴表现手法的重视，标志着起兴在抒情诗中有着越来越重要的意义。至两汉乐府诗歌，"赋兴"在诗篇中更广泛地被运用。特别值得注意的是，这个时期，有个别诗歌篇末出现了兴句。如《乐府·有所思》："秋风肃肃晨风飔，东方须臾高知之。"篇末兴句在两汉乐府诗中极为少见，而到魏晋南北朝时期便俯拾皆是了。如曹丕《燕歌行》："牵牛织女遥相望，尔独何辜限河梁?"阮籍《咏怀·嘉树下成蹊》："凝霜被野草，岁暮亦云已。"傅玄《杂诗》："落叶随风摧，一绝如流光。"颜延之《秋胡诗九首之四》："寝兴日已寒，白露生庭芜。"谢灵运《赠傅都曹别》："落日川渚寒，愁云绕天起。短翮不能翔，徘徊烟雾里。"鲍令晖《胡笳曲》："日当故乡没，遥见浮云阴。"王融《和王友德元古意二首》其一："待君竟不至，秋雁双双飞。"其二："况复飞萤夜，木叶乱纷纷。"篇末出现兴句，是"赋兴"发展的一个重要的转折点，它使全诗在浓厚的意兴里终结，"篇终接混茫"（杜甫），余音缭绕，韵味无穷。这便为创造情景交融的诗歌境界做好了根本的准备。

"赋兴"作为一种环境描写，在《诗经》中极为简单。两汉乐府诗歌中，诗人的侧重也不在兴句的环境描写，而是在抒情或叙事。到了魏晋南北朝，这种情况有了新的变化。单个的兴句被独立构成为整体场面的环境描写所替代，在篇幅上获得了很大的扩展。这样的整体环境描写，大量出现在诗中。如曹操《短歌行》："月明星稀，乌鹊南飞，绕树三匝，何枝可依?"曹植《赠白马王彪》："秋风发微凉，寒蝉鸣我侧。原野何萧条，白日忽西匿。归鸟赴乔林，翩翩厉羽翼。孤兽走索群，衔草不遑食。"王粲《七哀诗》："方舟溯大江，日暮愁我心。山冈有余映，岩阿增重阴。狐狸驰赴穴，飞鸟翔故林。流波激清响，猴猿临岸吟。迅风拂裳袂，白露沾衣襟。"阮籍《咏怀》："绿水扬洪波，旷野莽茫茫。走兽交横驰，飞鸟相随翔。是时鹑火中，日月正相望。朔风厉严寒，阴气下微霜。"

"赋兴"从环境描写变成独立的情景交融的"意象"，取得诗的主体作用，首先得归功于晋宋诗人陶渊明和谢灵运、谢朓。陶渊明以他独特的生活经历和与众不同的理想情趣，开拓了田园诗这一新的天地。在对美好田园风光的天然描绘中，寄寓了诗人对自然的向往热爱，对黑暗倾轧的官场的轻蔑鄙视。诗人怡然自乐于田园画面之中，从而创造出“物我两忘”的艺术境界。如《归园田居》五首之一：“方宅十余亩，草屋八九间，榆柳荫后檐，桃李罗堂前。暧暧远人村，依依墟里烟。狗吠深巷中，鸡鸣桑树颠。户庭无杂尘，虚室有余闲。久在樊笼里，复得返自然。”这样的诗篇，我们与其说诗人在描绘田园风光，倒不如说在抒发诗人的欢愉喜悦，传达诗人的理想志趣。就这样，诗人的理想、情致与画面交融为一，毫不雕琢而浑然天成，呈现出一种幽深的艺术境界。于是，“赋兴”便从单纯环境描写飞跃到了物我两忘艺术境界的创造。

陶渊明以后的谢灵运和谢朓，是另一诗的天地——山水诗——的拓荒者。谢灵运的山水名句“池塘生春草，园柳变鸣禽”（《登池上楼》)、“明月照积雪，朔风劲且哀”（《岁暮》)，历来为后人所称道。释皎然《诗式》评论说：“‘池塘生春草’，情在言外；‘明月照积雪’，旨冥句中。”又如谢灵运《登江中孤屿》诗：“乱流趋正绝，孤屿媚中川。云日相辉映，空水共澄鲜。”所以，王夫之《古诗评选》评曰：“言情则于往来动止、缥缈有无之中，得灵蚃而执之有象；取景则于击目经心、丝分缕合之际，貌固有而言之不欺。而且情不虚情，情皆可景，景非滞景，景总含情。”但是，正如刘勰《文心雕龙·明诗》所说的，“庄老告退，而山水方滋”。谢灵运的山水诗是从盛行于东晋的玄言诗中解脱出来的，他的诗始终没有摆脱玄言的影响，灵运几乎没有一首完整的写景诗，总是写景中夹杂着玄言。至齐代的谢朓，不但进一步摆脱了玄言的影响，而且写景状物更为清俊秀丽。沈德潜《古诗源》说：“玄晖灵心秀口，每诵名句，渊然泠然，觉笔墨之中，笔墨之外，别有一段深情妙理。”王夫之说：“‘天际识归舟，云间辨江树’，隐然一含情凝眺之人，呼之欲出。从此写景，乃为活景。”确实，谢朓有些诗篇所创造的意境，已近唐诗风度。

《文心雕龙·明诗》云：“江左篇制，溺乎玄风。”东晋时代玄言诗占据文坛，以抽象的说理取代诗歌的形象，把诗歌艺术引上了一条危险的道路。陶谢等人砥柱中流，恢复和发扬了《诗经》的“赋兴”手法，并把它推向一个新的高度，创造了情景交融的诗歌“意象”，为唐宋诗歌的高度繁荣打下了坚实的基础，他们的历史功绩是不可磨灭的。

二

情景交融的诗歌“意象”，到唐代就完全成熟了。王维的山水诗，大大超过了二谢。二谢的山水诗，都以形似取胜，还没有完全达到神似的地步，其中总是夹杂玄言说理之句，整首的格调也欠和谐，往往只是篇中隐有秀句，而非全篇浸在情意之中。他们笔下的图景，总觉缺少一点神韵和气象。到王维，才做到了“诗中有画”、“画中有诗”，画和诗，达到了形似和神似的统一。如《鸟鸣硐》：“人闲桂花落，夜静春山空。月出惊山鸟，时鸣春涧中”。《鹿柴》：“空山不见人，但闻人语响。返景入深林，复照青苔上”。这样的诗，既传达出了山水的形貌特征，又捕捉住了山水的性格特点，既惟妙惟肖地描绘了客观景物，又隐晦地含蕴着诗人的主观情趣。诗人的情趣完全消融于客观环境，浸泡在意象之中。难怪王维被奉为山水诗的泰斗。

不仅王维，唐代的其他诗人，从第一流的大家到仅留下个别名篇秀句的作者，都深得意象之妙。如：杜甫的《春夜喜雨》，李白的《朝发白帝城》，张继的《枫桥夜泊》，韦应物的《滁州西涧》，司空曙的《江村即事》，柳宗元的《江雪》，杜牧的《江南春绝句》，温庭筠的《商山早行》等等。这些历来叫我们拍案叫绝的名作真是不胜枚举。

尤为值得注意的是，从唐代大诗人杜甫开始，“赋兴”又向“意象叠加”深度发展。即在一首诗中，诗人用两个或多个不同的客观意象重叠在一起，从而对应表达出诗歌的深层寓意，使诗篇委婉曲折，跌宕多姿，令人玩味无穷，诵叹不已。如杜甫《秋兴》八首，今之论者多惋惜“雕饰稍重”，其实是诗人在探索一种新的“意象叠加”的艺术手法。其中第一首，便以凋伤的枫林、萧森的峡谷，汹涌的江浪，满天的阴霾，秋风中的寒菊，飘荡的孤舟，深夜捣衣的砧声等等视觉与听觉意象，烘托出时代的动乱与诗人忧国忧民、孤独苦闷的心境。晚唐的李商隐，正是继承了杜甫的这种可贵的艺术探索，通过惨淡经营，开拓了新的艺术境界。前人或称颂李商隐的诗风“深情绵邈”、“沉博艳丽”、“深细婉曲”、“工于比兴”，或指责他“过于秾艳”、“晦涩难懂”，其主要原因之一，是李商隐大量运用了“意象叠加”这种新的艺术手法。如《锦瑟》一诗：“锦瑟无端五十弦，一弦一柱思华年。庄生晓梦迷蝴蝶，望帝春心托杜鹃。沧海月明珠有泪，蓝田日暖玉生烟。此情可待成追忆，只是当时已惘然。”大多数人都能体味到本诗中的艺术滋味，但历来对它的解释却聚讼纷纭。这是因为有些诗歌评论家不了解这首诗的创作手法，或者捉摸不住各句之间的联系，或者用影射比附的眼光去寻找每句诗的微言大义，因之如坠五里雾中。其实诗的主旨非常明白，“忆华年”三字已经把它揭示给读者了。诗人围绕这一点捕捉其他各个意象。首先由弹奏乐器“锦瑟”引起对逝去的年华的回忆，“庄生晓梦”烘托出青年时代美丽的梦幻，“望帝化鹃”寄寓着晚年的悲凉，“鲛人泣月”、“美玉生烟”分别渲染出失意时的苦闷与得意时的兴奋。以上各个意象打破了时空的局限，跳跃性很大，仅仅统一于诗人的情感线索。因此，不能影射比附，不能依照传统的解说去征实于一时一事。

就整个说来，宋诗不如唐诗。它们大多抛弃了“赋兴”手法而迫不及待地说理。当然也有一些寓理于景的佳作，如：苏轼《题西林壁》、叶绍翁《游园不值》等等。“赋兴”这一手法在宋代的发展，主要体现在词中。如吴文英的《八声甘州·陪庾幕诸公游灵岩》：“渺空烟四远，是何年，青天坠长星。幻苍崖云树，名娃金屋，残霸宫城。箭径酸风射眼，腻水染花腥。时靸双鸳响，廊叶秋声。”此词首阙一连叠加四个意象。首句一“渺”字劈空而起，极写灵岩之险峻，极尽形容高远荒忽寥落之致，于我们面前突兀耸立出一雄浑画面。“是何年，青天坠长星”，利用古老的神话传说写出人世的盛衰无常；千年繁华已是一片残基，这难道仅是一块陨石的偶然坠落？画面隐匿着词人的疑虑与悲伤。接下“幻”字又引出另一场景：“苍崖”、“云树”，美女宫苑，当年霸王宫殿，依稀存在，好一派繁华富丽的景象。然词人轻着一“残”字，一代霸业终归残灭，此都不过长星陨石的一段幻景罢了。一实一虚，两幅画面交叠，极写出词人的伤悼。“箭径酸风射眼，腻水染花腥。”词人更以一精细场景，进而传达出胸中的深悲锐感。当年美女们采香草的小道上，如今秋风拂面，刺目酸鼻；当年吴宫丽姬濯妆的粉香把满溪水都染透了，她们后来的悲惨遭遇，至如今仍使人觉得溪旁的花朵一片血腥！前句从触觉写来，后句从视觉与嗅觉写来，其惨淡之情，令人毛骨悚然。“时靸双鸳响”，猛然听到一片声响，难道是当年西子的轻盈步履？不，定睛一看，幻象皆空，原来廊中落叶随风飘转，一片秋声而已。此词写景时虚时实，时幻时真，画面交错，意象叠加，状眼前景物，道千载兴衰，寓深悲于言外，使诗情达到了一种无可胜言的境界。（此词分析参考了叶嘉莹《拆碎七宝楼台——谈梦窗词之现代观》）其实，宋词中这类意象叠加之作俯拾皆是，如：苏轼《贺新郎·乳燕飞华屋》，周邦彦《六丑·正单衣试酒》，辛弃疾《摸鱼儿·更能消几番风雨》、《永遇乐·千古江山》，姜夔《暗香》、《疏影》，张炎《高阳台·西湖春感》等等。

可见，《诗经》中的“赋兴”在唐宋诗歌创作中获得了多么丰富的发展。尤其是具有深层寓意的意象叠加，使诗歌瑰丽奇谲而神妙莫测，极为隐晦曲折而又深入独到地蕴含着诗人的胸怀。这是一种极高的创作境地，是值得我们重视的丰富艺术表现手法之一。

三

应当指出，用“赋兴”创作的写景诗与一般的单纯写景诗是有明显区别的。前者着眼于表现景中情，写景是为了抒情，因此，景中皆着“我”色；而后者只是一般的写景，为写景而写景，景与诗情隔了一层。如南北朝诗人谢尚的《大道曲》：“青阳二三月，柳青桃复红。车马不相识，音落黄埃中。”此是单纯的写景诗。再看谢眺的《同王主簿有所思》：“佳期期未归，望望下鸣机。徘徊东陌上，月出行人稀。”沈德潜《古诗源》评此诗云：“即景含情，怨在言外。”显然，两首诗是有区别的：一般写景诗只是一种赋法，一种形似的赋法；而情景交融诗，虽用赋法，但赋中有兴，赋缘兴起，形似而神现，因之被称为“赋兴”。

其次，“赋兴”创作的写景诗，跟写景咏物以寄托诗人情趣的“比兴”诗，也是不同的。如刘桢《赠从弟三首之二》：“亭亭山上松，瑟瑟谷中风。风声一何盛，松枝一何劲。冰霜正惨凄，终岁常端正。”诗人的写景是为了衬托松树的遒劲，塑造出一个凌霜傲雪的整体形象，来象征诗人的高傲自洁。这是一首“比兴”诗，写景状物在于比，在于形象地突出（或夸张）其物我双方的相似之点。而“赋兴”诗却在物我两忘，物便是我，我便是物，不存在机械相似的痕迹。

外国当代著名诗人和诗论家艾兹拉·庞德（Ezra Pound 1885—1973），曾形象地说明了这两类诗歌的不同。他说象征主义的“比兴”诗，是“一种影射，好像寓言一样”。他说：“他们把象征的符号降低成一个字，一种呆板的形态。”“象征的符号有一个固定的价值，好像算术中的数字 1、2、7。”他认为，具有意象的“赋兴”诗则不同，“意象是代数中的 a、b、x，其含意是变化的。作家用意象，不是要用它来支持什么信条，或经济的、伦理的体系，而是因为他是通过这个意象思考和感觉的。”（见 1914 年《意象派诗选》）

“比兴”诗重在比喻象征，重在捕捉物我双方的相似之点，而且，这种双方具有的相似之点始终存在，这就往往形成一个“固定的价值”。如松树往往用来象征人的高洁，桃花往往用来喻指人面的美丽。王逸《离骚经序》云：“故善鸟香草，以配忠贞；恶禽臭物，以比谗佞；灵修美人，以媲于君；宓妃佚女，以譬贤臣；虬龙鸾风，以托君子；飘风云霓，以为小人。”而“赋兴”诗中的线索是诗人的情感，而情感的变化微妙莫测，所以意象是“代数中的 a、b、x”，其含意无可胜言。如李商稳《锦瑟》诗中的意象便只可意会，不可征实。吴文英词中用一“腥”字来形容花，照常情有些荒谬。而正是这一“腥”字道出了诗人心中深悲锐感，令人思索赞叹，玩味不已。王国维《人间词话》

说："'红杏枝头春意闹'，著一'闹'字而境界全出。'云破月来花弄影"，著一'弄'字而境界全出矣。"这就是景在情中，景随情迁。可见，"赋兴"作为中国古典诗歌的一种传统的表现手法，具有多么深湛的艺术造诣和形象思维特征。

四

最初对《诗经》"比兴"手法作出概括是在汉代。东汉初年，郑众在《周礼·太师》注中说；"比者，比方于物也。兴者，托事于物也。"唐人孔颖达在《毛诗正义》中引了先郑的话，并解释说，"诸言如者，皆比辞也。""兴者，起也，取譬引类，起发己心，诗文诸举草木鸟兽以见意者，皆兴辞也。"先郑是从表现手法来总结比兴的。比，实际上是指比喻修辞格。兴，便是"托事于物"的手法。东汉末年，郑玄在《毛诗》笺中说："比，见今之失，不敢斥言，取比类以言之。兴，见今之美，嫌于媚谀，取善事以喻劝之。"郑玄比兴说重在比兴手法所反映的社会生活内容。郑众和郑玄的比兴说，从不同的角度概括了《诗经》以来的诗歌创作。其实，他们所谈的，只是"比兴寄托"的写作方法，"托事于物"便是借物比事，比兴合一。取比类以讽劝，取善事以美喻，是指"比兴"创作的美刺作用。而在当时，他们都没有，也不可能接触到诗歌的"赋兴"创作方法。

"赋兴"的理论概括，到南北朝时期才被人尝试。陶渊明田园诗、二谢山水诗以及这类诗歌的大量创作，使这种概括有了可能。刘勰《文心雕龙·物色》说："自近代以来，文贵形似，窥情风景之上，钻貌草木之中。吟咏所发，志惟深远，体物为妙，功在密附。""物有恒姿，而思无定检。"这样创作的诗，"味飘飘而轻举，情晔晔而更新"，"物色尽而情有余。"钟嵘的《诗品总论》进一步提出了"滋味"这个概念："五言居文词之要，是众作之有滋味者也，故云会于流俗。岂不以指事造形，穷情写物，最为详切者耶！"又说："文已尽而意有余，兴也。""味之者无极，闻之者动心，是诗之至也。"显然，刘勰、钟嵘所概括的，便是"赋兴"从环境描写发展成独立的情景交融的"意象"。

唐代诗歌创作发展到鼎盛时期，诗歌理论也相应地更为丰富。唐人对兴的看法，可分为两派。一派以陈子昂、白居易为代表，他们只强调比兴手法的现实政治作用，却忽视比兴的形象思维特征。另一派以殷璠、司空图为代表，着重探讨了诗歌的"意象"。殷璠在强调比兴风骨的同时，又提倡诗得有"兴象"。他的《河岳英灵集序》指责六朝有些诗篇，"攻乎异端，妄为穿凿，理则不足，言常有余，都无兴象，但贵轻艳，虽满箧笥，将何用之?”他极为赞美常建、王维诸人秀雅幽远的意境。他评常建诗云：“其旨远，其兴僻，佳句辄来，唯论意表。”评王维诗云：“词秀调雅，意新理惬。”殷璠把诗歌的意兴境象作为评诗的标准。这样，他就把握住了诗歌内容与其艺术形式的统一，比钟嵘朦胧的“滋味”说进了一层。诗人的意兴只有与诗歌的境象交融为一，诗才有滋味可言。于是，“滋味”说便大大清晰明朗化了。至晚唐，司空图更进一步论述了“赋兴”诗的意象：“近而不浮，远而不尽，然后可以言韵外之致耳。”(《与李生论诗书》)“戴容洲云：‘诗家之景，如蓝田日暖，良玉生烟，可望而不可置于眉睫之前也。’象外之象，景外之景，岂容易可谈哉?”(《与极浦书》)司空表圣尽管说得玄乎，可他终究道着了诗歌意象的真谛。所以，他的话一直为后代奉为圭臬。

后代诗论家都竭力想从不同角度来解说这类可望而不可及的情景交融诗的奥秘。有的从章句着眼解说，像江西诗派的姜夔便提出，“语贵含蓄。东坡云：‘言有尽而意有无穷者，天下之至言也’。山谷尤谨于此。清庙之瑟，一唱三叹，远矣哉!”“若句中无余字，篇中无长语，非善之善者也。句中有余味，篇中有余意，善之善者也。”(《白石道人诗说》)有的以禅来喻诗，其集大成者是宋代的严羽。他说：“大抵禅道惟在妙悟，诗道亦在妙悟。”又说：“夫诗有别材，非关书也；诗有别趣，非关理也。”“盛唐诗人惟在兴趣，羚羊挂角，无迹可求，故其妙处莹彻玲珑，不可凑泊，如空中之音，相中之色，水中之月，镜中之象，言有尽而意无穷。”(《沧浪诗话·诗辨》)也有从诗歌韵味着眼的，如王渔洋的神韵说。他说：“大抵古人诗画，只取兴会神到；若刻舟、缘木求之，失其指矣。”(《池北偶谈》)“七言律联句，神韵天然，古人亦不多见。……皆神到不可凑泊。”(《香祖笔记》)直到近代，王国维提出“境界”说，才比较全面地论述到了诗境中主客观的关系。王国维《人间词话》说：“沧浪所谓兴趣，阮亭所谓神韵，犹不过道其面目，不若鄙人拈出境界二字为探其本也。”他对“境界”做了解说，“有有我之境，有无我之境。有我之境，以我观物，故物皆着我之色彩；无我之境，以物观物，故不知何者为我，何者为物。”王氏的境界说对诗歌意象的认识，较之以前的诸说；要清晰具体深刻得多。但是，他的概括也只达到了情景交融这一层，而没有涉及多个情景交融的意象叠加，更谈不上阐述这些意象之间相互对应和转化的关系以及这些对应、转化对主题的深层寓意。

五

中国古典诗歌中塑造意象的“赋兴”创作手法，在中国近代湮没无闻。饶有趣味的是，在大洋彼岸的西方，却产生了巨大的反响，引起了西方现代派诗人的极大重视。

现代派诗歌的先驱——意象派，强调把诗人的感触和情绪全部隐藏到具体的意象里面，而反对后期浪漫主义诗歌的那种陈腐的说教和抽象的感慨。他们发现了中国古典诗歌中的意象特征，因而“按中国风格写诗，是被当时追求美的直觉所引导的自由诗运动中注定要探索的方向”（休·肯纳《庞德论》）。

意象派的师法中国古典诗歌，最初是从翻译开始的。他们认为，中国诗用的方块字是象形字，每个字本身就是由意象组成的。因此中国诗人写的诗就是组合的图画。例如：“春”——太阳在萌发的树枝之下；“东”——太阳在纠结的树枝后升起。这样理解，中国诗歌就无处不意象了。他们便用这样的方法来仿作诗歌。如庞德的《诗章》第七十五章：

学习，而时间白色的翅膀飞走了，

这不是让人高兴的事。

这个诗句便是仿用了《论语》中的句子：“学而时习之，不亦说乎！”其中“白色的翅膀”是从繁体字“習”字化出来的。

“意象叠加”这个概念便是效法中国诗歌的意象派大师庞德提出来的。在写作了他的著名诗歌《在一个地铁车站》后，在一本《回忆录》中回忆此诗的写作说：

那一天我整天努力寻找能表达我的感受的文字，我找不出我认为能与之相称的，或者像那种突发情感那么可爱的文字。那个晚上……忽然我找到了表达方式。并不是说我找到了一些文字，而是出现了一个方程式。……不是用语言，而是用许多颜色小斑点。……这种“一个意象的诗”，是一个叠加形式，即一个概念叠在另一概念之上。我发现这对我为了摆脱那次在地铁的情感所造成的困境很有用。我写了一首三十行的诗，然后销毁了，……六个月后，我写了一首比那首短一半的诗，一年后我写了下列日本和歌式的诗句：

人群中这些面孔幽灵一般显现；湿漉漉的黑色枝条上的许多花瓣。

此诗用两个叠加的意象暗示出“现代城市生活那种易逝感，那种非人格化”（庞德《中国诗歌》）的印象。显然，这颇像唐诗中的“雨中黄叶树，灯下白头人”，颇像宋词中的“照影溪梅，怅绝代佳人独立”。它们的表现形式是同一的，只是内容不同罢了。这种叠加意象的手法，被意象派诗人广为采用。如奥尔丁顿的诗《R、V 和另一个人》：

你是敏感的陌生人，

在一个阴霾的城里，

人们瞪眼瞧你，恨你——

暗褐色小巷里的番红花。

我们知道，在中国古典诗词中，叠加意象的对应、交流、转化，其媒介是诗人的情兴，情致所至，笔意随之，所以，其意象画面不受时空的限制。如吴文英《八声甘州》一词，写景时实时虚，时幻对真，时古时今，襟怀所到，景致随成。后期意象派和现代派诗歌，也往往打破时空观念，过去、现在、未来的事物交相穿插。如美国现代派诗人艾略特的《荒原》便是这样的。在《荒原》中，二十世纪泰晤士河的风景，和十六世纪泰晤士河的情景相穿插；二十世纪女打字员的爱情生活，和十八世纪妇女的爱情生活相重叠、相渗透。两个时代的精神，在重叠的意象中相矛盾，又相结合。诗人便利用意象中矛盾力量相反相成的效果使读者在感受上产生强烈的印象。

《荒原》中的伦敦，就是重叠的意象。它在诗中既是一个真实的城市，又是一个“不真实的城市”。冬天的浓雾，伦敦桥上人群往来如潮。这是真桥，然而又是但丁《神曲》中地狱里的虚幻的桥，桥上走着的是大批的死人。诗人通过重叠的意象，将虚幻和真实，过去和眼前揉在一起，使每个意象都含有多层意义。曲折地表达出资本主义文明都市只不过是一片荒原，一座地狱，人们在其中过着梦幻般的生活。以上的意象，就是《荒原》第一章和第三章所展示的意象。

总之，中国古典诗歌中“赋兴”的创作方法，对西方现代派的影响是巨大的，尤其是对意象派。而意象派被称为“美国文学史上开拓出最大前景的文学运动”（琼斯《1980 年以来的美国文学和时代背景导引》），很多文学史著作把它作为英美现代诗歌的发轫。

总而言之，从“赋兴”到“意象叠加”，是中国古典诗歌的一个重要的表现技巧的发展和成熟的过程。以前人们对这点缺乏足够的认识，往往把意象叠加的诗歌一概斥为晦涩难懂，对西方现代派的这一类诗歌也采取了同样的态度；另一方面，又有些人醉心于学习西方现代派的技巧，却忘记了或者不知道某些技巧原是我们祖先创造出来的。这两种现象都说明我们对文学遗产的发掘整理还有很多不足之处。

我们觉得注意探索诗歌的意象，使诗更有诗味，是一种可贵的艺术实践。陶渊明的田园诗，二谢的山水诗，正是从“溺乎玄风”中挽救了诗歌的生命；王维、杜甫等人的艺术探索，正是唐诗繁荣不可缺少的因素；李商隐以独特的诗歌艺术，纠正了韩派的险怪奇崛和白派的一览无余，突破了盛唐和中唐很多作家已多方开拓的局面，使唐诗出现了另一番柳暗花明的境界。宋词能与唐诗在艺术上并驾齐驱，其原因之一也不能不归功于某些作家在这方面的艺术探索。

问题还在于：注意诗歌意象，特别是采用意象叠加的手法，是否会影响思想内容的表达呢，是否一定会给诗歌带来晦涩难懂的毛病呢？我国的诗歌发展史对这两个问题都作了完满的回答：思想内容和艺术技巧的关系是复杂的，注意艺术技巧在原则上不会影响思想内容的表达。诗中的杜甫，词中的辛弃疾，便是这样。过于追求某种技巧，也可能影响思想内容，但过错不在艺术技巧本身。晦涩难懂的原因是多方面的，有些是时代造成的隔阂（如古代诗歌），或地域造成的隔阂（如西方现代诗歌）；有些则是由于读者还不习惯于某种艺术手法与艺术风格，用另一种眼光去看诗，因而觉得格格不入。这两方面的困难，可以通过解释、指导加以解决。如果诗人只片面强调意象叠加的手法而排斥其他手法，那么就可能真正带来思想内容的贫乏与晦涩难懂。如西方某些现代派作家在诗歌中排斥直接的抒情、精确的白描，就给他们的作品带来了不可挽救的缺点；我们古代某些作家（如南宋某些格律派词人），也犯过同样的错误。因此，我们今天无论是继承我国古典诗歌的遗产，还是借鉴西方诗歌的艺术，都应在深入研究的基础上取其所长而避其所短。

此文跟吴康合作而成。吴康教授是我的学生，英年早逝。

南楚巫歌化伟辞

横看成岭侧成峰，任何一部伟大的文学作品，正如任何一种复杂的自然现象与社会现象一样，都可以从不同的角度进行阐释。屈原的作品正是这样，“巫文化说”便是一种研究视角。

论述屈原作品与巫文化的关系，就现存评论看，始于东汉王逸的《楚辞章句》。他在《楚辞章句·九歌序》中说："《九歌》者，屈原之所作也。昔楚国南郢之邑，沅湘之间，其俗信鬼而好祠，其祠必作歌乐鼓舞，以乐诸神。屈原放逐，窜伏其域，怀忧苦毒，愁思沸郁。出见俗人祭祀之礼，歌舞之乐，其词鄙陋，因为作《九歌》之曲，上陈事神之敬，下见己之冤结，托之以讽谏。"朱熹《楚辞集注》继承了王逸之说，更加强调屈原的加工，"原既放逐，见而感之，故颇为更定其词，去其泰甚；而又因彼事神之心，以寄吾忠君爱国、眷念不忘之意"。他在《楚辞辩证》中也说："楚俗祭祀之歌，今不可得而闻矣。然计其间，或以阴巫下阳神，或以阳主接阴鬼，则其辞之亵慢淫荒，当有不可道者。故屈原因而文之，以寄吾区区忠君爱国之意。"

王逸、朱熹等人的论述，主要是针对《九歌》而言，也涉及《天问》，但并未论及屈原全部作品与巫文化的关系。王逸论《九章》说："屈原放于江南之野，思君念国，忧思罔极，故后作《九章》。"特别是论述到屈原的代表作《离骚》时，王逸完全按照儒家五经来分析其思想内容，按照《诗经》的比兴来分析其艺术形式。他有两段著名论述：

夫《离骚》之文，依托五经以立义焉。"帝高阳之苗裔"，则"厥初生民，其惟姜嫄"也；"纫秋兰以为佩"，则"将翱将翔，佩玉琼琚"也；"夕揽洲之宿莽"，则《易》"潜龙勿用"也；"驷玉虬而乘鹥"，则"时乘六龙以御天"也；"就重华而陈词"，则《尚书》咎繇之谋谟也；登昆仑而涉流沙，则《禹贡》之敷土也。（《楚辞章句序》）

《离骚》之文，依《诗》取兴，引类譬喻。故善鸟香草，以配忠贞；恶禽臭物，以比谗佞；灵修美人，以媲于君；宓妃佚女，以譬贤臣；虬龙鸾凤，以托君子；飘风云霓，以为小人。其词温而雅，其义皎而朗。凡百君子，莫不慕其清高，嘉其文采，哀其不遇，而悯其志焉。（《楚辞章句·离骚序》）

前一段论述的牵强附会是显而易见的。他把《离骚》的思想等同于《诗》、《书》、《易》，因片言只字，勉强比附；后一段把屈原作品的浪漫主义精神等同于比兴手法，也不够全面。

后代特别是现当代的有些楚辞学者，发展了王逸、朱熹等人的"巫文化"视角。概括起来，有两个方面：一是联系民间的巫术与歌谣，而探讨屈原的民族归属，一是探讨屈赋的巫歌属性。从前者出发，有人把楚辞看成苗族歌谣、侗族歌谣等。从后者出发，有人把楚辞看成"巫祝者的文学"，把屈原看成一个大巫师。前者牵涉到楚民族的历史，本文姑置不论（需要另有专著和长篇论文阐述）；后者是论述楚辞与巫文化关系的新理论，我们将在本文讨论。后者的代表人物既有国内学者，也有国际朋友。如：日本国立命馆大学白川静教授在《中国古代文学》中认为，楚国有一个“楚巫集团”，屈原是其领导者，楚辞是巫祝们的集体创作，是他们失败的悲歌。关西大学三泽玲尔先生在《屈原问题考辨》中说：“似乎可以断定，《离骚》是一篇来自古代迎春仪式的民族歌谣。”国内如我的老朋友戴锡琦也认为，屈原是南楚巫文化的继承和改造者，《离骚》塑造主人公的艺术思维方式是南楚巫学思维方式的升华。

我国学术界按照正统的现实主义与浪漫主义的文学理论，长期把屈原看作杰出的政治家和爱国主义诗人，认为楚辞开辟了我国积极浪漫主义文学传统。因此，上述巫文化说很快受到了屈学界的批评。然而，个人认为巫学视角也是开启楚辞艺术秘密的一把钥匙，虽然它有自己的偏颇之处。《九歌》与巫的密切关系几乎早为世人公认，即使《九章》、《离骚》等作品也无不显现出巫文化的色彩，所以日本和国内学者的上述主张不乏合理的内核。

否定屈原其人的政治经历，或者把屈原完全说成是一个大巫师，当然是偏颇的。因为任何人只要承认《史记》是一部信史，承认《屈原列传》与《楚世家》的记载，就不应否认屈原是楚国的公族，曾担任地位很高的左徒，议论国政，应对诸侯，起草宪令，这与巫的职掌是完全不同的。把《离骚》等完全说成是巫歌，更是偏颇失实的。因为，这些作品强调实行美政，肯定尧舜禹汤，批判夏桀商纣，倡导举贤授能，遵循法度绳墨，洁己修身，热爱故土，为理想九死不悔，这都证明它们是崇高政治理想的颂歌，而绝不是祭祀神鬼的巫歌。即使是《九歌》，虽起源于巫祝祀神歌舞，也是有政治寄托的，其表层是神秘恋歌，深层是作者的理想追求。我们不可以咬文嚼字地牵合附会，也不可不承认其中有作者的拳拳情怀和执着信念。

但是，巫文化说仍然可作为开启楚辞思想和艺术特色的一把钥匙。个人认为，巫歌对楚辞的思想和艺术都有积极影响，或者说楚辞在某种意义上是巫歌的美学升华。根据大多数学者的考证，楚辞的代表作屈赋基本上作于屈原流放失意之后，故其中有不少南楚地名和风物，如：江、湘、沅、澧、洞庭、九嶷、溆浦之类。大概屈原放逐后深入民间，了解到南楚的祀神歌舞，便大胆学习，由模仿到创作经历了三个阶段：首先是搜集加工，在原有祀神歌词中渗透进自己的理想和追求，这便是《九歌》和《天问》；其次是利用这种艺术体裁抒发自己的感受，缘事而作，这便是《九章》；最后是自铸伟辞以总结自己的一生，写出震铄今古、惊才绝艳的杰出抒情长诗《离骚》。

本文下面即以屈赋为例，谈巫歌对楚辞在思想与艺术方面的影响。

第一，巫风中的神游术，升华为屈赋的求索精神。楚国的原始信仰，把世界分为神灵世界和人间世界，而巫觋是沟通神灵世界的人间代表。《国语·楚语下》云："古者民神不杂。民之精爽不携贰者，而又能齐肃衷正，其智能上下比义，其圣能光远宣朗，其明能光照之，其聪能听彻之，如是则明神降之。在男曰觋，在女曰巫。""又有左史倚相，能道训典以叙百物，以朝夕献善败于寡君，使寡君无忘先王之业；又能上下说于鬼神，顺道其欲恶，使神无有怨痛于楚国。"直至今日，民间仍有降神、放阴等巫术。屈赋多次利用这种巫术形式。如：

济沅湘以南征兮，就重华而陈词。……

驷玉虬以乘鹥兮，溘埃风余上征。朝发轫于苍梧兮，夕吾至乎县圃……

邅吾道夫昆仑兮，路修远以周流。……

（《离骚》）

昔吾梦登天兮，魂中道而无杭。

（《惜诵》）

驾青虬兮骖白螭，吾与重华游兮瑶之圃。登昆仑兮食玉英，与天地兮同寿，与日月兮同光。

（《涉江》）

上高岩之峭岸兮，处雌霓之标颠。据青冥而摅虹兮，遂倏忽而扪天。

（《悲回风》）

然而，屈原把这种巫术改造升华了，从思想上看，升华为一种百折不回、上下求索的精神，从艺术上看，升华为一种浪漫主义的艺术手法。后世浪漫主义诗人往往觉得屈赋不可企及，就在于失去了南楚巫术的丰腴土壤，就像成人难以回复到天真的儿童时代。李白的《梦游天姥吟留别》虽为名作，但比之屈赋就相形见绌了，因为这已是第二手的模仿。傲视一代的天才作家苏轼老实承认说："《楚辞》前无古，后无今。""吾文终其身企慕而不能及万一者，惟屈子一人耳。"（见明蒋之翘《七十二家评楚辞》）

第二，巫觋的装饰和恋歌，升华为屈赋的人格和政治追求。为了娱神，巫觋必须斋戒沐浴，佩戴芳香之物。《国语·楚语下》论巫的条件说："能知山川之号，高祖之主，宗庙之事，昭穆之世，齐敬之勤，礼节之宜，威仪之则，容貌之崇，忠信之质，禋洁之服。"要斋戒恭敬，注意容貌修饰，服装打扮。根据《九歌》看，主要是佩戴楚地所产的芳草：兰、蕙、荪、桂、椒、芷、薜荔、女萝、芙蓉、杜若、辛夷、杜蘅等。《九章》《离骚》则用这种装饰来表示修身或育才，表示自己高洁的人格追求。如：

梼木兰以矫蕙兮，凿申椒以为粮，播江离与滋菊兮，愿春日以为糗芳。

（《惜诵》）

揽大薄之芳茝兮，搴长洲之宿莽。

（《思美人》）

纷吾既有此内美兮，又重之以修能。扈江离与辟芷兮，纫秋兰以为佩。……

余既滋幽兰之九畹兮，又树蕙之百亩，畦留夷与揭车兮，杂杜蘅与芳芷。冀枝叶之峻茂兮，愿竢时乎吾将刈。

（《离骚》）

女巫打扮是为了取悦男神，男觋打扮是为了取悦女神，“或以阴巫下阳神，或以阳主接阴鬼”。这种方式本来是世俗男女求爱的方式，其歌辞亦当根源于世俗的情歌。巫觋们将它神秘化了，屈原又将它拉回人间，赋予政治色彩。于是屈原有时将自己比作美女（女巫），唱出：“怨灵修之浩荡兮，终不察夫民心，众女嫉余之蛾眉兮，谣诼谓余以善淫。”有时将对方比作美女（女神），唱道：“溘吾游此春宫兮，折琼枝以继佩，及荣华之未落兮，相下女之可诒。”于是求宓妃，求有娀之佚女，求有虞之二姚。这便形成了用男女之情表达政治关系的文学传统，正如李商隐《有感》诗所说的那样：“楚天云雨尽堪疑。”

总之，巫觋们的装饰与巫术恋歌，给屈原以极大启发，又被屈原改造为表现人格追求与政治追求的艺术方式。这也是巫歌的升华，并形成了中国诗歌的香草美人传统。这种香草美人的描述手法，虽与《诗经》中的比喻手法有相似之处，但两者的来源是不同的。香草美人是一种形象塑造，更富有象征性，而不仅是一种单纯的修辞格。

第三，占卜巫术，升华为屈赋的心理描写。夏商周和春秋战国时代都盛行占卜巫术，商代甲骨文和《周易》卦爻辞都是占卜的记录，直至孔门将《周易》哲学化，提出“善为易者不占”，高扬实践理性精神，才初步扭转了这种风气。翻开《左传》，充满占卜记叙。楚人尤甚，大概直至屈原时代，楚国的宫廷和民间都仍然盛行卜筮之风。屈原在作品中多次写到卜筮：

索藑茅以筳篿兮，命灵氛为余占之。曰：“两美其必合兮，孰信修而慕之？思九州之博大兮，岂惟是其有女？”……

欲从灵氛之吉占兮，心犹豫而狐疑。巫咸将夕降兮，怀椒糈而要之。……

（《离骚》）

吾使厉神占之兮，曰：“有志极而无旁。”

（《惜诵》）

帝告巫阳曰："有人在下，我欲辅之。魂魄离散，汝筮予之！"

（《招魂》）

屈原既放三年，不得复见。……乃往见太卜郑詹尹曰："余有所疑，愿因先生决之。"

（《卜居》）

占卜的基本作用是解决疑难，当人们不能掌握自己的命运时，特别是犹豫不决时，往往希望冥冥之中有神灵加以指点。所以《左传·成公十三年》云："国之大事，在祀与戎。"屈原在政治上遭受排斥，美政理想化为泡影，思想上自然有激烈的斗争。这斗争的焦点有两个：1. 当时朝秦暮楚之士很多，自己可不可以离开祖国到异国去施展抱负呢？2. 不同流合污，势必受到排挤迫害，穷困终身，自己是坚持崇高的理想和人格呢，还是同流合污以求富贵呢？结果，他选择了决不离开故国，并以身殉志的道路。他唱出了那个时代最令人惊心动魄的强音："陟陞皇之赫戏兮，忽临睨夫旧乡，仆夫悲余马怀兮，蜷局顾而不行。"（离骚）"鸟飞返故乡兮，狐死必首丘。"（哀郢）"吾不能变心而从俗兮，固将愁苦而终穷！"（涉江）我们今日读这些作品仍然深深为之感动。这是因为，除了屈原的人格力量之外，还由于作品寻找到了适当的艺术表现形式，即把占卜术升华为一种心理描写的艺术手段。这在当时是一种艺术创新，并且对后代有深远影响。

第四，巫术中的神话、神物，被屈赋作为素材，构建了一幅幅色彩斑斓的艺术画面。陈词重华，上下求索，叩帝阍，求佚女，游西极等，都是极富有艺术想象力的场面，而这种想象是以古巫术中所保留的神话传说为基础的。巫歌的语言也对屈赋有深远影响。《离骚》、《九章》的基本句式都来源于《九歌》，特别是那个最富有特色的"兮"字据说至今仍存在于沅湘间的傩文化歌谣中。（参见林河《论侗族民歌与〈九歌〉的关系》）

总之，屈原虽不是巫师，但他是一个非常熟悉巫文化的学者和政治家；屈赋虽不是巫祝文学，但它是以巫歌为基础的艺术创造，是巫歌的思想与艺术的升华。这样，我们又在某种程度上回复到了王逸、朱熹的结论。然而，有两点不同：其一是不能把屈赋完全儒学化，更不能一字一句比附，其二是不局限《九歌》而是包含全部屈赋。这两点都是新巫文化视角给我们的启示。世界上的万事万物包括理论探讨，本来就是这样螺旋式进展的，深入总是伴随着某种程度的回复。

把屈赋与巫文化这么紧密挂钩，是否会降低屈赋的地位呢？不会。理由有二：一、作家从民间文学取材而创作出不朽著作，是古今中外文学界的普遍现象。高尔基说得好："各国伟大诗人的优秀作品都是从民间集体创作的宝藏中吸取滋养，自古以来这宝藏曾提供了一切诗意的概括，一切有名的形象和典型。"(《个性的毁灭》) 荷马的史诗、但丁的《神曲》、莎士比亚的戏剧、塞万提斯的《唐吉诃德》、歌德的《浮士德》，中国的不朽名著《三国演义》、《水浒传》、《西游记》，难道因为它们以民间文学为基础而失去耀眼光辉吗？巫歌，本质上也是一种民间文学，为什么不能成为屈赋的创造基础呢？何况，一旦升华之后，它便成了作家个人的创作。二、巫是古代的文化人，巫文化中蕴涵着后代哲学、史学、文艺、科技的因子。巫在古代的地位决不同于现代，他们曾是古代文化的代表人物。《礼记·礼运》说："王前巫而后史。"《世本·作篇》说：巫咸作医，作筮，作鼓。《史记·日者列传》引贾谊语云："吾闻古之圣人，不居朝廷，必在卜医之中。"据《史记·殷本纪》记载，巫咸、巫贤父子两代都是主持朝政的大臣，"巫咸治王家有成，作《咸艾》，作《太戊》。"巫在楚国的地位比在中原各国更加重要。本文前面已经引述《国语·楚语下》对巫的职责和条件的论述。《国语·楚语下》还说："民神杂糅，不可方物。夫人作享，家为巫史。"韦昭注解说："夫人，人人也。享，祀也。巫，主接神；史，次位序。言人人自为之。"因此，精通巫学，意味着掌握了楚国当时的重要文化成果，掌握了大批的民众。随着楚国社会的进步，思想家吸取其合理的内核，培育出"秉要执本"的道家哲学；文学家吸取其艺术营养，培育出璀璨的文学明珠楚辞。屈子精通巫学，将巫歌升华为楚辞，正如老庄将巫学升华为道家哲学一样，丝毫无损于他的伟大。

学者们从巫学角度研究楚辞，为楚辞研究增加了新的视角，对深入研究楚辞功不可没。当然，这仅仅是为楚辞研究增加了一个新的视角，它并不排斥从其他角度对楚辞进行研究。有容乃大，只有运用不同的方法、不同的视角进行研究，才能对楚辞的思想成就与艺术成就作出全面深入的评价。

［附录］戴锡琦《陈蒲清的楚辞研究》："陈蒲清不是专门研究楚辞的专家。1993 年，他应岳阳屈原研究所的邀请，在屈原与楚文化学术研讨会上，作了《南楚巫歌化伟辞》的发言，对于楚辞研究的巫文化视角，作了鞭辟入里的分析。"戴锡琦，岳阳师专教授，屈原文化研究所所长。

周亚夫生年应予订正

周亚夫是我国历史上著名的军事家。学术界将他的卒年定在公元前 143 年，最有影响的辞书《辞源》、《辞海》（1979 年版）等都采用了此说。但是，周亚夫的真正卒年应该是公元前 145 年。

《史记·绛侯世家》虽然没有记载周亚夫去世的年月，但是提供了三条线索。第一条："条侯亚夫自未侯为河内守时，许负相之曰：'君后三岁而侯。侯八岁为将相，持国柄，贵重矣，于人臣无两。其后九岁而君饿死。'"预言虽然属于传闻，但是《史记》是在事后记载的，应该可以作为依据。据此推算：亚夫在汉文帝的后二年（前 162）为条侯，下推八年，恰好是在汉景帝三年（前 154）平定吴楚七国之乱，掌握军权，封为丞相；再下推九年，卒年应为景帝的中五年，即前 145 年。第二条："条侯果饿死。死后，景帝乃封王信为盖侯。"据《史记·惠景间侯者年表》记载，王信封侯是在"（景帝）中五年五月甲戌"。景帝急切地想封王信为侯，亚夫表示反对，因而被疏远，进而遭受怀疑，以致入狱。他死后，景帝就急切封王信为侯。因此，亚夫不可能死在王信封侯以后的两年，即前 143 年；只能死在王信封侯的当年，即前 145 年。第三条："遂入廷尉。因不食五日，呕血而死，国除。绝一岁，景帝乃更封绛侯勃他子坚为平曲侯，续绛侯后。"据《史记·高祖功臣侯者年表》记载，周坚封侯是在景帝的后元年，即公元前 143 年。"绝一岁"，应该上推两年，恰好也是公元前 145 年。

学术界将周亚夫的卒年定在公元前 143 年，是沿袭了《资治通鉴》的失误。《资治通鉴》将周亚夫的卒年定在景帝的后元年，则是在依据《史记·高祖功臣侯者年表》时没有细勘《史记·绛侯世家》的周亚夫本传，忽视了"绝一岁"，才误把周坚封侯的那年看作是周亚夫的卒年。

豪华落尽见真淳

——读《桃花源记》

东晋大诗人陶渊明（365—427）的《桃花源记》是一篇驰名中外、脍炙人口的散文。这篇名文，是跟《桃花源诗》互相依存的。按照古代的常规，《桃花源记》本来只是《桃花源诗》的序言，所以，大多数版本叫作《桃花源诗并记》。但是，《桃花源记》的流传，实际上超过了《桃花源诗》。

《桃花源记》全文仅320字，可分三个段落。第一段写渔人发现桃花源的经过，第二段写渔人在桃花源中的所见所闻，是全文的主体，第三段写桃花源的迷失。前人分析《桃花源记》的文章，可谓汗牛充栋，我只谈两点突出的感受。

第一点是，诗人独辟蹊径，善于摄取自己最熟悉的典型的田园风光，创造出了一个令人向往的理想国度。诗人笔下的桃花源，土地平旷，有良田，有美池，有桑竹，有整齐的农舍，有纵横交错的道路，鸡鸣犬吠之声此起彼伏。人们和平地劳动，生活快乐。这样的景象，本来是普通农村应有的景象，为什么说是理想境界呢？因为，它虽然是普通农村应有的太平景象，却又是黑暗时代人们可望而不可即的追求。东汉末年的战乱、三国时代的纷争、晋朝的“八王之乱”和“五胡”进入中原，生产破坏，百姓流离，人们几乎无法过一天安稳、欢乐的日子。诗人在《归园田居》（其四）中就描写了这种悲惨景象：“徘徊丘垅间，依依昔人居。井灶有遗处，桑竹残朽株。借问采薪者，此人皆焉如？薪者向我言，死没无复馀。”所以，普通农村本来应有的太平景象，只能在与世隔绝的桃花源中出现，于是桃花源就成了跟悲惨的现实社会对立的理想境界。这个理想境界的特点，就是诗人在《桃花源诗》中所说的：“春蚕收长丝，秋熟靡王税。”诗人认为，没有君主制度，就没有剥削，劳动产品归自己所有；没有君主制度，就没有争权夺利，没有造成战乱的根源。桃花源为什么能够达到没有君主统治呢？就因为它与世隔绝：“自云先世避秦时乱，率妻子邑人来此绝境，不复出焉，遂与外人间隔。”桃花源与世隔绝，实际上就是跟君主制度隔绝，从而成为一个理想的世界。桃花源中的居民“乃不知有汉，无论魏晋”，听到外面的情况则“皆叹惋”，这就蕴含着对现实世界、对封建暴政的批判和否定。东晋有个思想家叫做鲍敬言，曾经提出“古者无君，胜于今世”的见解（见《抱朴子·诘鲍》）。陶渊明则塑造了一个没有君主的理想世界。他们都是因反对暴政而产生了这种超越前人的思想，但陶渊明的影响超过了鲍敬言，无论在思想史、文学史上都是应该大书特书的。后世有人把桃花源当作道教的洞天福地，把桃花源中人当作神仙。如王维《桃源行》的诗句：“初因避地去人间，更问神仙遂不还。”“春来遍地桃花水，不辨仙源何处寻。”这实际上是不了解陶渊明的真实思想境界。

第二点是，诗人一反当时的追求雕琢的文风，用平凡的语汇、自然的句式进行描写，从而形成了质朴清新的独特风格。诗人如何描写桃花源呢？“土地平旷，屋舍俨然，有良田、美池、桑竹之属，阡陌交通，鸡犬相闻。其中往来种作，男女衣着，悉如外人。黄发垂髫，并怡然自乐。”诗人真是描写田园的圣手，寥寥数笔，就描绘出了以小农生产为基础的美丽而典型的农村风光。而且，句式灵活（四字句颇多），节奏爽朗明快。当时，骈体文畸形地发展，文坛的风气是“俪采百字之偶，争价一句之奇”（《文心雕龙·明诗》），追求的只是渊博的用典、精巧的对偶和华丽的辞藻。而诗人描写桃花源，语言非常朴素，洗尽铅华，在文坛上别开了生面。这也是陶渊明诗文的基本风格。所以，金代著名诗人和诗歌评论家元好问的《论诗绝句》评价陶渊明说：“一语天然万古新，豪华落尽见真淳。”

诗人的遣词造句，似乎是信手拈来，实际上是炉火纯青。如文章一开头就点明具体的历史年代“晋太元中”和具体的地名“武陵”，从而强调桃花源的普通性，增强文章的真实感。接着，一步一景，迂回曲折，逐步把读者带入幻想境界桃花源。诗人使用“忘”字，又下一个“忽”字，逐步把理想世界跟现实世界分隔开，颇像传统山水画中的“横云断山”技法。第二段描绘桃花源的景象，从田园风光到社会人事，层层递进，步步深入，娓娓道来，引人入胜。“乃大惊”、“不知有汉，无论魏晋”，写出与世隔绝的神态。“皆叹惋”、“不足为外人道也”，是对黑暗现实的否定，并为下文埋下伏笔。文章最后一段，写渔人“处处志之”，却竟然“遂迷，不复得路”，连高士也寻找失败，“后遂无问津者”。文章再次像国画中的“横云断山”之法，把桃花源跟现实社会隔开，明确暗示这只是一个理想世界。全文针线细密，行文毫无破绽。

总之，陶渊明的《桃花源记》，思想深刻，文风清淳，影响深远，超越了同时代的其他作品。

［附注］有《桃花源记》，而后有桃花源，而后有桃源县之名。存此小文，纪念我的故乡。

中兴之主与亡国之君

——论梁元帝的政治悲剧

梁元帝（508—555），姓萧，名绎，字世诚，小字七符。他是南北朝萧梁王朝的第三个皇帝，是梁武帝萧衍的第七个儿子。“元”是他的谥号，“世祖”是他的庙号。梁元帝萧绎是中国历史上一位颇为特殊的皇帝。他是皇帝兼学者、文艺家。作为学者、文艺家，萧绎是成功的。他热衷学术，著作等身，有颇高的学术造诣。他富有才华，倾心于文学、艺术，无论诗、赋、骈文、寓言，还是绘画，都颇有成就。但是，作为皇帝，萧绎是悲剧人物。他虽然平定了侯景叛乱，中兴梁朝，但是只坐了两年皇帝位，就被西魏灭亡。如何评价梁元帝萧绎的政治悲剧呢？

一、千秋功罪，评说纷纭

古代历史学家对于萧绎的政治评价可以分为三派：南派，北派，中派。

南派是生活在南朝的史学家，他们倾向于褒扬与同情。何之元在陈朝编撰《梁典》，评价萧绎说：“至于帏筹将略，朝野所推。遂乃拨乱反止，夷凶殄逆。纽地维之已绝，扶天柱之将倾。黔首蒙拯溺之恩，苍生荷仁寿之惠。微管之力，民其戎乎！”（《文苑英华》卷七五四引）《梁典》肯定萧绎复兴梁朝、拨乱反正的功绩，甚至用孔子赞扬管仲的话来赞扬萧绎。当然，《梁典》对萧绎的高度评价，跟陈朝开国之君陈霸先的评价有关。陈霸先评价萧绎说：“武皇帝虽磐石之宗，远布四海，至于克雪仇耻，宁济艰难，唯孝元而已。功业茂盛，前代未闻。”梁武帝虽然儿孙众多，而且各自拥有地盘与军事力量，但是，最后平定侯景之乱而恢复梁朝政权的人就是萧绎。陈霸先对萧绎的评价这么高，虽然不排除政治目的，但主要还是根据事实。

北派是出生在北方的史学家。南北朝时期以北方政权征服南方而终结，隋朝、唐朝都是北方政权的继承者，故北方史学家对南朝政治往往贬斥。贞观三年（629），唐太宗命令史臣补修前朝五史：《梁书》、《陈书》、《北齐书》、《周（北周）书》、《隋书》。唐太宗任命魏徵担任修史的总监，各史官分工编写。贞观十年（636），这五本史书修成。贞观十五年（641），又命令李延寿等撰写这五个朝代的史志，历时15年完成。后来，李延寿为了更系统地记述南朝与北朝的历史，避免支离破碎与矛盾，就私自撰写《南史》与《北史》，到唐高宗显庆四年（659）完成。

唐太宗本来就否定梁朝的君主，魏征、李延寿又都是出生在北方的史学家，所以他们对萧绎取否定态度。李延寿贬斥萧绎说："元帝居势胜之地，启中兴之业，既雪仇耻，且应天人。而内积猜忍，外崇矫饰。攀号之节，忍酷于逾年；定省之制，申情于木偶。竟而雍州引寇，衅起河东之戮；益部亲寻，事习邵陵之窘。悖辞屈于僧辩，残虐极于圆正，不义不昵，若斯之盛。而复谋无经远，心劳志大，近舍宗国，远迫强邻，外弛藩篱，内崇讲肆。卒于溘至戕陨，方追始皇之迹；虽复文籍满腹，何救社庙之墟？"（《南史·梁本纪下》）他接着引用了魏征对萧绎的非常激烈的批评："昔国步初屯，兵缠魏阙，群后释位，投袂勤王。元帝以盘石之宗，受分陕之任，属君亲之难，居连率之长，不能抚剑尝胆，枕戈泣血，躬先士卒，致命前驱；遂乃拥众逡巡，内怀觖望，坐观时变，以为身幸。不急莽、卓之诛，先行昆弟之戮。又沉猜忌酷，多行无礼。骋智辩以饰非，肆忿戾以害物。爪牙重将，心腹谋臣，或顾眄以就拘囚，或一言而及菹醢，朝之君子，相顾凛然。自谓安若泰山，举无遗策，怵于邪说，即安荆楚。虽元恶克翦，社稷未宁，而西邻责言，祸败旋及。上天降鉴，此焉假手，天道人事，其可诬乎！其笃志艺文，采浮淫而弃忠信；戎昭果毅，先骨肉而后寇仇。虽口诵六经，心通百氏，有仲尼之学，有公旦之才，适足以益其骄矜，增其祸患，何补金陵之覆没，何救江陵之灭亡哉？"李延寿撰写《南史》与《北史》，本来就跟魏征有瓜葛，他又赞成魏征对萧绎的批评，那么，自然要引用魏征对元帝的评论了。

中派是能够折中南北的史学家。贞观五史中的《梁书》与《陈书》，是由姚思廉撰写的。姚思廉的父亲姚察，本来是梁、陈两朝的旧臣，在隋朝继续担任史官，他完成了《梁书》与《陈书》大多数篇章的撰写。姚思廉子承父业，完成了《梁书》与《陈书》。《梁书·元帝纪》评论萧绎说："史臣曰：梁季之祸，巨寇凭垒。世祖时位长连率，有全楚之资，应身率群后，枕戈先路。虚张外援，事异勤王；在于行师，曾非百舍。后方歼夷大憝，用宁宗社，握图南面，光启中兴，亦世祖雄才英略、绍兹宝运者也。而禀性猜忌，不隔疏近，御下无术，履冰弗惧，故凤阙伺晨之功，火无内照之美。以世祖之神睿特达，留情政道，不怵邪说，徙跸金陵，左邻强寇，将何以作？是以天未悔祸，荡覆斯生，悲夫!”姚思廉撰写《梁书》与《陈书》时，魏征担任修史的总监，所以，姚思廉虽然观点跟魏征有差异，但是不能忽略唐太宗的意见与魏征的评论。姚思廉只好在《梁书·敬帝纪》中跟李延寿一样引用了魏征对萧绎的评论。但是，姚思廉不在《梁书·元帝纪》中引用魏征对萧绎的评论，正是为了坚持自己的观点。

三派的评论，各有道理。南派的《梁典》，对萧绎只有赞扬，当然不全面。北派的《南史》与魏征的批评，为了突出历史的鉴戒作用，连萧绎平定侯景、复兴梁朝的功劳也抹杀了，更是偏颇的。代表中派的《梁书》对萧绎有褒有贬，既能肯定他平定侯景、复兴梁朝的功劳，又能批评他导致亡国的错误举措，是比较公正、公允的。以上三派的批评，似乎有一个共同的缺陷，那就是过于看重萧绎的个人素质，而没有看到造成萧绎悲剧的终极因素是封建体制的弊端。

二、平定叛乱，功不可没

《梁典》与《梁书》都肯定萧绎平定侯景、复兴梁朝的功劳。这是实事求是的。

萧绎年幼时就被封为湘东王。太清元年（547），担任荆州刺史，驻守江陵，并且都督荆、雍、湘、司、郢、宁、梁、南北秦等九州诸军事，还有“使持节”、“镇西将军”的官衔。荆州刺史的地位非常重要。东晋和南朝的疆域，主要在长江中下流。长江下流的政治、经济、军事中心是首都建康（今江苏南京市），长江中流的政治、经济、军事中心是江陵。所以，担任荆州刺史，镇守江陵，实际上掌握了国家的政治、经济、军事的命脉，几乎可跟朝廷分庭抗礼。

萧绎身处重位，不贪图声色，而是喜欢读书、藏书、著书。他聚集到江陵城的图书达到十五万卷以上；自己写了接近700卷著作。南北朝时期的藩王，大多数骄奢淫逸、无法无天。萧绎作为当时的一个藩王，是超脱时俗的。但是，他的作为，仅能适应不由自己担当国家安危的太平时代，不能适应需要自己担当国家安危的战乱时代。不幸的是，战乱降临了，而且必须他自己担当国家的安危。这是萧绎的文弱的肩膀所不堪负担的。

萧绎担任荆州刺史的第二年，即梁武帝太清二年（548），发生了一件天翻地覆的大事，那就是侯景之乱。原来，梁武帝萧衍晚年沉溺佛教而荒废政事，又法纪松弛而政治混乱。太清元年，东魏叛将侯景致信梁武帝，说他愿意依附梁朝，献上黄河以南十三州的全部土地。萧衍贪图土地，不惜破坏跟东魏的关系，接受侯景，封他为大将军、“河南王”，并运送大批粮食接应他。侯景却暗中跟萧衍的侄儿萧正德勾结，准备叛乱。太清二年八月，侯景起兵叛乱。当年十月，侯景兵临长江，萧正德秘密派遣几十艘大船接应侯景的军队从采石渡（今安徽马鞍山）渡过长江，侯景攻入首都建康。太清三年（549）三月，侯景攻陷内城——台城，幽禁梁武帝。五月，梁武帝忧愤而死。梁武帝虽然子孙众多，但是，或死，或败，或另有野心，于是，平定侯景、中兴梁朝的重任落到了梁元帝身上。

据《南史·元帝诸子》记载，萧绎派长子萧方等去朝见梁武帝，正碰上侯景攻入建康，萧方等不肯退缩，萧绎就调集一万军队，要萧方等率领支援台城。萧方等身先士卒，英勇杀敌，直到台城沦陷，才回荆州。又，《梁书·王僧辩传》记载，萧绎派遣他的主要将领王僧辩率领一万军队乘船东下，准备驱逐侯景。可惜，王僧辩率领军队到达京城，梁武帝已经跟侯景议和，并被侯景所控制。王僧辩只能先见侯景，再见梁武帝，然后脱身返回江陵。此后，因为侯景控制了梁武帝、简文帝，萧绎也不便采取行动。这时，梁朝的王侯官吏，纷纷到江陵依靠萧绎。如：江夏王萧大款，山阳王萧大成，宜都王萧大封，他们都是简文帝的儿子；还有郢州刺史南平王萧恪，等等。

太清三年四月，梁武帝秘密派太子舍人、上甲侯萧韶到达江陵，萧韶宣布梁武帝于三月十五日写的密诏，任命萧绎为侍中、假黄钺、都督中外诸军事、司徒、承制。“假黄钺”，就是可以代表皇帝的权力。“承制”，就是秉承皇帝的权力而代理皇帝行事。于是，萧绎准备东征，“令所督诸州并发兵赴都”（《北史·僭伪附庸·萧詧》）。

大宝二年（551）十月，侯景杀死简文帝萧纲，萧绎也清除了后顾之忧。于是，萧绎可以名正言顺地讨伐侯景，也可以集中兵力讨伐侯景。大宝三年（552）二月，萧绎亲自写了《讨侯景檄》。这篇檄文，篇幅宏大，气势充沛，颇多警句。如历数侯景罪恶之后，总括说：“南山之竹，未足言其愆；西山之兔，不足书其罪。”他命令王僧辩率领大军从浔阳出发东下，陈霸先率领三万甲士担任先锋。不久，王僧辩、陈霸先会师白茅湾（今江西九江北）。三月，攻下军事重镇姑孰（今安徽省当涂），再合围建康城。王僧辩击溃守军，侯景逃跑到吴郡（今苏州）。萧绎命王僧辩率领百官祭奠萧纲，追谥萧纲为简文帝，庙号太宗。四月，侯景在松江战败，只剩下三只兵船，想下海逃跑。羊鹍（名将羊侃之子）乘机杀死侯景，把尸首送到建康。王僧辩曝侯景之尸示众，又传首江陵。萧绎封羊鹍为明威将军、昌国县公。

侯景叛乱，到处杀戮掠夺，使人民陷于水深火热之中，并严重破坏了江南经济。平定侯景之乱，萧绎起了中坚作用，这是他不可磨灭的历史功劳。

三、身死国灭，因素复杂

在平定侯景叛乱，并战胜萧纪、陆纳以后，萧绎于太清六年（552）十一月，在江陵即皇帝位，改元“承圣”元年。但是，他即皇帝位还不到两周年，灾难就降临了。

承圣三年（554）九月，西魏派遣大将于谨、宇文护、杨忠（他就是隋文帝杨坚的父亲）等率领五万大军南下。在襄阳驻军的萧詧（萧绎的侄儿），为了报私仇，积极配合西魏。十一月初，大军包围江陵。西魏军队先占据东方的渡口，拦阻梁朝的各路援军，然后用精锐部队攻城。萧绎命令胡僧祐等分工守卫，自己也巡行都栅。二十九日，魏军猛烈攻城，萧绎出枇杷门，亲自临阵督战。战斗中，主将胡僧祐中流矢牺牲，梁军溃败。反叛者杀死西门的守卒，引西魏军队进入城内，江陵城被西魏攻陷。萧绎派太子萧元良与王褒作人质，向西魏求降。然后，自己乘白马、穿白衣走出东门。他抽剑击城门说：“我萧世诚竟然到了这种地步啊！”这场战争，总共持续了二十八天。

萧绎投降后，被萧詧押往军营。萧詧对他进行数落、侮辱。当年十二月十九日，即公元555年1月27日，萧绎被押向刑场。行刑者用土囊压死萧绎。萧绎的太子萧元良、小儿子萧方略，同时被萧詧杀害。

造成萧绎悲剧的主要因素是当时客观形势。西魏、北齐、梁三国鼎立，西魏最强大，梁最弱。萧绎即位时，梁朝已经非常衰败，版图大大缩小。河南、苏北、淮南都被北齐占据，汉中、蜀地、鄂西北被西魏占据，岭南地区又被萧勃（梁武帝的堂侄）所割据。萧绎能够管辖的范围只限于长江沿岸，西起江陵，东至建康。江陵处在西魏的威胁之下，危如累卵。正如《南史·梁本纪下》所说的：“自侯景之乱，州郡大半入魏，自巴陵以下至建康，缘以长江为界。荆州界北尽武宁，西拒峡口，自岭以南复为萧勃所据。文轨所同，千里而近，人户著籍，不盈三万。中兴之盛，尽于是矣。”萧绎，没有能力改变北强南弱的客观形势，无力阻挡西魏宇文集团统一中国的步伐。

然而，北强南弱的客观形势是如何造成的呢？主要原因是南方政权比北方政权背负着更加沉重的封建体制的包袱，皇族争权夺利，自相残杀。

明末著名思想家黄宗羲在《明夷待访录·原君》中，深刻分析了封建君主制度的危害，他说：“是以其未得之也，屠毒天下之肝脑，离散天下之子女，以博我一人之产业，曾不惨然，曰：‘我固为子孙创业也。’其既得之也，敲剥天下之骨髓，离散天下之子女，以奉我一人之淫乐，视为当然，曰：‘此我产业之花息也。’然则，为天下之大害者，君而已矣。”每个封建帝王取得天下后，都把天下当成自己的私人产业，大封亲族为王侯。梁武帝也不例外。《南史》的《梁宗室上》、《梁宗室下》、《梁武帝诸子》、《梁简文帝诸子》等记载，梁朝有近四十个王，侯就更多了。这些王侯包括梁武帝的兄弟、堂兄弟、儿子，以及他们的后代。

众多的封建侯王往往是酿造祸乱的根源。这是因为：第一、他们不劳而获，加重了人民的负担，阻碍了经济的发展。第二、他们占据高位，机构臃肿，使真正的人才不能脱颖而出，在危难时刻国家无人可用；而他们自己则养尊处优，完全丧失能力，“做官不办事，管家也不成”，“肉柔骨脆，体瘦气弱，不堪步行，不耐寒暑”（范文澜《中国通史简编》），战乱中只好任人宰割。第三、王侯多，既享受特权，又不受法律的制约，往往胡作非为，而且培养了各自的攫取更大权力的欲望，一旦中央政权削弱失控，他们就会起来争夺帝位，酿造祸乱，互相屠杀，这是被无数历史事实所证明了的。即使是统一而强大的秦王朝、汉王朝、唐王朝、明王朝，这种现象也屡见不鲜。在中央政权不稳定的两晋南北朝时期，这种现象更加突出。西晋灭亡的内因，就是“八王之乱”；东晋走向衰败，内因是晋孝武帝兄弟间的钩心斗角；刘宋王朝，宋明帝残杀皇族，屠杀他的兄弟辈与侄儿辈，宋武帝刘裕的儿孙们几乎被杀尽；萧齐王朝，齐明帝与东昏侯，疯狂杀戮皇族与大臣，终于走向灭亡。梁武帝想吸取前代的教训，为了防止骨肉互相残杀，对皇族采取宽容的政策。例如：他封六弟萧宏为临川王，后来发现萧宏贪污，反而更加信任；萧宏的儿子萧正德叛国逃奔东魏，不得志而回来后，萧衍竟然原谅他的过错，还重用他。梁武帝的这种政策，不仅没有收到什么效果，反而诱发了诸王侯争夺国家大权的野心。儿子萧综、侄儿萧正德的叛国，儿子萧纶、萧纪、萧誉、萧詧、萧绎因为争夺帝位而相互残杀，终于导致梁朝灭亡。所以，范文澜《中国通史简编》分析侯景之乱说：“这次大祸乱归根是士族制度自然的结果。”钱穆《国史大纲》说：“宗室强藩，亦不能忠心翊戴，转促骨肉屠裂之祸。”

萧绎亡国，当然有主观因素，包括政治失误与个人素质。

萧绎作为一个君主，他个人的主要政治失误是：不识时务。这突出表现在重文轻武、定都江陵与缺乏外交经验上。

萧绎即皇帝位之后，就以为天下太平，对严峻的形势完全没有警惕。他偃武修文，沉溺于学术与文艺，亲近宗懔、黄罗汉、王褒、庾信、徐陵等文士，而疏远军事将领。王僧辩是他必须倚仗的军事大臣，却曾经受到他的侮辱，又不留在京城。谢答仁是一员战将，却被他怀疑。《南史》记载，当西魏大举进攻江陵快要沦陷时，武将朱买臣、谢答仁建议萧绎乘夜晚突围，投奔任约的军营，当时任约率领的援军就驻扎在临近江陵的马头岸。萧绎却拒绝了这个唯一可行的建议。一是因为他自己很文弱，不会骑马奔驰；二是因为轻信王褒的话。王褒说："谢答仁、任约，原来都是侯景的部下，难道可信吗？不如投降。"萧绎轻信王褒而投降，终于遭受可悲的结局，谢答仁也壮烈殉国。萧绎在投降前，反思自己读书万卷，仍然免不了亡国，烧毁聚集到江陵城中的图书，这大概是悔恨自己重文轻武吧。可惜，真正的问题不在于图书，反而造成一场文化浩劫；也可惜，他觉悟自己重文轻武太晚了。

《南史·梁本纪下》记载，当萧绎称帝时，曾经发生定都的争议。大部分人认为应该定都建康，宗懔、黄罗汉、王褒等却反对从江陵迁都建康，认为建康已经残破，而且"王气已尽"。宗懔、黄罗汉、王褒等都是楚地人，所以反对迁都到吴地。萧绎自己则缺乏对西魏的警惕，又贪恋江陵的繁华，不愿意迁到已经残破的建康，决定定都于江陵。等到西魏包围江陵，萧绎才省悟。朱买臣等请求说："只有斩宗懔、黄罗汉，才可以谢天下。"萧绎说："当时是我的意见，不能怪宗懔、黄罗汉。"宗懔、王褒等都是萧绎信任的文士，他们在萧绎被害后都被西魏俘虏，后来做了北周的臣子。如果萧绎不定都江陵，不把首都直接曝露在西魏的威胁之下，而是迁都到建康，就不会迅速被西魏灭亡。

萧绎对待西魏，最缺乏外交经验，既轻信，又没有谋略。萧绎对西魏屈服，却幻想保持自己的独立性。西魏灭萧绎的导火线，是萧绎得罪了西魏的当权者。他对西魏的使臣不卑躬屈膝，还希望西魏归还部分领土。柏杨《中国历史年表》说："孝元帝萧绎致书西魏太师宇文泰，请依旧图定疆界，词颇不逊。宇文泰笑曰：'天之所废，谁能兴之？'遣柱国常山公于谨、大将军杨忠，率军击南梁，径围江陵，百道攻城。"萧绎不加强国家的力量，对西魏抱有幻想，缺乏外交谋略，也是亡国的重要因素。

萧绎的个人素质，也是有明显缺陷的。例如，他过于自信，性格暴躁，多疑猜忌。正如魏征所批评的那样："沉猜忌酷，多行无礼。骋智辩以饰非，肆忿戾以害物。"《南史·梁本纪下》还举了两件例证："悖辞屈于僧辩，残虐极于圆正。"

《梁书·王僧辩传》记载，王僧辩是萧绎最主要的将领。当河东王萧誉不服从征调军队的命令时，萧绎的长子萧方等讨伐失败而牺牲，萧绎急于派王僧辩领兵讨伐萧誉，王僧辩却反对马上出兵。因为，他认为必须等待自己先从竟陵调集一万精兵，否则不足以取胜。萧绎疑心王僧辩是故意拖延，召见王僧辩说："何日当发？"王僧辩说出自己的意见，萧绎大怒，马上逮捕王僧辩。萧绎对王僧辩说："卿拒命不行，是欲同贼，今唯有死耳。"王僧辩说："僧辩食禄既深，攸责实重，今日就戮，岂敢怀恨？但恨不见老母。"萧绎竟然拔剑砍伤王僧辩的左大腿，王僧辩大量出血而晕死，连王僧辩的儿子、侄子也被逮捕入狱。这时，萧誉的军队前来攻打江陵，萧绎不知所措，只好派人到狱中向王僧辩询问计谋，释放出王僧辩，任命他担任城内都督。对待王僧辩的态度，充分反映出萧绎的确性格暴躁，多疑猜忌。

又，《南史·梁武帝诸子传》记载，萧圆正是萧纪的第二个儿子，他在江陵任职（江安侯、散骑常侍），并不赞成萧纪发动对萧绎的战争。萧纪在长子萧圆照的怂恿下，率领巴蜀大军东下，企图占领江陵，于是萧圆正被萧绎逮捕入狱。他在狱中看到萧绎写的《回首望荆门》诗，就写诗说："水长二江急，云生三峡昏。愿贳淮南罪，思报阜陵恩。"萧绎看了圆正的诗，也感动流泪，却没有从轻处理圆正，而是希望圆正自杀。萧纪大军失败后，萧圆照也被捕入狱，萧圆正见到哥哥圆照，感叹说："阿兄！何乃乱人骨肉，使酷痛如此？"圆照悔恨自己的失误。萧圆正是无罪的，但是，萧绎始终不放过萧圆正，而是命令萧圆正与萧圆照在狱中绝食，过了十三天，活活饿死。萧绎不放过萧圆正，虽然根源于株连无辜者的封建法律，但是也反映出萧绎的残虐，不能宽容。

四、具体批评，值得商榷

史学家们的某些具体批评，是值得商榷的。

魏征批评萧绎说："不急莽、卓之诛，先行昆弟之戮"，"戎昭果毅，先骨肉而后寇仇。"这种批评，虽然有一定道理，但是，并不全面，值得商榷。第一，据《梁书》、《南史》的元帝诸子传的记载，在侯景攻入建康后，萧绎就调集一万军队，要长子萧方等率领守卫台城；又据《梁书·王僧辩传》记载，萧绎为了驱逐侯景，接着又派遣他的主要将领王僧辩率领一万军队乘船东下。可惜，王僧辩率领军队到达京城，梁武帝已经跟侯景议和，并被侯景所控制，萧绎也不便采取行动。等到梁武帝一死、简文帝被杀，萧绎就大举进军，似乎不能说"不急莽、卓之诛"。第二、因为争夺帝位而相互残杀，主要责任还不在萧绎这一方，而在他哥哥萧纶、弟弟萧纪及侄儿萧誉、萧督的一方。我们且看一段具体情节。《南史·梁武帝诸子传》记载，当萧纪率领巴蜀大军东下企图占领江陵时，萧绎还写信规劝萧纪，让他平安返回蜀地，永远镇守。萧纪不听劝告，被打败以后，萧绎又写信说："吾年为一日之长，属有平乱之功。膺此乐推，事归当璧。倘遣使乎，良所希也。如曰不然，于此投笔。友于兄弟，分形共气。兄肥弟瘦，无复相代之期；让枣推梨，长罢欢愉之日。上林静拱，闻四鸟之哀鸣；宣室披图，嗟万始之长逝。心乎爱矣，书不尽言。"并且写诗抒情："回首望荆门，惊浪且雷奔。四鸟嗟长别，三声悲夜猿。"我们还可以把萧绎跟萧詧对比。萧绎没有主动进攻萧詧，而是萧詧配合西魏进攻江陵，侮辱、处死萧绎以及萧绎的子孙，灭亡自己的故国。对比一下，就可看出萧绎对待皇族中的对手，态度还是比较好的。个人还猜测，魏征的批评还有可能是有感于唐太宗兄弟间的相互残杀而发。

萧绎跟萧纶、萧纪相比，也不是急于做皇帝的人。《南史·梁本纪下》记载：太清三年三月，侯景攻占建康后，就有手下大臣请求萧绎"为太尉，都督中外诸军事，承制主盟"，萧绎坚决拒绝说："议者可斩。"四月，萧韶到江陵宣布梁武帝于三月十五日写的密诏后，萧绎才担任侍中、假黄钺、大都督中外诸军事、司徒、承制主盟。《梁书·元帝纪》反复记载了萧绎推辞的过程。太清四年（大宝元年）十一月梁武帝逝世后，南平王萧恪及萧大款、萧大成、萧大封、萧圆正等亲王们就上表劝萧绎即皇帝位，被萧绎拒绝。太清五年（大宝二年）侯景杀死简文帝以后，亲王、大臣们又在十月与十一月两次上表劝萧绎即皇帝位，萧绎回答说："大耻未雪，何以应龙图?"四方官吏纷纷上表，萧绎干脆下了一道晓谕四方的命令："四岳频遣劝进，九棘比者表闻。谯沛未复，茔陵永远。于居于处，痛寐疚怀；何心何颜，抚兹归运？自今表奏，所由并断。若有启疏，可写此令施行。"可见他是坚决拒绝的。太清六年平定侯景叛乱后，王公、大臣们于三月上表劝萧绎马上即皇帝位，仍然被萧绎拒绝。四月，萧纪已经在成都宣布即皇帝位，王公、大臣们于五月上表劝进，还是被萧绎拒绝。八月，萧纪率领军队东下，徐陵上表规劝，言辞特别恳切，其中有句云："伏愿陛下因百姓之心，拯万邦之命。岂可逡巡固让，方求石户之农；高谢君临，徒引箕山之客？未知上德之不德，惟见圣人之不仁。率土翘翘，苍生何望!"接着，王公、大臣们又三次上表劝进，萧绎才在十一月即皇帝位。而且，他仍然坚持"不升正殿，公卿陪列而已"。

而且，如果全面考察萧绎的言行，他似乎不是一个腐化的君主，也不是一个残暴的君主。萧绎不腐化，是史学家们一致肯定而没有异议的，《梁书》、《南史》都说他"不好声色"。萧绎是否是残暴的君主呢？否。且举几个实例。1. 侯景控制梁武帝、简文帝以后，梁朝的王侯官吏，包括简文帝的儿子萧大款、萧大成、萧大封等，他们纷纷到江陵依靠萧绎。萧绎都接纳安排，甚至委以重任。2. 除了在战争中消灭对手，除了王僧辩、萧圆正事件，萧绎似乎并没有迫害其他大臣；而且，他认识自己对待王僧辩的错误后，一直重用王僧辩。3. 他关心农业。大宝三年正月发表《课耕令》；十一月即位后，次年三月又马上发布《蠲免力田诏》，关怀下层民众。4. 大宝三年五月，侯景传首江陵，萧绎下令斩侯景之左仆射王伟、少卿周石珍等四人于江陵，接着就发表《赦馀党令》，赦免其他被侯景裹胁的人。这一切，说明他不是暴君。所以，魏征批评萧绎“爪牙重将，心腹谋臣，或顾眄以就拘囚，或一言而及菹醢，朝之君子，相顾凛然”，似乎太过分了。

我们还要看到，萧绎对于自己曾经有所反省。他在《金楼子·自序篇》中说：“余不闲什一，憎人治生，性乃隘急。刑狱决罪，多从厚降；大辟之时，必有不忍之色。多所捶朴，左右之间耳。刘之亨尝语余曰：‘君王明断不凡，此皆大宽小急也。’”他还在《金楼子·立言篇上》中说：“性颇尚仁，每宏解网，重囚将死，或许伉俪自看，城楼夜寒，必［有］绨袍之赐。……但性颇狷急，或有不堪，不欲蕴蓄胸襟，须令豁然无滞。”这种个性，是不适宜担任封建君主的，特别不适宜在乱世担任封建君主。他还说，自己特别憎恨叛变者、不服从命令者、违法者，规定“叛者死”、“不附者死”、“违令者抵罪”。这也大概是发生王僧辩、圆正事件的原因。

魏征又批说：“虽口诵六经，心通百氏，有仲尼之学，有公旦之才，适足以益其骄矜，增其祸患，何补金陵之覆没，何救江陵之灭亡哉?”萧绎热衷甚至沉溺于学术与文艺，作为一个帝王，特别是作为一个身处乱世的帝王，当然是不合时宜的，甚至是造成亡国的重要因素。但是，我们也不赞成因此而否定他的艺术成就，更不能因此否定他的人格。

李延寿贬斥萧绎说：“外崇矫饰。”“攀号之节，忍酷于逾年；定省之制，申情于木偶。”萧绎的确有矫饰的毛病。其实，许多封建君主，包括有作为的君主，都有矫饰的毛病。因此，我们对萧绎不能责备求全，更不能深文罗织。梁武帝去世后，侯景把持政权，又立萧纲为帝，所以，萧绎既不能马上兴兵，又不能跑到建康吊祭。这是客观形势使然，不能说是忍酷于逾年。他母亲去世时，政治局势安定，他为什么不能刻木像而虔诚侍奉呢？如果连他为去世的母亲刻木像而虔诚侍奉，也认为是矫饰，那就太过分了。

总之，我们认为，不能以成败论英雄，更不能以成败定人品，因此应该全面评价萧绎，既要批评他导致亡国的主观错误，也要肯定他平定侯景之乱的功劳。造成萧绎悲剧的客观形势是“北强南弱”，而终极因素是封建体制的根本弊端。在南朝的君主中，梁元帝萧绎，是不可以跟宋孝武帝、宋明帝、苍梧王、齐明帝、东昏侯、陈后主之流受到同样谴责的。他的亡国，主要是侯景之乱以后“北强南弱”的客观形势造成的，是封建体制所造成的。

韩愈《毛颖传》与Korea“假传”

一

韩愈《毛颖传》是古文中的一篇奇文，而《毛颖传》对Korea的影响大大超过在中国本国的影响，更是文学史上的一件奇事。今天的朝鲜和韩国，都是Korea民族。

《毛颖传》的主角毛颖，并不是一个人物，而是指用兔子的毫毛所作的毛笔。文章首先追述兔子的世系、毛笔的产生，然后铺述毛笔的功用，从历史到现实的各类事物都要靠它记载，最后讲毛笔年老头秃而被秦始皇抛弃。作者感慨说：“赏不酬劳，以老见疏，秦真少恩哉！”可见它是一篇寓言，其寓意是发抒封建社会中有才文士的胸中不平，其中包含着韩愈自己的身世之感。其战友柳宗元最能体会作者的意图，他在《读韩愈所著毛颖传后题》说：“且凡古今是非、六艺百家、大细穿穴，用而不匮者，毛颖之功也。韩子穷古书，好斯文，嘉颖之能尽其意，故奋而为之传，以发其郁积，而学者得以励。其有益于世欤！”美国学者倪豪士《韩愈〈毛颖传〉的寓言读法》，曾经对《毛颖传》的寓意进行分解，确认：毛颖＝兔子/毛笔＝大臣＝？　他同意柳宗元的分析，认为毛颖的形象与韩愈自己有关联。[①]

《毛颖传》的写作特点是：把器物拟人化，并模仿历史人物传记的体制，运用众多典故来虚构器物的籍贯、世系和生平经历。以此影射社会上的某种人或现象，并寄托作者感慨；描写时往往采用游戏、滑稽的笔调，风格亦庄亦谐，寓庄于谐。且看其开头一段：

毛颖者，中山人也。其先明眎，佐禹治东方土，养万物有功，因封于卯地，死为十二神。尝曰：“吾子孙神明之后，不可与物同，当吐而生。”已而果然。明眎八世孙䨲，世传当殷时居中山，得神仙之术，能匿光使物，窃恒娥，骑蟾蜍入月，其后代遂隐不仕云。居东郭者曰㕙，狡而善走，与韩卢争能，卢不及，卢怒，与宋鹊谋而杀之，醢其家。秦始皇时，蒙将军恬南伐楚，次中山，将大猎以惧楚……围毛氏之族，拔其毫，载颖而归。献俘于章台宫，聚其族而加束缚焉。秦皇帝使恬赐之汤沐，而封诸管城，号曰‘管城子’。日见亲宠任事。颖为人强记而便敏，自结绳之代以及秦事，无不纂录。

这一段使用了很多典故，特别是与兔子有关的典故传说。《礼记·曲礼下》说：祭祀用的兔子叫做“明视”，“明视”就是“明眎。”传说兔子是月亮的精灵，在明月之夜出生，故名“明眎”。兔子又是十二生肖之一，是卯时的生肖。卯的方位属于东方，故文章说“佐禹治东方土”。又，“兔”与“吐”同音，传说小兔子是从母兔口中吐出来的。王充《论衡》也记载说，“兔舐毫而孕，及其生子，从口而出。”恒娥就是奔月的嫦娥，有兔子和蟾蜍作为她月中的伴侣。韩卢、宋鹊，都是良犬的名字。《战国策》记载说：“韩子卢者，天下之疾犬也；东郭逡者，海内之狡兔也。”相传秦始皇的大将蒙恬是毛笔的创造者，他取兔子的毫毛作为笔尖。管城，本是地名，这里指笔筒；管城子就是毛笔的雅号，笔筒就是它的封地。倪豪士《韩愈〈毛颖传〉的寓言读法》把这些典故划分为两类，一类是发散性（divergent）典故，一类是会聚性（convergent）典故。所谓发散性典故，即与拟人化器物（兔子与毛笔）直接相关的典故，如“明眎（视）”、“封于卯地”、“骑蟾蜍入月”、“蒙恬”以及“强记便敏”等；所谓会聚性典故，即临时用来展开情节的典故，如“伐楚”、“中山”以及后文提到的“佐治其国”、“老而见弃”等。

《毛颖传》实质上是一种传记体寓言。其渊源有两个，一是传记作品，二是寓言。司马迁《史记》奠定了我国纪传体史书的基础，也是我国传记文学成熟的标志。到六朝时代，又出现了“散传”、“杂传”。“散传”是正史之外的单篇人物传记，可以为名不见正史的个别人物单独立传，突破了历史书收录对象的限制；“杂传”是可以“杂以虚诞怪妄之说”（《隋书·经籍志·杂传类序》）的传记，为作者发挥想象提供了广阔空间。我国寓言更是历史悠久，是表达作者见解的常用的文章载体。韩愈和其文友柳宗元，都喜欢写作寓言。柳宗元把寓言与传记结合，写了《梓人传》、《种树郭橐驼传》等作品；韩愈更进一步，融史传、散传、杂传和寓言为一体，写了《毛颖传》及其姊妹篇《下邳侯革华传》。这就是《毛颖传》的奇特之处，并得到了少数知音的赞赏。柳宗元除了写《读韩愈所著毛颖传后题》，又在《与杨诲之书》中说：“仆甚奇其书。恐世人非之，今作数百言，知前圣不必罪俳也。”唐朝李肇也极力称颂此文，在

《国史补》中说："其文尤高，不下史迁。"

二

《毛颖传》问世后，中国续作者屈指可数。韩愈自己有一篇类似的作品，叫做《下邳侯革华传》，那是为牛皮靴写的传记。它的影响大大不如《毛颖传》，是《韩昌黎文集》的集外之文。[②]另外，唐朝司空图，模仿它写了一篇《容成侯金炯传》[③]，那是为铜镜立传。水平大大不如《毛颖传》。

200多年以后，苏轼模仿《毛颖传》写了《万石君罗文传》（以歙砚为主角），以及《温陶君传》（以白色陶土为主角）、《叶嘉传》（以闽地茶叶为主角）、《黄甘陆吉传》（以柑、橘为主角）、《江瑶柱传》、《杜处士传》（以杜仲为主角）等[④]。特别是《万石君罗文传》与《毛颖传》关系密切。这跟苏轼爱好奇特、诙谐及爱好寓言有关，也跟苏轼推崇韩愈有关。受到苏轼的影响，苏门学士秦观写了《清和先生传》[⑤]，该传把酒拟人化，说酒兼有"圣之清"与"圣之和"的特点，故号"清和先生"。苏轼以后数百年间几乎无人仿作。直到明朝，才又有人仿作[⑥]。支立作《十处士传》，所谓"十处士"即布衾、木枕、纸帐、蒲席、瓦炉、竹床、杉几、茶瓯、灯檠、酒壶。陆奎章作《香奁四友传》，所谓"香奁四友"是指妇女梳妆打扮用的镜子、木梳、胭脂、白粉；又作《香奁四友后传》，后四友是指妇女劳动用的尺子、剪刀、针、线。王耆作《豆区八友传》，是为菽乳作传，因为菽乳有八个名称，故名。

然而，《毛颖传》在Korea的影响却大大超过在中国的影响，形成了一种独特的文体，叫做"假传"。"假传"的创作，从高丽王朝到朝鲜王朝近千年而长盛不衰。所谓"假传"的"假"，其含义就是虚构，这种文体以拟人化的器物为主角而采用人物传记的形式，是一种传记体的寓言。该国假传作者也是把它当作寓言的，林悌的《花史》是该国著名的假传小说，《花史·跋》说："夫寓言托物，古人多用其体者"，"全以无情之物，托有情之事。"[⑦]

高丽王朝的代表作家作品有：林椿的《麴醇传》、《孔方传》、李奎报的《麴先生传》、《清江使者玄夫传》，李允甫的《无肠公子传》，慧谌的《竹尊者传》、《冰道者传》，释息影庵的《丁侍者传》，李谷的《竹夫人传》、李詹的《楮生传》等。

林椿是12世纪著名诗人，字耆之，号西河，与李仁老等并称"海左七贤"。他一生贫困，作品靠挚友李仁老保存、收集，编为《西河先生集》。李仁老称赞他说："先生之文得古今，诗得雅骚之风骨，自海而东，以布衣雄世者，一人而已。”《西河先生集》中的《麴醇传》与《孔方传》皆是以物喻人的讽刺寓言。《麴醇传》的主人公麴醇是酒的化身。其始祖为后稷时代的瑞麦“来牟”，后世祖先被酿制为酒，在祭祀、宴会等方面颇为人看重，其父麴酎在魏晋时与徐邈有深交，后与竹林七贤谐隐。麴醇为了富贵，谄事陈后主，使陈后主宴饮无度，朝政荒废；醇又聚敛贪财，受到正直人士鄙薄。后因口臭和年迈，被免掉官职，暴病而死。当时，高丽朝政腐败，毅宗沉迷酒色，有些朝臣不仅不积极进谏，反而阿谀逢迎，终于导致武臣之乱。麴醇便是这些奸佞之臣的化身。《孔方传》的主人公是钱的化身。古钱币中间有方孔，故戏称为孔方兄。孔方，字贯之。其始祖为首阳山的铜矿，后来被开采铸钱。孔方圆外方中，善趋时应变，性贪少廉。曾受到吴王刘濞、汉武帝、和峤、刘晏、王安石等的重用，也曾受到汉元帝、鲁褒、王夷甫、司马光等的轻视与嘲讽。其子孔轮，因贪赃被诛。作者通过孔方的形象，批评某些官僚不能为国为民兴利除害，而是树立党羽，陷害正人，谋取个人私利。讽刺尖锐，笔调幽默。但作者对金钱的看法，具有偏颇保守的一面，他在文后的评论中说：“若元帝纳贡禹之言，一旦尽诛，则可以灭后患也。”作者不理解货币必然发展的客观趋势。

李奎报（1169—1241），字春卿，自号“白云居士”。他官至丞相，是高丽王朝著名的政治家；又擅长诗文，是韩国古代三大诗人之一，有“名振海外，独步三韩”（《东国李相国集·序》）的崇高评价。《东国李相国集》中的《麴先生传》、《清江使者玄夫传》等都是著名的假传寓言。《麴先生传》与林椿的《麴醇传》大体相似，主人公都是酒，但是细节不同，主旨更有差异。诗人对主人公以歌颂为主，说他以“醇德清才，作王心腹……几致太平既醉之功”，“晚节知足自退，能以寿终，《易》曰见几而作，圣庶几焉。”当然也批评了他一度骄泰恃宠，使国君宴游无节，三个儿子也横行放肆，终于遭祸。《清江使者玄夫传》以龟玄夫为主人公。其始祖为负神山的鳌，其后代形体缩小，以卜筮为业，曾经向夏禹献“洪范九畴”。玄夫能预测阴阳吉凶，又通神仙导引不死之方，性格淡泊，不愿仕进。但是“明有所不见，智有所不及”，在宋元王时终于被渔夫豫且捕获，参与朝政；其长子元绪与第三子也为人所烹。作者评论说：“察至微，防未兆，圣人容或有差。……昔仲尼厄于匡，又使门人子路未免于醢。呜呼，可不慎乎！”寓言主旨看来是感慨人世与仕途的险恶。

慧谌（1177—1234），是高丽王朝时代最有名的禅宗和尚，也是诗人，号“无衣子”。其《无衣子集》中，有假传《竹尊者传》和《冰道者传》。《竹尊者传》以竹为主角，歌颂其十种品德：才生便秀，渐老更刚，其理调直，其性清凉，其声可爱，其容可观，虚心应物，守节忍寒，滋味养人，多材利世。寄托作者的理想人格。《冰道者传》，假借“冰”以歌颂冰清玉洁而不附炎趋势的人物。释息影庵生活于武人崔氏专政时代（1196—1258），是有名的诗僧。其《丁侍者传》[8]，将一根丁字形手杖拟人化，是一篇很风趣的游戏之作。可能是息影庵赠杖给另一位和尚而写的。李谷（1298—1351），是著名的学者与诗人。曾在中国元朝为官。其文集《稼亭集》中的《竹夫人传》，以竹为主角，将竹拟人化，写她嫁与松大夫为妻，坚守贞操，为人称道。后来丈夫仙去，她常临风摇曳哀歌，不能自恃，但晚节益坚。她没有儿子，孤独一生，作者感叹道：“天道无知，岂虚语哉！”李詹（1345—1405），字中叔，高丽王朝末期文豪，曾因弹劾权臣李仁任而被贬流放达10年之久。其文集《双梅堂集》中的《楮生传》，以纸为主人公，说他是蔡伦的后代，然后历叙他在汉、晋、梁、陈、隋、唐、宋、元各代直至明朝的遭遇，铺叙了纸张在政治、文化领域中的应用。

高丽王朝的假传体寓言，受韩愈的《毛颖传》及《下邳侯革华传》影响至深。假传，至少有三个方面与《毛颖传》完全一致：1. 以物为主人公，并影射社会上的某种人或现象，并寄托作者的感慨；2. 考证附会历史典故，虚构该物的一生经历和家世；3. 风格寓庄于谐。如《麴先生传》，以酒为主人公，运用大量的典故虚构出主人公的家世和生平；风格诙谐。且看开头一段：

麴圣，字中之，酒泉郡人也，少为徐邈所爱，邈名而字之。远祖本温人，恒力农自给，郑伐周获以归，故其子孙或布于郑。曾祖史失其名。祖牟，徙酒泉，因家焉，遂为酒泉郡人。至父醝，始仕为平原督邮，娶司农卿谷氏女生圣。

圣自为儿时，已有沉深局量。客诣父，目爱曰：“此儿心器常汪汪若万顷之波，澄之不清，挠之不浊。与卿谈，不若与阿圣乐。”及长，与中山刘伶、浔阳陶潜为友，二人尝谓曰：“一日不见此子，鄙吝萌矣。”每见移日忘疲，辄心醉而归。州辟糟丘掾，未及就，又征为青州从事。

这里巧妙地组织了一系列关于酒的典故。《三国志·魏志·徐邈传》说，徐邈担任魏王曹操的尚书郎，违反禁酒令喝得大醉，别人要他汇报公事，他竟然说：“我中了圣人。”平日设宴待客，把清酒叫圣人，浊酒叫贤人。《左传·隐公三年》：郑国祭仲率军队割周王朝温邑（今河南温县）的麦子。《汉书·地理志》：汉置酒泉郡，因其地有金泉，味如酒，故名。《世说新语·术解》：桓温有一个部下，善于鉴别酒，把劣酒叫平原督邮，美酒叫青州从事。此外，来牟为瑞麦名（出自《诗经》），醝为白酒名，刘伶（竹林七贤之一）、陶潜是著名的爱酒名士；汪汪万顷之波，酒糟堆积为丘，都是人们常知的典故。《麴先生传》、《楮生传》中都直接提到了毛颖的形象。李奎报《李史馆允甫诗跋尾》中说："其若《无肠公子传》等嘲戏之作，若与退之所著《毛颖》、《下邳》相较，吾未知孰先孰后也。"可见，高丽假传作家们模仿《毛颖传》是出于自觉的。林椿《麴醇传》与李奎报《麴先生传》都以酒为主人公，可能跟秦观《清和先生传》有关，但是它们的成就实际上超过了《清和先生传》，而是直追《毛颖传》。

三

李氏朝鲜王朝时代，假传体寓言仍然繁荣。代表作家有柳梦寅、权韠、张维、林泳、安鼎福、林悌、李颐淳、柳本学、李钰等。柳梦寅（1559—1623），是有名的笔记体作家，其文集《於于集》中有假传寓言《枫岳奇遇记》，把山中的石头、清溪、白云、凉风、红日、雪花、奇峰、洞穴、仙鹤、瀑布等加以拟人化的描写，是一篇奇特的寓言式的游记。权韠（1569—1612），是李朝前期重要诗人，并写作寓言诗歌。其文集《石洲集》中有假传寓言《郭索传》，以蟹为主角，寄托对有才智而被世俗迫害者的同情。张维（1587—1638），是该国十大古文家之一，其文集《溪谷集》中有假传《冰壶先生传》，把学者的襟怀拟人化。林泳是17世纪人（生卒不详），其文集名《沧溪集》，载于文集的假传代表作为《义胜记》。该作把浩然正气虚构为一个人物，叫做孟浩然，他扫除盗贼的侵扰，平定"宦海"，攻破"名利关"，摧毁"忿山"，填平"欲壑"。这种设想颇为奇特，与《镜花缘》中攻破"酒"、"色""财"、"气"四关的构想，有异曲同工之妙。安鼎福（1712—1791），是该国著名历史学家，所著《东史纲目》是该国史学名著。他的杂文集《覆瓿》的《女容国传》的构思也很奇特，把妇女的容颜设想为一个国度，把梳、篦、巾、钗等物拟为十五位大臣，把虱子、污垢等拟为盗贼，描写了女容国由治到乱，又由乱到治的过程。李颐淳（18世纪，生卒不详）有《后溪文集》，其中的假传《花王传》描写花王姚黄的一生。花王娶魏紫（按：姚黄、魏紫皆中国牡丹品种名）为后，任芍药为相，又招聘梅、竹、菊三君子，励精图治；后来，贪图奢靡，又以蝴蝶为使，迎娶海棠，政事荒疏，终于导致身死国灭。柳本学（18世纪，生卒不详）有《问庵文集》传世，其中的《乌圆传》以拟人化手法写猫的一生。乌圆以功封侯、食邑于鸟鼠山，后来因偷吃被贬，流落而死。它既讽刺人物不能善始善终，又批评统治者的寡恩。李钰（18世纪，生卒不详），是著名的小说家，假传作品很多。如：文集《梅花外史》中的《南灵传》以烟草（淡巴菰）为主人公，文集《花石子文抄》中的《却老先生传》以铜镊为主人公，皆是假传体寓言作品。此外，还有丁寿岗《月轩集》中的《抱节君传》，宋世琳《御眠盾》中的《朱将军传》，成汝学《续御眠盾》中的《灌夫人传》，李德懋《育庄馆全书》中的《管子虚传》，爱国诗人黄玹《梅泉集》中的《金衣公子传》，以及南有容的《屈乘传》、《毛颖传补》，尹致英的《梅生传》，等等。

朝鲜王朝时代的假传，跟高丽王朝时代的假传相比，体制已经发生变化。主要有两点；一是描写对象与描写手段的变化，二是产生了假传体小说。

高丽王朝时代的假传，以一个物件为描写对象，叙述其家世历史，风格几乎与《毛颖传》完全一致；朝鲜王朝时代的假传，典故减少，将多个物件拟人化，主要通过物件间的活动展开情节，更加和一般的寓言相同。也就是说，朝鲜王朝时代的假传已经淡化了《毛颖传》的影响，而加强了对主角的拟人化描写。如：《女容国传》、《乌圆传》、《南灵传》等几乎没有运用典故来描述主人公的家世与生平；著名思想家、文学家朴趾源《燕岩集》中有几篇被人称为假传的作品，就更加与一般的小说或寓言没有什么差别了。又如：《乌圆传》对主角猫的描写就颇细腻生动。且看它写猫捕鼠的一段：

圆尝值禁庐。昏夜，有黑衣小贼自内库偷入宫中，从复道攀缘欲上，见圆，钻入壁隙。圆知之，乃屏气潜伏于阈外。贼复入室，啮伤器物，窃食方丈之膳。圆用力一跃，扼其项而殪之。

这种描写完全以对猫和老鼠的细致观察为基础，逼真而传神，没有依靠任何典故。

李朝时期的寓言小说，有一类是“假传体寓言小说”，其代表作家是林悌。林悌（1549—1587），是该国16世纪杰出的小说家和诗人，他写的四篇小说，都是寓言体作品，除《元生梦游录》外又都具有“假传”色彩。《愁城志》以愁城象征杰出人才被压抑、忠正臣下被贬斥却无法昭雪的冤屈与愁苦。愁城的四座城门：忠义门、壮烈门、无辜门、别离门，分别象征不同的冤屈愁苦。最后象征美酒的“三州大都督驱愁大将军”率军出场，攻破愁城，驱散愁气，摆酒庆功，找回欢乐。它借幻境反映现实，借古讽今，抨击了不合理的社会现象，抒发了正直杰出人士报效无门的满腔悲愤，也包括作者自己怀才不遇的愁苦和郁闷。最后的结局是“借酒浇愁”的意思。《花史》借花王国的兴亡史讽刺政治。它模拟史家的编年手法，叙述花王国四个朝代发生的各种事件。梅华、梅萼、姚黄（牡丹）、白莲（芙蓉）相继为国王，其他花分别象征大臣，有忠臣（竹、松、柏等），有奸党，有逆臣，有隐逸。作品涉及封建王朝的各种弊端。

梅萼的灭亡，是由于宠信后妃，任用奸臣，穷奢纵欲、怠惰燕安、贪财虐民、好谄恶直。姚黄的灭亡，是由于朋党斗争。作者在作品中激烈抨击了朋党争权构陷的现象，并批评认为党争无法消除的观点说："谓之党祸酷于逆乱则可，谓之破党难于制贼，岂其可也？"白莲的灭亡，是由于迷信方术。作品写花王不听忠告，重用奸臣，大修苑囿，耗费民脂民膏，后来听信方士妖言，饮白露以求长生，反而因此得病。王生病后，急呼左右，左右也因饮白露得了哑症。花王又气又急，最后张着嘴喘着粗气死去。这一切都是李氏王朝当时现实的艺术投影。《鼠狱说》是林悌寓言小说的代表作。其情节是：一只老奸巨猾的大老鼠，带领群鼠钻进国家粮仓，大肆偷吃。很久以后，司库神才发觉，拘来老鼠审讯。老鼠百般狡赖，攀连大批无辜者：桃、柳、猫、狗、牛、马、蟑螂、乌鸦、喜鹊、老虎、狮子、龙、麒麟等。司库神因为老鼠的假口供，一个个拘捕审讯这些被诬陷者。最后才真相大白，惩罚了老鼠。老鼠代表大批的贪官污吏，司库神则象征着昏庸无能的朝廷。这篇作品形象鲜明，讽刺深刻，笔调幽默，是不可多得之作。《愁城志》与《义胜记》、《女容国传》，《花史》与《花王传》，题材、风格、手法完全相通；《鼠狱说》在对话中大量使用典故，也是假传的遗风。⑨

在《毛颖传》影响下产生的假传，在韩国盛行近千年，很多一流人物参与创作，不断拓展领域，后来又发展出篇幅比较长的假传体寓言小说。跟其盛况相比，中国模仿《毛颖传》的作品寥若晨星，真是太冷落寂寞了。总之，《毛颖传》在 Korea 的影响大大地超过了在中国国内的影响。

四

《毛颖传》在 Korea 的影响大大地超过了在中国国内的影响。为什么会形成这种奇特现象呢？这是时代与国情特点使然。

先谈谈中国的情况。中国国内缺乏《毛颖传》这类作品繁荣的背景。首先，韩愈、柳宗元的古文运动，在当时并没有战胜骈文，当时的陆贽、李商隐都是写骈文的能手。韩、柳去世后，古文运动就中断了。据欧阳修记述，韩愈的文集在北宋初年甚至被人抛到了废纸篓中。直到欧阳修、苏轼等再次发动诗文革新运动，古文才真正取代了骈文的正统地位。所以，唐朝人模仿《毛颖传》者极少。其次，宋朝的古文运动虽然继承了韩柳的古文运动，但是崇尚的是平易的风格，不崇尚韩愈所倡导的险怪风格，所以除了爱好奇特、诙谐的苏轼以外，《毛颖传》这种风格奇特的作品，就没有很多人问津模仿。第三，更重要的是，中国正统的思想观念和文章观念影响至深。韩愈虽大力提倡孔孟之道，鼓吹儒学复兴，鼓吹“文以载道”；但在正统人物的眼中，认为他是一个不够纯粹的儒者，认为《毛颖传》之类的文章更是不符合正统要求的文章。在宋朝著名人物中只有苏轼说他“文起八代之衰，而道济天下之溺”，其他人物几乎都对韩愈的思想颇有微词，有人对他的某些文章也表示不满，其中就包括《毛颖传》。如《旧唐书》本传就批评他说：“然时有恃才肆意，亦有盩孔孟之旨。若南人妄以柳宗元为罗池神，而愈撰碑以实之；李贺父名晋，不应进士。而愈为贺作《讳辩》，令举进士；又为《毛颖传》，讥戏不近人情。此文章之甚纰缪者。”第四，在这样的思想和文学观念支配下，模仿《毛颖传》的作品，不是受到冷落，就是受到否定。如：苏轼虽然是名家，但是人们极少提到他的《罗文传》之类的作品；《十处士传》《香奁四友传》《豆区八友传》等，受到的批评大都是否定性的，《四库全书总目》说它们，“词意儇薄，了无可取。”因此，后代模仿《毛颖传》者很少有著名的作家，故水平也就大大赶不上原作。无怪乎张裕钊说：“游戏之文，借以抒其胸中之奇。洸洋自恣，而部勒一丝不乱。后人无从追步。”其实并不是后人无从追步，而是没有什么著名人物去全力追步。

高丽王朝、朝鲜王朝，则跟中国的情况有很大的差别。高丽王朝既重视佛教，又大力提倡儒学。光宗九年（958），国王接受中国后周文士双冀的建议，开设科举考试，以诗赋颂及时务策取进士。朝鲜王朝建立以后，更是大力推行科举，提倡理学，中国文化进一步深入影响该国。高丽王朝、朝鲜王朝比中国更具有有利于假传繁荣的条件。首先，该国文坛一直推崇韩愈和苏轼。北宋诗文革新运动，在高丽发生了深刻影响。高丽文士在诗歌方面推崇杜甫、苏轼，在散文方面则推崇韩愈、苏轼。崔滋《补闲集》说：“凡为国朝制作，引用古事，于文则六经、三史，诗则《文选》、李、杜、韩、柳，此外诸家文集不宜据引为用。”又说：“近世尚东坡，盖爱其气韵豪迈，意深言富，用事恢博，庶几效得其体也。”朝鲜王朝时代的文士，基本上继承了高丽时代文士的传统。古文大家李植，在《作文规范》中，明确提出作文的要领是将韩愈的文章作为“终身楷模”。南龙翼《壶谷诗话》说：“国初以来，文体专尚东坡。”上面提到的几个作家之中，韩愈是《毛颖传》的作者，柳宗元、苏东坡是《毛颖传》的推崇者或模仿者。其次，该国文坛并没有完全接受中国正统的文学观念的影响，他们并不认为《毛颖传》是背离正统要求的作品。高丽王朝的李奎报以相国之尊模仿韩愈的《毛颖传》而写作假传，并且鼓励别人创作假传。《补闲集》记述说：“（李奎报）能谦下于人，凡有一善，必褒奖若出己右。弱冠时，作《麴秀才传》；李史馆允甫初登第时效之，亦作《无肠公子传》，公见之而甚善。每唱于词林间曰：‘近得能文者李允甫，真良史才也。’”朝鲜王朝时期也是一样，不少大人物都参与假传创作。总之，该国假传作者不仅多，而且有不少社会影响大的人物。如：林椿、李奎报、李詹、柳梦寅、权韠、张维、林泳、安鼎福、李颐淳、柳本学、李钰等都是政坛或文坛的著名人物。因此，假传的声价与创作水平自然就提高了。第三，韩国古代文士爱好“用事恢博”、风格滑稽的作品。我们看该国的古典诗文，都喜欢大量运用典故，特别是中国的古代典故。如：李奎报的《东明王篇》，本来是记述高句丽的开国之王，却引用了中国的三皇、伏羲、神农、燧人、女娲、黄帝、太昊、颛顼、唐尧、夏禹、汉高祖、汉光武帝等十二位帝王的传说。申光洙的《登岳阳楼叹戎马关山》全诗十四句，句句是杜甫诗歌的隐括。连民间小说《春香传》也一样，南原府长官传点艺妓，十多名艺妓的名字都取自中国的古诗，如传点艺妓“云深”时就先念贾岛的诗《寻隐者不遇》；春香跟长官辩论，引用了中国孟贲、苏秦、张仪、诸葛亮、许由、伯夷、叔齐等七个历史或传说人物。他们又喜欢写风格滑稽的作品，无论诗文小说都有以滑稽取胜者。如：该国古老的《龟旨歌》、《薯童歌》，都是风格滑稽的。该国李家源编的《李朝汉文小说选》，将小说按照形态分为志怪、传记、假传、滑稽四类，又按照思潮分为寓言、艳情、狭邪、志怪、滑稽、讽刺六类。两种分类中，都有滑稽一类。又如：《春香传》，写春香受刑之后，其母请瞎子先生算命，在算命之前还要先写算命先生在中途跌入污泥沟里面，以增加逗乐成分。可见，他们非常喜欢滑稽幽默的作品。《毛颖传》式的假传，正好符合“用事恢博”、风格滑稽的要求。

【参考文献】

①该文载于德国《远东》杂志第23卷第2期。

②《毛颖传》见《韩昌黎文集》卷8杂文类，《下邳侯革华传》是《韩昌黎文集》所附录的3篇“集外文”之一。

③《金炯传》见《司空表圣文集》。

④《苏轼文集》卷13有11篇“传”，其中6篇是模仿《毛颖传》的。

⑤《清和先生传》见《淮海后集》卷6。

⑤这些文章见《四库全书》“小说家类存目”。

⑦《花史》的作者，或认为是18世纪的诗人卢竞。

⑧此文保存于《东文选》（朝鲜王朝时代徐居正等编）中。

⑨林悌的上述作品，皆录于其文集《白湖集》中。

晚明诗文运动的一员主将：江盈科

——为黄仁生博士点校《雪涛阁集》而作

1449 年的“土木之变”把明皇朝分为前后两个时期。明代后期皇权衰微，专制主义的文化政策也随之破产，于是迎来了一个思想相对解放和文学繁荣的时代。故明代后期可说是中国古典文学史上的黄金时期之一。这个时期，不仅白话小说与戏曲全面丰收，寓言、笑话创作等空前繁荣，俗文学领域名家杰作辈出；而且，即使是传统的诗文领域也出现了后浪超越前浪的流派纷呈的局面。前七子、后七子、唐宋派、公安派、竟陵派，各自在诗文舞台上演出了精彩的一幕。公安派在诗文理论与创作两个方面都取得了成绩，表现尤为突出。公安派的代表人物，一般文学史家皆称袁宗道、袁宏道、袁中道三兄弟，并以他们的籍贯湖北公安县作为这个流派的名称。

历史是公正的。但人们的历史认识是不断深化的，因而某些历史评价是可以而且应该改正的。人们评价公安派却忘记了这个流派的主将——江盈科，便是应该修正的历史评价。江盈科和袁宏道（袁中郎）是这个流派的两位主将。他们交往密切，志同道合，共同掀起了反对台阁体和纠正复古主义流弊的诗文革新运动，当时人们往往“江袁”并称。江盈科在诗文理论与创作中的建树，不在袁宏道之下，而是各有千秋；他的建树超过了袁宗道、袁中道的建树。文学史上的大部分流派都以其主张或创作特色命名。袁宏道有一个重要口号是“独抒性灵，不拘格套”（《叙小修诗》）。那么，以袁宏道、江盈科为代表的流派，也许改称为性灵派更合适一些。

一、江盈科生平考证

江盈科（1553—1605），字进之，号渌萝山人，湖南桃源县人。他的生平前人很少考证。他的事迹，主要记载于《桃源县志·人物考》和袁中道《珂雪斋文集·江进之传》，更重要的是他自己写的诗文、尺牍。据江盈科《明故九十寿乡宾江公昆岳老处士墓志铭》记载，江的祖先从元朝起便居住在桃源县。明永乐年间，其六世祖曾任曲周县二尹。其祖父江伯玉（昆岳）家贫务农，其父江凤翎也是农民。江凤翎生了四个儿子，江盈科是长子。江盈科资质聪明，很受祖父喜爱。江盈科七岁入学读书，其师名罗潼江。江盈科母亲去世后，罗师母精心照料和接济江盈科，使江得以继续学习。江盈科家贫，帮助家里放牛，衣服破旧，那些家境富裕的同学讥笑他说："这个放牛娃竟想读书做官吗？"罗潼江对他们说："你们不要轻视江生，江生将会超过你们。"江盈科多次考试不利，罗潼江逝世后，他便回家务农。那些同学说："终究是个放牛娃，罗先生的话大而不当啊。"不久，宋楚山延聘江盈科担任家庭教师，对他非常信任。江盈科把宋楚山看作生平第一个知己，他在《祭宋楚山文》中说："不佞亦数数困场屋，建旗鼓而往，曳兵而还，公不以为战之罪，知时有未利也；不佞不问家人产，往往悬釜待爨，公亟问亟馈，十余年间，家人待公而火者十晨而九，公不以我为不谋生，知我捐细务图大业也；不佞家贫好施，好觞客，公不以我为糜费，知我疏节阔目，不拘拘尺牍间也。嗟夫！知我于童年者吾师乎？知我于髫年者吾楚山乎？"据《桃源县志》记载，有一年除夕，江盈科从常德回家，看见有人想投水自杀，便把自己所有的钱都赠送给那个人。这便是从童年至出仕前的江盈科。

江盈科的生年，我在《中国古代寓言史》初版中，曾据袁宏道《哭江进之》诗与袁中道《江进之传》"得年仅五十"推算，定为1555年。其实，江盈科应生于1553年，活了五十二岁。他写的《初度》诗，明确记下了自己的出生年月。这首七律诗说："二月春光最可怜，一杯独酌小桃前。客中几度逢生日，镜里何时再少年？相马谩劳重问齿，属牛只合早归田。"自注说："余生癸丑。"癸丑属牛。明世宗嘉靖三十二年为癸丑年，为公元1553年。那么江盈科出生于1553年农历二月，是确定无疑的了。

江盈科家贫无援，科场累次失利。直至明神宗万历十三年乙酉（1585）秋试，他才考中举人。这时他已经32岁了。万历二十年中壬辰科进士。袁宏道比他小15岁，与他同科中进士。江盈科授长洲县令，袁宏道授吴县县令，两县相邻。当年八月，他们同时赴任，从此结下了很深的友情，成了文坛上的亲密战友。袁中道《江进之传》说："公与中郎游，若兄弟。行则并舆，食则比豆。""上官至，有小酬应，不必中郎知，公皆代为之。即具狱当事者，当事者付吴令平反，即吴令有所平反，公不为嫌，曰：'吾向者讯果误。'或当事者向公才吴令，公闻之，若甘露洒而清风拂也。公好作诗，政事之暇，即与中郎大有唱和。"袁中郎的《敝箧集》、《锦帆集》、《解脱集》，乃至袁父的《海蠡编》，都请江盈科作序，江盈科的《雪涛阁集》，也由袁中郎作序。袁中郎在《雪涛阁集序》中说："余与进之游吴以来，每会必以诗文相励，务矫今代蹈袭之风。"反对蹈袭，正是晚明诗文革新的焦点。这面大旗，首先是由江袁二公举起的。

江盈科治理长洲是尽心尽力的。长洲是一个小县（1912 年已经并入吴县），又多水灾，但税租负担沉重，百姓往往弃田不种；权贵富豪之家多，过往的达官贵人多，五方之民杂处，执法很困难。江盈科每天黎明起床，点上灯，处理政事。他在《自述》诗中说："昔余宰长洲，百事纷缚束。征比急如火，文案高于屋。丹墀类蜂房，候者递践逐。上官与贵人，往过来复续。东走又西驰，自视如奔鹿。过时不得餐，子夜不得宿。如此六寒暑，万苦皆谙熟。瘦骨似枯柴，揽镜面无肉。"他对百姓很宽容，问案时温言细语；对权贵之家的不合理要求，婉言拒绝，忍受他们的愤怒指责。他因此累得生了肺病，时常咯血。他在长洲的突出政绩有三项：一是设役田，多方筹足 2094 亩役田，补贴服役的贫苦百姓；二是设学田，共 120 亩，补贴贫苦的读书人；三是整理了《长洲钱谷册》，以使上级了解百姓的沉重负担，同时杜绝官吏乘机勒索、中饱私囊。他常用自己的薪俸救济贫寒的读书人，并说："我尝寒士之苦久矣！"以至他奉调进京任职时，连一件皮袍都买不起。这时他还向一位好友借了几百两银子，尽数赠给一批贫苦有才的读书人。

万历二十七年（1599），江盈科担任长洲县令两届（六年）期满，升任吏部主事。他进京之后，上《中兴疏》、《法祖疏》、《宦寺疏》，指出明王朝的危机，陈述百姓的苦难，批评诸司和宦官，因而触怒权贵。于是，他马上被贬调。上级借口说他"征赋不及格"，调任有职无权的大理寺丞（廷尉）。江盈科很达观地对待官场的这场戏剧性变化。其《自述》诗云："一朝转铨曹，贺者趾相属。俄而改廷尉，吊者如欲哭。予心殊不然，吊贺两皆俗。劳薪自我分，脱劳胜加禄。"大理寺丞是个无权的闲散官吏，江盈科公余或读书，或作诗，他平时就住在一所古寺中。当时三袁兄弟都在京师，于是一起结社论学，切磋诗文。万历二十八年（1600），他被派往云贵两省视察刑狱，救活了不少蒙冤的人。万历三十二年，升任四川按察司提学佥事，主持四川省乡试。第二年，不幸在四川病逝。袁宏道在《哭江进之》诗序中说："乙巳秋，闻进之兄卒于蜀，余时伏枕恸几绝。"江盈科有二子一女。长子叫江伯通（字禹疏），曾协助江盈科编印《雪涛阁集》。

江盈科的主要诗文集是《雪涛阁集》。该集共分十四卷。卷一至卷五为诗集，共收诗 824 首；卷六至卷十四为文集，包括史论、政论、记叙、志传、书序、赠序、祭文、尺牍、小说。该集编于 1600 年。1600 年以后的诗文，以及

《法祖疏》、《中兴疏》等直接激烈批评权贵的作品，没有收入集中，散见于《桃源县志》、《常德文征》、《楚风补》、《沅湘耆旧集》等地方志书中。此外，还有“雪涛小书”四种：《雪涛诗评》、《闺秀诗评》、《谈言》、《雪涛谐史》。已经散佚的著作有：《易经解》、《丛谈》、《十七史详节》、《续四史详节》等。《明臣小传十六种》，原以为早已散佚，但现已发现独藏的孤本。

二、江盈科的诗文理论

江盈科的诗文理论，跟袁宏道的诗文理论相互呼应，以鼓吹抒写性灵、反对模拟复古为宗旨。其理论集中在《雪涛诗评》、《闺秀诗评》和《敝箧集序》、《锦帆集序》、《解脱集引》、《解脱集二序》、《璧纬编序》、《明文选盛后序》、《白苏斋册子引》、《诗评》、《重刻唐文粹引》、《陆符卿诗集引》、《姑苏郑姬诗引》、《刘子威杂俎序》、《笑林引》、《喻言摘粹引》等篇章中。其主要主张为：

（一）反对拟古，主张用今存真。明代前期在专制主义的文化政策统治下，盛行的是粉饰太平、歌功颂德的台阁体诗文，再就是作为官场敲门的千篇一律的时文八股。于是以李梦阳（空同）、何景明为首的前七子，以李攀龙（于鳞）、王世贞（元美）为首的后七子，打出复古的旗号，高唱“文必秦汉，诗必盛唐”，并提倡学习民间诗歌，抒写真情，反对理学束缚。他们以自己的理论和创作，冲击了空洞无物、浅陋闭塞的台阁体诗文与八股时文。但他们一味复古而往往流于偏狭，故《四库总目》批评李梦阳“字拟句摹，食古不化”。他们甚至宣称写文章跟临摹字帖一样。李梦阳《再与何式书》说：“今人摹临古帖，即太似不嫌，反曰能书。何独至为文而欲自立一门户耶？”这种模拟之风，当然受到了很多有识之士的反对，江盈科即是其中的一员。他批评李梦阳、李攀龙泥古不化的毛病，并说：“作诗者不能自出机轴，而徒局蹐于古之题目名色中以为复古，真处裈之虱也！”（《雪涛诗评·拟古》）他运用阮籍《大人先生传》中的“处裈之虱”的典故，辛辣讽刺了复古主义者的可怜相。他主张写当今的真情实感：“必尽目前所见之物与事皆能收入篇章，然后可以极诗之妙。”（《雪涛诗评·用今》）“善论诗者，问其诗之真不真，不问其诗之唐不唐、盛不盛。……苟非真诗，纵摘取盛唐字句，嵌砌点缀，亦只是诗中一个窃盗掏摸汉子。”（《雪涛诗评·求真》）“诗本性情。若系真诗，则一读其诗，而其人性情入眼便见。”（《雪涛诗评·诗品》）他还打了一个很生动贴切的比喻：“譬如写真传神者，不论其人面好面丑、黑白胖瘦、斜正光麻，只还他写得酷像。俾其子见之曰‘此真吾父’，其弟见之曰‘此真吾兄’。……若面孔、阿堵、颧颐，一切不像，子以为非父，弟以为非兄，做影样看不得，做图画看不得。”（《雪涛诗评·求真》）所以江盈科给人家的诗文写序，最推崇的是能写出真情，写出实感。《锦帆集序》推崇袁宏道：“大端机自己出，思从底抽，摭景眼前，运精象外。”《解脱集二序》又说：“中郎所叙佳山水，并其喜怒动静之性，无不描画如生。譬之写照，他人貌皮肤，君貌神情。若夫尺牍，一言一字皆心所欲言，信笔直书，种种入妙。”

（二）反对陈腐，主张变化新奇。台阁体、八股时文以及一味拟古的假古董诗文，其共同特点是陈腐板滞，不知变化。江盈科说：“代各有文，文各有至，可互存，不可偏废。盍观百卉乎？春则桃李，夏则芙蕖，秋则菊，冬则梅，或以艳胜，或以雅胜，或以清澹胜，总之造化之精气按时比节泄于草木，各有自然之华。人心之精，泄而为文，无代无之。彼嘐嘐然尊古卑今者，有所独推，有所独抑，亦未达于四时之序与草木之变之理矣，乌可与论文？”（《重刻唐文粹引》）他又指出：“近世论文者辄称复古，贵崇正而讳言奇。然有不奇而可言文者耶？……六经而下，若《左》若《国》，若《庄》、《列》、《韩非》、司马子长，诸皆极天下之至奇。至奇将尽举而付诸祖龙，而徒取老生腐儒训诂讲解之语，指而名之曰：‘此文之纯正者。’而以为轨。有不为豪杰之士之所掩口者欤？”（《璧纬编序》）可见江盈科对复古主义者和理学腐儒的文风是非常不满的，大声疾呼诗文应该创新，应该不拘一格。他在《解脱集引》中又说，唐代杜甫是正而能奇，李白是以奇为奇，李贺则是奇之奇者。他说李贺的诗，“事不必宇宙有，语不必世人解，信口矢音，突兀怪特，如海天蜃市，琼楼玉宇”。他说袁宏道最耻模拟，其突兀奇特处正跟李贺一样。他进而批评流俗对李贺、袁宏道的责难说：世人习于诗套，不满意他们的新奇之作，但他们仍不失为一代异才，“知我者希，则我者贵，此论诗之概也。”

江盈科主张奇巧，“大凡诗句要有巧心，盖诗不嫌巧，只要巧得入妙”（《雪涛诗评·巧咏》）。但他认为奇巧是以真实为基础的，“虽言人人殊，大端膏沃光烨，根深叶茂，是谓由实生华，乃真华也”（《明文选盛后序》）。这就是说，诗文要写得好，必须先加强作者本身的修养。学习前辈作家，更不能剽窃其皮毛，而应得其精髓。他说：“盖诗有调，有趣。调在诗之中，有目者所共见；若夫趣，则既存诗之中，又在诗之外，非深于诗者不能辨。”（《陆符卿诗集序》）他认为自己在为人方面，有与白居易相近之处，故愿意在写诗方面学习白居易。江盈科的诗，关心民间疾苦，语言通俗，风格平易，的确与白诗相近。

（三）重视俗文学与妇女文学。前后七子已开始重视新兴的俗文学，李梦阳在《诗集自序》中便说过“真诗乃在民间”。但这一主张与其复古模拟主张正好自相矛盾。李贽、袁宏道赞扬通俗小说和戏曲，比前后七子前进了一大步。江盈科则很重视笑话和寓言。他说：“苏代以土偶止田文之行，淳于以豚蹄加齐宣王之璧，曼倩以鹿触之言悟汉武之杀卒，优伶以荫室之说止二世之漆城。此岂非谐语之收功，反出于正言格论之上者哉！”当有人反驳他说：“你是信奉孔子学说的儒生，看重这种作品恐怕不恰当吧？”他进一步说：“果若子言，则牛刀割鸡夫非出于尼老之口者哉？……若夫索河源于昆仑，不可谓非尼老作俑。”（《笑林引》）

他很重视妇女文学。他说：“毛诗十五国风，多妇人女子之言。……圣人亦不削而存之。”“以闺阁之流，掞藻摛词，至掩骚人墨卿，关其口而夺其所长，斯亦造化所独纵，故自不朽。”（《姑苏郑姬诗引》）因此，他专门编了一本《闺秀诗评》，其小序云：“余生平喜读闺秀诗，然苦易忘。近摘取佳者数首，各为品题，以见女子自摅胸臆尚能为不朽之论，况丈夫乎？”所选评的诗都是才思隽永的佳作。如：一个姓李的妇女嫁给巴家。丈夫家里很穷，她的姐妹都嫁给富户。李氏安贫乐道，写了一首很诙谐工巧的五律：“谁道巴家窘，巴家十倍邹；池中罗水马，庭下列蜗牛；燕麦纷无数，榆钱散不收；夜来添骤富，新月挂银钩。”江盈科评道：“体物真切，出以诙谐。胸次如此，区区浊富，自非所好。”

（四）主张诗文有别，诗要晓畅而立意完美，并反对政治暴力对诗文的无理干涉。他说：“诗有诗人，文有文人。譬加斫琴者不能制笛，刻玉者不能镂金。专擅则独诣，双骛则两废。有唐一代诗人，如李如杜，皆不能为文章。……韩昌黎文起八代，而诗笔未免质木。”（《雪涛诗评·诗文才别》）又说：“凡诗，欲雅不欲文，文则为文章矣；凡诗，欲畅于众耳众目，若费解费想，便是哑谜，非诗矣；凡诗，不能不使故事，然忌堆积，堆积便赘矣；凡诗，析看一句要一句浑沦，合看八句要八句浑沦，若一句不属一气，一篇不如一句，便凑泊不成诗矣。”（《雪涛诗评·诗忌》）

他在《雪涛诗评·数奇》中讲了一个发人深省的故事。明太祖朱元璋有次便服外出，信口吟咏《虹霓诗》：“谁把青红线两条，和云和雨系天腰。”有个进京的文人叫彭有信听了，便应和说：“玉皇昨夜銮舆出，万里长空架彩桥。”朱元璋非常高兴，第二天便早朝召见，拜彭有信为北平布政。另一位著名诗僧叫来复，被朱元璋召见赐食，他写诗道谢：“淇园花雨晓吹香，手挽袈裟近御床。阙下彩云移雉尾，座中红芾动龙光。金盘苏合来殊域，玉碗醍醐出上方。

稠叠滥承天上赐，自惭无德颂陶唐。”朱元璋看诗后竟大怒说：“诗用殊字，谓我为歹朱；又谓我无德。奸僧敢大胆如此！”便下令杀了来复。江盈科万分感慨地说：“噫！前诗未必佳，乃取不次之位；来复诗工矣，乃取不测之祸。太祖评诗，可谓无定价矣！”

这个故事直接揭露封建帝王对诗文创作的无理的血腥的干预，其荒谬程度超过历史上的文字狱。故事的批判矛头直指本朝的开国皇帝，其胆略是过人的。作者用“数奇”作题目，只是略作掩饰而已。

三、江盈科的创作成就

江盈科的诗文创作成就，受到公安袁氏兄弟的一致推崇。袁宏道在《雪涛阁集序》中说：

余与进之游吴以来，每会必以诗文相励，务矫今代蹈袭之风。进之才高识远，信腕信口，皆成律度。其言今人所不能言，与其所不敢言者，虽其长才逸格有以使然，然亦因时救敝，法当如是。论者或曰：“进之文超逸爽朗，言切而旨远，其为一代才人无疑；诗穷新极变，物无遁情，然中或有一二语，近平，近俚，近俳，何也?”余曰：“此进之矫枉之作，以为不如是不足矫浮泛之敝，而阔时人之目故也。……进之诗其为大家无疑矣！

这段话说明了他们共同进行诗文革新的志向，高度评价了江盈科的诗文成就。袁中道《江进之传》说：“诗多信心为之，或伤率意，至其佳处，清新绝伦，文尤玄妙。”“诗文不贵无病，但其中有清新光焰之语独出不同于众，而为人所欲言不能言者，则必传。……进之诗可爱可惊之语甚多，中有近于俚语者无损也。”

袁氏兄弟的评论是公允的。袁中道说江盈科的文超过诗，也是中肯的。公安三袁本身也是文比诗写得更好，特别是袁宏道的山水小品尤其为人所称道。江盈科的山水小品较少，成就远远不及袁宏道。江盈科并不是不善描写山水，如：《桃花洞天草引》写桃源故乡的四季景物，便写得情景交融，令人神往。但他早年以教学谋生，后来又吏事旁午，似乎没有多少优游山水的条件。所以，这方面不是他的专长。个人以为，他在以下两个方面所取得的成就超过了公安三袁，弥补了三袁的不足。

第一，其诗文多关心国计民生，发论精警，具有大家风范。袁宏道的散文直抒性灵，个性突出，开拓了散文的境界与表现手法，但涉及国计民生者较少。翻开《雪涛阁集》则不然，其中大多为关心国计民生之作。有的歌颂民族英雄与抗倭志士，有的同情贫民寒士而谋划救济方案，有的指责时弊而毫无顾忌，有的提出主张而见解卓越。且以卷六为例，其中有政论八篇，史论七篇，各自独立而又相互呼应，立论新颖而不怪僻，论证周详而文采斐然，堪称上乘之作。

他的政论关切现实，又能突破成见。如：《用人》篇提出要善用小人，反对拘儒的迂腐门户之见："为君子者不能善用小人，而相倾相激，至于共受亡国之名，可不惜哉!"《理财》批评理学家不重视富国强兵，批评人们对王安石的片面评价。《变法》指出法应以"便民"为标准，不应以"先王"为标准，肯定张居正的"一条鞭法"，同时批评胡乱变法的大臣。《边材》篇从人材问题说起，"人鲜全材，品无兼局"。它将人材分为清品、能品、杰品。清品可廉洁范物，能品可剔奸除弊，杰品可守边御敌。文章批评明朝廷不能因人善任，故而边将乏人，不能抵御外敌侵扰。文章指斥对边将吹毛求疵的人，并建议说："毋以小廉曲谨，妄加掣缚，则疆场得人，英雄吐气。"后来，明末杀袁崇焕等杰出人才而自毁长城，证明了作者的英明论断。总之，江氏的时论都是有感而发，切中时弊，见解新颖而大胆；篇幅宏伟，论证周密，而且成组出现，如天风海雨，惊神骇目。

他的史论见解新颖深刻，毫无迂腐气。如《秦始皇》说："盖始皇无圣人之德，而其才则圣人之才也，所谓不凡者也。""夫始皇者，岂非帝王之中穷凶极恶而无与为侣者乎？然迹其生平所为，毅然破常格，扫往迹，独断独行，遗后世以无穷之用，其大法盖有四焉。四者何也？曰阡陌，曰郡县，曰长城，曰隶书。夫法之所以能利天下者，为其能顺天下之势，体天下之情，可以维俗而不至于拂俗，可以经世而不至于反世，则其达之也易，而其垂之也远"。文章从历史发展趋势，论述了四法兴起的必然性和实行四法的利益，驳斥了世俗儒生因人诋法的陋见。文章气势雄浑，如长江大河滔滔奔流，置之古代第一流散文家的文集中毫不逊色。《项羽》也写得很出色。文章一开头便说："古今之言英雄者多矣，然未有过于西楚霸王项羽者。"接着列举项羽力拔山、气盖世的雄伟风度和五载成霸的宏伟事业。然后笔锋一转说："英雄之无敌者，此羽也；英雄之无用者，亦此羽也!"分析了项羽不能用人，也不能为人所用，既不能在人之上，也不能在人之下，以至孑然无所容于天地之间，归于无用，不免败亡。文章欲抑先扬，感情充沛，读后令人耳目一新。其他如《老子》篇说："老氏之于孔子，谓之两圣人可也，即谓之一圣人亦可也。"《汉武帝》抓住善用人立论，指出"宋祚之弱，弱于君子讲理学，小人肆奸谋，而为执政者不留心于因材器使之道"。这种立论，既表现了不同于流俗的历史眼光，又表现了希望明朝统治者吸取历史经验教训的拳拳用心。

除了卷六这组文章，江盈科集中关心国计民生的诗文还很多。如卷七的《宋文丞相庙记》、《明中丞秋崖朱公祠堂记》、《刑部题名记》、《书少石杜君义田记后》、《重建吞海亭碑》、《长洲役田记》、《长洲学田记》、《两君子堂记》等皆是文质兼美之作。《雪涛阁集》未收的作品，如《法祖》、《中兴》诸疏更是“言今人所不能言与不敢言者”，令宦官权贵等侧目。

第二，江盈科在寓言创作方面成绩突出，不仅三袁不能望其项背，在有明一代与整个中国文学史上也具有重要地位。《雪涛阁集》第十四卷，共有称为“小说”的作品52篇，其中的不少篇章皆为寓意深刻、风格幽默的寓言。此外，他编写的《雪涛谐史》收诙谐小故事153则，《谈言》收诙谐小故事11则，其中都有寓庄于谐的寓言。除了这些独立的寓言故事，江盈科还喜欢在其他文章中穿插寓言故事，作为其说理的重要手段。

江盈科的文章善于使用比喻和寓言说理，颇有战国诸子之风。如：《鲁两生》篇，批评汉初鲁地两儒生百年之后再兴礼乐的迂阔言论说：

尝试譬之：有抱沉疴之病者，死期且近，竭诚以延医者。医与约曰：“俟我东走辽阳市参，西走甘州市杞，和剂饮尔，尔且立愈。”夫参杞之药，岂不称良？然当病人垂死之时，而后走数千里求之，以期愈病，未有不死者矣。此医之迂阔而能杀人者也。两生之言，充其量可以亡汉，亦若是耳。

《用人》中的“彼渡我沉”，《变法》中的“投药止风”，《老子》中的“三人观戏”，《霍光》中的“救雀得瓜”，《刘子威杂俎序》的“彭铿戒子牙”，都能以形见理，颇似战国诸子寓言。

《雪涛小说》《雪涛谐史》《谈言》中的寓言都是独立成篇的讽刺寓言。其寓言最突出的思想特点是猛烈抨击吏治腐败现象。如《任事》：

盖闻里中有病脚疮者，痛不可忍。谓家人曰：“尔为我凿壁为穴。”穴成，伸脚穴中，入邻家尺许。家人曰：“此何意？”答曰：“凭他去邻家痛，无与我事。”

又有医者，自称善外科，一裨将阵回，中流矢，深入膜内。延使治。乃持并州剪，剪去矢管，跪而请谢，裨将曰：“簇在膜内者须亟治。”医曰：“此内科事，不意并责我！”

……今日当事诸公，见事之不可为，但因循苟安，以遗来者，亦若委痛于邻家、推责于内科之意。

这两则寓言共同揭露了官僚政治特有的腐败现象：敷衍公事，因循苟安，推责诿过。两则故事的揭露又各有侧重，前者不敢任事的特点是以邻为壑，后者的特点是敷衍塞责。

《鼠技虎名》跟《任事》一样，也是揭露官场弊病，它讽刺官吏无能，只知虚张声势、吓唬百姓，危害国计民生。《催科》更加尖锐大胆。作者借用古老的“治驼背”的故事而赋以新的寓意：“呜呼！世之为令，但管钱粮完，不管百姓死，何以异于此医也哉！虽然，非仗明君躬节省之政，下宽恤之诏，即欲有司不为驼医，可得耶?”它不仅讽刺为了邀功而横征暴敛的官吏，而且向最高统治者（皇帝）提出了意见，委婉指出他应对官吏的行为负责。这则故事体现了“民为邦本”的思想：钱粮少一点仅是躯体有缺陷，伤害百姓便是危及了生命。

江盈科寓言还讽刺了其他不良社会现象。“蛛蚕”讽刺了人欲横行、极端利己的人；“虎畏化缘僧”讽刺了打着慈善幌子而强赖硬要的人；“造酒忘米”指出忘本逐末势必劳而无功；“知无涯”描绘出知识里手自护其短的丑态。

江盈科寓言多取材于民间，又善于运用对比、夸张、层层衬托的手法，将庄重的主题寓于诙谐谈笑之中。如：《蛛蚕》篇，通过蜘蛛与蚕的对比，写出两种不同的品德与价值观念；《悭术》篇，通过极度的夸张衬托，辛辣嘲笑了悭吝者的举动；《黄婆店》故事取材民间传说，情节和主旨颇似《渔夫和金鱼的故事》，用回环复沓手法，烘染出一个贪得无厌的老太婆形象。又如《算计鸡卵》：

一市人贫甚，朝不谋夕。偶一日拾得一鸡卵，喜而告其妻曰：“我有家当矣。”妻问：“安在?”持卵示之曰：“此是。然须十年，家当乃就。”因与妻计曰：“我持此卵，借邻人伏鸡乳之。待彼雏成，就中取一雌者：归而生卵，一月可得十五鸡；两年之内，鸡又生鸡，可得鸡三百，堪易十金。我以十金易五牸，牸复生牸，三年可得二十五牛；牸所生者又复生牸，三年可得百五十牛，堪易三百金矣。吾持此金举债，三年间，半千金可得也。就中以三之二市田宅，以三之一市僮仆、买小妻。我乃与尔优游以终余年，不亦快乎?”妻闻欲买小妻，怫然大怒，以手击鸡卵碎之，曰：“勿留祸种!”

嘻！世之妄意早计、希图非望者，独一算计鸡卵之人乎?

总之，江盈科与袁宏道共同掀起了反对复古、提倡自由抒写性灵的文学革新潮流。江盈科在文学理论与创作上并不比袁宏道逊色，而互相可以取长补短。他是一位不应该被遗忘的作家。他之所以一度被人们忽视，原因是多方面的。他比袁氏兄弟要年长一些，去世时这个流派的社会影响还没有扩大，此其一；

中国文坛的领袖地位往往与社会地位相关，江氏出身寒微，刚任学使便去世了，此其二；明末重视山水小品，江氏山水小品的创作成就不大，而江氏的史论、时论、诗论在当时没有引起足够重视，特别是他的诙谐寓言从传统眼光看又不能登大雅之堂，此其三。但是，历史评价应该逐步洗刷掉一些非本质的因素。

黄仁生博士立志整理《雪涛阁集》，我们共同申请到国务院古籍整理委员会的基金，又得到岳麓书社及黄仁生的导师章培恒先生的支持。黄仁生博士经过几年搜罗爬剔，精心校刊，终于完成了这一项有价值的工作。我帮助他进行了校订。人们常说“人杰地灵”。江盈科、黄仁生和我都是桃源人。我们为桃花源一类的地灵骄傲，也为江氏这位晚明人杰自豪。我十多年前即有整理江氏全集之志，但力不从心。仁生同志年富力强，完成了这项工作，值得衷心祝贺。

中医药与中国文化

湖南中医药大学是湖南中医药的最高学府，我是一个外行，到这里讲课，不是班门弄斧吗？但是，我接受邀请来了。原因有两个。第一个原因是，我是一个中医学的爱好者，所以来向大家学习请教。1966 年至 1976 年，爆发“文化大革命”，给中华民族制造了一场十年浩劫。当时，天天读《毛主席语录》，大多数社会科学著作与文学作品都被戴上“封资修”的帽子，禁止阅读，学校也停了几年课。我在闲暇时间，一是通读了《马克思恩格斯选集》，一是通读了当时全国中医学院合作编写的各科教材和《黄帝内经》、《难经》、《伤寒金匮要略》等名著及一些普及性读本。普及性读本中，我受益最深的是秦伯未的《中医入门》、《中医临症备要》。为了便于记忆，我还模仿《医学三字经》、《药性歌括》等，自己编了简单易记的“药物归类口诀”。为了实践，就到益阳市医院去，跟陈楚南医生学习把脉。还跟朋友伍鹤皋学习了针灸技术。我从1969 年春天到 1970 年夏天，参加农村工作队，先后到了南县的九都公社花甲湖、益阳县的大泉公社与谢林港公社。当时，农民很穷，饭也吃不饱，农村缺医少药。我于是利用自己肤浅的中医知识与针灸技术，给农民看病，许多农民都叫我“医生”。

第二个原因是，我喜欢从文化的角度看中医。太专门化的人，如果不跳到门外看看，就容易像苏轼所说的："不识庐山真面目，只缘身在此山中。"所以，我就从文化的角度谈谈对中医、中药的体会，也向大家求教。

在汉语中，"文化"这个词，出现于西汉时代。刘向《说苑·指武》："文化不改，然后加诛。"文化的意思是用文德去感化人们，与使用武力征服相对。这个义项，在现代汉语口语中已经消失。口语中流行的义项，是知识。在西方，文化这个词，来源于古希腊语 Colere，原义是耕作、居住、祭祀礼仪。演变为拉丁语 Cultura，是田园、耕作的意义。再演变为现代英语 Culture（文化）。现代汉语中，作为一门学科称呼的"文化"一词，则是从日本引进的。日本人翻译西方学术著作，用汉语词"文化"去对译 culture；中国人接受了日本的译法，于是文化获得了作为一门学科的现代含义。英国的泰勒（E. B. Tylor 1832—1917），被称为"人类学之父"。他于 1871 年著《原始文化》一书，给文化下的定义是："文化是一个复杂的总体，包括知识、信仰、艺术、道德、法律、风俗，以及人类在社会里所获得的一切能力与习惯。"这是关于文化的最早的定义。泰勒以后，研究者们给文化下了许多新的定义。1952 年，美国人类学家克罗伯、克拉克洪在《文化：概念和定义的批判性回顾》一书中就介绍了 164 种定义。现在关于文化的定义有几百种之多。最通俗的定义是把文化分为广义的文化与狭义的文化。广义的文化，就是指人类社会所创造的一切物质产品和精神产品。这个意义上的"文化"，是与"自然"相对而言的，只要人类加工过的产物就是文化产品。如旧石器时代的略有加工的石头，也是文化的物化劳动品。狭义的文化主要指精神领域的产物，包括生产方式、科学成就、社会制度、意识形态，以及人们的价值观念、思维方式、行为模式。

世界上许多民族都创造了自己的医药体系。但是，自从文艺复兴以后，西方的生产力与科学迅猛发展。西方医学凭借科技的力量突飞猛进，广泛传播到世界各国，许多民族的传统医药都被取代了。但是，有一个例外，那就是西方医药没有取代并且不可能完全取代中国的传统医药学。目前能够跟西方现代医学体系并存的医药体系，只有中国的传统医学体系。

中国的传统医药学，以其独特的理、法、方、药巍然屹立着，显示出勃勃生机。正如英国科学史专家李约瑟所说的那样："中国人以他们特殊的天才发展起了中国的医学，这种发展所循的道路和欧洲的迥然不同，其差别之大可能超过了任何其他领域。"（《中国科学传统的贫困与成就》，载《科学与哲学》1982 年 1 期）中国医学的特殊性的原因何在呢？原因在于中医药是以深厚的中华文化为根基。

人们常说："越是中国的，就越是世界的。"越有独特文化色彩，才越有世界意义。如：中国许多科技部门，实际上都世界化了，西方化了，但是，中国的传统哲学、医药，其次还有农业、园林、烹调，以及其他独特的非物质文化遗产，却因为独特的文化根基而屹立于世界。我们应该自信。

古人说："不为名相，便为名医。""上医医国。"很多名医都是文化修养很高的人，如医圣张仲景、药王孙思邈；很多文化名人，也热爱中医，如文学全才苏轼、百科全书式的学者沈括，就有《苏沈良方》传世。我们学习中医，必须扩展自己的文化视野。只有扩展自己的文化视野，才能攀登中医的文化高峰，攀登世界科学的高峰。其实，不仅中医领域，其他领域也是一样，名家都是文化修养很高的人。如：画家齐白石，数学家华罗庚。

中医、中药，是中国文化的重要组成部分。中医、中药充分体现出中国文化的许多特点。无论是发展历史，还是生理、病理、治疗理论与使用的药物，都充分体现了中国文化特点。我们且从四个方面讲讲中医药与中国文化的相似：一是从发展历史看，时代悠久，成绩辉煌，从未中断；二是从价值观念看，崇尚自然，追求和谐；三是从思维方式看，注重整体，辨证施治；四是从发展前景看，改革创新，中西融合。

一、悠久辉煌，从未中断

人是文化的动物。人创造了文化，文化又塑造了个人。每个人都是一种文化的体现。每个独特事件，也是文化的集中体现。有什么文化，就有什么样的人和什么样的现象。

传统文化（culture of tradition），就是特定民族在历史长河中积淀并沿线下来的稳定文化现象，包括物化的媒介（如：文物、名胜、典籍等），包括生产生活方式，特别是人们的心灵结构（如：价值观念、思维方式等）。

世界能够从远古原生而传承至今的文化体系，只有三个：南亚中东型（森林沙漠，游牧，宗教）；地中海欧洲型（海洋半岛，商业，法律）；中国东亚型（宜农大陆，农业，伦理）。

中国文化是一种本土的原生性文化，历史非常悠久，成绩辉煌，传承至今，没有中断。中医药，是中国文化的产物，是中国文化的重要组成部分，同样历史悠久，成绩辉煌，传承至今，没有中断。

1. 本土发生，历史悠久

中国文化是一种本土的原生性文化。文化发展有四大支柱：食物、能源、材料、讯息。中国文化在这四方面都是独自起源而具有特色的。中国北方以小米（黍稷）为食物，南方以稻谷为食物；中国不仅使用柴草，而且很早就使用风力、水力、煤炭、石油；陶器是中国人创造的最古老的材料，后来又发展为瓷器（china）；汉语和汉字都非常独特的讯息系统。它们说明，中国文明是原生性的。

中国文明历史悠久。旧石器时代早期的猿人遗址，可以追溯到200万年前。旧石器时代晚期的新人遗址，以北京周口店山顶洞（1930年发现）为代表。山顶洞人就是原始黄种人。新石器时代遗址遍布全国，有7000多处，主要分南北两支。北支在黄河中下游，其中的仰韶文化距今六七千年，以农业为主，种植黍稷，辅以渔猎、家畜饲养。南支在长江流域，以浙江余姚河姆渡为代表，距今约7000年，种植稻谷。湖南澧县彭头山、道县蛤蟆洞发现的原始稻谷更早，距今9000年至12000年。

中国上古时代可靠的历史记载，一般以司马迁《史记》的《五帝本纪》为代表。五帝，就是黄帝、颛顼、帝喾、唐尧、虞舜。柏杨《中国帝王皇后亲王公主世系表》根据某些史料推断，黄帝纪元从公元前2698年开始，距今约五千年，所以人们常说中国有五千年文明史。《五帝本纪》还提到了跟黄帝同时代的神农氏、蚩尤。跟黄帝同时代的神农氏，是炎帝的后裔。神农氏族的始祖就是炎帝，是中国进入农业时代的标志。所以，中国人常自称“炎黄子孙”。

除了《五帝本纪》，其他史籍还提到了更古老的人物。《周易·系辞传下》说，神农氏以前有包羲氏，他发明了网，捕鱼打猎。包羲氏，就是伏羲氏，或写为“庖羲氏”，是中国进入渔猎时代的代表人物。《韩非子·五蠹》记载了更早的有巢氏、燧人氏，有巢氏是人们开始建造原始住宅的时代，燧人氏是人们开始用火的时代。伏羲氏、有巢氏、燧人氏等可能是神话传说人物，但是他们所代表的时代是跟历史发展吻合的，绝不是空穴来风。

中医药的历史可以追溯到石器时代。如：针灸是中医特有的治疗手段。《黄帝内经》的《灵枢经》，主要讲经络针灸，第一篇就讲“九针”。相传“伏羲制九针”。这个传说是有蛛丝马迹可寻的，我国最古老的针是石针，又叫“砭”(biān)。《黄帝内经·素问·异法方宜论》说：“其治宜砭石。”又，中药的发明，有“神农尝百草”（《淮南子》）的传说。说明中国进入农耕时代，中医药就随之发展了。中医的经典著作《黄帝内经》，托名是黄帝的作品。

中医药的发展伴随着中国文化的进步。古代哲学思想的因子萌芽于神话与巫术之中，《礼记·礼运》说：“王前巫而后史。”中医的发明者，有一种传说：

“巫彭作医。”（《世本》）“医”字本身就体现了中医的发展过程。繁体字的医字，是“酉”字底的“醫”字；在“醫”之前，医字是“巫”字底。它们都是形声字，“巫”与“酉”是表示意义的形旁。（按：简体字“医”在古代是另外一个字，读去声，意义是装箭的匣子。）“巫”字底，说明原始社会，主要使用巫术治病。“巫”字底变成了“酉”字底，就是思想与医术进步的反映。“酉”字是酒坛子的象形字，表示酒。用“酒”治病，是理性思维发展的产物，是科学对巫术取得胜利的产物。西汉初年政论家陆贾《新语·资质》中记载的“扁鹊与灵巫”的故事说，病家不相信扁鹊而相信巫汉，结果儿子给巫汉治死了。这个故事也是科学精神对迷信的批判，标志着文化的进步促进了中医药的发展。

中医药产生的可信记录，至少应该追溯到商王朝。《尚书·说（yuè）命》记载殷商著名帝王武丁任命傅说做宰相，请他直言不讳发表建议，对他说：“若药弗瞑眩，厥疾弗瘳。”这是说用药后反应猛烈，头晕眼花。

西周王朝时代，医药发展，已经出现分工。《周礼·天官冢宰》记载当时的官职，其中有“医师”、“食医”、“疾医”、“疡医”、“兽医”五类医生。

春秋战国时代，科技进步，学术繁荣，是中国文化史上百家争鸣的黄金时代。于是，中医的经典著作《黄帝内经》应运而生了。《黄帝内经》，托名是黄帝跟大臣岐伯以及伯高、少俞、少师、雷公等研讨医学的问答话语，包括《灵枢经》与《素问》，《灵枢经》与《素问》经唐朝人整理各分为八十一篇。《黄帝内经》系统总结了中医的基本理论。后来又产生了托名扁鹊（秦越人）的著作《难经》，以八十一个问答形式，分脉学、经络、脏腑、疾病、穴位、针法六类，阐述《黄帝内经》的理论。所以，陈修园《医学三字经》说：“医之祖，本岐黄。灵枢作，素问详。难经出，更洋洋。”

2. 从未中断，成绩辉煌

中国文化是大陆型的农耕文化。中国的地理环境适宜发展农业。中国文化的发源地在长江、黄河中下游平原，腹地广大，有几百万平方公里，而且四季分明，适宜农业的发展。这是古埃及、巴比伦（两河流域）、印度、希腊所望尘莫及的。所以，中国文明产生以后，取得了辉煌的成就，而且连续数千年没有中断。

世界的文明古国，古埃及、苏美尔、巴比伦的文明早已经被其他民族所取代，古印度、古希腊、古罗马也曾经长期被外族征服，文明中断。中国文明却没有中断，取得了辉煌的成就。汉朝征服了匈奴，隋唐融合了许多少数民族。

中国的汉族政权，虽然南宋亡于蒙古，明朝亡于满族，但是，文化没有中断，蒙古族、满族都继承了中国的主流文化，成为中华民族的一员。

中国古代文化成就辉煌，在各个方面都处于世界领先水平的优势一直保存到欧洲文艺复兴以前。英国科学技术史专家李约瑟（约瑟夫·尼达姆 1900—1995）在《中国科学技术史》中说："在公元 3 世纪至 13 世纪之间，保持一个西方世界所望尘莫及的科学知识水平。"谭如波（罗伯特·坦普尔）也在《中国：发明与发现的土地》中列举了中国 100 项发明，并且说："世界基本发明创造，半数以上源于中国。"四大发明（指南针、火药、纸张与活字版）只不过是其中的代表，四大发明促进了欧洲走向近代社会，得到了培根、马克思等的极高评价。

中医跟中国文化一样，没有中断，名家名著辈出，继承发扬了悠久的传统。汉朝出现了《神农本草经》，收录药物 365 种。东汉末年，张仲景（150—219）著《伤寒杂病论》，确立了中医六经传变理论，并收录方剂 375 个。《伤寒杂病论》，后人整理分为《伤寒论》与《金匮要略》两部著作。张仲景被尊为中医的"医圣"。跟张仲景同时代的华佗，精于针灸，特别是运用"麻沸散"进行外科手术（如割阑尾炎），他还设计了医疗体操"五禽戏"。西晋时期，产生了第一部脉学专著，就是王叔和的《脉经》；又产生了第一部针灸学专著，就是皇甫谧（215—282）的《甲乙经》。隋朝产生第一部病因症候学专著，就是巢元方（约 550—630）的《诸病源候论》。唐朝时期，孙思邈（约 581—682）著《备急千金要方》是集大成的方剂学著作，收方剂 5300 多个，又著《千金翼方》加以补充。孙思邈医德高，名气大，被称为"药王菩萨"、"孙真人"。唐朝还产生了可贵的伤科专著《仙授理伤续断秘方》，署名蔺道人作。我国古代伤科的接骨技术是很高明的，现在仍然有优于西医的地方。宋金元时代，系统整理古代医学典籍，而且出现了不同学派，即"寒凉去火论"、"攻下论"、"温补脾胃论"、"养阴论"等四大流派。"养阴论"代表人物朱丹溪被日本人尊称"医圣"。明朝李时珍（1518—1593）的《本草纲目》，收药物 1892 种，是集大成的药物分类著作。明清时代还产生了温病理论。如此等等，从未中断，高峰迭起。

当中国文化与中医持续发展的时期，欧洲却处于黑暗的"中世纪"，古希腊、罗马的优秀文化传统包括医学传统的发展几乎中断了。西方的医药学发源于古希腊。古希腊的希波克拉底（约前 460—前 377），被称为"西方医学之父"。今有《希波克拉底文集》传世。他提出"四体液病理学说"。他认为医生所医治的不仅是病而应该是病人，治疗应该注意病人的个体特征、环境因素、生活方式等对疾病的影响，应该重视饮食卫生与疾病的预后。古罗马的盖伦（约130—200），被称为西方的“医圣”，有《论解剖之操作》传世。他发现了肌肉与脑神经。可惜的是，他并没有亲自解剖过人体。进入中世纪以后，古希腊、古罗马的医学传统，就几乎中断了。直到文艺复兴以后，欧洲现代医学才迅猛发展。欧洲现代医学是现代科技的产物，不完全是传统的复兴。欧洲现代医学也还吸收了中国古代医学的成果。

中医在古代就形成了系统理论，其中的许多创造发明，都在当时居于世界领先的地位。如：张仲景的防治流行疾病的六经传变理论，华佗的外科手术，起源于宋朝的预防天花的“人痘接种法”。“人痘接种法”是逆向思维方式，是创造性的思维方式，它们曾经挽救了千千万万人的生命。英国医生琴纳，18世纪末实行“牛痘接种法”，已经比中国“接种法”晚了500年。

六经传变理论是系统论的思维方式，根据人体对疾病的系统反映进行医治，大大领先于西方。且以流行性感冒为例。西方对流行性感冒，过去一直没有有效的治疗方法，现在也往往捉襟见肘。在中世纪，欧洲人认为流行性感冒是魔鬼的侵入，是上帝对人类的惩罚，医生束手无策，还有“拔牙”之类的怪异治法。他们发现是细菌致病后，主要是采取严格的隔离政策，不仅禁止随地吐痰，甚至对不戴口罩、手帕而咳嗽、打喷嚏的人也处以重罚。医生只能指导病人卧床休息，多喝水。甚至发现病毒、发明抗生素以后，仍然没有征服流感。如：20世纪就发生了好几次全世界的流感大爆发。四次最大：叫做“西班牙流感”的流感在1918年大爆发，叫做“亚洲流感”的流感在1967年大爆发，叫做“香港流感”的流感在1968年大爆发，叫做“俄罗斯流感”的流感在1977年大爆发。流感还出现了变异，如1996年至2010年，世界就发生了八次“禽流感”大爆发。每次流感爆发，都使原来的药物徒唤奈何。中医中药对付流感比西医有效。张仲景《伤寒杂病论》提出六经传变理论，明清时代提出温病理论，都是针对症候（人体反映），辨证施治。这种治疗方法，只要及早介入，就不仅有效果，而且不怕流感病毒出现变异。

二、崇尚自然，追求和谐

中国传统文化跟西方传统文化相比较，有自己的独特色彩。无论地理环境、生产方式、社会结构、政治制度、思想观念、思维方式都有许多差异。思想观念、思维方式是文化的核心，对医学影响最大。

西方文化是海洋型的商业文化，在思想观念上强调征服自然、改造自然，所以西医多使用合成的化学药品。

中国文化是大陆型的农耕文化，在思想观念上追求和谐。在人与自然的关系方面：中国重天人合一，不同于欧洲的重征服自然。

道家、儒家都体现出这个特点，道家更加突出。《老子》说："人法地，地法天，天法道，道法自然。"（第二十五章）"以辅万物之自然，而莫敢为。"（第六十四章）《论语》说："和为贵。"（学而篇）"君子和而不同。"（子路篇）所以，中医多使用自然药物，强调药物的和谐配合，还注重饮食疗法，注重顺应季节养生、治病，注重建立和谐的医患关系。

李约瑟《中国科学技术史》第二卷第十章："道家思想乃是中国科学和技术的根本。"据《史记·老庄申韩列传》记载，道家学派的创始人是老子，姓李，名耳，字聃，春秋时期人。他的思想资料保存在《老子》（又称《道德经》）一书里。《老子》81章，仅五千字，用高度概括而形象的语言阐述深刻的哲理。战国时期，产生了"黄老学派"。这是道家的一派，奉行老子的学说，又尊奉黄帝为始祖，所以称为"黄老学派"。齐国稷下学宫的田骈、慎到等，都属于这个学派。过去，人们认为汉朝淮南王刘安及其宾客所著的《淮南子》，是这个学派的代表著作。长沙马王堆发现了战国时代的《黄帝四经》，比《淮南子》更早，更有代表性。其实，《黄帝内经》，无论是体系的完整性还是巨大影响力，都超过《黄帝四经》与《淮南子》，应该是"黄老学派"的代表著作。《黄帝内经》把"黄老学派"的哲学思想与医学思想紧密结合，更是黄老之道在医学领域的辉煌成果。《黄帝内经》的《灵枢经》与《素问》，都是81篇，跟《老子》的81章，不完全是巧合。中国古代名医董奉、葛洪、孙思邈都信奉道家。道家思想宏远精深，最富哲学内涵，对给中国传统的政治思想、宗教思想、美学思想和自然科学等都有深刻影响。

中药，既受道家崇尚自然思想的指导，又立足于中国的农业生产方式，所以一直以植物为主，强调"药食同源"。中国古代把药物著作叫做"本草"。最早的药物著作叫《神农本草经》，药物学集大成的著作叫做《本草纲目》。《神农本草经》、《本草纲目》等所收的药物，主要是植物药，也有动物、矿物入药，但是没有化学合成药。本草的植物药中，有许多是我们的日常食物。如：糊米、小麦、陈醋、黄酒、饴糖、香葱、大蒜、生姜、大枣、扁豆、萝卜、韭菜、冬瓜、西瓜、苦瓜、丝瓜、桃仁、杏仁、梨子、柑橘、莲藕、桂圆、荔枝，等等，而且往往植物的叶、茎、子、花都可以入药。所以，李时珍《本草纲目》分十六大部，植物类不仅有草部、木部，还有谷部、菜部、果部。

食物入药，不仅副作用小，而且往往有效。如：米醋，就有很强的“消肿益血”功效。我谈一点自己的经历。1996 年，我孙女不到 1 岁，耳朵发生溃疡，几家医院没有治好，我用米醋调白药涂溃疡，治好了。2010 年秋天，我忽然发现自己生了一个甲状腺瘤，已经比喉结还突出，我用汉防己磨米醋，涂抹一年，基本治好了。

有些药物，虽然好像不能登大雅之堂，但是便于应急，效果很好。如：人的头发，中药叫做“血余”，临床使用时焙成炭末，叫“血余炭”。明朝龚廷贤《药性歌括四百味》说：“人之头发，补阴甚捷。吐衄（读 nǜ，“女”去声）血晕，风惊痫热。”我又谈一点自己的经历。1969 年秋天，有一天，我正在大泉公社红旗大队的大队部召开干部会，忽然住在附近的蔡家人匆匆跑到我面前，对我说：“我家的梦容伢子大吐血，请您快看看。”我连忙赶到他家，只见小孩大约六七岁，脸色苍白，地上已经呕了一摊血。如何止血呢？我想到了“血余炭”，于是说：“你们快烧开水，拿头发来。”小孩的奶奶马上剪下一大把头发，我赶紧放在大钵中焚烧，烧到六七成就用碗扣住，淋下开水，然后拣掉没有烧的头发，要小孩乘呕吐空隙连灰喝下，居然给止住了。我说：“如果再发，赶快送医院。如果不再发，你们就天天叫他吃你们菜园里的韭菜。”因为，韭菜味辛气温，通胃气，清血瘀。后来，小孩没有再发病。我离开三年后，他们来看我，也说没有再发病。

中药讲究药物的互相配合，形成许多著名的方剂。方剂配合的哲学基础，是“和而不同”、“相反相成”的哲学思想。如：宋朝医生钱仲阳的名方“六味地黄丸”，是从张仲景《金匮要略》的名方“金匮肾气丸”去附子、桂枝而来，三阴并治，其配伍充满对立统一的观念：用熟地（性温）大补少阴肾水，又用泽泻（性寒）宣泄肾浊；用山茱萸肉（性温）温涩厥阴肝经，又用丹皮（性寒）清泻肝火；用山药（性温）收摄太阴脾经，又用茯苓（性平）清理脾经的湿气。“六味地黄丸”加味，又可产生“七味都气丸”、“桂附地黄丸”、“知柏地黄丸”、“杞菊地黄丸”、“明目地黄丸”等。

各种药和衷共济，当然比单味的药好。因为，整体大于部分之和。例如：用“肠康片”治疗湿热型的痢疾，就比提炼出的“黄连素”好。“肠康片”就是传统方剂“香连丸”。“香连丸”由黄连、吴茱萸、木香组成，黄连苦寒，苦可除湿，寒可清热，但可能伤气；吴茱萸性热，木香性温，可以散寒行气，跟黄连有相反而相成的作用。我们单位有一个教外语的老教师，有一次腹泻，别人劝她吃黄连素片，结果造成消化系统机能减退，吃什么食物就排泄什么。住院止泻后，经常闹腹泻，成了慢性肠炎。她请我看看，我劝她服用“固本益肠片”，好了。我说：“你是虚寒性腹泻，今后如果发病，可以吃肠康片，不要吃黄连素。”

中医注重饮食疗法。《周礼》记载，中国周朝就有“食医”，历代都有经典的饮食治疗方法。如：孙思邈《备急千金要方》，有“食养”、“食治”门。

饮食疗法是中医的一个重要分支，我不展开谈了。我只说一点，即有些治病的方剂本质上也跟饮食疗法一致。如：葛洪的《肘后备急方》的“葱白豆豉汤”，完全是用调味品治疗风寒初起。《金匮要略》的“当归生姜羊肉汤”可以治疗气血虚寒，以羊肉为主；“甘草小麦大枣汤”可以治疗“脏躁”（癔病、歇斯底里），以小麦为药，等等。

中医注重顺应自然，人与自然和谐。《黄帝内经》强调，无论养生还是治病，都要顺应季节变化，顺应不同的地域水土，顺应不同类型的体质。

中医的和谐理念，还表现在讲究医德方面。孙思邈《千金方·大医精诚论》说：“凡大医治病，必当安神定志，无欲无求，先发大慈恻隐之心，誓愿普救含灵之苦。”他还对人说：“行欲方而智欲圆，心欲小而胆欲大。”（《唐书·孙思邈传》）。这可以作为我们的座右铭。又如：三国名医董奉“春满杏林”的典故，也是令人肃然起敬的。只有讲究医德，才能建立和谐的医患关系。中国古人讲三不朽。我们学习中医，要牢记做医先做人的道理。

三、注重整体，辨证施治

西方传统文化的思维方式，重视分析，重视形式逻辑。古希腊，在公元前7世纪，泰勒斯提出“水”是万物本原；前6世纪，阿那克西米尼提出“气”是万物本原，赫拉克利特提出“火”是万物的本原。这跟中国远古相似。但是，到了前5世纪，德谟克利特提出“原子论”，就走上了分析之路。现代继续发展，分析到“粒子”与“反粒子”，再到“夸克”与“反夸克”等。西方医药学在这种思维方式的指导下，自然注重的是人体解剖，针对的是疾病的具体部位与致病的外界因素（细菌、病毒）。

中国传统文化的思维方式，重视综合，重视整体的领悟。从“五行”学说，到“阴阳”与“气”的学说，都是重视综合，重视整体的产物。“五行”起源最早，其次才综合出“阴阳”，最后综合为“气”。

“五行”相传起源于夏朝。相传大禹治水，上帝派神龟从洛水中背出“洛书”，赐给他。“洛书”就是“洪范九畴”，共有九项治国大法，五行是治国大法的第一项。“五行”一词最早见于《尚书·甘誓》，那是大禹的儿子夏启讨伐有扈氏的誓词。但是，《甘誓》仅仅出现了“五行”这个词，没有任何说明。明确说明五行内容的最早文献是《尚书·洪范》。箕子（约公元前1173—公元前1080），商朝末年贵族，著名帝王武丁的后裔，纣王的族叔。他是中国文化史上有可靠著作传世的第一位思想家，又是第一个走出国门开发古朝鲜地区的政治家。周武王消灭商纣王以后，从牢狱中释放殷商的贤人箕子，把他请到周的都城，向他询问治国方法，箕子就陈述了九项治国大法，称为“洪范九畴”，命名《洪范》，收入古老的《尚书》中。《洪范》是中国古代政治哲学的重要奠基之作。其中的五行学说、天人关系学说、王道学说，都具有开创意义，并对后代产生了巨大的影响。

“五行”是《洪范》九畴中的第一项，它说：“一曰水、三曰火、三曰木、四曰金、五曰土。水曰润下，火曰炎上，木曰曲直，金曰从革，土爰稼穑。润下作咸，炎上作苦，曲直作酸，从革作辛，稼穑作甘。”《尚书·洪范》中的五行是朴素的，只是选取自然界、人类生活中不可或缺的五种物质作为基本元素，概括出其作用、性质。箕子把五行作为治国大法的第一项，大概是告诫人们特别是统治者应该顺应自然规律。《洪范》的五行说，是世界上最早的关于物质本体的学说。古印度，在公元前6世纪左右，顺世论者才提出世界的一切事物是由“地”、“水”、“火”、“风”四大元素组成。古希腊的第一个哲学家泰勒斯（约前624—前547），才提出了万物都由“水”生成的理论。

《洪范》的“五行”思想被后代继承发展。西周晚期，出现“五行相杂”说，五行被用于解释宇宙万物的生成，上升到本体论高度。周朝的史伯说：“土与金、木、火杂，以成百物”，“和实生物，同则不继。”（《国语·郑语》）这就是说，性质相同的物不能结合成新物，只有性质各异的物才能化生新物。五行相杂说不仅认识到差异的意义，并且进一步使五行具有元素论意味。

战国后期发展形成了较为完整的“五行生胜”说。“生”意味着相互依存，包括“水”生“木”，“木”生“火”。“火”生“土”。“土”生“金”，“金”生“水”。“胜”又叫做“克”，意味着相互对立，包括“水”克“火”，“火”克“金”，“金”克“木”，“木”克“土”。“土”克“水”。相生相克反映了事物对立统一的规律。所谓相生与相克，都是自然现象与当时生产、生活经验的反映与总结。五行相生的现象如：雨水能够使树木生长，就总结为“水生木”；古代钻木取火，就总结为“木生火”；草木经过燃烧就变成土灰，而且土制器物在窑中经过火烧就变成陶器，于是总结出“火生土”；土地中蕴藏着金属，于是就归纳为“土生金”；金属熔化就变成水一样的液体，于是就归纳为“金生水”。五行相克的现象如：水可以熄灭火，这就是“水克火”；火可以熔化金属，这就是“火克金”；金属可以砍树木，这就是“金克木”；木制工具可以挖掘土地，这就是“木克土”；洪水泛滥，可以用土建筑堤防，这就是“土克水”。

“阴阳”与“气”，最早见于《国语·周语》。《周语》记载说：“幽王二年，西周三川皆震。伯阳父（甫）曰：‘周将亡矣！天地之气，不失其序；若过其序，民乱之也。阳伏而不能出，阴迫而不能烝，于是有地震。’”周幽王二年就是公元前780年。这是我们现在能够见到的中国最早的关于“阴阳”与“气”的观念。“阴阳”与“气”的观念后来被《老子》与《易传》所继承并发展，又逐步与五行观念相结合，对中国古代思想产生了巨大的影响。

《老子》说：“万物负阴而抱阳，冲气以为和。”（第四十二章）《庄子》说：“通天下一气耳。”（知北游篇）“人之生，气之聚也。聚则为生，散则为死。”

《周易》是中国文化的元典，分为“经”、“传”两大部分。《周易》的“经”就是64卦与卦辞、爻辞。《周易》的两个基本符号是“—”（阳爻）和“——”（阴爻），代表对立的事物或现象。三个符号一组，排成八卦，分别代表各种自然物象或人事现象。八卦两两组合，可排成六十四个重卦，每卦都有六爻。每卦、每爻均配以简单的文字解释。解释64卦的文字被称为卦辞，解释每卦各爻（共384爻）的文字被称为爻辞，共同组成《周易》中的“经”。儒家后学对卦辞、爻辞进行阐述，汇集成《周易》中的“传”，传共10篇，故称为“十翼”。《周易·系辞传》说：“精气为物。”“一阴一阳之谓道。”

“阴”与“阳”，分别代表宇宙中广泛存在的对立统一的事物。如：昼夜、寒暑、上下、生死、男女、雌雄。阳性事物的特点是积极、热烈、刚强的，阴性事物的特点是消极、冷淡、柔弱的。阴阳两种势力相互作用，生成宇宙一切，并造成宇宙的变化。“气”又叫做“元气”，是生成阴阳、生成五行、生成并且包罗整个世界的根本。

个人认为，“阴阳”是对“五行”的进一步概括，“气”又是对“阴阳”的进一步概括。气—阴阳—五行，是中国古代最基本的本体论思想。

“五行”、“阴阳”、“元气”的本体论思想，导致从整体上把握世界的思维方式。且举一个故事。道家著作《列子》中有一个“九方皋相马”的故事，九方皋相千里马，不作任何分析，连毛色、性别都搞错了，却从本质上找到了千里马。这就是典型的整体领悟的思维方式。跟西方重视分析，是不同的思维方式。

中国医药学深受中国传统哲学与思维方式的指导。春秋战国时代的《黄帝内经》，吸收“气—阴阳—五行”的哲学思想，形成了中医最基本的理论。《黄帝内经》的五行框架，可以择要列表于下：

五行		木	火	土	金	水
自然现象	五方	东	南	中	西	北
	五时	春	夏	长夏	秋	冬
	五气	风	暑	湿	燥	寒
	五化	生	长	化	收	藏
	五色	青	赤	黄	白	黑
	五味	酸	苦	甘	辛	咸
	五音	角	征	宫	商	羽
人体现象	五脏	肝	心	脾	肺	肾
	五腑	胆	小肠	胃	大肠	膀胱
	五体	筋	脉	肉	皮毛	骨
	五官	目	舌	口	鼻	耳
	五志	怒	喜	思	憂	恐
	五声	呼	笑	歌	哭	呻
	五变	握	忧	哕	咳	慄

这个框架几乎包括了常见的自然现象与人体现象，而且，把自然现象部分与人体部分相互对应。“五方”、“五时”是人跟环境的关系，“五化”跟养生有关系，“五色”、“五味”跟病变、药物有关系。人体部分的“五脏六腑”，不完全是具体器官，而是分别代表人体的神经、血脉、消化、呼吸、内分泌等功能系统。“五志”是指人的五种情感反映，“憂”是“忧”的繁体字，是忧愁的意思。“五变”是指病态反映，“握”是握拳、抽搐；“忧”不是简体字，而是古字，读去声“又”音，字义是心跳不安。自然现象与人体统一，就是“天人合一”哲学的产物。

中医把人体按照五行归类，当然有牵强附会的地方。但是，它特别重视各个内脏器官之间的关系，这对中医的生理分析、病理分析、临床治疗，都曾经发生指导作用，至今也还具有某些指导作用。例如：肺属于“金”，配白色。

结核病变，往往脸色白，颧发赤，脉象数（即脉搏次数增多）。这是属于火克金现象。《红楼梦》描写林黛玉喜欢“哭”（五声），“戞”（五志）、“咳嗽”（五变），“病容憔悴胜桃花，午汗潮回热转加”（火克金），都跟五行说一致。

中医还用五行说分析人的生理心理特性，归纳为五大类别。即《灵枢·阴阳二十五人》所说的“木形之人”“火形之人”“土形之人”“金形之人”“水形之人”。这跟古希腊的“四体液”理论，亦颇有相当之处。

中医在临床方面，经常运用五行学说，或从生理入手，或从心理入手。

《难经》说：“虚则补其母，实则泻其子。”这是指导生理治疗。例如：传统治疗肺结核的方法，除了止咳等直接方法之外，往往采取“培土生金”与“壮水制火”的间接方法。所谓“培土生金”，就是加强营养，加强脾的功能，因为脾属于土，土能产生金。脾的功能加强，有助于肺，这就是“补其母”的方法。所谓“壮水制火”，就是加强肾的功能，节制房事，消除相火，补充肾水。因为，肾属于水，金生水，肾水充足，可以减少肺的压力；水克火，水充足了，可以消除火克金的现象。减少肾的亢奋状态，对肺来说就是“泻其子”。

《素问·阴阳应象大论》说：“怒伤肝，悲胜怒。”“喜伤心，恐胜喜。”“思伤脾，怒胜思。”“忧伤肺，喜胜忧。”“恐伤肾，思胜恐。”这是指导心理治疗。例如：《儒林外史》描写范进中举的故事，范进这个穷书生，听到中举的喜报，由于过分的喜而伤及“心”，古代认为“心之官则思”，于是发了疯；人们出的治疗主意，就是叫他所害怕的胡屠户打他一巴掌，使他清醒。这就叫做“恐胜喜”，“水”战胜了“火”。

中国哲学的“阴阳”理论阐明事物的对立统一，中医的“阴阳”理论强调生理、心理的平衡。“阴阳”是“四诊八纲”的基础，通过辨别阴阳诊断疾病，又通过调理阴阳治疗疾病。调理阴阳，实际上包括现代医学所说的调节人体的神经系统、内分泌系统、免疫系统等。大家是内行，我不能多谈，只谈亲身经历的一个病例。

1969 年我在大泉公社红旗大队时，有一天，该公社金龙大队郑家山生产队的队长郑有泉，忽然托人一定要请我到他家去。我一进门，就看见摆了酒席，说是求我诊病。我说酒席不敢当，看病可以试试。原来，46 岁的郑有泉，下腹部生了一个肿块，疼痛难忍，医治无效，已经卧床不起了。我看那肿块，比鸭蛋还大，但是光滑，不发红，可以推移。看他的舌苔，白腻。问他饮食情况，说饭量少，口不渴，喜欢喝热的。为他把脉，尺脉弱而弦。我想到“脉得之弦，当责有水”，又想到李时珍《濒湖脉学》说：弦脉是痰饮缠身，尺脉弦是“阴疝”的脉象。我判断这是阴寒凝聚之证。我要他家拿出以前的病历与药单子，厚厚一大叠，却没有从这方面下药。我想到《医学三字经》云：“阴霾除，阳光灼。”必须消除水饮、破阴回阳。我于是把“阳和汤”与“五苓散”合用，此外，加了瓜蒌等行气健胃的药。因为，“五苓散”，由白术（读 zhú）、泽泻、猪苓、茯苓以及桂枝组成，是消除水饮的首用方剂；“阳和汤”能够破阴回阳。“阳和汤”，以熟地为君，大补血气；以鹿角胶生精补髓、养血助阳；以姜炭温中，破阴回阳；以肉桂通营卫的血脉；以麻黄辅佐姜炭与肉桂；以白芥子祛皮里膜外之痰；以甘草为使，解毒并调和诸药。我叫他服用两剂试试。他服用两剂有效果，连续服用六剂，就痊愈了。就我的低下水平而言，这只是偶然碰中了。

中医的“气”是什么呢？西方现代科学还不能完全解释“气”，有人认为气是“量子场”，有人认为气是“人体场”，有人认为研究气可能会打开生命之谜。个人的体会是，除了外界的“气”（空气、食物之气、病气），机体的气主要是指生理机能，跟传导刺激的神经系统有密切关系。中医认为“气为血帅”，非常重视气。在养生方面，注意培育并保护“精、气、神”。在治疗方面，与“八纲”理论结合，制订了补气、升气、疏气、降气四类治疗方法。补气适用于气虚，分为“培补中气”、“补养肺气”、“温补肾气”、“益卫固表”四法；疏气适用于七情郁滞或痰湿阻滞，分别用“疏肝理气”或“和胃理气”；升气适用于中气下陷，在补气、理气中加上升提药物（升麻、柴胡、葛根等）；降气适用于气逆之症。中医治气，实际上就是从整体上调整生理机能。

针灸最能体现治气的特色。针灸的经络与穴位，就是“气”的运行路线与站点，往往反映全身的生理与疾病状态。施针灸，讲究“得气”，“得气”就有疗效。我用针灸治疗肠胃疼痛与妇科痛经，见效神速而持久。有些穴位，普通人容易掌握。如：“阿是穴”与“华佗夹脊穴”。“阿是穴”是孙思邈总结民间经验而提出的，就是最敏感的一个压痛点。只要在疾病区域按压，就很容易找到它，按摩它，颇有疗效。越痛时越有疗效。“华佗夹脊穴”是督脉两旁的穴位，督脉从头顶正中直到尾脊，按摩这条经络两旁的穴位，可以培补阳气。据说名医华佗很重视这条穴位，所以叫做“华佗夹脊穴”。

中医注重整体的理论，还表现在“治未病”等方面。《难经》第七十七说：“所谓治未病者，见肝之病，则知肝传之与脾，故先实其脾气，无令得受肝之邪。”《素问·阴阳应象大论》说：“故善治者，治皮毛；其次，治肌肤；其次，治经脉；其次，治六腑；其次，治五脏。治五脏者，半死半生也。”《韩非子·

喻老》“扁鹊见蔡桓公”的故事，就是很典型的。它体现了道家“见微知著”的哲学思想。《老子》说：“图难于其易，为大于其细。”（第六十三章）

中医注重精、气、神的保养，也是“治未病”。《素问·上古天真论》说：“精神内守，病安从来?”又有“冬不藏精，春必病温”、“春不藏精，夏必洞泄”、“夏不藏精，秋必咳逆”等告诫。中医的“冬病夏治”方法，既是“治未病”，又符合五行理论。长夏属于土，冬天属于水，土盛能够制水。

总之，以“五行”、“阴阳”与“气”的学说作为诊断疾病、治疗疾病的指导思想，注重的是人的整体，针对的是不同的人体体质对疾病的不同反应，这就是“辨证施治”。“证”就是“症”，又叫“症候”，是人体所表现出来的对疾病的反应。

四、改革创新，中西结合

中国传统文化有博大精深的成就。文、史、哲、科四个方面都有杰出成就。如：传统科技，英国李约瑟《中国科学技术史》就给以崇高评价。中国传统文化有深远的世界影响。既形成东亚文化圈，又对欧洲向近代转型产生过巨大影响。如：培根、马克思对三大发明的伟大意义评价极高，伏尔泰等对儒学非常推崇。中国传统文化涵养了中华民族的灵魂。如：爱国主义精神与强烈的社会责任感，富贵不淫、贫贱不移、威武不屈的浩然正气，重视道德、提倡和谐、有容乃大、天下大同的襟怀。但是，中国文化也有许多缺点，如封建专制主义，平均主义，束缚个性的发展，重视继承而忽视创新。因此，中国文化必须完成向现代的转化。克服弱点，吸收西方的科学与民主精神、法治精神。中医、中药也是一样。

其实，改革创新，是世界文化发展的总趋势，是世界医药发展的必由之路。欧洲的文化也经过了“文艺复兴”和科技革命的洗礼。

相互融合，也是世界文化（包括哲学、政治、经济、科技、教育、文艺、体育等等）发展的总趋势，也是世界医药发展的必由之路。如：哲学思维方式，中国重视整体领悟与西方重视形式逻辑，就应该互相结合。瓦特看到沸水掀起壶盖，领悟出蒸汽的力量，于是有蒸汽机的发明，推动了工业革命；牛顿看到苹果落地，觉悟到地球的引力，提出万有引力理论，标志着天体力学的诞生；爱因斯坦的“相对论”，也是源于哲学的思考。这都是整体领悟与逻辑思维相结合的成果。

个人今天提出“自信、自省、自强”六个字，跟在座的学习中医的朋友们共勉。

中医有悠久的历史，辉煌的成就，有自己的独特体系，当然应该自信。中国古代曾经长期封闭自大，鸦片战争之前，“文化大革命”之中，表现最为突出。但是，一旦挨打，一旦睁开眼睛看世界，又往往自卑，觉得样样不如人，甚至古老的文化成果都成为替罪羊。如：“打倒孔家店”、“汉字落后论”、“中医废除论”。我们首先要去掉自卑，提高自信心。

重视分析的西医以原因疗法为主，重视整体的中医以机能疗法为主。这是两种不同的医疗思路。两种思路各有道理。为什么呢？首先要弄清“什么是疾病”。疾病就是不健康，就是不正常。人体偏离了正常的状况，因而感到不能适应。所以，针对疾病的具体部位与致病的外界因素进行治疗，可以去掉疾病；针对人体对疾病的反应进行治疗，激活人体自身的修复能力，也可以恢复健康。内因起决定作用，也许后者更有道理。

我们也应该自省。我们应该看到，欧洲在文艺复兴以后，科技迅猛发展，许多科技成果都被引进医学领域。如：在生理方面，文艺复兴时期，意大利的达·芬奇、维萨留斯等否定古罗马盖伦的解剖结论，逐步建立了近现代解剖学。17 世纪，英国科学家哈维（1578—1657）发现“血液循环”。1902 年，美国籍奥地利裔科学家兰德斯坦纳（1868—1943），公布“血型”系统理论。19 世纪，奥地利科学家孟德尔（1822—1884）建立生物遗传学；20 世纪，美国科学家摩尔根（1866—1945）提出基因论，接着，艾弗里（1877—1955）提出 DNA（脱氧核糖核酸）是遗传信息的载体。在病理方面，17 世纪，荷兰科学家列文虎克（1632—1723）用自制显微镜发现“微动物”（微生物）。19 世纪，法国化学家巴斯德（1822—1895）、德国医生科赫（1843—1910）等对细菌学研究作出杰出贡献。后来的科学家又相继发现了病毒、衣原体等微生物。在诊断方面，现代医学相继发明体温计、听诊器、血压计、内窥镜、心电图机、X 射线（伦琴射线）机、超声波检查（B 超）、CT 机（电子计算机 X 射线断层扫描技术）、核磁共振成像。在治疗方面，现代医学发现并生产了许多直接杀死病菌的药物，包括磺胺、抗生素等，特别是外科手术的进步可谓“一日千里”。因此，在今天科技已经掌握的领域，西医有一定的优势。如：对于危急病人的救治，复杂的外科手术。所以，中医必须吸收现代科技的成果，吸收西医的成功经验。

我们更应该自强，改革创新。

中医与西医，两者都各有所长，当然，两者也各有所短。西医，只重视分析，就可能忽视联系，“头疼医头，脚疼医脚”；不重视人的体质差异，只用化学药品，往往毒副作用大，抗生素还引起病毒变异。中医只重视整体而忽视分析、忽视实验，就不能深入了解致病因素。诊断，往往显得模糊粗糙；用药，定性、定量与疗效不精确。所以，中医与西医应该互相学习，取长补短。现代西方哲学与医学科学已经重视整体、追求和谐，我们中国的哲学与医学也应该重视分析、重视实验。

个人以为，在人类没有完全掌握的领域，特别是在科技不够发达的古代，中医的疗法具有优势。即使在今天，中医中药对于功能性疾病、慢性疾病、老年性疾病、某些疑难病的治疗，往往比西医、西药优越。我就看到有不少报道，报道了中医医治好西医已经宣判死刑的病例，包括癌症、植物人及其他疑难病。这是因为，中医以机能疗法为主的思路，在这些领域具有方法上的优势。

中医还有许多名老医生、民间医生的经验，应该及时总结，也必须及时抢救。还有一些传统保健方法，也应该整理，例如气功、按摩，等等。

但是，我们一定要走中西结合的道路。

如中医的“四诊”，在古代是一个完整的系统，具有领先地位。但是，新发明的诊断机械，比四诊更精确一些，应该大胆为我所用。而且，中医的诊断，个人是否有比较高的具有哲学性的思维眼光，是否具有丰富经验，往往形成巨大的差异。我认为，四诊不可放弃（重视人体的特点与反映），但是可以跟现代的诊断机械相结合。

又如，中医的医案，过去的老医案有个大缺点，就是没有数字统计，只记录成功的病例，不记录失败的病例，所以形成“中医吹牛”的错误印象。这应该改正。至于，有人借中医理论卖狗皮膏药，故弄玄虚，就更应该唾弃。如：某个电视台曾经宣传张悟本之流的“名医”，最近还有人吹嘘什么“五行汤”（白萝卜、萝卜茵子、红萝卜、牛蒡、蘑菇）治百病之类，完全把中医及“五行”理论歪曲或庸俗化了。

又如，中医固然应该以中药为主，否则就不是中医了。中药是一座宝库，有许多中药比西药强，值得深入发掘。但是，为了提高疗效，为了节约材料，应该用现代手段研究中药，包括有效成分、有效剂量、毒副作用、如何加工，等等。然而，中药的现代化加工，必须全面考虑有效成分，考虑有配合或制约作用的天然成分。中药现代化，还必须继承优秀的方剂理论，包括君臣佐使的配伍、性味、归经等。

总之，中医一方面不要放弃“辨证施治”的机能疗法思路，一方面又要吸收西医的成果。这方面有广阔的研究空间，可以创造出科学的奇迹。

让我们大家开拓视野，从文化的高度把握中医药，自信、自省、自强不息，努力攀登中医学、中药学的高峰，为中国也为全人类造福吧。祝大家成功！

（2012 年 3 月 23 日）

长沙文化发展阶段浅谈

——2002 年 10 月 17 日成立长沙文化研究所的讲话

长沙是全国首批公布的 24 个历史文化名城之一。

长沙大学的领导和师生员工，正是站在文化建设的高度，站在学校长远发展的高度，在省市有关领导的支持下，成立了长沙文化研究所。这是普及与研究长沙文化的一个良好的开端。

长沙文化是一种地域文化（Regional Culture）。地域文化的“地域”概念，是古代沿袭的历史区域与现实区域的一种综合概念。比如：汉朝的长沙国疆域很大，以湖南东部为中心，北至汉江，南至九嶷，东抵鄱阳湖，面积约 30 万公里。明清时代的长沙府辖 12 州县，除了今天的长沙地区以外，还包括湘阴、湘潭、湘乡、茶陵、醴陵、攸县、益阳、安化。今天的长沙市管辖四个县市（长沙、望城、宁乡、浏阳）和五区（开福、芙蓉、天心、雨花、岳麓），总面积 11825 平方公里，比过去的长沙地区要小，但是在湖南省的政治、经济、文化等方面的中心地位却更加突出。我们的介绍以现实区域为主，兼顾历史区域。

长沙文化属于荆楚湖湘文化的一个子系统。长江与黄河是中国文化的两大摇篮，而长江中游文化被称为荆楚文化。长江中游上古属于九州之一的荆州，楚人以长江中游地区为中心，立国 800 多年，所以，人们把这个区域的文化称为荆楚文化。荆楚创造了灿烂的物质文明与精神文明。文学上的楚辞，哲学上的道家，更是举世公认的荆楚文化的精神硕果。南方荆楚文化的奇丽浪漫，与北方中原文化的朴实理性，构成了中国文化相互补充的两个主要源头。

荆楚文化，有人把它分为三个子文化系统：湖北的江汉文化，湖南的湖湘文化，还有江淮文化。

长沙文化在湖湘文化中的中心地位，主要由历史、人才、文化精神三大要素决定。长沙，在湖南设省前早已经成为湖湘文化的中心，湖南设省以后更加成为全省的政治、经济、文化中心。湖湘文化的名人绝大多数出现于长沙地区。湖湘文化的爱国尚武、敢为人先等精神也充分体现在长沙文化之中。所以，1995年长沙市民以投票方式决定，用“心忧天下，敢为人先”来概括长沙精神。

长沙文化大体可分五大发展阶段：1. 先楚文化阶段；2. 楚文化阶段；3. 楚文化与中原文化交融阶段；4. 形成独立的湖湘文化阶段；5. 近代鼎盛阶段。

一、先楚文化阶段

先楚文化即楚国统治长沙之前的文化，也就是长沙自远古至西周时期的文化，包括石器时代与青铜时代的文化。长沙四周多山，中间是河谷平原。气候温和，雨量充沛，水系发达。湘江自南而北，纵贯长沙，奔向洞庭，支流密布，东岸主要支流有浏阳河、捞刀河，西岸主要支流有沩江、靳江，河流经过之处形成了一大片土地肥沃的平原，适合于人类繁衍生息。所以，长沙地区的古文化遗址都在河流近侧。

远古时代长沙已经有人类活动。长沙市内袁家岭、南郊高桥、东郊张公岭等地都发现了旧石器时代遗址。特别是1991年8月在浏阳的永安镇中学基建工地发现了一批打制石器，有大尖状器、砍砸器。发现地址是距捞刀河约1000米的海拔仅65米的小山坡。据初步认定距今约二十万年，甚至更早。这是湖南发现的最早的旧石器时代遗址。

长沙新石器时代遗址已经发掘40多处。如：城南的长沙县南坨乡的大塘遗址距今约7000多年，发现了石斧、石凿、石镰，还有精美的带花纹的陶器和碳化了的稻壳。它属于新石器时代的大溪文化（首先在四川巫山县大溪发现）类型。

远古传说，炎帝、黄帝、舜帝、大禹都到过长沙地区。大禹治水，据说也到了岳麓山。根据远古传说与考古发现，长沙的土著居民大概是古越人，后来蚩尤族、三苗族、炎帝族等也从北方南下，进入湖南。他们以及楚人，都被中原人统称为“荆蛮”“南蛮”。

商周时期，长沙进入青铜时代。长沙地区出土的商周青铜器有300多件，市区与四县都有，宁乡最多。如：宁乡老粮仓等地出土了11件商代铜铙，最重的一件有220.75公斤，发现于宁乡月山铺，它是全国所发现的最大的商代铜铙。这11件铜铙组合起来，今天还能够演奏乐曲。它们比湖北随县出土的曾侯乙编钟要早1000多年。宁乡月山铺出土的四羊方尊，宁乡黄材出土的人面四方鼎、兽面纹铜罍等，也都是国宝。它们的发现，证明长沙文化在当时已经处于较高的发展水平。长沙的名称在先秦史书《逸周书·王会解》中已经出现。

二、楚文化阶段

商朝初期开始，祝融部落中的芈姓季连一支，在荆州境内与土著融合而形成楚族。周朝初年，其首领鬻熊被封为始祖；周平王时，熊绎建立楚国。至周平王末世，楚国首领蚡冒开始征服、经营湖南；公元前704年，楚武王熊通占领了湖南西北地区；此后楚国逐渐向南扩大，至迟在战国中期整个湖南已经成为楚国的领土。湖南原来的土著居民逐渐融入楚族。楚族原来的文化与湖南土著文化交融，逐步形成了具有鲜明特点的南楚文化。其特点就是性格剽疾勇敢，倔强耐劳，盛行巫风，文化作品富有神秘浪漫的色彩。

考古发掘和书面文献都完全可以证明长沙在南楚文化中的中心地位。《战国策·楚策一》说："楚地西有黔中、巫郡……南有洞庭、苍梧。"黔中等是郡名，那么洞庭也可能是郡名，包括湘江中下游地区。长沙则是洞庭郡的首府，是楚国的南方重镇。当代在长沙发掘出约3000座战国楚墓，集中于城东，其次是城南，有不少是大夫级的墓葬。墓中出土了不少珍贵文物，质地包括铁器、铜器、金器、琉璃器、陶器、漆木器、丝织品，品类有帛画、帛书、竹简、铸币、砝码、天平、乐器、俑、鼎及其他器皿等，它们都反映出当时的经济文化水平。如：1949年2月在南郊陈家大山楚墓中，发现一幅《人物龙凤帛画》，长30公分，宽20公分，画面分为三层：中层是一个贵妇人形象，她垂髻束腰，广袖宽裾，身段纤美，双手作祝祷状；贵妇人头顶之上是上层，是腾空而上的一龙一凤，妇人正向它们祈祷；她脚下是下层，绘着一个弯月形的物体，可能是引导妇人灵魂飞升的龙舟。1973年5月在子弹库楚墓中，发现一幅《人物御龙帛画》，长37公分，宽28公分，画面是一个高冠长袍、腰佩长剑的男子，他正驾着巨龙前进。这两幅画，造型准确，线条流畅有力，略施淡彩，代表了我国当时的绘画水平，是研究中国绘画史的宝贵资料。子弹库还发现了十二神兽帛画，形象怪异。这些帛画，不仅是研究绘画史的宝贵资料，也是研究当时风俗、宗教、文学的宝贵资料。又如：子弹库发现了著名的帛书，五里牌、仰天湖、杨家湾等地发现了有文字的简片，特别是1954年在左家公山发现了一整套书写工具，包括长21公分的兔毛笔、竹笔筒、盛墨的竹筒、空白竹简、杀青用的铜削。这支毛笔是我国最早的毛笔。

伟大诗人屈原（约前340—前278），是楚国文化的骄傲。我们认为，屈原的主要作品可能都是在长沙地区写作的，当时岳阳地区包括在长沙范围之内。《九歌》是在巫歌基础上加工而成的，其中的《湘君》、《湘夫人》明显点明是写于长沙地区的作品。《九章》中的《怀沙》、《惜往日》，还有代表作《离骚》，都可能是投汨罗江前的作品。《离骚》说："济沅湘以南征兮，就重华而陈词。"又说："吾将从彭咸之所居。"所以，《汉书·贾谊传》认定屈原作《离骚》以后就投江而死，贾谊贬到长沙为此在湘江边写了《吊屈原赋》。屈原的作品风格瑰奇浪漫，可以和楚墓帛画相互印证。如《涉江》云："带长剑之陆离兮，冠切云之崔嵬。""驾青虬兮骖白螭。"这就与"人物御龙帛画"不谋而合。

三、楚文化与中原文化交融阶段

公元前224年至前222年秦王朝灭亡楚国，仍然在湖南设置黔中、洞庭两郡。洞庭郡包括今长沙、岳阳、湘潭、郴州等湘江流域地区和邵阳、益阳地区，以及相邻的鄂、赣、粤边境地区。郡治在今长沙市。楚国的灭亡使楚文化遭受了毁灭性的打击。但是，秦王朝二世而亡，历史短促。而且，推翻秦王朝的先行者陈涉、主力项羽，以及建立汉朝的刘邦都是楚人。所以楚文化仍然顽强地存在。西汉高祖五年（前202）设置长沙国，徙衡山王吴芮为长沙王，都临湘（今长沙市）。长沙国名义上管辖长沙、豫章、象郡、桂林、南海五郡，实际上只能管辖长沙郡。吴氏长沙国是汉朝唯一没有被铲除的异姓王国，共传五代，存在46年，至前157年因无继承人才被废除。在大一统的形势下，中原人士不断来到长沙，长沙文化必然与中原文化相互产生影响。于是长沙文化进入了一个新的发展阶段：楚文化与中原文化交融的阶段。这个阶段从秦汉一直持续到唐朝。

长沙马王堆1、2、3号汉墓，是吴氏长沙国第三代长沙王的丞相利仓及其妻儿的墓葬。墓中出土了几千件珍贵文物，有的填补了历史空白，有的反映了当时中国最先进的水平。如：哲学上有最古老的《老子》写本，有四种黄老著作——《经法》、《十六经》、《称》、《道原》。科技上有大批宝贵的医学文献。墓中女尸保存完好，反映了高超的医药水平。

西汉大政论家与辞赋作家贾谊（约前201—前168），在汉文帝前元四年至七年（公元前176年至前173年），被排挤出京，担任第五代长沙王的太傅。他在长沙写作了其辞赋的代表作《吊屈原赋》与《鹏鸟赋》，这两篇赋继承了屈原辞赋的思想与艺术风格，是楚辞发展到汉赋的里程碑，其中所表现的道家思想也是产生于楚地的哲学思想。这说明长沙地区楚文化根底深厚，影响了中原来的文化名人。

东汉末年有一位伟大的医学家张机。张机（约150—219），字仲景，他被尊称为“医圣”，著有《伤寒杂病论》（后来分为《伤寒论》与《金匮要略》），是中医学发展的里程碑。献帝建安年间（196—219），他曾经担任长沙太守，当时瘟疫流行，他亲自为人治病。他的医学巨著可能写作于长沙，至少在长沙的医疗实践为其巨著提供了坚实的写作基础。

西晋武帝太始四年（268），法崇禅师建立“古鹿苑”，又名慧光寺，它就是被誉为“汉魏最初名胜，湖湘第一道场”的麓山寺的前身。

东晋时代，号称“一代名臣”的陶侃（257—332），与长沙有不解之缘。他担任荆州刺史，被封为“长沙郡公”。

南北朝刘宋时代，从长沙郡分出部分地盘设置巴陵郡，郡治在巴陵（今岳阳市），长沙地区有所缩小。隋文帝废郡，把长沙郡改称为潭州。潭州得名于昭山下面有深潭，唐朝吕温有诗句云：“昭潭无底橘洲浮。”唐帝国空前强大统一，因而加速了中原文化与楚文化的融会过程。一方面是中原文化人士影响长沙，一方面是本土人士开始崭露头角。长沙是文化融会的中心。

伟大诗人杜甫（712—771），是从中原南下的文化名人的重要代表。杜甫出生于河南巩县，而逝世于湖南。代宗大历三年（768）冬天，他到达岳阳，写了著名的《岁晏行》、《登岳阳楼》等诗篇。杜甫大历四年到达长沙，大历五年曾经乘船去郴州，只走到耒阳就因故返回长沙。不久贫病交加的诗人乘船北归，病死在长沙至岳阳的途中，暂时安葬在平江境内，后来他的孙子才把他运回故乡重新安葬。杜甫在湖南写诗100多首，其中约40至50首作于长沙地区，著名篇章有《江南逢李龟年》、《风疾舟中伏枕书怀三十六韵呈湖南亲友》等。

长沙本土人士在全国具有地位，始于唐朝。唐朝初年出现了大书法家欧阳询、欧阳通父子，欧阳询的字被称为“欧体”。欧阳询还是著名历史学家，他主编的100卷《艺文类聚》可称传世巨著。中唐出现了“草书天下称独步”（李白《草书歌行》）的怀素。怀素往往酒酣写字，字字飞动，如旋风骤雨，故与另外一位草书巨匠张旭合称“颠张醉素”。［按：怀素或说是永州人。］还有一个“破天荒”的故事。唐宣宗大中四年，长沙人刘蜕中了进士。此前30年荆南地区（包括湖南）没有一个人中进士，故荆南节度使特地赏给刘蜕70万贯“破天荒钱”。刘蜕以散文名世，著有《文泉子集》。晚唐著名诗僧齐己也是长沙人，其诗集《白莲集》存诗800多首，在唐朝诗人中数量仅次于白居易、杜甫、王维、李白等。

唐代的长沙已经是一个有几万人口的都市，农业、手工业、商业都比较发达。1958 年发现的中唐时代的铜官窑，代表了当时全国瓷器生产的最高水平。瓷器种类多，造型完美，色彩丰富，特别是发明了釉下彩。瓷器上的绘画与诗歌也很有特色。

隋唐时代是中国化佛教禅宗产生的时期。长沙宁乡大沩山的密印寺，由宰相裴休奏建，是禅宗重要宗派沩仰宗创始人灵佑禅师的驻地；浏阳道吾山的道吾寺、双华山的石霜寺，也是禅宗著名寺庙。

禅宗盛行于湖南和江西，湖南的南岳是禅宗的重要根据地。禅宗在湖南的兴盛，提高了湖南和长沙在全国的文化地位，并为形成独立的湖湘文化作了思想基础。理学奠基人周敦颐，实际上吸收了禅宗思想。而湖湘学派是继承了周敦颐的思想。

道教在唐朝很兴盛，也在长沙地区广泛传播。浏阳县的升仙观，相传是著名医学家孙思邈的修道处；孙思邈还到长沙市区行医，今有药王街遗迹。

唐末五代马殷曾经建立楚王国，他的五个儿子先后继位，共存在 45 年。湖南人俗称他们为“马王”。“马王堆”汉墓在发掘以前，曾经误传是马殷的遗冢。马楚时期，修建了著名的开福寺、会春园等。

四、形成独立的湖湘文化阶段

从宋朝开始，是形成以长沙为中心的独立的湖湘文化的时期。

宋初实行道、州（郡）、县三级制，宋太宗至道三年（997）改“道”为“路”。长沙在宋朝仍名潭州，管辖长沙、善化、浏阳、湘潭、湘乡、湘阴、宁乡、益阳、茶陵、攸县等县。长沙古城的格局，发展到宋朝已经基本确定，元明清三朝没有什么大的变化。古城的城墙到民国初年才拆除。

在宋以前，湖湘文化处于酝酿阶段；两宋时代正式形成代表湖湘文化的湖湘学派；明末清初产生了大思想家王夫之，至近代而人才辈出，发扬王夫之学说，与时俱进，把湖湘文化推向高峰，在全国具有举足轻重的地位。梁启超《儒家哲学》说：“湖湘学派，在北宋时为周濂溪，在南宋时为张南轩，中间很消沉，至船山而复盛。”

长沙的千年学府岳麓书院在湖湘文化形成与发展过程中，始终发挥着举足轻重的作用。宋太祖开宝九年（976），潭州太守朱洞建立岳麓书院。宋真宗时，湘阴人周式担任岳麓书院的山长，受皇帝赏识，御赐“岳麓书院”匾额，使岳麓书院成为培养本土人才的基地。长沙城南书院也是湖南闻名全国的书院。南宋时代，湖南全境有书院 51 所，分布到近 30 个县，数目仅次于江西、浙江，而岳麓书院是当时全国四大书院之一。

两宋之交，福建人胡安国（文定先生 1074—1138）迁居南岳，筑碧泉书院，授徒讲学，把程颢、程颐的洛学传入湖南（他私淑洛学，受程门弟子谢良佐影响尤大）。其子胡寅、胡宏（五峰先生 1105—1161）继续讲学授徒，培养了张栻等著名弟子，正式开创了湖湘学派。张栻（号南轩 1133—1180）祖籍四川，是抗金名将张浚的儿子。他在南岳学成之后，在长沙妙高峰下创建城南书院，又曾经主教岳麓书院。大哲学家朱熹 1167 年专门到长沙拜访张栻，与张切磋学问，并到岳麓书院讲学，留下了朱张渡遗址。张栻当时与朱熹、吕祖谦齐名。黄宗羲在《宋儒学案》的《南轩学案》中说他“见识高，践履又实”。张栻死后，葬在宁乡沩山。1194 年，朱熹担任荆湖南路安抚使兼潭州知州，进一步扩建岳麓书院。岳麓书院是当时读书人向往的地方。朱熹《答刘公度》说：当时学子“以不得卒业湖湘为恨”。

湖湘学派继承了周敦颐与二程思想，又提倡力行致用，“留心经济之学”，高扬爱国主义精神。如：南宋末年，蒙古势力已经非常强大。1227 年灭西夏，1234 年灭金国，1258 年占领南宋的首都临安（今杭州）。铁骑所到之处势如破竹。但在 1259 年进攻潭州时，却受到湖南制置副使向士璧所领导的长沙军民的顽强抵抗，以致不得不临时撤退。1271 年，蒙古建国号为“元”。宋德佑元年(1275)，蒙古大臣阿里海牙率领大军进攻长沙，湖南安抚使兼潭州知州李芾(衡阳人）领导长沙军民展开了一场英勇的保卫战。三千军民对抗蒙古大军，竟然坚持三个月，最后大都壮烈殉国。岳麓书院师生也英勇参战。教师李尹谷在城陷前夕举家自焚。李肖聃《湘学略》说：“岳麓精舍诸生，乘城共守，及破，死者无算。”曾经横扫亚洲、欧洲的蒙古骑兵也领会了长沙人的战斗精神。郑思肖《咏制置李公芾》：“听得北人歌唱里，潭州城是铁州城!”北人就是指蒙古骑兵。

宋元时期出现了招徕游人的“潇湘八景”：潇湘夜雨、山市晴岚、远浦归帆、烟寺晚钟、渔村夕照、洞庭秋月、平沙落雁、江天暮雪。八景大部分在长沙地区，长沙大西门曾经建筑“八景台”，为诗人、书画家题咏的所在。欧阳玄《登八景台》诗云：“潇湘八景丹青画，尽在高台指顾中。”

五、近代鼎盛阶段

鸦片战争是中国历史也是湖南和长沙历史的转折点。中国社会从此发生剧烈变化，志士仁人救亡图存，寻求救国救民的真理。长沙本来就是湖南的人才中心，在近代更加突出。陶用舒《近代湖南人才群体研究》，根据杨慎之《湖南历代名人辞典》统计：进入辞典的近代名人1120人，其中长沙县165人，居第一；其次是湘乡，第三是湘潭，第四是宁乡，第五是湘阴，第六是浏阳。这些县都属于长沙府。湖南和长沙人在洋务运动、戊戌变法、辛亥革命、抗日战争、解放战争中都发挥了中流砥柱的作用，形成了五代在全国颇有地位的政治军事人才群体。这些人才身上集中体现了长沙文化也是整个湖湘文化的优点：讲究经世致用，敢于任事，敢为天下先。

鸦片战争前后，湖南出现的第一代政治军事人才群体以两江总督陶澍为首，包括贺长龄、贺熙龄、唐鉴、魏源、邓显鹤、汤鹏、欧阳厚均、罗绕典等，还影响了林则徐、包世臣等。陶澍（1779—1839），长沙府安化县人，官至两江总督。他改革吏治、盐政、漕运，兴办水利，主张防范外国侵略势力，严禁鸦片，成绩卓著。魏源（1794—1857），长宝道邵阳县人。他是首先睁眼看世界的人物，编写的《海国图志》是中国人自己编写的第一本世界历史地理著作。在叙言中提出本书的编写目的是："为以夷攻夷而作，为以夷款夷而作。"陶澍培养提拔了魏源、胡林翼、左宗棠等湖南人才，是湖南近代人才群体崛起的先导者。

洋务运动是一场"为师夷之长技以制夷"的革新运动。洋务运动的首先倡导者是湖南的第二代政治军事人才群体。这代人才群体以曾国藩为领袖，包括胡林翼、左宗棠、罗泽南、江忠源、郭嵩焘、刘蓉等。他们大多是长沙府人。

戊戌变法中，湖南是全国最富有朝气的省份。甲午战争，北洋水师覆灭，签订了屈辱的《马关条约》，标志中国洋务运动基本破产。人们认识到不改变落后的封建政治体制，是不可能富国强兵的，于是变法运动应运而生。甲午战争的失败，危机感、责任感使大家同仇敌忾，激发了湖南人固有的忧世爱国的热情和卓励敢死的士风民气。全省风气突变，正如唐才常《论热力》所说的那样："湖南于十八行省中，以守旧闻天下也，今乃蘧然大觉，涣然改观。"

在戊戌变法中，湖南近代第三代政治军事人才群体谭嗣同、唐才常、秦力山、熊希龄、皮锡瑞等，起了中坚作用。浏阳谭嗣同（1865—1898），是中国第一个自觉为变法流血的志士。他著《仁学》，号召冲决一切罗网。在变法失败的危急关头，有人劝他逃亡，他说："各国变法，无不从流血而成。今日中国未闻有因变法而流血者，此国之所以不昌也。有之，请自嗣同始。”他狱中题壁，表明心迹，鼓励后死者：“我自横刀向天笑，去留肝胆两昆仑。”其战友唐才常继之而起，发动自立军起义，壮烈牺牲。

湖南近代第四代政治军事人才群体是黄兴、宋教仁、蔡锷、陈天华、杨毓麟、禹之谟、刘揆一、刘道一、焦达峰等。他们是辛亥革命的中坚。

黄兴（1874—1916），善化县人，城南书院学生，留学日本。1904年组织华兴会，黄兴任会长，宋教仁、刘揆一任副会长。1905年，他们与广东孙中山领导的兴中会、江浙章太炎领导的光复会，共同组成同盟会。在同盟会中，黄兴集中精力组织武装起义，百折不挠，湖南会员是武装斗争的中坚力量。当时流传俗语：“广东人的口，江浙人的钱，湖南人的血。”

抗日战争时期，湖南是抗击日寇的主要战场之一，以第九战区为主体的中国军队，跟凶残的日本侵略军先后进行了多次会战，包括可歌可泣的长沙会战、常德会战、长衡会战、湘西会战。

在建立中华人民共和国的斗争中，湖南的政治家、军事家起了关键作用，居全国的首位。政治人物有毛泽东、刘少奇、何叔衡、任弼时、林伯渠、谢觉哉、李富春、李维汉、蔡畅、胡耀邦等等。十大元帅湖南占3个：彭德怀、贺龙、罗荣桓。十员大将湖南占6个：粟裕、黄克诚、陈赓、谭政、萧劲光、许光达。首次授衔的57员上将湖南占19位：王震、邓华、杨得志、宋任穷、杨勇、萧克、宋时轮、苏振华、陈明仁、陶峙岳、甘泗淇、李涛、李志民、李聚奎、钟期光、唐亮、彭绍辉、傅秋涛、朱良才。这些重要人物很多是长沙地区人，如：刘少奇、何叔衡、徐特立、田汉、谢觉哉、李维汉、李富春、萧劲光、杨勇、胡耀邦等。有些则是出生于过去的长沙府范围。

长沙是楚国的“洞庭郡”首府

《史记·秦始皇本纪》记载，秦始皇二十六年（前221）灭燕以后完全统一六国，“分天下，以为三十六郡，郡置守、尉、监。”《汉书·地理志下》说：“分天下作三十六郡。”还记载说：“长沙国，秦郡，高帝五年为国。”全祖望《汉书地理志稽疑》考证秦始皇二十六年所设置的三十六郡，其中包括黔中郡与长沙郡。顾祖禹《读史方舆纪要》卷八十说："秦置临湘县，为长沙郡治。"研究长沙历史的人，根据这些记载，都认为秦朝建立长沙郡，长沙才成为郡的首府。

其实，长沙在战国时代已经成为楚国洞庭郡的首府。

当然，《史记》和《汉书》的记载中，都没有出现洞庭郡。《史记·楚世家》，顷襄王二十二年（前277）记载："秦复拔我巫、黔中郡。"这是秦国夺取了楚国的巫郡、黔中郡。《楚世家》负刍王五年（前223）记载："秦将王翦、蒙武遂破楚国，虏楚王负刍，灭楚名为郡云。"所谓"灭楚名为郡"者，大多数研究者认为就是取消楚国称号，增设了南郡、九江、会稽等新郡。《史记·秦本纪》记载：秦昭襄王二十一年（前280），"使司马错发陇西，因蜀攻楚黔中，拔之"。三十年又派蜀守张若伐楚，"取巫郡及江南，为黔中郡"。今常德地区还保留了司马错故城、张若故城的遗址。总之，《汉书》与《史记》出现了长沙郡、黔中郡的名称，而没有出现洞庭郡的名称。

但是，战国时代的楚国与秦王朝统一中国之后，曾经设置过洞庭郡。

首先是，里耶秦简中出现了"洞庭郡"的名称。里耶秦简 JI（6）2 简云："迁陵以邮行洞庭。"这是行政区划之间传递邮件，其中的"洞庭"是行政区划，绝不是指洞庭湖。里耶秦简 JI（16）5 简，更明确标明了有洞庭郡。该简云："廿七年二月丙子朔，洞庭郡守礼谓县啬夫、卒史嘉、假卒史毂、属尉，令曰：'传送委输，必先悉行城旦舂、隶臣妾、居赀赎债。事急不可留，乃兴徭。'"

而且，无独有偶，《战国策》中也有作为行政区划名称的"洞庭"。《战国策·楚策一》记载苏秦对楚威王说："楚地西有黔中、巫郡，东有夏州、海阳，南有洞庭、苍梧，北有汾陉之塞、郇阳。"这条记载中共出现八个地名。其中黔中、巫郡、苍梧是郡名。夏州是陈国故地，大概也是郡级单位。海阳是南滨大海的地区（可能是今广东潮州一带），汾陉之塞与郇阳（今河南郾师与山西南部）是楚国跟三晋交界的地区，诸侯各国设置郡首先都在边远地区，因此这三处也可能是楚国的郡。总之，除了"洞庭"以外的其他七处，即使不全部都是郡名，也都是行政区划名。既然"黔中"等七处都是行政区划名，那么，"洞庭"也应该是行政区划名，而不应该是洞庭湖。结合耶秦简中的"迁陵以邮行洞庭"、"洞庭郡守"，可以进一步肯定，《战国策》中的"洞庭"不仅是行政区划，而且是一个郡。

地下出土的里耶秦简，是可靠的历史资料。《战国策》主要是战国时代人的记载，它的历史时代要早于《史记》与《汉书》。因此，我们认为，历史上的确有洞庭郡存在。那么，洞庭郡在那里呢？它相当秦始皇二十六年所设置的三十六郡中的哪一个郡呢？

吉首大学王焕林老师的论文《里耶秦简释地》，根据秦简推断认为：秦朝的黔中郡，就是楚国的洞庭郡。文章说："黔中郡、洞庭郡所辖地域其实并无多大出入。不过，前者为战国旧称，后者为秦代新名。"其新旧名称说的依据是：秦始皇二十四年灭楚，二十五年王翦平定江南，所以初期沿用战国时代楚国的旧名。王焕林老师的这个推断有一定的理由。首先是因为，战国时代的各诸侯国都设置了郡，这是没有问题的。郡县制度是中国古代的主要行政区划制度。春秋时代已经出现了"郡"级行政单位，《国语·晋语二》、《左传·鲁哀公二年》都有记载。战国时代各国都设置了郡，如《战国策》的《楚策》与《秦策》都多次提到"汉中"郡。其次是因为，《史记·秦始皇本纪》记载，秦始皇二十六年"分天下，以为三十六郡"。这时灭楚还仅两年，所以人们可能沿用旧称。但是，这个推断存在一个明显的缺陷，也许是致命的缺陷。里耶秦简是公文，公文是严肃的政治倾向强的文件，它不像老百姓的口头习惯，而且秦朝法律严酷，它怎么可能并敢于使用属于楚国的"战国旧称"呢？我们只可能有两种猜测：第一种推测是，秦朝初期叫洞庭郡，后来才改用新的名称；第二种推测是，秦朝自始至终就叫洞庭郡，直到汉朝才改用新的名称。我们更倾向于后面的推断。因为，《汉书·地理志下》说："长沙国，秦郡，高帝五年为国。"它只说了秦朝设立了郡，并没有说秦朝叫"长沙郡"。而里耶秦简明确地说了"洞庭郡"，设郡仅十多年秦王朝就灭亡了，郡名是不会朝令夕改的。

笔者不同意王焕林老师的"秦朝的黔中郡就是楚国的洞庭郡"的推断。笔者认为：黔中郡不是洞庭郡，而长沙郡才是洞庭郡。为什么这样推理呢？

第一，《战国策》把"洞庭"与"黔中"并列，可见在战国时代，"洞庭"与"黔中"是两个不同的郡。它们基本上相当汉朝的"长沙郡"与"武陵郡"。汉朝的长沙郡管辖临湘、罗、益阳、下隽、连道、攸、茶陵、湘南等13县，主要地盘在湖南湘江与资江流域；武陵郡管辖义陵、孱陵、索、临沅、沅陵、迁陵、酉阳等13县，主要地盘在湖南沅江及澧水流域。行政区划往往具有历史的连续性，因此，汉朝的"长沙郡"与"武陵郡"，应该是继承了楚国与秦朝的"洞庭郡"与"黔中郡"的划分习惯。"洞庭郡"，可能在秦朝时仍然使用旧名，汉朝改名叫"长沙郡"。"黔中郡"，秦朝沿用旧的名称，汉朝改名叫"武陵郡"。

第二，当时的“黔中”与“洞庭”郡，都是靠近洞庭湖的。但是，后者更加靠近洞庭湖的主要部分，其辖地中的古下隽县、古罗县与古益阳县，包括现在洞庭湖区的岳阳、华容、汨罗、平江、湘阴、沅江、益阳等地；而且，《汉书》还明确提到了洞庭湖中的“湘山”，即今天所称的君山。既然长沙地区如此毗邻洞庭湖，那么，当时所设立的郡就可能叫做“洞庭郡”，而长沙理所当然地成为楚国的洞庭郡的首府。

第三，里耶秦简 JI（6）2 简云：“迁陵以邮行洞庭。”当时的迁陵县，相当于今湖南省保靖县以及今重庆市的东南角，属于黔中郡的地盘。迁陵既然是黔中郡的下属县，上下级间不应该是一般的通邮关系。

也许有人会说，长沙郡开始是包括在黔中内的。《史记·秦本纪》秦昭襄王三十年伐楚，“取巫郡及江南，为黔中郡”。可见，秦朝设置的黔中郡比楚国的黔中郡大，包括楚的巫郡以及相邻的长江以南地盘。于是，人们进一步认为，长沙郡是秦朝后来才从开始设置的黔中郡中划分出来的。《元和郡县图志》卷二十九明确地说：“潭州，《禹贡》荆州之域。春秋时为黔中地，楚之南境。秦并天下，分黔中以南之沙乡，为长沙郡，以统湘川。”

其实，《元和郡县图志》的进一步推断是值得怀疑的，长沙郡不应包括在黔中郡内。我们提出下列理由：

第一，在楚国时代，长沙地区是应该独立设郡的。长沙是楚国的南方重镇。湖南发现的几千座楚墓，大半是在长沙。而长沙发掘出的 3000 多座战国楚墓，不少是大夫级别人物的墓葬，出土了许多珍贵的文物。这就是长沙为楚南重镇的铁证。因此，楚国在长沙及其周围地区是应该独立设郡的。它就是《战国策》中提到的“洞庭”郡。

第二，在秦朝，长沙地区也是独立设郡的。全祖望《汉书地理志稽疑》已经考证，秦始皇二十六年（前 221）设立的 36 郡，其中既有黔中郡，也有长沙郡（也许应该叫洞庭郡），而不是后来从黔中郡分出长沙郡。《秦本纪》说“取巫郡及江南为黔中郡”，我们理解其中的“江南”一词，不应该无限扩大，而只限于巫郡附近的长江南岸地区，即楚国都城郢都一带（今湖北省江陵、枝江一带）。如果无限扩大，江南的范围就可以包括长江中下游地区，那显然是不恰当的。

第三，长沙地区不是在黔中地区以南，而是在东方。《元和郡县图志》所谓“秦并天下，分黔中以南之沙乡，为长沙郡”，在地理方位上也是不准确的。

第四，黔中郡的郡治问题。黔中郡的郡治在沅陵。张守节《史记正义》引

《括地志》云："黔中故城，在辰州沅陵县西二十里。"如果黔中郡包括长沙郡的地盘，那么，把郡治设在沅陵，而不设在南方重镇长沙，是不可理解的。因此，黔中郡、洞庭郡（后来叫长沙郡）的郡治分别设立在沅陵、长沙（临湘县）。它们应该是两个不同的郡。

总之，长沙地区在秦朝以前已经设置郡，它就是楚国的洞庭郡，洞庭郡的首府就是长沙。秦朝设置36郡时，可能沿用楚国洞庭郡的旧名。汉朝实行郡国并存制度，把洞庭郡改为长沙国。

杰出改革家陶澍

陶澍（1779—1839），字子霖，号云汀，自号"髯樵"、"桃花渔者"，清朝湖南省长沙府安化县人。官至两江总督，兼理两淮盐政。陶澍是著名的清官，更是杰出的政治家、改革家。他在改革盐政、改良漕运、创办海运、整顿吏治、赈济灾民、兴修水利、兴办教育、建设文化、严禁鸦片等方面都取得了辉煌成就。他是清朝中叶传统经世派的政治领袖，又是近代洋务运动的先行者。

一、陶澍的生平与著作

乾隆四十三年农历十一月三十日，即公元1779年1月17日，陶澍生于安化县资江北岸的石螂村。嘉庆七年（1802）中进士，又通过朝考选拔，授翰林院庶吉士（俗称"点翰林"），进入翰林院学习。嘉庆十年（1805）翰林院散馆考试，成绩优秀，授翰林院编修。嘉庆十四年（1809）任国史馆编修。嘉庆十五年，奉命充庚午科四川乡试副考官。嘉庆十九年（1814），补江南道监察御史，进入都察院。嘉庆二十年，奉命巡视江南漕务，取得显著成绩，在官场崭露头角。嘉庆二十四年，陶澍被授四川川东兵备道。川东道管辖三府二州：重庆府、夔州府、绥定府、忠州、酉阳州。大体相当于今重庆市所管辖的地区。地域广阔，山深水险，居民复杂，是著名的难治理的地区。道员是省以下、府以上的地方行政长官（正四品），兵备是兼衔，表示可以指挥军队。陶澍任川东兵备道，政绩显著，标志着一颗政治明星的升起。嘉庆二十五年七月，仁宗嘉庆皇帝逝世。八月，智亲王绵宁继位，改名旻宁，是为宣宗，俗称道光皇帝。

嘉庆二十五年十一月，陶澍擢山西按察使。按察使（正三品）是一省司法长官，主管全省刑狱与官吏的考核，又称“廉访使”、“臬司”，是地位仅次于巡抚、布政使的第三把手。道光元年（1821），陶澍到任，除担任按察使以外，还兼署布政使，授通议大夫衔。他一上任，就大力整顿吏治，并审理了朝廷直接交办的多起案件，政绩突出。八月，调福建按察使。九月离开山西，十月抵达北京。道光召见四次，非常赏识陶澍，称他“学问、人品俱好”，擢升安徽布政使。道光三年升任安徽巡抚，是省级最高官员。陶澍在安徽五年，清查库款，赈灾治水，政绩卓著，是其一生辉煌事业的真正开端。道光五年（1825）五月，调任江苏巡抚。他是跟江苏巡抚张师诚对调。因为，江苏的地位比安徽更加重要，而且，又要创办海运。所以，道光皇帝才作了对调的决定。道光皇帝朱批说：“朕所以调任江苏者，观汝颇可干济，藉资整顿。汝其实力实心，以渐而入。通省吏治、民风，全系于汝一身。而用人，更为当事之急。勉之，慎之。”陶澍到任后，开创了漕粮海运的新局面。道光十年，赐加“太子少保”的官衔，升任两江总督。总督（从一品）是地方最高长官，总揽军民要政，一般管辖两个省，巡抚、提督都受总督领导。两江是指清朝初年设置的江南省与江西省。康熙六年（1667）朝廷把江南省分为江苏省与安徽省，江苏省治在苏州，安徽省治在安庆。两江总督的名称依旧，实际上管理三省。“太子少保”，虽然只是加衔赠官，但可以表示地位。总督或巡抚，只有获得“太子少保”的官衔，才可以称呼为“宫保”。道光十一年，陶澍兼理两淮盐政。陶澍马上进行改革，当年就初见成效，获得“干国良臣”美誉。道光皇帝在陶澍奏疏上朱批：“览奏深慰朕怀。看此光景，今岁江南虽罹水患，来年以后自必渐复旧规。裕国而安民，通商而除害，汝为干国良臣，而朕亦获知人善任之美名，实有厚望焉。一力勉行，勿怠。”陶澍积极改革盐政，八年之间取得了辉煌的成绩。

道光十九年农历六月二日，即公元1839年7月2日，陶澍病逝于官邸，享年61岁。朝廷晋赠太子太保，谥“文毅”。陶澍灵柩运回故乡小淹，葬于资江北岸之沙湾。

陶澍的著作是反映陶澍思想与业绩的主要载体。陶澍逝世第二年，就出版了许乔林校订、淮北士民公刊的《陶文毅公全集》，共六十四卷。但是，《陶文毅公全集》并不是真正的全集，而只是一个按照奏疏、文章、诗歌分类编纂的选集。如：陶澍自己认可的奏疏近1200篇，而该书仅收奏疏296篇；该书又没有收录陶澍的专著。

《湖湘文库》丛书中的《陶澍全集》，2012年由岳麓书社出版，是真正意义上的全集。《陶澍全集》共八册，把搜集到的陶澍现存的著作分为四大类编排：奏疏（包括题本）五册，共收陶澍奏疏1173篇，以及杂件59篇；文集一册，收陶澍文章485篇；诗集一册，收陶澍诗歌1591首，以及对联100多首；专书一册，收录陶澍《陶渊明集辑注》、《陶靖节年谱考异》、《蜀輶日记》等专著。虽然，《印心石屋诗文集》、《陶桓公年谱》、《陶氏世谱》、《运甓斋词谱》、《谈瀛录》、《省身日记》等还没有找到，民间也可能还有陶澍的各类手稿（特别是书信），但是，跟过去已经出版的陶澍著作相比，这本《陶澍全集》基本上是名副其实的《陶澍全集》。这对全面研究陶澍具有重要意义，对研究清朝中晚期的历史乃至对研究中国封建社会的各种政治、经济、文化现象也具有重要意义。

二、陶澍的改革业绩

陶澍的家乡湖南，陶澍曾经长期为官的江苏、安徽，民间都流传着清官陶澍的故事（当然也有个别故事是既得利益者的攻击）。陶澍的确是值得敬佩的清廉大官。他自己书写了一副对联作为做官的座右铭："要半文不值半文，莫道人无知者；办一事须了一事，如此心乃安然。"上联讲廉洁，下联讲勤奋尽职。他是这样说的，也是这样做的。比如他裁减盐务的办公浮费，就从自身做起，首先裁革了盐政衙门每年照例送给总督府的赏需银二万两，又上缴了兼任盐政每年可以收入的养廉银五千两。他无论办什么事都细致周密，深入现场，不摆阔气，鞠躬尽瘁，以致积劳成疾。然而，陶澍的历史功绩，不在于他是一位清官，而在于他是一位卓有成效的改革家。

陶澍力行改革，为官一任就造福一方，在八个方面都取得了巨大的政绩。一、改革盐政；二、改良漕运，特别是创办海运；三、赈济灾民；四、兴修水利；五、整顿吏治；六、兴办教育；七、建设文化；八、严禁鸦片。陶澍八大政绩中，最突出的政绩是改革盐政，其次是改良漕运，创办海运。

在自然经济条件下，盐是最重要的商品。因为，盐既是不可或缺的生活必需品，而又不可能自给自足。所以，盐课是古代中国的主要税收，开发与经营盐业，是古代最重要的经济活动。陶澍是最有贡献的古代经营盐业的三大经济家之一。研究中国盐业的专家曾向丰先生在《中国盐业之动向》一文中说："综观历代盐政，极为繁复。其办理较有成效者，除春秋之管仲、唐之刘晏、清之陶澍外，几不多见。"（载《东方杂志》34卷7期）

陶澍擢升两江总督时，两淮盐务几乎完全瘫痪。纲商垄断，官员贪污，他们相互勾结，把盐价抬高了几十倍，造成了祸国殃民的后果。第一是盐价昂贵、民不聊生。奸商、水手等还在食盐中掺和污泥、皂荚、蛤灰。普通老百姓成了被盘剥的牺牲品，贫民往往几个月不能吃盐，故陶澍说“江广之民，膏血尽竭于盐”。第二是税收亏欠、库储全空。官盐卖不出去，年复一年，两淮盐务部门亏欠应该上缴国库的税银达四千多万两，而且把朝廷借下的一千多万两帑本也花光了。

两淮盐课是清王朝的税收支柱，盐政败坏已经危及清王朝的经济生命线。道光皇帝不得不于道光十年派出户部尚书王鼎为钦差大臣处理盐政。王鼎调查认识到，两淮盐务已经“山穷水尽，不可收拾”，向皇帝建议，由总督陶澍兼管盐政。

陶澍受命于危难之际，与钦差大臣王鼎等上《会筹盐务章程折子》。这篇近六千字的奏折剖析了两淮盐务中的“浮费”、“夹带”、“私贩”等弊端以及致弊根源，拟订出了“两淮盐务章程”十五条，改革从淮南开始。十五条的主要措施可以归纳为以下六个方面：第一，裁减办公浮费。首先是裁革了自己的养廉银五千两与由自己支配的赏需银二万两，其次是裁减盐务衙门的浮费，再次是裁减销盐口岸的浮费，陶澍总共革除浮费银二百六十万两。第二，裁总商，限制纲商垄断盐务的专利权，规定所有商人都先纳税后请盐，依法销盐。第三，整饬盐务官员，删减烦琐手续。陶澍惩罚了盐务部门一批贪污的或不称职的官吏，起用了一批能干廉洁的人才。过去，运司衙门的书吏多至十九房。商人办运请引，文书辗转至十一次之繁，经盐务大小衙门十二处，节节稽查，而并无稽查之实，徒为需索陋规之具。陶澍大加裁减。第四，缉查私盐。过去缉查私盐，主要打击盐枭。陶澍则把缉查的重点放在贩卖私盐的官吏、官商、旗丁、船户。这些官吏、官商、旗丁等受到特权保护，“藉官行私”。第五，疏通销售渠道。既防止地棍土豪私立关卡，讹诈抢劫，又打击囤积居奇与各种弄虚作假的行为。第六，明予加斤，防止暗带。每引盐原来规定为 364 斤。陶澍为了鼓励商人贩运，加上免课盐 20 斤、月耗盐 16 斤；为了疏通历年积压的盐引，又让加带的积引 100 斤，可以免费。于是每引增加到 500 斤，为盐商减低了成本。以上六方面的核心是：限制垄断，降低盐务成本，从而降低盐价。只要盐价一低，百姓买得起官盐，就不会买冒险去买私盐，官盐就会畅销，既利民，又利国。

在改革淮南盐政初步取得成效以后，陶澍于道光十一年（1831）亲自到海州，深入到盐场灶户，调查淮北情况，然后在十二月上《淮北请试行票盐折片》，请求在淮北试行票盐。魏源在《淮北票盐记》中总结淮北盐务改革的主要着眼点是两个方面：第一是“归局不归商”，就是设局收税，人人可以请求运盐，不必通过纲商。税收进入国库，贫民也可以获得经济利益。第二是“改道不改捆”，就是疏通运输道路，改良运输方式，废止在运输途中反复改捆，即反复改包过秤查验。淮北试行票盐，比淮南更彻底，完全打破了垄断，因而成效更加显著。

陶澍顶住朝廷与有关官员的巨大压力，战胜既得利益者的攻击与阻力，盐务改革取得了辉煌成绩。道光十九年，陶澍病重，多次请求免职。二月二十四日，陶澍上《办理淮鹾八年比较情形折片》，总结了八年整顿两淮盐政而出现的利国、利民、利商的大好局面。通过改革，官盐由滞销变为畅销，从而盐政由欠课、欠帑，变为盐课充裕，“淮南、北正杂课款，统计报完银二千四百万四千五百六两六钱二分四厘”（见《陶澍全集》第四册第481页），而且连多年来积压的盐引也带销了，多年拖欠的款项也代替归还了。这就是利国。改革盐政打破了官商蠹吏的垄断，不仅对朝廷有利，而且保护了百姓与普通商人的合法利益。尤其是淮北改行票法，轻本便民。盐价降低后，贫苦百姓买得起食盐，贫苦灶民卖盐避免了中间盘剥。在打破垄断之后，人人可以贩运，人人可以获利。遇上大的天灾，农业歉收，贫苦百姓还可以借贩运维持生活。过去，铤而走险的私盐贩子，也参加票盐的运输与贩卖，走上合法的经营道路，人们称为“化枭为良”。这就是利民、利商。

漕运，就是通过水路向朝廷输送粮食。中国上古时代政治和经济中心在北方（如：西安、洛阳），漕粮靠河运，以黄河为主要通道。南北朝以后，长江流域经济发展，后来居上，粮食要北上，所以隋炀帝开了大运河。明成祖迁都北京后，大力疏浚运河，建立机构，由军队运输漕粮。清朝继承明朝的制度。漕粮运输，是清王朝的生命线。朝廷每年要从南方运送约四百万石漕粮供应京师。

清代漕运粮实行军运，机构庞大。运输距离数千里，多次转运，手续繁琐，花费沉重。到了嘉庆、道光年间，“漕运已成不治之症”（林则徐《复陈恭甫书》）。主要的弊病有五个方面：一是漕运机构和人员日益庞大。运漕的军船有几千艘，军丁水手达十万人左右。起坝征集的民工，更是无法统计。二是层层勒索。漕粮要经过征收、交兑、查验、运输、入仓等许多环节，每一个环节都有庞大的官僚机构，关卡层层，为官员勒索以中饱私囊大开方便之门。三是负责运输的旗丁、官吏、奸商互相勾结，弄虚作假。四是地方的衿棍，包办漕粮，既盘剥小民，又要挟官府。五是运河淤塞。我国地势，北高南低，运河水量往往不足。运输时，路程遥远，常常要盘坝起驳，浪费巨大，“每过紧要坝闸，牵挽动须数百人”（《清史稿·食货志三》）。以上各种弊端，使运输费用大大超过粮价：“漕米至京，一石费二十余金，官民交困。”（《清史稿·食货志三》）这些巨大的费用，又全部转嫁在老百姓身上。百姓交粮时，甚至一石粮加收七八斗。

两江（江苏、安徽、江西三省）的漕粮占全国漕粮的一半以上。陶澍管辖的江苏省，是漕运的关键地区。一是运河经过江苏省北上。二是江苏、安徽、江西、浙江、湖南、湖北六省的漕粮都要经过江苏北上。故陶澍说：“京师百万生灵，皆仰给于东南。”（陶澍《复王垣夫先生书》）陶澍到任后，从三个方面改革漕运：第一是废除陋规恶习，删减浮费，打击勒索者。第二是疏浚漕运通道。他组织力量，疏浚漕运通道，把徒阳运河挑切宽深，开挖了著名古浅猪婆滩；又修复练湖，保障徒阳运河的水源；还发现了新的运漕通道横闸、越闸，避开京口闸通道的浅阻。第三是创办海运，并主张坚持海运。积极创办海运是陶澍改良漕运的最大贡献。

清朝开放海禁后，康熙、雍正、乾隆、嘉庆四朝，都曾经讨论海运，由于反对者占优势，一直没有实行。道光五年（1825），由于黄河泛滥，运河阻塞，户部尚书英和提出：“暂停河运以治河，雇募海船以利运。”当时很多人都对海运表示怀疑。主要反对理由有：1. 海运风险大，天灾难测，“天庾正供不可尝试于不测之地”。2. 有盗贼，要庞大的护卫水师。3. 雇船，成本高。4. 容易霉变。5. 漕运旗丁失业，恐怕闹事。6. 前代海运大多失败。两江总督魏元煜、江苏巡抚张师诚等都表示反对，不敢承担责任。道光皇帝只好把陶澍调任为江苏巡抚，又把赞成海运的琦善调任两江总督。《清史稿·英和传》说，道光皇帝“诏下各省妥议，仍多诿为未便，惟江苏巡抚力行之”。陶澍到任后，先后上《筹议海运及暂收折色、停运治河各情形折子，附片一件》、《查看海口运道，并晓谕商船大概情形折子》、《会筹海运事宜折子，附片一件》等奏折，积极筹议海运。他周密规划，于道光五年六月，发布《筹办海运晓谕沙船告示》，向船户、商人、舵工、水手等详细交代政策：保证行船自由、价格公道、有利可图；沿途派官兵保护，发生意外事故则公平处理；验米与交米的手续简便，防止官吏差役勒索；允许另带一定土产，回程可以另运其他货物；运米较多的商人，可给予职衔、顶戴的奖赏。苏州布政使贺长龄及贺长龄的幕僚魏源等积极协助陶澍，参与筹议。

道光六年二月，陶澍绘制、上奏“海运图”，接着亲自到上海，指挥首批海运船队出发，任命川沙营参将关天培随船督运保护。六月，指挥第二批海运船队出发，六月底所有海运船只都抵达天津，海运胜利完成。陶澍在《海运全竣，船行顺利折子》中分析了此次海运所克服的六大困难：1.“创始甚难，人情观望”；2.“风水沉失”；3.“雇拨船只难敷，倘纷纷封捉，即为行旅商民之病”；4.“盘量稍稽，即误风汛”；5.“海运用费，初无成式，筹画稍疏，更恐不肖官吏借端扰累，易致刁民借口”；6.“商船赴津，风利东南，及至回帆，又宜西北，一往一来，非只旬期，万一停阻，有妨二运”。折子总结了此次海运的主要成绩：1. 如期而安全地完成运输任务。船由吴淞出崇明、佘山，北放大洋，趋成山，转之罘，以达天津，水程四千余里，往返两次，不爽时日，运输漕米一百六十三万三千多石。虽然屡遇风暴，却措施适当，履险如夷。2. 为国家节约了大量经费与粮食。共节约白银十多万两，节约漕米十多万石。3. 以海代河，减轻了运河漕运带给民众的痛苦。民众可以避免官府和旗丁的勒索，可以避免被征调去为国家服苦役。

此次海运，超越前代，是中国海运史上空前的壮举。清朝以前的各个王朝，只有元、明两朝实行过规模比较大的海运漕粮，其中元朝海运最成功，八年也只运了几十万石，而且漂失动以万计。海运的创新，不仅是改革了运输道路，以海代河，而且改革了运输手段，以商代官。陶澍不采取官运，如果采用官运，势必用强迫手段征调民间船只与人力，危害百姓；陶澍采取商运，用经济手段调动民间的运输力量（船只、水手），包用各种海船1563只，分两次装兑运输漕米。他保护商人的正当利益，从而调动了船户、商人、水手的积极性。

陶澍不认为海运仅是权宜之计。此次海运成功后，陶澍跟新任两江总督蒋攸铦一道规划了长期实行海运的方案，上报朝廷。可惜的是，由于保守派的反对及某些客观因素，海运在第二年就被迫终止。陶澍只好主持编辑了《江苏海运全集》，共十二册，亲自作《海运全案序》，总结经验，留给后人。陶澍逝世七年之后，即道光二十六年（1846），由于河运根本无法供给朝廷的漕粮，道光皇帝才不得不下令复行海运，河海并举。同治十一年（1872），浙江巡抚杨昌濬请以轮船运输漕粮，清廷于是命李鸿章筹办轮船招商局。此后，海运日益占据优势。到光绪年间，终于全部实行海运。陶澍积极创办海运，实际上开了近代运输改革的先河。

陶澍担任安徽、江苏巡抚八年期间，水旱灾害频繁发生，哀鸿遍野。据《清实录》的记载，陶澍共主持大的赈灾事项34次，遍及628个县次。陶澍赈灾的特点：一是深入灾区，全面了解情况，制订周密的方案。二是带头并动员社会力量救灾。如：道光三年赈灾，他带头捐银三千两，并号召官、商、绅、民捐款、捐粮、捐物。三是考虑长远。陶澍总结赈灾经验，提出了建立“丰备义仓”的主张，以丰养歉。他拟定了《丰备义仓章程》十二条，坚持百姓自理、民主管理、自愿捐谷、本境自救等原则。规定官府不插手管理，不能干涉，但有监督、保护之责。

陶澍知道天灾频繁的重要原因之一是水利不修。当时两江地区不少河道淤塞不通，湖泊也被围垦而不能蓄水，于是他实地考察，兴修水利。在安徽，提出了以治理淮河和洪泽湖为中心的水利方案。在江苏，他先后组织疏浚了黄浦江、吴淞江、浏河、孟渎河、得胜河、澡港、白茆河、雕鹗河等河道。这些水利工程，改良了两江地区的生产环境，提高了抗灾能力，扭转了水灾频繁发生的局面，“吴中称为数十年之利”（《清史稿·陶澍传》）。

陶澍重视吏治。在京城担任御使时，就积极上疏揭露吏治腐败的根源。到安徽后，认真清查库款，理清了纠葛几十年的亏空。他办理案件十分认真，对下级官吏办的案件仔细推敲。他惩罚贪污官吏，撤换不称职的官吏，提拔能干廉洁的人才。他打击匪盗，收缴凶器，保护良善。

陶澍注意教育事业。他在两江新修或重建了江阴的暨阳书院、金坛的金沙书院、江宁的惜阴书舍、海州的敦善书院等，又支持、鼓励地方官绅修建了嘉定震川书院、高淳县书院等。特别是带头捐廉一万两在南京城西龙蟠里盋山建立惜阴书舍，对教育与文化都有深远影响。先后到惜阴书舍主讲的名儒有俞正燮、冯桂芬、胡培翚等，先后曾经到惜阴书舍就读的名人有汪士铎、张謇等。到了光绪年间，惜阴书舍成为江南图书馆（缪荃孙主持），是我国第一所近代公共图书馆。民国时期成为江苏省立国学图书馆，后又改为南京图书馆的古籍部。陶澍明确提出，建立书院之目的是提倡实学，“通经学古而致诸用也”。他深刻认识到教育的作用，在《山西晋阳书院告示》中说：“今日之士子，即异日之官吏。当其为士，尚不能耐苦，又安望身处脂膏能廉于守？当其为士，尚不肯究心，又安望躬膺繁剧能勤于职？不廉，不勤，则吏治坏而归害于民。”

陶澍重视文化建设，创修了大批志书。陶澍主编或校刊的志书颇多。主要有安徽省第一本省志《安徽通志》，湖南省第一本《洞庭湖志》，还有《沅江县志》、《安化县志》、《云台新志》等。邓显鹤的《资江耆旧集》也经过他的校订，并欣然作序，资助刻印。

陶澍还是严厉禁止鸦片的“疆臣领袖”（林则徐语）。我们将在下文阐述。

三、陶澍的历史地位

恩格斯评价意大利诗人但丁说："他是中世纪的最后一位诗人，同时又是新时代的最初一位诗人。"如果仿照这样的说法，那么，我们可以说：陶澍是中国古代的最后一位杰出的改革家，是传统经世派的政治领袖；陶澍又是中国近代的最初一位改革家，是近代洋务运动的先行者。

（一）经世派的政治领袖

中国古代怀抱经世济民理想的学者与官吏，称为经世派。经世，就是治理世事，治理好国家；济民，就是关怀百姓，解除百姓的疾苦。经世济民的核心，就是解决社会实际问题。经世思想在明清之际发展到极致，形成学派，被称为"经世学派"，又称为"实学派"。代表人物有黄宗羲、顾炎武、王夫之、李颙、唐甄、颜元等。但是，由于各种客观条件的限制（如清朝初年的文字狱），他们没有在政治经济领域作出实际的贡献。

陶澍最大的贡献是把经世思想付诸实践。陶澍是掌握东南经济命脉的大臣，具有施展政治抱负的可能性。他既具经世思想，又善于做官，"和而不同"地处理跟皇帝、跟上下级的关系，能够团结一大批具有经世致用思想的人士，如：贺长龄、贺熙龄、唐鉴、梁章钜、陈銮、林则徐、王凤生、俞德渊、姚莹、魏源、包世臣等。所以，他在改革盐政、改良漕运、创办海运、赈灾治水等方面，都取得了巨大的经世业绩。这就使他成为古代经世派发展的里程碑式的人物，也使他成为当时经世派的领袖。

陶澍在经世派的领袖地位，是学术界所公认的。钱穆《中国近三百年学术史》说："清代中叶以后，湖湘学派中形成了一个经世之学的重要派别。……湖南经世人才都集合在陶澍周围。"萧一山《清代通史》说："中兴人才之盛，多萃于湖南者，则由于陶澍种其因，而印心石屋乃策源地也。"孟森《明清史讲义》说："嘉、道以后，留心时政之士大夫，以湖南为最盛，政治学说亦倡导于湖南。……而澍以学问为实行，尤为当时湖南政治家之巨擘。"

（二）洋务运动的先行者

陶澍、林则徐和魏源等，又是经世派发展为洋务派的关键人物。

任何社会流派的出现，都不可能是无源之水、无本之木。洋务运动是传统经世思想的必然发展。鸦片战争以后，清朝一批具有"经世致用"思想的开明官僚与知识分子，为了救亡图存，为了抵抗西方的侵略而倡导学习西方的先进技术特别是军事技术，这就是洋务运动。所以，洋务运动在本质上是经世派面对资本主义列强所作出的政治回应。

洋务派与经世派具有最基本的共同点，那就是关心时务，把学问与解决国计民生大问题结合在一起。陶澍、贺长龄、林则徐对魏源的任用，颇具有典型意义。魏源贯通经学，跟陶澍是世交。道光五年（1825），陶澍调任江苏巡抚，贺长龄任布政使，魏源任贺长龄的幕僚，同在苏州。两年后，贺长龄调任山东，魏源转为陶澍的幕僚。在陶澍的领导下，贺长龄、魏源积极参与筹划赈灾、水利、漕粮海运、盐政改革等大事，贺长龄并托魏源主编《皇清经世文编》。《皇清经世文编》汇编了清朝中叶以前中国社会处理政治、经济、军事等国计民生实际问题的重要历史文献，是经世派的经世巨著。几年后，林则徐来到江苏，先后担任布政使、巡抚，成为陶澍的重要助手。陶澍逝世第二年发生鸦片战争，琦善主和，林则徐被撤职。翌年，主战派钦差大臣裕谦奉命办理浙江防务，林则徐奉命协助裕谦，魏源曾经进入裕谦幕府，积极筹划抵抗侵略者。战争失败后，魏源受林则徐之托编成《海国图志》，提出了“以夷攻夷”、“以夷款夷”、“师夷长技以制夷”，这实际上是洋务运动的基本指导思想。从《皇清经世文编》，到《海国图志》，实际上勾画出了经世派发展为洋务派的时代轨迹。

为什么说陶澍是由经世派发展为洋务派的关键人物呢？陶澍在鸦片战争前夕已经逝世，他没有直接跟资本主义列强交手，但是他在以下几方面作了洋务运动的先声。

第一，洋务派的核心目的是富国与强兵，在这两个方面陶澍都是先导。陶澍改革盐政、改革漕运、兴修水利，充实了国家抗击侵略的力量，就是富国的具体行动。台湾学者刘广京为《陶澍在江南》一书写的序言说：“陶澍和林则徐是道光朝群吏阘茸中两个最杰出的人物。林则徐的历史意义在于认真查缴鸦片，不屈不挠，促成不可避免的中英战争……陶澍的重要性则在于主持财政、经济方面的改革，对于江南漕、盐、河三大政尤有其切实的贡献。内政和外交同样重要，甚至说内政比外交更重要，陶澍与林则徐两人在历史上地位的高下是很难判别的。”而且，陶澍一直关注国家的军事力量，是主张严禁鸦片的政坛领袖人物。道光十八年（1838），鸿胪寺卿黄爵滋上《严禁漏卮以培国本疏》，主张用重典严禁鸦片，清廷将黄爵滋的奏折交各省督抚筹议。陶澍上《筹议严禁鸦片章程折子》，力主严禁，并提出禁烟章程八条，其内容跟林则徐的《钱票无甚关碍宜重禁吃烟以杜弊源片》大都不谋而合，而且考虑到如何保护民众、防止禁烟中的弊端。当时，上疏基本反对黄爵滋意见的督抚有直隶总督琦善等20人，上疏基本赞成黄爵滋意见的督抚仅有9人，包括两江总督陶澍、湖广总督林则徐、江苏巡抚陈銮、安徽巡抚色卜星额等。江苏巡抚、安徽巡抚是陶澍的下属，林则徐过去也是陶澍的下属。所以，林则徐在写给弟弟林元抡的家书中称陶澍为“疆臣领袖”，认为陶澍的意见举足轻重。而且，陶澍行动迅速，当年十月，他就在江苏的扬州、苏州、南京及上海东关等地收缴烟土，又强令海船交出烟土，达到十五万多两，一并销毁。这是全国最早的大规模的禁烟、销烟行动，是林则徐“虎门销烟”的先声。十二月，他公布《沿海州县港汊、村庄设法稽查巡缉章程》，整顿海防，表现出坚决抵抗外来侵略的爱国主义精神。后来，在鸦片战争中坚决抵抗侵略军的林则徐、邓廷桢、关天培、姚莹等，都曾经是陶澍的部下。所以，本人在《陶澍传》中有一个推想：如果不是陶澍病重，那么，道光皇帝派往广东禁烟的首选大臣应该是陶澍。

第二，陶澍的经济改革，不仅取得了巨大成绩，而且他主要使用经济手段进行改革，促进了商品经济的发展。这就使得他的改革具有时代先进性，开了中国近代经济改革的先河。例如：官盐滞销，从表面上看是由于私盐泛滥。因此，封建朝廷历来的主要办法是集中力量严酷地打击盐枭。陶澍却上奏折说：“然臣之所虑，不在于枭徒之冒法贩私，而在于小民之情迫食私。盐价太贵，则食私者众，而枭徒有不胜诛者矣。且贩私者，不尽在枭徒，商厮、商伙与运盐之江船夹带实甚。商力疲乏，彼方借夹带以补成本之不足，是官商亦私。私愈多，而引盐益滞不行矣。”（《筹议盐务大概情形折子》）他于是在《筹议加斤减价、兼疏积引折子》、《请将淮北滞岸试行票引章程折子》等奏折中提出“减价敌私”的经济手段，具体办法就是实行盐票，利用广大商人和民众的力量，打破纲商垄断。同时，他又注意保护商人正当利益，反对朝廷对商人的超经济盘剥。又如：道光六年实行海运，陶澍经过深思熟虑与周密筹划，不是采用强迫的非经济手段，而是采用经济手段，调动商人的积极性。陶澍与林则徐还是币制改革的倡导者。道光十三年，陶澍与林则徐在《会奏查议银昂钱贱、除弊便民事宜折子》中，提出自铸银币，用计量银币代替称量银块，适应了商业发展与保护本国经济的要求，启发了近代币制改革。

第三，陶澍为近代洋务运动作了人才准备。陶澍对八股取士表示不满，提倡兴办学院。他培养、提拔了一大批有真才实学的人才。如魏源、左宗棠、胡林翼等都是他培养的，林则徐、关天培、姚莹等都是他推荐提拔的。张之洞、张佩纶对陶澍的评价也许最能说明陶澍对洋务派领袖的影响。两张是清末著名的“清流”人物，特别是张之洞，官至体仁阁大学士、军机大臣，是晚清政坛的中心人物，是洋务派后期的著名领袖。张佩纶有写日记的习惯。他在光绪五年（1879）十一月二十一日探访张之洞（字孝达），写下的日记说：

二十一日，晴。

过孝达，辑《先哲录》。饭后，论道光来人才，当以陶文毅为第一。其（源）[流] 约分三派：讲求吏事、考订掌故，得之在上者则贺耦耕，在下则魏默深诸子，而曾文正总其成；综核名实、坚卓不回，得之者林文忠、蒋砺堂相国，而琦善窃其绪以自矜；以天下为己任、包罗万象，则胡、曾、左直凑单微。而陶实黄河之昆仑、大江之岷也。

今左恪靖，虽大功告成，而论才太刻，相度未宏，绝无传衍衣钵者；阎丹初，得其精，而规模太狭；李少荃，学其大，而举措未公，不知将来孰作嗣音也。

——《湘于日记（篑斋日记）·己卯下》（湘于草堂影印本）

二张学识渊博，见识高超，为人高傲，品评人物，往往苛求，他们却极力推崇陶澍，把陶澍（“文毅”是陶澍谥号）比作道光以后全国人才发生发展的“源头”，就像黄河的发源地昆仑山，长江的发源地岷山（古代地理家认为岷江是长江的正源）一样。二张的评论几乎囊括了当时政坛的主要人物：贺长龄、魏源、林则徐、曾国藩、左宗棠、胡林翼、李鸿章等等，这些人大部分是洋务运动的领袖，是由经世派而转化为洋务派的。

陶澍在全国是经世派的政治领袖，是近代洋务运动的先行者。对于湖南来说，他的地位更加重要，他培养提拔了魏源、胡林翼、左宗棠等等湖南人才，是湖南近代人才群体崛起的先导者。

严禁鸦片的疆臣领袖——陶澍

清朝中叶，鸦片大量输入，对中国造成了严重后果。有识之士都认识到了鸦片的危害，呼吁严禁鸦片，直到爆发鸦片战争。鸦片战争是中国历史的重大转折点。陶澍在鸦片战争爆发的前一年就去世了，似乎跟鸦片战争无关。但是，实际上，陶澍是最早大规模销毁鸦片的封疆大吏，是主张严禁鸦片的政坛领袖人物。本文且从三个方面进行论述。

一、陶澍的禁烟主张

《湖湘文库》之《陶澍全集》中，陶澍关于英国商船与严禁鸦片的奏疏，共有10件：

押送暎咭唎夷船出境折子（全集第三册第64页）

暎咭唎夷船复来，严饬堵截情形折片（全集第三册第125页）

驱逐夷船开行，并严饬防范折子（全集第三册第128页）

覆奏严饬沿海文武防堵夷船折片（全集第三册第142页）

筹议巡洋会哨章程折子（全集第三册第344页）

覆奏筹议严禁鸦片章程以塞漏卮折子（全集第四册第392页）

覆查暎船复行北上缘由折子（全集第五册第292页）

暎船如夹带鸦片即饬令全数起除当众焚烧片（全集第五册第294页）

会奏查议银昂钱贱除弊便民事宜折子（全集第五册第302页）

英船复又驶抵江南，现已驱押出境折子（全集第五册第312页）

以上奏疏，既表现了陶澍的禁烟主张，也记录了陶澍的禁烟行动与成绩。其中集中反映陶澍禁烟主张的奏疏是《覆奏筹议严禁鸦片章程以塞漏卮折子》。

道光十八年（1838）闰四月，严禁派的代表人物鸿胪寺卿黄爵滋上《严塞漏卮以培国本疏》，力主严禁。黄爵滋陈述鸦片流毒的严峻形势，“上自官府、缙绅，下至工商、优隶，以及妇女、僧尼、道士，随在吸食，买置烟具，为市日中”。他分析说，既然封锁海口行不通，断绝通商行不通，自己种植也行不通，原来制订的严惩贩运鸦片的办法也没有效果，那么，就必须严惩吸食者。他提出用严刑峻法惩治吸食鸦片的人，“自今年某月日起至明年某月日止，准给一年限期。若一年以后仍然吸食，是不奉法之乱民，罪以死论”。平民处死刑，官吏加罪一等，而且其子女不准参加科举考试。黄爵滋还提出：“取具五家，邻右互结。仍有犯者，准令举发，给与优奖。倘有容隐，一经查出，互结之人，照例治罪。”

黄爵滋上《严塞漏卮以培国本疏》后，道光皇帝将黄爵滋的奏折交盛京、吉林、黑龙江将军与其他各省总督、巡抚等地方大员筹议，并上奏朝廷。当时，对黄爵滋意见持保留态度而不赞成对吸食者处死刑的地方大员有二十一人，包括：盛京将军宝兴、吉林将军祥康、黑龙江将军哈丰阿、直隶总督琦善、两广总督邓廷桢、云贵总督伊里布、河道总督麟庆等。赞成黄爵滋严惩吸食者主张的地方大员，仅有九人：两江总督陶澍，湖广总督林则徐，河东道总督栗毓美、署四川总督苏廷玉、江苏巡抚陈銮、安徽巡抚色卜星额、湖南巡抚钱宝琛、山东巡抚申启贤、河南巡抚桂良。其中江苏巡抚、安徽巡抚都是陶澍的下属，林则徐过去也是陶澍的下属。

陶澍于道光十八年六月十九日所上的《覆奏筹议严禁鸦片章程以塞漏卮折子》说：

臣伏思，鸦片烟之害，起自粤洋，流毒内地。中其瘾者，殃身废务，如醉如迷。久且竭中国之资财，贻害及于国计。苟有人心，孰不切齿痛恨？

溯查鸦片，本名阿片，又名阿芙蓉。见于明人所著《本草纲目》及《医鉴》等书，初未言其为害也。国朝康熙二十四年开禁，南洋鸦片列入药草项下，每斤征税银三分，其后吸食渐众。嘉庆十五年奉旨严禁，其时已知瘾毒之为害，而耗财犹未甚也。嗣复屡议科条，加重办理。然惟开馆者议绞，贩卖充军，吸食之人杖徒而已，不至于死也。而吸食成瘾者，顷刻无烟，即有性命之忧。是以甘心触犯，而购求愈切。奸贩乘其所急，得以抬价居奇。胥役之包庇，关津之卖放，皆从此起。迨至暗市移于荒岛，快蟹出于深宵，冲风破浪，冒九死以犯不韪。而鸦片愈益矜贵，价值愈益抬高矣。价愈抬，而纹银之出洋遂愈多矣。是非不禁也，禁之而不严，适以驱之，转不若不禁之，犹可听其起落，而银出不若是之甚也。

惟鸦片之禁，久已垂为功令，既未便更张而弛其禁。如该鸿胪所陈，谓内地所熬烟土，食之不能过瘾，是虽开种罂粟之禁，亦未必能易其所嗜。而欲力挽颓波，俾免纹银透漏，则该鸿胪“重治吸食，罪以死论”之奏，实亦出于万不能已之苦心，而为救时之急务也。在朝廷，好生德洽，钦恤惟明，岂不知吸烟止于自害，未遽同于“杀人者死”？而举世波靡，非重典无由震慑。即如酒以成礼，而《周书》言“群饮者执拘尽杀”。何况吸食鸦片之人，鸩毒晏安，久成废物，予以自新，犹不知改。诚如该鸿胪所云：“是不奉法之乱民，置之重刑，毫不足惜。”我皇上仁育义正，如蒙特敕重办，诚有合于“生道杀民”、“刑期无刑”之义。惟是拿办吸烟不难，而难于狱市不扰。若办理无次，而骚动及于闾阎，窒碍先于行旅，必致处处可生陷阱，而良懦皆惊。不但耗天下之财，且伤天下之元气。转非所以培国本也。

至吸食鸦片，既加重至死。则凡情重于吸食者，自应一律加重，以绝来源。臣筹思再四，苦无良策。谨据所见，条议于后，伏候圣裁。

一、劝戒烟瘾，宜刊方、施药并举也。……历来断除之方，如忌酸丸、南瓜藤露、四物汤、十全大补汤，和烟灰服之，皆有效验。惟沉溺于烟者，虽有方而不肯服。其贫无力者，又或有方而艰于配药。臣已饬首府刊刻各方，转行遍贴晓谕。各处闻风知儆，纷纷购药断烟。并有好善之士，选方配药，广为布施。于穷民无力购药者，尤为得济。现复通饬各府、州、县，一体照办，总期于本年内各处均知，俾资改悔。

一、烟具、烟土，宜分别毁、缴也。向来查办鸦片各案，总以烟具、烟土为凭。二者之中，微有分别。如售卖烟枪，有用金玉镶配者，奇巧精致，其为有心犯法无疑。亦有用泥土、竹木制造，杂入货摊售买者，多系小本营生，罔知律禁。一经查拿，此辈必先受其扰。应饬令自行销毁改业，仍限一月为期，逾限即办。至若烟土一项，若亦听其销毁，势必仍行藏匿，久之吸食自便，是本未拔而害无由弭也。勒限两月内，自行禀缴到官烧毁，毋许稍有存留，违者加重惩办。俾惩创之中，仍分别轻重，酌予自新之限，以断后患。

一、查办鸦片，宜分任各教官选同公正绅耆，广为劝导也。查原折所请，禁戒鸦片既定一年为限，各省地大人众，有司官难以家喻户晓。即遍贴告示，亦恐视为具文。其耽于吸食者，或谓一年限期尚早，未肯遽断。即自称禁绝者，亦无凭察考。若令到官自首，又恐徒益纷繁，趑趄弗前。是革面已难，何论革心耶？因思古人月旦之法，以乡评别人之善恶而等差之，月有升降，足示劝惩。现例，每逢朔望，宣讲圣谕。亦无非因势利导，化民成俗之意。今鸦片传染已深，各学教官咸有教化之责。应由州、县会同各该学，选派绅耆中明白公正、素行信服者，各限各境，查出食烟之人，谕令改悔。仍于宣讲之次，传集乡众，晓以大义，广为劝导。昔陆九渊于白鹿洞讲义利之辨，闻者至为流涕，朱子谓其切中晚近人心陷溺之病。如果剀切详明，敷宣木铎，必能开豁愚顽，较之出示晓谕，自更有益。

一、查办鸦片，宜责成保长，不必邻右互结也。该鸿胪请于一年后，“取具五家，邻右互结。仍有犯者，准令举发，给与优奖。倘有容隐，一经查出，互结之人，照例治罪”等语。查五家之中，良莠不齐。如系同吸鸦片之人，自必容隐出结，甚至勾通串庇，即永无举发之期。若稍知自爱者，不但不肯出结，而亦难于举发。何者？吸烟之人，父师之教所不能入，何况邻右？一经举发，不但深仇远憾，将种怨于子孙，而且传审质对，已牵连于官府。彼邻右者，岂不虑此？势必忍隐扶同，而又不免于出结之诛，彼邻右何辜而受此吸烟之累？非所以安良善也。至保长为城乡牌甲之首，果有吸食之人，无不周知。且稽察奸宄，是其专责，无可顾忌，自不难于举发。倘有容隐，或举发而不实不尽，亦不难于斥革惩办。所有邻右出结连坐之例，似可毋庸置议，以免波累。

一、审办烟案，宜确审速办，以免反覆也。该鸿胪奏称："吸食鸦片，是否有瘾，到官熬审，立刻可办"等语。查鸦片有瘾，熬审立见，自不难于辨别。惟国家慎重人命，例须由府转司，招解过院，始成信谳。方其质讯取供，收监转解，有需时日。而此囹圄、道途之中，猝然瘾发，年老气衰者，或致倒毙；其壮年气血旺盛，瘾尚未深者，熬至数日，或已全愈。人情刁诈，或以为凌辱至死，或以为栽诬陷害，哓词翻案，势所不免。自应确切取供，迅速招转，俾不至迁延更变，借口图翻。其瘾发而死者，供证确凿，应毋庸议。其瘾浅全愈者，但能切实改悔，似可量宽一线，仍照枷杖本例，满日取具改悔切结，责释完案，俾其自新。倘再犯到官，加倍治罪。

一、查办烟案，必须本官亲自督拿，如有假冒巡查，即应从严究治也。各州、县查办案件，不能不假手吏役。而吏役率多无赖，不但包庇贿纵，甚至搬弄讹索，无所不为。是以吏役诈赃，定例綦严。各州、县不能箝束，必致转为所用，狐假虎威，动滋纷扰。此非章程所能悬定，惟在各州、县身先督率，其弊自除。否，即严参示儆。至各处匪棍，竟有借搜查鸦片为名，假充吏役，突行劫抢。陆则黄夜打门，水则聚众登舟，翻箱倒箧，搜取赀财。如该鸿胪所称："借查烟为名，于往来客商肆意留难勒索者，又不仅在吏役，而假充吏役之害为尤烈也。"应请嗣后如有假充吏役官弁，借查烟抢物者，无论得（贩）〔赃〕① 轻重，均照强盗入室搜赃例问拟斩决，以安行旅。

一、兴贩鸦片，宜加重罪名也。定例："兴贩鸦片烟，照收买违禁货物例，枷号一个月，发近边充军；为从，杖徒。"等语。今买食之人议死，若兴贩仍止军徒，似非平允。此等棍徒，本大力大，到处勾通罔利，肆行播毒，罪尤祸首，情理难宽。应请比照"用药迷人，已经得财"之例，将为首兴贩者问拟斩决；其余为从，俱改发回城为奴。以杜传播。

一、纹银出洋，应分别加重严办也。……如该鸿胪所奏，每岁纹银出洋数至二、三千万之多。若果属实，殊堪发指。该鸿胪请于吸烟拟死，亦因纹银出洋之故。岂于盗运出洋之本犯，转行宽典，不加分别。应请嗣后纹银出洋，数及万两者，一经查获，立即请令正法，枭示海口，以快人心而绝烟源。

以上各条，均按照该鸿胪寺卿原奏，参以微臣所见，分晰筹议。至于吸食，虽拟死罪，仍须分别等差，协中定制。应由刑部妥议，具奏颁行。

又，原折请将拿获鸦片，照拿获强盗例，送部引见，系为鼓励奋兴起见，亦应由吏、兵二部议奏办理。如果奉旨饬行，号令一新，远近同心，文武合力，先清内署之劣幕、歪奴，各缴衙门之奸胥、猾吏，有犯必惩，不骚良善，行见疵厉全消，有司不犯，不独鸦片断绝，而民气蒸蒸，咸欣圣化，弥巩国本于无疆矣。

所有臣遵旨筹议，各抒愚见缘由，理合恭折覆陈，伏乞皇上圣鉴，训示施行。谨奏。

这篇奏疏由两部分组成，前半是阐述禁烟主张，后半是提出禁烟措施。

奏疏阐述禁烟主张的部分有三个层次：首先深刻分析鸦片的严重危害："鸦片烟之害，起自粤洋，流毒内地。中其引者，殃身废务，如醉如迷，久且竭中国之资财，贻害及于国计。苟有人心，孰不切齿痛恨？"指出鸦片既摧毁中国人的身体，又破坏中国的经济。其次追述了鸦片流行中国的历史。然后，表示表明自己的态度。陶澍赞成黄爵滋的严禁主张："该鸿胪'重治吸食，罪以死论'之奏，实亦出于万不能已之苦心，而为救时之急务也。""而举世波靡，非重典无由震慑。"但是，陶澍比黄爵滋考虑得更全面深远，提出要防止弊端："惟是拿办吸烟不难，而难于狱市不扰。若办理无次，而骚动及于闾阎，窒碍先于行旅，必致处处可生陷阱，而良懦皆惊。不但耗天下之财，且伤天下之元气。转非所以培国本也。""至吸食鸦片，既加重至死。则凡情重于吸食者，自应一律加重，以绝来源。"

奏疏说所提出的八条禁烟措施，考虑问题非常全面，最突出的特点是：1. 周密考虑如何防止禁烟行动可能产生的弊病。奏疏说："查办鸦片，宜责成保长，不必邻右互结也。……吸烟之人，父师之教所不能入，何况邻右？一经举发，不但深仇远憾，将种怨于子孙，而且传审质对，已牵连于官府。彼邻右者，岂不虑此？势必忍隐扶同，而又不免于出结之诛，彼邻右何辜而受此吸烟之累？非所以安良善也。"2. 充满对受害烟民的关切之情。奏疏说："臣已饬首府刊刻各方，转行遍贴晓谕。各处闻风知儆，纷纷购药断烟。并有好善之士，选方配药，广为布施。于穷民无力购药者，尤为得济。""其瘾浅全愈者，但能切实改悔，似可量宽一线，……俾其自新。"

比较一下林则徐的《筹议严禁鸦片章程折子》，是可以给人更多启发的。林则徐《筹议严禁鸦片章程折子》力主严禁，但没有提出防止弊端：

臣伏思鸦片流毒于中国，纹银潜耗于外洋，凡在臣工，谁不切齿，是以历年条奏，不啻发言盈廷，而独于吸食之人，未有请用大辟者。……然流毒至于已甚，断非常法之所能防，力挽颓波，非严蔑济。兹蒙谕旨敕议，虽以臣之愚昧，敢不竭虑筹维。窃谓治狱者固宜准情罪以持其平，而体国者尤宜审时势而权所重。今鸦片之贻害于内地，如病人经络之间久为外邪缠扰，常药既不足以胜病，则攻破之峻剂，亦有时不能不用也。夫鸦片非难于革瘾，而难于革心，欲革玩法之心，安得不立怵心之法。况行法在一年以后，而议法在一年以前，转移之机正系诸此。《书》所谓“旧染污俗，咸与惟新”，《传》所谓“火烈民畏，故鲜死焉者”，似皆有合于大圣人辟以止辟之义，断不至与苛法同日而语也。惟是吸烟之辈陷溺已深，志气无不惰昏，今日安知来日。当夫严刑初设，虽亦魄悚魂惊，而转思期限尚宽，姑俟临时再断，至期迫而又不能骤断，则罹法者仍多，故臣谓转移之机即在此一年中。必直省大小官员共矢一心，极力挽回，间不容发，期于必收成效，永绝浇风，而此法乃不为赘设。

林则徐《筹议严禁鸦片章程折子》提了六条措施：

一、烟具先宜收缴净尽，以绝馋根也。……

一、此议定后，各省应即出示劝令自新，仍将一年之期划分四限，递加罪名，以免因循观望也。……由宽而严，由轻而重，不肖之徒如再不知悔惧，置诸死地，诚不足惜矣。

一、开馆兴贩以及制造烟具各罪名，均应一体加重，并分别勒限缴具自首，以截其流也。

一、失察处分，宜先严于所近也。文武属员有犯，该管上司于奉文三个月内查明举发者，均予免议。逾限失察者，分别议处。其本署戚友家丁，近在耳目之前，断无不知，应勒限一个月查明。若不能早令革除，又不肯据实举发，即是有心庇匿，除犯者加重治罪外，应将庇匿之员即行革职。本署书差有犯，限三个月内查明惩办，逾限失察者，分别降调。

一、地保牌头甲长，本有稽查奸宄之责，凡有烟土烟膏烟具，均应着令查起也。夹仇讦告之风固难保其必无，但能起获赃证，即有证据。且起一件即少一害，虽初行之时亦恐难免滋扰，然凡事不能全无一弊，若果吸烟者惧其滋扰而皆决意断绝，正不为无裨也。……

一、审断之法宜预讲也。……

比较陶澍与林则徐奏疏所提出的措施，可以明显地看出：林则徐重点考虑的是如何落实严厉的禁烟措施，具有雷厉风行的气概；陶澍重点考虑的是如何防止流弊。所以，笔者在《陶澍传》中提出一个猜想：“陶澍、林则徐性格有差别，禁烟后果会有差别。林则徐比陶澍刚烈，陶澍比林则徐沉稳。我们不必对比其他事件，只要对比陶澍的《筹议严禁鸦片章程折子》中所提的八条与林则徐的《筹议严禁鸦片章程折子》所提的六条，就可以发现两人处理问题的差异。林则徐侧重考虑雷厉风行，陶澍侧重考虑长远影响。林则徐与林元抡来往的书信中也透露出这种差别。陶澍、林则徐性格有差异，处理问题的方法就有差异，那么，结果也就可能有差异。如果是陶澍被派到广东禁烟，那么，禁烟的后果也可能不一样。沉稳冷静处理，结果或许还要好一些。当然，历史是不能假设的，林则徐的伟大之处更不容否定。”

二、陶澍的禁烟行动

陶澍是最早采取大规模禁止鸦片行动的封疆大吏。

道光十年（1830），陶澍任两江总督，大力改革盐政的同时，就已经注意外国商船的状况。道光十二年六月，陶澍就同江苏巡抚林则徐、苏松镇总兵关天培，将英船阿美士德号驱逐出江苏洋面，并向朝廷上了《押送暎咭唎夷船出境折子》。同年七月，又上《暎船如夹带鸦片即饬令全数起除当众焚烧片》。折片说：“但恐该夷船尚有夹带违禁之鸦片烟土等物，在于海口勾串奸商，哄诱居民，私相授受，此则贻害匪浅，不可不亟为查察，加以惩创。”“若再入江境内洋，停泊海口，即当密派文武大员前至该夷船严行搜查。如有鸦片烟土等物，饬令尽数起除，传同夷众当面焚烧，毋许稍有留剩。一面密访船内汉奸，指名查拿，令其自行交出，以便讯明从重奏办。倘夷人胆敢抗违，即行多派水师弁兵，排列巡船，申明禁令，示以声威，靖其桀骜之气，庶外夷咸知儆惧，而洋政愈以肃清。”

《道光朝外洋通商案》也记载陶澍等在英国船只上查禁鸦片的情况说：“密派文武大员，前至该夷船严行搜查，如有鸦片烟土等物，饬令尽数起除，传同夷兵当面焚烧，毋许少有留剩。一面密访船内汉奸，指名查拿，令其自行交出，以便讯明，从重奏办。倘夷人胆敢抗违，即行多派水手弁兵，排列巡船，申明禁令，示以声威，靖其桀骜之气，庶外夷咸知儆惧，而洋政愈以肃清。”

而且，可贵的是陶澍还注意观察英国船只的情形：一是“船面载有炮械”（《押送暎咭唎夷船复来严饬堵绝情形附片》），一是“行驶甚速”（《驱逐夷船开行，并严饬防范折子》）。这就是后来洋务派所说的“船坚炮利”。如果，跟英国船只发生对抗，没有这种观察是不行的。林则徐到广东禁烟比一般官员的高明之处，正是注意了解对手的情况。

道光十八年九月，道光皇帝经过一番权衡，倾向于陶澍、林则徐等严禁派的建议，召林则徐进京，深入讨论禁烟问题。道光帝下决心禁烟，陶澍迅速响应，采取行动。据《东华续录》记载，当年十月，陶澍向朝廷报告，在江苏的扬州、苏州、南京及上海东关等地收缴了大量烟土[①]。收缴烟土的具体数字，据《中国史事日志》记载，是150，000多两[②]。陶澍将烟土全部销毁。此举震动了朝野，是全国最早的大规模的禁烟、销烟行动。

陶澍还考虑到禁烟必须有军事准备，表现出坚决抵抗外来侵略的爱国主义精神。道光十四年正月，陶澍就上了《筹议巡洋会哨章程折子》，检查海防设施，加强水军训练。道光十八年十二月，陶澍又公布《沿海州县港汊、村庄设法编查履勘章程》，努力整顿海防。

此外，陶澍虽然在鸦片战争前去世了，但是，在鸦片战争中坚决抵抗侵略军而牺牲的民族英雄关天培，在台湾坚决抵抗侵略军的姚莹，都曾经是陶澍的部下，都受到过陶澍的培养。这也可以证明，陶澍是主张严禁鸦片的政坛领袖人物。关天培，江苏山阳人，行伍出身。道光六年陶澍办海运，起用担任参将的关天培，“川沙营参将关天培，堪以委押头运船只”。(《会筹海运事宜折子》)关天培认真负责，陶澍为他申报朝廷“从优议叙”，升为太湖协副将（副总兵)。七年，推荐关天培升苏松镇总兵。十三年，推荐关天培署江苏省提督。关天培在陶澍的推荐下，由参将（正三品）到提督（从一品)，连升了三级。十四年，关天培调任广东水师提督，在鸦片战争中英勇献身。姚莹，安徽桐城人，在江苏历任知县、知州，擢两淮掣监同知，护盐运使，“陶澍、林则徐皆荐其可大用”。道光十年，姚莹调台湾道。鸦片战争爆发后，姚莹带领爱国军民多次击败英军。可惜的是，主和派当权，大局已定，他无力回天，反而受闽浙总督怡良诬陷入狱，幸亏道光皇帝明察，只入狱六天就特旨赦免，授直隶州同知。

三、林则徐禁烟反复征询陶澍的意见

1838 年 12 月，道光皇帝任命林则徐为钦差大臣，并节制广东水师，驰赴广州查禁鸦片。当时陶澍因积劳成疾而已经病重请假。

林则徐在查禁鸦片的全过程中，一直征询并尊重陶澍的意见。林则徐写给其胞弟林元抡的三封信，充分反映了陶澍的意见具有举足轻重的作用。这三封信，载于《林则徐家书》。《林则徐家书》署名“虞山襟霞阁主编次”，于 1935 年印行。

黄爵滋上奏之后，林则徐积极支持黄爵滋，上《筹议严禁鸦片章程折》，主张严厉禁烟。但是，他担心许多总督与巡抚都吸食鸦片，不会主张禁止鸦片，因而必须争取陶澍的支持。林则徐的弟弟林元抡担任陶澍的幕友。于是，林则徐给林元抡写了第一封信，此信内容是“论禁烟”。此信说：

鸦片流毒中华，每年外溢金银数千万，漏卮不塞，足以贫民；吸食者众，上自官府、缙绅，下至工商、优隶，以及妇女、僧尼、道士，随在吸食，痼癖

不除，足以弱种。愚兄正拟奏请严禁，而黄鸿胪已先我入奏，请旨严塞漏卮，以培国本。得邀圣鉴，有旨令各督抚各抒所见、妥议禁烟章程具奏。而现任督抚嗜烟者约占半数，若辈岂肯自扳石头压自脚？则阴持异议，模棱其辞，势所必然。愚兄不忍见我中华民众尽甘饮鸩以自杀，务为黄公作后盾，专折入奏。附呈禁烟章程六条，照录于下。……以上六条，愚兄拟请旨施行，犹恐各督抚中有驳辨难行者，则功败垂成，殊为可惜。素仰居停公正不阿，江督又系疆臣中之领袖，苟得其同意，不虞他省或持异议矣。我弟宾主间甚相沆瀣，可将兄意转达之，但望其覆奏之折勿与兄意抵触，则烟害庶有肃清之日矣。因兄与陶公素无深交，未便直接磋商，故烦吾弟作先容也。兄元抚手草。[3]

我们只要读到这封信，就可以看出陶澍的威望和影响力。信中说："江督又系疆臣中之领袖，苟得其同意，不虞他省或持异议矣。"只要陶澍表示赞同，就不必担心其他各省封疆大吏的反对，可见陶澍地位的重要，也可见道光皇帝对陶澍的信任。信中说的"素无深交"，也反映出陶澍与林则徐的交往是光明磊落的，他们虽然长期精诚合作，却不拉帮结派，而是"君子之交淡如水"。结果，正如林则徐所预料的那样，由于陶澍赞同黄爵滋《严塞漏卮以培国本疏》的意见，严禁派取得胜利，道光下决心禁烟。我们猜想，如果陶澍表示反对黄爵滋《严塞漏卮以培国本疏》的意见，那么，就很可能出现另外的局面。笔者曾经在《陶澍传》中有一个设想："如果陶澍不是重病不起，根据陶澍的威望与道光对陶澍的信任程度，派到广东禁烟的首选大臣很可能是陶澍。"[4]看林则徐写给林元抡的这封书信，是可以佐证这种设猜想的。

陶澍上的《筹议严禁鸦片章程折子》，跟林则徐《筹议严禁鸦片章程折》，基本方向一致。但是，陶澍认为林则徐的禁烟意见还缺少救弊之法："革弊尽善矣，惜少救弊之法。"陶澍要林元抡把自己的意见转告给林则徐。林元抡把陶澍的奏折与意见都写信转告给林则徐，林则徐非常钦佩，于是第二次写信给林元抡。第二封信的内容是"酌定戒烟药方"。此信首先表示对陶澍的钦佩：

来书具悉。禁烟章程已得陶制军同意，欣甚慰甚。所云"革弊尽善矣，惜少救弊之法"，具见陶公为政以德，不尚严苛也。夫欲救此弊，只有酌定完善戒烟药方。[5]

林则徐佩服陶澍考虑问题全面，关心受害的群众："具见陶公为政以德，不尚严苛也。"林则徐接着在信中陈述自己的戒烟药方。林则徐在信中所拟定的药方是："惟受瘾深、气体弱者，无药方殊难断绝。爰拟前后两方，前曰忌酸丸，后曰补正丸。忌酸丸以烟灰和药服之。"其中的忌酸丸，因为跟烟灰搅和，服药后如果吃了酸味食物，就会导致中毒。他接着说：

陶制军素精医道，烦我弟转请正之。倘有解免忌酸之药加入，则此方克臻完善，庶可进呈御览，颁行各省。

陶澍的奏折曾经介绍："忌酸丸、南瓜藤露、四物汤、十全大补汤，和烟灰服之，皆有效验。"林则徐所陈述的戒除烟瘾的药方，基本上跟陶澍奏疏中的药方相同。林则徐写信征求陶澍的意见之后，就向皇帝上奏折说："再，臣十余年来目击鸦片烟流毒无穷，心焉如捣，久经采访各种医方，配制药料，于禁戒吸烟之时，即施药以疗之。就中历试历验者，计有丸方两种，饮方两种。谨缮另单，恭呈御鉴。可否颁行各省，以资疗治之处，伏候圣裁。谨奏。谨将戒鸦片烟经验数种良方，缮呈御览。"

不过，我们认为，陶澍的"救弊之法"主要是防止禁烟过程中可能发生的流弊，当然也包括"完善戒烟药方"；林则徐对于"救弊之法"的理解，仅限于"酌定完善戒烟药方"。两人的见解还是有差别的。

林则徐开始禁烟时，起草了《喻英吉利国王书》。他在发信之前，又主动先征求陶澍的意见。他把《喻英吉利国王书》寄给林元抡，写信嘱托说：

兹将檄文抄录于后，便中与陶制军一阅，倘彼有批驳处，即书函告我，以速为贵，犹及改易。至嘱至嘱。[⑥]

根据史料记载，《喻英吉利国王书》是在道光十九年十二月（1840 年 1 月）发送给英国的。陶澍逝世在道光十九年六月。由此可见，林则徐是先征求了陶澍的意见，经过修改后再正式发表的。不过，陶澍已经病入膏肓，是否看到了此信，不得而知。但是，从此信可以看出林则徐对陶澍意见的尊重，也可以看出陶澍在禁烟派中的重要地位。

本文从陶澍的禁烟主张、禁烟行动、林则徐禁烟反复征询陶澍意见等三个方面进行论述了陶澍在严禁鸦片运动中的重要地位。总之，陶澍是最早大规模销毁鸦片的封疆大吏，是主张严禁鸦片的政坛领袖人物。

【参考文献】

①见王先谦《东华续录·道光十八年十月乙酉》，上海古籍出版社 2002 年版《续修四库全书》第 375 册。

②郭以廷《中国史事日志》，中华书局，1987 年版。

②1935 年印《林则徐家书·与弟元抡（论禁烟）》。"居停"指林元抡所依托的两江总督陶澍。

④陈蒲清《陶澍传》，岳麓书社，2011年版。

⑤《林则徐家书·与抡弟（斟酌戒烟药方）》。

⑥《林则徐家书·与弟元抡（寄示喻英吉利国王书）》。

岳云留浩气，湘水吊忠魂
——从比较看长沙会战的光辉胜利

1937年7月7日，日寇发动全面的侵华战争。国民党正面战场有几次著名的大会战。如：1937年11月13日至12月13日的南京守卫战，1938年1月18日至6月9日的徐州会战，1938年6月2日至10月27日的武汉会战，1939年9月14日至1942年1月16日的三次长沙会战。这几次大会战，打得最漂亮的是长沙会战。

1938年10月，日寇攻陷武汉、广州，长沙成为日寇“打通大陆交通线”的关键。11月9日，日寇侵略军攻陷岳阳，湖南门户大开。蒋介石指示省主席张治中：“长沙如失陷，务将全城焚毁。望事前妥密准备。”11月12日，日寇抵达汨罗江，谣传已经抵达仅距长沙市十里的新河。当日深夜，因误传日寇进城，加上南门外伤兵医院不慎失火，因而造成“文夕大火”，全城80%的房屋化为灰烬。1939年1月，第九战区司令薛岳代替张治中担任湖南省政府主席。不久，日寇开始进攻长沙。从1939年9月至1942年1月，日寇向长沙发动了三次疯狂的进攻，第九战区国民党官兵英勇抵抗，取得了三次长沙会战的辉煌胜利。

1939年9月中旬至10月7日，是第一次长沙会战。日寇第十一军司令冈村宁次指挥10万大军从赣北、湘北长驱直入，企图消灭第九战区主力。薛岳将军以部分兵力在赣北阻击日寇，以主力部队在湘北迎敌，采取“逐步抵抗，诱敌深入”的战略。日军进入伏击圈后，中国军队发起反攻，歼灭日寇1万多，迫使日寇撤退。这次会战以中国的胜利结束，鼓舞了全国人民抗战的信心。蒋介石称这次会战“开转败为胜之机”。1941年9月上旬至10月8日，是第二次长沙会战。日寇第十一军司令阿南惟畿，带领10多万精兵，采用“雷击战”战术猛烈进攻，27晚攻入长沙城。中国军队奋起反击，10月1日，进入长沙仅3天的日寇就被迫撤退。10 月 8 日，日寇撤退到战前状态。这次会战，中国军队共歼灭敌人 7 千多人。1941 年 12 月 24 日至 1942 年 1 月 16 日，是第三次长沙会战。12 月 24 日，阿南惟畿带领 12 万精兵再度进攻长沙，声称“要到长沙过新年”。薛岳制订“天炉战”计划，将日寇诱至长沙捞刀河与浏阳河之间包围歼灭。1 月 4 日大获全胜，击毙日寇 5 万多人，日寇高级指挥官靠飞机营救才逃脱。1 月 16 日，日军司令部从岳阳撤退到武汉。蒋介石称“此次长沙胜利，实为七七以来最确实而得意之作”。这次会战，是太平洋战争爆发后，同盟国军队的首开胜利的记录，大大提高了中国的国际地位。这次会战，大挫日寇凶焰，使日寇三年不敢南下牧马。直到 1944 年 5 月，才垂死挣扎，发动了长衡会战。

长沙会战与其他会战的共同点是：它们都是中国军队抗击日寇的正义战争，都在不同程度上粉碎了日本法西斯“三个月灭亡中国”的狂妄企图与叫嚣。但是，长沙会战跟南京守卫战、徐州会战、武汉会战等相比，有其特殊的闪光点。

第一，长沙会战以中国军队的胜利结束，而其他几次会战以日寇的胜利结束。

南京会战，以 1937 年 12 月 23 日日寇占领南京而结束，日本法西斯疯狂地屠杀了 30 多万中国同胞。武汉会战，以 1938 年 10 月 7 日日寇占领武汉而结束。徐州会战与长沙会战有极相似之处。首先是战略意图相似。徐州会战是日军占领南京与济南以后，派兵夹击徐州，企图打通津浦线。长沙会战是日军占领武汉、广州以后，企图打通粤汉线。中国军队的奋勇抵抗是为了保卫贯通南北的交通线，粉碎日本的阴谋。其次，战争结果有相似之处。在徐州会战中，中国军队曾经取得台儿庄（徐州门户）战役的胜利，歼灭日军 11984 人，迫使日寇溃逃，鼓舞了全国人民的抗战信心。但是，徐州会战的最后结果仍然是中国军队失败，以致不得不炸开黄河花园口大堤以掩护部队撤退。长沙会战不仅有战役的胜利，而且最后结果是日本侵略军被打败，它的高级指挥官乘飞机逃命。

第二，长沙会战中鬼子兵的伤亡数与中国军队伤亡数基本持平，其中第三次会战鬼子兵的伤亡数超过中国军队，而其他几次会战中中国军队的伤亡数远远超过鬼子兵。

抗日战争爆发时，日本自 1868 年明治维新以后已经进行了 70 多年的现代化建设，国力强大，军队有充分训练，有精良的装备，并长期进行了军国主义教育；而中国刚刚结束军阀混战的局面，经济落后，国力弱小，军队的训练与装备远远赶不上日本侵略军。徐州会战、武汉会战等，由于官兵的奋勇抵抗，能够粉碎日寇“三个月灭亡中国”的叫嚣已经是难能可贵的了。但是，付出的牺牲是惨重的。每次会战中国参战的兵力都是日本的几倍，伤亡数也是日本的几倍。如：武汉会战，日军出动40万人，中国参战军队前后达到100万。战争以中国的失败结束，日军只伤亡3万2千人，中国军队伤亡了14万3千人，是日军伤亡数字的四五倍。长沙会战却奇迹般地扭转了这种局面。三次会战结束，日军伤亡约11万人，中国军队伤亡以及失踪约13万人，基本持平。特别是第三次会战，日军伤亡5万7千人，中国军队伤亡不足3万人，日军伤亡数字接近中国伤亡数字的两倍。这是非常了不起的，反映了中国军队正从被动转为主动。

第三，长沙会战，指挥恰当，战略正确，是其他几次会战赶不上的。

三次长沙会战的作战方针是正确的。第一次会战，薛岳将军以部分兵力阻击日寇的侧翼，以主力部队实行“逐步抵抗，诱敌深入”的战略，使日军进入伏击圈后再发起反攻。第三次长沙会战，中国军队制订“天炉战”计划，将日寇诱至炉底，然后包围歼灭。当时，敌强我弱，不可能御敌于湘北之外。而且，长沙东西两岸多山，只有中间一线是河谷平原，易于设置包围圈。所以，长沙会战的方针，是敌强我弱形势下的正确决策，同时也利用了有利的地理条件和群众基础，得到了“地利”与“人和”。其他几次会战，则具有单纯防御的战略失误。

第四，长沙会战，官兵团结，军民团结，同仇敌忾，是其他几次会战赶不上的。

在第三次长沙会战中，1941年12月31日，会战总指挥薛岳将军在岳麓山的战时指挥所里，起草了著名的《世午忠电》，表示“必战、必死、必胜”的决心。他对部下说：“第三次长沙会战关系国家存亡。岳抱必死决心，必胜信念。”他要求各集团军总司令、军长、师长务必亲临前线。守卫长沙城的第十军将士，则抱定与长沙城共存亡的决心，英勇杀敌。广大民众也团结一心，表现出“焦土抗战”的悲壮气概，使战区中的一草一木都不被日寇利用，把战区中的交通线都挖得沟壑纵横，从而使得侵略者陷入困境。第二次会战中，当日寇进入长沙城后，士兵们都殊死抗敌，不怕牺牲，在兴汉门、小吴门、湘雅医院、天心阁等处，与敌人进行肉搏战，人自为战，屋自为战，血肉横飞。守卫岳麓山的73军暂编5师，也冒着敌人的炮火渡过湘江（当时没有桥梁），驰援战斗最激烈的兴汉门阵地。终于化被动为主动，赶走了万恶的日寇。其他几次会战中，都出现了某些部队消极避战甚至不战而逃的现象。

第五，长沙会战的胜利，不仅有国内意义，而且有更重大的国际意义。

中国军队对日本法西斯的每次会战，都是世界反法西斯的重要组成部分，都具有国际意义。但是，长沙会战的国际意义更加突出。第一次长沙会战是发生在第二次世界大战正式爆发的时间。当时，德国法西斯已经顺利地占领了奥地利、捷克、波兰，1939 年 9 月 3 日，英法对德宣战，二战正式爆发。接着，法西斯又轻易地占领了荷兰、比利时、法国。中国第一次长沙会战的英勇气概与胜利，打击了德国法西斯的同盟者日本法西斯，无疑地鼓舞了在法西斯铁蹄下呻吟的欧洲各国。第二次长沙会战是发生在德国法西斯对苏联发动进攻的时间，中国军队的顽强战斗，对阻止日本法西斯从东方进攻苏联具有一定的作用。第三次长沙会战是发生在太平洋战争爆发之后。1941 年 12 月 8 日，日军偷袭珍珠港，美国与英国在远东的驻军严重受挫。第三次长沙会战则是一个转折点。故英国《泰晤士报》在会战胜利后发表评论说："12 月 7 日以来，同盟军唯一决定性之胜利，系华军之长沙大捷。"

总之，长沙会战是一次了不起的会战。岳麓山上的"陆军第七十三军阵亡将士墓"、纪念国民革命军第四路军而建立的"忠烈祠"，还有当时殊死战斗留下的战壕，都充分体现了中华儿女、湖湘子弟的浩然正气。（令人气愤的是，在"四人帮"之流掀起的"文化大革命"中，长期受愚弄的"红卫兵"竟然把抗日烈士墓中的忠骨挖出而抛洒荒山。"四人帮"做了日寇与汉奸们想做而没有做成的事。）73 军的军长汪之斌曾经为"忠烈祠"书写了一副对联："马革裹尸，千载岳云流浩气；羊碑坠泪，万年湘水吊忠魂。"我节取其句作本文标题。

八景何时属潇湘？

——"潇湘八景"考

"潇湘八景"在历史上是湖南自然风光的代表，曾经是广大旅游爱好者特别是诗人与画家神往的地方。

"潇湘八景"起源于绘画，原来不局限在潇湘。北宋沈括（1030—1094）《梦溪笔谈·书画》说：

"度支员外郎宋迪工画，尤善为平远山水。其得意者有《平沙落雁》、《远浦帆归》《山市晴岚》、《江天暮雪》、《洞庭秋月》、《潇湘夜雨》、《烟寺晚钟》、《渔村落照》，谓之‘八景’。好事者多传之。”

《梦溪笔谈·书画》所说的“八景”，是泛指江南的山水风光，其中只有《洞庭秋月》、《潇湘夜雨》两景明确标明是属于湖南地区的景色，它们只是江南八景中的两景。而且，如果认为“八景”专属于“潇湘”，那么，就跟“潇湘夜雨”中的“潇湘”重复，即上位概念跟下位概念重复，明显存在矛盾。

后来“八景”演变为专属于湖南的“潇湘八景”，专指潇湘地区的风光。其原因大概是由“潇湘夜雨”与“洞庭秋月”的推广演绎。何时发生这个演变呢？

据笔者现在看到的资料，“八景”演变为专属于湖南的“潇湘八景”的时间，大概是在元朝中期。为什么这样说呢？

元朝早期，八景还是泛指江南山水风景。马致远（1250—1324），是元散曲中首屈一指的作家。他的《双调·落梅风》（又名《寿阳曲》），吟咏了《山市晴岚》、《远浦帆归》、《平沙落雁》、《潇湘夜雨》、《烟寺晚钟》、《渔村夕照》、《江天暮雪》、《洞庭秋月》八景，但是，并没有说是“潇湘八景”。而且，他笔下的八景，都是泛写江南景色。特别是其中的《平沙落雁》写道：

南传信，北寄书，半栖近岸花汀树。似鸳鸯失群迷伴侣，两三行海门斜去。

“海门”，或指入海口，或指海门县（属于江苏省），都与湖南毫无关系。马致远的《双调·落梅风》证明，元朝早期在许多人的心目中八景还没有专属于潇湘。

元朝中期，“潇湘八景”的名称开始出现。出生于长沙浏阳的文学家欧阳玄（1272—1357），登上长沙大西门外的八景台，写了《登八景台》的诗，诗中说：“潇湘八景丹青画，尽在高台指顾中。”跟欧阳玄同时代，有个著名文人叫揭奚斯（1274—1344），也写了八首吟咏潇湘八景的五言绝句。揭奚斯的故乡是龙兴富州（今江西省丰城县），跟湖南毗邻。揭奚斯30多岁时到湖南游历，受到湖南当权官员的器重，并且因为这些当权官员的推荐，才以布衣身份入朝任职。还有一个鲜于必仁，生卒年代不详。从他是鲜于枢（1246—1302）的儿子，可以大体推断他跟欧阳玄、揭奚斯是同时代的人。他的《中吕·普天乐》，吟咏了《洞庭秋月》、《烟寺晚钟》、《江天暮雪》、《潇湘夜雨》、《平沙落雁》、《远浦帆归》、《山市晴岚》、《渔村落照》八景，而且明确标明是“潇湘八景”。此外，当时还有一个外国诗人也写了《巫山一段云·潇湘八景》。他就是高丽王朝最著名的诗人李齐贤（1288—1367），他长期生活在元朝，也跟欧阳玄、揭奚斯、鲜于枢是同一个时代。

长沙修建八景台的时间，应该比欧阳玄吟咏《登八景台》诗要早。但是，欧阳玄所登的八景台不可能是宋朝的建筑。因为，南宋末年，长沙军民奋起抗元，战争非常惨烈，八景台难以保存下来。那么，《湖南通志》所记录的北宋嘉佑年间建立八景台的说法，这个“嘉佑”很可能是元仁宗延佑年号（1314—1320）的误记。欧阳玄、揭奚斯到长沙游历，正好是这个时期。

清朝人编的《湖南通志》说，北宋嘉佑年间（1056—1063），长沙人在长沙县城西建立了八景台，宋迪绘了潇湘八景图陈列其中。又引用《一统志》说，著名书法家与山水画家米芾（1051—1107），写了潇湘八景图的诗歌与诗序。这个说法颇值得怀疑。第一，《梦溪笔谈·书画》明确记载，“八景”是度支员外郎宋迪所画的平远山水。沈括正是生活在嘉佑年间的学者，只字未提八景是专为潇湘而画。《梦溪笔谈》写于宋朝，是可信的学术著作，而《湖南通志》编于清朝，晚出几乎千年，隔了元、明、清三个朝代，所以我们只能相信沈括《梦溪笔谈》的说法。第二，笔者对米芾的可信著作《画史》与诗文集《宝晋英光集》进行普查，对明朝范明泰所编纂的《米襄阳志林》、《米襄阳遗集》、《海岳名言》、《研史》等著作也进行普查，却没有发现他对“潇湘八景图”的记述，也没有发现他吟咏“潇湘八景图”的诗歌，只看到他有吟咏“泗州都梁十景”的10首七言绝句。

至于“潇湘八景”具体在什么地方？我们认为，“潇湘八景”是泛指湖南湘江流域的比较典型的景色。其中除了“洞庭秋月”是确指洞庭湖以外，其他七景都不限于某个具体地点。

有一种说法是：“潇湘夜雨”在永州城东，因为湘水在永州境内与潇水汇合以后，称为潇湘；“平沙落雁”在衡阳南岳七十二峰之首的回雁峰下，因为古人误以为雁到衡阳不再南飞；“烟寺晚钟”在衡山县城北清凉寺；“山市晴岚”在湘潭与长沙接壤处的昭山；“江天暮雪”在长沙橘子洲；“远浦归帆”，在湘阴县城江边；“洞庭秋月”在洞庭湖；还有“渔村落照”，在桃源县桃花源，这是根据陶渊明的《桃花源记》。

这种说法过分落实，而且有几处明显矛盾。其一，把“潇湘夜雨”局限在永州是不合理的。虽然永州是潇水与湘水合流之处，但是，潇水古代叫做“营水”，从唐朝开始才逐步叫做“潇水”。“湖南”作为行政区划的名称是从唐朝开始的。唐朝代宗广德二年（764），设置湖南观察使，管辖范围基本上是湖南湘江流域。所以古人习惯于把整个湘江流域叫做广义的“潇湘”。因为，“潇湘”的本意是“清澈的湘水”。《水经注卷三十八·湘水》记载说：“潇者，水清深也。《湘中记》曰：‘湘川清照五六丈，下见底石，如樗蒲矣。五色鲜明，白沙如霜雪，赤崖若朝霞。是纳潇湘之名矣。'"谢朓《新亭渚别范零陵》："洞庭张乐地，潇湘帝子游。"郑谷《淮上与友别》："数声风笛离亭晚，君向潇湘我向秦。"其二，把"渔村落照"的"渔村"说是在桃花源，不符合古代的行政区划。桃花源不在湘水流域，而在沅水流域。从春秋时代直到宋朝，湘水流域与沅水流域不属于同一个行政区域。唐朝，湘水流域属于江南西道，治所在洪州（今江西南昌）；沅水流域属于黔中道，治所在黔州（今重庆彭水）。宋朝，湘水流域属于荆湖南路，治所在潭州（今长沙市）；沅水流域属于荆湖北路，治所在江陵。元朝，湘水流域属于湖南道，沅水流域属于湖北道。无论是狭义的潇湘（潇湘、蒸湘、沅湘等三湘之一的潇湘，是指湘水上流地区），还是广义的潇湘（指整个湘江流域），都是不能包括桃花源的。总之，过分落实，反而造成矛盾。

生花彩笔绘潇湘

——高丽诗人李齐贤与湖南"潇湘八景"

中国与 Korea 有悠久的文化关系，中国的湖南省也与韩国有悠久的文化关系。湖南是中国中南地区的内陆省份，不直接通向海外，却很早就引起 Korea 人士的重视。韩国锦江以南叫"湖南平原"，朝鲜王朝经常派遣重要官员担任这个湖南地区的重要官职，如：著名民族英雄李舜臣将军曾经从 1591 年起在湖南地区担任左水军节度使，整顿水军，创制龟船，为抗击日寇立下汗马功劳；著名文臣徐有榘曾经担任湖南巡察使，他在任期间引进地瓜救济灾民，还组织刻印了韩国汉文文学奠基者崔致远的《桂苑笔耕集》。中国战国时代就有长沙郡，后来有长沙国、长沙县。1933 年长沙建市之后，成为湖南的省会。无独有偶，韩国也有长沙县。早在新罗王朝设置九州时，就在武珍州（相当于今全罗道光州）的武灵郡设置了长沙县，是武灵郡所辖的三县之一。

李齐贤在韩国古代文学家中，是描写湖南风物最突出的作家。李齐贤（1288—1367），字益斋，出生于高丽王朝都城开京，是一个多方面的文学奇才，诗、词、散文皆独立名家，颇与中国的苏东坡相似。元朝时他在中国生活前后共达 26 年之久，其诗歌往往描写中国的名山大川，歌吟中国的历史人物。朝鲜王朝18世纪著名诗人李德懋在《清脾录》中特别推崇李齐贤说："余尝读《益斋集》，断然以益斋诗为二千年来东方名家。""忠宣王在燕，构万卷堂，召置幕府。与赵子昂、元复初等游；奉使西蜀；降香江南。所至题咏，脍炙人口。牧庵姚公、阎公子静、张公养浩，举皆推毂。……忠宣被谗，窜西蕃。万里奔问，忠愤蔼然。"然后又列举李齐贤对中国名胜古迹的描写："其游历见于诗。若井陉、豫让桥、黄河、蜀道、峨眉、孔明祠堂、函谷关、渑池、二陵、孟津、比干墓、金山寺、焦山、多景楼、姑苏台、道场山、虎丘寺、漂母墓、涿郡、白沟、郧城、覃怀、王祥碑、崤陵，长安、郑庄公墓、许文贞公墓、关龙逢墓、望思台、则天陵、肃宗陵、邠州、泾州、宝陀窟、月支使者献马。足迹所到皆伟壮，东人之所不及。嗟乎！诗安得不佳?"

其实，李齐贤吟咏得最集中的中国风光，还是湖南的潇湘风光。他有两组《巫山一段云·潇湘八景》词，每组八首，分别吟咏湖南的潇湘八景。第一组八首是：

《平沙落雁》："玉塞多缯缴，金河欠稻粱。兄兄弟弟自成行，万里到潇湘。远水澄拖练，平沙白耀霜。渡头人散近斜阳，欲下更悠扬。"

《远浦归帆》："南浦寒潮急，西岑落日催。云帆片片趁风开，远映碧山来。出没轻鸥舞，奔腾阵马回。船头浪吐雪花堆，叠鼓殷春雷。"

《潇湘夜雨》："潮落蒹葭浦，烟沉橘柚洲。黄陵祠下雨声秋，无限古今愁。漠漠迷渔火，萧萧滞客舟。个中谁与共清幽？唯有一沙鸥。"

《洞庭秋月》："万里天浮水，三秋露洗空。冰轮辗上海门东，弄影碧波中。荡荡开银阙，亭亭插玉虹。云帆便欲挂西风，直到广寒宫。"

《江天暮雪》："风紧云容惨，天寒雪势严。筛寒洒白弄纤纤，万屋尽堆盐。远浦回渔棹，孤村落酒帘。三更霁色妒银蟾，更约挂疏帘。"

《烟寺暮钟》："楚甸秋霖卷，湘岑暮霭浓。一春容罢一春容，何许日沉钟。摇月传空谷，随风度远峰。溪桥有客倚寒筇，一径入云松。"

《山市晴岚》："远岫螺千点，长溪玉一围。日高山店未开扉，岚翠落残霏。隐隐楼台远，蒙蒙草树微。市桥曾记买鱼归，一望却疑非。"

《渔村落照》："远岫留残照，微波映断霞。竹篱茅舍是渔家，一径傍林斜。绿岸双双鹭，青山点点鸦。时闻笑语隔芦花，白酒换鱼虾。"

第二组八首中的《烟寺暮钟》已经亡佚，保存的七首是：

《平沙落雁》："醉墨疏还密，残棋整复斜。料应遗迹在泥沙，来往岁无差。水暖仍菰米，霜寒尚苇花。心安只合此为家，何事客天涯！"

《远浦归帆》："解缆离淮甸，扬舲指楚乡。风声飒飒水茫茫，帆席上危樯。断送浮云影，惊回过雁行。江楼红袖倚斜阳，远引客心忙。"

《潇湘夜雨》："暗澹青枫树，萧疏斑竹林。篷窗夜雨冷难禁，欹枕古乡心。二女湘江泪，三闾楚泽吟。白云千载恨沉沉，沧海未为深。"

《洞庭秋月》："衡岳宽临北，君山小近南。中开七百里湖潭，吴楚入包含。银汉秋相接，金波夜正涵。举杯长啸待鸾骖，且对影成三。"

《江天暮雪》："向夕回征棹，凌寒上酒楼。江云作雪使人愁，不见古潭洲。声紧云边雁，魂清水上鸥。千金骏马拥貂裘，何似卧渔舟？"

《山市晴岚》："海气蒸秋热，山容媚晓晴。森森万树立无声，空翠袭人清。镜里双蛾敛，机中匹练横。隔溪何处鹧鸪鸣，云日翳还明。"

《渔村落照》："雨霁长江碧，云归远岫青。一边残照在林坰，绿网晒苔扃。波影明重绮，沙痕射远星。鲈鱼白酒醉还醒，身事任浮萍。"

李齐贤多次到中国，《巫山一段云·潇湘八景》写于哪个年代呢？

讨论李齐贤何时写《巫山一段云·潇湘八景》，跟他的生平密切相关。Korea 史书与李齐贤年表记载说：

诗人15岁参加成均馆考试合格，17岁进入仕途。在忠宣王时代，先后担任西海道按廉使、成均祭酒、进贤馆提学等要职。所以，对忠宣王有很深的情感。从28岁第一次到中国开始，他一直追随被迫逊位而扣留在元朝的忠宣王王璋，三次出使元朝，为救助忠宣王与保全高丽王朝的独立而奔走。

元武宗至大元年（戊申年），公元1308年，高丽王朝忠烈王逝世，其子王璋即位，他就是高丽忠宣王。即位后就去元朝的国都大都。元武宗至大二年（己酉年），高丽改元为忠宣王元年。忠宣王五年，即元仁宗皇庆二年（癸丑年），公元1313年，忠宣王逊位给王焘，他就是忠肃王，忠宣王从此称为"上王"。元仁宗延佑元年（甲寅年），公元1314年，上王在大都设立万卷堂，召请诗人前往。当年诗人28岁，应召第一次去中国，跟元朝著名学士姚燧、阎復、元明善、赵孟頫、张养浩等交游。延佑三年（丙辰年）四月奉使命去西蜀。大概不久就回国了。

延佑四年（丁巳年），公元1317年秋天，李齐贤奉忠肃王命去元朝大都，祝贺上王的诞辰。这是诗人第二次去中国。延佑六年（己未年），1319年，上王为降香使去江南，诗人护从，至江浙一带。上王招致古杭吴寿山为诗人画肖像，北村汤先生写像赞。

延佑七年（庚申年），1320年，元仁宗去世，英宗继位。上王因为曾经向仁宗的太后揭露伯颜秃古思，英宗继位后，秃古思当权，于是陷害上王，上王被流放到吐蕃的撒思结。当年，诗人34岁，被封赠为“端诚翊赞功臣”，除授高丽王府断事官。冬天，他奉命第三次去元朝大都。到达大都后，诗人留住在京师的王邸，他积极活动，结交柳清臣、吴潜等名人，为挽救上王与保持祖国独立而奔走。至治三年（癸亥年），1323年，诗人37岁，上奏都堂，为上王辨冤。他又写信给元朝丞相伯住（一作“拜住”），恳请他为上王说情，赦免上王还都。丞相看了《上元伯住丞相书》，受到感动，奏请皇帝，上王从吐蕃内徙，流移到朵思麻。诗人离开大都，过陇山，渡洮水，前往拜谒上王。在离开大都前，写了七言律诗《至治癸亥四月二十日发京师》：“主恩未曾答丘山，万里驰驱敢道难?”表达忠君爱国的深情。当年九月，秃古思罪行败露被诛，上王回到大都。1325年上王去世。

上王去世后，诗人仍然长期留住大都，继续为祖国奔走。直至高丽忠惠王元年，公元1341年，才回归祖国，这时诗人已经54岁了。

李齐贤第一次、第二次到中国，都时间短促，使命繁重，而且要陪伴上王，不可能独自旅游。第三次出使前期，诗人为挽救上王与保持祖国独立而奔走不暇，更不可能远出旅游。上王去世以后，诗人仍然在中国居住了16年之久。因此，诗人在后期完全有闲暇到久已向往的潇湘地区游览访古，并写作《巫山一段云·潇湘八景》。

李齐贤的《巫山一段云·潇湘八景》，是题画还是写实呢？我们认为，《巫山一段云·潇湘八景》，既有题画成分，又有写实的成分。为什么说它有题画成分呢？第一，“潇湘八景”是起源于绘画。沈括《梦溪笔谈·书画》明确记录“八景”是平远山水画。中国古代又流行题画诗。所以，我们认为李齐贤的这组词也可能受到绘画的启发。第二，八景有季节的差异。如：《洞庭秋月》当然是秋天，秋天天高气爽，月亮大放光明；《江天暮雪》却是冬季，不可能是秋季。湖南气候温暖，一般年份，不到深冬季节是不会下雪的，不到深冬季节更不会下“万屋尽堆盐”的大雪。有些年份，长沙甚至不下雪，杜甫在长沙逗留，就写有“湖南冬不雪，吾病得淹留”（《晚秋长沙送殷六参军归澧觐省》）的诗句。李齐贤作为一个异国诗人，住在大都（今北京），古代交通不便，他不可能在湖南长期逗留，也不可能选择不同季节而多次跑到远隔大都几千里路程的湖南，而且到湖南时恰好碰上大雪天。这可以进一步证明，《巫山一段云·潇湘八景》可能受到绘画的启发，具有题画诗的特点。但是，《巫山一段云·潇湘八景》又不完全是题画诗，而且主要是写实的诗篇。我们推断的理由是：

第一，诗中透露出诗人前往湖南的行程。如：第二组《远浦归帆》云："解缆离淮甸，扬舲指楚乡。"诗人是从淮河流域进入湖南地区的。从淮河流域出发，由长江进入洞庭湖，到达湖南地区，是古代的主要通道。郑谷《淮上与友别》"君向潇湘我向秦"的诗句也反映了这种行程。景物画不同于连环画，其画面是不可能表现出行程的。第二，八景诗中除了《江天暮雪》，其他七首都是写秋天的景物。《洞庭秋月》自不必说，《潇湘夜雨》、《烟寺暮钟》、《山市晴岚》都点明是秋天，《山市晴岚》说："海气蒸秋热，山容媚晓晴。"《潇湘夜雨》说："黄陵祠下雨声秋，无限古今愁。"《烟寺暮钟》说："楚甸秋霖卷，湘岑暮霭浓。"《远浦归帆》、《平沙落雁》都写了秋天大雁从北方飞到湖南。《远浦归帆》说："断送浮云影，惊回过雁行。"《平沙落雁》说："玉塞多缯缴，金河欠稻粱。兄兄弟弟自成行，万里到潇湘。"《渔村落照》写了秋天芦苇开花的景象："时闻笑语隔芦花，白酒换鱼虾。"诗人选择秋高气爽的日子到湖南旅游是完全可能的。第三，诗中所写的景物都是湖南常见的景物。如：竹林、橘柚、青枫，都是湖南湘江流域常见的植物。长沙盛产柑橘，并有橘子洲；湘江西岸的岳麓山有许多参天的枫树，因此，岳麓山爱晚亭能够借用杜牧的诗句"停车坐爱枫林晚"而取名；竹林在湘江、资江流域可以说是满山遍岭，斑竹更是跟湘妃传说密切相关的湖南的特别竹种。第四，诗中透露出诗人作客异国的情怀。如：《潇湘夜雨》："漠漠迷渔火，萧萧滞客舟。个中谁与共清幽？唯有一沙鸥。""篷窗夜雨冷难禁，欹枕古乡心。"《平沙落雁》："心安只合此为家，何事客天涯！"杜甫的诗句说"万里悲秋长作客"，诗人作客异国，又逢秋天，所以睹物思归。第五，旁证。李齐贤在大都跟著名文人交游，其中的赵孟頫（1252—1322）既是画家又是诗人。如果是题画诗，这些人应该有唱和，而赵孟頫等却没有关于潇湘八景的诗词。而当时的另一个著名文人揭奚斯，却有八首吟咏潇湘八景的五言绝句。揭奚斯的故乡是龙兴富州（今江西省丰城县），跟湖南毗邻；揭奚斯30多岁时到湖南游历，受到湖南当权官员的器重，并且因为这些当权官员的推荐，才以布衣身份入朝任职。可见，揭奚斯吟咏潇湘八景的五言绝句，是写实纪游的诗歌。这正可应验陆游的诗句："挥毫当得江山助，不到潇湘岂有诗！"

根据以上两个方面的七点理由，我们推断，李齐贤先是受到关于潇湘八景的绘画与传说的吸引，在某年选择了秋高气爽的时节，从淮河地区乘船到湖南游览，然后结合旅游的实际感受而创作了这组《巫山一段云・潇湘八景》。其中的《江天暮雪》，可能是想象之词，"万屋尽堆盐"的大雪景象在北方更为常见。

最后，我们谈谈李齐贤《巫山一段云·潇湘八景》词的意义与地位。

第一，《巫山一段云·潇湘八景》是历史上描写“潇湘八景”比较早的诗篇。《湖南通志》著录描写潇湘八景的诗词，第一是米芾的八首七绝以及诗序，第二是钟世贤的八首《浪淘沙》词，第三是揭奚斯的八首五言绝句。我们通过查考，认为米芾的诗不可靠，又发现钟世贤生平不详（《湖南通志》著录者大概把他当作南宋人），那么，就只有揭奚斯及其作品是可靠的。揭奚斯，基本上是李齐贤的同时代人。因此我们可以说，除了生平不详的钟世贤的作品，揭奚斯、李齐贤是最早的描写“潇湘八景”的诗人。

第二，《巫山一段云·潇湘八景》这16首词，用生花妙笔艺术地反映了湖南的自然风物，反映了湖南的文化传统，促进了高丽人士对中国湖南的了解。如《洞庭秋月》写道：“衡岳宽临北，君山小近南。中开七百里湖潭，吴楚人包含。”诗人用浩瀚的洞庭湖与雄伟的衡山，概括湖南的地理面貌，用笔可以说是大气包举。而《山市晴岚》写道：“远岫螺千点，长溪玉一围。”《潇湘夜雨》写道：“潮落蒹葭浦，烟沉橘柚洲。”则描写了湘江流域山水的灵秀，用笔细腻。又如第二组中的《潇湘夜雨》写道：“暗澹青枫树，萧疏斑竹林。篷窗夜雨冷难禁，欹枕古乡心。二女湘江泪，三闾楚泽吟。白云千载恨沉沉，沧海未为深。”作者选择湘江二妃、屈原等典型的潇湘文化掌故，选择了跟湘妃有关的斑竹、跟屈原作品有关的枫树等典型的潇湘景物，烘托出自己在潇湘夜航的怀古之情。第一组中的《潇湘夜雨》也提到了舜帝二妃的黄陵庙：“潮落蒹葭浦，烟沉橘柚洲。黄陵祠下雨声秋，无限古今愁。”诗人追忆了湖南古老的舜帝二妃神话传说和伟大的文学作家屈原。因此，《巫山一段云·潇湘八景》促进了该国人士对中国特别是对湖南的了解，促进了两国人民之间心灵的沟通。如：晚于李齐贤四百年的韩国大小说家金万重（1637—1692），在他的代表作品《谢氏南征记》与《九云梦》中，都写到了湖南。《谢氏南征记》写女主人公谢贞玉受到迫害，逃往南方的长沙。书中出现了长沙、岳阳、洞庭湖、君山、湘江、汨罗江、九嶷山等湖南地名，而且作家还描绘了洞庭湖等的美丽风光，写了谢氏到黄陵庙拜谒舜帝的二妃，受到二妃的启示、庇护。洞庭湖在古代是中国五湖中的第一大湖，舜帝与二妃的传说是湖南历史最悠久的传说。《九云梦》中所写的八位女主人公的前身是南岳衡山卫真君娘娘的八位侍女。

第三，《巫山一段云·潇湘八景》有助于确立李齐贤在词史上的独特地位。李齐贤在韩国诗人中，是写词最多而且写得最好的大词人。词这种诗歌体裁，对音律要求严格，而且口语成分多，韩国古代作家们却只熟悉汉语正统的文言文与古体诗、近体诗，所以写词的诗人很少。朝鲜王朝学者洪万宗在文学评论集《旬五志》中说："我东不解音律，自古不能作乐府歌词。"崔致远、李奎报、李齐贤并称韩国古代三大诗人。崔致远12岁即入唐朝留学，在中国生活了16年，写了近体诗、古诗与大量骈文，却没有写一首词；李奎报留下了几千首诗歌，却只有11首词。李齐贤的词保存在《益斋乱稿》第十卷中，共留下50多首，使用的词牌达15种，包括《巫山一段云》、《沁园春》、《水调歌头》、《江神子》、《菩萨蛮》、《浣溪沙》、《太常引》、《鹧鸪天》等。50多首这个数字已经超过了中国的许多词人。如：负有盛名的女词人李清照，就只有48首词传世；南宋著名词人王沂孙，也只有51首词传世。李齐贤以后，朝鲜王朝时代的金时习、林悌、丁若镛等著名作家，也很少写词。朝鲜王朝末期的李裕元虽然也写了词，其质量却赶不上李齐贤的词。所以，北京大学韦旭升教授在《朝鲜文学史》中评价李齐贤的词说："虽然李齐贤以前的林椿、李奎报所作汉文诗中已出现极少数长短句和零零星星的词，但未尝引起诗界的重视，得不到诗话作者的评价，当然也称不上词家。只有到了李齐贤，才可以说，朝鲜文学史上才出现了词人。词这一重要的诗歌体裁才算是正式被引入朝鲜诗坛，并有所成就。""李齐贤既是词的引进者，又几乎是文学史上的唯一的优秀词人，在朝鲜汉文诗歌史上占有一个独特的位置。"李齐贤的50多首词中，《巫山一段云》是诗人用得最多的词牌，共有四组32首（今存31首）。其中两组叫《巫山一段云·潇湘八景》，是吟咏中国湖南的"潇湘八景"；两组叫《巫山一段云·松都八景》，是吟咏高丽王朝首都的"松都八景"。而《巫山一段云·潇湘八景》在前，《巫山一段云·松都八景》在后。由此可见，《巫山一段云·潇湘八景》在李齐贤词中的重要地位。

第四，《巫山一段云·潇湘八景》进一步触发了人们对自然风光的重视与吟咏。李齐贤咏潇湘八景之后，又吟咏了松都八景。《巫山一段云·松都八景》两组，每组八首，歌颂松都（开城）地区的美丽自然风光，抒发对祖国山河的热爱之情。它们是：《紫洞寻僧》、《青郊送客》、《北山烟雨》、《西江风雪》、《白岳晴云》、《黄桥晚照》、《长湍石壁》、《朴渊瀑布》。这《巫山一段云·松都八景》16首肯定是写实的。松都是开京的别称，是李齐贤的故乡。而且，八景中出现的都是具体的地名与景物，如：紫洞、北山、西江、白岳、黄桥、长湍、朴渊，是诗人实际上游览过的具体地方。受李齐贤的触发，其他诗人也创作成组的诗词歌颂自然风光。李承召创作吟咏潇湘八景的组词，以唱和李齐贤。

李承召《三滩先生集》卷九有《次益斋潇湘八景诗韵·巫山一段云体》，共有八首，吟咏八景。李承召只是唱和李齐贤，大概没有到过湖南。姜希孟《私淑斋集》卷一，有吟咏"清安八景"的七言绝句八首。小序云："与一庵南游，至清安县，板上有府君陈义贵《清安八景·巫山一段云》八篇。诗语极高，果惬素闻。因题八咏，借一庵名，书板挂壁。"很明显，"清安八景"是受到"潇湘八景"、"松都八景"的启发，陈义贵的《清安八景·巫山一段云》是直接受到李齐贤《巫山一段云·潇湘八景》与《巫山一段云·松都八景》的启发，而陈义贵又启发了姜希孟创作吟咏"清安八景"的七言绝句。

总之，李齐贤的《巫山一段云·潇湘八景》，在韩国汉文文学史上，在中韩文化交流史上，都值得我们重视。

论《三国遗事》的历史地位与文化价值

《三国遗事》是高丽王朝时代的一部不朽名著。

《三国遗事》的作者是一然。一然（1206—1289），高丽王朝后期名僧。俗姓金，名见明，字晦然。出家后改名一然，号无极、睦庵。他出生于庆尚北道章山郡的庆山。9岁时，在海阳无量寺出家为僧。14岁受具足戒。高丽王朝设置有僧科考试，及第者授予僧阶，有"禅师"、"大禅师"、"重大师"、"三重大师"等阶位。1227年，精进修炼的一然僧科及第。1237年在包山无住寺得悟，受"三重大师"号，1246年加"禅师"号，1259年再加"大禅师"号。高丽元宗二年（1261），进入首都开京，担任禅月寺主持，弘法十余年，学徒云集。1268年，在云海寺主持大藏经落成大会，担任盟主。忠烈王三年（1277），担任云门寺主持（在今庆尚北道清道郡），大振玄风。1281年，为国王忠烈王讲经，深受器重。1283年，被推举为圆径冲照国尊，国尊是僧侣的最高职位。1284年前往义兴华山麟角寺，丛林兴盛，无可比拟。1289年7月在麟角寺圆寂。享年84岁，谥号"普觉"。他的碑与塔存留在麟角寺，而云门寺有他的行政碑。一然著作有《三国遗事》、《普觉国师语录》等等，但是只有《三国遗事》保存下来。《三国遗事》大概是一然担任禅月寺主持与云门寺主持期间的著作。

《三国遗事》是一部侧重于佛教的历史著作。全书五卷，分为《纪异》、《兴法》、《塔像》、《义解》、《神咒》、《感通》、《避隐》、《孝善》8个部分，共有140个篇目。其体例受到《高僧传》的影响，但是其内容不局限于佛教史，《纪异》占两卷，所记载的是Korea上古时代、三国时代、新罗王朝时代的世俗政治事件。后面7个部分记述佛教史的事件，只占三卷。

《三国遗事》是一部不朽的历史名著。她是Korea第一部通史性著作，是Korea第一部系统而完整的佛教史著作，是Korea上古文学的宝库，无论在史学上、在宗教学上，或者在文学上，都具有重大文化价值。

一、Korea第一部通史性著作

Korea保存至今的第一部系统的历史著作，无疑是高丽王朝大臣与史学家金富轼（1075—1151）的《三国史记》。但是，《三国史记》不是一部通史。它只是三国时代与新罗王朝时代的断代史。

Korea保存至今的第一部通史性著作应该是僧一然的《三国遗事》。《三国遗事》的纪事，虽然以三国鼎立和新罗王朝时代为重点，却不限于这个时代。它既上溯记录了三国以前的檀君朝鲜、箕子古朝鲜、卫满王朝；它又向下记录了高丽王朝时代的事件，直到一然生活年代的事件。如：高丽王朝第二十三代国王高宗十九年（1232）在蒙古军事逼迫下迁都江华岛，高宗二十五年（1238）蒙古大兵毁灭皇龙寺，第二十四代国王元宗十一年（1270）王室返回开京。《三国遗事》纪事开始的年代是檀君元年（前2333），如果算到敬顺王投降高丽王朝，前后共有3268年；如果算到高丽元宗时代，前后共3600多年。

《三国遗事》最有价值的是关于上古的记述。因为自三国鼎立时代至新罗王朝时代的历史，《三国史记》已经有记载，而且比《三国遗事》更严谨可靠。而比较系统的上古历史只保存在《三国遗事》的记述中。我们把本书关于韩国上古时代的记载编排起来，就是韩国的上古史纲要。

公元前2333年：檀君王俭元年。传说檀君是天帝庶子桓雄与熊女所生，于中国唐尧五十年在平壤建立都城，后来迁移都城到白岳山的阿斯达（弓忽山）。

公元前1122年：箕子入朝鲜。檀君退隐，为山神。箕子建立箕氏古朝鲜王朝。

公元前221年：秦始皇统一中国。箕子四十代孙箕否归服于秦，不久去世。

公元前220年：箕否之子箕准即位。

公元前196年：燕人卫满（魏满）投奔箕准。

公元前194年：卫满篡夺王位，建立卫氏王朝。箕准南逃到马韩地区立国，至公元9年为百济国所灭。

公元前108年：卫满之孙右渠王被杀。汉武帝灭卫氏王朝，建立汉四郡（真蕃、玄菟、临屯、乐浪）。

公元前82年：汉昭帝改四郡为二府（平州都督府、东部都尉府）。古朝鲜地区分裂为70多个小国。

公元前59年：解慕漱建立北扶余国。后来，其子解夫娄移都，号东夫余。

公元前57年：新罗始祖赫居世兴起于辰韩六部，在辰韩地区建立国家。

公元前37年：高句丽始祖朱蒙从东扶余逃到卒本州，建立国家，称“东明王”。

公元前18年：百济始祖温祚在马韩地区建立国家。

公元42年：首露王等建立六伽耶国。

《三国遗事》记述历史时主要记述具有灵异色彩的事件，上古部分大都是族源神话。其记载的主要神话有：檀君王俭神话，解慕漱建立北扶余国神话，新罗始祖赫居世卵生神话，高句丽始祖朱蒙（东明王）卵生神话，首露王与五伽耶国王的卵生神话，昔脱解王神话，金阏智出现于鸡林金柜神话。我们且看开卷第一篇《古朝鲜（王俭朝鲜）》的记述：

古记云：昔有桓因庶子桓雄，数意天下，贪求人世。父知子意，下视三危太伯可以弘益人间。乃授天符印三个，遣往理之。雄率徒三千，降于太伯山顶神坛树下，谓之神市。是谓桓雄天王也。将风伯、雨师、云师，而主谷、主命、主病、主刑、主善恶，凡主人间三百六十余事。在世理化。时有一熊一虎同穴而居，常祈于神雄，愿化为人。时，神雄遗灵艾一炷、蒜二十枚，曰：“尔辈食之，不见日光百日，便得人形。”熊虎得而食之。忌三七日，熊得女身；虎不能忌，而不得人身。熊女者无与为婚，故每于坛树下咒愿有孕。雄乃假化而婚之，孕生子，号曰坛君王俭。以唐高即位五十年庚寅，都平壤城，始称朝鲜。又移都于白岳山阿斯达，又名弓忽山，又，今弥达。御国一千五百年。周虎王即位己卯，封箕子于朝鲜，坛君乃移于藏唐京。后还隐于阿斯达，为山神，寿一千九百八岁。

神话往往是历史的投影。本篇所记载的就是古朝鲜的开国始祖坛君的神话。桓雄大王为天帝之子，坛君为天帝之孙，是对古老的氏族酋长的神化与美化，也反映了民族的自豪感。桓雄“降于太伯山顶”，说明妙香山脉一带是古朝鲜原始氏族的发源生息地。坛君神话与考古和民俗可以相互印证。桓雄降落的地方，正好是新石器时代典型文化遗址的所在地。而且，箕子去朝鲜的年代，又正好跟古朝鲜由石器时代转入青铜时代的年代相吻合。公元前5000年至前1000年初，朝鲜正当新石器时代。新石器时代典型的文化遗址，多分布在平安南道、黄海北道等处，发源于妙香山的大同江正好流经这些地区而进入大海。生息在平原、河谷的初民，把妙香山想象为其祖先（天神）降落之处，是很自然的事。妙香山，正如古希腊的奥林匹斯山、古代中国的泰山一样。这则神话还反映了古朝鲜原始社会时期的图腾崇拜观念和部落间的关系。高句丽族崇拜熊，濊貊族崇拜虎。虎、熊同居一穴，正曲折反映了部落间在原始时代的亲密关系。熊变成女人，则是母系社会的反映。熊变为人，虎未变成人，说明熊图腾的部落在发展上领先一步，取得了主导地位。这个神话大概是萌芽于崇拜熊图腾的高句丽部落的。这个神话还反映了古代朝鲜与中国的亲密关系。箕子阐述"五行"、"王道"学说，是中国第一个伟大的思想家；又把中原文化带到古朝鲜地区，制定了成文法，促进了古朝鲜文明的进步。箕子及他带去的殷商遗民，与当地土著结合，后来逐步熔铸为一个新的民族——古朝鲜民族。箕子既是属于中国的，也是属于古朝鲜的，他出生于中国，归宿于古朝鲜。坛君神话在韩国有巨大影响，至今仍然存在坛君纪年，即以公元前2333年为坛君元年。

《三国遗事》所记载的其他神话也同样具有重大的历史价值。如：金阏智出现于鸡林金柜的神话。金阏智是新罗金氏始祖，其子孙超越朴氏、昔氏而成为新罗的主要王族；而且，人们根据这个神话，把新罗称为"鸡林"；后来，金氏成为韩国最大的姓氏，直到现代。可见这则神话的重大价值。又如：高句丽始祖东明王朱蒙的神话，不仅是研究扶余、高句丽的宝贵资料，而且是研究东夷族群的宝贵资料。这个神话的特点是卵生与神明感应的情节。卵生神话是东夷族群的特点，高句丽始祖朱蒙，新罗始祖朴赫居世，伽耶的始祖首露王等，都是卵生；甚至到了17世纪，清太祖努尔哈赤，也是卵生。这个神话的卵生情节与感应情节，又与中国上古神话有千丝万缕的联系。中国《诗经》中的《玄鸟》是卵生神话，记载了简狄吞燕卵而生商朝的始祖契。中国《诗经》中的《生民》是感应神话。周始祖后稷与东明王神话中的神明感应，具有许多类似的情节。《生民》神话说，稷出生之后，母亲把他抛弃在胡同中，牛羊就给他喂奶；抛弃在冰块上面，鸟儿们就展开翅膀温暖他。这跟"弃之与犬猪，皆不食；又弃之路，牛马避之；弃之野，鸟兽覆之"，如出一辙。

即使《三国遗事》的记载很简略，而且具有传奇色彩，但是后代历史学家们撰写韩国的上古历史，除了考古发现，就只能依据《三国遗事》的资料。总之，只要研究 Korea 的历史，特别是上古的历史，就必须阅读《三国遗事》。

二、Korea 最早而完整的佛教史著作

《三国遗事》是流传至今的最早而完整的 Korea 佛教史著作。《三国遗事》以前的著作，朴寅亮的《新罗殊异传》只有零星的佛教故事，觉训的《海东高僧传》仅保留了两卷，残缺不全。《三国遗事》以后问世的《海东僧尼录》等，也不如《三国遗事》完善。直到 18 世纪以后，丁茶山的《大东禅教考》、觉岸的《东师列传》，在佛教史方面才达到了一个新的高度。

《三国遗事》记录了三国时代佛教传入的历史。卷三《兴法》编的《顺道肇丽》篇记录：372 年（高句丽小兽林王二年），前秦苻坚派遣使者及顺道和尚送佛像、佛经入高句丽。374 年，阿道和尚从晋朝来到高句丽。375 年，高句丽为顺道建立肖门寺，为阿道建立伊弗兰寺。《难陀辟济》篇记录：384 年（百济枕流王元年），西域僧人摩罗难陀从晋朝来到百济。385 年，百济为其在汉山州建立佛寺。《阿道基罗》篇记录：讷祇王时代我道（又称“阿道”）和尚从高句丽来到新罗。卷二《驾洛国记》记载：452 年，大驾洛国建立虎溪寺、王后寺。本书还记录了著名寺院、宝塔、佛像的历史。如：兴轮寺、皇龙寺、灵妙寺、众生寺、柏栗寺、敏藏寺、洛山寺、月精寺、文殊寺、金山寺、钵渊寺、佛国寺、石窟庵，辽东育王塔、金官婆娑石塔、皇龙寺九层塔、皇龙寺钟、皇龙寺丈六、芬皇寺药师、佛骨和舍利，等等。特别是对皇龙寺的兴废作了详尽记述。

《三国遗事》反映了佛教传入新罗的曲折过程。卷三“阿道基罗”、“法王兴法、厌髑献身”等篇，描写了佛教僧人为传法而遭受迫害与流血的情况。许能洙《佛教在朝鲜半岛三国和日本的初期传播、影响及特点之比较》说：“佛教传入新罗之所以如此不顺畅，固然有其地域闭塞、文化落后等原因，但更重要的是因为它已拥有国祖朴赫居世的建国神话以及尊崇巫或祭司等祭事中心的社会和祭政一致的政体，对异质宗教有反感；加上新罗人有较强的民族、国家观念，有自我自主的特性，因而不轻易接受外来的东西。”但是，后来佛教与新罗的原有宗教和国家民族观念相结合，把阻力化为动力，因而长足发展，超过了高句丽与百济。

《三国遗事》保存了新罗佛教各宗的许多历史资料。如：高僧圆光在陈朝末年到达金陵留学，隋朝初年返回新罗，在新罗传播涅槃、成实、摄论之学。高僧明朗入唐留学，635 年回国，创立神印宗。高僧慈藏入唐学习，至山西五台山，643 年还国，从唐朝带回佛骨、佛牙、佛舍利，被封为“大国统”，整顿

戒律，传播律学与华严宗理论。高僧义湘入唐学习，至终南山拜谒智俨，与贤首（法藏）同学，671年回国，成为海东华严宗的初祖。贞观年间，惠通和尚入唐拜谒无畏三藏，665年回国，传播密教，为真言宗之祖。

本书对佛教的记述还有几个特点：

第一，主要记述灵异的故事。如：第四卷《元晓不羁》，记述新罗著名的佛教理论家元晓。元晓有81部著作，本书不写其理论贡献，而主要写他的逸事。同样，憬兴本为一代名僧，著作丰富，但是，本书没有提到这方面，而只是记述憬兴法师的灵异事迹，写他先后两次受观音菩萨与文殊菩萨的感化，从而精进修行，严守戒律。

本书着重于记述灵异故事，反映了新罗时代佛教的许多特点。当时的人们最关注的不是佛教理论，而是佛教的神奇力量，希望佛与菩萨能够帮助人们摆脱苦难。所以，本书写高僧，主要不是写他们的理论，而是写他们的神通。如：明朗、蛇福（蛇巴）、惠宿、惠空、惠通、明朗、真表等都是以具有神通而进入本书的记述。他们的行为具有佛教密宗与本土巫术的特征。韩国学者把这种现象，叫做"巫佛交融"现象。

《三国遗事》，因为着重于记述灵异故事，所以，在一定程度上忽视了佛教理论，从而也忽视了某些佛教宗派，造成记述的不完整。如：本书缺乏对禅宗的记述。而禅宗在新罗时代就已经具有影响。善德王时代，法朗入唐求法，师事禅宗四祖道信，是把禅宗传入海东的开始。后来，相继产生曦阳山派、实相山派、迦智山派、阇崛山派、桐里山派、圣住山派、师子山派、凤林山派、须弥山派，合称"禅门九山"。本书却没有记述禅宗的任何派别。又如：本书对唯识宗（法相宗）的记述也十分欠缺。新罗高僧圆测（613—696），15岁入唐留学，后来成为玄奘的著名弟子，具有很高的佛学造诣，本书却只字未提。本书提到的高僧大贤，著有42部阐述法相宗理论的著作，他是圆测的再传弟子。但是，本书只记述了他求雨的故事。

第二，具有强烈的佛教护国观念。新罗人的较强的民族、国家观念，在佛教开始传播时是一种阻力，后来却成为佛教传播的推动力量。所以，《三国遗事》的许多篇目，都反映出佛教护国的观念。

《三国遗事》中记载了许多兴佛护国的故事。如：卷三《皇龙寺九层塔》篇，记述真德女王十四年（645）建成皇龙寺之九层塔，其目的就是祈求佛保佑新罗不受日本等邻国的侵略。卷二《文武王》篇记载，文武王去世时，遗诏葬东海，并跟佛教的智义法师商量，愿意变化为护国大龙以防止倭寇、守护国家。

新罗佛教不仅具有明显的护国观念，并且跟花郎制度紧密结合在一起。如：卷三《弥勒仙花未尸郎》篇，首先追述了真兴王时代把佛教、神仙信仰、国家政治相结合而建立花郎制度，培养忠于国家与君主的人才。接着详尽地记述了真智王（舍轮王）时代兴轮寺真慈和尚寻找弥勒仙花的全过程。同卷《柏栗寺》篇，描写观音菩萨救回被敌人俘虏的国仙（花郎首领）夫礼郎，洗雪了国家的耻辱。

新罗佛教不仅与花郎制度结合，而且又与新罗国的始祖神结合在一起。卷五《仙桃圣母随喜佛事》篇记述古老的传说：仙桃圣母从中国到达辰韩，生下了新罗始祖赫居世王、王后阏英。卷一《赫居世王》篇的原注也说："（赫居世）是西述圣母之所诞也。故中华人赞仙桃圣母有'娠贤肇邦'之语是也。乃至鸡龙现瑞，产阏英，又焉知非西述圣母之所现耶?"《仙桃圣母随喜佛事》篇说新罗始祖神也信仰佛教、随喜佛事，可见佛教与民族、国家观念的密切融合。

第三，《三国遗事》的记述颇能反映新罗佛教与中国佛教的密切关系，除了上面提到的佛教以及佛教各宗都是从中国传入以外，还有很多相似的地方。如：中国的观音信仰很流行，新罗也流行许多观音菩萨救苦救难的故事。本书写得最多的故事是观音菩萨、文殊菩萨与弥勒佛救助人、感化人的故事，还有一批念佛成道的故事，这说明当时新罗人最信仰的菩萨是观音菩萨、文殊菩萨与弥勒佛。中国有座五台山，慈藏回国也把新罗的一座名山命名为五台山，而且新罗特别信奉文殊菩萨，本书有多篇有关文殊菩萨的故事。又如：本书《前后所将舍利》篇，详尽地记述了新罗僧侣从中国所带回的舍利、佛骨与佛经。本书除了"巫佛交融"现象外，还存在"儒佛交融"的现象。第五卷《孝善》部分的五个故事：《真定师孝善双美》、《大城孝二世父母》、《向得割股供亲》、《孙顺埋儿》、《贫女养母》，都把儒家的孝道与佛教的因果报应观念结合在一起。"割股"、"埋儿"等情节，跟中国有关故事十分相似。

三、Korea 古代本土文学的宝库

《三国遗事》在文学方面最突出的贡献是保存了丰富的神话传说和新罗乡歌。

我们在前面已经列举了《三国遗事》中的丰富的族源神话，并说明它们具有历史价值，是历史的投影。这些神话的文学价值也很高。如：卷二《驾洛国记》描写首露王与脱解斗法的情节。

忽有琓夏国含达王之夫人妊娠，弥月生卵，卵化为人，名曰脱解。从海而来，身长三尺，头围一尺，悦焉诣阙。语于王云："我欲夺王之位，故来耳。"王答曰："天命我俾即于位，将令安中国，而绥下民。不敢违天之命，以与之位；又不敢以吾国吾民，付嘱于汝。"解云："若尔，可争其术。"王曰："可也。"俄顷之间，解化为鹰，王化为鹫；又解化为雀，王化为鹯。于此际也，寸阴未移，解还本身，王亦复然。解乃伏膺曰："仆也，适于角术之场，鹰之于鹫，雀之于鹯，获免焉。此盖圣人恶杀之仁而然乎？仆之与王，争位良难。"便拜辞而出。到邻郊外渡头，将中朝来泊之水道而行。王窃恐滞留谋乱，急发舟师五百艘而追之。解奔入鸡林地界，舟师尽还。

脱解后来成为新罗国的第四代国王。这个故事站在伽耶国的立场，以非现实的曲折方式反映了伽耶与新罗的矛盾。它的斗法情节，起伏变化，引人入胜，颇似中国著名神话小说《西游记》中的孙悟空与二郎神斗法的故事。

《三国遗事》保存的传说比神话更加丰富。主要有：卷一的《延乌郎与细乌女》、《竹叶军》、《金堤上》、《射琴匣》、《桃花女与鼻荆郎》、《善德女王知几》、《天赐玉带》、《金文姬买梦》，卷二的《万波息笛》、《表训求嗣》、《处容郎》、《居陀知善射救龙》，卷三的《白月山两圣成道》、《调信之梦》、《猎鹰与雉（灵鹫寺）》，卷四的《龙子梨木》，卷五的《善律还生》、《金现感虎》，等等。如《桃花女与鼻荆郎》是篇奇特的传说，写的是人鬼结合的爱情故事，又是风俗起源的故事。女方桃花娘是人，是地位不高的庶出女子；男方舍轮王是鬼，是一个被废除王位而死的昏庸国王。故事写爱情突破了双方的阴阳阻隔、地位悬殊，也写出了国王的双重性格。故事说人鬼结合所生的儿子鼻荆郎，既是人，又是可以驱使众鬼的神。当时人信奉他，作词说："圣帝魂生子，鼻荆郎室亭。飞驰诸鬼众，此处莫留停！"人们把此词贴在家里，以吓退各种鬼魂。于是就形成了一种地方风俗。又如《居陀知善射救龙》故事的情节曲折，引人入胜。而且有几点，特别值得研究中国与韩国文学关系的人注意：A、它以新罗与唐朝的友好交往为背景。B、它写一个凡人凭着特异本领，帮助神灵（或巨大动物）战胜对手，逃脱灾难，终于得到丰厚的报答。D、它写龙王的女儿变成一枝花，被男主角带走，结为夫妻。这类情节，在中国的唐朝传奇与各地民间故事中屡见不鲜。

《三国遗事》某些传说的记述，在人物刻画方面达到了很高的造诣，已经具有了小说的规模。如：《调信之梦》写寺僧调信迷恋上太守的女儿，进入梦境，结为夫妻。后来却经受了人生的巨大磨难，只好夫妻分手。刚一分手，就从梦境中醒来。"残灯翳吐，夜色将阑。及旦，须发尽白。惘惘然殊无人世意。已厌劳生，如饫百年之苦。贪染之心，洒然冰释。"这个故事的主旨与中国的《枕中记》特别是与《南柯太守传》非常相似，表现佛家的色空观念，奉劝世人不要痴迷不悟；手法也相似，即采用梦幻手法，把几十年的人生里程浓缩为短暂的一梦。当然，它们的差异也是很明显的：《南柯》、《黄粱》主要显示功名富贵的虚幻，并讽刺了封建官场的险恶；《调信》则显示爱情和人生的虚幻，说明人生之苦源于贪嗔痴。《三国遗事》的编撰者是僧人，故此文主旨比《南柯》更接近佛教的真谛。这个故事把人物描写得有血有肉，写出了其性格与思想的转变。这个故事的情节跟《南柯》、《黄粱》相比，更具有平民生活色彩，反映了平民的人世艰辛。

《三国遗事》的另一项重要贡献是保存了 14 首新罗乡歌，这是新罗乡歌传世的唯一记录。乡歌，又称"词脑歌"，是韩国古代的国语诗歌。"乡"，就是本土的意思。新罗乡歌的体式有三种：十句体，八句体，四句体。十句体是最基本的体式，分为三章，第一章、第二章各四句，第三章只有两句，称为"落句"或"后句"，第三章以感叹词"阿耶"（或写作"阿也"）开头。新罗第五十二代国王真圣女王二年（888），曾经命令大臣（角干）魏弘、僧人大矩，搜集新罗历代的乡歌，并编成了集子，称为《三代目》。三代是指新罗的上代、中代、下代，大约相当古代、近代、当代的意思。由此看来，新罗乡歌在远古已经产生，而且作品非常丰富。可惜的是，《三代目》已经失传。现存的新罗时代的乡歌只有 14 首，都是靠《三国遗事》保存下来的。且按产生时代列举于下：

真平王时代：薯童作《薯童谣》（四句体）。
融天师作《彗星歌》（十句体）。
善德王时代：良志作《来如歌》（四句体）。
文武王时代：广德作《愿往生歌》（十句体）。
孝昭王时代：得乌谷作《慕竹旨郎歌》（十句体）。
圣德王时代：牵牛老人作《献花歌》（四句体）。
孝成王时代：信忠作《怨树歌》（八句体）。
景德王时代：忠谈作《安民歌》（十句体）。
《赞耆婆郎歌》（十句体）。
希明（女）作《千手观音歌》（十句体）。
月明作《兜率歌》（俗称《散花歌》）（四句体）

《祭亡妹歌》（十句体）。

永才作《遇贼歌》（十句体）。

宪康王时代：处容郎作《处容歌》（八句体）。

这14首乡歌，最早的产生于真平王时代，相当公元6世纪末至7世纪初。由于《三国遗事》的主要创作宗旨是宣传佛教，所以书中所保存的这十四首乡歌，有以下特点：1. 作者主要是僧人：融天师、良志、广德、月明、忠谈、永才；信忠后来也出家为僧，希明是佛教信徒。这十四首乡歌的作者只有薯童、得乌谷、牵牛老人、处容不是佛教徒，他们所作的歌也是世俗的。2. 内容主要是宣传佛教的力量。如：芬皇寺千手观音使妇女希明的盲儿复明，希明就作了《千手观音歌》。永才和尚遇上了盗贼，作《遇贼歌》，使强盗受感化，归依佛教。3. 佛教内容与世俗内容也往往交织在一起。如：融天师作《彗星歌》，使彗星消失，使日本侵略军撤退；忠谈和尚作《安民歌》，主要是劝国王实行仁政。它们都反映了人民的美好愿望。良志和尚作《来如歌》，是为了修筑寺院，但是后来成为农业劳动歌谣。忠谈和尚的《赞耆婆郎歌》，跟郎徒得乌谷所作的《慕竹旨郎歌》一样，都是歌颂花郎的，而花郎是新罗国家的中坚力量。

新罗乡歌达到了很高的艺术造诣。如：月明和尚的《祭亡妹歌》：

生死分离，
不能长留世间。
你不说一声“我走了”，
就默默离开了人间。
好像秋风吹落的树叶，
东飘西荡，越飘越远；
树叶脱离了枝干，
不知道飘向何边！
阿也！
希望我们能够在弥陀寺中重逢，
我潜心修炼，等待那一天。

此诗用跟亡者对话的口吻写出，如泣如诉，情真意切，催人泪下。一方面是秋风吹落树叶不知飘向何方的诗歌意象，一方面是亲人离开人世再无法寻觅、无法再见的意象，两种意象交构成了这首感人的诗歌。原文记载中夸张地形容这首歌感天地、泣鬼神的艺术力量，它记载说：“明又尝为亡妹营斋，作乡歌祭之。忽有惊飙吹纸钱，飞举向西而没。”这十四首乡歌在语言文字研究方面也具有重要意义。新罗时代，韩国没有本土文字，采用汉字写作。人们记录乡歌时，采用的是“乡扎标记法”，即只用汉字记音，而不管汉字原来的意义。如《祭亡妹歌》的记音是：

生死路隐，
此矣有阿米次肹伊遣，
吾隐去内如辞叱都，
毛如云遣去内尼叱古。
于内秋察早隐风未，
此矣彼矣浮良落尸叶，
如一等隐枝良出古，
去奴隐处毛冬乎丁。
阿也，
弥陀刹良逢乎，
吾道修良待是古如。

其中只有少数汉字，如“生死”、“吾”、“弥陀刹”等，既表音，又表义。大多数汉字只记音，不表义。这对研究新罗语的语音与汉语的中古语音，都是宝贵的资料。

《三国遗事》所记录的新罗乡歌，是韩国保存至今的最早的国语民歌，对后世影响很大。高丽王朝初期，僧人均如创作《普贤十愿歌》11 首，是对乡歌形式的直接继承。后来的各种民歌与文人创作的国语诗歌（如：“时调”），莫不受其影响。

此外，《三国遗事》还保存了许多有价值的汉诗。

论金时习与《金鳌新话》

——《金鳌新话》中译本序

一

金时习是 Korea 古代著名的诗人与最著名的传奇小说作家，也是一位具有独特哲学思想的思想家。《金鳌新话》是 Korea 古代第一部在艺术上成熟的传奇小说。

金时习（1435—1493），字悦卿（一作“烈卿”），号东峰，又号梅月堂。他是新罗阏智王的后裔，父亲名叫金日省。他祖籍江陵，出生在朝鲜王朝的首都汉城。他一生经历了世宗、文宗、端宗、世祖、睿宗、成宗等六位君主统治的时代。他目睹了变化不测的政治风云，经历了曲折的人生道路。

金时习他自幼聪明过人，有神童之称。据《梅月堂集·上柳襄阳自汉陈情书》说，他3岁即能写诗，写下了名句：“桃红柳绿三月春，珠贯青针松叶露。”他5岁时，就能读懂《中庸》、《大学》。据《朝野会通》记载，世宗大王听到他的名声，命令承政院大臣朴以昌试验他的才智。大臣用对联试探，出上联说：“童子之才，如白鹤游青云之末。”金时习应声对出下联：“圣主之德，若黄龙蟠碧海之中。”他应对敏捷，获得了“金五岁”的美称。1450年，世宗大王去世，文宗李珦即位。文宗即位不久，于1452年去世，其子端宗李弘暐即位。端宗即位时年仅12岁。大权旁落到其叔父李瑈的手中。1455年，李瑈逼迫端宗让出王位，李瑈即位后称世祖。1456年，端宗被贬谪为鲁山君，不久遇害于宁越县。

金时习听到李瑈逼迫端宗让出王位的消息之后，大哭佯狂，撕毁儒服，把书全部焚烧，半夜披头散发从书斋逃走。听到端宗被贬谪与遇害的消息之后，金时习对政治绝望，削发为僧，法号“雪岑”。他以狂客自居，累次变更名号，先后使用“清寒子”、“东峰”、“碧山清隐”、“赘世翁”、“梅月堂”等名号。他四处云游流浪。他到过关西、关东、岭南等地区。1464年，入庆州金鳌山隐居。1470年，成宗即位后，金时习曾经应国王的召请去京城，但是，无意仕宦，又重返金鳌山。后来，他移居到京畿道扬州郡水落山。1481年，时习年已四十七岁。忽然蓄长发，入京还俗，写祭文祭祀祖宗说：“罪列三千，不孝为大。”于是娶安氏为妻。不久，安氏去世，他又隐居躬耕于襄阳、江陵等地。晚年定居在忠清道扶余郡的鸿山无量寺，1493年去世，终年五十九岁。他留下了老年、少年两幅自画像，画像的题词说：“腾名谩誉，于尔孰逢？尔形至藐，尔言大侗。宜尔置之，丘壑之中。”

韩国古代大思想家李珥，曾经写作《金时习传》评介金时习。《金时习传》说：

为人貌寝身短，豪迈英发，简率无威仪。劲直不容人过，伤时愤俗，气郁不平。自度不能随世低昂，遂放形骸游方之外。域中山川，足迹殆遍，遇胜则栖焉。登览故都，则必踯躅悲歌，累日不已。聪悟绝人。其于四书、六经，则幼时受业于师；若诸子百家，则不俟传授，无不涉猎，一记而终不忘。故平日未尝读书，亦不以书笈自随，而古今文籍通贯无漏。人有举问者，应口说无疑。磊块慷慨之胸，无以自宣。凡世间风月、云雨、山林、泉石、宫室、衣食、花果、鸟兽，人事之是非得失、富贵贫贱、死生疾病、喜怒哀乐，至于性命理气、阴阳幽显、有形无形，可指而言者一寓于文章。故其为辞也，水涌风发，山藏海涵，神唱鬼酬，间见层出，使人莫知端倪。声律格调，不甚经意。而其警者则思致高远，迥出常情，非雕篆者所可跂望。于道理，虽少玩索存养之功；以才智之卓，有所领解，横谈竖论，多不失儒家宗旨。至如禅、道二家，亦见大意，深究病源。而喜作禅语，发阐玄微，颖脱无滞碍。虽老释名髡深于其学者，莫敢抗其锋。其天资拔萃，以此可验。自以声名早盛，而一朝逃世，心儒迹佛，取怪于时。乃故作狂易之态，以掩其实。

金时习著作丰富，但是大部分已经散失，除了小说集《金鳌新话》以外，现在仅存诗文集《梅月堂集》17卷。《金鳌新话》在韩国古代文言文传奇小说史上有非常突出的地位。

《金鳌新话》是金时习隐居在金鳌山时期的作品。包括《万福寺樗蒲记》、《李生窥墙传》、《醉游浮碧亭记》、《南炎浮州志》、《龙宫赴宴录》等五篇小说，小说后面是金时习自己写的《书甲集后》绝句二首：

矮屋青毡暖有余，满窗梅影月明初。
挑灯永夜焚香坐，闲著人间不见书。

玉堂挥翰已无心，端坐松窗夜正深。
香罐铜瓶乌几净，风流奇话细搜寻。

第一首绝句侧重描写自己著书的环境，第二首绝句侧重描写自己著书的心情。从这两首绝句，我们可以看出：1. 现成的《金鳌新话》5篇，仅仅是《金鳌新话》的甲集。根据《剪灯新话》推断，《金鳌新话》至少在4集以上。因为，《金鳌新话》有意模仿明朝的《剪灯新话》，两部小说集的主旨、情节、风格都相似，所以其写作设想也可能相同。《剪灯新话》每卷5篇，《金鳌新话》也是每卷5篇。《剪灯新话》计划写40卷，现成4卷；那么，《金鳌新话》的写作计划也可能是40卷或4卷（4集）。至于金时习是否全部完成了《金鳌新话》的写作计划，或者是《金鳌新话》在战乱中只保存了甲集，这个问题值得寻找证据进行研究。2. 作者当时的心情，闲适而不愿意再进入官场。诗中说："玉堂挥翰已无心。""玉堂"就是翰林院，是为君主起草文书、修撰国史的机关。作者说“挥翰已无心”，表明自己政治上已经失望，不愿意再担任文学侍从之臣。但是，诗中流露的情绪并不激烈，而且似乎透露出朝廷中有起用作者的消息。因此，这两首绝句可能是写于1468年世祖去世之后。那么，《金鳌新话》甲集中的五篇小说，也是在这时完成的。

《金鳌新话》甲集中的五篇小说，都属于传奇小说中的烟粉灵怪故事。五篇小说都以有才能的书生为主角，如：《万福寺樗蒲记》的梁生，《李生窥墙传》的李生，《醉游浮碧亭记》的洪生，《南炎浮州志》的朴生，《龙宫赴宴录》的韩生。而且，这些主人公都在现实世界郁郁不得志，只有在鬼神世界才能找到了解自己的红颜知己或赏识自己的知音。其中，《万福寺樗蒲记》与《李生窥墙传》写男女爱情，写书生跟女鬼之恋，《醉游浮碧亭记》写书生夜遇仙女，彼此欣赏对方的才情，《南炎浮州志》写书生与焰摩王（即阎罗王）纵谈宗教、政治、哲理，《龙宫赴宴录》写书生受到龙王赏识。五篇小说的共同基调是凄清悲苦，随爱情欢乐而来的是生死异路，随相逢而至的是永远别离，主人公不是得病去世，就是“不知所终”。这一切，都深深打上了金时习本人生平遭遇与思想的烙印。

二

金时习的《金鳌新话》跟中国明朝瞿佑的《剪灯新话》，两书关系之密切，堪称世所罕见。这种密切关系表现在以下四个方面。第一，两书的作者生平相似。第二，两书流传的历史相似。第三，两书在在本国文言小说史上的地位相似。第四，两书的情节结构、创作倾向与语言风格相似。造成这种相似的原因，从时代先后分析，可以肯定是《金鳌新话》借鉴《剪灯新话》，接受了《剪灯新话》的影响。

金时习与瞿佑，在生平遭遇上非常相似。

瞿佑（1341—1427）字宗吉，号存斋，浙江钱塘人。他自幼聪明过人，能诗善文。其叔祖瞿士衡与元末文坛盟主杨维桢是好友。杨维桢有次拜访瞿士衡，瞿佑当时只有14岁，看到杨诗《香奁八题》，即席倚和，俊语迭出。杨叹赏道：“此君家千里驹也。”明太祖洪武年间，历任仁和、临安、宜阳的训导和教谕，后任周府右长史。1398年，明太祖去世，其长孙惠帝继位。1403年，惠帝的叔父朱棣起兵夺取侄儿帝位。朱棣就是明成祖。朱棣篡夺其侄惠帝的帝位后，文网很密，对于不满者控制更严。永乐十四年（1416），瞿佑因诗获罪下狱，谪戍保安，达10年之久。成祖死后，仁宗即位，英国公奏请赦免瞿佑，在国公府主持家塾。三年后，瞿佑去世。

瞿佑逝世后8年，金时习出世。金时习与瞿佑，都碰上了叔父篡夺侄儿君主地位的巨大政治风波，而且都受到风波的影响。但是，金时习对政治风波的反映，比瞿佑强烈得多。他听到李瑈逼迫端宗让出王位的消息之后，大哭佯狂，撕毁儒服，焚烧经书。听到端宗被贬谪与遇害的消息之后，削发为僧，以狂客自居，四处云游流浪，经常在端宗被流放的地区往来，寻访志同道合的人。他一生忠于自己的政治信念，故被称为端宗“生六臣”之一。在这方面留下了许多故事。如《梅月堂小传》记载：

尝过郡县，见试士以《孟子》“何必曰利”之题，时习潜入场屋，投一卷曰：“孟子可杀。何以故？以其不当见梁惠王也。”考官见其卷，大惊，批曰：“烈卿近在何寺？”盖知时习之所为也。

一宰相拥驺唱道而行。在［有］僧褴褛立于路左，前导辟退，僧不之避，仰谓宰相曰：“真无耻者。”从者欲执之。宰相疑其为时习，止之。熟视，果然。乃下车，握手问其劳苦。时习不语，拂袖而去。

未几，端宗遇害。户长严兴道收葬于其家园。时习奔哭甚恸，后失其踪。追端宗王妃陵被掘，将沉玄宫于水。一夕，风雨大晦，见一僧窃负而逃。盖时习也。葬于山中。及公论回复之日，时习已亡，而妃之陵始现于世，以礼改葬焉。

金时习与瞿佑都是有成就的文学家。瞿佑的诗文作品丰富，保存至今的有《番台集》、《归田诗话》、《咏物诗》、《剪灯新话》等。他的《剪灯新话》，在中国古代文言文传奇小说史上有重要地位。金时习也著作丰富，一生曾作汉文诗万首，有《宕游关西录》、《宕游关东录》、《宕游湖南录》、《宕游金鳌录》、《关东日录》、《溟州日录》等，但大都散失。今存诗文集《梅月堂集》17卷，保存诗歌2100多首。他的《金鳌新话》，虽然不一定是全璧，但是在韩国古代文言文传奇小说史上地位突出。

此外，金时习还是一位具有独特哲学思想的思想家。他的哲学主张的核心是中国理学家的观念，又具有融会儒家与佛学的特色。李珥在《金时习传》中，用“心儒迹佛”高度概括出金时习的生活与思想特色。金时习的小说《南炎浮州志》最能体现“心儒迹佛”的特色，即以佛教式的故事为框架，而以理学为思想核心。他通过主人公之口说出自己的哲学主张，认为阴阳五行之气构成世界万物，而理存在于气中，理是世界一切的根本，也是人性与道德的根本。但是，他推崇儒学，却不排斥佛学。在这方面，他跟中国的理学家们不同，而具有儒佛合一的思想倾向。瞿佑在中国哲学史上却没有这样的思想地位。

《金鳌新话》与《剪灯新话》流传的历史相似。

《剪灯新话》据其自序，本有40卷。明嘉靖十九年（1540），高儒编成《百川书志》，其史部小史类著录云："《剪灯新话》四卷，附录一卷。钱塘瞿佑宗吉著，古传记之派也。托事兴辞，共二十一段。"这已经不是全本了。清同治年间《剪灯丛话》收录此书，仅存二卷，更加不全了。幸而在日本国发现了庆长、元和年间所刊行的活字本，保存了21篇，于是，诵芬室据日本发现的版本进行翻刻。后来，人们又据《古今图书集成》勾辑出《寄梅记》一篇，共22篇。上海古籍出版社出版的由周楞伽校注的《剪灯新话》，就是22篇本。

《金鳌新话》保存至今的版本也是从日本得到的。《金鳌新话》最早的刻本是明治十七年（1884）日本人大塚彦的刻本。刻本分上下两卷。上卷有《万福寺樗蒲记》、《李生窥墙传》、《醉游浮碧亭记》等三篇小说，前面有日本人依田百川的《序》，还有《梅月堂小传》；下卷有《南炎浮州志》，《龙宫赴宴录》等二篇小说，小说后面是金时习自己写的《书甲集后》绝句二首，最后是朝鲜汉阳人李树廷、日本人蒲生重章所写的两篇跋，还有梅外仙史、小野愿所题写的跋尾。序跋说，大塚彦的家里珍藏此书的抄本已经二百二十余年，到明治十七年才刻印出书。这说明，本书在本国只有抄写本流传，而且已经失传。

《金鳌新话》，为什么在本国只有抄写本流传？而且又在国内失传了呢？《金鳌新话》在本国只有抄写本流传，主要有两个原因。第一，小说在当时地位不高，甚至被人看不起。故李树廷的跋说："本邦业子畏清议，不敢著稗官怪谲之事。"第二，金时习流浪隐居，没有条件刻印，只能由好事者传抄。《金鳌新话》抄本之所以在国内失传，主要是"壬辰战争"造成的结果。日本于公元1592年（壬辰年）发动侵略战争，侵略军席卷朝鲜王朝全境，战争延续7年之久，直到公元1598年才结束。《金鳌新话》抄本的数量本来就极少，因为能够抄写的人必须是受过专门教育而精通汉字的人。在七年战争中，许多地方都变成废墟，数量极少的抄本当然容易绝迹。即使个别抄本能躲过壬辰战争的战火，也难逃另外一次厄运。壬辰战争后社会还没有恢复平静，又于1636年（丙子年）发生了满族入侵的"丙子胡乱"。战乱频繁，还有谁能够保存破旧的抄本，或者还有什么文人能够重新抄写呢？

《金鳌新话》的残本为什么在日本保存下来呢？这也是"壬辰战争"造成的结果。日本军队席卷朝鲜王朝全境，而且战争长达7年之久，军队中有爱好小说的军人发现《金鳌新话》抄本的残卷，将其带往日本，是完全可能的。那么，由公元1884年刻印此书，上推到1598年"壬辰战争"结束，共有286年。

为什么序跋说220多年呢？这有两种可能，一是记忆不精确，一是抄本曾经中途易主。中途易主的可能性最大，即大塚彦的祖先是从别人那里得到《金鳌新话》抄本的。

《金鳌新话》与《剪灯新话》两书在文学史上的地位相似。

《剪灯新话》在中国文言小说发展史上有承前启后的作用。唐代传奇小说，标志着中国小说的成熟，与唐诗合称唐代文学的双璧。宋元两代，传奇逐渐衰歇。《剪灯新话》模仿唐朝的传奇小说，崛起于明初，仿作者有李昌祺的《剪灯馀话》和邵景詹的《觅灯因话》。到了清朝，蒲松龄作《聊斋志异》，成为文言传奇小说的最高峰。因此，《剪灯新话》的地位与作用是不容忽视的，它影响巨大，上承唐传奇，下开《聊斋志异》。

《金鳌新话》在古朝鲜文学史上也有承前启后作用，它上承《新罗殊异传》中的《双女坟记》（又名《仙女红袋》），下开后代同类文言传奇小说的先河。但是，《金鳌新话》比《剪灯新话》在本国文学史上的地位更加重要。第一，《新罗殊异传》中的《双女坟记》，故事与人物形象都比较单薄，《金鳌新话》的思想与艺术成就都大大超过了它。《金鳌新话》标志着韩国古代文言传奇小说的成熟，是韩国文言传奇小说创作的一座高峰。第二，《金鳌新话》是韩国文学史上第一部具有近代短篇小说因素的小说集。它不仅影响了后代同类文言传奇小说，而且，影响了后代用国语创作的浪漫小说，包括著名小说家金万重的《九云梦》等。

《金鳌新话》与《剪灯新话》的情节结构、创作倾向与语言风格相似。

《金鳌新话》受《剪灯新话》的影响，两书的情节结构、创作倾向与语言风格都十分相似。《剪灯新话》与《金鳌新话》，都以有才能的书生为主人公，这些主人公都在现实世界郁郁不得志，只有在鬼神世界才能找到了解自己的红颜知己或赏识自己的知音。《金鳌新话》与《剪灯新话》都具有浓郁的浪漫色彩，寄托了作者对现实的不满和对理想的追求。他们所描写的理想境界，总不能摆脱现实黑暗的投影，所以，大多数故事的结局都很凄苦，为全书定下了哀艳的基调。《金鳌新话》与《剪灯新话》的语言风格也相似，辞藻华美艳丽。《金鳌新话》的作者金时习是著名是诗人，非常熟悉中国的各种诗歌体裁，能够娴熟运用这些诗体。所以，他在《金鳌新话》中大量使用古典诗歌作为艺术表现手段，或刻画人物心理，或表现人物的性格与才能，或烘托气氛，或深化主题。作者在《金鳌新话》中共运用古典诗歌75首，包括七言绝句43首、七言律诗16首、五言排律2首、词3首、古体诗5首，楚辞体4首、四言体1首、民歌体（上梁歌）1 首。《金鳌新话》中的这些诗歌以及用骈体文写的祭文、上梁文，都善于用典，辞藻华艳，错彩镂金，音韵铿锵。当然，小说中这么大量地使用诗歌，作者似乎有逞才之嫌，虽然符合当时的风尚，但也值得商榷。

三

我们不仅要看到《金鳌新话》跟《剪灯新话》的相似之处，更应该看到《金鳌新话》的独特成就。虽然，两书作者的生平与成就相似，两书流传的历史相似，两书在在本国文言小说史上的地位也相似，两书的情节结构、创作倾向与语言风格相似；但是，个人认为，在以上四个方面的每一个方面，《金鳌新话》都超越了《剪灯新话》。这种超越，集中表现为《金鳌新话》所具有的鲜明的现实性与民族性。所以，我们既应该分析《金鳌新话》跟《剪灯新话》的密切关系，更应该重视《金鳌新话》的独特成就，注意《金鳌新话》鲜明的现实性与民族特色。

首先，《金鳌新话》所描写的人物、故事、山水都是本民族的，是本民族历史与现实的投影。如：《金鳌新话》第一篇《万福寺樗蒲记》和第二篇《李生窥墙传》，都是写生死相恋的爱情故事，但是，都扎根本民族现实生活的土壤，描写了本民族的风俗人情，塑造出了本民族的痴情男女形象，而且反映了本民族遭受外来侵略的苦难历史。

《万福寺樗蒲记》以全罗北道的南原府为地理背景。高丽王朝末期，书生梁某独居万福寺东房。他想得到一个美丽的配偶，于是与佛像斗樗蒲戏。他斗胜之后，要求佛赐美女与他为伴。不久，一位少女也来佛像前祈祷求配偶。两人一见钟情，发生关系。那位少女姓何。将要分别时，少女又设宴邀请邻居郑氏、吴氏等四位贵族小姐，与梁生一道饮酒和诗。宴毕将别，少女拿出一只银碗赠送梁生，告诉他明日父母将到宝莲寺为自己送饭，请他执银碗在路旁等候。第二天，父母发现梁生手中银碗乃是女儿的殉葬品，而女儿早已死于倭寇之乱。不久，何氏少女的灵魂来到，跟梁生同桌进食并亲切交谈，父母能听到声音却看不见形象。事后，梁生找到墓地，祭奠哀哭，变卖田舍请僧人追荐亡魂。何氏从空中发出声音，感谢荐拔，说自己将要投身他国为男子。梁生亦不再娶，入智异山采药，不知所终。

《万福寺樗蒲记》有几个关键情节跟《剪灯新话》的有关篇目相似。梁生与女鬼结识交欢的情节，颇似《滕穆醉游聚景园记》；以殉葬品呈献女方父母作为凭证，颇似《金凤钗记》；女鬼托生为男子，颇似《爱卿传》；梁生终身不娶，入山采药，也跟《滕穆醉游聚景园记》一致。

但是，《万福寺樗蒲记》是以日本强盗入侵为悲剧背景的。日本军阀与海盗自古就不断对 Korea 虎视眈眈，接二连三发动侵略战争，造成了多少惨绝人寰的悲剧。本篇所反映的“倭寇来侵”，主要是指高丽王朝末年倭寇的侵犯。倭寇是受到日本封建地方政权所支持的海盗集团，他们有强大的舰队。1350 年倭寇第一次大举入侵，烧杀抢掠，无恶不作。1376 年达到高峰，侵犯了全罗南道、庆尚南道、忠清南道的许多郡县，竟然使南部各道向京城（开城）输送贡赋的漕运中断。直到 1380 年，经过镇浦海战与云峰歼灭战，倭寇的凶焰才被压下去。

小说深刻地反映了倭寇发动的侵略战争给 Korea 人民所带来的深重苦难。女主人公倾诉自己的苦难说：“某州某地居住何氏某，窃以曩者边方失御，倭寇来侵，干戈满目，烽燧连年，焚荡室庐，虏掠生民。东西奔窜，左右逋逃，亲戚僮仆，各相乱离。”本篇除了何氏女郎，还写了何氏女郎的四个朋友，郑氏、吴氏、金氏、柳氏，她们跟何氏一样，都是在侵略战争中丧失了生命的花季少女。她们的出现，更好地控诉了侵略战争，反映了战争给广大百姓特别是其中的青年女性所带来的苦难，使小说更加具有普遍的现实意义。

《金鳌新话》第二篇《李生窥墙传》，以高丽王朝首都松都（开城）为地理背景，写李秀才与贵族崔小姐相爱的故事。他们每晚至崔府别堂幽会。李父发现后，将李生送往庆尚道深山中的农场。崔女相思成病，形体消瘦，日重一日。崔父只好派人到李家说媒，有情人终成眷属。李秀才又科举及第。但是，不久红头贼入侵，社会动荡，夫妻分离，崔氏被红巾头目逼迫，不肯屈服，遭残酷杀害。战乱平息后，李得知妻子死亡，悲痛欲绝。有一天，崔氏亡魂忽然返家，夫妻团聚，重温旧梦。但是，由于幽明是两个世界，不久又被迫分手。李生在原野上找到崔氏尸体，举行葬礼，自己忧郁成疾，几个月后便永别人世。

《李生窥墙传》的前半篇的情节，颇似《剪灯新话》中的《渭塘奇遇记》。《奇遇记》写金陵王生与酒店女郎一见钟情，梦中多次欢会，女郎卧病在床，“长眠独语，如醉如痴，饵药无效”。女父成全他们，结为夫妇，于飞偕老。后半篇似《剪灯新话》中的《爱卿传》。《爱卿传》写嘉兴赵生与罗爱爱结为夫妻，十分恩爱。元末战乱，军官刘万户占据嘉兴，欲逼罗爱爱屈从，罗自缢而死。政局稳定后，赵生从京城赶回，知爱卿已死，哭得晕死。有一夜，爱卿的魂魄来见赵生，重温旧梦。《李生窥墙传》跟《剪灯新话》中的《翠翠传》，彼此也很相似。

但是，《李生窥墙传》的情节更加曲折，是一个历尽生离死别的爱情悲剧。小说描写乱离的情况，令人伤心惨目：

辛丑年，红贼据京城，王移福州。贼焚荡室庐，脔炙人畜。夫妇亲戚，不能相保，东奔西窜，各自逃生。生挈家，隐匿穷崖。有一贼，拔剑而逐。生奔走得脱，崔氏为贼所虏，欲逼之，崔氏大骂曰："虎鬼杀啖我。宁死葬于豺狼之腹中，安能作狗彘之匹乎？"贼怒，杀而剐之。生窜于荒野，仅保余躯。闻贼已灭，遂寻父母旧居，其家已为兵火所焚。又至女家，廊庑荒凉，鼠唧鸟喧。悲不自胜。登于小楼，收泪长嘘。奄至日暮，块然独坐，伫思前游，宛如一梦。

"红头军"，是中国元朝末年农民军"红巾军"的一支。他们北上攻击元朝的上都，遭到失败，于是经过辽阳入侵高丽。第一次入侵是在1359年，曾经占领平壤。第二次入侵是在1361年，即本篇所说的"辛丑年"。这次入侵的军队有二十多万人，占据了高丽王朝的首都开京，恭愍王退到庆尚北道的福州。这时的"红头军"，已经由反抗暴政的起义军，蜕变成为军纪败坏的流寇，蜕变成为侵略外国的掠夺者。他们给高丽王朝的百姓造成了深重的灾难。

四

《万福寺樗蒲记》与《李生窥墙传》这两部小说都以高丽王朝为背景，属于追述前朝的历史故事，反映本民族遭受外族入侵的苦难。而《金鳌新话》第三篇《醉游浮碧楼记》与第四篇《南炎浮州志》，则是对国内政治的批评。

《醉游浮碧楼记》写风度翩翩而才华出众的书生洪生，在平壤夜遇箕氏仙女（箕子的后裔），彼此欣赏对方的才情。小说借仙女之口批评了当时的政治。箕氏仙女说："我先祖实封于此，礼乐典刑，悉遵汤训，以八条教民，文物鲜华，千有余年。一旦天步艰难，灾患奄至，先考败绩匹夫之手，遂失宗社。卫满乘时，窃其宝位，而朝鲜之业坠矣。"这实际上反映了金时习本人的思想与情怀。他向往政治清明的社会，吊古伤今，借批评卫满篡夺箕氏王朝的远古历史事件，影射朝鲜王朝世祖篡夺端宗王位的现实。

《南炎浮州志》则现实性更强，它直接批判世祖篡夺端宗王位的行为，是一篇密切关注朝鲜王朝现实的政治哲理小说。小说的梗概为：儒生朴某，一向怀疑神佛之说。一夜，却梦入阴曹地府，受到阎罗王款待，他们谈论宗教、政治，特别是对儒家与佛教的看法。经过深谈，阎罗王佩服朴生才华，表示要让位给他。朴生梦醒后知不久人世，数月后病死，做了阎罗王。全篇充满论辩特色。本篇在思想上与艺术上，都跟明朝瞿佑的《剪灯新话》具有密切关系。

《剪灯新话》中的《令狐生冥梦录》的主人公令狐生、《太虚司法传》的主人公冯大异，都是不信鬼神的儒生。但是，令狐生却到达阴曹地府，受到那里的君主接待，一起大谈宗教哲理，充满理论色彩；冯大异却受到鬼神的捉弄，愤恨离开人世，向上帝告状，并且被任命为太虚殿的司法者。还有《剪灯新话》中的《修文舍人传》，以地府的公正用人制度，衬托人间的贤愚善恶颠倒，批判现实的不合理，寄托实行社会公正的理想。《南炎浮州志》综合吸收了以上各篇的思想成分。

但是，《南炎浮州志》具有自己独特的成就。《南炎浮州志》，从题材方面看属于神怪灵异小说，从主题方面看属于哲理小说，它集中反映了金时习的哲学思想与政治思想。本篇小说的特点就是“心儒迹佛”，即以佛教式的故事为框架，而以理学为思想核心。南炎浮州，正文中又作“南炎浮洲”。是金时习根据佛经中的“阎浮洲”而取的地名。佛经中的“阎浮洲”，又称“南赡部洲”、“剡浮洲”、“澹部洲”，是佛经所说的四大部洲之一。焰摩王也是根据佛经取名，俗称“阎罗王”。小说描写朴生进入南炎浮州，看到了那里的特殊景物，并受焰摩王“焰摩”的接见招待。因此，小说的基本框架取材于佛教故事，具有荒诞不经的特点。但是，小说的主要内容是记述朴生关于“理”的见解，特别是朴生跟焰摩王“焰摩”的交谈。其中所表现出来的观点，集中反映了作者的哲学主张，而作者哲学主张的核心是中国理学家的观念，但是又具有融会儒家与佛学的特色。朴生是作者金时习自己的影子，他的《一理论》代表了金时习的观念。《一理论》说：“理者何？性而已矣。性者何？天之所命也。天以阴阳五行，化生万物，气以成形，理亦赋焉。所谓理者，于日用事物上各有条理：语父子，则极其亲；语君臣，则极其义；以至夫妇长幼，莫不各有当行之路。是则所谓道而理之具于吾心者也。”而且跟朴生交谈的焰摩王的观点也代表了作者的观点。焰摩王说：“周孔，中华文物中之圣也。瞿昙，西域奸凶中之圣也。文物虽明，人性驳粹，周孔率之。奸凶虽昧，气有利钝，瞿昙警之。周孔之教，以正去邪；瞿昙之法，设邪去邪。以正去邪，故其言正直；以邪去邪，故其言荒诞。正直，故君子易从；荒诞，故小人易信。其极致，则皆使君子小人终归于正理。未尝惑世诬民，以异道误之也。”所以我们说，这篇小说集中反映了作者的以理学为核心的哲学主张。他推崇儒学，但是，他跟中国的理学家们也有不同的地方，他不排斥佛学而具有儒佛合一的思想倾向。作者还认为，元气聚集则成为人，元气消散后没有鬼魂长期存在。他在小说中对世俗的迷信活动进行了尖锐的讽刺和批判，并通过焰摩王的口说：“那（哪）有以清净之神而享世人供养，以王者之尊而受罪人贿赂，以幽冥之鬼而纵世间刑罚乎？此亦穷理之士所当商略也。”

朴生跟焰摩王“焰摩”交谈的内容，还集中反映了作者的政治态度。《金鳌新话》现存的五篇小说，有四篇是以高丽王朝末期为时代背景，只有《南炎浮州志》是以朝鲜王朝当代为时代背景。小说一开始就点明故事发生的时间是成化初年。成化是中国明朝皇帝宪宗的年号，相当公元1465年至1487年。朝鲜王朝世祖于1455年篡夺端宗王位，至1468年去世。成化初年，就是世祖在位的年代。小说写道：

生曰：“王何故居此异域而为王者乎?”

曰：“我在世尽忠于王，发愤讨贼。乃誓曰：‘死当为厉鬼以杀贼!’余愿未殄而忠诚不灭，故托此恶乡为君长。今居此地而仰我者，皆前世弑逆奸凶之徒托生于此，而为我所制，将格其非心者也。然非正直无私，不能一日为君长于此地也。……”

乃开宴极欢，问生以三韩兴亡之迹。生一一陈之。……王叹伤再三曰：“有国者，不可以暴劫民。民虽若瞿瞿以从，内怀悖逆，积日至月，则坚冰之祸起矣。有德者，不可以力进位，天虽不谆谆以语，示以行事，自始至终，而上帝之命严矣。盖国者民之国，命者天之命也。天命已去，民心已离，则虽欲保身，将何为哉？……民怨咨而祥瑞现者，是妖媚人主益以骄纵也。且历代帝王致瑞之日，民其安堵乎，呼冤乎?”

小说作者通过南炎浮州焰摩王之口，阐明了民本主义的政治观念，批判了用政治暴力压迫民众的君主。其具体矛头明显指向篡位的世祖，把世祖的灵魂送进了南炎浮州。焰摩王的身世与志向，在某种程度上是金时习的夫子自道。

小说采用中国明朝皇帝的年号“成化”作为纪年，而不采用朝鲜王朝的纪年，也跟这个政治背景有关。采用“成化”纪元的原因，个人以为有三个方面：一是因为朝鲜王朝奉行明王朝的正朔，可以这样作；二是因为作者激烈反对世祖篡夺端宗的王位，故不屑采用世祖的纪年；三是因为避免政治迫害，故不敢采用跟世祖有关的纪年。后者应该是主要原因。

五

《金鳌新话》充满爱国情感，关注祖国的悠久历史，赞美祖国的壮美山河。

《金鳌新话》第三篇《醉游浮碧楼记》，是描写书生与仙女交往的故事。其情节为：松京洪生，俊秀多才，中秋夜醉游浮碧楼。忽一贵族小姐在丫环簇拥下来到，跟洪生相互赠诗。小姐自称是箕子后代，卫满篡位时本欲尽节，为神人所救，服药成仙；今宵是来重游故乡，拜祭祖墓。仙子赋诗后，凌空飞逝。洪生相思成疾，仙子派丫环报梦说：仙子向玉皇大帝推荐他担任牵牛星的从事。不久洪生便离开了人世。此篇作品写书生与仙女交往，颇似《剪灯新话》中的《鉴湖夜泛记》；而其中所洋溢着的沧桑之感，又颇似《剪灯新话》中的《天台访隐录》、《醉游聚景园记》。《醉游浮碧楼记》除了吊古伤今，批评朝鲜王朝世祖的篡夺行为外，还表现出作者对祖国悠久历史的关注与自豪。小说一开始就写道：

平壤，古朝鲜国也。周武王克商，访箕子，陈《洪范》九畴之法，武王封于此地，而不臣也。其胜地，则锦绣山、凤凰台、绫罗岛、麒麟窟、朝天石、楸南墟，皆古迹。而永明寺浮碧亭，其一也。永明寺，即东明王九梯宫也。在郭外东北廿里，俯瞰长江，远瞩平原，一望无际，真胜境也。画舸商舶，晚泊于大同门外之柳矶，留则必溯流而上，纵观于此，极欢而旋。亭之南有炼石层梯，左曰青云梯，右曰白云梯，刻之于石，立华柱，以为好事者玩。

作者描写了平壤城悠久的历史、开阔的地理、繁华的商业，而且列举了平壤的七处名胜古迹，如数家珍。名胜古迹，是民族文化的物化产品。关于小说中提到的箕子，我们想阐述几句。箕子虽然原来是中国殷商的贵族，但是，他把先进的中原文化带到韩国的土地，促进了社会的进步。而且，他建立的箕氏王朝，存在近千年之久，他的家族实际上已经跟当地人民融汇，成为后来的Korea民族的组成部分。所以，Korea许多学者都以箕子为自豪。如：高丽王朝著名诗人李齐贤在《题长安逆旅》中吟咏道："海上箕封礼义邦。"朝鲜王朝著名历史学家安鼎福，在《东史纲目》中以箕子建立的箕氏王朝为正统，肯定箕子促进朝鲜半岛文明发展的功绩，并且说："箕子之教东方，犹羲、轩、尧、舜之教中土。"

《金鳌新话》第五篇《龙宫赴宴录》，写书生进入龙宫受到龙王赏识的故事。情节梗概为：高丽王朝时，有位著名文士叫韩生。有天晚上，忽有二人从天而降，青衫幞头，拜伏于庭，说是奉松都天磨山朴渊龙王的命令来邀请韩生。韩生到了龙宫，龙王请他为龙女的新房写《上梁文》，韩生一挥而就。龙王非常赞赏，设宴鸣谢，并请祖江、洛河、碧澜江的神王作陪，尽欢而散。韩生返回住处，探怀中，龙王所赠珠绡尚在。此后，韩生不再以名利为念，入名山，不知所终。

《龙宫赴宴录》跟《剪灯新话》第一篇《水宫庆会录》的情节最为相似。

《水宫庆会录》说：元末，潮州士人余善文，白昼闲坐，忽有力士二人走进来，黄巾绣袄，向他致敬说："广利王（南海龙王）邀请您。"余生到了龙宫，龙王请他新建成的灵德殿写《上梁文》。余生一挥而就，文不加点。广利王大喜，派使者邀请东海、西海、北海的龙王参加落成庆典，饮酒作乐。第二天又特设一宴，酬谢余生，并赠给10颗照夜珠、两支通天犀。善文回家后不以功名为意，弃家修道，遍游名山，不知所终。《剪灯新话》中的《龙堂灵会录》也有相似情节，写闻生被邀入龙王堂，并会见了历史人物范蠡、张翰、陆龟蒙与伍子胥，一起品评历史，饮酒赋诗。

但是，《金鳌新话》的《龙宫赴宴录》跟《醉游浮碧楼记》一样，描写的不是中国的山水与历史，而是本民族的山水与历史。

金时习在《龙宫赴宴录》中，着力赞美祖国的壮美山河，描绘了雄伟的朴渊（瓢渊）瀑布。小说首先就点明描写地点："松都有天磨山。其山高插而峭秀，故曰天磨山。中有龙湫，名曰瓢渊。窄而深，不知其几丈。溢而为瀑，可百余丈。景概清丽，游僧过客，必于此而观览焉。夙著异灵，载诸传记。国家岁时以牲牢祀之。"然后，在《上梁文》中对瀑布展开淋漓尽致的描写：

抛梁东，紫翠岧绕撑碧空。一夜雷声喧绕涧，苍崖万仞珠玲珑。

抛梁西，征转岩回山鸟啼。湛湛深湫知几丈，一泓春水似玻璨。

抛梁南，十里松杉横翠岚。谁识神宫宏且壮，碧琉璃底影相涵。

抛梁北，晓日初升潭镜碧。素练横空三百丈，翻疑天上银河落。

抛梁上，手扪白虹游莽苍。渤海扶桑千万里，顾视人寰如一掌。

抛梁下，可惜春畴飞野马。愿将一滴灵源水，四海便作甘雨洒。

朴渊瀑布是著名的"松都八景"之一。《上梁文》不仅写出了朴渊瀑布壮观的外形、丰富的色彩，更写出了她的雄伟的力量与气势，从而表达出对祖国山川的热爱之情与自豪之感。

《金鳌新话》的成就是多方面的，无论写人、写景都达到了高水平。如：《南炎浮州志》对南炎浮州的描写，可以说是匠心独具。又如：《龙宫赴宴录》描写韩生参观龙宫的情景：

使者引至一处。有一物，如圆镜，烨烨有光，眩目，不可谛视。生曰："此何物也？"曰："电母之镜。"又有鼓，大小相称。生欲击之。使者止之曰："若一击，则百物皆震。即雷公之鼓也。"又有一物，如橐籥。生欲摇之。使者复止之曰："若一摇，则山石尽崩，大木斯拔。即风伯之橐也。"又有一物，如拂帚，而水瓮在边。生欲洒之。使者又止之曰："若一洒，洪水滂沱，怀山襄陵。”生曰：“然则何乃不置嘘云之器?”曰：“云则焰摩王神力所化，非机括可做。”生又曰：“雷公、电母、风伯、雨师，何在?”曰：“天帝囚于幽处，使不得游。王出，则斯集矣。”其余器具，不能尽识。又有长廊，连亘数里，户牖锁以金龙之钥。生问：“此何处?”使者曰：“此焰摩王七宝之藏也。”周览许时，不能遍见。生曰：“欲还。”使者曰：“唯。”生将还，其门户重重，迷不知其所之，命使者而先导焉。

这段描写具有童话式的艺术想象力。

总之，《金鳌新话》具有鲜明的现实性与民族特色。《金鳌新话》在情节结构、创作倾向与语言风格等方面，虽然有意借鉴甚至是有意模仿《剪灯新话》，但是，个人认为，《金鳌新话》的作者似乎是有意跟《剪灯新话》竞赛，以达到超越《剪灯新话》的目的。而且，《金鳌新话》实际上超越了《剪灯新话》。这种超越，集中表现为《金鳌新话》所具有的鲜明的现实性与民族性。所以，我们既应该分析《金鳌新话》跟《剪灯新话》的密切关系，更应该重视《金鳌新话》的独特成就。

窥一斑以知全豹

——《春香传》与中国文化管窥

Korea 文化是东亚文化圈的重要组成部分。中国与 Korea 有三千多年的文化因缘。Korea 的哲学、宗教、政治学、教育学，以及诗歌、散文、小说、戏剧、绘画、音乐、建筑等各类文学艺术，都跟中国文化有千丝万缕的关系。

Korea 的国语小说，植根于本国现实生活的土壤，是本国古代人民自己的创造，但是，又深受中国古代章回小说的影响。其表现为：第一，情节结构与典型形象，都往往有供其借鉴的中国范本。如：《壬辰录》与《三国演义》，《洪吉童传》与《水浒传》，《九云梦》与中国的才子佳人小说和神魔小说，都有这种关系。第二，表现的价值观念，都往往跟中国明清通俗小说相同。如：歌颂忠良，揭露奸佞；反对贪官，抨击暴政；追求功名，弘扬道德；郎才女貌，夫荣妻贵；善有善报，恶有恶报；盛极必衰，看破红尘。第三，产生与演变，往往以民间说唱文学为源头。第四，喜欢运用诗歌作为塑造人物、表现主题的手段。第五，大部分国语小说，都有汉文版本。第六，有很多小说以中国人物为主人公，以中国大地为活动舞台，故事发生时间大多选择中国的明朝和唐朝。如：最有成就的通俗小说作家金万重的代表作《九云梦》与《谢氏南征记》。

《春香传》这部享有世界声誉的Korea古代小说名著，比较集中地体现出上述特点，反映出中国文化的影响。

第一，《春香传》在小说的情节与人物方面，跟中国通俗小说《警世通言》中的《玉堂春落难逢夫》有惊人的相似。

《春香传》描写春香与贵族公子李梦龙之间的爱情，分上下两卷。上卷的情节是，春香出生在全罗道南原府，是已经改籍的艺妓月梅的女儿。她美丽聪明，能诗善文，知书达理。她在荡秋千时，被南原府的府使（一府的长官）李翰林的儿子李梦龙看到。李梦龙一见倾心，向春香求婚，两人私订终身。不久，李府使调往京城，李梦龙迫于封建门第不能与春香相守，洒泪而别。下卷的情节是，新任府使卞学道到任，他是个贪婪、凶残、好色的家伙，传点艺妓，威逼春香为妾。当受到春香拒绝批驳，恼羞成怒，大发淫威，以咆哮公堂、辱骂官长的罪名，拷打春香，判处死刑。春香受刑并被关入大牢时，李梦龙已考中状元，被任命为全罗道御使。他化装成乞丐，暗访全罗道下属的南原府，先到狱中探望了春香的情况，接着闯入卞学道的生日宴会，题诗揭露卞学道搜刮民脂民膏残害百姓的行为，最后以御使身份出现，平反冤狱，惩办卞学道，与春香团聚。

《玉堂春落难逢夫》情节梗概为：正德年间，礼部尚书王琼之子王景隆，与妓女苏三（玉堂春）相恋，金钱用尽后被亡八、鸨母设计赶出妓院，流落京城，成了乞丐。苏三不忘旧情，设计相会，二人立誓永不再娶再嫁，苏三以私房钱资助王公子回家，并嘱其苦读成名。后来，山西洪洞县富商沈洪，看上苏三，苏三不从，被鸨母、沈洪合谋骗至山西。沈洪之妻皮氏与赵监生通奸，她在面中下砒霜，想要毒死沈洪与苏三，苏三拒食，沈洪被毒死。皮氏反诬苏三毒死丈夫，贿赂知县与衙吏，毒打苏三逼供，判为死刑。当苏三受刑并被关入大牢时，恰好王景隆中进士后，被任命为山西巡按。他微服私访，了解案情真相，终于平反冤案，惩罚了皮氏、赵监生、知县与鸨母，与玉堂春团聚。

《春香传》与《玉堂春落难逢夫》，主要相似点有：1. 男主人公皆为贵族子弟。2. 女主人公皆出身微贱，或被逼为妓，或为妓女后代。3. 男女主人公真挚相爱，但是都被迫分离，根本原因是门第贵贱悬殊。4. 女主人公誓死忠于爱情，不因男方落魄（或沦落为乞丐，或化装为乞丐）而改变态度。5. 男主人公也誓死忠于爱情，在取得科举胜利后被委派为巡察大吏，了解冤狱，救出情人，惩罚恶人贪官。6. 男女主人公破镜重圆，婚姻美满。7. 他们的行为得到了社会的广泛同情与支持，如：《春香传》中的市民、农夫、衙役，《玉堂春》中的金哥、王银匠、刘志仁。8. 作品的主题都是歌颂爱情，揭露破坏爱情的社会恶势力。当然，《春香传》的文学史地位超过了《玉堂春》。《春香传》主题更深刻，能够把爱情主题、反对封建门第主题、揭露封建暴政主题三者互相融合。而且小说情节集中，紧扣人心，人物形象生动，春香的坚贞刚烈，李梦龙的多情机警，卞学道的荒淫残暴，都刻画得很鲜明。而《玉堂春》则情节比较分散，县官等反面形象很不鲜明。

《春香传》与《玉堂春落难逢夫》，这两篇作品，可能巧合，也可能相互有影响。如果有影响，那么《春香传》受《玉堂春》影响的可能性较大。因为，《春香传》开始创作的时代大概是 18 世纪，而《玉堂春》被写成小说是在 17 世纪初，要早 100 多年。《春香传》原型是个悲惨的故事，民间作者可能受《玉堂春》启发而建构了小说的框架。如果没有实际影响而是平行产生的，那么，也可以说明中朝两国古代有相似的社会背景和文学传统，因此才能创作出如此相似的故事。

第二，《春香传》的道德观念与表现手法，反映出中国文化的深刻影响。如：春香受刑时的辩论和《受杖歌》，李梦龙闯宴献上的那首七言绝句诗。

当卞使道威逼春香时，春香侃侃回答说："忠孝烈女，自古不乏其人；即便在艺妓之中，也是数不胜数。大人不信，听我道来：海西艺妓弄仙殉节死于洞仙岭；舒川艺妓年纪虽小，却深知七恶；镇州艺妓伦介忠心报国，忠烈流芳千古；清州艺妓花月登进三层阁；平壤艺妓月仙进了忠烈门；安东艺妓一枝红，不但树了忠烈门，还受封一品夫人。"卞使道发怒说："这些言语，我都不听。"春香道："我与李秀才有白首盟约，一心一意，苦志守节。即便有孟贲的勇力，夺不去我的心；即便有苏秦、张仪的辩才，说不动我的心；即便有孔明先生的智慧，能借东风，也移不动我的一片丹心。想当初：箕山许由，拒绝接受唐尧的聘请，坚不出仕；伯夷、叔齐，为大义而不食周粟，宁可饿死首阳山。没有许由，后世谁做那高蹈之士？没有伯夷、叔齐，后世的乱臣贼子，将会更多。我出身贱门，虽然不敢高攀许由，也不配和伯夷、叔齐相比，但是那从一而终的道理，却还能够领悟。大人逼我弃节背夫，另嫁他人；请问大人，你是否愿意弃国背君，而事二主？大人如若觉得这也无妨，就请大人随意发落！"卞使道恼羞成怒，大叫："反了，反了！辱骂官长，叛逆不道，万剐凌迟之罪，法有明文。此等不识抬举的泼妇，必须从重处理，置之死地，决不能饶恕!”随后有官奴、使令等人，好似一群饿虎，蜂拥上前，围住春香。一声令下，春香立刻被上了刑具，被严刑拷打，打到二十五杖，春香晕绝于地。每打一杖，春香就用一首歌来发泄哀怨，控诉暴行。这二十五首歌，称为春香《受杖歌》。其中第五首与第二十五首是:

五道我的心，夫妻是五伦。五行来相配，配得好婚姻。寐寐不忘李道令，我和他相爱又相亲。梧桐秋夜月皎洁，月光如水照我意中人。今朝可有音和信?明日可会突来临?我身本来无罪过，若教死去总要把冤伸。啊呀，我心碎得化灰尘。

二十五道我的心。二十五弦弹夜月，不胜清怨却飞来。清怨清怨，你为我飞到汉阳三清洞，告诉我那李郎说我受飞灾。千万记住我遍体伤痕满，我有气无力睡倒在尘埃。我一股怨气冲到三十三天上，要冲到玉皇大帝殿上去诉一回。好似武陵桃源红流水，血染了我这玉洁冰清一女孩。

春香在辩论与“受杖歌”中，大量引用了中国典故与道德观念。如：历史人物有“孟贲”、“苏秦、张仪”、“孔明”、“许由”、“伯夷、叔齐”，道德观念有五伦、不嫁二夫、不事二主，还有唐朝诗人钱起《归雁》中的诗句：“二十五弦弹夜月，不胜清怨却飞来。”这一切，固然是表明主人公春香的聪明机智，知书识礼，能够以封建伦理道德来对抗官威，并客观上揭露了封建法制与伦理道德的矛盾，同时也说明主人公春香亦深受当时主流思想的熏陶，还显示出中韩两国文化关系的密切。而且，《春香传》最好的说唱版本就叫做《烈女春香守节歌》。

《春香传》中，李梦龙闯宴的情节，最有传奇色彩与戏剧效果。府使卞学道祝寿，大排宴席，李梦龙化装为乞丐闯宴，在宴会上献上一首七言绝句诗:

金樽美酒千人血，
玉盘佳肴万姓膏。
烛泪落时民泪落，
歌声高处怨声高。

李梦龙所赋的诗，反映了人民的心声，把戏剧冲突推向高潮。它的体裁是典型的中国式的七言绝句，它所揭露的现象与所反映的观念，也是中国古典诗歌中十分常见的。而且，运用诗歌塑造人物形象与表现主题，正是中国古代小说所经常使用的手法。这又跟中国通俗小说发源于民间说唱文学有密切关系。

第三，《春香传》，在产生与流传方面，反映出两国古代小说有相似的发展轨迹。《春香传》是说唱脚本体小说。《春香传》的素材来源有多种说法。据赵在三《松南杂识》记述，春香的原型是南原府的妓女春阳。南原府使李道令与春阳相好，李道令离任后，春阳为其守节，被新任府使杀死。民间同情春阳，编出了说唱脚本《春香传》。“春阳”与“春香”，在韩语中发音极相似。另一种说法是，春香故事是“烈女传说”、“申冤传说”和“御使（清官）传说”相结合的作品，它起源于14 世纪的一个关于“丑姑娘春香”的传说，她因为面貌丑陋而悲愤自杀。民间同情守节惨死的春阳或丑姑娘春香，把她塑造成一个美丽坚贞的女性形象，把故事的结局变成大团圆的幸福结局。《春香传》的说唱脚本有几十种版本，包括汉文本。早在18 世纪中叶，它就在民间广泛地说唱演出。19 世纪，著名民间文学整理家申在孝将其整理为定本。申在孝同时还整理了《兴夫传》、《沈清传》、《兔子传》等著名通俗小说。

中国古代通俗小说，大多数也是发源于民间说唱文学的。这类作品大多数以宋元话本为重要源头，包括古典名著《三国演义》、《西游记》、《水浒传》以及大批的拟话本小说。拟话本小说《玉堂春落难逢夫》也是先在民间流传，而后被明代著名通俗文学整理家冯梦龙加以整理，编入拟话本小说集《警世通言》中，成为该书的第24 篇。后来，《玉堂春》故事继续在民间流传，被改编为京剧、晋剧、秦腔、河北梆子及各种地方戏和曲艺。

第四，《春香传》始终保持着民间说唱文学的特点，大量运用民间歌谣、俚语，并且喜欢引用中国著名的古典诗句。除了上面已经分析的春香受刑时的“受杖歌”与李梦龙闯宴时的那首七言绝句诗，小说中还大量引用了中国古典诗句。如：南原府新任府使卞学道到任后传点艺妓，十多名艺妓的名字都取自中国的古诗，点名时先念诵有关的诗句。比如传点一个名叫“云深”的艺妓时，就先念诗句：“只在此山中，云深不知处。”这是唐朝诗人贾岛《寻隐者不遇》五言绝句诗中的后面两句。大家都知道，中国的话本小说就是喜欢运用或者大量引用诗歌的。如：宋话本《快嘴李翠莲记》、《碾玉观音》等。又如从话本脱胎的《西游记》、《三国演义》等。

第五，《春香传》既有谚语本，又有汉文本。《春香传》的脚本有几十种，谚语本有《烈女春香守节歌》、《谚文春香传》、《广寒楼记》、《狱中花》等，汉文本有《汉文春香传》、《水山广寒楼记》等。

总之，窥一斑可以知全豹。我们只要阅读《春香传》这部享有世界声誉的Korea 古代小说名著，就可以初步了解Korea 小说跟中国文化的密切关系。

四　治学点滴体会

我是一个教师。1956 年毕业于桃源师范，1960 年毕业于湖南师范学院（今湖南师范大学）。从学校毕业后一直从事教育工作，至 70 岁退出讲台，教了近半个世纪的书。我结合教学进行科研，已经出版六七十种著作，发表两百多篇论文。

我治学最大的缺陷有两个：一是起步太迟，见闻狭窄。二是涉及面宽，专深不够。

我的中学时代与大学时代，都处在极左思想的统治时期，学习内容非常狭窄，中国传统文化知识浅薄，外国优秀文化知识等于零。中年时代，碰上“文化大革命”，根本无法研究学问，只能“苟全性命于乱世”而已。四人帮垮台时，已经四十岁了。改革开放之后，眼界才能打开，但是，转瞬已经老了，精力日衰。起步太迟，即使想弥补，也很难弥补见闻狭窄的缺陷。

我治学涉及面宽，专深不够。这跟我的教学经历有关系。我长时间在益阳从事中学教师的函授辅导工作，古典文学、现代文学、外国文学、古代汉语、现代汉语，什么课都教。我的治学科研内容，都跟教学密切相关。

我的治学科研的内容有四个方面：

一是古籍整理方面。古汉语知识运用最多的地方，是古籍的阅读与整理。我在整理中应用古汉语知识，也在整理中加深了对知识的理解，提高了研究能力。我最早参加注释与翻译的古籍是《古文观止》，那是马积高老师推荐的。后来注释与翻译的古籍有：《史记注译》、《四书注译》、《论语注译》、《孟子注译》、《鬼谷字详解》，以及《孝经》、《墨子》、《春秋繁露·天人三策》、《论衡》、《抱朴子》、《千家诗》等。还编选、注释与翻译了《中国古代寓言选》、《中国古代童话精华》等。近年，主编了湖湘文库的《陶澍全集》。《陶澍全集》2011 年获全国古籍优秀图书一等奖，2012 年获第四届中华优秀出版物提名奖以及湖南省优秀图书奖。又扩展到韩国，编选、注释与翻译了韩国的古籍《韩国古代文学精华》、《三国遗事》、《金鳌新话》等。这个过程，加深了对古代汉语的词汇、语法以及音韵、文字知识的把握。在整理古籍的基础上，我向两个方面开展研究。一是从语言角度开展研究，写了《文言今译学》和几篇论文。二是从文化的角度开展研究，写了寓言和文化著作。

二是古汉语及现代汉语研究方面。我以教古代汉语与古典文学课为主，所以治学科研是从这方面起步的。这方面，我先后写作并出版了《文言文基础知识问答》、《文言今译教程》（后来扩展为《文言今译学》），以及《教学语法答疑》等书。我还发表了一批论文，其中影响颇大的论文有：《论处动用法》、《论益阳方言的边音声母》、《“马氏文通”与传统语文学》、《论世界文字的发展轨迹与汉字》等。

三是寓言研究方面。我以整理《中国古代寓言选》、《中外寓言鉴赏辞典》等书为基础，从文化的角度进行寓言研究，写作并出版了《中国古代寓言史》、《中国现代寓言史纲》、《世界寓言通论》、《韩国古代寓言史》、《寓言传》等专著，发表了一些论文；又以《历代童话精华》为基础写了《中国古代童话小史》。这方面研究的影响超过了汉语的研究。中国寓言研究会首任会长、著名诗人公木先生写评论说：“蒲清同志之于寓言，也可以称得起善观天性、升堂入室而臻于大道了。”“体用兼顾，体大思精，建构了寓言文学庞大而完整的思想体系。”《中国古代寓言史》、《世界寓言通论》等填补了空白，还流传到境外，被台湾用繁体字出版，被韩国翻译为韩文出版。

四是传统文化研究方面。我以整理古籍为基础，以从文化的角度研究寓言为基础，不知不觉地进入了文化研究领域。我写了《鬼谷子详解》、《箕子评传》、《陶澍传》以及《梁元帝评传》。这四本书评论了或被人忽视、或评价不够、或争议比较大的历史人物。我还写了《古代中朝文学关系史略》、《韩国古典文学与中国古典文学》，主编了《中外文化概论》。我甚至还主编过一本《农村日用大全》。总之，够庞杂了。

下面谈谈经验与教训。

一、结合实际，认真学习

什么叫治学？什么叫科研？治学、科研的本质，就是针对实际生活或学科建设中的问题，提出解决办法，提出新的思路。

我是一个教师，接触得最多的实际是教学实际。我长期在地区从事成人教育，教的课非常杂。现代汉语、古代汉语、古典文学、现代文学、外国文学、文选习作等基础课都教过，还开设过寓言研究、中外文化史、文言今译等选修课。我怕误人子弟，备课认真，讲每一门课钻研的资料都在几百万字以上，积累的卡片装满十个卡片箱（过去没有电脑），自己消化后再写成讲稿，增大讲课的信息量，用平易的语言讲出来。即使讲过多少次的课，仍然不断钻研新的知识和教学方法。我努力实践的教育教学格言是“深入浅出”、“教学相长”。我对不同的课程采取不同的教学方法。如：“文选习作课”必须讲究实效。为了纠正语法错误，我要求学员分析整篇范文的句子结构，寻找整篇作文中的语病；为了理清思路，我要求学员写作文要先交提纲给我。“古汉语课”的音韵学很难，就注意化难为易。我广泛联系实际，引用著名诗词，引用地方方言，由浅入深，稳扎稳打，还编制音韵口诀，帮助记忆。“中外文化史课”内容广泛，知识面浩如烟海，就注意理清线索，突出重点，举出生动具体的例证。“寓言课”，就注意从人类文化和时代风云的角度切入，拓宽学员的视野，培养学员的鉴赏、研究、教学、创作能力。蒋笃家（蓝山县第一中学老师）说：“陈老师的寓言研究课，有‘纳须弥于芥子’的魅力。”我针对不同学生的特点讲课。给来自中学的学员讲课，就结合中学教学实际。举办讲座，则尽量开拓知识领域，讲自己最有体会的东西。岳阳师范学院副教授朱平珍听了讲座后著文说：“陈先生讲课如诗如画。”“他讲课广征博引，如同一位经验丰富的老舵手驾着一叶轻舟带领我们在知识的大海里游泳。回答问题时简明扼要，从不故作高深，从不吹嘘自己。”（《一个富有的摆渡人》）我特别注意发扬教学民主，传授治学与科研方法，经常鼓励学员发表反对自己的意见。对学员说：“学术上只能是一代胜过一代，决不能如九斤老太说的一代不如一代。没有求异思维，就没有学术的进步。”如果有学员能够指出我著作中或讲课中的错误，我就给那样的考查试卷打“优”。

《礼记·学记》说：“教学相长。”我正式出版的第一本书《文言文基础知识问答》，就是“教学相长”的产物。我从大学毕业不久就从事函授教学，我的教学对象是年龄比我大、教学经验比我丰富的中学教师，而且大多数是骨干教师，只是没有本科学历而已。我抱着虚心的态度，向我的教学对象学习。我不仅认真备课，积累知识，而且，在讲函授课前，先听学员给中学生上课，记录他们的经验和学生的问题；上函授课时或课后，鼓励学员提出批评，提出疑问。后来，湖南人民出版社派编辑向我约稿，我就把备课、听课、讲课中所收集到的问题，分类编排整理，写成了《文言文基础知识问答》。1979 年 5 月出版第一版。此书来源于实际，所以一出版就获得了读者的青睐，还获得了著名语言学家吕叔湘先生等的关注。吕叔湘先生写信给他的研究生说：“此书简明全面，对中学教师补课非常有用。”后来由岳麓书社出了五个版本，多次重印，发行达百万册。

我的《文言今译学》、《教学语法答疑》，也跟《文言文基础知识问答》一样，是“教学相长”的产物。梁任公告诉别人说，你要学习哪门知识，最好的办法是去教那门课程。我对这句话，有贴身体会。

我的论文《谈处动用法》，也是来源于教学实际。当时，高中语文教材中选了方苞的《狱中杂记》，其中有个句子：“惟大辟无可要，然犹质其首。”“质”字被注释为“意动用法”。又，《冯驩客孟尝君》说：“孟尝君客我。”“客”字，权威著作或认为是“意动用法”，或认为是“使动用法”。“意动用法”是表示主体对待宾语的主观感觉，动词多由形容词与心理动词充当，译为“认为……怎么样”；“使动用法”是表示主体使宾语发出什么样的动作。“质其首”是“把头当作抵押品”，“客我”是“把我当作客人”，它们既不是意动，也不是使动。学员问我，我反复思考，认为它们是表示主体对宾语的客观处置。我又普查了《古文观止》、《左传》，发现这种用法还不少，超过“意动用法”。于是提出了“处动用法”，指出其特点是由名词充当宾语。这篇文章发表在《中国语文通讯》1982 年第 1 期。《中国语文通讯》是在《中国语文》正式复刊前的试刊。

我的另外一篇影响比较大的论文《益阳方言的边音声母》，则来源于推广普通话的实际。我 1956 年，就参加了湖南省的方言普查。到益阳工作后，发现益阳话边音特别多。除了普通话的 l、n 声母的字，还有 d、t、z、c、s、zh、ch、sh、r、j、q、x 等声母的字，在益阳话中都往往读成 l 声母；还有 p、m 与零声母的个别字，也读成 l 声母。如：“大码头”、“请坐，吃茶。”“一条蛇，丈把长。”我使用中国社会科学院语言研究所的《方言调查字表》进行调查，特别是通过对桃江板溪方言的调查，终于发现了规律。原来，益阳话的 519 个边音声母常用字，有一半来源于古代的全浊声母的字。于是，写了《益阳方言的边音声母》，发表在《方言》1981 年 3 期，并得到方言专家李荣先生的好评（见《方言》1983 年 3 期《方言研究中的若干问题》）。

要解决实际问题，必须认真学习，打好比较扎实的知识基础。读书是打基础的重要途径，是进行科研的前提之一。书籍是人类经验的记录，书籍是人类进步的阶梯。我只谈谈个人的读书体会。

我读的书，大体可以划分四类：（一）基础文化修养的书籍。（二）专业工作与研究需要的书。（三）修身养性的书。（四）消闲的书。

基础文化修养的书籍。既要广泛，又要专深，即由博返约。所谓广泛，包括中外结合、文科与自然科学相通，在文科中又要文、史、哲相通，包括佛教、道教、基督教、伊斯兰教的经典，我都读一点。开始读书时，决不可自己画地为牢，钻牛角尖。读到后来，就要专深，不可散漫无归。我患了散漫无归的毛病。

作为一个中国人，必须熟悉自己祖国的文化，这是不用怀疑的。但是，我们也必须适应世界文化融合的大趋势。我极力赞成中外结合，特别是中西结合。我读书，既读中国书，也读西方的古典名著与现代名著。不仅读书，做人也要兼取中学、西学的长处。苏轼主张：以儒治国，以道治身，以佛治心。那是古代，现在应该扩大。应该以民主、科学的精神建设国家，这是西学；应该以儒学、道学、佛学的精髓修身养性，这是东方之学。人生的不同发展阶段也应该有区别。我经常讲，青年人要以西方的进取精神为主，老年人应该以东方的知足精神为主。锻炼身体也要中西并用，我既做气功、打太极拳，又坚持打乒乓球。

文科与理科是相通的。英国伦敦大学亚瑟·米勒说："科学创造力与艺术创造力所涉及的因素是相同的。""对爱因斯坦和毕加索来说，情形就是这样。他们两人都试图理解空间的真实特性，并将他们的理解与不同的人对空间的理解融合起来。爱因斯坦提出相对论和毕加索首倡立体主义的时间几乎相同。"爱因斯坦开创现代物理学，实际上得力于哲学，他 1905 年获得苏黎世大学哲学博士学位，也在同一年建立了狭义相对论，1916 年发展为广义相对论。我们搞文科的人，不仅要借助电脑等科学仪器设备，还要吸收自然科学的方法。我学习汉字，就结合学习中医学的知识。如"寸"字，《说文解字》说："寸，十分也。人手却一寸，动脉，谓之寸口。从又从一。"这个"寸"，就是中医脉学"寸、关、尺"的"寸"，也是针灸学中的"同身寸"。所以，《说文解字》又说："尺，十寸也。……周制，寸、尺、咫、寻、常、仞诸度量，皆以人之体为法。"中国古人发明了两组同名而异用的长度系统。我研究寓言与文化，就吸收了系统论、场论等自然科学理论。搞理科的人，决不可轻视文科知识，搞文科的人更不应该妄自菲薄。我坚信：没有人文科学的进步，自然科学可能是人类的灾难。

读进行专业工作与研究所需要的书，这是立足社会的基本需要。对于本专业的名著，必须反复读，认真读。反复读才能熟练，要能够背诵一些名篇。比如：古典诗词，我最多时能够背诵一千篇以上，包括长篇的《离骚》；外国诗歌也能背诵一些。认真读，才能把厚书读薄（华罗庚的经验），再进一步，才能把书中的知识化为自己的知识，或者读出书中的问题来。能把学习到的知识化为自己的知识，就能抓住科研的机遇。巴斯德："在观察的领域中，机遇只偏爱那种有准备的头脑。"沸水掀起壶盖，启发瓦特发明蒸汽机；苹果落地，启发牛顿发现万有引力。这是因为他们的头脑有准备，已经把学习到的知识化为自己的知识。我的一些著作或论文，成绩是微乎其微的，但是，也还是要以认真学习知识为基础。如果没有语法知识，当然写不出《谈处动用法》；如果没有音韵知识与方言调查方法，当然写不出《益阳方言的边音声母》；如果没有文化历史知识，也写不出研究寓言、研究箕子、陶澍的著作及其他著作。

修身养性的书，既包括提高品德、修养的书，也包括强身健体的书。只要选择几种，重在实行，持之以恒。

消闲的书，可以使人放松，可以培养业余兴趣，只要注意品位即可。

读书要克服三怕。一不怕慢。《荀子》提倡"积"，"锲而不舍，金石可镂。"王国维《人间词话》说："古今之成大事业、大学问者，必经过三种之境界。"开始时基础差，比较慢；基础好了，可以一目十行。二不怕没有时间。《庄子》说："日计不足，岁计有余。"大家算算：一天读一万字，一年可读多少字？三不怕蠢。人一己十，积累多了，就可以进入自由境界。朱熹《读书有感》："向来枉费推移力，此日中流自在行。"

读书，必须积累，必须跟遗忘作斗争。善于复习，善于记录，经常运用，就可以克服遗忘。记录使用卡片，比笔记本好，便于分类与应用。卡片力求准确、单一。现在，运用电脑比手写更好了。

积累后要组合。通过读书与调查、思考，要把各种有用的知识组合起来，逐步建立自己的知识结构框架。建立自己的知识结构框架。就跟图书馆的图书有分类一样。这个框架要尽量丰富宏伟一些，既便于灵活调动、运用，又便于吸收、消化新的知识。

孔子说："知之者不如好之者，好之者不如乐之者。"爱因斯坦说："热爱是最好的老师。"既然进入了学术领域，就要热爱它，就要甘于清贫，乐于奉献，不要因社会的不正之风而沮丧，甚至放弃目标。我愿意跟年轻朋友共勉。

二、敢于怀疑，追求创新

马克思最喜欢的格言是："怀疑一切。"怀疑精神是科学进步之母。科学选题产生的客观条件是社会需要，主观条件是怀疑精神。有怀疑，就有创新。科研的本质就是追求创新。没有创新，就是重复。

中国传统文化有许多优点，也有许多缺陷，重要缺陷之一是缺乏怀疑精神，讲继承多而讲创新少。古希腊哲人提出："吾爱吾师，吾更爱真理。"中国人却过分崇拜老师、崇拜权威。个人经常感叹，两千多年前出现孔子是中国的光荣，崇拜孔子过分又是中国的不幸。当然，中国也有提倡怀疑精神的人。东汉的王充就是最突出的。明朝的陈白沙也说过："学问之道在于疑，大疑则大进，小疑则小进。"现代的著名学者胡适提出："大胆假设，小心求证。""大胆假设"就是怀疑精神。

我自己也有点滴体会。由于中国近代落后，汉字也曾经被认定为落后文字。文字学界广泛流行文字发展三阶段的说法："表形文字→表意文字→表音文字"。古埃及字、楔形文字和汉字被看作表意文字。这种说法自然会引申出汉字落后的结论。我于是写了《论世界文字发展轨迹与汉字》。

文章指出：这种三阶段说，不符合世界文字发展的实际。第一，没有表形文字。文字的性质是记录表示语言的。语言是语音和语义的结合体；而文字是有形体的，通过字形表示语音的叫表音文字，表示语义的叫表义文字。没有什么表形文字。第二，世界上没有任何一个国家的文字完全经历了这样的三个阶段。如：古埃及字、楔形文字、汉字，都很难划分出表形文字与表意文字两个阶段；它们也没有变成本民族的表音文字。另一方面，现在各国使用的拼音文字，都是从国外引进古文字作为表音符号而制作出来的，在本国并没有经历表形文字、表意文字的阶段。可见，上述三阶段说，是不太符合实际的。

文章提出了世界文字发展的新的三阶段说：第一阶段完全以形表义，即象形字。如：原始的古埃及字、楔形文字、古汉字。第二阶段盛行借音表义，为了解决字形少而词汇多的矛盾，古埃及字、楔形文字、古汉字都曾经有大量使用假借字的阶段。汉字殷墟甲骨文处于这个阶段。如："余"，本为木柱支撑屋顶的形状，但是在已经发现的甲骨文献中，根本不用本义，只假借作第一人称代词。甲骨文献大量使用假借，使用率高达70%以上，处于盛行借音表义的阶段。古埃及字、古苏美尔楔形文字，也曾经盛行借音表义（假借）。第三阶段分化，在本民族发展为语素文字（音义结合的文字），在外民族发展为表音文字。假借造成了大量同音现象，必须避免。汉字为了避免假借造成的混淆，就造了大量形声字，发展成了完备的语素文字。到《说文解字》时代形声字已经占汉字总数的80%左右，使汉字成为世界上最完备的语素文字。古埃及字、古苏美尔楔形文字，也曾经在借音表义的字体上加上义符、定符（类似汉字的部首）表示区别。可惜，古埃及字和苏美尔楔形文字，因为国家亡于异族而没有发展成完备的语素文字。它们传播到腓尼基、希腊、拉丁等异民族，只被当作一个记音符号，发展成为表音文字。腓尼基人，以古埃及字等为基础，创造了“腓尼基字母”。后来希腊字母、拉丁字母、斯拉夫字母、阿拉伯字母等等，都是来源于“腓尼基字母”。汉字传播到异族，也发展出表音文字。如：日本的“假名”，朝鲜的“谚文”，还有辽国的“契丹小字”，金国的“女真小字”。为什么在外民族发展为表音文字呢？这跟语言心理有关。本民族有以形表义的思维定势，外民族容易完全脱离语义。

文章指出，语素文字与表音文字本身无优劣之分。文字的优劣，在于能否有效地记录语言，不在于它是语素文字还是表音文字。赵元任、吕叔湘、朱德熙等著名语言学家都认为汉字是语素文字。

《论世界文字发展轨迹与汉字》发表在湖南师范大学学报 2001 年 4 期，被《新华文摘》2001 年 11 期详细摘登，成为封面标题的文章。

敢于怀疑，追求创新，必须要养成科研意识与科研兴趣。随时留心，遇到问题动脑筋。

我有一个习惯：发现有用的材料，产生一个新的想法，就马上记录下来。苏轼：“作诗火速追亡逋，清景一失难再摹。”我以前是使用卡片记录，随身带着，及时记录。

我搞科研还有一个体会：有了想法或基础，就要深入下去。1974 年“评法批儒”时，硬要我写文章。我不能抗拒，就想：“我就写一个真正的法家。”当时韩非被捧得很高，我就写了《论韩非子的寓言》，而且在文章中也坚持批评了韩非的错误。想不到，这是我研究寓言的开始。1977 年恢复高考，出现寓言材料的作文题，我跟朋友们开始编选《中国古代寓言选》；编选《中国古代寓言选》，发很多材料，于是我在 1983 年写成第一本《中国古代寓言史》；我又把眼光扩展到世界文化，1990 年主编了《中外寓言鉴赏辞典》，写成了《世界寓言通论》。

我出版了《白话鬼谷子》以后，就继续普查各种有关资料，考证《鬼谷子》的真伪，分析《鬼谷子》的思想特色与语言特色，又到河南云梦山等地调查，于是写出了《鬼谷子详解》，认定《鬼谷子》是战国纵横家的理论基础著作，也是我国最早的演说学、修辞学著作。

我阅读《尚书·洪范》，写了论文《中国文化史上第一子》，在此基础上，又到淇县（那就是商纣王的首都朝歌）调查，到韩国搜集资料，于是写出了《箕子评传》，论证箕子是中国第一位思想家。我主编《湖湘文库》的《陶澍全集》，熟悉了第一手资料，再阅读以前研究陶澍的著作，觉得我可以写得更加全面，于是写了《陶澍传》，系统评价这位经济改革家，论证他是古代经世派的政治代表，又是近代洋务派的先声。

总之，要有永不满足的浮士德精神，不要故步自封。孔子说："发愤忘食，乐以忘忧，不知老之将至。"我已经进入78岁了，生活上应该知足退让，但学习不能退步。

三、尊重材料，讲究方法

尊重材料，就是尊重客观事实。科学只能依据事实，不能歪曲事实。搜集材料，是科研的第一步。搜集材料，应该是穷尽性的，而且不要忽视反面例证。

搜集材料，首先必须了解各门学科的发展历史与最新成就。所以古人说："治学必先治史。"要看研究的专史与述评。

搜集材料，要重视原始材料，不要随便相信二手材料。这方面我有深刻教训。

2007年，我担任《陶澍全集》的主编。在编辑整理过程中，因为相信《陶澍评传》中的材料，竟然把陶澍三个女婿的名字搞错了。把四女婿"贺瑴（即'珏'字）"错成了"贺毂"；把六女婿"陈庚泽"错成了"陈庾泽"；把八女婿"聂有湖"错成了"聂有源"。后来查《资江陶氏族谱》才发现错误，在写《陶澍传》时才改正。当然，《陶澍评传》的作者是研究陶澍的专家，其中的错误应该是印刷错误。

2005年，我写《鬼谷子详解》，看到一本《鬼谷子词典》说："俞樾的《鬼谷子真伪考》，对前人成果作了总结性的论述。"那书又引用俞樾的结论是："据吾考定，为苏秦述其师学之作。其中有为鬼谷传诵于弟子之言，书中凡古韵之文均是；有为苏秦自撰之篇，如《揣》、《摩》及《阴符》说解，是也；有为苏子纂集吕尚《周书》之言，如《符言》之录自齐太公《阴符》，是也。"当时，我认为这条材料很"珍贵"。但是，查俞樾的《春在堂全书》，其中却没有《鬼谷子真伪考》。我以为是没有编入全集，托寓言研究会的朋友周冰冰在杭州查证，也没有结果。但是，我还是舍不得这条"珍贵"材料，就在《鬼谷子详解》中引用了。后来，南京的张广志老先生提醒我，才发现那一本专著是把"俞棪"误为"俞樾"了。俞棪是民国时代广东番禺学者，他对鬼谷子颇有研究，除了专书《鬼谷子新注》外，又有《鬼谷子真伪考》一篇，是他所著的《中国政治学史略》的第三篇第二章。我当时没有看到《中国政治学史略》。原来，由于特殊的时代背景，此书只有几本油印本保存，直到2009年才由上海社会科学出版社出版。我没有看到《中国政治学史略》，又舍不得抛弃出处不详的二手资料，从而铸成了大错。

发现了错误，要善于修正，善于放弃自己的观点。一个人权威再大，只要有错误，就不可能掩天下人耳目，更不能掩后世人耳目。所以，自己改正为好，公开检讨为好。我在《陶澍传》中检讨点校《陶澍全集》的错误，有的朋友出于好心劝阻，我还是坚持在序言中公开检讨了。我还写信给张广志老先生检讨了《鬼谷子详解》中的那条错误。

在教学中也一样。《文言今译学》出版后，给学生开了选修课。为了鼓励学生批评。我宣布："考查的小论文，如果能够指出这本书中的错误，等级就打优。"有两个学生这样做了，虽然批评不一定对，我还是给他们打了优。

其实，读书的微小之处也可能发生错误，也要"活到老，改到老"。如佛教的《心经》，我背得滚瓜烂熟，但是我把"菩提萨埵"的"埵"字误以为跟"边陲"的"陲"字同音，一直读错，最近才发现错误，加以改正。

在科研领域，掌握了材料之后，理论与方法有时起决定作用。爱因斯坦说："你能不能观察到眼前的现象，取决于你运用什么样的理论。理论决定你到底能观察到什么。"我的体会是：最好是精通一种研究方法，但是不要墨守成规，而要成为方法的主人，不拘一格，为我所用。不同角度，可以运用不同的方法。

搞汉语研究，必须扩大视野。一是要学习普通语言学，特别是国内外语言学的新进展。我写《论世界文字发展轨迹与汉字》，就学习了布龙菲尔德的《语言论》（袁家骅译，商务印书馆，1980 年），赵元任的《语言问题》（商务印书馆，1980 年），索绪尔的《普通语言学教程》（高名凯译，商务印书馆，1982 年），周有光的《字母的故事》（东方书店，1954 年）等著作。二是要扩大文化视野。如：汉字与中国文化的关系。《说文解字》："寸，十分也。人手却一寸，动脉，谓之寸口。从又从一。"怎么理解呢？关键是后退一寸如何理解。从什么地方后退？一寸是多少？结合中医就好理解了。中医诊脉，掌腕横纹后的高骨叫"关"，腕横纹至"关"叫"寸"，从"关"到肘弯叫"尺"，分别代表上焦、中焦、下焦的脉象。"寸"与"尺"的长度就是以此为基础确定的。故《说文解字》又说："尺，十寸也。……周制，寸、尺、咫、寻、常、仞诸度量，皆以人之体为法。"问题是人有高有矮，这怎么办呢？针灸学给我巨大启发。针灸使用的是"同身寸"。"同身寸"，因人而异。比如：治疗呕吐的"内关"穴，在腕横纹后面二寸。这个"二寸"是不能用标准尺寸衡量的。就是各人自己寸口的两倍，大约相当自己的三个手指的宽度。我国古人真很聪明，发明了两组同名而异用的长度系统。一是营造尺寸，二是人体尺寸。营造尺寸，以中等身长为基础，加以标准化。人体尺寸，则因人而异。营造尺寸，是标准的计量，用于建筑、交易与日常生活；人体尺寸，因人而异，用于医学。

研究寓言，更要扩大视野。在方法论上我采用拿来主义的态度，兼收并蓄，为我所用。在研究寓言的起源方面，我采用了卡西尔《象征形式哲学》中关于人类思维发展三个阶段的学说；在研究寓言的文化地位方面，广泛采用了反映论、系统论、比较主义、结构主义乃至自然科学的方法；在研究寓言的创作方面，我受到了布洛《“心理距离”作为一项艺术因素与审美原则》的启示。且再举一例，在研究寓言的鉴赏方面，我采用丹纳在《艺术哲学》中提出的“特征从属原理”学说，采用姚斯《走向接受美学》的观点，提出了逐层开掘寓意的框架：首先感知故事的表层寓意（个别），再分析中层寓意（特殊），再深入开掘深层寓意（一般）。表层寓意是作者所类比的具体事件，我们也称它为具体寓意，它往往是触发作者创作某篇寓言的契机。中层寓意与深层寓意，我们也称它们为普遍寓意。中层寓意是表层寓意的概括升华，反映了某一历史时期特有的精神现象，作者可能自觉意识到了，也可能没有意识到。深层寓意是进一步的概括升华，表现为深刻的哲学意蕴，往往反映了全民族乃至全人类共同的思维积淀，它需要读者（包括评论家）的开掘。表层寓意是个别的，往往时过境迁，转瞬即逝，但它是创作和理解的基础；中层寓意是特殊的，具有特殊历史价值；深层寓意（核心意蕴）是一般的，包含着人生的精义，往往经久而弥新。优秀的寓言往往具有多层次的寓意，包括表层寓意、中层寓意与深层寓意。如《庄子·徐无鬼》中的“匠石运斤”这个寓言：

庄子给亲友送葬，从惠施的墓边经过。庄子感慨万分。他回过头来，对跟随的人说了这个“运斤成风”的故事：楚国国都郢城，有一个泥水匠。他粉刷时，有一点白泥偶尔飞溅在他的鼻尖上，那白泥又薄又小，薄得就好像苍蝇的翅膀一样。他请一个名叫石的木匠削掉他鼻尖上的白泥。石木匠迅速地挥动手中的大斧，快得好像一股旋风，随随便便地砍去，削尽了鼻尖上的白泥，却没有伤着鼻子；那郢人稳稳当当地站着，脸不变色心不跳。宋元君知道这件事情以后，便把石木匠找去，对他说：“你试着做一次给我看看。”石木匠说：“小人的确是曾经为人削过鼻尖上的白泥。不过，现在不行了。小人的那个对手早已死了，再也不能找到那样的对手了。”庄子讲完故事后说：“自从我的朋友惠施那个人死了之后，我也没有对手了。现在，已经没有能够与我进行论辩的人了。”故事写得十分夸张，大概是从当时的杂技表演吸取了灵感。

惠子即惠施，是名家学派代表人物，庄子是道家学派代表人物，他们观点不同，常常辩论，甚至互相讽刺。但是，这种彼此之间的争辩，促进了学术的进步。所以，惠子去世以后，庄子悲伤、孤寂，十分怀念这个能够砥砺学问的朋友与经常辩论的对手，这就是故事的浅层寓意。故事反映了战国这一特殊历史状况下百家争鸣的意义，各派学说虽然对立，但又互相促进，相生相灭，相反相成，促进了学术的繁荣。这就是故事的中层寓意。故事的深层寓意是：任何事物都是相反而相成的，一切事物都是以对立面的存在作为自己存在的前提，对立统一是事物发展的一条普遍规律。

在研究寓言的鉴赏方面，我除了吸收西方的鉴赏理论，也吸收了中国古代诗论关于“象外之象”、“形神兼备”、“出人意外而在人意中”等欣赏理论。

方法上的突破，跟训练思维有关。要熟悉形式逻辑，也要熟悉辩证逻辑。还要训练特殊的思维本领。如：顺向超深思维，逆向反常思维，主体辐射思维（多角度、多层次），创造性悟性思维。

四、胸怀大志，保持人格

治学，搞科研，就要立大志，解决社会需要。释迦牟尼说：“一滴水只有注入大海才能不干枯。”爱因斯坦说：“人只有献身于社会，才能找出那实际上是短暂而有风险的生命的意义。”

我的治学重点，放在整理研究中国的寓言与文化。因为，我认为文化创造是民族自信心的基础。而由于中国近代曾经落后，外国人不了解中国文化，中国人自己在文化方面也有不少缺乏深入研究的领域。

我很早就读了一些寓言故事，包括中国先秦时代的寓言故事与外国的寓言故事，那是零零星星的。当时，有一个怀疑：为什么中国先秦以后寓言就衰落了呢？“文化大革命”灾难结束后恢复高考，文言文翻译题与作文题，往往跟寓言有关。于是，约几个朋友编选《中国古代寓言选》。一普查古籍，发现中国各个历史时代，都有大批寓言作品，并且涌现了不少优秀的寓言作家。我非常高兴，因此萌发了写作《中国古代寓言史》的念头。《中国古代寓言史》按照中国文化发展背景与寓言本身特点，把寓言发展划分为七个时期：远古创始期、战国争鸣期、两汉沿袭期、魏晋南北朝转折期、唐宋融汇期、元明世俗化期、明末近代变革期。还专章介绍了各民族民间寓言、寓言小说、寓言戏剧。全书共介绍了 280 位寓言作家。此书出版不久，新华社就于 1984 年 1 月 30 日发表了“我国第一本《中国古代寓言史》在湘出版”的专电。后来，我翻阅中美两国合作编写的《大不列颠百科全书》，其中的“寓言”词条，竟然不提中国寓言。我于是立志写《世界寓言通论》。此书把世界寓言划分为三大体系，一个是以印度为起点的印度·中东·东南亚体系，一个是以中国为核心的中国·东亚体系，一个是以古希腊与希伯来为源头的欧洲体系。全面介绍了各体系的重要作家作品，分析了不同体系寓言作品的特点，并列出了世界寓言世表。此书还有几个创新点：1. 提出了对“寓言”范畴和定义的新观点。自从林纾、严璩合作翻译《伊索寓言》以后，人们往往把“寓言”等同于英文的Fable。作者认为，中国的“寓言”一词，应该相当英文的Allegoric tales，其范畴应该包括英文中的Fable（伊索式寓言）、Parable（《圣经》式寓言）、Allegory（如《天路历程》之类）与Morality play（道德寓意剧）。寓言的特点是具备故事性与寄托性，是双重结构的文体。因此寓言的定义应该是：“作者另有寄托的故事。”2. 全面探讨了寓言的文体特色，并与相关相似的文体作了比较。3. 探讨了寓言的分类标准，按照寓体、本体、本寓体关系、体制等不同方面给寓言作了分类，纠正了分类纷乱的现象。4. 探讨了寓言起源的条件，一是社会发展水平，一是思维发展水平。5. 探讨了寓言与人类文化的关系。6. 探讨了寓言教育、寓言研究、寓言鉴赏的方法。我的研究得到了老前辈公木、季羡林、王利器、金江、羊春秋，老朋友仇春霖、马达、朱靖华、黄瑞云、白本松、顾建华、吴秋林等的积极鼓励。许多重要报刊都发表了书评。《中国古代寓言史》、《世界寓言通论》等流传到国外，还被台湾用繁体字出版，被韩国翻译为韩文出版。

外国和中国的某些学者，他们在研究中国思想家方面，往往是从孔子开始，最多追溯到周公。往往忽视了孔子以前的思想家。似乎长达1000年的夏、商两个王朝，从来没有出现思想家。因而造成一种错觉，在世界文明古国中，中国出现思想家比巴比伦、印度、希腊都要迟得多。其实，比孔子早500多年的箕子，就在《洪范》中论述了影响深远的三大思想：五行学说，天人感应学说，王道政治学说。古希腊的泰勒斯，提出“水”是万物本源，就被定为希腊第一个思想家，为什么提出了三大思想的箕子不能算思想家呢？泰勒斯比孔子早一个世纪，而箕子比泰勒斯早四个世纪。而且，箕子是第一个走出国门的思想家、政治家，他开发了古朝鲜。我于是写了《箕子评传》。

孟子说：“富贵不能淫，贫贱不能移，威武不能屈。”这概括了知识分子应该具有的可贵人格。我体会，无论做人还是写文章，都必须坚持独立的人格。

“四人帮”当权的时代，为了政治目的，大搞影射史学，先后发起了“评《水浒》，批宋江”、“评法批儒”、“批林批孔批周公”等运动。这些运动的逻辑非常荒谬。运动领导者把历史人物几乎都分成儒家、法家两大派，给儒家泼脏水，给法家戴光环，极尽歪曲之能事。运动领导者虽然吹捧法家，实际上只是欣赏法家的尊君愚民，却抛弃了法家的“言行必轨于法”，而鼓吹“无法无天”，连真正的法家也不如。给儒家泼脏水的手段更是下流。例如，有个著名的杨荣国教授，竟然信口雌黄地说：“林彪偷东西，是向谁学的呢？是向儒家大师孟子学的。孟子就宣传过偷邻家的鸡。”我听了湖南省电话会的直播，非常气愤。当时，我在益阳教学辅导站工作，因为会写几句通顺的话，被认为是“笔杆子”。“评《水浒》，批宋江”，领导要我写文章。我不屑于歪曲实事，又隐约感觉到，“评《水浒》，批宋江”的主要矛头是针对周恩来总理的。于是，借口有其他工作，就对领导说：“我还是读小学时读过《水浒》，现在已经模模糊糊了，一时写不出来的。”总算过了一关。后来，硬要我写文章参加“评法批儒”，我只好写了《论韩非子的寓言》，我想：评法，我就评一个真正的法家。决不说混账话。

1975 年我在益阳地区工作，5 月份参加宁乡县的推广普通话教学的观摩活动，颇有感受。我 1956 年曾经参与湖南省的方言调查，写了《澧县方言调查报告》。于是，我在观摩活动后思考，如果在教学活动中更自觉地利用普通话与方言的语音对应规律，效果可能更好。于是，我就利用方言学知识，于 6 月份出差沅江县时，在县招待所写成了《试谈语音对应规律在推广普通话中的应用》。经过修改，在 9 月初把文稿投到了《光明日报》。1975 年 10 月，政治风云发生变化，全国开始“批邓”“反击右倾翻案风”。1976 年 4 月 6 日，我写信查询文稿的下落。不久，接到《光明日报》编辑部回信说：“4 月 6 日来信收悉。您的稿件《试谈语音对应规律在推广普通话中的应用》，我们已经采用，并已发排。由于该稿谈业务多，结合当前运动差些，故最近未能见报，何时见报尚不能肯定。”“如果您能增加一些内容，让该稿为‘反击右倾翻案风’的斗争服务，就更好了。”信末写明 1976 年 4 月 17 日，盖的公章是：“光明日报文字改革编辑室”。我当时把邓小平看作是中国的希望，崇拜他，怎么能说违心话批判他呢？我只好把信藏起，置之不理，保密不语。“四人帮”垮台后，我特别热衷于写批判“四人帮”的文章，纷纷在报刊上发表。《光明日报》于 1977 年 1 月 13 日发表了我写的纪念周总理的文章《文字改革的光辉文献》，又于 1977 年 6 月 3 日发表了《试谈语音对应规律在推广普通话中的应用》，占了第三版大半个版面。1977 年秋天，《光明日报》派了两位记者到宁乡县瓦子坪公社，整理在农民中推广普通话的经验。我陪同他们整理，闲谈时谈到稿件《试谈语音对应规律在推广普通话中的应用》，他们也为我没有加上“批邓”的内容而高兴。这件事情，给我的最大感受是：无论做人还是写文章，都必须坚持独立的人格。每个人都可能说错话，做错事，但是决不可说违心的话。不说违心话，才能心安。如果我为了求发表而在稿件中加上批邓内容，那么，就给我造成了人生的一大遗憾。

进入科研领域，还要有广阔的胸襟。

首先要认识到：真正的科研是为人类的知识添砖加瓦，不是为了个人的名利。为名，最好的去处是当文艺明星、节目主持人。（当然，文艺明星、节目主持人中有许多高境界的人，他们也不是为了个人成名。）为利，最好的办法是经商、办企业。（当然，商人、企业家中有许多高境界的人，他们也不是为了个人利益。）而且，科研是一场接力赛，一代人，又一代人，连续不断地努力，才能形成某些科研成果。个人的贡献总是微乎其微的。因此，搞科研，既要尊重前贤，又要鼓励后学。不要狂妄自大，不要嫉妒别人，不要斤斤计较，不要怕别人超过自己。

我研究寓言，出版了《中国古代寓言史》、《世界寓言通论》等著作，有些观点被别人援用了，没有注明出处，甚至有一本跟我的著作的基本框架、基本材料相似的《中国古代寓言史》也在台湾出版了。有人劝我维权，我没有做。这说明，我的维权意识太差，当然不好。但是，我的出发点是：有人抄我的著作，说明著作有社会反响，也说明多了一个爱好相同的人。又，我在《中国古代寓言史》中，给我的同乡（桃源县）老前辈江盈科以比较高的评价。后来，跟我同乡的一位青年教师黄仁生对研究江盈科产生兴趣，他搜集了丰富的材料，又邀请我以两人的名义共同申报了整理《江盈科集》的国家课题。课题基本都由他完成，我只审了稿，写了一篇序言。出版前，岳麓书社的社长夏剑钦问我怎样署名，我说：“作者只署黄仁生的名字，审稿也不要署我的名。”夏说：“那不委屈你了。”我说：“实事求是。而且黄仁生在学术上方兴未艾。”又开玩笑说：“我不靠这本书评职称。你给我开些校对费就算赚钱了。”

大科学家牛顿谈自己的科研发现时说：他不过像小孩偶尔在海边拾起几个贝壳。那么，我的经验只能算什么呢？只能是几颗沙砾。（2013 年 5 月 15 日为“超星学术视频”讲课）

五 发表论文总目录

甲、语言类论文（33 篇）

1.《文字改革的光辉文献》，光明日报 1977 年 1 月 13 日

2.《试谈语音对应规律在推广普通话中的应用》，光明日报 1977 年 6 月 3 日

3.《唐晓文歪曲史料一例》，历史研究 1977 年第 6 期

4.《帮派训诂学的一个黑标本》，湖南师范学院学报 1977 年 4 期

5.《汉字拼音工作的一次历史性的总结》，文字改革通讯 1978 年 1 期

6.《对“的”“地”用法的不同看法》，湖南教育 1978 年 8 期

7.《肃清四人帮在训诂领域中的流毒》，湖南师范学院学报 1978 年 3 期

8.《漫谈文言虚词的学习》，湖南师范学院“语文教学”1979 年 1、2 期

9.《从高考谈文言翻译的训练》，湖南师范学院“语文教学”，1980 年 1 期

10.《分析句子应采用层次分析的方法》，湖南语言学会 1980 年年刊

11.《益阳方言的边音声母》，方言 1981 年 3 期

（李荣先生在《方言》1983 年 3 期发表《方言研究中的若干问题》充分肯定此文）

12.《益阳方言与古汉语音韵关系三例》，湖南师范学院学报 1982 年增刊

13.《谈处动用法》，中国语文通讯 1982 年 1 期

14.《名词动化的意义及译法》，语文知识丛刊 1982 年 4 期

15.《桃源方言的复数语尾——俤》，湘潭大学学报 1983 年增刊

16.《一个功能完备的复数语尾》，常德师范专科学校学报 1983 年 2 期

17.《音韵教学的几点尝试》，湖南教育学院学报 1985 年 3 期

18.《文言今译常见十弊》，湖南教育学院学报 1985 年 6 期

19.《“仅”字为什么有“庶几”之义》，湖南语言学会 1987 年“语言研究丛刊”

20.《一个作宾语时要求前置的代词——自》，全国教育学院、师专 1988 年会论文集

21.《训诂偶得》，古汉语研究 1992 年 2 期

22.《〈马氏文通〉与传统语文学》，湖南教育学院学报 1992 年 3 期（《新华文摘》1992 年 10 期全文转载）

23.《谈〈左传〉中的处动与意动》，湖南教育学院学报 1993 年 6 期（国际古汉语研究年会论文，瑞士伯尔尼）

24.《释“子罕言利与命与仁”》，古汉语研究 1995 年 3 期

25.《〈论语〉析疑二则》，古汉语研究 1997 年 2 期

26.《韩国常用汉字读音与古汉语音韵》，益阳师范专科学校学报 1999 年 4 期

27.《论〈说文解字〉的文字学成就》，船山学刊 2000 年 4 期

28.《论世界文字的发展轨迹与汉字》，湖南师范大学学报 2001 年 4 期（此文被《新华文摘》2001 年 11 期全文转载，标题于封面。）

29.《论世界文字的发展轨迹》，湖南涉外经济学院学报 2001 年 1 期

30.《论〈论语〉中的“殆”字以及“对文见义”》，古汉语研究 2004 年 4 期

31.《试论汉字与表音文字的不同发展道路》，台湾《国文天地》241 期（2005 年 1 期）

32.《培养汉语能力的三点粗浅看法》，《湖南教育》2013 年 10 月

33.《谈“遮莫”、“教（他）莫”的语义及其生成》，古汉语研究 2014 年 1 期

乙、寓言类论文（46 篇）

1.《试论韩非寓言的思想艺术特色》，湖南师范学院学报 1976 年 1 期

2.《中国古代寓言的形成、发展及其特色》，求索 1981 年 4 期（人大《中国古代近代文学研究》复印资料 1981 年 23 期）

3.《富于科学幻想的列子寓言》，常德师专学报 1982 年 2 期（人大《中国古代近代文学研究》复印资料 1982 年）

4.《刘伯温和他的寓言》，益阳师专学报 1983 年 3 期

5.《试论中国民间寓言的整理及其意义》，湖南教育学院学报 1984 年 4 期

6.《中国 17 世纪的“天路历程”——〈后西游记〉》，湖南教育学院学报 1986 年 2 期

7.《中国古代寓言与传统思想的反思》，湖南教育学院学报 1986 年 3 期（收入全国《寓言文学论文集》）

8.《〈物感〉与〈况义〉》，衡阳师范专科学校学报 1987 年 1 期

（为福建《宁化县志》采用）

9.《寓言鉴赏导论》，湖南教育学院学报 1987 年 4 期

10.《寓言鉴赏导论（续）》，衡阳师范专科学校学报 1988 年 1 期

11.《寓言与文化》，湖南教育学院学报 1989 年 1 期

12.《论世界寓言的起源与谱系》，湖南教育学院学报 1990 年 1 期

（《高校文摘》1990 年 4 期）

13.《寓言比较断想》，理论与创作 1990 年 2 期

14.《〈淮南子〉寓言与黄老之术》，求索 1993 年 4 期

15.《谈寄托禅宗哲理的长篇寓言小说》，云梦学刊 1993 年 1 期

16.《借鬼魅异物影射现实的长篇寓言小说》，湖南教育学院学报 1994 年 1 期

（人民大学《古代近代文学研究》复印资料 1994 年 5 期）

17.《中国古代寓言小说与寓言戏剧概况》，益阳师范专科学校学报 1994 年 2 期

（人民大学《古代近代文学研究》复印资料 1994 年 6 期）

18.《明清时代以海外幻想故事为寓体的长篇寓言小说》，武陵学刊 1994 年 1 期

19.《韩国寓言略史》，韩国“中国小说研究会会报”1994 年 6 月

20.《中国古代寓言的范畴、起源、分期新探》，求索 1994 年 4 期

21.《泰西寓言的传入及其影响》，文学与创作 1995 年 1 期

22.《寓言与中国文化》，衡阳师范专科学校学报 1995 年 1 期

（人民大学《古代近代文学研究》复印资料 1995 年 5 期）

23.《明代前期寓言剧》，山东枣庄师范专科学校学报 1995 年 1 期

24.《中国少数民族寓言概况》，湖南教育学院学报 1995 年 1 期

25.《论古代朝鲜的寓言创作》，湖南教育学院学报 1995 年 6 期

26.《论瑟伯寓言》，衡阳师范专科学校学报 1997 年 4 期

27.《寓言教学与思维素质》，衡阳师范专科学校学报 1997 年 6 期

28.《中国古代童话和它的分期》，湖南少年儿童出版社 1998 年《新时期湖南童话寓言精选》

30.《关注变革，有容乃大——中国 20 世纪寓言创作回顾与展望》，北方工业大学学报 1999 年 2 期

31.《上下求索，无怨无悔》，中国文联出版社 2000 年《当代作家文库》

32.《论韩国古代寓言及其与中国寓言的关系》，1999 年在韩国成均馆大学发表，收入第十九届中国学国际会议论文集

33.《论中韩古代散文的关系》，1999 年在韩国汉城大学发表

34.《论中国现代寓言的特点与分期》，湖南教育学院学报 2000 年 3 期

35.《用故事启迪智慧——试谈寓言教学》，台湾《国文天地》192 期（2001 年 5 月）

36.《论柳子寓言的地位与特点》，零陵学院学报 2003 年 1 期

37.《论李奎报的寓言》，长沙大学学报 2003 年 3 期

38.《论成伣的寓言》，常州工学院学报 2003 年 5 期

39.《韩愈、苏轼与高丽王朝的“假传”》，中国文史出版社《中国比较文学教学与研究》，2004 年 6 月

40.《论寓言的文化地位》，韩国《东亚细亚寓言文学比较论》，2005 年 2 月

41.《谈高考作文命题与寓言》，《童话寓言》2005 年 1 期

42.《世界寓言的历史和基本理论》（十六讲），“超星”数字视频，2007 年

43.《打开寓言这扇窗》，《湖南教育》2009 年 12 期

44.《领悟佛理的方便法门——佛典寓言》，《嘉定佛教》2011 年 1 期

45.《开中西合璧的寓言创作之路——谈李世熊“物感”》，载《中国古代散文国际学术研讨会论文集》（南京凤凰出版社，2011 年）

46.《论梁元帝萧绎的寓言》，常州工学院学报 2012 年 5 期

丙、文史类论文（49 篇）

1.《论荀子的儒家思想兼论荀学的历史命运》，常德师专学报 1980 年 4、5 期

2.《赋兴、意象、意象叠加》（跟吴康合作），黔阳师专《教与学》1981 年 3 期

3.《周亚夫生年应予订正》，益阳师专学报 1982 年 2 期

4.《益阳诗僧——齐己》，求索 1984 年 2 期

5.《我们在中国大地上起飞》，湖南教育学院学报 1987 年 1、2 期

6.《中国古代童话及其分期》，湖南教育学院学报，1993 年 3 期

7.《南楚巫歌化伟辞》，载《屈原与楚文化》（1993年）

8.《浅谈咏史诗的文化背景与胡曾诗的历史地位》，邵阳师专学报1994年1期

9.《南宗禅与湖南文化》（蒋笃家执笔），船山学刊1995年2期

10.《“史记”与“三国史记”》，国际司马迁学术讨论会论文集（1996年）

11.《古朝鲜族源神话与古代中朝文化关系》，求索1996年3期

12.《晚明诗文革新运动的一员主将——江盈科》，衡阳师专学报1996年4期

13.《中国文化史上第一子——箕子》，湖南教育学院学报1996年6期（人民大学《文化研究》复印资料1997年3期）

14.《论古朝鲜汉文诗与中国古典诗歌》，湖南教育学院学报1998年1期

15.《三千年延续不断的文学因缘》，益阳师范专科学校学报1998年2期（人民大学《比较文学研究》复印资料1998年7期）

16.《贺〈江盈科集〉整理出版》，中华书局《书品》1998年3期

17.《韩国汉文文学的奠基之作——桂苑笔耕集》，长沙大学学报2002年1期

18.《长沙文化浅谈》，《长沙大学学报》2002年3期

19.《箕子开发古朝鲜考》，《求索》2003年1期

20.《〈尚书·洪范〉作于周朝初年考》，湖南师范大学学报2003年1期

21.《论箕子的“子”不是爵位》，湖南师范大学学报2003年2期

22.《我国第一首凭吊故国的抒情诗——麦秀歌》

23.《箕子与箕子的文化地位》，长沙大学学报2004年1期

24.《中国第一位思想家——箕子》，船山学刊2004年1期

25.《长沙文化讲座》，长沙大学校报，2003年1月——2004年11月

26.《鬼谷子写作年代考》，长沙大学学报2005年1期

27.《岳云留浩气，湘水吊忠魂》，长沙大学学报2005年6期

28.《略说韩国古典散文与中国古典散文之联系》，长江学术2006年1期

29.《长沙是楚国洞庭郡的首府》，长沙大学学报2006年3期

30.《论〈三国遗事〉的历史地位与文化价值》，广州大学学报2007年6期

31.《八景何时属潇湘——潇湘八景考》，长沙大学学报2008年1期

32.《关于陶澍所受的四次处分》，湖南城市学院学报2008年5期

33.《陶澍著作考》，长沙大学学报2008年6期

34.《中国古代近代之交的杰出政治家——论陶澍的历史地位》，长沙大学学报2009年1期

35.《论陶澍》，湖南城市学院学报2009年2期

36.《论陶澍全集出版的意义》，湖南城市学院学报2009年6期

37.《办一事须了一事——陶澍全集编辑心得》，古籍整理出版情况简报2010年4期

38.《浅谈陶澍全集》，船山学报2010年3期

39.《陶澍诗歌的创作与地位》，湖南城市学院学报2011年1期

40.《陶澍诗歌的思想内容》，湖南城市学院学报2011年4期

41.《杰出改革家陶澍》，南京鼓楼区政协主编《鼓楼文史》2013年1期，中国文联出版社

42.《严禁鸦片的疆臣领袖》，《陶澍研究》2013年

43.《先后相须，千古佳话——谈陶澍对左宗棠的影响》，长沙大学学报2014年3期

44.《论梁元帝的政治悲剧》，常州工学院学报2013年5期

45.《长沙文化发展阶段浅谈》，2002年10月17日长沙文化研究所成立大会的讲话

46.《得其术而弃其道——战国游说之士与鬼谷子》，2010年海峡两岸鬼谷子学术研讨会（河南鹤壁）演讲

47.《中医药与中国文化》，2012年3月23日于湖南中医药大学演讲

48.《色彩神奇，价值独特——〈鬼谷子〉浅谈》，2014年于湖南省图书馆“湘图讲坛”演讲

49.《湖湘名人陶澍》，2014年“熬吧读书会”演讲

丁、序跋类论文（57篇）

1.《〈古文观止〉及其他》，岳麓书社《古文观止（言文对照）》序，1982年

2.《文学入门》（唐高武、黄伯荣、张瑞照）序，湖南出版社1991年

3.《常用汉字拼读难点快速突破》（周先义）序，广西教育出版社1991年

4.《寓言——开启儿童智慧之门的金钥匙》，湖南少年儿童出版社1991年《益智寓言100篇》序

5.《充分发挥板书的提纲挈领作用》，《中学语文教材板书汇编》（段建红）序

6.《秋水·伊人》（罗光辉）序，电子科技大学出版社，1994年8月

7.《中学生作文达标训练与指导》（彭光宇主编）序，湖南出版社1994年

8.《中国历代文学精华》（陈器之主编）序，湖南出版社1995年

9.《古代名家哀祭文、墓碑文选注》（刘细云）序，海南出版社1996年

10.《江盈科集》（黄仁生整理）序，岳麓书社1997年

11.《历代爱国散文选》（曾益谦）序，1998年出版

12.《语文美育论》（彭天翼）序，湖南师大出版社1999年

13.《古诗文修辞艺术概观》（戴锡琦）序，首都师范大学出版社1999年

14.《扶槎陈氏族谱》（陈器之主编）序，1999年版

15.《不平凡的二十世纪寓言》，凡夫主编《百年中国寓言精华》序，河南大象出版社2000年

16.《徐强华作品选集》序，中国文联出版社2000年

17.《古诗文诵读》（岳云中学主编）序，岳麓书社2001年

18.《一代宗师柳宗元》（翟满桂）序，岳麓书社2002年

19.《余醒翻古》（周后昆）序，香港华晖出版社2002年

20.《家教纵横》（彭福章）序，中国文联出版社2002年

21.《精选今译古文观止》后记，中南大学出版社2004年

22.《魏晋玄学与文学》（皮元珍）序，湖南人民出版社2004年

23.《鹤皋集》（伍鹤皋）序，2009年出版

24.《晚明小品与现代散文》（周荷初）序，湖南人民出版社2004年

25.《五年磨一剑——邓开初〈宁乡方言〉序》，长沙理工大学学报2007年4期

26.《汉字的过去与未来》（廖才高）序，湖南大学出版社2005年

27.《一本得风气之先的蒙学课本》，岳麓书社翻印商务印书馆《新订蒙学课本》导读

28.《一座宝库，一扇橱窗，一支轻骑》，杨宪益英译《中国古代寓言选》（“大中华文库”丛书）序

29.《一本平凡而闪光的好书》，李阿山《中学古诗文疑难词句集解》序，2008年出版

30.《正确阐扬孝道，促进社会和谐》，彭福章《孝道纵横》序，珠江文艺

出版社 2006 年

31.《全面·系统·扎实》，钟锡南《金圣叹文学批评理论研究》序，上海古籍出版社

32. 通俗小说前言 13 篇，新疆人民出版社、新世纪出版社、中国和平出版社等出版，2001 年至 2004 年。

《东西汉演义》、《七剑十三侠》、《小五义》、《彭公案》、《施公案》、《野叟曝言》、《隋炀帝艳史》、《玉娇梨·平山冷燕》、《好逑传·无声戏》、《五美缘》、《海国春秋》（即《希夷梦》）、《八仙全传》、《中国历代通俗演义》。

35.《菜根谈·呻吟语》前言，中国和平出版社 2004 年

36.《厚黑学》前言，中国和平出版社 2004 年

37.《寓言与诗歌结合的硕果》，许若默《老许寓言集》序，吉林出版社 2004 年

38.《登堂的阶梯，入室的向导》，蔡梦麒《广韵校释》序，岳麓书社 2007 年

39.《广阔的视野，入微的体悟》，读潘雁飞《多维文化视野下的中国文学》（湖南大学出版社），湖南科技学院学报 2007 年 1 期

40.《文明无国界，异域有知音》，《世界寓言通论》尹柱弼韩译本序，2010 年韩国出版

41.《发扬传统，推陈出新》，彭光宇《新幼学琼林》序，湖南人民出版社 2010 年

42.《廿年辛苦，一瓣心香》，陶今《我的先祖陶澍》序，岳麓书社 2012 年

43.《中华成语集韵》，谭文淼《中华成语集韵》序，湖南人民出版社，2012 年

44.《说文解字的文化解读》，李振中《说文解字研究》序

45.《鸿爪集》（卜庆华）跋，湖南师范大学出版社，2012 年

戊、书评类论文（27 篇）

1.《读我国第一部赋史》，读马积高师《赋史》，湖南教育学院学报 1988 年 2 期

2.《一部具有特色的填补空白的词书》，读鲍延毅《寓言词典》，山东书讯 1989 年 2 月

3.《读〈寓言词典〉》，山东枣庄师范专科学校学报 1989 年 3 期

4.《一部有特色的断代语法书》，读易孟醇《先秦语法》，古汉语研究 1990 年 4 期

5.《一部别开生面的书》，读盖壤《中国俗语故事集》，辽宁社会科学辑刊 1991 年 2 期

6.《谈〈三国志今注今译〉》，长沙理工大学学报 1992 年 3 期

7.《读〈江盈科集〉》（序二），岳麓书社 1997 年

8.《一部熔铸古今，雅俗共赏的说文学力作》，读汤可敬《说文解字今注今译》，益阳师专学报 1998 年 1 期

9.《熔铸古今，雅俗共赏》，评《说文解字今注今译》，书屋 1998 年 3 期

10.《入内出外，探源发微》（韩学君合作），枣庄师专学报 1998 年 4 期

11.《读〈后汉书今注今译〉》，益阳师专学报 1999 年 2 期

12.《评〈嵇康传〉》，《中国文学研究》2000 年

13.《全面、新颖、独创——评〈刘基寓言研究〉》，《徐州师范大学学报》2001 年 3 期

14.《评〈列子真伪考辨〉》，《常州工学院学报》2002 年 1 期

15.《一部不迷信权威之作》，评马达《列子真伪考辨》，《博览群书》2002 年

16.《评林植峰寓言》，湖南城市学院学报 2003 年 1 期（收入湖南少年儿童出版社 2003 年版《湖南当代童话寓言作家略论》）

17.《敢为人先的精神》，求索 2003 年 6 期

18.《执著追求，令人瞩目》，长沙大学学报 2005 年 3 期

19.《巧把金针度与人》，读谢乐军《童话创作散论》，《文艺报》发表

20.《一份珍贵礼物》，读《小虎娃儿童文学精品丛书》

21.《厚积薄发，胜义迭见——读夏剑钦〈魏源传〉》，长沙理工大学学报 2007 年 2 期

22.《治学途中的里程碑——读〈湘西南汉语方言语音研究〉》，船山学刊 2008 年 1 期

23.《别辟蹊径，成果丰硕》，评张幼军《佛教汉语训释方法探索》，湖南师大出版社 2008 年

24.《鹤鸣九皋，求其友声》，读《张鹤鸣儿童文学评论集》，中国戏剧出版社 2009 年

25.《以人为本写春秋》，评陈器之《双峰春秋》，湖南人民出版社 2008 年

26. 评吴秋林《中国寓言史》（福建教育出版社）

27.《乡土民俗撑开广阔的艺术天地》，读王兴国长篇小说《笑也流泪》，湖南城市学院学报 2013 年 1 期

己、作品赏析类（72 篇）

1.《小令两首浅析》，湖南师范学院“中文函授教学”1964 年 3 期

2.《“庖丁解牛”浅释》，湖南“语文函授”1979 年 1 期

3.《“游褒禅山记”补谈》，湖南“高师函授”1980 年 1 期

4.《我国最早的五绝——介绍“贪泉诗”》，华南师范学院“语文月刊”1982 年 10 月

5.《湖南日报通讯》“古诗文选学专栏”23 篇（1979 年 2 期——1984 年 7 期）：

豪华落尽见真淳（读《桃花源记》）

立意高远，情景交融（读《岳阳楼记》）

尺幅中有千里观（读《卖油翁》）

刻画人物，栩栩如生（读《鸿门宴》）

切中时弊，词采若画

夸张而不淫靡，议论而不干枯（读《阿房宫赋》）

高屋建瓴，一唱三叹

风雨如晦，鸡鸣不已（读《风雨》）

比类寓意，情采芬芳（读《橘颂》）

叙事简洁，手法别致（读汉乐府）

把酒临江，横槊赋诗

千古传唱木兰辞

四两压千斤（谈五言绝句）（上）

四两压千斤（谈五言绝句）（下）

霜叶红于二月花

壮阔的景物，博大的胸怀（杜甫诗）

各极其变，各穷其趣

三位湘籍晚唐诗人（胡曾、李群玉、齐己）

唐诗格律（上下）

红花绿水写江南（读《忆江南》）

华贵的生活，空虚的心灵（温庭筠《菩萨蛮》）

眼前景，心中情

6. 湖南日报《写作辅导》“古诗文选学专栏”22 篇（1985 年 1 期——1987 年 6 期）：

层层铺叙，情景交融（柳永词）

老夫聊发少年狂（苏轼词）

青春和美的恋歌（晏几道词）

少游已矣，诗篇长留（秦观词）

英雄本色，气壮山河（辛弃疾词）

一片丹心托月明

异军突起的竹山词

试谈宋词的文体特色

情理并重，意在象中（宋诗）

无一字无来处（黄庭坚诗）

集中什九从军乐（陆游诗）

浩然正气，永垂丹青（文天祥诗）

秋思之祖（读小令《秋思》）

制作新奇，寓庄于谐（读套数《高祖还乡》）

诗与表演艺术的结合（读《西厢记·长亭送别》）

思路开阔，后来居上

旧风格含新意境

朦胧恍惚，其中有物

假借虫鸟以为筌蹄

田园诗中的夺目珍珠

诗情画意，渗透交融

第一首汉语译诗（《越人歌》）

7.《写作辅导》、《新闻采编》“寓言专栏”15 篇（1988 年 1 期——1990 年 6 期）：

寓言基本知识

简朴无华的墨子寓言

犀利隽永的孟子寓言

汪洋恣肆的庄子寓言

贵虚奇幻的列子寓言

宣扬法治、风格峻峭的韩非寓言

融会百家、结构严谨的吕氏春秋寓言

驾驭风云、纵横捭合的战国策寓言

总结前代、意在劝戒的两汉寓言

具有转折过渡性的六朝寓言

形象丰满、风格深沉的柳宗元寓言

诙谐幽默、承前启后的苏东坡寓言

唐宋诗苑中的刺玫瑰

识趣幽深、讽切时弊的刘基寓言

诙谐幽默，规切时政（诙谐寓言）

8.《湖南教育》“寓言讲座”8 篇（1985 年 5——12 期）（目录略）

庚、综合类（4 篇）

1.《大海中的一滴水珠》，载《星光璀璨》，湖南教育出版社 1998 年出版

2.《迟到的拼搏》，《湖南教育》1999 年 5 期

3.《治学点滴体会》，2013 年 5 月 15 日为“超星学术视频”讲课

4.《为学忆旧》，2014 年，载湖南省社会科学联合会主编《名家故事》

第二部分 拙作回顾

一 主要著作与师友评论

《文言文基础知识问答》简介

湖南人民出版社1979年5月第一版，85题；1980年第二版，101题；1987年第三版，129题；2002年第四版，130题；2004年第五版，132题；2011年第六版，145题。责任编辑喻岳衡、胡本昱、刘文。

全书包括六大部分。第六版的顺序是：第一部分绪论，介绍文言文与白话文的关系，以及学习文言文的基本方法；第二部分词汇、文字，介绍词汇与汉字学常识、古今词汇的关系、汉字的历史与特点；第三部分语法修辞，介绍汉语语法的特点、古今语法的差异、古代特殊的修辞现象；第四部分音韵，介绍音韵常识、语音演变以及音韵学的应用；第五部分训诂译注，介绍训诂常识，讲述文言文的注解、翻译、讲解、朗读；第六部分资料使用，介绍古籍分类、古代文体、工具书、版本、校勘等方面的常识，并向初学者介绍了如何读书以及文言文基本书目。

这本书把文言文阅读与教学中经常遇到的知识点与疑难，设计为单个问题，深入浅出地进行讲解。这些问题来源于作者本人的学习与教学实践，而且，大部分是在教学中记录下来的学生（大部分是中学教师）所提出的问题。所以，深受读者欢迎，并远销日本、韩国，前五版已经10次印刷，发行82万册。不少今天已经颇有成就的中青年学者说："我的文言文知识，就是这本书启蒙的。"这本书也受到专家的好评。吕叔湘先生1980年在他的研究生黄国营处见到这本书以后，称赞此书，并组织张寿康、王克仲先生写了书评《一本有助于古汉语学习和教学的好书》，发表在《中学语文教学》1981年12期。羊春秋教授谈读书时，也特别向读者介绍这本书（见《湖南教育》1981年11期《到家功力正无涯》）。比较重要的评论还有，文实《这是一本好书》（湖南出版工作1980年3期）、曾瑞华《陈蒲清老师发奋著书》（湖南日报1980年5月20日）。1979年通过全省投票，获湖南省畅销图书奖。

吕叔湘先生1981年给其研究生黄国营的信

国营同志：

陈蒲清同志那本书写得简明而全面，对一般中学教师补课非常有用。刚好我有一位晚辈亲戚需要这样一本书，我就给了她了。我想问蒲清同志再要一本，我拿《语文常谈》送给他。只是现在没有书，等下次来书时我就寄给他。请你给他写个信，把我的意思告诉他。顺祝日佳。叔湘，3. 14

汤效纯、王克仲评论摘录

文实《这是一本好书》:《文言文基础知识问答》的确是一本好书。第一、好在名副其实，谈的是扎扎实实的基础。作者很懂得教学法，极体贴自己的读者，既善于抓住关键难点，运用古今对照的方法，深入浅出地从语音、词汇、文字、语法、修辞等方面讲清文言文的基本特征，又能全面扼要地介绍掌握文言文规律的方法和进行文言文教学的经验技巧。第二、好在立足基础而着眼提高，能给读者以多方面的启示。既确切引用前人的成果，又能分析甄别，融进自己的心得。如：利用自己调查方言的成果来阐明古今的语音变化规律，甚至分析古代著名文章的语病以破除迷信心理。第三、好在纲目清晰，形式活泼。全书采用问答体，由浅入深，前后连贯，浑然一体，并力求科学性与趣味性相结合。(《湖南出版工作》1980年3期)(据查考，文实是汤效纯笔名，当时任湘潭大学中文系党总支书记。)

王克仲《一本有助于古汉语学习和教学的好书》:“《文言文基础知识问答》无论在内容上还是在形式上都有自己的特色。如果认真地读读这本书，对古汉语的学习和教学都会有较大的帮助。”“注重实用。对问题的解答，不是从定义出发而是从语言的实际出发，内容相当丰富，材料相当广泛。有不少内容是在同类读物中所不易见到的。”“强调语言各要素之间的内在联系。如一般谈文言文知识的书似乎不讲音韵，而这本书特地讲了‘文言虚词与语音有何密切关系’。”“在力求深入浅出方面下了很大工夫。本书充分吸收了前人的研究成果。据粗略统计，在这样一本小书中，直接援引清代以前著作中的成果就有一百多处。至于当代学者的研究成果则更是广泛采用，一些带有定论性的看法，几乎都可在书中反映出来。作者在前人研究成果的基础上又有自己的研究心得。可以看出，《问答》的写作过程，不仅仅是一个编辑过程，也是一个研究过程。”（《中学语文教学》1981年12期）（王克仲，中国社会科学院语言所专家。王克仲注明说，徐仲华教授对此文进行了补充。）

2014年第六版感言

《文言文基础知识问答》，是我正式出版的第一本书。这本普通的入门小册子，1979年5月出版问世，到今年已经整整三十五年了。

记得那是1978年冬天，我在益阳教师辅导站工作。湖南人民出版社派编辑胡本昱同志到益阳，经李忠初同志介绍认识了我。那时“四人帮”刚垮不久，高考刚恢复，我国文化处于复苏阶段，书荒严重，人民迫切需要一些普及读物。因此胡本昱约我写一本古代汉语的书稿，我说：“周秉钧先生编写的《古代汉语》很好。我就写点通俗的问答体的入门书，好吗?”胡本昱同志听从了我的意见。我当晚就拟定了八十五个问答题交给胡本昱同志，他带回出版社，讨论通过，列入出版计划。我就不辞浅陋，匆匆动笔，在春节写完了这本小册子。小册子由喻岳衡老先生担任责任编辑。我从此跟胡本昱、喻岳衡结下了终身不渝的友谊。

这本小册子出版之后，想不到竟受到了各方面的关怀。这正如孟子所说的：“饥者易为食，渴者易为饮。”（《孟子·公孙丑上》）今天，我仍然深深怀念和感谢那些关怀这本小册子的人。

一是怀念和感谢著名语言学家吕叔湘先生和我所尊敬的师友。

我是吕叔湘先生的崇拜者，经常阅读他的《中国文法要略》、《文言虚字》。这本小册子出版之后，我想送一本给吕叔湘先生，但是吕叔湘先生是名人，我不敢冒昧，于是托吕叔湘先生的研究生黄国营（他曾经在益阳当中学教师）转送给了吕先生一本。想不到吕叔湘先生竟然仔细看了这本书。他于1981年3月14日写信给黄国营再要一本，黄国营先生把信转寄给我。吕先生的信说：“国营同志：陈蒲清同志那本书写得简明而全面，对一般中学教师补课非常有用。刚好我有一位晚辈亲戚需要这样一本书，我就给了她了。我想问蒲清同志再要一本，我拿《语文常谈》送给他。只是现在没有书，等下次来书时我就寄给他。请你给他写个信，把我的意思告诉他。顺祝日佳。叔湘，3.14”我接到黄国营转来的信，非常兴奋，马上给吕先生寄了一本。不久吕先生果然把他的著作《语文常谈》寄给了我。先生还在扉页上写道：“蒲清同志正　吕叔湘。”我非常感动。而且，吕先生还向其他专家作了推荐。后来，《中国语文》编辑王克仲同志发表了评论文章《一本有助于古汉语学习和教学的好书》（见《中学语文教学》1981 年 12 期），对本书进行了评论，并提出了宝贵意见。语言学家徐仲华、张寿康先生也参与了评论，并给我写了信。两年后我因事进京，《中国语文》编辑王伯熙先生带领我拜访了吕叔湘先生。吕先生没有任何架子，热情而高兴地接待了我。可惜，以后再没有见面。

这本小册子出版之后，我的老师羊春秋、宋祚胤、马积高、周秉钧、邓福南、秦旭卿，朋友汤孝纯、卜庆华、李忠初、李维琦、王大年等也逢人说项。当时，《湖南日报》驻益阳的记者曾瑞华，还在报纸上发表了“陈蒲清老师业余时间发奋著书”的报导（湖南日报 1980 年 5 月 2 日）。

二是怀念和感谢我的函授学员。我在修改本书时反复思考，一本小册子，又是讲的没有情节而比较枯燥的古汉语知识，为什么能十次印刷发行近百万册呢？我脑际自然浮现出一个个熟悉的面影。他们是一群普通的中学教师，他们既是我的学员又是我的老师。我自 1963 年开始担任辅导中学教师函授进修的工作，每期都要巡回到各县讲课。我的学员大都是富有教学经验的语文教学骨干，我讲函授课前，总是先听他们讲课，然后一起交换意见，一起研讨问题。从他们那里，我真正懂得了很多语文教学经验，特别是古典文学的教学经验；我也知道了从事中学文言文课文教学最需要什么知识，一般中学教师缺少什么知识。他们口头的或书面的提问，促使我钻研书本并深入思考一些问题。他们是促使我写作这本小册子的真正推动力量，他们的实际需要也决定了本书的基本内容和结构形式。我一生服膺的教学格言：“教学相长”和“深入浅出”，就是通过这段教学与写作本书而深印在脑海中的。我想，也许这是本书能受到读者关怀的一个主要原因吧。令人痛心的是，我的函授学员中的有些人，竟然早在史无前例的“文化大革命”中受迫害去世了。

三是怀念和感谢一批普通读者。这本小册子出版后，我收到了许多来信。来信者大多数是中小学教师，还有文科大学生和准备考研究生的青年人，也有工人、农民和少年朋友。他们的信热情洋溢，有鼓励，有询问，有探讨，有的还说：“我买不到书，只好整本抄写下来。”他们还热情参与投票，推荐这本小册子获得畅销书奖。这一切，不仅表现了对一个普通作者的信任，而且反映了广大人民对祖国文化遗产的热爱，反映了在“文化大革命”浩劫结束后一个学习科学文化知识的热潮在中华大地上兴起。

陶渊明说：“觉今是而昨非。”这本小册子是普及性著作，主要是介绍学术界比较公认的结论。当然，也包含了笔者个人的研究心得，如："处动用法"的提出，关于世界文字发展轨迹的推论。今年，承蒙岳麓书社决定重版这本小册子，笔者利用退休之后干扰比较少的条件努力修改，以对读者负责。修改主要是改正某些错误，还对全书的结构顺序做了调整，比如："音韵"部分，原来放在前面，现在放在词汇、文字、语法、修辞的后面了。这是因为，音韵虽然重要，但是对于初学者阅读文言文而言，它没有词汇、文字、语法、修辞那么急需；而且，音韵比较难，放在前面，可能成为初学者的拦路虎。各部分的专题也做了调整和修改。在修改过程中，我发现了不少错误，有时不免脸红心跳。而且，修改也可能带出新的错误。清人郑板桥总结其作词四十年的修改经验时说："改而善者十之七，改而谬者亦十之三。"我期待读者指正。

苏轼诗云："一弹指顷去、来、今。"现在，吕叔湘先生、羊春秋、宋祚胤、马积高、周秉钧、邓福南、汤孝纯等师友都已经作古了。笔者也由四十出头的青壮年，步入了将近八十岁的老年时代。现代社会是一个信息不断更新的一日千里的社会，一本小册子是无法赶上时代步伐与学术进展速度的。何况，笔者已老。但是，"霜林新叶催陈叶，流水前波让后波"，只要有青年一代代继续崛起，知识是会永远年轻的。笔者的责任是，必须不辜负我所尊敬的吕叔湘先生及其他各位师友的鼓励，尽力让小册子完善一些，不要太误导后来的学习者。当然，即使尽了力，也限于水平，会使这本小册子留下肤浅与错误，从而见笑于大方之家。好在它只是入门的向导，广大读者入门之后，自然会寻找权威读物作为老师，从而升堂入室，臻于大道。

湖南师范大学领导蒋冀骋教授为本书作序，热情洋溢，并阐发了他领悟的"学问"之道，侃侃而谈，更为本书生色增光。只是他在序言中自称"学生"，我虽年长即岁，却并无师生关系，实在愧不敢当。然而，这是他一贯的风格，礼贤下士，谦逊尊老。因此，我也不便劝他删除"学生"二字，且留下这段文字因缘罢。

蒋冀骋序

"学问"一词，人们有几种解释，或曰"在学中问"，或曰"学着问"，或曰"既学且问"。按第一、二种解释，"学"是手段，"问"是目的；按第三种解释，"学"与"问"占有同等地位，二者都是目的，也都是手段。三者都离不开"问"，因为有"问"，人才有"学问"。

《说文》："斅，觉悟也。""斅"即"教"字。觉悟，可分外觉悟、内觉悟。外觉悟，是外力使人觉悟；内觉悟是自己参详、思考而使自己觉悟。外觉悟需要"教"，内觉悟需要"省"。"教"就是要受教者按照自己的要求去做，对受教者来说，就是"学"，就是"模仿"。现代的"学"已经远离"觉悟"，失去了其本来意义，剩下的只有"模仿"。我们的教育沦落到这种地步，实在可悲。

所谓"模仿"，就是通过仿效、记忆、消化，将前人的知识变成自己的知识，将别人的技术变成自己的技术。对于一个后进者来说，模仿是必要的，是实现赶超的不二途径。如果事事都要自己创造，既没有必要，也没有可能。但仅有模仿是不够的。一个人、一个民族不能永远做一个模仿者。立于民族之林，必须有别人没有的东西，必须有自己独特的文化，独特的贡献，否则只能是亦步亦趋，人云亦云，做别人的跟屁虫。

模仿也有高明和低劣之分。高明的模仿，在学习的基础上，消化，创新，甚至超越被模仿者。过去的日本就是这样。低劣的模仿只是山寨式的仿制，只求外形相似，而忽略核心技术。纵使引进，也只满足于现状，没有技术改造和进步，甚至连质量也无法保证。这种模仿连"学"的境界都没有达到，遑论创新。本国的某些部门及一些后发展国家就是这样。

要创新，离不开"问"，纵使是模仿的创新，也必须经历"问"的过程。没有"问"就没有创新。

"问"有"问"之法，问而不得法，等于没问。怎样问才算得法？正确的提问应该从三个方面问起：问结果，问过程，问前提。问结果，问过程，一般人可以想到、做到；问前提，则未必人人能够想到、做到。但是，只有这样，才能做到有疑问要问，无疑问也要问。有疑则问，是求知；无疑而问，是求新。在不懂处提问是本能，在无疑处提问是本事。一问以后还要再问，再而三，三而四地问，就是追问，问到无处可问，就进入到一个新的境界。这时候，题目出来了，学问出来了。人的思维得到了锻炼，眼界得到了提高，学问得到了进步。

西方有"问"的传统，柏拉图的《对话集》是希腊时期人们追问的巅峰和榜样。至今仍影响着世人的追问方式。怎样才能做到问？首先要有条件，这个条件就是自由，没有自由的人身，就没有自由的思想。除自由外，还要有平等，没有平等，就会有很多的畏和惧。畏惧太多，就不敢问，更不敢追问。当然，畏惧同样也是缺乏自由的表现。中国人有三畏：畏天命，畏大人，畏圣人之言。

因为有太多的畏和惧，所以也就没有“问”，更没有“追问”。尽管战国时代有屈原的《天问》，但在儒家思想一统天下后，这种问就很少见了。太多的服从，太多的听话，使我们中国人很少有质疑精神，很少有追问意识。近现代文明，有几个发明源自中国？有多少创新源自中国？除少数几个如五笔字型输入法、杂交水稻外，我们几乎没有大的、影响人类文明进程的创新。我们天天喊创新，但大多停留在技术层面，很少到思想、意识、哲学层面。没有哲学创新的支持，技术创新也不可能走远，这就是古人说的“致远恐泥”。

所以我们说，要创新，从问和追问开始，世界一切学问也应从“问”和“追问”开始。

陈公蒲清先生，湘中宿儒。学识渊博，功力深厚，勤恳耕耘，见解独特，尤以善“问”知名学界。1979年撰《文言文基础知识问答》，以问和答的形式，解决初学者在古汉语学习中的疑问。答问不易，设计问题更难。此书一出，即受到著名语言学家吕叔湘先生的重视，给予了很高的评价。为什么会给予很高评价？原因是改革开放之初，百业待兴，恢复高考，改变了不少人的命运，“知识就是力量”得到了再次确认。中国社会由过去的不敢学、不能学变成了支持学、鼓励学。求学之风吹遍神州。由于条件限制，年轻学子想学而没有适当的书，欲习而难以找到明理的师。先生的著作既是书，又是师，既能满足学子们对书的盼望，也能满足学子们对师的渴求。七十年代末、八十年代初的湖南乃至其他省份的学子大多购有此书，可以说，通过读这本书，掌握了古汉语的基本知识。甚至有些学子，是因为读这本书，而爱上了古汉语专业，走上了研究古代汉语的道路。我们就是读这本书成长的。

陈先生不仅善问，而且善于观察。实际上观察是问的开始，没有观察就没有问。湖南益阳方言多边音，特别是桃江县的板溪、大栗港一带的方言。陈先生首次发现这种现象，统计出大栗港的边音声母字531个，并用音韵学理论对其来源和发展趋势进行了研究和分析，成果发表在《方言》1981年第3期。这是第一篇系统研究益阳方言边音声母的论著，后来的研究者都得以此作为起点，是一个无法绕开的制高点。

古汉语动词有使动用法、意动用法、为动用法，而“处动用法”的发现，则是陈先生的首功，其成就集中在所著《论处动用法》中。所谓“处动用法”，就是动词对其宾语带有处置的意义。后世的“将……当作什么”、“把……当作什么”，上古汉语只用一个动词表示，动词的这种用法就是处动用法。韩愈《师说》：“孔子师郯子、苌弘、师襄、老聃。”“师”就名词作处动的用法。这为初学者正确理解文言文，提供了极大的方便。若非观察入微，焉能发现古汉语动词用法的这种区别？

先生学术多方，既有虫的雕刻，更有龙的绘制。如《中国古代寓言史》《世界寓言通论》等，绘龙者也。寓言者，寓教于言，化人无声。它以想象为基本手段，上天入地，构建各种离奇故事以塑造人物。既可教人化人，又可培养人的思维力、想象力，因而是儿童和青少年教育的重要形式。中国人注重现实，缺乏想象，可能与寓言、童话、神话的未能盛行有关。为什么未能盛行？至圣先师不语乱力怪神，后学者又怎敢宣扬乱力怪神。陈先生此举，将寓言作为研究对象，对发展寓言，对青少年教育，对提高民族素质，都有意义，所谓功在民族，利益众生。

先生以教为业，兀兀矻矻数十年，滋兰树蕙，桃李遍天下。专科、本科、研究生，中国学生、外国学生，真正做到了“有教无类”。既为经师，又做人师。以术业教人，更以道德育人，为社会、为学科培养了不少人才，为本学科的发展，做出了重要贡献。即使是退休多年，本学科的博士生开题、答辩，陈先生不到，我们心中无底。他每次都能给学生的论文提出中肯的写作、修改意见。他的认真态度，他的学术眼光，给我们以启发、以教育。现今岳麓书社重印其旧著《文言文基础知识问答》（第六版），又值先生 80 寿辰将至，书此数语，为先生寿。诗曰：如日之升，如月之恒，如松柏之茂，其先生之谓乎？先生健康，长寿，诸生之愿，学界之福。

是为序。

学生：蒋冀骋，2014 年 10 月 6 日于湖南师范大学无知斋

《文言今译学》简介

《文言今译学》是在《文言今译教程》的基础上写作的。《文言今译教程》，1986 年 3 月岳麓书社第一版，1987 年增订，30 万字。《文言今译学》，1999 年第一版，2000 年 10 月增订，44 万字。责任编辑喻岳衡、王德亚。全书五编。第一编总论共四章，讨论了文言文与白话文的由来，阐述了文言今译的历史与意义，研究并提出了文言文今译的原则、类型、特点、方法、步骤、准备等基

本理论。第二编“字词今译”共四章，讨论了跟词汇发展、词义变迁、古书用字、专名典故等相关的今译问题。第三编“句子的今译”共十章，分章研究古今主要语法差异的今译问题。第四编“篇章的今译”共三章，讨论全文把握、章句分析、风格传达、修辞处理，以及不同文体的今译问题。第五编“今译的批评”共两章，一章列举今译常见十六病，一章评述了影响比较大的四种译品，包括散文、诗歌与骈文。

此书是当时国内第一本研究文言文今译的专著。主要书评有余德泉《一本难得的好书》（新书报 1987 年 10 月 28 日），冯堂钦《走出文言文翻译迷阵的指南》（湖南教育学院学报 1989 年 4 期），陈青松《执要说详，雅俗共赏》（《常德师范学院学报》200 年）。兰州大学历史系、辅仁大学中文系等列入教学用书。

［按］《文言今译教程》1986 年由岳麓书社出版。陈高春《实用汉语语法大辞典》（职工教育出版社 1989 年版）评价说：“《文言今译教程》一书系统整理了文言今译的理论，初步建立了一个框架，提出了‘总（从翻译完整而短小的文言文入手）’——‘分’（分析各种句型、词汇、词义现象以及专门术语，进行翻译的分解训练）——‘合’（在更高层次上翻译整篇乃至整部著作）的训练程序，共设计了 51 个练习单元近千道习题，以期理论学习与实际训练相结合。书中还提出了一些新见解，如：处动用法从意动用法中分出，并把使动、意动、为动、处动等合称为‘特殊的动宾关系’，不把它们混同于‘词类活用’。”2009 年又出版了专讲断句标点的《古文标点大课堂》。

王大年、李维琦等《文言今译学笔谈》

王大年（湖南师范大学古汉语教授）：

陈蒲清教授勤治中国古典文学与古今汉语数十年，在音韵、文字、训诂、词汇、语法、修辞、古代文化知识及文学修养诸方面均有深厚的根柢，又亲手翻译、注释过多种古书，在古籍整理与文言今译方面具有丰富的实践经验，加之能宏观博览，借鉴古今，兼采前贤时哲之成说，益之以己意，荟萃而成其《文言今译学》，胜意纷呈，独具特色。

首先，全书能高屋建瓴，从理论与实践的结合上，把文言今译的方方面面剖析得入情入理，十分精辟。书中不仅提出了今译的原则，而且阐明了实现原则的具体方法、步骤和程序。在每一个环节上，作者均能精选实例，讲清沿革，道明所以，使读者对古文今译的每个环节，不仅知其然，而且能知其所以然。

其次，作者能把握住文言今译实践性强的特点，从字、词、句、篇诸多方面对今译进行了详尽的论证，并作出了示范性的演示。从字里行间，处处可以感受到作者对今译的谙熟，技巧的高超，所以每一环节的论证与演示，都能给人以启迪。如在“准确选择义项”中，作者不仅提出“遇到疑难义项要比勘、归纳”，并说明古人是如何比勘、归纳的，而且以“子罕言利与命与仁”为例作出示范，经过跟本书内其他文句的比勘、归纳，说明“仁”与“人”互通，使古书中纠结难明之义，焕然冰释。见解独到，实有指点门径之功效。此外，精选大量思考习题，为“今译批评”设立专编，都大大有力于实践性的增强。

第三，该书能紧密结合语文教学实际，具有现实指导意义。《古文今译学》可说是作者几十年从事语文教学与古籍整理工作的劳动结晶，它的理论与规律深植于实践的土壤之中，用其理论指导语文教学的实践，自不待言，必然会使语文教育工作者对该书感到特别的亲切实用，因而读起来爱不释手，我个人就有此感受。

综上所述，该书能理论联系实际，剖析精密，条理井然，材料翔实，实践性强，对文言今译具有现实指导意义，是该领域的一本领先之作。

李维琦（湖南师范大学古汉语教授）：

我认为《文言今译学》有五个特点：一、《今译学》借鉴外语翻译的规律和经验，而又着重探讨了文言今译的规律，总结了文言今译的经验，从而具备了今译学的基本规模。二、《今译学》以语文教学为出发点，设计了一个“总——分——合”的教学程序，由简单到复杂，由分析到综合，又设计了大量习题，总以培养读者的技能技巧为依归。《今译学》实在又是一本很好的教科书。三、《今译学》以大量文言今译材料为讨论的基础，是其是而非其非，有大批正反两面的实例可资比较揣摩，理论与实际紧密结合。四、作者早年写过《文言文基础知识问答》，于古汉语素有学养，这些学养在《今译学》中多有体现。他整理古籍甚多，文言今译实践丰富，故而书中论述，不少是经验之谈，几乎处处都有针对性，都是有所为而发，实实在在，不作空泛的议论。五、作为一门“学”，尚处于建立过程之中，需要不断完善，不断丰富，不断深入，不断提高。《今译学》的工作属于开创之作，功不可没。

刘上生（湖南师范大学古典文学教授）：

本书是我国第一部文言今译学专著。它对文言翻译的理论成果和实践经验进行了全面系统的总结，是古代汉语学科建设的一项重要的开创性工程。这一工程的开创和《文言今译学》的出版，对于推动文言今译事业的开展，推动古籍整理和中外文化交流、推动中学语文和高校文科教学，将起到有力的积极作用。

本书结构严谨完整，体系精密周全。既具有高度的学术价值，又具有直接指导实践的应用功能。既精辟阐述了文言今译的基本理论、特点和规律，又系统传授了文言今译的基本知识和技能。作者十分重视文言今译这一学科建设的中国特色和实践特色，并且面向语文教学实际，设想了“总——分——合”的教学程序，使之便于操作和接受，从而探索出一条把学术成果转化为社会效益的成功途径。这是本书富有独创性的贡献。

建议将本项目的学术成果《文言今译学,》向中学语文学科和高校中国语言文学学科普遍介绍和推广。

夏剑钦（岳麓书社社长，编审，国家古籍整理规划小组学术委员会委员）：

学习与研究中国的传统文化，首先要能读懂古书，而要读懂古书，两门基础的学问——文字学、校雠学不过关是不行的。时至今日，青年学子即使有志于传统文化的学习与研究，也鲜有人会把文字、校雠视为必由之途，因而文言的注释与翻译，便越来越成为整理古籍的应有之义和重要任务。然而，古书今译实在不是一件容易的事，它得对文言一字不漏、硬碰硬地攻破译准。近些年来，虽古书今译方兴未艾，且不乏优秀之作，但不懂装懂，马虎苟译，甚至抄袭、拼凑者却几近泛滥。因此，沟通古今的文言今译已愈来愈成为一个急需探讨解决的课题。

省教育学院陈蒲清教授本着对中华民族传统文化和语文教学高度负责的责任感和治学精神，多年来致力于文言今译的总结、研究工作，在 1985 年所著《文言今译教程》的基础上，又将近 10 多年来从事文言今译的实践所获和潜心研究的成果结晶成《文言今译学》一书。这是一部探讨、总结文言今译自身规律的理论与实际紧密结合的填补学术空白之作。

该书以文字训诂学和语法修辞学的理论为基础，借鉴外语翻译的规律与经验，结合中文特点和作者从事文言今译的实践经验和理论见解，建立了文言今译作为一个学科的理论体系和著作框架。全书分总论、字词的今译、句子的今译、篇章的今译和今译的批评等五个部分，从理论和实践两方面探讨并解决了文言今译的重点、难点问题，同时面向语文教学实际，为教学者设置了“总——分——合”的教学程序，并安排了很多练习，是一部系统阐述文言今译并适合文言今译教学的教科书。它对于指导文言今译实践，提高今译质量和语文教学效果，都将产生很好的推动作用，对古代文化的传承、传播工作将产生深远的影响。

蔡梦麒（原湖南教育学院副教授，现湖南师大古汉语教授）：

《文言今译学》的出版，标志着文言今译理论的研究已发展到一个全新的高度。对于这一科研成果，我认为至少有以下三点是特别引人注目的；第一，该书第一次从理论的角度对文言今译进行了一番全面的回顾和总结。文言今译开始于20年代，中华人民共和国成立后迅速发展，最近一二十年的成就更是辉煌卓著，而与此相适应的今译理论研究却贫乏得很。形势是迫切需要有人来总结一下文言今译的成就，探讨一下文言今译的规律，该书的出版正好适应了这一形势，它回顾了文言文今译的历史，总结出文言今译的原则、方法、步骤等，指出了文言今译过程中的错误。这些都为我们评价已出版的译品、提高今后的文言今译水平，提供了宝贵的理论依据，具有很强的指导意义。第二，该书从一个全新的角度看问题，开拓了读者的视野，活跃了读者的思维。文言今译主要涉及词汇、语法方面的知识，这些内容各类古汉语教材均有论述，但主要是从阅读理解的角度来写的，文言今译的研究，虽然古汉语教材偶有涉及，但往往点到即止，这就实际造成两部分内容的脱节。《文言今译学》则从今译的角度看待词汇、语法等等，这就使两方面的内容有机结合在一起，一方面可以绕开许多繁琐的辨析，如古今字与通假字的区别，撇开许多无谓的争执，如“之”的词性、定语后置；另一方面将读者的视野带到更广的领域，如第八、二十、二十一章论述的内容，几乎是古汉语研究中的一个死角，而该书则能给人以启迪。第三，《文言今译学》具有很强的可操作性。虽然该书有许多理论的总结和阐述，但实用性仍然是它的显著特点，大到“文言今译八法”的归纳，小到“名词动化的翻译”，都能直接指导读者的实践。全书以精选实例带动归纳总结，再结合思考练习的结构模式，使“实践——归纳——再实践”浑然一体，确实既能使读者掌握有关的内容，又能提高他们的实际能力。

——《湖南教育学院学报》1999年4期

陈青松《执要说详，雅俗共赏》

——读陈蒲清《文言今译学》

我国古籍浩如烟海，由于古今语言的差异，现在的许多人很难理解这些古籍，把它们翻译成白话文就成为必要的了。因此，文言今译是继承民族文化传统的需要，也是沟通中外、让中国文明走向世界的需要。为了探求文言今译的规律，许多学者专家孜孜以求，取得了许多可喜的成就，陈蒲清先生的近作《文言今译学》（岳麓书社，1999 年）就是这方面的扛鼎之作。

黄侃曾在《文学声韵训诂笔记》中说："夫所谓'学'者，有条理系统而可以因简驭繁之法也。明其理而得其法，虽字不能遍识，义不能遍晓，亦得谓之学。不得其理与法，虽字书罗胸，亦不得名学。"陈先生把文言今译发展成为一门"学"，是与他严谨的治学态度与兼容并蓄广泛吸收的思想分不开的。陈先生通晓历史、古代文学、音韵学、文字学、训诂学、文化史等多门学科。七八十年代出版了《文言文基础知识问答》和《文言今译教程》两书，曾受广大读者和专家的好评；他先后独立或参与翻译注释了《中国古代寓言选》、《中国历代童话》、《四书》、《论衡》、《十三经》、《诸子集成》、《四史》等书，再加上陈先生30 多年的古汉语和文化史的教学经验，这些都是《文言今译学》雄厚的基础。

（一）融汇贯通，构建文言今译的理论体系

在第一编总论中，著者介绍了文言文和白话文的一些特点以及文言今译的历史意义，接着着重介绍了文言今译的基本理论，列举了文言今译理论的现状之后，参考外语翻译的原则，提出以严复的外语翻译"信、达、雅"三原则作为文言今译的基本原则，并详细地论述了"信"（忠实原文）、"达"（通顺明白）、"雅"（规范典雅）三原则在文言今译中的具体表现。著者在书中还认为应把"信、达、雅"三原则有机地统一起来，在内容上应把"信"作为第一要求，在表达上应把"达"视为第一要求，在风格上应把"雅"视为第一要求，这三项原则在今译实践中辩证地统一起来。

著者充分地把握了汉语的发展与继承的特点，在分析今译的特点和对译的技巧时，总结出今译的两条独特规律：一是古代汉语与现代汉语的句式基本可以对译；二是词语可以进行对译，即由单音节词对译成为双音节词（扩词法），并列举了一些扩词的类型，为文言对译找到了理论基础。最后，著者介绍了替换、调整、正反、分合等八种具体的今译方法，形成了完整系统的文言今译方法论体系。

（二）总分结合，面向教学实际

可以说，《文言今译学》既是一部严谨的学术著作，又是一本实用性很强的教材。著者从事高校汉语教学三十多年，积累了丰富的实践经验，这本书很大程度上是面向广大中学语文教师及古汉语自学者的。它的编排结构、用例、练习都体现了循序渐进、便于教学和自学的特点。

著者在书中先从整体上提出文言今译的特点和要求，并选择一些短小有趣的篇章综合讲解文言今译的原则及方法；接着进行分解训练，由字词的今译，到句子的今译，再到篇章的今译，环环相扣，按部就班，最后是译品的赏析，又一次从整体上把握文言今译的艺术性。

在例句的选取方面，著者极为注重例子的数量与质量，其中有相当一部分选自中学课本中的篇目，如《曹刿论战》、《鸿门宴》等等。对于例子译文的安排，采用正反比较法：［译文一］是正确译法，［译文二］或［译文三］是读者可能误译的译法，正反比较，加深读者的印象。当然，书中也有许多对古籍进行学术上探讨的例子，如对一些甲骨卜辞和一些难懂深奥的古籍（如《尚书》）等进行考证和翻译。为了巩固书中的知识，该书安排了大量的练习，1000 余道习题，都是围绕每一节的重点内容有针对性地设计的，灵活而又有难度，并注明出处，便于读者查找对照。

（三）考证严密，广泛吸收学术成果

《文言今译学》，或从文字学的角度追本溯源、考察字词的本义。如“池塘生春草”中的“塘”应译为堤岸。或从音韵学酌角度说明通假。如“得仙人之旧馆”（《滕王阁序》）中的“得”字，著者认为是“登”字，“得登”系阴阳对转的关系。或从历史学的角度准确翻译名词和典故。如“秦任刑法不变，卒灭赵氏”之中的“赵氏”，据历史非指赵高，而是秦王朝祖先的姓氏。对于文言中因历史、文化的原因造成的特殊现象，著者在书中尽量列举并解说，其中包括大量的典故。

《文言今译学》对于文言文中的一些特殊语法现象作了详细的分析。书中吸收了许多新的观点，如在“特殊的动宾关系”一章中，不但列出了使动和意动两种传统的观点，而且采用了当前的一些新的观点：处动、供动、致动、为（wèi）动、为（wéi）动等动宾关系，并举例分析它们的翻译方法。其中处动用法是著者自己在 1982 年提出来的（从意动用法中分离出来），书里分析了处动与意动、使动的异同，最后附有 22 道处动用法的习题进行强化训练，加深理解。

《文言今译学》从某种意义上说也是一本工具书。书中援引的资料极为丰富，上至甲骨卜辞，下至文言小说散文，以先秦两汉经典文章为主，遴选例句极为广泛而有代表性。书中还列举了许多古汉语书中没有的资料，如第八章“古代专名术语与典故”，对于古代的姓名、称号、古代制度习俗、古代计时方法、古代地理区划、古代度量衡等都逐条或列表进行介绍，一目了然，读者日后可随时查找。对于一些字、词、句式等的用法尽量穷尽列举，以备日后读者参考查阅。这也是《文言今译学》的特点之一。

《文言今译学》相对于汗牛充栋的古籍来说充其量只是指导性书籍而已，但犹如网之在纲，裘之挈领，全书执要说详，资料翔实，只要一书在手，勤于练习，阅读古书即可初窥门径了。《文言今译学》确实是一本既具学术性又具实用性的好书。

——《常德师范学院学报》。陈青松，现为浙江师大教授。

[附录一]《四书注译》

1998年花城出版社出版。责任编辑秦颖、邓裕玲。全注全译，注释大多尊重朱熹《四书章句集注》。有序言《四书及其注译》。

[附录二]《论语注译》

2007年花城出版社出版。责任编辑秦颖、邓裕玲。全注全译，注释大多尊重朱熹《四书章句集注》；又有《论语分类辑录》，辑录重要语录370条，划分为“论学习”、“论教育教学”、“论仁”、“论孝”、“论礼”、“论中庸”、“论其他道德修养”、“论君子与小人”、“论交友察人”、“论从政”、“论政治”、“论天命与性”、“论鬼神”、“论历史人物”、“弟子及他人论孔子”等十四类。有序言《文化巨人与东方圣经》。2010年，跟马坚的阿拉伯文合为一书，编入“中华文库”，仍由花城出版社出版。又，在此基础上完成了《仁义箴言·论语导读》（潘雁飞合作）。

[附录三]《孟子注译》

2008年花城出版社出版。责任编辑秦颖、邓裕玲。全注全译，注释大多尊重朱熹《四书章句集注》，又吸收了《十三经注疏》（赵岐、孙奭）、《孟子字义疏证》（戴震）、《孟子正义》（焦循）、《孟子译注》（杨伯峻）的某些看法。为了便于人们的研究与引用，编了《孟子分类辑录》，辑录重要语录476条，划分为六大类二十二小类。六大类是“论人性”、“论王道政治”、“论王道经济”、“论历史人物”、“譬喻和寓言故事摘要”、“孟子生平资料摘要”。有序言《孟子的生平、思想与历史地位》。还附录了《荀子》、《韩诗外传》、《史记》、《列女传》这些书中关于孟子的资料，全文附录了东汉赵岐的《孟子题辞》，这是历史上第一篇对《孟子》进行系统评论的文章。

[附录四]《前四史全注全译》

先是参加《史记注译》（王利器、张烈主编），完成《五帝本纪》、《夏本纪》、《商本纪》、《周本纪》、《秦本纪》、《绛侯周勃世家》、《五宗世家》，三秦出版社1988年出版，该书曾获全国古籍整理优秀著作一等奖。接着参加《汉书注译》（张烈主编），完成《张、陈、王、周传》、《十三王传》、《东方朔传》、《傅、常、郑、甘、陈、段传》、《隽、疏、于、薛、平、彭传》、《王、贡、两龚传》、《韦贤传》，海南国际新闻出版中心1997年出版。又参加《后汉书注译》（章惠康等主编），完成《刘虞、公孙瓒、陶谦传》、《袁绍、刘表传》、《刘焉、袁术、吕布传》。

本人所注译《史记注译》和《汉书注译》等篇目，都收入龚浩康主编的《前四史全注全译》（中国标准出版社）。本人担任《前四史全注全译》顾问。

又，在注译基础上，完成《秦汉史画卷》，分专题介绍秦和两汉的重大历史、文化事件，收入许嘉璐、梅季坤主编的丛书《中华史画卷》，海南国际新闻出版中心1996年出版。

《教学语法答疑》简介

1982年，为了辅导中学教师学习即将公布的《中学教学语法系统提要》，组织刘衍、张运陶、刘丽华合作编写这本书。当年内部印刷。1984年1月《中学教学语法系统提要》正式公布，此书也由湖南人民出版社正式出版，并由著名语法家张志公先生题写书名。责任编辑李升召。全书五大部分：第一部分概说14题，讲述语法学基本常识，介绍《中学教学语法系统提要》与1956年公布的《暂拟汉语教学语法系统》的区别；第二部分28题，介绍语素、词、短语及有关疑难问题；第三部分21题，介绍单句中的疑难问题；第四部分11题，介绍复句与句群的疑难问题；第五部分8题，讲述语法知识的应用。全书共81题，书后附录《中学教学语法系统提要》与《暂拟汉语教学语法系统》。

《中国古代寓言史》简介

湖南教育出版社1983年初版，5章22万字，王利器教授题写书名；1996年修订版，10章72节，41万字。责任编辑洪长春、胡本昱。

此书系统整理了中国寓言发展历史。初版把中国古代寓言的发展分为先秦、两汉、魏晋南北朝、唐宋、元明清五个时期。修订本按照中国文化发展背景与寓言本身特点，把寓言发展划分为七个时期：远古创始期、战国争鸣期、两汉沿袭期、魏晋南北朝转折期、唐宋融汇期、元明世俗化期、明末近代变革期。还专章介绍了各民族民间寓言、寓言小说、寓言戏剧。共介绍了280位寓言作家。

此书明确提出了寓言在人类文化史上的四大作用：对人类群体的启蒙作用（由原始思维过渡到理性思维）和对人类个体的启蒙作用（由形象思维发展到逻辑思维）；对人类各种文化成果（哲学、宗教、政治、教育等）的载体作用；展示各民族文化特征的橱窗作用：在国际文化交流中的轻骑作用。

此书出版不久，新华社于1984年1月30日发表“我国第一本《中国古代寓言史》在湘出版”的专电。著名学者或寓言作家公木、王利器、刘征、金江、马达等都来信祝贺。《湖南日报》1984年5月6日发表了记者蔡栋的专访《一本书的诞生》。《教育书窗》发表了犁丁（洪长春）的《古代寓言拓荒的可喜收获》。《中国大百科全书》“先秦寓言”条列为参考书；《寓言辞典》（山东明天出版社）、《中国二十世纪文学研究论著提要》（北京大学出版社）、《湖南社会科学手册》、《中国文学史纲要》（北京大学袁行霈主编）、《论童话寓言》（新蕾出版社）、《寓言文学概论》（辽宁少儿出版社）、江西省《莲花县志》等等作了专门介绍或引用。台湾骆驼出版社1985年繁体字出版。韩国汉城大学吴洙亨教授翻译为韩文，由松树出版社1994年出版。

修订版书评颇多，比较重要的有：公木《体用兼顾，体大思精》（湖南教育报1996.6.21），刘文《高屋建瓴，有容乃大》（中国文学研究1997年2期），潘雁飞《中国古代寓言研究的新拓展》（北方工业大学学报1997年6期）。还有：《寓言教学与研究的一部好专著》（《光明日报》1991年3月6日）、《World fable》（《China Daily（中国日报）》1991年3月6日）、《寓言研究的新开拓》（《新闻出版报》1992年10月14日）、《寓言，理性的诗歌》（《博览群书》1991年6期）等。

获中国寓言文学理论研究一等奖、湖南省优秀社会科学著作一等奖。

新华社电

新华社长沙1984年1月30日电（记者刘春贤）：我国第一本《中国古代寓言史》最近由湖南教育出版社出版。书的作者是湖南省益阳地区教师进修学院教师陈蒲清。我国是产生寓言最早的国家之一。茅盾曾于一九一七年编选了我国第一本寓言选集（初编）。但是，过去我国还没有一本寓言史著作。陈蒲清在教学之余，收集了大量的资料，用了近三年的时间，完成了这部二十万字的寓言史著作。

初版来信摘要（王利器等）

王利器（北京大学教授）1984年1月3日信："蒲清同志，您好。奉读大札，知大著已问世，十分高兴。俟邮寄到时，亟当把手作三余下酒物矣。来京观光时，希过敝斋，谋一快晤也。不戬。利器谨启。"1月30日又来信："大著一本，我已转赠香港中文大学以广流传了。"

刘国正（人民教育出版社编审，寓言诗人）1984年1月22日信："蒲清先生著席：所惠专著寓言史拜领，深谢。仆酷爱寓言，且时试习作，此书为我指津，当细细读之，定多获益。再者，仆亦有志于此。蜀鄙二僧，仆乃终未至南海者，亦惭以励，君之惠我多矣。谨祝春节愉快。国正一月廿二日。"

刘征（即刘国正）1984年2月12日信："蒲清同志：手书敬悉。日前还同马达同志谈及足下，地处偏僻，而能写出如此开拓性的东西，大为不易。足下精诚向学，令人钦佩。我只是搞一点创作，很少研究，实在惭愧。祝笔健。刘征二月十二日。"

马达（寓言作家）1984年3月3日信："蒲清同志：您好。大札敬悉。所惠尊著《中国古代寓言史》收到，并已转给公木同志和朱靖华同志。因想等到拜读完毕后再回信，故延迟至今，还请鉴谅。尊著尚属创举，但写得内容充实，见解新颖，可说是个良好的开端。……清末寓言还有些资料，收在胡从经著《晚清儿童文学钩沉》中，也是可以利用的。胡怀琛著了一本《中国寓言研究》，武断之词虽多，但也可以参考。奉上寓言研究会倡议书及筹委会名单各一份。专此敬颂教安。马达 1984. 3. 3。”

金江（寓言作家）1984 年 3 月 8 日信：“蒲清同志：您好。承赐大著《中国古代寓言史》，十分感谢。中国研究寓言史的著作还未出过一本，您的是第一本。这对研究中国古代寓言将起很大作用。这是您辛勤劳动的血汗结成的硕果。我向您致以热烈的祝贺。并当认真拜读学习。盼经常联系。此祝著安！金江 1984. 3. 8。”

公木《体用兼顾，体大思精》

——祝贺《中国古代寓言史》修订本问世

陈蒲清同志沉浸在寓言文学研究中，兀兀逾 20 年，用志不分，乃凝于神，持之以恒，金石可镂。于此每使我联想到“梓庆为鐻”的故事：梓庆斋心入山林，巧专外滑消，虚室生白焉，然后成见鐻。这又像那有名的“庖丁解牛”故事：十九年刀刃若新发于硎，依乎天理，批大隙，导大窾，游刃有余，所好者道，进乎技矣。蒲清同志之于寓言，也可以称得善观天性，升堂入室，而臻于道了。

1984 年中国寓言文学究会建立之初，陈蒲清就被公认专门研究用力最勤，成绩卓著。《中国古代寓言史》公开面世后，受到广大读者欢迎，咸以为有开创之功；很快便被台湾重印，并被韩国翻译出版。久矣，流誉海内外。继而他又主编了《中外寓言鉴赏辞典》，撰著了《世寓言通论》。综读史、论两书，特点突出：全面介绍中外寓言理论与总结作者自己多年研究的独特见解相结合，深入的理论探讨与雅俗共赏的文字表达相结合，学术性与实用性相结合，可谓体用兼顾，体大思精，建构了寓言文学庞大而完整的思想体系。正是在这个基础上，百尺竿头，更进一步，而今他又把《中国古代寓言史》作了高质量的扩展，进行了成倍的增订。原书 5 章 36 节，现增订为 10 章 72 节。该书增订的主要内容如：

一、把中国寓言史分为七个时期：（1）萌芽期（远古至春秋），（2）争鸣期（战国），（3）沿袭期（两汉），（4）转折期（六朝），（5）融汇期（唐宋)，(6) 通俗化期（元明)，(7) 变革期（清近代)。这更符合中国寓言乃至整个中国文化的演进轨迹。

二、增加了各民族寓言一章，反映出 56 个民族的文化汇为中华文化，56 个民族都是中国寓言的创造者。

三、增加了寓言小说、寓言戏剧各一章。这无疑扩充寓言的堂庑。乘着新时期强劲的探索之风，在寓言诗的族属显然日益扩大的同时，寓言小说、寓言戏剧似亦大有方兴未艾之势。这两章的增补实是具有预示性的。

四、增加了文化史的论述。这是寓言文学研究的文化思路，它符合或者说更加突出了寓言学的本质属性。

另外，还补充了新的资料，加强了论述的深度。

立足于自我意识以及自我意识的嬗变，不断进行时空双向化的批判、继承、吸收、扬弃，从而辩证地综合，实现自我突破、自我超越、自我完善，乃是健康的治学亦即为人之道。恰是在这个意义上，《中国古代寓言史》修订本的问世，是值得大书特书来祝贺的。

——公木，著名诗人、学者，中国寓言文学研究会会长。此文发表于《湖南教育报》1996 年 6 月 21 日。10 月《中国古代寓言史》出版时，收为序言。

潘雁飞 《中国古代寓言研究的新拓展》

——增订本《中国古代寓言史》述评

陈蒲清先生筚路蓝缕，撰著成《中国古代寓言史》，于 1983 年出版，填补了中国寓言无史的空白。新华社为此发了“我国第一本（中国古代寓言史》在湘出版”的专电。此书旋即被台湾翻印，被韩国翻译出版。但陈先生并不满足已有的成功，积 13 年的资料积累及洁静精微的思索，又修订成（中国古代寓言史》增订本，对初版本进行了高质量的扩展，被公木先生赞誉为“体用兼顾，体大思精”的力作。我有幸较早地阅读了此书，强烈地感到全书有下面四个显著的特色。

一、着眼文化，见微知著，是一部文化性的寓言史。

陈先生认为：“寓言是反映文化面貌与变化的最敏感的风雨表，中国寓言史实际上就是某个角度的文化思想史和民族心灵史。”（见《中国古代寓言史》增订本，以下没加注的引文均出自此书)。

在书中，我们可以发现一条贯穿始终的文化思路：即将中国古代寓言置于世界寓言体系之中去揭示寓言产生、发展的文化背景，在寓言的发展流变中显示中国文化的发展变化进程，在对寓言本体、寓体的揭示中体现中国文化的独特精神，在寓言的传播辐射及受外来寓言的影响中展现古印度文化、泰西文化和中国文化的交流和碰撞。这也可以说是陈先生对中外文化特别是中国文化思索的心得。如：在揭示中国古代寓言产生、发展的文化背景方面，就分别论述了中国文明的起源与特色，战国社会的巨变与诸子百家学说、两汉的黄老思想与独尊儒术、唐宋的儒学复兴与诗文革新运动、明中叶以后的哲学与文学思潮、西学东渐等等。这较之初版只谈一些寓言产生发展的社会条件、社会背景显然要深广得多。与此同时，全书依据上述文化线索，以寓言创作实际为依据，重新对中国古代寓言史作了分期，由原来五个时期（先秦哲理寓言、两汉劝戒寓言、魏晋南北朝寓言、唐宋讽刺寓言、明清诙谐寓言）变为七个时期，即远古创始期、战国争鸣期、两汉沿袭期、魏晋南北朝转折期、唐宋融汇期、元明世俗化期、明末清代变革期。这一重新划分，既是对寓言实际发展的准确勾勒，更重要的是反映了寓言与文化的同步发展。

在对中国古代各时期的寓言进行描述分析中，陈先生尤其注意从寓言的思维角度来揭集中国文化的独特精神。陈先生认为寓言是作者别有寄托的故事，“寓言有两大要素：一是故事性，二是寄托性。这两大要素形成了寓言的双重结构，其表层结构是一个故事，我们称之为‘寓体’；其深层结构是作者所寄托的一种思想观念，我们称之为‘寓意’”。所以寓言的思维特点便是用一个具体形象的故事去显示抽象的哲理。这种思维特点同中国人的民族思维是一致的。因为我国社会的演进走的是一条维新之路，“当我们的哲人们用理性精神来审视现实、告别神话时代之际，并没有抛弃借形象以领悟世界真谛的方式，而是把理性与形象结合，以形悟理，以形示理。”而我们的广大民众在说理时也习惯这种方式。如：讲因果以农事为喻，“种瓜得瓜，种豆得豆”；讲群己关系以河流为喻，“大河有水小河满”等等，不一而足。以此为契机，陈先生在书中揭示了中国传统思想说理的独特性。如：孟子用寓言来讲王道仁政、性善、浩然之气、义利之辨等；庄子用寓言渲染自然逍遥、万物齐一、无为而治；中国古典文学精神的重表现、强调寓意、神韵的特色。汉语在表达上“极讲究具象。即用具体可感的词语来表达抽象复杂的思想，用个别的先例来表达一般的概念”，如：我国的谚语、成语、歇后语极其发达，便是一例。其中的歇后语，可以说已经迈步到了寓言的门口。

寓言，在世界文化交流中还是轻骑兵，在各国文化交流中它总是比其他精神产品率先到达异国的土地。陈先生因此特别注意到寓言在文化交流中的作用。如：在转折期寓言中，论述了佛经寓言的传入及其影响；在清代变革期寓言中，论述了泰西寓言的传入与影响。这两次外来寓言的传入，实际上是中国历史上两次文化整合的先声。一次带来中国化佛教禅宗的诞生，进而导致儒道释相融汇的宋明理学的产生；一次是西学东渐，进而使中国文化走入近现代，开始放眼世界。所以，陈先生在书中指出，在寓言的相互交流中有一个突出的文化现象，即跟宗教的传播常常结有不解之缘。印度寓言是随着驮经的白马来到中国的，而泰西寓言则是随着天主教士来到中国。陈先生还搜罗爬剔，将精细的考证与大胆的推测相结合，极有见地的指出《百喻经》“有些故事可能是由中国先传到印度，再又传回中国的。如‘渡海失钎喻，酷似《吕氏春秋·察今》中的‘刻舟求剑’，而《吕氏春秋》成书要早几百年，这个故事有足够的时间通过西域传入印度，再由印度人加工改造。而且，《百喻经》中的98则故事，仅有5则拟人化动物故事，大部分是人物故事，在题材上具有中国特色。不少研究中印文化关系的专家，往往偏重于中国某某故事来源于印度某某故事，而忽略了中国对印度的影响。在文化交流中，即使印度长于‘舍’而短于‘取’，但完全来而不往，也是不可思议的。”在与欧洲的文化交流中，陈先生也曾指出梁代慧皎《高僧传·鸠摩罗什传》中的一则驰名中外的寓言故事“虚空细缕”，是通过西域商人和阿拉伯人或蒙古拔都西征而传入欧洲，14世纪被西班牙作家曼纽埃尔王子采入其所编故事集《卢卡诺尔伯爵》中，到19世纪，又被丹麦童话大师安徒生改写为世界著名童话《皇帝的新衣》。

可见，陈先生虽是在撰著寓言史，但却着眼于文化背景的揭示、文化发展的显示、文化精神的展现和文化现象的碰撞交流。这分明让我们体味出，这是一部文化性的寓言史。

二、沿波讨源，直通横通，是一部流变性的寓言史

陈先生认为以中国为核心的东亚寓言体系是世界三大寓言体系之一，与印度东南亚中东寓言体系和欧洲寓言体系鼎足而三。那么，中国寓言的源头在哪里呢？陈先生在其《世界寓言通论》中曾谈到寓言产生的社会发展水平和人类思维发展水平这两个条件：“就社会发展水平来看，寓言大概产生于原始社会解体而奴隶制国家开始建立的时代；就人类思维发展水平而言，寓言源于人们由原始的神话思维迈向理性思维之时，理性思维一旦与原始的神话故事结合便产生了寓言。寓言的寓体连接着神话思维，而本体连接着理性思维，从而使得寓言顺利地在人类文明发展的这一特定阶段起了桥梁作用。陈先生从上述观点出

发，根据有关历史文化资料，认定中国口头寓言产生的时代不会晚于殷商时代，而书面寓言的产生当起源于春秋末期。为论证这一结论，此书增加了“远古神话与寓言”、“《易》象、《诗》兴与寓言”、“赋诗言志、谐隐与寓言”等专节来讨论这一问题。如产生在夏代初年（前21世纪）的鲲鹏神话，陈先生通过对《列子·汤问》、《庄子·逍遥游》、《晏子春秋·外篇》等古籍的细心探究，发现到商初时（前16世纪）此神话已演变为寓言，而且这一演变符合世界神话演变为寓言的先例。

在阐述整个中国寓言发展流变史时，如前述陈先生将原来初版本的五个时期重新划分为七个时期，重新划分的原因便是：“先秦是一个漫长的历史阶段，包括战国以前漫长酝酿萌芽阶段和战国的繁盛阶段，这两个阶段是应该分开的，不应把产生与繁荣作为一个时期。何况还要考虑到战国时代的巨大历史变化。明末西学东渐，欧洲寓言传入，对中国文化与寓言皆造成巨大影响，所以清代寓言应与元明寓言分开。”这一更符合实际、更恰如其分的分期，除了前述的反映出与中国文化同步发展的特点外，我以为更重要的还体现了清代学者章学诚提出的直通、横通的原则。所谓直通、横通，是指研究问题时既注意历史的比较，找出其前后的联系和发展变化；也注意横向的比较，找出不同地区、不同民族、不同国家的同类事物的联系和区别，并注意同一时期各种事物之间的联系和交互影响。这种直通横通的方法，在某种意义上讲，也可以称之为纵横比较法。

就直通而论，陈先生特别注意寓言的寓体或本体在不同时代的联系和发展。如：两汉沿袭期寓言，在寓体上即题材上大多沿袭先秦。“《说苑》《新序》在体例和题材上多沿袭先秦的《韩非子》、《吕氏春秋》；《淮南子》多沿袭先秦的《庄子》。”而这一时期寓言的本体，则由各执己见的争鸣性特点，发展变化为定于一尊的劝戒性特点，或设计长治久安之道，或宣扬伦理道德。又如：魏晋南北朝寓言，虽然创作成绩不大，但通过纵向比较后却得出了三个值得注意的承上启下的过渡性特征：“一是以《笑林》为代表的笑话专集的出现，开了后世讽刺寓言和诙谐寓言的先河；二是诗体寓言，比先秦两汉更为成熟，代表作是曹植的《鹞雀赋》；三是以佛经为代表的印度寓言的传入，为中国古代寓言注入了新鲜血液，为唐宋的繁荣打下了基础。”这是大而言之。小而言之，还有个别寓言作家的比较，也有个别作品的比较。前者如苏东坡寓言承前启后的特色，后者如曹植的《鹞雀赋》，上承《焦氏易林·大有之萃》，下开唐代敦煌俗赋《燕子赋》等的先河，对后世诗体寓言的影响尤大。

就横通而言，著者一方面将杰出的寓言作家、寓言杰作置于世界寓言体系中考察。如：在阐述了《庄子》寓言对后世的巨大影响之后，又进一步指出《庄子》寓言“不仅代表了中国古代寓言的最高成就，而且是世界古代寓言的扛鼎之作”。在横通方面，更重要的是将不同地区、不同国家、不同民族的寓言进行比较，并跟同一时期的各类现象、各类事物进行比较。不同国家、不同地区的比较，有中国古代寓言跟印度佛经寓言的比较，跟泰西寓言的比较；还有传承方式的比较，中国古代寓言的直线式传承，印度寓言的耗散式传承、泰西寓言的接力棒式传承。国内不同民族的寓言比较，最典型的论述是氐族作家符朗的《符子》，跟《庄子》之比较，著者指出，“《符子》寓言虽模仿道家，但往往能出以新意”。在论述寓言跟同一时期的各类现象、各类事物的比较时，主要有社会条件与寓言、学术思想与寓言、古诗词与寓言诗、小说与寓言小说、戏剧与寓言戏剧、古诗文运动与寓言创作等等的比较。

正是在这种直通、横通中，著者理清了整个寓言史发展流变的脉络，并进而把握住了各个时期寓言的根本特征，如：远古寓言的创始性、雏型性特点，战国寓言争鸣性、哲理性特点，两汉寓言沿袭性、劝戒性特点，魏晋南北朝寓言转折性、过渡性特点，唐宋寓言融汇性、讽刺性特点，元明寓言世俗性、诙谐性特点，明末清代寓言变革性特点。

三、涵养商量，体大思精，是一部思辨性的寓言史。

增订本《中国古代寓言史》，是在陈先生主编了《中外寓言鉴赏辞典》（1990 年版）、撰著了《世界寓言通论》（1990 年版）之后撰成的，也是在初版本《中国古代寓言史》（1983 年版）出版 13 年之后撰成的。其思考的广度与深度、其学术性与实用性相结合的程度，可以说代表了陈先生目前最高的水平，在一定意义上显示了他对寓言这一文化现象的较完整的思想体系，因此增订本全书呈现出强烈的思辨色彩，被公木先生赞誉为是“体用兼顾，体大思精”的力作也就不足为怪了。个人以为，这正是陈先生在学术上“用志不分，乃凝于神”的精神，以及有深入细致的思考。就体大而言，初版本 5 章 36 节，仅论述古代作家 180 位；增订本扩展为 10 章 72 节，论述了古代作家近 280 位。这 72 节基本分布如下：绪论 3 节，论述了有关中国古代寓言的范畴、称谓、起源、分期及与中国文化之关系；第 1 章远古创始期寓言 5 节，第 2 章战国争鸣期寓言 9 节，第 3 章两汉沿袭期寓言 7 节，第 4 章魏晋南朝转折期寓言 6 节，第 5 章唐宋融汇期寓言 7 节，第 6 章元明世俗化期寓言 10 节，第 7 章明末清代变革期寓言 7 节，第 8 章中国古代寓言戏剧 5 节，第 9 章中国古代长篇寓言小说 5 节，

第10章中国各民族寓言概说3节；结束语5节，论述了中国古代寓言主题、表现特点，以及与现当代寓言、世界寓言的关系，中国古代寓言的整理研究等。

只要稍微浏览一下就明白，这是一个相当庞大完整的体系，然而它又不是大而无当，而是科学的、严谨的、贴合实际的。这就是陈先生的“思精”的结果，是全书思辨性色彩浓厚的体现。像在“中国古代寓言的范畴和称谓”一节中，为寓言作了界定，为寓言正了名，并因此挖掘了中国古代对寓言的种种“称谓”——诸如储说、说林、隐言、踳驳、譬喻、况义、喻言等等；在“中国古代寓言的起源和分期”一节中，论说了寓言产生的社会条件和思维条件，特别是考证了中国古代口头寓言与书面寓言产生的具体时间；在“寓言与中国文化”一节中，分别从四个方面作了精辟的论述：一是论述寓言与民族思维特点，即从具象领悟抽象，又以具象显示抽象道理；二是论述寓言与传统思想，指出，读战国寓言等于读了一部战国诸子的哲学政治思想史；三是论述，寓言与古典文学，指出，读战国寓言等于读了一部战国诸子散文艺术史，又指出中国寓言与中国文学的“重表现、重寓意的”精神相契合；四是论述中国寓言与民族语言。此外，在“中国寓言的主题”一节中，论述了中国古代寓言主题“三多两少”的特点：关于治理国家的寓言多，关于修身的寓言多，关于学习的寓言多；鼓励下层人民积极抗争的寓言少，宗教寓言少。在“中国寓言的表现”一节中，又论述了寓体选择以人物故事为主，而其中又以历史或传说人物为主；又提出结构体制上开端于《韩非子》的“寓言群”结构等表现特点。诸如此类的章节，可谓是对中国古代寓言作了全面性的本质性的鸟瞰。而在论述古代寓言发展的七个阶段的基础上，又论述了寓言戏剧、古代寓言长篇小说、各民族寓言，这是对中国古代寓言的思辨性的微观考察与宏观把握，是涵养商量功夫的结果。

四、高瞻远瞩，进一重境，是一部开放性的寓言史。

历史虽然是回顾过去，但其指向却是要走向未来、走向世界的。作为世界文化交流中的轻骑——寓言的历史更是如此。所以，著者的眼光如何及立足点的高低，就直接影响到寓言史本身的容量及质量。所幸陈先生的增订本《中国古代寓言史》较之初版，其眼光更是高瞻远瞩，其立足点是高屋建瓴的。因而这本增订本寓言史连著者自己“也相信是改好了一些。因为，我觉悟了过去的很多不足，又吸收了文化界与寓言界贤达与师友们的研究成果”。个人以为正是著者的觉悟与吸收，使增订本达到了一个更新更高的境界。归根结蒂，便是陈先生是以一种开放的眼光、开放的心态来撰此寓言史的。因而在某种意义上说，这又是一部开放性的寓言史。

其一，以文化的眼光看寓言，从寓言的文化思路角度撰写更加符合寓言本质属性的寓言史。本文前面已有所论述，于此不赘。

其二，增订本增加了各民族寓言一章，认识到中华文化和寓言是各民族共同创造，更贴合“中国古代寓言史”中的“中国”俩字的涵义。惜乎由于资料的阙如，只能加以概括介绍。然而，就是从中国少数民族寓言的鸟瞰中，我们也已初步感受到了少数民族寓言实是一座宝山，其中有无尽的宝藏。

其三，增订本增加了中国古代寓言戏剧与长篇寓言小说各一章。寓言戏剧论述了它的产生、发展及特色，并按元明清分时代对寓言戏剧中较著名者作了论述，尤其重点论述了明后期这个中国古典寓言剧的黄金时代，其中又重点论述了《中山狼》、“临川四梦”、《东郭记》与《醉乡记）等名作。“中国古代长篇寓言小说”一章，则论述了古代寓言小说的产生、发展及其类型。在分论中，陈先生将中国古代长篇寓言小说分为以禅佛故事为寓体的长篇、以鬼魅异物为寓体的长篇、以海外幻想为寓体的长篇、拟古开新或虚拟境界的长篇4类。就《后西游记》、《西游补》、《天女散花》、《斩鬼传》、《平鬼传》、《何典》、《镜花缘》、《希夷梦》、《新石头记》、《新三国》、《马屁世界》等近20部寓言小说作了论述，揭示了许多不曾为人所道的寓意。总之，陈先生用寓言的眼光去审视这些戏剧与长篇小说，使得许多难解之谜涣然冰释。同时也扩充了寓言的堂庑，使寓言的界限不再只是“短小精悍”，也有“长篇巨制”。这更有助于启发我们从寓言的角度去审视鉴赏当代新时期戏剧小说中复杂多义的作品，以廓清一些创作理论与实践的问题。

其四，注意到了中国古代寓言与现当代寓言、世界寓言之关系。这一点更是显示出著者深广的眼光。因为，这样的认识，一是指向未来，一是放眼世界。

其五，首次列专节注意到汉族的民间寓言，预示出一种新的研究思路：即一部完整全面的中国古代寓言史，不但是寓言作家及其作品的历史，也是民间的寓言史，因为民间从古以来口耳相传的寓言中亦不乏精品。

其六，初版本有一些疏漏的地方，增订本补充修正了大量资料。举一两个较小的例子便可管中窥豹。像《庄子寓言故事要目》由初版本的181则，增加为186则，新钩稽出5则。争鸣期寓言新增了“战国诗体寓言”一节，沿袭期寓言新增了对《韩诗外传》《新论》《论衡》等的论述。凡此类补充，书中比比皆是，难以尽述。但它却反映了著者善于发现鉴别新的寓言材料。这也证明了陈先生始终在以开放的眼光、开放的心态审视、思索寓言这一人类的重要文化现象。

要之，增订本《中国古代寓言史》胜义叠见，体大思精，远远超越了初版本的水平。她的问世，无疑再次拓展了中国古代寓言研究的空间领域和时间长度，是陈蒲清先生在其学术道路上的又一丰硕成果，也是他对中国古代寓言史的新贡献。

——载《北方工业大学学报》。潘雁飞，现为湖南科技学院教授。

《世界寓言通论》 简介

湖南教育出版社1990年9月初版，3编15章30万字。责任编辑胡本昱。第一编是“寓言的本质”，第二编是“寓言的历史”，第三编是“寓言的应用”。

此书创新在于：1. 提出了对“寓言”范畴和定义的新观点。过去，自林纾、严璩合作翻译《伊索寓言》以后，人们往往把“寓言”等同于英文的Fable。作者认为，中国的“寓言”一词，其范畴应该包括英文中的Fable（伊索式寓言）、Parable（《圣经》式寓言）、Allegory（如《天路历程》之类）与Morality play（道德寓意剧）。寓言的特点是具备故事性与寄托性，是双重结构的文体。因此寓言的定义应该是：“作者另有寄托的故事（Allegoric tales）。”2. 全面探讨了寓言的文体特色，并与相关相似的文体作了比较。3. 探讨了寓言的分类标准，按照寓体、本体、本寓体关系、体制等不同方面给寓言作了分类，纠正了分类纷乱的现象。4. 探讨了寓言起源的条件，一是社会发展水平，一是思维发展水平。5. 把世界寓言划分为三大体系，以印度为起点的南亚中东体系，以中国为核心的东亚体系，以古希腊与希伯来为源头的欧洲体系。全面介绍了各体系的重要作家作品，分析了不同体系寓言作品的特点，并列出了世界寓言世表。6. 探讨了寓言与人类文化的关系。7. 探讨了寓言教育、寓言研究、寓言鉴赏的方法。

重要报导与书评有：《寓言教学与研究的一部好专著》（《光明日报》1991年3月6日），《World fable》（《China Daily》）1991年3月6日），《寓言研究的新开拓》（《新闻出版报》1992年10月14日），《寓言，理性的诗歌》（《博览群书》1991年6期），刘上生《试评陈蒲清先生〈世界寓言通论〉的成就》，石西《内容瞻博、发论精警》（《水电师范学院学报》1991 年 2 期），覃道炳《世界寓言理论的建构与开拓》（《湖南教育学院学报》1991 年 1 期），力牧《寓言理论的新开拓》(《枣庄师专学报》) 等。《理论与创作》、《书讯报》、《湖南文化报》、《鹤城晚报》、《长沙晚报》等也发表了书评。

台湾骆驼出版社 1992 年 10 月出版，更名《寓言文学理论历史与应用》，以力牧《寓言理论的新开拓》为序言。

韩国檀国大学尹柱弼教授译为韩文，2010 年出版。

获得中国寓言文学理论研究一等奖、湖南省优秀社会科学著作二等奖。

此书及《中国古代寓言史》，被台南大学、宜南大学等列为教学用书。

来信摘要（季羡林等）

季羡林（北京大学教授）关于《五卷书》的来信：“陈蒲清先生，函悉。答复如下。印度的《五卷书》，后来译为帕荷里维语和阿拉伯语，汉文的《卡里莱和笛木乃》即由阿文译出。根据帕荷里维语译本，又出现了许多语言的译本。Husain 的译本序言说，一位大臣向皇帝讲了一个故事。故事说：Dobschelim 梦见一位老人，让他向东走。他走到一个地洞那里，一个老人给了他许多宝贝，其中有古代波斯国王 Hurehenk 的遗嘱。这个遗嘱有许多条，包括对统治者的十四条好主意（锦囊妙计）。遗嘱的最后一条劝告遗嘱发现者到锡兰去。Dobschelim 把所有的宝贝以及遗嘱都送掉，前往锡兰。他到达锡兰岛，在岛中央的一个洞穴里，遇见了一个婆罗门，名叫 Bidpai 或 Bilpai。婆罗门用故事解释了遗嘱的每一条妙计。这些故事就构成了此书的篇章。人们依据这个传说，说毕拜或比尔配是《五卷书》的作者。这个说法是不可靠的。这只是一个故事、一个传说。此复，即祝近安。季羡林 1988. 4. 15。”

陈模（寓言作家，曾任北京市委宣传部副部长、中国青年报社副总编、中国少儿出版社社长兼总编）来信：“蒲清同志：您好。您寄赠的《世界寓言通论》收到。这是一部具有重要学术价值的论著，第一次把世界寓言发展的历史作了科学分析，对于世人研究世界寓言的得与失，对于提高我国寓言创作的水平，都将起到很大的作用。衷心感谢您的赠书，我一定好好学习。预祝新年阖家欢乐！陈模 1990. 12. 12”

孙传泽（寓言作家，鹤城晚报主编）来信：“蒲清兄：您好。刚收到大作《世界寓言通论》。我认为，尊著无疑是我国寓言研究领域中迄今为止的体系最宏大、内容最精深的权威性著述，标志着我国寓言研究迈上了一个新的台阶，达到了一个新的高度。值得祝贺。同时，我还觉得湖南教育出版社肯出版这类学术著作，也是有胆有识的，是真正出版家的气度。也令人赞佩。愚意还以为，大著若能单辟章节粗略论述一下当代中国寓言作家的创作，也许现实性更强，又有助于文化交流。也许这个题目是兄下一步关注的。若能补足这一点，将更加完备。不知兄以为然否。弟传泽 1990.12.22 匆草”

秦旭卿师来信：“蒲清同志：大著通论拜读。这是天才的结晶，也是勤奋的成果。你先编撰了具体作品，再写了史，编了辞典，然后完成这本大著，真是厚积薄发，水到渠成，我相信并世无第二人。春节即将来临，祝全家幸福愉快。旭卿 1991 立春日。”

米尚志（上海复旦大学德语系教授）来信：“蒲清同志，您好。我粗略拜读了一遍《世界寓言通论》，非常高兴。这部书不愧是学术界新绽放的一朵奇葩。从古至今，从中到外，浩浩荡荡，把寓言说了个透透彻彻，知识丰富，理论见解独特，而且饶有趣味。非常感激您。一年一度的春节即至，祝您节日愉快。米尚志 1.16”

祝普文（吉林艺术学院教授）来信：“陈蒲清先生，您好。大作《世界寓言通论》收到，不胜感谢。当晚即秉烛而读，次日一口气读完。这是您继《中国古代寓言史》之后又推出的一本足以填补中外寓言史、文学史空白的力作。其中许多论断，深中肯綮，给人启迪，令人拍案叫绝。所引的材料，有不少是目前无人提及的。这三年，我写了《鹰》、《牛冤》、《雁阵》等美术片，主要忙于编辑事务、教学，还有家庭琐事。愿以先生为榜样，辛勤笔耕，为咱们的寓言研究会尽绵薄之力。祝普文 1991 年 1 月 14 日”

金江（寓言作家）来信：“蒲清同志：您好。前月 17 日收到您的大作《世界寓言通论》，令我非常激动，非常欣喜。这是您继《中国古代寓言史》、《中外寓言鉴赏辞典》之后的又一部有价值的著作。我们长久盼望有一部系统的研究寓言的理论著作，现在呈现在我们眼前了。作为一位寓言作家，我深深地感谢您！金江 1991.2.8 深夜”

顾建华（北方工业大学教授，寓言研究会秘书长）来信：“蒲清同志：您好。仇校长和我都感谢您赠送的大作，并对您为我国寓言研究所作出的贡献表示敬意。仇校长跟我说，寓言研究会出期刊的事，邓力群同志已经表示支持，要我们打个报告，并把这些年在寓言研究和创作方面有突出成就的著作呈报。我们呈报的著作中，有三部是您的大作：《中国古代寓言史》、《世界寓言通论》、《中外寓言鉴赏辞典》。专此布达，即颂教祺文安。弟建华 13、21”

朱靖华（中国人民大学教授）来信：“蒲清学兄：您好。吾兄近几年的大著《世界寓言通论》、《中外寓言鉴赏辞典》都质量颇高，具有开拓意义，为寓言研究做出了巨大贡献，在我们寓言研究会内部及社会上都有大的影响，诚可钦佩。谢谢您的辛勤耕耘。正如吾兄所说，寓言常常是文化交流的先锋。韩国汉城大学李炳汉教授，在中韩建交前夕编译了一部《中国古代寓言选》，让我为他写序，我即用了您的观点。最近，在韩国外国语大学中文系讲了一次《中国古代寓言的特色》，也得力于吾兄的著作。谢谢。匆匆不恭，即颂撰安。弟靖华拜上。1993. 6. 10”

力牧 《寓言理论的新开拓》

陈蒲清同志的新著《世界寓言通论》（湖南教育出版社，1990 年 9 月第 1 版），是他继《中国古代寓言史》之后的又一部力作。

我国寓言创作，源远流长，已经有了几千年的历史；外国寓言的翻译和引进，从《百喻经》算起，也已经有一千多年了。我国的寓言创作积累了丰富的经验；对外国寓言的翻译、引进，使本国寓言吸收新的营养，获得新的生机，也有许多成功的可以进行探索的东西。但是，理论落后于实际。我们的研究工作，远远落后于寓言的创作、翻译和应用。这种情况，不能不影响到寓言创作的进一步发展，也不能不影响到寓言理论向新的领域、新的层次的突破。我们盼望有一本总结性的理论著作，使这种情况有所改变。陈蒲清同志的《世界寓言通论》在这种形势下问世，可以说是“应运而生”的。

本书精义迭出，时有创见，读之如入山阴道上，使人应接不暇。现在我只谈谈读后感受最深的几点，也是本书最突出的几个特点。

本书第一个最突出的特点是它的贯通性。作者思接上下五千年，视通纵横八万里，从宏观方面，将古今中外的寓言，熔于一炉；既俱收并蓄，又含英咀华。作者眼光如炬，从历史长河里千头万绪的寓言现象中，梳理出世界寓言的三大体系来，即：“以中国为核心的东亚寓言体系，以印度为基础的南亚中东寓言体系，以希腊为起点的欧洲寓言体系。”（引文见原书，下同）作者在本书第二编“寓言的发展”中，对世界的这三大体系作了极为精到的论述。

由于寓言研究是一个非常薄弱的环节。关于中国寓言研究的专著屈指可数，对世界寓言的研究，还几乎是一片空白。正如本书作者在“自序”中所说：

“我们中国人民包括一些文学研究者和爱好者，甚至包括一些寓言研究者和爱好者，又知道几个外国寓言作家呢？即以上述词条（指《简明不列颠百科全书》中“寓言”词条的释文——笔者）为例，其中提到巴布里乌斯、盖依、哈里斯、吉卜林、艾德、瑟伯等，并不为很多人所知。他们的作品，甚至还没有汉语译本。对寓言理论的译介和研究更为落后，亚里斯多德、阿弗托纽斯、薄伽丘、培根、丹纳、莱辛、刘易斯等人关于寓言的论著，根本就没有汉译本或没有完整的汉译本。”在这种资料奇缺的情况下，本书作者以拓荒者的精神，知难而进，旁搜远绍，付出了辛勤的劳动。在本书第二编“寓言的发展”中，作者对在世界三大寓言体系的历史发展中作出了贡献的寓言作家、寓言研究家，按他们各自所起的作用和所达到的成就，都给予了恰当的评述。本书评述到的寓言作家和寓言研究家，其范围之广泛，人数之众多，可以说都是空前的，以第十章“欧洲寓言体系”为例，评述到的寓言作家和寓言研究家，即多达120余人。

司马迁是我国古代伟大的史学家和文学家，他不仅开创了纪传体史书的先例，而且在《史记》中首创了“表”这一种形式。《史记》中的表分为世表、年表、月表三种。顾炎武评论说：“年经月纬，一览了如，作史体裁，莫大于是。”（《日知录》卷26）梁启超评论说：“自《史记》创立十表，开著作家无量法门。郑樵《图谱略》益推阐其价值。《史记》惟表年代世次而已，后人乃渐以应用于各方面。”（《中国历史研究法》192页）本书作者将“世表”应用到寓言研究方面，写了“世界寓言世表”专章，“以世纪为经，以中国、亚非、欧美三大寓言体系为纬，胪列寓言史上之重要作家作品及有关文学现象，旨在显示全球数千年来寓言之发展规律和各国间交流融汇之状况。”（原书）将“世表”这一形式应用到寓言研究中，不仅是推陈出新，收到纲举目张、脉络清晰的效果，而且是学贯中西，“通古今之变”的创举。

本书对世界三大寓言体系不是静止的、平行的叙述，而是进行动态的、交叉的研究的，也就是说是从比较文学的角度进行研究的。作者认为：世界三大寓言体系在其发展过程中是互相渗透、互相影响、互相吸收、互相补充的。虽然这种研究，并未充分展开，但吉光片羽，仍使人耳目一新。如本书第十章论寓言与戏剧结合的一段：“寓言与戏剧结合从古希腊的阿里斯托芬便开始了，至19世纪而发展到一个新阶段。歌德的伟大诗剧《浮士德》，借神话传说和巫术式的情节，表现知识悲剧、爱情悲剧、政治悲剧、美的悲剧和事业悲剧，表现积极的人生追求和虚无主义的矛盾。挪威伟大戏剧家易卜生的寓言诗剧《培尔·金特》，通过主人公光怪陆离的一生遭遇，提出‘什么是真正的人生价值’这一严肃的哲学命题……诸如此类，都是寓言与戏剧结合的产物，并启发了20世纪现代派的戏剧创作。”

又如本书第九章中论伊索寓言对中国寓言的影响的一段：“《物感》是明末清初福建宁化人李世熊所著，全书20篇，动物寓言占19篇，题材和手法都沿袭学习《况义》（即《伊索寓言》的第一个汉语选译本——笔者）。《物感》是中国人模仿西欧寓言而创作的第一本寓言集，标志着中国寓言创作的新的转折点。它还说明了中国人民是善于吸收外来文化的。”

这些真知灼见，都可以说是在寓言研究领域的新收获，也是比较文学领域的新开拓。

本书的第二个特点是从寓言的本质入手，对寓言的各个方面进行广泛、深入的分析。本书作者认为：“我们可以给寓言作如下的定义：寓言是作者另有寄托的故事。”“另有寄托”，就是寓言的最本质之点。作者从寓言的这个最本质之点出发，对寓言的结构、篇幅、形象、手法、风格、美学效应、民族性、时代性、边缘性、渗透性、寓言与其他文体的关系、寓言的类型等进行了阐述。由于作者紧紧抓住了寓言的本质，并以此作为解剖刀和试金石，所以他的分析，往往谈言微中，探骊得珠，发前人所未发。如在论寓言形象时说：“寓言形象（无论是人物、动物、其他生物或无生物）的特点是它的类型性和传神性；塑造形象时常使用拟人化手法或夸张荒诞手法，使寓言形象与现实生活保持适度的距离。拟人化是拉近这个距离，夸张荒诞是拉开这个距离。”

又如在论寓言的渗透性时说：“寓言具有很强的渗透性。其渗透状况可分两类：一类是穿插式的渗透，一类是融汇性的渗透。所谓穿插式渗透，便是寓言作为一个个相对独立的故事插入其他各类著作之中。在论述性的著作中，它们往往作为一种论据出现。如：先秦诸子著作中的寓言，多用来阐明政治哲理；佛经中的寓言，多用来阐明宗教哲理。……所谓融汇性的渗透，便是寓言的精神和手法融汇到了叙事作品之中。如：它渗透到叙事诗、戏剧、小说等各个领域。渗透程度深者则与这些文体结合而产生寓言长诗、寓言剧、寓言小说，如：《列那狐的故事》、《鸟》、《天路历程》等；渗透程度浅者，则使这些文体的作品具有强烈的寓言色彩，如：《神曲》、《浮士德》、《老人与海》等。”

这些论断是从寓言的本质出发，必然引出的结论，也是中外寓言长期以来创作经验的高度概括和升华，具有很强的理论性，对当前的寓言创作是可以起到导向作用的。

本书的第三个特点是做到了寓言理论与寓言创作实践的结合，用寓言创作实践检验寓言理论、丰富寓言理论，从而使寓言理论在前人的基础上有所发展。

如关于寓言创作的途径，究竟是从一般到个别呢，还是从个别到一般呢？歌德和莱辛都认为寓言创作是从一般到个别。歌德说："诗人是从一般中寻求个别呢，还是从个别中领悟到一般呢？这两者有很大的差异。从前一类诗人中诞生出寓言，在这里个别只被视作一般的比喻和实例"（《回忆和箴言》）。莱辛说："要是我们把一句普遍的道德格言引回到一件特殊的事件上，把真实性赋予这个特殊的事件，用这个事件写一个故事，在这个故事里大家可以形象地认识出这个普遍的道德格言，那么，这个虚构的故事，便是一则寓言。"（《论寓言的本质》）歌德和莱辛的观点，代表了绝大多数人对寓言的看法。但这种看法，有其片面性，因为它只反映了寓言创作的一种情况，而绝不是全部情况。如果过于强调这一点，甚至认为是寓言创作的唯一途径的话，就很容易产生概念化的作品，使寓言成为概念的图解，缺乏生活的气息。针对这种情况，本书作者指出："寓言创作也往往从个别中领悟一般。首先，从寓言的起源来看，往往是先有很多动物故事，然后人们才赋予这些故事以哲理意义。""其次，有很多寓言是以真实事件为素材而加工创作的。""更重要的是，即使是作者先产生了一般的认识再寻求可以表现这思想认识的个别事件，也还有一个问题需要解决：这一般的认识从什么地方来？其实，它也产生于对很多个别事件的观察。"

本书作者没有停步于寓言创作途径究竟是从一般到个别，还是从个别到一般，或是二者兼而有之的探讨上。寓言创作途径的绝对化的看法意味着寓言理论的简单化、机械化；而寓言理论的简单化、机械化，是与寓言创作的错综繁复，反映丰富多彩的生活是不相称的。作者在对古今中外错综繁复的寓言创作实际进行全面考察后，得出了如下的结论："寓言是两种生活积累发生碰撞而产生的火花，一种生活积累是对各种社会现象的观察，对各种知识的全面了解，对人生的深邃洞察和哲学思考，从而逐步形成自己的人生观与世界观，产生对某些问题的一般看法。另一种生活积累是对某些特殊事件的深入细致的观察，这些特殊事件可能发生在社会界，也可能发生在生物界，前者为人物故事，后者为生物（主要是动物）故事，它们都作为丰富的表象而存留于作者的头脑之中。这两种生活积累一旦发生碰撞，即通过联想而组合在一起，便产生了寓言创作的冲动。"又说："寓言需要两种生活积累和联想能力。如果没有联想能为，便不可能产生寓言创作，所以有人称'寓言是联想的艺术'；如果缺乏对社会现象和各种知识的观察研究，没有形成自己对世界和人生的独特看法，那么，他创作的寓言便缺乏思想深度；如果没有深入观察一些特殊事件，形成丰富的表象，那么，他创作的寓言便缺乏血肉，显得形象苍白。总之，三者缺一不可。”

这些精辟的论点无疑是全面、深刻而又辩证的寓言创作论。

本书的第四个特点是把寓言的应用放在人类文化这个大系统进行研究，广泛探讨了寓言与哲学、寓言与宗教、寓言与政治、寓言与文学、寓言与学校教育、寓言与国际交流的关系。作者认为：“寓言是一种与人类文化极为密切的文体。它是人类文化飞跃的一座路碑。人类由原始思维跨入理性时代是一次很了不起的文化飞跃。正是在这次飞跃中，寓言产生了。它把神话的‘万物有灵’观念改造为一种‘拟人化’的手法，以荒诞的形式表现理性的精神。寓言既是理性精神的产物，又帮助人类顺利地跨入了理性时代。它是人类各种文化成果的一种重要载体。”“它是各民族文化特征的一面镜子。”“它是各民族文化交流的一支轻骑。”

本书作者付出了辛勤的劳动，不仅理清了寓言与人类各种文化成果之间的关系，还进一步探索了这种关系之所以发生和发展的内在的原因。如作者分析寓言为什么能在人类文化交流中起到轻骑兵作用时，举出了四个方面的原因：1. 寓言是一种渗透性很强的边缘文体，各种著作都喜欢利用它作载体；2. 寓言形制一般短小而思想隽永，既以形象感人又以理服人，容易传播，容易接受；3. 寓言体制的民族差异性不很大，容易在不同民族间交流；4. 与接受者的民族传统有关。

以上只是笔者所认为的本书几个最突出的特点，其他关于寓言技法的举例，关于寓言鉴赏方法的研究，都有许多鞭辟入里的见解，这里就不一一评述了。

本书也还有一些值得进一步商榷之处，如本书作者对寓言所下的定义为：“寓言是作者另有寄托的故事。”这虽然抓住了“另有寄托”这一最本质的属性，但寓言作为一种文体区别于其他文体的“个性”，这个定义却难以完善地表达出来，如寓言故事的虚构性。诚然，虚构性是一切文学作品的共同特性，但寓言的虚构性与其他文学作品的虚构性比较，有其独特的“个性”。这种“个性”可以视之为“寓言色彩”甚至“寓言精神”，是不容忽略的。而且，寓言定义中不谈虚构性，也很容易把看起来另有寄托的真实的历史故事认为是寓言。又如《列子》的真伪，迄今尚无定论，而本书作者说：“《列子·仲尼》中的‘西方圣人’便是魏晋间人为了美化佛教而作一种暗示。”固然，列子的某些学说与佛经有近似或可以相参之处，但跟佛教徒或笃信佛说的人牵强地用列子的某些说法比附佛经，是毫不相干的两回事，本书作者的上述提法，未免过于肯定。

笔者认为，这些问题虽有待于进一步研究，但丝毫无损于本书所取得的巨大学术成就。

本书虽然是一部学术性很强的著作，但读起来却毫无枯燥乏味之感，这是因为作者多年在大学课堂上，讲授寓言理论和寓言史，只要是与寓言有关的，古今中外，无所不谈，边教学，边研究，边整理，边提高。作者是在多年寓言教学与研究的扎实基础上写这本书的。因此，本书做到了全面介绍中外寓言理论与总结自己多年寓言教学与研究的独特见解相结合，深入的理论探讨与雅俗共赏的文字表达相结合，学术性与实用性相结合。这三个结合，可以说是撰写学术性著作的一条虽然艰难险阻，但只要坚持走下去就一定可以达到预期目的的道路。

——胡昌五，中国寓言研究会副会长，笔名力牧、马达。此文发表于《枣庄师专学报》1991 年 3 期，后来被台湾本《寓言文学理论、历史与应用》收为前言。

刘上生《试评陈蒲清先生〈世界寓言通论〉的成就》

在人类创造的文化成果中，很少有像寓言这样古老悠久、丰厚深刻、得到普遍运用而又长期被人忽视的语言载体。尽管现已可考的寓言历史至少已有五千余年，尽管在现代社会中，寓言依然在文化和文学诸领域，在由童稚至老耄的人类生命各阶段显示着强大的生机活力和社会功能，但在琳琅满目、浩如烟海的各门类学术著作里，寓言研究却寥若晨星。也许是历史的巧合，也许必然总是寓于偶然之中，前 4 世纪，当古希腊学者亚里士多德的《修辞学》在世界第一次把寓言作为对象进行研究的时候，哲人庄周也在中国第一次标举“寓言”概念并揭示其作用和特征。然而，此后的两千多年，无论在西方还是东方，后继者都屈指可数。如果说，人们还能从欧洲举出阿弗托纽斯（前 4 世纪）、斯特拉博（前 1 世纪）、薄伽丘（14 世纪）、莱辛（18 世纪）、丹纳（19 世纪）、维戈茨基（20 世纪）等一串名字的话；那么，中国的寓言研究，则迟至本世纪 30 年代方始起步，以约 2 万 5 千字的胡怀琛《中国寓言研究》（1930 年出版）为拓荒之作。其后迄今 60 年（除了本文将要评述的陈蒲清先生之外），也只有王焕镳《先秦寓言研究》（1957 年出版）、公木《先秦寓言概论》（1984 年出版）等几部专著和郑振铎等先生为数不多的一些论文了。这种与源远流长的寓言传统和热闹拥挤的寓言编选严重失衡的状况，使寓言研究者长期面壁一隅，灯火阑珊，而研究领域的过于狭窄集中，又在一定程度上限制着研究者的视野和成就。人们呼唤着寓言研究的发达和开拓。况且，如果没有对寓言理论的全面探讨和对这一世界性历史文学宝库的宏观审视，又怎么能从根本上提高寓言的地位和人类对它的自觉认识呢？

从这种背景上看，陈蒲清先生的寓言研究系列著作及其近著《世界寓言通论》（1990 年湖南教育出版社）的出版，其意义就显得不同寻常了。

陈先生自六十年代中期即潜心于中外寓言的收集、整理和研究，二十余年来，他不避冷落，自甘寂寞，锲而不舍，矢志不移，自 1982 年编辑出版（与曹日升等合编）了我国第一部较完备的古代寓言选本《中国古代寓言选》（湖南教育出版社）后，于 1983 年推出我国第一部寓言通史《中国古代寓言史》（湖南教育出版社），1989 年主编我国第一部《中外寓言鉴赏辞典》（湖南出版社），现在《世界寓言通论》作为我国第一部中外寓言通论性著作的出版，不但填补了寓言研究的又一项空白（据笔者所知，国际上也尚无同类著作），而且形成了陈蒲清先生具有独创性和开拓性的寓言研究专著系列，在寓言研究史上是值得大书一笔的事情。

《世界寓言通论》是一部兼具有寓言通论和世界寓言史论性质的著作。全书以通论为经，以史论为纬。共分三编，上编寓言的本质，中编寓言的发展，下编寓言的应用，全面地阐述了寓言的本质属性、文体特征、创作途径、写作技巧、文化功能、教育教学、鉴赏研究等一系列基本问题，同时对寓言的起源发展和世界三大体系寓言历史进行宏观描述，在这种纵横交错的理论构架和层次繁复的深入论述中，作者提出了一系列引人注目的学术见解。

作者以对寓言本质的探讨作为全书的逻辑起点，在列举、比较和评述了古今中外的各种寓言概念后，作者提出了自己的寓言定义：寓言是作者另有寄托的故事（第 8 页）。我认为，这是迄今为止最为简明确切的对寓言的概念的表述。它不但正确概括了寓言的结构要素：寓体（故事）和本体（寓意），揭示了寓言的本质属性：叙事性和寄托性；也纠正了中国古代寓言概念（自庄子以来）外延失之过宽和外国某些寓言概念（如英语中的 fable，parable，allegory 等词，莱辛、戈尔丁等的定义）失之过窄的缺陷，以及若干工具书（《辞源》《辞海》《中国大百科全书》等）的不够精确（如将劝谕或讽谕作为寓言基本特征）。作者认为："汉语中'寓言'一词应相当（包容）英语中的 fable，parable，allegory，乃至 morality plays，大体可对译为英语中的 allegoric tales”（自序）。这种概念的思辨绝不是多余的咬文嚼字，正是为了奠定全书的论述基础，因为寓言的本质属性是寓言文体的论述基础，因为寓言的本质属性是寓言文体的根本特色，寓言种种文体特色都由此决定。从对寓言本质的科学认识出发，作者依次论述了寓言结构的双重性，篇幅体制的灵活性，形象塑造的类型性和传神性，艺术手法的拟人和夸张荒诞，风格的含蓄委曲和喜剧谐趣美，文体的边缘性和渗透性等等一系列问题（第二章），阐述了寓言和神话传说、寓言与童话、寓言与笑话等各类故事、寓言与小说戏剧、寓言与各类诗文的区别与联系（第三章），从而从内部和外部两个方面完成了对寓言文体的系统研究，提出了作者的整体寓言观。它不但吸收了前人的研究成果，而且把人们对寓言的认识的整体化综合化系统化水平大大提高了一步。

作者的世界寓言史论是全书中极有价值的部分，它融铸了作者多年来搜集、整理、分析研究中外寓言宝库的心血，到处闪烁着真知灼见。关于寓言的起源，作者独辟蹊径，从寓言本质的文化内涵入手进行探讨，认为寓言的起源，受制约于两个条件，一是社会发展水平，一是人类思维发展水平（118 页）。这是因为寓言的两个组成部分，寓体连接着神话的原始思维方式，本体连接着理性的逻辑思维方式，因而寓言比任何别的形式更能成为人类从原始思维向理性思维过渡的桥梁（117 页）。由此得出结论：“寓言的产生，迟于神话，而早于其他叙事作品。寓言的产生，标志着人类进入了理性思考的时代，告别了原始社会”（115 页）。“从社会形态来看，寓言大概产生于原始社会解体而奴隶制国家开始建立的时代”，它既是人类告别原始时代的产物，又是新时代的助产士，文明社会的曙光（118 页）。虽然郑振铎先生等曾指出寓言产生于初民传说（即神话）之后，但像这样揭示寓言的产生与人类社会与思维发展的内在联系，把寓言产生的意义提到如此高度，却的确是发前人之未能言未敢言。但这并非作者的任意拔高，而是既合乎逻辑又合乎事实的科学论断。作者不只是进行思辨推演，更重视以实际材料作为立论的依据和佐证。例如关于世界最早的寓言，作者发掘了公元前三千年带有强烈神话色彩而又表现理性精神的苏美尔寓言（“狐狸求角”等）；关于中国最早的寓言，作者根据《庄子》《列子》中汤问棘（夏革）的传说，结合社会历史条件，作出了鲲鹏神话产生于夏初（前 23 世纪），于商初（前 18 世纪）演变为寓言的推论，都颇有说服力。作者关于寓言起源的论述，其意义不仅是提出了一个新颖的具体学术见解，更重要的是把一种不为人注意的文体升华成为人类文明的路碑，这就从根本上解决了寓言的文化和文学地位问题。寓言这种两端连接形象思维和理性思维的特性，使它几乎在人类文明发展的每个阶段都起着特殊的启蒙、导引和桥梁作用，生机蓬勃，长盛不衰。中国社会从奴隶制向封建制转变时期的先秦寓言，从封建前期向后期（中唐以后）过渡时期的唐宋寓言，从封建后期向末世转化的明清寓言，古希腊由原始公社制过渡到奴隶制时期的伊索寓言，中世纪后期教会文化被世俗文化和城市文学取代时期的法国动物寓言史诗，文艺复兴寓言，古典主义寓言，启蒙运动寓言，一直到随着现代主义思潮崛起的现代派寓言，莫不证明了这一点。当我们在作者带领下追源逐流，完成世界寓言历史的巡礼之后，再掩卷回思作者《自序》中那一段充满激情与哲理的文字，谁能不对这位人类文明的“功臣”油然而生崇敬之心?

作者说：

“寓言是一种最活跃的文化现象。寓言是人类群体的挚友，伴随着人类的成长，从幼稚走向成熟；也伴随着人类的探索，足迹踏遍人类文化的各个领域，借一个完整自足的故事反映出对社会和历史的宏观把握。寓言又是人类个体的良师，每个人从天真的童年，到‘从心所欲不逾矩’的老年，都可以时时听到这位良师的谆谆教诲。”

“寓言是古老的……寓言又是年轻的……”

“寓言是最富有民族性的……寓言又是最富有国际性的……”

“寓言是人类最熟悉的一种文体……寓言又是人们最陌生的一种文体……”

看来，也许是到了应该重新认识和评价寓言，给它以足够地位的时候了。寓言研究蓬勃发展走向世界的新时期也应该到来了。

关于世界寓言的起源，虽然早有希腊、印度、中国三大起源地之说，但从人类文明与文化圈的宏观考察，高屋建瓴地把握寓言发展的源流变迁，提出世界三大寓言谱系，并揭示它们的各自特征和相互联系，确是《通论》的又一重要创见。作者弘博的眼光，详赡的材料，深厚的学术功底和谨严的治学态度，在此均得到充分表现。世界寓言三大谱系，即以印度寓言为中心的南亚中东体系，以二希（希腊、希伯来）寓言为源头的欧洲体系和以中国寓言为中心的东亚体系。这三大谱系，是以地中海为中心的印欧文化圈和以东亚为中心的太平洋文化圈的产物，这三大寓言系统各有其特色而又不断交流融合。作者指出：中国古代寓言以人物故事为主，喜用夸张诙谐手法，思想上富于政治伦理色彩，体式多为散文，传统从未中断而又善于吸收外来寓言的营养，表现出华夏大陆文化特有的稳定性与凝聚力；印度中东寓言既有大批动物题材，也有大批人物故事，想象丰富、思想上富于宗教色彩，体式韵散夹杂，风格疏放，传播扩散到世界各地而在本土传统曾一度中断，反映了次大陆文化的动荡性和耗散性；希腊欧洲寓言以动物故事为主，广泛采用拟人手法，思想内容侧重反映世俗生活，体式喜用韵文，风格活泼，善于随着社会思潮和文学思潮的变化而发展变化，表现了海洋文化的开放性与动态性。这一切，都跟各自的历史特点和文明传统紧密相关。

在相互联系和影响上，作者首先着眼于三大寓言体系与世界四大文明古国原生寓言之间的相互联系和影响。作者所能提出的观点也许是有限的，而他所提供的材料给后来者的启示却可能是无穷的。从这个角度说，资料工作并不亚于研究本身（当然资料的搜集整理排比也是一种研究）。《通论》一书理论与材料并重，学术性与知识性并重，既是作者学术研究的一贯特色，也是作者对科学学风创造的一个贡献。

《通论》也是一部重视理论的实践意义的书，作者有意突破纯理论的学究式研究，把学术性与实用性结合起来，用对寓言的研究来指导、推动寓言的创作、教学、鉴赏和各方面应用。在这些方面，作者也提出了许多独特而深刻的见解。如关于寓言创作的途径，歌德与莱辛早已作出“从一般中寻求个别”的论述，被学者奉为圭臬。但作者从当代寓言作家的创作实践和古代一些寓言的具体分析中认识到，“这种说法有其片面之处”（79 页），指出寓言创作也往往从个别中领悟一般，寓言乃是两种生活积累相互碰撞而产生的火花（82 页）。一种是各种社会现象与社会知识的积累，由此形成世界观人生观，产生对某些问题的一般观点（一般），另一种生活积累是作者对某些特殊事件的深入细致观察，由此形成记忆表象（个别），这两种积累一旦发生碰撞，即通过联想组合在一起，便产生了寓言创作的冲动，而虚实适度的艺术加工，则是寓言创作的基本途径（82—89 页）。这种论述，不但是向权威的大胆挑战，而且很有实践指导意义（作者在“寓言的创作”一章中，还总结了传统题材推陈出新的艺术规律）。关于寓言的鉴赏，作者提出了寓意层次的理论，和系统分析纵横比较、不拘一格广采博取的方法。关于寓言的教学，作者提出了寓言对思维、语言、道德的启蒙作用，提出了由表及里善于启发、注意对象量体裁衣、紧扣语言重视朗读等教学原则。这些论述，有些上升到较高的理论层次，有些则是对实践经验的总结概括，都能适应不同的社会需求，产生良好的社会效益。作者心中装着读者、想着读者，不但创作应该如此，研究工作也应该如此。《通论》一书不但把寓言的创作（包括技法）作为上编“寓言的本质”的议论归宿，而且又专列下编“寓言的应用”，与中编“寓言的发展”（史论）成为鼎足而三的理论构架，表现出作者以学术研究为社会实践服务的明确意向，这是一种值得大力提倡的研究方向。一般地说，理论的价值不在于它的高深高远，而在于它满足社会需求和为社会所实现的程度。特殊地说，寓言并不是一种纯粹审美的艺术形式，寓言不产生于娱乐，而产生于实用，因此，寓言的生命正在于应用，寓言研究也离不开应用。过去这个问题没有引起研究者重视，《通论》一书却独具慧眼，把寓言的应用提到了应有的高度。这对于拥有两亿多中小学生，寓言教学在语文教学中占有一定地位的中国，尤有重要意义。虽然比较起来，这一部分的论述（主要是教学部分）还未能达到理想的程度，但今天的开拓就意味着播下了明天的收获，是可以待以时日的。

《世界寓言通论》和陈蒲清先生寓言研究系列专著的出版，是当代寓言研究和文化研究的重要成果，必将引起学术界和社会的瞩目。人们习惯于眺望远方的山岛，却忘记了自己正是站在海边的岩石旁，寓言和寓言研究的命运有似于此。《通论》等的出版，该使这种遗憾成为过去了吧。

——《中国文学研究》1997年2期。刘上生，湖南师范大学教授。

《中国现代寓言史纲》 简介

1999年湖南省委宣传部组织十位首届优秀社会科学专家编写“湖南省优秀社会科学专家丛书”，以作为迎接国庆50周年的献礼。本书成为其中的一项课题。当年7月完成初稿（由于时间仓促，潘雁飞副教授协助完成了两章多），年底定稿。2000年，由湖南省委与省出版局资助出版经费，交湖南教育出版社出版。责任编辑谭真明。全书有十一章，还有绪论、余论，共425000字。绪论部分，主要阐述“寓言”的范畴、定义与文化地位，以确定本书的论述范围和研究意义。第一章讲述中国现代寓言（包括当代寓言）的特点、源头、分期，为以下各章奠定基础。第二章至第六章，分别论述中国现代寓言五个发展时期的主要作家和作品。第七章讨论中国各民族的民间寓言。第八章和第九章研究中国改革开放新时期文学创作的寓言化倾向，分别介绍有这种倾向的小说与戏剧。第十章介绍我国寓言整理和外国寓言翻译的成绩。第十一章介绍寓言理论研究的突破。余论部分，总括二十世纪我国在寓言创作、研究各方面的巨大成就，展望今后的发展趋势。

本书的理论创新主要有以下几个方面：1. 重申了“寓言”范畴和定义的新观点。2. 提出了中国现代寓言的特点，思想特点（主旋律）是“救亡图存，改革开放”；表现特点是“中西合璧，有容乃大”。3. 提出了中国现代寓言的五个发展阶段。五个阶段是：从明末特别是从鸦片战争开始至“五四运动”前夕，为预备阶段；自“五四运动”至1927年为创始奠基阶段；自1927年至1949年为深入发展阶段；自1949年至1976年为曲折前进阶段；自1976年开始为复兴繁荣阶段。4. 全面介绍了各个发展阶段的特征与重要作家作品。如：第一阶段是一个漫长的历史时期，是中西文化碰撞的时期，也是中国现代寓言的预备阶段。自1625年出现伊索寓言的第一个译本，中国作者（如明朝末年《物感》的作者李世熊）马上开始模仿欧洲寓言进行创作，出现了“中西合璧”的表现手法；鸦片战争以后，“救亡图存”成为寓言创作的主旋律（如清末吴趼人的寓言）。这个时期的创作无论思想或手法都孕育了中国现代寓言，因此我们把它作为预备阶段。在这个阶段，我们还介绍了晚清时期开始把寓言用于启蒙教育（这明显是欧洲传统的影响）、小说界革命与寓言化小说、戏剧改良与寓言化戏剧，以及藏族的寓言小说《猴鸟故事》。5. 注意了少数民族对寓言的贡献。我们认为任何冠以“中国”字样的研究，都不能忽视中国是一个由56个民族组成的国家，不能只注意汉族的贡献。全面关注56个民族的成就，无论政治上或学术上都具有意义。6. 注意了港、台的寓言作家作品。虽然材料上非常欠缺，但是具有政治意义与学术意义。7. 注意到了寓言精神和手法向其他文体的渗透，或者说其他文体的作家（小说家、戏剧家等）自觉或不自觉地接受了寓言的影响。评论界认为这是具有“预见性”、“前瞻性”的。8. 对寓言理论研究作了总结性的评述，对创作趋势作了预测性的展望。获中国寓言文学理论研究一等奖。

本书出版后，作者和出版社都接到不少要求购书的来信。如：著名儿童文学理论家蒋风、寓言作家张秉政、储佩成等都来信说，他们到书店买不到，只好写信给作者。韩国汉城大学中文系吴洙亨教授，专门托人到长沙为他的研究生买这本著作作为参考书。鲍延毅教授在《禀经酌纬，弥纶一代》（载《淮北煤炭师范学院学报》2001年6期）中说：“高屋建瓴，体大思精，《史纲》是一部厚重的填补空白的学术著作。”“对于他长期以来所营造的规模宏大的中国寓言史之‘塔’来说，是可喜的落成。”《枣庄师专学报》等也发表了书评。台湾《国文天地》杂志总编辑、台湾师范大学国文系教授颜瑞芳先生来信说：“先生从事寓言史、寓言理论和教学的研究，称得上是两岸第一人。”“迫不及待地把《中国现代寓言史纲》阅读一遍，对先生将寓言研究触角延伸至现当代，而能宏观擘画，纲举目张，既感衷心佩服，又觉茅塞顿开。”

鲍延毅《禀经酌纬，弥纶一代》

——读《中国现代寓言史纲》

陈蒲清先生的每部新著，都会带给读者一个巨大的惊喜和精、新、尖、美的读后感受。即以寓言研究著作而论，无论是《中国古代寓言史》、《世界寓言通论》，还是《中外寓言鉴赏辞典》，不是填补了学术研究的空白，就是产生了巨大的影响（如《中外寓言鉴赏辞典》就曾被国家新闻出版署和共青团中央联合推荐为全国青年读书节的书目）。他在寓言方面的论著，就有 14 部之多，其他方面的著作尚有 20 余种。丁玲女士 50 年代曾提倡过“一本书主义”，其意为：一位作家（或学者）一生，如果能有一本好书问世，也就不虚此生了。陈先生新时期以来，每年都有好书奉献给读者（而且不止一部），就他本人而言，其幸福、欣慰之感又当何如呢！然而，他并未为此踌躇满志，数典而忘“进”，虽然年逾花甲，而老骥之志不减当年，犹孜孜于“十驾”之功。他新近奉献给读者的又一部堪称巨著的《中国现代寓言史纲》，就是一个实实在在的证明。

他在此著《绪论》中，谈及撰写的缘起时说：“本人因为中国古代寓言发达却没有专著而感到遗憾，于 1982 年曾经不揣冒昧写了《中国古代寓言史》，以期抛砖引玉。后来，我一直想写但又怕写中国现代寓言史。筚路蓝缕，以启山林，要写出第一部现代寓言史，谈何容易，那是需要才、学、识三者结合的，而且是需要有充分时间切磋琢磨的。”困难尽管重重，然而，他积极地准备着。1999 年春，湖南省委宣传部为了促进社会科学的发展，组织了 10 位被评为“湖南省优秀社会科学专家”的学者，共同编写一套丛书，作为迎接国庆 50 周年的一项活动。陈先生名列其中。这有力地一“促”，终于使他克服了意想不到的困难，如期地完成了此书的撰写任务。尽管如此，他仍感自己“才”、“学”、“识”、“时”“四者皆不具备”，自己的这部书，“只能说写出一个纲目，抛砖引玉而已”，故名其为“史纲”。

缘起中所谓才、学、识“不具备”云云，不过是陈先生的谦虚之词，而时间的紧迫，却是可想而知的。作为一名寓言文学爱好者和研究者，我读过之后，觉得此书的不凡的成就与价值，至少有如下几个方面：

一、高屋建瓴，体大思精，《史纲》是一部厚重的填补空白的学术著作。

众所周知，中国是世界寓言三大发源地之一，跟古印度与古希腊并称。中国古代寓言的成就，举世瞩目。灿烂的现代寓言，无论哪方面，均可与古代相媲美；它在世界寓言之林中，也毫不逊色。然而，漫长的古代，我们却没有一部对寓言文学作历史性研究的著作。进入 20 世纪，才有了《中国寓言研究》（胡怀琛著）、《先秦寓言研究》（王焕镳著）的问世。两书诚然都是开创性论著，但，却又均非着眼于“史”的。1983 年陈先生《中国古代寓言史》由湖南教育出版社出版，才填补了前此中国寓言无史的空白。这“东风第一枝”，引来了寓苑的春色满眼，各有特色的史、论、典等，相继问世：公木《先秦寓言概论》，李燕、李富轩《中国古代寓言史》，鲍延毅《寓言辞典》，吴秋林《寓言文学概论》，凝溪《中国寓言文学史》，顾建华《寓言：哲理的诗篇》……。其中，凝溪的《中国寓言文学史》，是部贯穿古今的中国寓言通史，陈先生说此书对“4000 多年来中国寓言文学的发展概况，从古代、近代到现当代各个历史时期的重要寓言作家及其代表作品，……都作了认真、详细、有见地的分析、探讨和评价”，具有非同寻常的意义；而我认为，陈先生的《中国现代文学史纲》，作为独立的中国现代寓言史，仍然是名副其实的“第一部”。它对于陈先生的《中国古代寓言史》来说，是其续篇；它对于他长期以来所营造的规模宏大的中国寓言史之“塔”来说，是可喜的“落成”。读者将它与古代寓言史合读，可以从中获得中国寓言文学发展的清晰、完整的“轨迹”和丰富系统的相关知识。如果将陈先生的这两部史，与凝溪等先生的寓言史参读，亦可从相互比较中，受到学术研究方面的诸多启发。

二、博瞻综赅，追本溯源。此书对中国现代寓言文学进行了科学的分期；对其起始、发展、演变及特征等，进行了全景式、多层次地具体描述；对各个时期的寓言代表作家及各种文体的寓言代表作品，进行了深入地研究、客观地评价。言而有据，令人信服。

此书说：“因为寓言是反映民族文化面貌与变化的最敏感的风雨表，中国寓言史实际上就是某个角度的文化思想史和民族心灵史。”作者在撰写这部《史纲》时，为了使它符合中国现代寓言发展的真实的历史状况，他在占有丰富资料的基础上，特别注重用文化的眼光去审视这一时代的寓言，把中国寓言放在世界寓言的大系统中去进行共时地、历时地、缜密地分析和研究，从而把握住中国现代寓言由产生、发展而日益繁荣的历史走向，并据以将这一历史进程明确划分为五个阶段，即：预备阶段（从明代晚期到清末），创始奠基阶段

(1917—1927)，深入发展阶段（1927—1949），曲折前进阶段（1949—1976），复兴繁荣阶段（1976 至今）。

五个阶段的划分，颇不同于一般的现代文学史，但却又是有理有据，令人信服的。全书十一章，第一章为发展概况，第二至第六章讲述每个发展阶段，各为独立的一章。我们只消将此书的第二至第六章中的第一节“社会文化背景”，进行认真研读，就会明了所以如此划分的原因。第七至最后的第十一章，分别是关于“中国各民族民间寓言”、“新时期有寓言化倾向的小说”等问题的研究，也都有其发展变化之因的探讨和阐述。这就避免了大多数寓言研究者的明显不足，即只是着眼于起源时间研究，而忽视了在寓言诸起源说中抽象出寓言成因理论。此书不仅弥补了忽视寓言成因理论的重大缺失，而且，将自己的有关“成因”的依据、观点“亮”出来后，亦可供读者（包括专门的研究家、学者）加以研究、切磋，或相争鸣，或予批评，从而促进研究进一步向前发展。这种做法和态度，才堪称“有实事求是之心”而“无哗众取宠之意”，其研究成果，也才会真正成为学术界的“公器”。

三、体用兼备，雅俗咸宜。借用公木先生的话说，也是一部“深入的理论探讨写雅俗共赏的文字表达相结合，学术性与实用性相结合”的著作。

《史纲》在评价凝溪《中国寓言文学史》时说，“此书最大的特点是资料详细，下了很大的功夫”。个人觉得，《史纲》这方面的特点也很突出，而且，其大量的、丰富的资料，也许比《中国寓言文学史》更为一般读者所关注和感兴趣。

此书从浩瀚书海中“挖掘”和“淘漉”出许多咸为人知的寓言史料，包括被逝去的时光所湮没、因作者身份的不显而被埋没，或因政治的缘故而被打人“冷宫”等等的散佚的史料，通过检选、分析、评价，而使得现代寓言发展链条上的每个环节，都环环相扣，趋于完整。这样的资料，此书中俯拾即是。如：在介绍二三十年代的“童话寓言剧”时，他就分别举出黎锦晖、叶圣陶、周作人等或创作或编译的不少代表作品；在介绍半个世纪以来港、台方面寓言文学发展情况及成就时，为之辟了专节，分别举出何紫、蓝海文、孙重贵、李涛等代表作家与作品……。其中，像黎锦晖、何紫等人的名字，对许多人（包括寓言研究者）来说，恐怕还是第一次接触；叶圣陶、周作人的名字虽为一般人所熟知，但是，又有几人（包括寓言研究者）能举得出他们创作或编译的“童话寓言剧”的代表作品？

此书第六章说：“文学艺术是时代的晴雨表，寓言更是一种最敏感的文体，它的发展与时代的前进息息相关。也跟整个时代一样，走过了一条曲折前进的道路。”这方面的情况，书中作了比较具体地描述，从而揭示出中国现代寓言发展中令人痛心的曲折史迹。“1957年反右斗争一开始，冯雪峰、公木、金江、湛卢等寓言作家和艾青等一大批写过寓言的作家，都先后被打成右派。在这种情况下，人们不敢再写寓言，于是寓言园地立即冷落。1962年随着党的政策的调整，文艺创作环境相对宽松，寓言又开始复苏；……1964年‘四清运动’一开始，寓言就基本上消失了”；“十年动乱期间，在‘四人帮’文化专制主义的淫威之下，文艺园圃百花凋零，寓言这种带刺的玫瑰更加不可能有生存的空间。”

这难得的史料与论述，大处说，可令人明白发展文艺必须“以史为鉴”的道理；小处说，也可使人从时代背景的了解中，加深对此期寓言作品内容的理解。

四、治学严谨，善集众长，在不断地求索中提高和完善着自己。

陈先生在其《中国古代寓言史·再版前言》之末，有这样一段感人的话：“清人袁枚谈修改文章说：‘人工不竭，天巧不传。知一重非，进一重境。’……郑板桥总结其修改经验时说：‘改而善者十之七，改而谬者亦十之三。’我希望此书改得好些，也相信是改好了一些。因为我觉悟到了过去的很多不足，又吸收了文化界与寓言界贤达与师友们的研究成果。如：公木、仇春霖、朱靖华、马达、顾建华、鲍延毅、白本松、吴秋林、凝溪、薛贤荣、祝余，还有韩国的权锡焕等，他们的研究成果对我都有启发。”如此的虚怀若谷，如此的自我超脱、自我完善，既是其高尚品德的一个侧面反映，也是其严谨治学风范的一个写照。在学术上，他所以能“成其高”、“成其大”，可以说这是最重要的因素之一。

其《中国古代寓言史》初版，参照一般现代人写的文学史，将古代寓言发展过程，划分为先秦、两汉、魏晋南北朝、唐宋、元明清五个时期，学术界并无异议，而修订本为了“以寓言创作实际为依据，又反映出寓言与文化的同步发展”，重新划分为萌芽期（远古至春秋）、争鸣期（战国）、沿袭期（两汉）、转折期（六朝）、融会期（唐宋）、世俗化期（元明）、变革期（清、近代），并作了章节的全新调整，这就“更符合中国寓言乃至整个文化的演进轨迹”；对于初版的疏漏，作了认真的补充和修正；重要的寓言作家，也由180位，增加到280位。

《史纲》亦是如此。书中极为丰富的资料，主要靠自己的积累与发掘，同时，也极注意将学术界最新发现的资料与研究成果吸收进来，并加融会，而且，在吸收时，绝不掩人之美，往往在书中的相宜之处，表而出之。

在《史纲》中，他不惮于修正自己研究中的缺失；遇有寓言界所存重大的“悬案”或争鸣问题，也决不“趋而避之”，而是实话实说，谈出自己的见解。《猴鸟故事》，是清末藏族寓言小说的代表作之一。关于其作者，流传有四种说法。《史纲》通过比较和分析，认为第四种说法（即作者为多仁·丹增班觉）“理由比较充足”，并列出所掌握的四点论据。明末的《可如》一书，是部有名的鸟兽故事集，今存本中有“丙子夏日事也”一句，《晚清儿童文学钩沉》的著者，据此而断其时间为清嘉庆廿一年（即1816年，干支纪年为丙子年），《史纲》通过考证，明确指出此“丙子”当为明崇祯九年（即1636），从而使此书年代“提前”了180年。又如，《中国大百科全书》的“冯雪峰”条目，评价其在现代文学史上的地位时，说他“还是中国现代寓言的开拓者，是写作寓言用力最勤、收获最多的一位现代作家”。《史纲》根据鲁迅寓言创作的实绩与影响，提出的修正意见为：冯“确实是写作寓言用力最勤、收获最多的第一位以寓言为主的作家，是有独特风格的寓言作家”；但是，“中国现代寓言的开拓者”却应该是鲁迅。这种例子，《史纲》中还有不少。

总之，《史纲》的成就，是巨大的，多方面的。它的问世，将会极大地推动着我国当代的寓言研究与创作，向前发展。

另外，正像所说的“金无足赤”一样，这部开创性的学术著作，也有欠圆满之处，此处一并谈出，以供陈先生参考。

其一，《史纲》为“寓言理论研究”列专章（第十一章），是极有见地的，但是，相对于全书绝大篇幅用来对作家、作品的评价，它就显得有些单薄、失重了。而面对漫长的中国古代，寓言理论极度贫乏；进入20世纪，特点是新时期以来寓言史、寓言词典及重要作家作品专题研究等方面的著作纷纷问世，寓言论文的发表更为可观，这在世界范围内也恐怕是绝无仅有。对此，极应好好总结，大书特书。也许因为期限所迫，这一“重头戏”，陈先生没能亲自来做，而请他人代劳了。深望修订时，加以弥补。另，“寓言的整理与翻译”一章（第十章），亦似单薄些。

其二，通观全书，基本是以史为纲参以文体、成就来评价寓言作家作品的，第六章第四节至十一节却一变而为“主要按作者籍贯分节介绍的办法”。而介绍之中，又将作家的工作之地与其籍贯混同起来。如：胡树化籍贯江苏铜山，而被列入“山东寓言作家”；崔亚斌、孙传泽，籍贯分别为河北衡水、山东威海，而同被列入“东北寓言作家”等。这既乖全书体例，又增新的混乱，似不太妥当。

其三，对两个相关的小问题，谈点浅见。

民国时期重要寓言译本，《史纲》收录较为齐备。以下三种，亦似应予收入，即刘灵华译《托尔斯泰短篇》，刘北茂译《印度寓言》，卢重前译《五叶书》。

《史纲》第二章第四节在谈及晚清将寓言用于启蒙教育时说：1872年创刊于北京的《中西见闻录》（后迁上海改名为《格致汇编》），曾刊载过汉译的外国寓言。该刊“还刊载中国人自己创作的寓言，如：丁韪良（该刊主持人）的《三神寓言》、《二蛙寓言》，曹子渔创作的《牧马寓言》……”。据个人所知，丁韪良（1827—1916），并不是中国人，而是美国北长老会来华传教士。字冠西，其英文名字为 William Alexander parsons Martin.

——载《淮北煤炭师范学院学报》2001年6期。包延毅，枣庄师专教授，我国第一部《寓言辞典》的主编。

来信摘录

颜瑞芳（台湾《国文天地》主编）来信：“陈教授教席：拜读尊函，异常欣喜。虽素未谋面，但因久读先生著作，当然也就格外亲切。我是在十多年前读先生《中国古代寓言史》（骆驼版），才见识到中国寓言堂庑而展开寓言研究之旅的。因此，先生实际上算是我的老师。这几年来，我以唐宋寓言为主要研究范围，陆续完成《中唐三家寓言研究》、《唐初动物寓言研究》二书及数篇相关论文，另寄上，恭请先生多多指教。《国文天地》的主要发行对象是中学教师，而寓言无疑是教学的重要环节。先生从事寓言史、寓言理论与寓言教学的研究，称得上是两岸第一人。请您能就寓言教学的整体理论做一阐述，文长约5000字。很高兴通过鲍延毅教授，和您取得联系，希望为了有机会当面请益。敬祝教安。晚颜瑞芳敬上 2000. 12.11”

又，“春节之后，接获来稿及大作，真是欣喜之至。迫不及待把《中国现代寓言史纲》阅读一通。对先生将寓言研究触角由古代延伸至现当代，而能宏观擘画、纲举目张，既衷心佩服，又深觉茅塞顿开，特此表达敬谢之情。敬祝健康、顺利。颜瑞芳敬上 2001. 2. 6”

《韩国古代寓言史》简介

与韩国权锡焕合作。岳麓书社2004年出版，责任编辑刘果。

《韩国古代寓言史》是第一本全面评价韩国古代各体寓言的专著。全书分6章29节，共250，000字。第一章绪论，主要辨析了“寓言”和“寓话”这两个概念以及它们的来源；探讨了韩国寓言产生的条件和韩国古代寓言的文化地位；确认了韩国古代寓言具有四种体制——散文体、诗体、假传体、寓言小说，并指出“假传体”是在韩国充分发展完善的独特的寓言体裁。第二章韩国古代寓言的酝酿，主要分析了韩国寓言产生的背景与条件，划分了韩国古代寓言发展的五个历史阶段——酝酿期（上古）、产生期（三国末与新罗王朝）、发展期（高丽王朝）、鼎盛古典期（朝鲜王朝前期）、鼎盛变革期（朝鲜王朝后期），勾勒出清晰的脉络，展现出韩国古代寓言发展的轨迹和规律。第三章三国末与统一新罗王朝时代的寓言，第四章高丽王朝时代的寓言，第五章朝鲜王朝前期的寓言，第六章朝鲜王朝后期的寓言，这四章初步统计共分析了40多个作家的作品，而且突出了重点的作家与作品，把作家作品放置在历史与文化发展的大背景中进行研究和评价。全书注意雅俗共赏，所引用的主要作品都有原文、有今译、有分析、有评价定位，特别适合于不了解韩国寓言的中国读者及其他国家读者阅读学习。

中国人民大学朱靖华教授写了评论文章《龙文百斛鼎，笔力可独扛》，收为本书序言。序言说，《韩国古代寓言史》出版的重要意义，首先是填补了学术空白，提出了许多具有学术价值的见解。《韩国古代寓言史》出版还有助于改变中韩文化交流不平衡的状况，有助于促进两国的文化交流，并进一步促进其他方面的交流。

朱靖华《龙文百斛鼎，笔力可独扛》（代序）

读了《韩国古代寓言史》，非常喜悦。因为，她是世界上迄今为止的第一部全面论述总结韩国古代寓言发展历史的专著。这部专著，在艰苦的开辟山林方面具有开创意义，在创新性和建构理论体系方面具有示范意义，在促进中韩文化交流方面具有现实意义。它是中韩学术与文化交流的成果，又必定能够进一步促进中韩之间的文化交流与学术发展。

我曾经访问过韩国的汉城大学、外国语大学、东亚大学、建国大学等学府，与学术界同仁交流研究寓言与神话的心得。我深感韩国古代寓言是东亚寓言体系的重要组成部分，又是韩国最富有民族性的文学品种之一。韩国寓言历史悠久，质量很高，作品丰硕而精湛，具有独特思想价值和艺术价值的，是韩国文化中的瑰宝。如：传世的第一篇寓言《龟兔之说》，以其高超的智慧和奇妙的想象赢得了人们的广泛喜爱，具有“一言弥战”、“一言兴邦”的惊人效果和警世作用。在这方面，只有中国先秦时代的《战国策》寓言可以与之媲美。韩国古代寓言反映了民族智慧和民族特性，而且已经渗透入韩国各个文化领域之中，甚至出现了韩国任何古代重要作家都爱好写寓言并且善于写寓言的奇迹。韩国寓言的深刻而广泛的影响，韩国寓言创作所积累的经验，值得本国和其他国家的作家学习与借鉴，应该及时发掘、研究和整理。所以，早就迫切需要一部《韩国古代寓言史》，我本人也早就多么希望看到这么一部专门著作啊。记得1996年春夏间，我应韩国东亚大学金龙云、崔斗植教授的邀请，赴该校参加建校50周年举办的“传统与现代文化”的国际学术研讨会，我被确定撰写《中韩两国寓言传统》的大会论文。当时，我虽然接触过一些韩国古代寓言资料，但是缺乏全面系统的研究，如果能够读到一部《韩国古代寓言史》，我的论文质量肯定能有所提高。

《韩国古代寓言史》出版的重要意义，首先是填补了学术空白，提出了许多具有学术价值的见解。在本书问世之前，虽然有些研究韩国文学史的著作，如李家源先生的《韩国汉文学史》就在有关章节介绍了寓言，但是，它并不是研究韩国寓言的专著；在本书出版之前，虽然韩国已经出版了研究“假传”的专著，如李廷卓先生的《韩国寓话文学研究》，但是，它的研究对象仅仅限于寓言品种之一的“假传”。而这本《韩国古代寓言史》是第一本全面评价韩国古代各体寓言的专著。全书分6章29节，共250，000字，能够以现代文化研究的新视角，统领全部的架构工程。全书既有宏观的观照，又有微观的分析，以宏观统率微观，以微观展露宏观，纲举目张、纵横交错、琳琅满目、绚烂多姿。最可贵的是，全书胜义迭见，充满新鲜感与发现感。最突出者如：辨析了“寓言”和“寓话”这两个概念以及它们的来源；探讨了韩国寓言产生的条件和韩国古代寓言的文化地位；确认了韩国古代寓言具有四种体制——散文体、诗体、假传体、寓言小说，并指出“假传体”是在韩国充分发展完善的独特的寓言体裁；划分了韩国古代寓言发展的五个历史阶段——酝酿期（上古）、产生期（三国末与新罗王朝）、发展期（高丽王朝）、鼎盛古典期（朝鲜王朝前期）、鼎盛变革期（朝鲜王朝后期），勾勒出清晰的脉络，展现出韩国古代寓言发展的轨迹和规律；分析评价了众多的作家作品，初步统计共分析了40多个作家的作品，而且突出了重点的作家与作品，把作家作品放置在历史与文化发展的大背景中进行研究和评价；注意雅俗共赏，所引用的主要作品都有原文、有今译、有分析、有评价定位，特别适合于不了解韩国寓言的中国读者及其他国家读者阅读学习。

《韩国古代寓言史》的出版，还可以进一步促进中国与韩国的文化交流。中韩文化交流历史悠久，中韩两国的文学与寓言有千丝万缕的联系。但是，过去中国与韩国的文化交流，有不平衡的倾向。那就是：韩国介绍中国文化比较多，很多韩国人都熟悉中国文化、中国文学、中国寓言；而中国介绍韩国文化却比较少，不少中国人不熟悉韩国文化、韩国文学、韩国寓言。大部分中国读者与有些中国学者，甚至包括研究外国文学的学者，除了知道《春香传》以外，几乎不知道韩国其他文学作品。《韩国古代寓言史》系统介绍韩国的寓言，其中多位作家与作品的材料都是第一次与中国读者见面。因此，《韩国古代寓言史》的出版，有助于改变中韩文化交流不平衡的状况，有助于促进两国的文化交流，并进一步促进其他方面的交流。

唐朝文学家韩愈云：“龙文百斛鼎，笔力可独扛。”《韩国古代寓言史》的作者具有深厚的研究基础。其作者之一的陈蒲清教授是中国寓言文学研究会的副会长，在寓言理论研究中素具声望，他有各类著作40多种，其中寓言类著作10多种，《中国古代寓言史》、《世界寓言通论》、《中国现代寓言史纲》都是填补学术空白的专著。中国寓言文学研究会创始人公木先生曾经用“臻于大道”、“体用兼顾，体大思精，创建了寓言文学庞大而完整的思想体系”来评价他的寓言理论研究成果，我认为这是毫不夸张的实际评价。陈蒲清教授1989年与韩国教授权锡焕博士交往之后，就开始关注并研究韩国古代的文学与寓言。他1990年出版的《世界寓言通论》介绍了韩国寓言，同年出版的《中外寓言鉴赏辞典》选析了韩国寓言；1998年主编《寓言系列丛书》，在《亚洲寓言》卷重点推介了韩国寓言；1999年在汉城发表了《论韩国古代寓言及其与中国寓言的关系》。这一切都为写作本书奠定了坚实基础。元朝的学者程端礼《读书分年日程》云：“劳于读书，逸于作文。”表面看来，写作这本书只用了一年的时间，似乎很安逸；实际上这是“劳于读书”的结果，正因为有长期的准备、有计划、有远谋，所以才能奉献出这本具有开创意义的力作。

我相信，以《韩国古代寓言史》的出版为契机，中国与韩国之间的文化交流将出现一个更新的局面。

——朱靖华：中国人民大学教授、中国寓言文学研究会副会长。

《寓言传》简介

岳麓书社2014年版，责任编辑马美著、许静。全书共十六章，结构原则是从具体到抽象。上篇七章谈寓言的发展历史，介绍具体的作家作品。首先介绍世界最早的寓言，再介绍世界三大寓言体系（印度·中东·东南亚体系、两希欧洲体系，中国·东亚体系）的作家、作品及创作特色，然后介绍非洲、美洲、大洋洲的寓言。下篇九章商讨寓言理论。首先谈寓言的特征，再由特征上升到定义，接着研究寓言起源的条件，然后谈寓言的分类和文化地位，再依次探讨寓言的创作、研究、鉴赏、教学。本书以《世界寓言通论》、《中国古代寓言史》、《中国现代寓言史纲》、《韩国古代寓言史》等著作和在“超星数字图书馆”讲课的讲稿为基础，融汇了近来的研究心得。

此书出版后，寓言界朋友颇为关注。副会长叶澍（原贵州省体委负责人）在中国寓言网上发贴说：“陈蒲清先生《寓言传》（岳麓书社2014年7月出版）全面探讨了世界寓言的历史和理论，是作者8部寓言理论专著的概括和总结。爱好寓言者不可不读。全书分上下篇。上篇寓言的历史，下篇寓言理论探讨。昨天马筑生先生转给我蒲清兄的赠书，一口气读了三个小时，叹为观止！可以毫不夸张地说，这是一本我国目前最全面、最严谨、最深厚的寓言理论著作！”2014年10月底在襄阳举行庆祝“中国寓言文学研究会成立三十周年”大会，常务副会长顾建华（北方工业大学教授）在总结发言《薪火传承谱新篇——中国寓言文学研究会三十年回顾》中说：“值得庆幸的是，曾被公木赞为‘体用兼顾，体大思精，建构了寓言文学庞大而完整的思想体系’的我会名誉副会长、著名寓言理论家陈蒲清，近年来不顾年迈体弱，笔耕不辍，把他毕生对寓言的研究，融汇成45万字的《寓言传》一书，获得湖南师范大学出版资金资助，于今年7月出版。这部书在我国寓言研究中具有里程碑意义，必将对寓言创作和寓言研究都产生积极的影响。”中国寓言文学研究会在会上决议，授予作者“中国寓言理论家称号”。

《寓言传》前言

本书的主旨是给寓言立传，既追寻寓言的生平历史，又评析寓言的气质品格。

这本书为什么叫做“寓言传”呢？传（zhuàn）字的本义是古代驿站中传递消息的专用车辆。人们紧扣“传”字的“传递消息”的本义，而把两类著作叫做“传”：一类是阐述经典的传，一类是人物的传记。阐述经典的传，是对于经典的阐述。如著名的《春秋公羊传》、《春秋穀梁传》、《春秋左氏传》、《尚书大传》等，它们分别是阐释儒家经典《春秋》与《尚书》的。人物传记，记叙人物的生平。一般来说，传主是真实的人，多半是历史名人。但是，也有两种传记的传主是虚构的。两种虚构的传记：第一种是命名为“传”的文学故事，如：《水浒传》、《白蛇传》、《阿Q正传》。第二种是拟人化的“假传”，“假传”体中的传主是拟人化的器物乃至抽象的事物，如：唐朝韩愈的《毛颖传》，其传主“毛颖”是兔豪毛笔；朝鲜王朝小说家林悌的《愁城志》，其传主“天君”是人的思想情绪。“寓言传”的“传”，是兼取上述两类著作的含义。本书分上下篇，上篇是为寓言立传，颇相当于传记中的“假传”；下篇是阐述寓言的理论，颇相当于阐述经典的传。

本书共十六章，结构原则是从具体到抽象。上篇七章谈寓言的发展历史，介绍具体的作家作品。首先介绍世界最早的寓言，再介绍世界三大寓言体系（中国·东亚体系、印度·中东·东南亚体系、两希欧洲体系）的作家、作品及创作特色，然后介绍非洲、美洲、大洋洲的寓言。下篇九章商讨寓言理论。首先谈寓言的特征，再由特征上升到定义，接着研究寓言起源的条件，然后谈寓言的分类和文化地位，再依次探讨寓言的创作、研究、鉴赏、教学。

本书是笔者数十年心得的小结。

笔者从小就跟寓言结缘，爱好伊索寓言与先秦寓言。“文化大革命”灾难结束不久，即跟几位老朋友相约，利用古汉语知识为基础，选注了《中国古代寓言选》。恩师羊春秋教授知道后，为了奖掖后进，对初稿进行审读、修订，并欣然作序。现代文学泰斗茅盾先生，也是整理中国古代寓言的先驱者，又欣然题写书名。1981 年，湖南教育出版社出版了这本书。我以此书为基础，总结自己的感受，花两年时间，写了《中国古代寓言史》，于 1983 年 11 月出版。《中国古代寓言史》初版虽然不成熟，但是填补了寓言无史的空白，所以获得了学术界的重视。1984 年 1 月 30 日，新华社发布了“我国第一本《中国古代寓言史》在湘出版”的专电。后来，我放眼世界寓言，从历史与文化的角度拓展思路，修订了《中国古代寓言史》，并先后推出了《世界寓言通论》、《中国现代寓言史纲》、《韩国古代寓言史》、《中国古代精品寓言赏析》及《中外寓言鉴赏辞典》、《中学生精读文库·寓言系列》等书。这些书曾经获得过读者的青睐，获得过老前辈公木、季羡林、王利器、羊春秋等的指导鼓励，获得过老朋友仇春霖、朱靖华、马达、鲍延毅、白本松、顾建华、吴秋林等的批评帮助，也获得过各种荣誉和奖励，并流传到国外。

时光如白驹过隙，三十年过去了，茅盾、公木、王利器、羊春秋、朱靖华、鲍延毅、白本松等诸位师友已经先后作古，仇春霖、马达也已经老了。这使我想起苏轼悼念永乐文长老的诗句：“三过门间老病死，一弹指顷去来今。”但是，我并不悲观。刘禹锡奉和白居易的诗句说：“沉舟侧畔千帆过，病树前头万木春。”世界总是生生不息，充满生机的，寓言界也是一样。寓言界有许多朋友都处在生命旺盛的创作时期，寓言界还有不少生力军脱颖而出。今年，本人已经七十有七。为了不忘却老前辈、老朋友，记下过去的这段因缘，也为了给后来的寓言爱好者、创作者、研究者、教学者提供借鉴，我必须把自己的心得大略总结一下。

本书以《世界寓言通论》、《中国古代寓言史》、《中国现代寓言史纲》、《韩国古代寓言史》等著作和在“超星数字图书馆”讲课的讲稿为基础，融汇了近来的研究心得。我对寓言的基本看法没有改变，但是，本书作了大略的修正与补充。一是加强了某些论述，如：对各国、各时代寓言产生的文化背景的论述。二是对过去的某些提法作了适当的修正。如：三大寓言体系中的“印度南亚中东寓言体系”，命名不确切，本书修正为“印度·中东·东南亚寓言体系”。三是补充了某些新的材料。《世界寓言通论》等已经出版了二十多年，此后产生了一些新的寓言成果，虽然我年老阅读有限，但也就我所知的情况作了简要的补充。四是结构调整，追求线索清晰而又能突出重点，追求理论严谨而又能通俗、形象。

还要声明一点，本书对有关著作都是随文介绍，如第十四章第一节“寓言研究历史追述”，就介绍了中外研究寓言的有代表性的理论著作。所以，为了避免重复烦琐，没有在全书的最后集中开列参考书目。

笔者最大的缺陷是见闻狭窄。大学时代正处在极左思想的统治时期，学习内容非常狭窄，中国传统文化知识浅薄，外语基础薄弱，外国优秀文化知识等于零。中年时代，碰上“文化大革命”，根本无法研究学问，只能“苟全性命于乱世”而已。改革开放之后，眼界才能打开，但是，转瞬已经老了，精力日衰，很难弥补见闻狭窄的缺陷。所以，本书也只能大略总结自己的心得了。

然而，人们往往容易犯妄自尊大的毛病，我也不能免俗。我自信，本书中的许多观点，如：大寓言的概念，寓言的定义，世界三大寓言体系的划分，寓言的分类，寓言的文化地位，寓言的鉴赏与研究等，这些都是我的原创。后来者如果要研究寓言，是不可能绕开拙著的。他们可以批判拙著，但是不可能绕开拙著。（2012 年 12 月）

[附录一]《中国古代寓言选》

初版由湖南人民出版社于 1981 年出版。责任编辑胡本昱。全书从 116 种著作中，筛选出 550 则寓言，按照先秦、两汉、魏晋南北朝、唐宋、元明清五个发展阶段编排；每种著作都有简介，每篇作品都有注释、译文、简评。由茅盾先生题写书名，羊春秋先生认真审读并修订了书稿，还欣然作序。羊春秋先生是作者恩师，时任湘潭大学教授、中文系主任。

增订版，由湖南教育出版社于 1983 年出版。增加了从 33 种古籍中筛选的 64 则寓言，共有从 149 种古籍中选出的 614 则寓言。保持了初版的体制，但是作了修订，书后增加了论文《试论中国古代寓言的形成、发展及其特色》。发行十多万册。

[附录二]《中外寓言鉴赏辞典》

湖南出版社 1990 年初版。责任编辑缪礼治。分三大部分。第一部分是《寓言鉴赏导论》，介绍寓言的鉴赏方法。第二部分是作品鉴赏，共鉴赏 50 多个国家的著名寓言作品 426 篇。先分亚非、欧美澳、中国三大板块，再分国度或地区，然后按照作家作品的时代先后编排。时间跨度从公元前 3000 年至当代。鉴赏文章力求具有科学性、实用性、可读性、简洁性。中国当代部分作品的鉴赏，大多数是由作家本人谈创作体会。第三部分是《寓言知识小辞典》。《中国新闻出版报》1991年7月8日发布，由新闻出版总署和共青团中央推荐的《首届中国青年读书节推荐书目（第二批）》，本书在50本之列。《博览群书》1991年6期介绍本书，1991年7期发表《给探索者带来微笑》。

［附录三］《寓言精读文库》简介

湖南教育出版社1998年11月初版。责任编辑胡本昱。共由六本组成。第一本《中国古代寓言》，共评析中国古代100种著作中的193篇寓言作品；第二本《中国现代寓言》，共评析中国现代76位作家的170篇寓言作品；第三本《中国各民族民间寓言》，共评析中国56个民族的151篇寓言作品；第四本《亚洲各国寓言》，共评析75个国家与地区的75部作品中的207则寓言；第五本《欧洲各国寓言》，共评析26个国家的75部作品中的225则寓言；第六本《非美澳寓言》，共评析22个国家与地区的146篇寓言作品。

《中国古代童话小史》简介

岳麓书社2014年版，责任编辑马美著、许静。全书包括引论和十章。

引论介绍什么是童话、童话的分类、童话的母题类型。笔者认为，童话就是适合儿童心理特点的幻想故事。幻想是一种指向未来的特殊想象，爱好幻想是儿童的天性。幻想是未来思想家、文学家、科学家的摇篮。因此，任何一个优秀民族都应该爱护儿童的幻想力，发展其健康的幻想力。在发展儿童幻想力以哺育儿童健康成长方面，童话具有其他文体所不可替代的独特作用。

第一章论述中国古代童话的世界地位，划分中国古代童话的范畴与发展阶段。中国古代，不仅有童话，而且在两个方面居于世界前列。第一个方面是历史悠久。第二个方面是作家童话（艺术童话）的成熟时间很早，在唐王朝时期（618—907）就成熟了。本书认为，“童话”这个术语，大概也是中国人最早提出的。中国的孙毓修先生，在宣统元年（1909）开始编撰《童话》丛书，最先使用了“童话”这个概念。

第二章至第八章，分别介绍中国古代童话的发展阶段：一、酝酿期（先秦时期），二、成型期（魏晋南北朝时期）；三、繁盛期（隋唐五代时期），四、转折期（宋元时期），五、复兴期（明清时期）。

第九章介绍中国各民族民间童话，第十章论述中国古代童话的成就、影响和局限。

为了适应小读者的口味，减少学术著作的枯燥，增加可读性，本书每讲都以故事为主体，而且把文言文故事翻译成白话文故事，希望跟小读者一道走进中国古代童话世界的主要景点，希望给小读者带来快乐。

《中国古代童话小史》开头的话

我小时候，经常听大人讲故事。老人们把讲故事叫做“讲古”。夏夜坐在禾场中纳凉，冬夜围在火塘边烤火，老人们讲起古来，小孩们往往听得如醉如痴，情节紧张时不敢出气，情节滑稽时开怀大笑，好人遭殃就为之流泪，恶人受惩就手舞足蹈。那真是甚过夏天的凉风，甚过冬天的暖气，比现在的看电影、上网络，有更多的温馨感受。

上学后，自己能够看书了，最喜欢看的是小说与民间故事，当然也包括《安徒生童话》等外国故事。大学毕业后，进入学术领域。翻阅关于童话的著作，发现有人说：“中国古代没有童话。即使有，也不成熟。”我对这个说法，一直疑惑在心。我思考童话是什么，思考的结果就是：“童话，就是适合儿童心理特点的幻想性强的故事。那么，儿时喜欢听的那些古老故事，读书后看的那些民间故事，其中往往充满奇特的幻想，难道它们不是童话吗?”后来，看到了周作人先生在1914年发表的《古童话释义》，该书说：“中国虽古无童话之名，然实固有成文之童话见晋唐小说，特多归诸志怪之中，莫为辨别。”这个观点早已先得我心。1992年我辞掉湖南教育学院中文系系主任的行政职务，业务时间多了有些。于是，1993年，我决定普查中国古籍中的童话。我还组织了学生与家属参与。我们普查了自先秦至明清的各种相关典籍，终于发现这些古籍中有很多优美动人的幻想故事。于是，我们就从62种著作中选出了120篇童话，加以注释、今译，编成了《历代童话精华》，由岳麓书社出版。后来，被台湾的出版界引进，两次用繁体字本出版，一次是骆驼出版社1994年出版，改名《中国本土童话鉴赏》，一次是三言出版社2004年出版，改名《中国经典童话》。

我国现代，童话创作繁荣，产生了叶圣陶、张天翼、陈伯吹、金近、包蕾、丰子恺、严文井、叶君健、洪汛涛、葛翠琳、何紫、郑渊洁等等著名童话作家。

童话研究方面，也先后产生了一批颇有价值的著作。如：周作人的《儿童文学小论》，赵景深的《童话概要》、《童话论集》、《童话学 ABC》，陈伯吹的《儿童故事研究》，贺宜的《漫谈童话》，谭达先的《中国民间童话研究》，刘守华的《中国民间童话概说》，洪汛涛的《童话学》，王泉根的《中国儿童文学现象研究》，张美妮主编的《童话辞典》，浦漫汀、张美妮、梅沙、蒋风等八人集体编写的《儿童文学概论》等等。

但是，我感到遗憾的是，直到现在，还没有一本完整的中国古代儿童文学史或中国古代童话史的专著。不少儿童文学专家，谈中国儿童文学的历史，往往只从现代开始。如蒋风、韩进的专著《中国儿童文学史》（安徽教育出版社，1998 年版），是一部研究中国儿童文学史的五十多万字的力作，但是，全书实际上只是一部中国现代儿童文学史。诚然，作者并不否定中国古代有儿童文学作品，而是肯定中国儿童文学“源远流长，遗产丰富”。作者还批判说：“有人曾武断地说，‘五四’以前中国没有儿童文学，其实是很主观的。确切地说，只是‘五四’以前中国没有儿童文学这个名词。”（《中国儿童文学史》第二章）这个论断，无疑是正确的。然而，可惜的是，该书没有系统追述中国古代儿童文学的历史。个人以为，既然中国古代有儿童文学作品，就应该有论述古代儿童文学历史的著作；既然古代儿童文学中有童话作品，就应该有论述中国古代童话历史的著作。

抛砖才能引玉。在中国童话史巨著产生之前，我希望有一本小书能够系统地谈谈中国古代童话的发展脉络。因此，本人不辞简陋，从 2005 年开始构思写中国古代童话小史。可惜，不久就中断了，因为插入了其他工作，身不由己。如：被邀请主编湖湘文库的《陶澍全集》，被邀请参与《前四史注译》，又写作《陶澍大传》，参与《陶澍经世思想与实践》的编写，整理《寓言传》，还有其他临时写作任务，还有繁重的家务。所以，前后拖了八年，才写完这本小小的书。

本书由引论和十章组成。引论介绍童话基本常识，为后面的叙述打一个基础。十章是全书的主体，按照时代介绍中国古代的童话创作。

为了减少学术著作的枯燥，也为了适应小读者的口味，增加可读性，本书每章每节都把论述跟具体生动的故事结合在一起，而且把文言文故事翻译成白话文故事。

这本书不成熟，所以只能叫做“小史”或“史话”。我奉献这本小书，是想引起大家对于中国古代童话的重视，为童话创作与研究提供一点参考。我希望得到专家们的指正。我还想引起小读者的兴趣。因为，童话的主要读者就是小读者。我希望跟小读者一道走近中国古代童话世界的主要景点，给小读者带来快乐。

汤素兰《中国童话的历史记忆》（序言）

童话是儿童文学最具特色、也最受读者欢迎的样式。童话文体的发展，经历过从神话、传说、民间故事到作家创作的过程。1923 年，中国新文化运动和国外翻译童话催生了中国第一本作家创作童话《稻草人》，从此“给中国童话开出了一条自己的创作之路”。90 年过去了，中国童话作家辈出，作品丰富，但是，当我们回顾这 90 年的童话创作的时候，我们依然不无遗憾地发现：真正能称得上经典的作品不多，具有世界影响的作品不多。回顾这 90 年的童话，除了特定时代政治与教育痕迹明显的作品之外，大多数作品带有国外优秀儿童文学的影响印记，中国自己的印记反而模糊。更让人遗憾的是，不管作家们如何努力，作品数量如何丰富，大家对于中国童话的总体印象依然是：想象力匮乏，感染力不强，人物形象不突出，能被一代代孩子反复阅读的作品不多，能像安徒生童话、林格伦童话、科洛迪童话这样成为全世界孩子共同的童年记忆的作品不多。

如何为中国孩子甚至全世界孩子创作更优秀的童话作品，一直是中国童话作家和理论家在探讨的问题。我曾经在一次理论探讨中表达过这样的意见：“中国原创儿童文学在发展的过程中，逐渐从外国的影响中摆脱出来，逐渐本土化，是必经之路。但我们似乎还是没有找到我们自己的艺术武库。”

提到“艺术武库”，人们自然会想起马克思说过的话：“希腊神话不仅是希腊艺术的武库，而且是它的土壤。”雪莱曾在诗中吟道：“我们都是希腊人。”黑格尔也曾说过：“一提到希腊这个名字，在有教养的欧洲人心中，尤其在我们德国人心中，自然会引起一种家园之感。”这些话都表明了一个意思：一个民族辉煌灿烂的古代文化深远地影响后世的文学艺术。源远才能流长，根深才会叶茂。在每一次文学变革的时候，人们都会自觉地去收集整理古代的神话传说，民间故事，从中找到母体的基因。比如《贝洛童话》《格林童话》对安徒生和十九世纪欧洲文学童话的影响就是证明。在中国儿童文学发轫之初，我们也有许多学者开始过对中国民间童话的采集与研究。一百余年来，我们的民间文学研究者、各地的群众艺术馆也采集和整理了许多民间故事，但这些采集和研究，并没有形成一本像《格林童话》《意大利童话》《非洲童话》这样有影响的作品，而且从整体来说，它们和中国童话作家的创作之间也少有交集。

如果我们把中国童话作家也分成几代人的话，以叶圣陶、张天翼、葛翠琳和洪汛涛为代表的前三代童话作家和中国民间童话的关联比后几代作家更为紧密。像葛翠琳的《野葡萄》、洪汛涛的《神笔马良》就有中国民间童话的显著影响。改革开放以后，在全球化的大背景下，国外大量优秀的童话作品被译介到中国，这些作品在读者心中的地位，往往超过了本土童话。新生代中国童话作家的创作，也日益受到西方经典童话的影响。然而，正如美国著名的文艺批评家布斯所说："每种艺术只有在追求它自身的独特前景时，它才能繁荣。"中国童话的独特前景，一定是那些植根于中国丰厚的传统文化土壤之中、独具中国特色的故事。这样的前景和方向，近年来已经被好莱坞以《花木兰》《功夫熊猫》等作品作为反证了。在中国孩子们喜欢的动画形象中，大概也只有葫芦娃唯一可以和米老鼠、圣斗士、奥特曼相提并论，而葫芦娃是典型的中国童话形象。

收集、整理优秀的中国童话，为中国童话追根溯源，是一项非常艰难、却意义重大的工作。陈蒲清老师一直在默默地做着这项工作。他的《中国古代寓言史》《中国现代寓言史纲》是中国寓言研究的扛鼎之作。1993 年，陈老师决定普查中国古籍中的童话。他带着他的学生和家属，普查了自先秦至明清的各种相关典籍，从 62 种著作中选出了 120 篇童话，加以注释、今译，编成了《历代童话精华》，由岳麓书社出版。在整理古代典籍中的童话故事时，陈老师深感到应该有论述中国古代童话历史的著作，能够系统地谈谈中国古代童话的发展脉络。因此，他从 2005 年开始构思写作《中国古代童话小史》。历时八年，终于在陈老师 78 岁高龄的时候，完成了这本填补中国童话研究空白的著作。

承蒙陈老师的厚爱，让我得以在这本书还没有出版的时候，先睹为快。纳入陈老师的研究视野的中国古代童话有两个部分——中国古代典籍里的童话和中国各民族民间童话。我在阅读这本书稿的过程中，既为我们丰富的童话资源感到惊讶，同时也纠正了我许多关于中国童话的错误印象：比如我以为我们的民间童话中是缺少巨人形象的，没想到古代童话中早就有了类似"蓝胡子"的故事；我以为只是我们在接受世界各国的童话，没想到安徒生《皇帝的新衣》最早的原型可以追溯到汉魏六朝时《高僧传》里的故事《虚空细缕》。中国童话的幻想空间是那样丰富——水中有龙宫，天上有天宫，山中有仙境，壶中、枕中、口袋中还别有洞天。格林童话中《灰姑娘》的故事堪称经典，唐代段成式《酉阳杂俎》中的《叶限》同样是"灰姑娘"式的童话，比《格林童话》至少早了 800 年。这里很难说是谁影响了谁，只能说有些故事原型是世界上各民族都有的，文明的密码有共通的“解”。由此看来，如果真有外星文明，我们也大可以放心，我们终归能找到共同的语言。

虽然也有学者坚持说中国古代没有儿童文学，中国儿童文学没有古代，只有现代。从这种观点出发，中国古代也就没有童话。但是，我更同意陈蒲清老师的观点：中国古代没有“儿童本位”的观念，没有现代意义上的儿童文学——即作家专门为儿童创作的儿童文学，但是并不等于说中国古代没有儿童文学，尤其不能说没童话。陈蒲清老师从大量的古代典籍中和丰富的民间故事中，已经为我们挖掘出了丰富的童话宝藏。这是我们的“童话武库”，无疑将对中国童话的创作和研究提供有益的参考。（2014 年 3 月 10 日）

——汤素兰，著名童话作家。

［附录］《历代童话精华》

岳麓书社 1993 年初版。责任编辑喻岳衡。为了弥补没有中国传统童话的系统选本的遗憾，我组织学生与家里人，共选编注译了自先秦至清代的 62 种著作中的 120 篇童话。62 种著作，每种都有简况介绍，以使读者更清晰地了解我国古代童话的发展历史。120 篇童话，每篇都写了简评，力求介绍其特色，并适当与外国同类型故事做些比较，或扼要讲讲某类故事的古今发展线索，以使读者融汇贯通。参编者主要有胡立根、潘雁飞、孙光贵、陈伯鲲、申玉梅、陈亚兰、刘周平、陈祥华、陈朝辉等。卷首有序言介绍中国古代童话的发展脉络。

1994 年，台湾骆驼出版社，用繁体字出版，改名《中国本土童话鉴赏》；2004 年，台湾三言出版社，用繁体字出版，体例略有调整，改名《中国经典童话》出版。2006 年，主编进行修订，改名《中国古代童话鉴赏》，岳麓书社出版。责任编辑陆荣彬。

《箕子评传》 简介

2003 年 8 月岳麓书社出版，责任编辑丁双平。

箕子是中国思想史上第一个大思想家和走出国门的政治家，本书是我国第一本关于箕子的专著。本书共六章。前三章介绍箕子的生平与贡献，取柳宗元《箕子碑》中评价箕子的“正蒙难，法授圣，化及民”九个字作为标题。第一章“正蒙难”，介绍他的家世和他在商朝末年的遭遇；第二章“法授圣”，介绍他向周武王进献《洪范》九畴，对《洪范》的真实性作了详尽的考证；第三章“化及民”，介绍与考证他对古朝鲜地区的开发。后三章研究箕子《洪范》的三大思想及其重大影响：第四章讲五行学说，第五章讲天人感应学说，第六章讲王道学说。

箕子要比孔子早500多年。前人（包括中国与外国学者）研究中国思想家，大都是从孔子开始，最多追溯到周公。似乎长达1000年的夏商王朝，从来没有出现思想家。因而造成一种错觉，在世界文明古国中，中国出现思想家比巴比伦、印度、希腊都要迟得多。此书的创新意义就在于把中国思想史的研究向前推进了，把东亚文化史的研究也向前推进了。

此书研究难度比较大，因为箕子年代久远，资料分散，而且有许多疑点需要考证辨析。我阅读《尚书·洪范》和中国古代思想史的著作，感触到现代研究者们大都忽视了箕子这位重要的思想家。因此，不断思考与搜集资料，涉猎的主要参考书有78种。到1996年发表了《中国文化史上第一子》，被中国人民大学报刊复印资料“文化研究”1997年3期复印。后来，又陆续在《湖南师范大学学报》、《长沙大学学报》、《求索》、《船山学刊》上发表了几篇论文。我还得到韩国学者的帮助，他们向我提供了保存在韩国的箕子资料以及位于大同江畔的箕子墓的照片。2002年，河南鹤壁市与淇县（即纣王的都城朝歌）的同志，又帮助我实地考察了箕子的古迹。从第一篇论文发表到出书共有八年之久。

本书写完后，湖南省社会科学院院长朱有志教授热情为本书作序。出版后，《长沙电力学院学报》2003年第四期发表书评《结论令人信服，精神令人钦佩》，《长沙大学学报》2004年第一期发表八位教授的《箕子评传笔谈》，香港《大公报》、《出版广角》等也发表了评论与书讯。本书在箕子故地也有强烈反响。淇县（即古朝歌）政协主席燕昭安先生说：“上世纪九十年代初，著名学者、湖南师范大学教授陈蒲清先生就提出‘箕子是中国文化史上第一子’，现在这个概念已经被学术界普遍接受。”（河南人民出版社《解读朝歌》）太谷县政协王文魁先生说：“这本书最受太谷人民欢迎，五百本书一下就销售一空，再买不到了。”

朱有志序

记得70年代末期进大学的时候，为了学习中国哲学史，我请老师推荐一些古汉语类的书读读，老师除了推荐周秉钧先生的《古汉语纲要》一书外，还推荐了当时尚在益阳工作的陈蒲清先生的书《文言文基础知识问答》，这可算是最初读到的陈先生的书。

大学毕业后，由于在大学里教哲学的缘故，对大学毕业论文《韩非子术治学说之我见》有点“敝帚自珍”，脑袋里还一直装着个“韩非子”，故陈先生的《中国古代寓言史》出版后，我在书店买了一本，因当时忙于另外一个任务，我除了“扫瞄”式地拜读全书，只精读了“研究方法”和“韩非子”的有关部分。

当时，一直没有机缘拜见陈先生。

大概是1997年，在毛泽东文学院举行的一次湖南省社会科学课题评审会上，我第一次拜见了陈先生。记得当时是我后来攻读博士学位的导师唐凯麟先生向我认真地介绍：“这是湖南教育学院的陈蒲清教授”。我这人向来心直口快：“大名鼎鼎，大名鼎鼎！”唐师以为我是一般地客气，因而讲一般的客套话，故加了一句：“你知道大名鼎鼎就好！”没想到我来真格儿的了：“我读大学就读陈先生的《问答》，后来又读《寓言》啊”！此时，唐师像松了口气似的：“哦！你早就认识了啊！”我又补充说：“今天以前只是理论上认识，现在才是理论和实际相统一的认识。”

如果我没有记错，当时陈先生对我的“说法”非常满意，脸上还流露出那种作为学者的特有表情。

好笑的是，打那以后，我和陈先生也没有更多的交往，这除了是因为近几年我从湘潭到常德、又从常德到长沙较频繁的工作变动之外，更多的是因为我心里只知道陈先生是研究语言学的，“外行”不敢打扰“内行”。

今年我又和陈先生在我就职的湖南省社会科学院会面了：那是因为，陈先生办了退休手续后，除了继续在湖南师范大学教学外，还受聘在长沙大学人文系任教授。因长沙大学在成立长沙文化研究所想要我当顾问，特请陈先生出面邀请。

见面后，我说请陈先生和陪同来的科研处杨建宏处长一同进中餐，处长因“不知深浅”，客气地说：“饭就不吃了。”我仍是心直口快：“陈先生是我老师辈，我当年读大学就读陈先生的书……老先生来了，饭都没有吃就走人，好写回忆录吗?”处长见我这做“院长”的也还“实在”，于是答应留了下来。

餐桌上，我按传统规矩，不时地盛点菜给陈先生……兴许，陈先生也觉得我这个快“知天命”的“年轻人”还“实在”，在长沙大学长沙文化研究所成立大会开幕前，陈先生递上《中国第一子：箕子评传》，说是“请”我写篇“序言”。

为了这“序言”，我又只好认真读陈先生40多本书中我所遇到的这第三本。读完之后，我的感觉是——

一、想法新。人们习惯用“思想”表示“想法”，我却习惯用“想法”表示“思想”。我曾对我的研究生讲过：“水平高的人善于将自己的‘想法’表达得让人感觉到是有条不紊的‘思想’，而水平低的人就只会把‘思想’表达得让人感到是一堆乱七八糟的‘想法’。”陈先生是一位能将“想法”表达得让我们感觉到颇有“思想”的学者。不是么?当初他在阅读《尚书·洪范》和中国古代思想史的著作时，“感触”到《洪范》在中国思想史上影响深远，“感到”箕子应该是中国思想史上第一个有著作传世的思想家，后来就弄出一篇《中国文化史第一子》来，过了几年，又弄出一个“本本”来，把“感触”到的“想法”表得让我们感到很有“思想”——且是修订众多人们长年认定的“思想”的“思想”——“箕子应该是中国思想史上第一个有著作传世的思想家”的“思想”，这不新么?!

二、做法奇。如果说，上述“想法”是指“思想”，那么，这里的“做法”则是指“思路”，即亦构建本书的思路。看！从柳宗元《箕子碑》中的“正蒙难、法授圣、化及民”几个字里构建出三章来，即从箕子的三大贡献中“弄出”三个章目来，还从《洪范》的三大思想中“弄出”三个章目来，两个“三大”，一共六章，思路清晰、逻辑严密。如果说柳宗元是“奇才”，难道这不是“奇思”么?!

三、手法特。这里的“手法”是指区别于宏观“思路”的微观“技巧”，如果用一个生偏的词表达可以叫“思技”，这样，“想法”、“做法”和“手法”，即“思想”、“思路”和“思技”，就具有了理论的对应性。我以为，编织思想之网——尤其是像编织“箕子”这样的关于思想家的思想之网，没有独“特”的“技巧”是难以服众的。陈先生原本是靠研究“语言”出家和出名的，一旦闯进了思想史的领域，这位“不是学历史的”，也不是学哲学的，更不是学经济的学者倒是能在这思想史的学海里时而文字考证，时而历史追溯，时而哲学思辨，时而经济析理，把个文、史、哲、经弄得浑然一体，在几个领域里做到游刃有余。年近古稀的陈先生还说这些“玩艺儿”是在目前不少中青年学者都不习惯的“计算机”上倒腾出来的，还不是“特技”么?

写到这里，我倒是生出几分“自信”来，到陈先生这年纪我还有近二十年啊！此时，我又记起时下“七十不为稀，八十一大批，九十不出奇，百岁才为稀”的“段子”来了。

看来，公元前1173年到前1080年的箕子可算是进入“稀”的范围了！

问题——

到了陈先生这年纪，作为文科学者本应与工科学者“越老越空”不一样的我能像陈先生一样的“越老越红”么?!

到了箕子出“境”的年龄，我还敢到“外地”闯荡40年么?!

……不必臆想，就此搁笔，也算是序。（2002年12月29日晚于浏阳河畔德雅村。）

——朱有志，湖南省社会科学院院长、教授。

夏剑钦《结论令人信服，精神令人钦佩》

大凡研究先秦儒学和诸子百家的著作，乃至辑录先秦诸子著作的丛书，无一不是以孔孟或老庄居其首，而谁也不会将早孔子五六百年的商周之际思想家——箕子置于领先的地位。尽管历史学界也大都承认《尚书·洪范》确系周初史官记录箕子言论思想的作品，代表了上古重要的学术思想，但历史对箕子著作和思想的忽视，却又是那样不争的事实。至少对我来说，在没有读到友兄陈蒲清先生新著《箕子评传》之前，我还没有意识到这“第一子”被湮没不显的冤屈与惋惜。

《箕子评传》，一本看起来并不显眼的小书，我本想夜间草草翻一下再休息，谁知一读其目录、序和引论，几乎被吸摄得有些震惊，使忙碌一天的倦意全消，竟不知不觉一口气读到了凌晨两点。我一方面信服《评传》对箕子思想的挖掘和分析，一方面惊叹历史对箕子的忽视和不公。这信服与惊叹，虽不便与《夏商周年表》的正式公布，把我国的历史由公元前841年向前延伸1229年的事实相提并论，但它将我国文化史上的“第一子”（原为孔子，公元前551—前479年）至少向前延伸五六百年，却同样是一个毋庸置疑的事实。而且，这二者之间还确有些必然的联系：因为《夏商周年表》将我国文明史向前延伸的

1229年间，尤其是商代奴隶制国家政治制度的建立、健全和演变过程的31帝600余年间，各种文化的积淀，不可能不出现杰出的思想家；而《箕子评传》给箕子以“第一子”的地位，也正如《夏商周年表》的确立一样，是建立在广泛而深入的历史文献研究和大量出土文物、考古研究成果基础之上的可信结论。

说《箕子评传》一书的结论可信，它确实为我们挖掘出一个被忽视了的思想家，这首先是由于作者对古今中外有关箕子文献的征引赅博和考证严密可信。如第一章对“正蒙难——箕子与商王朝”的考证，作者征引的我国古文献、韩朝古籍和今人各方面的研究成果等竟达40多种，不仅使“商族与商王朝”、“箕国与箕子”的脉络清晰，而且为我们勾画出了“末世蒙难者”箕子在殷周之际的履历。其中尤以对“子”非爵位，而是商王族的姓（金文、籀文的“子”字都像一只张口、有双翅、尾成剪刀状的燕子），是贵族标志的考证，完全令人信服而堪称不刊之论。关于这方面，我愿借此补充一点文献学与考古学的证据。如《山海经·大荒东经》“有人曰王亥，两手持鸟，方食其头”的记载，人们一直认为是关于商民族与鸟图腾的传说。但这种传说在甲骨文中得到了证实。胡厚宣先生从甲骨卜辞中找出8片10条有关殷人祭祀商高祖王亥的卜辞，其中亥字形体多为从亥从鸟或从隹，他认为这是商族以鸟为图腾的确证。又殷墟妇好墓出土王燕（380；彩版三四，2）一件；玉凤（350；彩版三二，3）一件；晚商铜器《玄妇方罍》有“玄鸟妇”的合文，这些都与简狄吞玄鸟之卵而生契的传说极相符契。

又如第二章对“箕子与《洪范》”的考证，也是奠定箕子为中国古代第一位有著作传世的思想家地位的关键性考证，其征引赅博、思虑周密，更使人感到结论可信。《周易》与《尚书》都是中国文化的元典，它们都给箕子以突出的地位。《周易》的卦爻辞，指名道姓提到的真实历史人物，只有殷高宗、帝乙、箕子和康侯四人。《尚书》有《微子》、《武成》、《洪范》等三篇提到箕子，其中《洪范》则全面体现了箕子的哲学政治思想。《洪范》是周武王向他询问怎样顺应天命来治理国家时，箕子为周武王陈述的《洪范》九畴，即九条治理国家的大法（洪，就是大；范，就是规范，就是法）。《洪范》是史官对箕子言论思想的记录，这正如《论语》一样，也非孔子本人所著，而是孔子弟子及其再传弟子关于孔子言行的记录，它们都代表着被记录者的言论和思想。只是孔子早已被尊为圣人，无人敢去冒犯、怀疑其言论的可靠性；而箕子未得到应有的重视，加之远古难稽，故《洪范》虽为儒家经典之一，但对《洪范》的作者与写作年代，却在近现代的研究中，出现了疑古而否定传统说法的言论。

《箕子评传》专设一节“《尚书·洪范》成于周初考”，除了赞同传统记载和现代刘起釪等学者的意见外，还从四个方面作了重要的补充论证。一是从其流传历史和传统版本以及引用情况看；二是从《洪范》的字句、用韵等语言文字看；三是从龟卜与筮兆反映的殷商时代风尚看；四是从《洪范》反映的当时社会发展水平与思想水平的思想发展轨迹看。这四看四证，使人不得不信服《洪范》产生于周初，比殷墟甲骨文与公认为殷商可靠文献的《盘庚》虽晚几百年，但同样都是当时史官的记录。

为了用文献说明箕子是中国哲学史和政治思想史上第一位文化地位重要的思想家，作者在第二章“法授圣”中，不仅深入浅出地解读了《洪范》全文，还在最后作了精辟的总结。认为《洪范》全文可分为两部分，一部分是原始的九畴，一部分是箕子对九畴的阐述。原始的九畴只有65个字，非常简单，而且假托天帝的名义，具有巫文化的色彩。“我闻在昔，鲧洪水，汩陈其五行……天乃锡禹洪范九畴，彝伦攸叙”，即天赐给大禹洪范九畴，颇有些像《旧约》中讲摩西在西奈山受十戒于上帝一样。而箕子的阐述，则是比较系统的政治哲学。“其内容可分为三个大的方面：1. 五行，讲哲学，而且是中国最早的本体论哲学。2. 五事，讲道德修养；皇极，讲政治准则；八政、三德、五纪、五福六极，讲政治事务，它们共同构成‘王道’思想。3. 庶征，讲‘天人感应’；稽疑，讲采用卜筮与人事结合来决定疑难大事，也与‘天人感应’思想有关。”作者认为箕子对这三个方面的阐述，是夏商两代政治思想的总结，又奠定了周代政治哲学的基础。后代影响深远的五行学说、王道学说、天人感应学说，都是以《洪范》为基础而逐步发展完善的。确实，此后中国的学术思想，都首先被这“水、火、木、金、土”五行说给支配了，不仅《洪范》中的五事、五征、五福都与这五行有关，后来的所谓五方、五味、五声、五色、五常、五脏、五官，都无不与五行相配，似乎宇宙间万物都是由这五大元素所演化出来，谁不承认这阐述《洪范》神权政治体系和学术思想的箕子，是我国历史上第一位有著作传世的重要思想家呢？

《评传》第三章关于“化及民——箕子与古朝鲜”的考证，也是征引赅博、论说严密而令人信服的。箕子作为殷商贵族，不愿做周武王的臣仆，于是请求前往与商族有族缘关系的朝鲜，去开发这个也是以玄鸟为图腾的部族地区。周武王成全他的志向，封他为朝鲜侯。于是箕子带了5000个随从人员前往古朝鲜。这5000人中包括懂得诗书、礼乐、医药、阴阳、巫术的文化人员和懂得各种技艺的能工巧匠。箕子到达古朝鲜后，在大同江畔的平壤建立国都，用石头与土筑了城郭。在政治上，公布了八条成文法，禁止杀人、伤人、盗窃。在经济上，推广殷商的田亩制度和中原先进的耕作、养殖技术，从而使朝鲜地区由石器时代迅速地发展到青铜时代。箕子在朝鲜生活了40年，直至公元前1080年93岁在朝鲜去世，对古朝鲜的开发做出了杰出贡献。作者通过对中、朝、韩三国古籍的深入考察，为我们勾画出了箕子及其后代开发古朝鲜的大体轮廓，并通过中国与半岛的考古发现以及半岛的姓氏、风俗等，与历史记载相互印证，进一步证明了箕子开发古朝鲜的历史事实，从而说明以中国文化为核心的东亚文化圈的形成，箕子是具有开创之功的人物。

单就上述“正蒙难、法授圣、化及民”三章的介绍，即已足见作者所揭示的箕子这个人物的伟大（是古人论儒有日月星“三伦”中“大德无格，大化无界，是为上伦，上伦如日”的大人物），加之后三章对“五行——中国最古老的本体论哲学”、“天人感应——人天关系的古老哲学”和“王道——绵延三千年的理想政治”的理论阐述，更突出了箕子对中国文化的巨大影响，而使我们认识了箕子——中国文化史上第一子的完整形象。作者借用柳宗元《箕子碑》的“大人之道有三”，即“正蒙难、法授圣、化及民”，分别作为一、二、三章的标题，恰到好处地概括了箕子的生平和三大贡献，后三章则对箕子在《洪范》中所提出的三个主要思想进行深入的探索与阐发，提示其学术意义。这正如朱有志先生在《序》中所说：“即从箕子的三大贡献中‘弄出’三个章目来，还从《洪范》的三大思想中‘弄出’三个章目来，两个‘三大’，一共六章，思路清晰，逻辑严密。如果说柳宗元是‘奇才’，难道这不是‘奇思’么?”

确实，陈先生自1996年发表《中国文化第一子》，到研究箕子的第八个年头出版《箕子评传》，真正挖掘出一个被忽视了的思想家，不仅“想法新”、“做法奇”、“手法特”，而且更令人钦佩的是陈先生那种对中国文化的忠诚和执着，对科学研究的尚实和热诚。“人总得做点事情”，陈兄为了实现研究箕子的宿愿，从2001年开始写作，直到2002年9月，无论寒暑，在教学之余就打开电脑，反复写作和修改，“总是身不由己，每天都停不下来”，终于发人之所未发，完成了一部奠定箕子在中国思想史上第一个有著作传世的思想家地位的著作。这种崇尚科学、崇尚实证、稽古探新、壮心不已的精神，实在值得我们学习和钦佩。

——《长沙电力学院学报》2003年第4期。夏剑钦，岳麓书社编审，原岳麓书社社长，国家古籍出版规划小组委员。

八教授《箕子评传》笔谈

《长沙大学学报》编者按：箕子是我国第一个有著作传世的思想家，他留下了《洪范》与《麦秀歌》；箕子又是我国第一个走出国门的政治家，他开发了古朝鲜地区，促进了东亚文化圈的形成。陈蒲清教授自1996年发表《中国文化第一子》，到2003年出版《箕子评传》（岳麓书社），凭借一个学者的学术良知和诚实不欺的科学态度，从大量史料中挖掘出一个长期被学术界忽视的真正思想家———箕子。《箕子评传》不仅重新确认了我国文化史上的"第一子"（原为孔子，现为箕子），而且将中国学术史、思想史、文化史向前延伸了五六百年。其创新性和价值意义是不言而喻的。《箕子评传》出版后，本刊收到有关专家朱有志、夏剑钦等的评论多篇，特辟一笔谈专栏，摘要发表（以来稿时间的先后排列）。

朱有志（内容略）

夏剑钦（内容略）

储佩成（常州工学院教授、学报主编）：

此书读后令我眼睛一亮。箕子是我国第一个有著作传世的思想家，他留下了《洪范》与《麦秀歌》；箕子又是我国第一个走出国门的政治家，他开发了古朝鲜地区，促进了东亚文化圈的形成。本书是关于箕子的第一本评传。全书六章，前三章考证箕子的历史功绩，后三章梳理箕子的三大思想影响，条分缕析，成就可喜可贺。作者不赶浪头，不浮躁，不为不正确的学风所左右，深入研究一个对中国文化有深远影响却几乎被遗忘的历史人物，这种精神值得钦佩。这种研究有长远价值。

罗庆康（湖南师范大学历史教授）：

陈蒲清教授是学中文的，而他的《箕子评传》却是历史著作。人们常说文史不分，但是我读此书后觉得，真正要能做到这一点，必须有如陈先生这样厚实的文史功底才行。

此书的学术成果涉及面很广，我只谈它的两点突出贡献：1.《洪范》的真伪，20世纪争论不休。此书把古文献与考古成果相结合，认定它是周初史官对箕子思想的笔录，考证严密，具有总结性。这样，就把中国的第一个哲学家出现的时间，由公元前6世纪（孔子）提前到了公元前12世纪（箕子），而且肯定了中国哲学在世界哲学史上的领先地位。2. 此书提出箕子开发古朝鲜，促进了古朝鲜地区进入青铜时代，再影响三韩地区和日本，为以中国文化为核心的东亚文化圈的形成奠定了基础。这个论点对东亚文化与世界文化的研究具有启发作用。

赵国玺（鞍山师范学院汉语教授）：

我1982年就读了陈蒲清先生的《文言文基础知识问答》，那的确是“一本有助于古汉语学习和教学的好书”（王克仲），但我当时的印象，仅认为陈先生是一个知识渊博、语言修养深厚的古汉语专家。后来，又知道他研究寓言、中外历史，很想见陈先生，然而却在西安举行的“国际司马迁研讨会”上失之交臂，至今还没有跟陈先生见面。今年我读了陈先生的《文言今译学》，又一口气读完了《箕子评传》，感动之余，觉得有话要说。

《箕子评传》是一本可能改写中国思想史的著作。箕子生在3000年前，距今天太遥远了，史料又十分贫乏，《箕子评传》的写作首先在于考证。陈先生的考证诠释之力令人叹服，全面运用中国古籍、朝鲜古籍、地下考古发现，论证了箕子应该是中国文化史上的第一子。过去，介绍思想家从公元前6世纪的孔子、老子开始。我读了此书后认为：中国思想史介绍思想家应该从箕子开始，提早600年，应该重新改写中国思想史。

在人物评传的写作方面，《箕子评传》也不落窠臼，那就是利用有限资料做大文章，全面阐述其思想和影响，阐述得令人信服。我读过从孔夫子到孙中山的200多本评传，觉得无如《箕子评传》者。记得1998年我写《商纣王帝辛传》（吉林人民出版社出版），苦于史料贫乏，强为无米之炊，当时若有《箕子评传》作参考，恐怕又是一番境界了。从这个意义上讲，《箕子评传》对于传记文学的写作也有发凡起例之功。

蔡泽华（益阳教育学院政治学教授、原院长）：

本人从事教学与科研40多年，拜读了不少著作与文章，其中自然有出类拔萃的作品，但是，也不可否认其中也有许多作品似乎有“似曾相识”、“人云亦云”的嫌疑。而《箕子评传》却给人以耳目一新的感觉。中国现代许多思想文化史著作都没有给箕子以专门的评价和应该有的地位，于是孔子以前的思想家似乎成为一个历史大空白，“遗忘”了箕子，似乎夏商两个王朝没有一个思想家。这就导致号称世界文明古国的中国在这个方面竟然无法与其他文明古国媲美。因此对箕子的“遗忘”，不是可以小看的“遗忘”。而《箕子评传》评介了当时处于世界领先地位的中国的第一个思想家箕子，使中国思想家产生的时间大体可以与其他文明古国持平，把文化思想史的研究向前推进了一大步。

《箕子评传》系统清理了在中国有几千年深远影响的三大理论——“五行”学说、“天人感应”学说、“王道”学说，追溯了它们的来源，梳理了它们的发展和流变，分析了它们的历史地位，评价了它们的正面与负面影响。时间涉及数千年，空间涉及中外，学科涉及哲学、政治、经济、宗教、术数、医学、天文、物理。其中有许多精辟见解。如：《箕子评传》指出，中国的五行理论是世界最早的本体论哲学，产生时间比古印度与古希腊的四大元素说要早500多年。研究思想史的人都知道，有无物质构成理论是古代文明进步程度的重要标志，正如当代有无航天技术一样。由此可见，此书阐述五行思想的价值。又如：作者通过对中国与欧洲政治思想的系统比较，分析了“王道”思想的进步作用与局限，认为“王道”思想是中国农业家长制度的必然产物，精辟地指出，“只要小农家长制不变，只要家国同构的政治体制不变，那么，政治思想所能达到的最高境界就是如此。”这个论点具有启发、警示作用。

《箕子评传》仅17万字，算不得大部头，却是一项独创性、标志性的成果。陈蒲清教授有几十本书，包括广泛流传的《文言文基础知识问答》、“我国第一部《中国古代寓言史》”（新华社电文）等等，但是，我认为《箕子评传》的价值要超过他自己的那些著作。而且，我们可以预料，以此书为起点，中国思想文化的研究迟早会扩展到一个新的领域；中国思想家的开山祖，迟早会从孔子往前推到箕子。

彭铎福（湖南师范大学哲学教授）：

《箕子评传》是一部厚积薄发、敢于突破、言简意赅、意义深远的力作。提出箕子是中国第一个有著作传世的思想家，必然一石激起千层浪，迟早会使学术界重新审视、讨论中国思想史上的这个大问题。不管讨论结果如何，真理总是愈辨愈明的。陈蒲清先生年近古稀，却凭着学术功底与学术勇气，不辞劳苦，不畏艰险，攀山越岭，荒谷寻珍，研究一个很重要而几乎被遗忘了的思想家，这种精神值得学习。我是研究外国哲学的，书中对“五行”和“王道”的论述给我印象尤其深刻。众所周知，研究文明历史都要追溯关于世界万物的本源问题。公元前6世纪的泰勒斯，就因为他第一次提出“水”是世界万物的本源，从而成为古希腊的圣人，成为西方第一个哲学家。而箕子在《洪范》中阐述五行，比泰勒斯的“水”元素说以及古印度的“地、水、火、风”四大元素论，要早五六个世纪。而且，五行中的“木”反映了中国农业民族的特色，“金”反映中国已经进入先进的金属时代。箕子的“五行”思想表明中国古代文明走在世界文明古国的前面。书中对箕子的王道思想与欧洲的契约、民主思想所进行的分析比较，也是非常深刻的。

薛其林（长沙大学教授）：

学术的生命在于创新，创新的动力来自渊博的学养、理性的思维、科学的方法和汰旧立新的胆识。陈蒲清教授的新作《箕子评传》就是这样一部大胆立论、科学求证、理性推阐，从而改写学术史、思想史、文化史的创新之作。其价值、意义是不言而喻的。

作为一部填补空白的创新之作，《箕子评传》不仅立论新颖、论证详实，而且方法恰当。就方法而言，作者实证与诠释并用。在材料、文献等方面，作者搜求多重证据（地上、地下，国内、国外），通过训释、辨伪、考据、比较、参照，经由本证、旁证、反证，最后得出科学材料的结论。作者既耕耘除草，又舂谷为米。面对大量的资料、证据，娴熟地运用诠释的方法，在消除个人成见和时空间距基础上，条分缕析，理解阐释，推论发挥，上升为学术理论和科学体系。仅从这个意义上讲，《箕子评传》就是一部卓有建树的学术精品。

——原载《长沙大学学报》2004 年 3 月第一期

《箕子大传》修订前言

我对箕子的研究，断断续续，有了多年。1996 年发表《中国文化史上第一子》，2003 年出版《箕子评传》，本书又是在《箕子评传》的基础上修改增加而成的。

2003 年拙著《箕子评传》出版后，受到了读书界的重视，其中有专家，也有普通读者，还包括箕子的后裔。因为，箕子是中国第一位有著作传世的思想家，而《箕子评传》是第一本评价这位思想家的著作，可以起抛砖引玉的作用。

时光如白驹过隙，一晃就是七年。我虽然从事别的研究，但是，始终没有忘记《箕子评传》的不足，想修订再版。可惜，当代学术著作，如果没有立项，没有资助，出版太困难了。幸好，数字时代出版设计有限公司，为我提供了修订发表的机会。

《箕子大传》对《箕子评传》的修改有三个方面。第一个方面的修改是结构的调整。《箕子大传》明确分为上下两篇。

上篇是“文化巨人的三个脚印”，介绍箕子一生的三个大阶段的经历。第一阶段是在殷商乱世能够坚守正道，第二阶段是在周王朝兴起后能够贡献治理国家的大法，第三阶段是前往古朝鲜，教化民众，促进社会进步。三大阶段各为一章。下篇是“三大思想，影响深远”，论述箕子的三大思想。一是五行学说，二是天人感应思想，三是王道政治理想。三大思想各为一章。上篇是“传”，下篇是“论”，故取名《箕子大传》。因为，“大传”兼有“传记”与“评论”的含义。《箕子大传》虽然仍旧保持六章，但是，各章的内容与分节都作了调整。

第二个方面的修改是补充材料，并修正了某些观点。如第一章最大的修正就有三点：1. 关于箕子的家世，《箕子评传》只介绍一种说法，认定他是子其（武丁的儿子）的后代，《箕子大传》避免这种片面。2. 箕子的封国所在地，除了介绍太谷说、左权说，《箕子大传》增加介绍了陵川说，而且认为三说可以融合。3. 箕子的生卒年，《箕子大传》增加了按照《夏商周断代工程》所列年表的推断。

第三个方面的修改是纠正一些错误，包括错别字。如：关于箕子在中原墓地的考证，就纠正了原来引文的含混之处。

关于箕子的评价，我还要补充一则资料。近几年，我主编《陶澍全集》，发现了陶澍对箕子的评价。陶澍为朝鲜王朝朋友韩劓山的诗文集写了一篇序言，叫做《韩劓山稿略序》。陶澍发现朝鲜的韩姓是箕子的后裔，在序言中说：“始知海左之韩，实出箕子，至今祠墓犹在泪城。”陶澍在序言中对箕子作了极高的评价，他说：“夫文章之变无穷，其本莫重于经术。《诗》、《书》、《易》、《礼》，孔子所以为教，而其源导于箕子。《传》言，箕子治朝鲜，约民以八法，而下知禁，遂成礼俗，是其著于《礼》也。《明夷》言利贞，《洪范》言叙彝，是其著于《易》与《书》也。而‘麦秀’‘黍油’之歌，根柢忠厚，已开三百篇之先声。盖自契为司徒，始敷五伦以教百姓，其后绪衍殷商。孔子殷人，箕子亦殷人，后圣先圣，心源一揆，而过化存神之妙，历千百世而勿替。以故谈文章于海外，未有著于高丽者也。”我在《箕子评传》中提出箕子是周公、孔子的先导，却不知道陶澍已经在我之前约200年提出了箕子是孔子的先导。我借修订机会，补记在这里，以免掠先贤之美。

“文章千古事，得失寸心知。”我期待读者的批评。

我感谢数字时代出版设计有限公司，为我提供了修订发表的机会。

2011年3月7日

《鬼谷子详解》简介

2005年5月岳麓书社出版，责任编辑曾德明、全书22万字，分三大部分。第一部分是《鬼谷子》原文的注译导读，每篇包括题解、正文、注疏、白话译文、评析。“注疏”广泛吸收各种注疏成果，全部保留了道藏本的旧注。“评析”的特点是利用《战国策》等所记述的策士活动来印证《鬼谷子》的理论。第二部分是《鬼谷子研究》，有五项内容。1. 考证了《鬼谷子》的写作年代与作者，认为第一至第十一篇是先秦时代原著，第十二篇《符言》是从《管子》混入，外篇是唐朝人著作。2. 进一步考证了道藏本的旧注是出自唐朝尹知章的手，后人误认为是陶弘景注。3. 考证鬼谷可能是今淇县的云梦山。4. 全面论述《鬼谷子》的价值，它是纵横家独存的子书，具有独特的政治思想体系，是游说修辞术的开山作品。5.《鬼谷子》内篇辞典。第三部分是《鬼谷子》的资料与传说。本书受到海峡两岸研究《鬼谷子》的学者与读者的称赞。主要书评有蒋振华（湖南师范大学教授）《诸子研究的新收获》等。

《鬼谷子详解》后记

鬼谷子这个人，在中国古代历史人物中，是一个真实而又最具有神秘光环的人物。他的著作《鬼谷子》，是一部有独特价值而又最富于神奇色彩的书。

……1991年，本人曾经应三环出版社之约，写了一本《白话鬼谷子》。3月约稿，4月交稿，7月就出版了。写得仓促，校对也仓促，有不少的错误，内心一直不安。所以，再花了一年多时间，重新钻研修改，还去到淇县云梦山参观了鬼谷子遗迹，写成了这本《鬼谷子详解》，希望能够弥补1992年版《白话鬼谷子》的主要失误。这本书分三个部分，也是研究《鬼谷子》应该下些力气的三个方面：第一部分是正文的题解、校注、翻译与评析。《鬼谷子》正文，以道藏本为基础，参阅《四库全书》本、秦恩复的乾隆刊本与嘉庆刊本，还吸收俞樾《诸子平议补录》等的研究成果，进行认真校勘。《鬼谷子》有些地方很难解释，唐朝尹知章所作的为道藏本保留的注释有许多不尽如人意甚至误解原作的地方。因此，我们既尊重并全部保存了道藏本的注释，又反复钻研作了新注，有的篇章的注释与翻译我就修改过十多次。“题解”是解释每篇的题义与主旨；“评析”则分析层次，理清脉络，并结合《战国策》等所记载的故事，加以证实。第二部分是考证研究。市面上有些关于《鬼谷子》的书，只图宣扬鬼谷子神秘的方面，根本不注意考证，也疏于客观的研究评价。我们考证了《鬼谷子》的真伪与写作年代，考证了道藏本注释的真正作者，从几个方面力争客观地对《鬼谷子》进行了评价，还编了内篇11篇的词典。第三部分是资料附录，我们搜集了历代关于《鬼谷子》的资料与传说，希望能够对《鬼谷子》的读者与研究者有所帮助。

岳麓书社计划出一套整理古籍的丛书，我提出愿意整理《鬼谷子》，丁双平社长立即首肯。后来，我买到并认真阅读了岳麓书社在1995年出的徐德欢先生译注的《白话鬼谷子》，觉得那本书有比较高的质量。崔颢写了七律《黄鹤楼》，李白就不再写了，“眼前有景道不得，崔颢题诗在上头”。我佩服李白有自知之明，而且我最不愿意与别人竞争、比量。所以，我就告诉丁社长，不打算在岳麓书社出版我这本书。我还跟花城出版社作了初步联系。过了不久，岳麓书社的责任编辑曾德明同志反复劝说我把书稿交给岳麓书社，特别说明徐德欢先生已经不愿意再版他的那本书。我是岳麓书社的老作者，所以，我恭敬不如从命，就把稿件交给了岳麓书社。也许可以以文会友，结识徐德欢等对《鬼谷子》有研究的朋友们。写作本书的过程中，还得到长沙大学图书馆负责人以及陈祺、蔡梦麒等同志的帮助，在此一并表示谢意。

《春秋繁露·天人三策》简介

1997年岳麓书社出版。责任编辑王德亚。对《春秋繁露》和《天人三策》作了注释，而且写了提要。又搜集了董仲舒的其他著作，包括《论经济政策》、《论匈奴》、《论五行灾异》、《奏江都王求雨》、《士不遇赋》、《诣丞相公孙弘记室书》、《雨雹对》、《春秋决狱六则》，也都作了注释，写了提要。卷首的前言是《董仲舒的生平、著述与思想》。卷末附有《董仲舒传》和历代关于《春秋繁露》的重要序跋。本书实际上具有《董仲舒全集》的性质。

《陶澍全集》（主编）简介

2010年5月岳麓书社出版，责任编辑曾主陶、马美著、刘文。清人许乔林主编的《陶文毅公全集》，只是一个分文体编排的选集，不是全集。《湖湘文库》丛书中的《陶澍全集》，是我国第一部基本上名副其实的《陶澍全集》。全集约300万字，共分八册：第一至第五册奏疏，共收陶澍奏疏1173篇和杂件59篇；第六册文集，共收陶澍文章485篇，第七册诗集（附对联），共收陶澍诗歌1592首，还搜辑了对联100多副，对联实际上是中国一种特殊的诗歌体式；第八册专书，收录《蜀輶日记》、《靖节先生集注》、《靖节先生年谱考异》。这次编辑《陶澍全集》的遗憾是，陶澍有许多著作没有查找到，包括其诗文全集《印心石屋诗文集》五十六卷、《陶桓公年谱》四卷、《陶氏世谱》若干卷、《运甓斋词谱》、《省身日记》等，它们可能失传了。《古籍整理出版情况简报》2010年4期发表《办一事须了一事》，介绍了搜集、整理、编辑情况。2011年获全国古籍优秀图书一等奖，2012年获第四届中华优秀出版物提名奖以及湖南省优秀图书一等奖。

蔡梦麒《清官与改革家的历史脚印》
——读《陶澍全集》

《湖湘文库》丛书中的《陶澍全集》，2010年由岳麓书社出版了。《陶澍全集》八大册，共收陶澍奏疏1173篇及杂件59篇，文章485篇（散文444篇、骈文12篇、赋29篇），诗歌1592首及对联105副，还收录了《蜀輶日记》、《靖节先生集注》与《靖节先生年谱考异》三本专著。

阅读《陶澍全集》，本人对于陶澍这个历史人物有了新的认识，对于清朝嘉庆、道光年间的经济、文化状况也有了新的认识。

我的家乡益阳跟陶澍的故乡安化邻近，在清朝都隶属长沙府，因此，老一辈时常讲述清官陶澍的故事。《陶澍全集》反映出，陶澍的确是一个清官。他写了一副对联作为自己做官的座右铭："要半文不值半文，莫道人无知者；办一事须了一事，如此心乃安然。"（《谢邑人公举先君子崇祀乡贤书》）上联讲廉洁，下联讲勤政。至今仍然可以作为贪污者、尸位素餐者的警钟。他不仅这样说，更是这样做的。他出任安徽布政使，一到任就发布《堂规十一条》与《晓喻铺户》，革除拖沓、勒索的衙门作风，并让广大商户监督自己的部下与亲友，防止这些人狐假虎威。陶澍任两江总督后，不受馈赠，并明令裁革两淮盐政衙门照例每年支付给总督署的“赏需银”二万两。兼理两淮盐政后，又将每年可以领取的养廉银五千两，完全上缴国库（《缴盐政养廉、裁减浮费折子》）。

《陶澍全集》反映出，陶澍不仅是一个清官，更是一个杰出的经济改革家。陶澍继承了传统经世派的思想，力主博学笃行，通经致用。他说：“有实学，斯有实行，斯有实用。”（《钟山书院课艺序》）他把经世思想付诸实践，在改革盐政、治理漕运、创办海运、整顿吏治、赈济灾民、兴修水利、兴办教育、建设文化、严禁鸦片等方面，都取得了举世瞩目的政绩。其中最突出的是盐政改革。清朝实行纲盐制，盐引由纲商所垄断，行之既久，积弊丛生。道光十年（1830）陶澍擢升两江总督时，两淮盐务几乎完全瘫痪，盐商与船户抬高盐价，导致官盐滞销，导致普通百姓买不起盐，只能淡食。陶澍的《敬陈盐务积弊折片》深刻揭露盐政的弊端。他说：“臣查盐务纷繁，弊端不一。”“如汉镇为销盐第一口岸，盐价每斤需钱四、五十文。迨分运各处销售，近者六、七十文，远者竟需八、九十文不等。其实盐务成本，首重正课，其次则场价，计每引配盐三百七十四斤，仅征正课银一两至数钱零不等，其朱单杂课亦仅征一二钱不等。计算场价，每盐一斤，不及十文，而转销各处，竟至数十倍之价。且有搀和污泥、杂入皂荚、蛤灰等弊，盐质更差。以致江广之民，膏血尽竭于盐。贫家小户，往往有兼旬弥月坚忍淡食，不知盐味者。”陶澍决心改革盐政。道光十年，他以两江总督身份兼管盐政后，就与钦差大臣王鼎等上《会筹盐务章程折子》，拟订出《两淮盐务章程》十五条，改革从淮南开始，裁减浮费，加斤减价，疏通销售渠道。淮南取得成效以后，陶澍在道光十一年十二月又上《淮北请试行票盐折片》，着手改革淮北盐政，试行票盐，彻底打破纲商的垄断。经过八年努力，终于使两淮盐务彻底改观，既上裕国课，上缴正杂课银二千四百多万两，又下利百姓，使生产盐的贫苦灶民避免了中间剥削，使各省的贫苦百姓能够买得起盐，使铤而走险的私盐贩子变成了良民（见《办理淮鹾八年比较情形折片》）。所以，研究中国盐业的专家曾向丰说：“综观历代盐政，极为繁复。其办理较有成效者，除春秋之管仲、唐之刘晏、清之陶澍外，几不多见。”（《中国盐业之动向》，载《东方杂志》34卷7期）

《陶澍全集》反映出，陶澍的改革不仅成绩巨大，而且具有时代先进性，开了中国近代经济改革的先河。他的各项施政与改革措施，都善于使用经济手段。如：官盐滞销，从表面上看是由于私盐泛滥。因此，封建朝廷历来的主要办法是集中力量严酷地打击贩卖私盐的盐枭。陶澍却提出“减价敌私”的经济手段，推行盐票，打破纲商垄断。发生大水灾，没有粮食，他就采取免税与保护买卖自由的办法，调动商人的积极性，让商人运米到灾区。

为改革漕粮运输而创办海运，是陶澍仅次于盐政改革的重大政绩。明清两朝奠都北京，南方各省约四百万石漕粮要通过运河运到京城，距离数千里，运河淤塞，多次转运，花费沉重，而且运粮机构庞大，手续繁琐，贿赂公行，弊端丛生。当时，一石米约值六钱银子，而把一石漕米运到北京，花费要达到二十多两银子，是米价的几十倍。但是，大多数地方大员都因循守旧，漠视百姓疾苦。只有陶澍挺身而出，为民请命。他任江苏巡抚后，在《附陈漕务情形，严禁包漕陋规折片》中说：“江苏漕额最重，一州县之地广袤不及百里，而漕米则有三、五万，七、八万，至十余万不等。小民终岁勤动，完漕而外，所余无几。以故持升斗赴仓者，一遇风筛折耗，已不胜其苦。加以使费，倍觉繁难，而蠹书漕总复多朘削。近来生齿日增，食用日贵，尤属支持不易。”于是，他力主改革，先后向朝廷上了21篇奏折，积极创办海运。办海运，需要运输力量。陶澍不是采用拉夫、扣船等强迫手段，而是依靠上海的“沙船帮”。沙船帮是一个带有资本主义萌芽性质的商人集团。陶澍用经济手段调动沙船帮的积极性，保证“实给船价”，行船自由，又给予补贴，还允许返回南方时可以捎带一定数量的北方土产；又派兵保护商船，严禁官吏吓诈、劫掠商人。因此，陶澍在短期内就调集到商船1562只，如期而安全地完成了运输任务，节约白银十多万两，节约漕米十多万石。所以，《清史稿·食货志三》说：“夫河运，剥浅有资，过闸、过淮有费，催趱、通仓又有费。上既出百万漕项，下复出百余万帮费，民生日蹙，国计日贫。海运则不由内地，不归众饱，无造船之烦，无募丁之扰，利国便民，计无逾此。”陶澍积极创办海运的情况都保存在《筹议海运及暂收折色、停运治河各情形折子》、《查看海口运道，并晓谕商船大概情形折子》、《会筹海运事宜折子》、《海运全竣，船行顺利折子》等奏折中。创办海运，实际上开了近代运输改革的先河。

陶澍还是主张严禁鸦片的政坛领袖人物。道光十二年六月，他就会同江苏巡抚林则徐、苏松镇总兵关天培，将英船阿美士德号驱逐出江苏洋面。道光十八年（1838），清廷将黄爵滋的奏折《严禁漏卮以培国本疏》交各省督抚筹议，陶澍于七月上《筹议严禁鸦片章程折子》，力主严禁，并提出禁烟章程八条。陶澍是当时的“疆臣领袖”（林则徐语），其主张对朝廷的禁烟决策有相当的影响力。当年十月，陶澍向朝廷报告，在江苏、扬州、苏州、南京及上海东关等地收缴烟土150，000多两，全部销毁。此举震动了朝野，是全国最早的大规模的禁烟、销烟行动。可惜的是，当时陶澍已经身患重病，第二年就去世了。

这一切说明，陶澍是鸦片战争前夕经世学派在政治领域的代表，而且他和林则徐、魏源等人一样，是中国由古代走向近代、由封闭走向世界的里程碑式的人物。所以，晚清洋务领袖张之洞跟张佩纶评论人物说：林则徐、魏源、曾国藩、左宗棠、胡林翼、李鸿章等都是受陶澍影响的人物，“道光来人才当以陶文毅为第一”（张佩纶《涧于日记》）。

《陶澍全集》中的作品还显示出陶澍具有多方面的才能。陶澍是诗人，他的诗歌关切国计民生，风格类似杜甫、韩愈、苏东坡。嘉庆九年（1804）他与同科进士们建立“消寒诗社”，道光元年（1821）改名为“宣南诗社”，先后参加的著名人士有梁章钜、贺长龄、林则徐、黄觉滋、魏源、龚自珍等。朝鲜王朝的诗人也重视陶澍诗歌，他们甚至把自己的诗社取名为“拟陶诗屋”。陶澍是散文家与学者。他的文章平易畅达，内容广博，尤以考据见长。他写的《蜀辎日记》，全面关注历史与现实，文笔清峻，考证精确。《靖节先生集注》与《靖节先生年谱考异》，功力深厚，胜义迭见，梁启超、朱自清等都评价颇高。

过去，人们都以为许乔林主编的《陶文毅公全集》是真正的陶澍全集。现在，只要对照《湖湘文库》丛书中的《陶澍全集》，就会知道《陶文毅公全集》只是一个分类编纂的选集。该书仅收陶澍奏疏296篇，只有《陶澍全集》所收陶澍奏疏的四分之一，该书还没有收录陶澍的专著，文章与诗歌也收录不全。

总之，《陶澍全集》的出版，为我们研究陶澍这个历史人物，研究清朝嘉庆、道光年间的经济、文化状况，提供了比较全面的资料。本人通过阅读《陶澍全集》，加深了对陶澍的认识，他不仅是民间赞扬的清官，更是一个政绩突出的经济改革家，是中国古代与近代之交的重要历史人物。《陶澍全集》真实地反映出陶澍一生的成就，其中的重要篇章都留下了一位清官与改革家的历史脚印。

——《光明日报》2011年11月15日

[附录] 评王焕镳《陶文毅公年谱》

王焕镳所著的《陶文毅公年谱》是第一本陶澍年谱。

《陶文毅公年谱》用力甚勤。年谱分上下两册。王焕镳在年谱的跋尾中说，民国戊辰年（1928），他在江苏省立国学图书馆（前身就是陶澍所创建的惜阴书舍）工作，得到当时任馆长的著名学者柳诒徵（劬堂）先生的指导，阅读了陶澍的著作，从而敬仰陶澍的为人，于是广泛参考文献，编写陶澍年谱。到了丁丑年（1937）才写成稿，却因日寇的入侵而工作中断。乙酉年（1945）日寇投降后，在原稿的基础上继续修订，到戊子年（1948）冬天完成，并写了跋语，用蜡纸刻印。王焕镳写《陶文毅公年谱》，用力甚勤，写作初稿就花了九年，修订刻印又历时三年多。其态度之认真，令人起敬。

《陶文毅公年谱》年谱，搜集的资料比较广泛，主要有：陶澍本人写的奏疏与诗文，《清史稿》，魏源为陶澍写的《行状》、《墓志铭》、《神道碑铭》，刘鸿翱等为陶澍写的《家传》，以及王先谦《东华续录》、李元度《国朝先正事略》、李垣《国朝耆献类征》等，还参照引用了陶澍同僚或文人的作品。可惜的是，也有重要遗漏。如：年谱收录了不少庆祝陶澍六十大寿的诗歌，也收录了不少哀悼陶澍逝世的挽联，却没有收录林则徐的作品。林则徐是陶澍的下级与朋友，跟陶澍多年精诚合作，他的作品对研究陶澍是有价值的。他庆祝陶澍六十大寿的三十首七律、哀悼陶澍的挽联，都颇有分量，超过年谱中所收录的其他同僚或文人的作品。

年谱的出处大多数翔实可靠。对于所引用的某些有疑义的资料，王焕镳先生本人也作了正确的辨析。如：年谱嘉庆六年引用了况周颐《蕙风簃随笔》所记载的一个故事：

“魏季词说陶文毅佚事。某年会试下第，无力出都，亦无人能周之，不得已鬻谢石之术于某胡同。适近纪文达公寓所。文达出入，习见之。一日询阍者，以湖南举人对。命延入，索阅其文，亟赏之。属假馆余屋，善视之，俾俟再试。”

《蕙风簃随笔》并不是严格的学术著作。“鬻谢石之术”的传说就不可靠。“鬻谢石之术”，是在街头摆上一张桌子，为人写字、测字、看相。《陶文毅公年谱》作了考证，批驳说：“公来京时，萸江公谕以‘不得隽必留京为进取计’，岂来京即坎坷若是？又云纪文达假馆余屋，按，公序《王氏族谱》云‘与万泉学授旅邸同灯火者二载’。故魏说盖未能信。”

可惜的是，《陶文毅公年谱》本身也往往考证不精，应该商榷。如：《覆王垣夫先生书》，明显作于陶澍在北京担任吏科给事中的时候，而年谱把此信系于道光十一年（1831）陶澍担任两江总督之时。又如：陶澍的《行状》、《墓志铭》、《神道碑铭》，魏源的《古微堂外集》与《资江陶氏族谱》都明确记载是魏源所写。《行状》末尾明确说：“源自弱冠入京师，及来江左，受公知数十载，曾命编次奏稿，并托以身后志状。言犹在耳，后死之责其曷敢辞？爰代述行事，备史馆采择。”《资江陶氏族谱》还明确记载，《行状》、《墓志铭》、《神道碑铭》的撰写者署名为“通家子内阁中书舍人邵阳魏源”，《墓志铭》与《神道碑铭》则由著名书法家何绍基亲手书写。王焕镳先生却拘泥于《国朝耆献类征》的记载，认定《行状》、《墓志铭》是陈銮撰，只有《神道碑铭》是魏源撰。实际上，《行状》、《墓志铭》只是陈銮暂时署名，由魏源执笔。因为，当时陈銮任江苏巡抚，署两江总督，而魏源没有官职。

《陶文毅公年谱》点校，还要说明两点：一是引文问题。年谱引用资料时，有的只是概括原来作品的大略，有的节略了原来作品的字句。因此，不能使用引号，也不能一一改正与出注。研究陶澍的读者，在利用年谱的同时，应该查对原来的作品。二是刻印问题。年谱原来是油印本，刻油印者是陆维钊。刻写认真，错误比较少。但是，油印本经过几十年的岁月，字迹模糊，颇难辨认。无论点校，还是排印、校对，都非常困难。笔者点校时对于年谱考证失误或已经造成文意隔阂的极少的刻写错误，作了校正，并出注说明。

《陶文毅公年谱》是关于陶澍的第一本年谱，虽然点校、排印费力，但是整理出来具有抢救意义。

[按] 我点校此年谱后，编入《湖南人物年谱》第二卷，湖南人民出版社2013年出版。

《陶澍传》简介

2011年5月岳麓书社出版，责任编辑马美著、刘文。本书分上下两篇，共十八章。上篇十二章，介绍陶澍其人。前六章介绍其生平与业绩，将其生平划分为五个阶段，突出每个阶段的业绩，如整顿吏治、赈济灾民、兴修水利、改良漕运、创办海运、改革盐政等，第七章从六个方面总结其理政经验，第八、九、十章从经世派领袖、洋务派先声、近代湖湘文化崛起先导等三个方面评定陶澍的历史地位，第十一章介绍陶澍在故乡的遗迹、传说，以及陶澍研究状况，第十二章以大事编年表作结，并附录了有关陶澍的家世、婚姻、科举、职官及所受处分的资料。下篇六章，评论陶澍的著作。头一章从总体上考证陶澍的著作，后五章分别评介陶澍的奏疏、诗歌（包括对联）、文集（包括散文、骈文、韵文）、《蜀輶日记》、《靖节先生集注》及《靖节先生年谱考异》，并附录2010年版《陶澍全集》勘误。

本书的评论，追求雅俗共赏。为了增强学术性，本书严格尊重历史，以陶澍自己的奏章、诗文以及《清史稿》等文献为主要依据，而且，尽量使用第一手资料。本书重视已有的研究和宣传陶澍的成果，包括专著、论文、小说以及民间传说。对相同观点不敢掠人之美，对它们作认真介绍。为了通俗生动，本书避免烦琐的理论论述，在介绍人物活动时注意典型事例，还评介了关于陶澍的某些逸闻或民间传说。

《陶澍传》主要书评：陶稳固《结构独特，评价中肯，资料翔实》（古籍新书报，2012年4月8日），张文初《渟涵无际　瑰辩洪音》（中国文学研究2013年1期），陶用舒《读陈蒲清陶澍传》（湖南城市学院学报2012年3期）。

曾主陶序

陶澍这个名字，孩提时代就听长辈们无数次地说过。在我的家乡，《陶澍访南京》的故事，几乎妇孺皆知。

我的家乡在桃花江畔。家乡有条小溪，长约七里三分，名叫七星溪，蜿蜒曲折，从楚南名山浮丘山发源而流入资江。陶澍的许多故事就在七星溪这条小溪中流淌。从资江河口溯溪而上，有七星桥、鸣石滩、宫保第、白云庵、梅林寺、西峰寺、清凉寺和浮丘古寺等名胜景致，这些名胜景致大都与陶澍有关。

七星桥和鸣石滩桥，雄伟壮丽，桥墩和桥面都是花岗岩的，老人们说，修这两座桥时，陶澍是出过钱的。在鸣石滩的清水潭边有一巨石，石上摹刻着“印心石屋”四个大字，字是道光皇帝赐给陶澍的。

从鸣石滩沿溪上行里许就是宫保第，这是陶澍升任安徽巡抚后在桃花江所置的别业，时称桃花江别墅。20世纪60年代，宫保第已成为小学校，我随在此教书的姑妈读了半年书。我分明记得宫保第门庭高大，前后数进，虽无雕梁画栋，但场面颇为气派。尤其院前有口月塘，植有半塘莲藕，塘堤上杨柳依依，相间有数棵桃树。春间桃红柳绿，夏日莲花斗艳，颇富诗情画意。宫保第直到20世纪80年代初才被撤毁。

从宫保第沿着七星溪上行三四里就是西峰寺，据说这所寺院是唐代尉迟恭所修，大雄宝殿为清代道光间陶澍重修。中华人民共和国成立后，西峰寺改建为学校，“文化大革命”期间，这所学校升格为桃花江区中学，我的初中和高中就在这里读完的。大约是1970年，在大破“四旧”的运动中，学校将大雄宝殿撤掉，在观音佛像莲花座的后面，发现了一块汉白玉碑，碑上横镌着“印心石屋”四个大字，当时有人说这是封资修实物，就将这块碑石沦入新修教室的基脚之中。几年之后，新修的教室又被撤了，老师们从基脚的污泥中找到“印心石屋”，至今收藏在桃江县文物所。

陶澍这个名字在我少年的记忆中挥之不去，但又不知陶澍到底是个什么人物。也是机缘凑合，大学毕业后我从事古籍整理工作，有机会研读陶澍的大量著作，我才知道七星溪里有关陶澍的故事，大多有据可查。

1997年岳麓书社编辑出版《陶澍集》，我担任副社长，从此与《陶澍集》整理组的组织者陶用舒先生多有学术上的交流。《陶澍集》的出版，推动了对陶澍研究的开展，陶用舒先生很快出版了专著《陶澍评传》。后来的几年，陶用舒先生以陶澍研究为起点，推及到对湖南近现代人才群体的整体研究，并且结论性地指出陶澍是湖南近现代人才群体的发轫。我十分赞同陶用舒先生的观点，欣然推荐他同易永卿先生合著的《近现代湖南人才群体研究》到岳麓书社出版，并对陶澍在湖南人才史上的地位在媒体上加以鼓吹。从此，对陶澍的研究逐渐开始升温。

陶澍的家乡安化县对陶澍研究具有很高的激情，成立了“安化陶澍研究会”，逐步重修了陶澍陵园，收集了一些陶澍的散佚文献。2007年春夏之际，陶用舒先生陪同安化县陶澍研究会的刘时雨等同志来岳麓书社协商《陶澍集》的修订与增补，其时我担任岳麓书社社长，并兼任《湖湘文库》编辑出版委员会副主任。商谈中，我们根据所了解到的陶澍著作的情况，提出了出版《陶澍全集》的设想，并建议收入《湖湘文库》。《湖湘文库》编辑出版委员会文选德主任亲自主持选题论证会议，决定将《陶澍全集》作为湖南近现代名人六大全集之一，列入《湖湘文库》2009年的出版计划。

陈蒲清先生是岳麓书社的资深作者，从事古代汉语教学，并长期研究中国古代文学与文化史，尤其以专攻中国古代寓言而著称，东洋弟子亦慕名负笈而来，在湖南学界有“好教师大学者名作家”之誉。岳麓书社前任社长夏剑钦先生和丁双平先生对陈蒲清先生倍加致敬，一致推荐先生出任《陶澍全集》主编。其时陈先生虽然已逾古稀，但精力充沛。我请他主编的《古文标点》（后更名《古文标点大课堂》）仅数十天完稿，工作的效率令人敬佩。在我的再三敦请之下，陈蒲清先生终于毅然承担了主编《陶澍全集》这副重担，我们之间才有了一段难以忘怀的合作。

陈蒲清先生因主编《陶澍全集》而对陶澍著作的熟悉，并进一步扩大对陶澍相关资料的收集、辨证与研究，在两年时间内撰写出《陶澍传》，洋洋三十多万字。这本《陶澍传》是一部信史，为读者展现了这位经世派领袖、洋务派先声人物的真实面貌。从《陶澍传》里，可以学到许多做人、做事、为官、为友的智慧。《陶澍传》是新世纪以来陶澍研究的最重要的成果，为进一步深入研究陶澍奠定了基础。而且，陈蒲清先生基于对寓言、民间故事的独特文化视角，在《陶澍传》中收集了许多与陶澍有关的民间故事，包括我少年时代在七星溪所听到的故事，都能在《陶澍传》中找到注脚。

陈蒲清先生于我亦师亦友，先生嘱为本书序，命不敢违。因《陶澍全集》而辛苦先生达两年之久，心多歉意。因这篇序言的缘故，也是因为陶澍的缘故，今年春节期间我再次从资江河口，沿七星溪而上，寻找陶澍在桃花江的足迹。因修建防洪大堤，七星溪已被裁弯取直，七星桥也失去了昔日的光芒；鸣石滩因取石开山，也已面目全非；宫保第已经荡然无遗。唯有清水潭边巨石上的“印心石屋”四个大字，依然是那么庄严和深邃。

古人有“三不朽”之说，即有光辉的思想和品德可以不朽；为民族和国家建功立业可以不朽；有丰富的著作留于后世也可以不朽。陶澍是个三者兼备的人物，不仅不朽，而且应该闪闪发光。但是，在陶澍逝世之后的现代，陶澍被冷落、被遗忘了很长时间。幸亏有少数学者，包括陶用舒、陈蒲清等先生，撩起他们智慧的衣袖，拂去历史的尘埃，使我们逐步能够领略到陶澍的风采，再次感受到历史文化的光芒。

我的序言未必能为陈蒲清先生《陶澍传》添彩，但可以肯定，因陶澍和《陶澍传》，我的序言得以附骥而行。（2011 年元宵）

写作缘起

陶澍生活于清朝嘉庆、道光年间，是中国古代与近代之交最杰出的经济改革家。从全国看，他是当时经世派的领袖，又是洋务派的先声，在中国古代向近代转变时期起了关键作用。从湖南看，他是湖南近代人才群体的第一位领袖。我们要全面深入研究清朝中叶的政治、经济、文化状况，要全面深入研究湖湘文化的发展历史，就必须研究陶澍的思想与改革业绩。可惜的是，现代学术界对陶澍的认识与评价并不充分。

20 世纪 80 年代，陶澍作品已经被列入湖南省的古籍整理规划。1982 年，陶用舒、陈蒲清等代表益阳地区接受了整理任务。陈蒲清调到湖南省教育学院之后，组织工作由陶用舒负责，统稿任务由王子羲完成。但是，当时陶澍并未列为重点人物，只决定出版陶澍集，而不是整理陶澍的全集。整理者们并没有搜集陶澍的全部著作，只是以许乔林编校的《陶文毅公全集》作为底本进行点校，而且由于当时的主客观原因，出版时删掉了《五台山迎銮曲》《赋得体诗》等近 300 首诗歌与一些奏折（合计约删去 10 万字），而仅补充了《蜀輶日记》及《会奏查议银昂钱贱便民事宜折子》。统稿完毕，于 1998 年由岳麓书社出版。全书分上下两册，共 110 万字，取名《陶澍集》。

2006 年，湖南省成立《湖湘文库》编辑出版的领导机构，全面整理湖南历代古籍，编辑出版《湖湘文库》丛书，把王夫之、陶澍、魏源、曾国藩、左宗棠、郭嵩焘列为六个重点人物。《湖湘文库》丛书终于把陶澍列为重点人物，决定搜集、整理、出版《陶澍全集》，这说明大家初步认识到了陶澍的重要历史地位。而且，此前没有真正意义上的《陶澍全集》，许乔林编校的《陶文毅公全集》实际上只是一个选集。

《陶澍全集》编委会，是在 2007 年 6 月组成的。主要成员有安化陶澍研究会的刘时雨、陶用舒、周成村、戴爱玲、陶稳固、陈历久，还有易永卿、薛其林、贺福凌、曾主陶、陈蒲清，由曾主陶任编委会主任。陈蒲清担任主编，曾主陶、马美著、刘文担任责任编辑。2009 年，《陶澍全集》列入国家古委会重点资助项目。大家经过一年多的努力，基本完成了《陶澍全集》的整理，并于 2010 年 1 月由岳麓书社出版。全书共八册，300 万字。

《陶澍全集》终于问世了。本人因为担任《陶澍全集》的主编，所以想把自己的体会写出来。为什么呢？第一，过去研究陶澍的专著太少，可以说是寥若晨星。本人所见到的比较全面介绍陶澍的著作，只有魏秀梅女士的《陶澍在江南》、陶用舒教授的《陶澍评传》、段超的《陶澍与嘉道经世思想研究》。而且，由于过去没有真正意义上的《陶澍全集》，所以，上述研究著作难免存在材料缺陷，还往往发生错误，论断也就不可能做到真正的深入与全面。本人担任主编，基本上认真阅读了已经掌握的陶澍著作，所以想写出自己的体会。第二，我发现《陶澍全集》有一些错误。产生错误的主要原因，是我本来不适合担任《陶澍全集》的主编，甚至不适合参加点校。因为，2007 年本人年纪已经 72 岁，精力不如从前，又有别的写作负担，更重要的是我以前对陶澍没有研究。经老朋友夏剑钦、丁双平、曾主陶等的再三推荐与邀请，我出任主编是很勉强的。主编不称职，再加上：1《陶澍全集》原来没有基础；2 点校的成员缺乏点校古籍与校对清样的经验；3 时间又只一年半，非常紧迫，所以《陶澍全集》留下了一些错误。陶澍说："办一事须了一事，如此心乃安然。"发现这些错误，我们，特别是作为主编的我，感到很惭愧。弥补的唯一途径是检讨自己的错误。为了纠正错误，以便再版时改正，我也必须写书纠正。

然而，写一本研究陶澍的著作，对于我来说，难度不小。如：陶澍一生的经历与改革，涉及许多人物，涉及当时赈灾、水利、漕运、盐政的许多资料，这一切都必须一一查证。陶澍的家世、婚姻、祖居地等情况，则要查阅乡土资料，向知情者求教。又如：陶澍的奏疏有 1200 多篇，散文近 500 篇，诗歌近 1600 首，如果不满足于举例式的研究，就必须认真阅读，分类统计，工作量不小。写作时，往往头昏眼胀，产生畏难情绪，所以多次搁笔。可是，似乎有一种精神压力催促我要写出自己的心得，觉得只有把自己的心得写出来，才对得起陶澍这位历史人物，才对得起精诚合作了几年的《陶澍全集》编委会的同仁。欲罢不能，我又只好把放下的笔拿起。

本书分上下两篇。上篇介绍陶澍其人，前六章介绍其生平与业绩，将其生平划分为五个阶段，突出每个阶段的业绩，如整顿吏治、赈济灾民、兴修水利、改良漕运、创办海运、改革盐政等，第七章从六个方面总结其理政经验，第八、九、十章从经世派领袖、洋务派先声、近代湖湘文化崛起先导等三个方面评定陶澍的历史地位，第十一章介绍陶澍在故乡的遗迹、传说以及陶澍研究状况，第十二章以大事编年表作结，并附录了有关陶澍的家世、婚姻、科举、职官及所受处分的资料。下篇评论陶澍的著作，头一章从总体上考证陶澍的著作，后五章分别评介陶澍的奏疏、诗歌（包括对联）、文集（包括散文、骈文、赋）、《蜀輶日记》、《靖节先生集注》及《靖节先生年谱考异》，并附录 2010 年版《陶澍全集》勘误。

本书的评论，追求雅俗共赏。既追求增强学术性，又力求通俗生动。

为了增强学术性，本书从两方面努力。一、严格尊重历史，以陶澍自己的奏章、诗文以及《清史稿》等文献为主要依据。而且，尽量使用第一手资料，如果发现有价值的二手资料，也一定找来原书，进行核对，避免以讹传讹。如果某项资料无法核对，即使看来有价值，也宁肯抛弃。引证资料，力求完整，避免断章取义。这本是学术界的常识，但也有自己的切身教训。因为，我们编辑《陶澍全集》时所产生的某些失误，就来源于过分相信二手资料。古人评价杜诗说"无一字无来处"，写诗倒不一定如此，搞学术研究却是应该追求的。

二、重视已有的研究陶澍和宣传陶澍的成果，包括专著、论文、小说以及民间传说。这是因为，任何研究都是站在前人的肩膀上。本书敬畏这些成果，对相同观点不敢掠人之美，对它们作认真介绍。但是，对有分歧的看法，不作回避，而是加以考证，据理分辩。如：陶澍祖先迁徙安化首先定居在什么地方，陶澍有多少著作，清廷对陶澍有几次处分，陶澍“减价敌私”的盐务政策是否是出于包世臣、魏源的建议，支持陶澍改革盐政的关键人物到底是谁，陶澍改革盐政是否打击了扬州的商业经济等等，我们不同意有关书籍或文章的看法，都作了考证与商讨。

为了通俗生动，避免枯燥艰涩，增加可读性，我们也作了三点努力：一是避免烦琐的理论论述，二是在介绍人物活动时注意典型事例，还讲述某些有关知识（如科举、官职、漕运、盐政的有关知识），三是采用某些关于陶澍的逸闻或民间传说。但是，通俗决不能牺牲真实性与学术性。如：我们虽然采用某些关于陶澍的逸闻或民间传说，但是一定加以说明，不使它们跟历史记载相混淆，因为本书不同于当前比较流行的“戏说”。

本书力求避免研究某个历史人物时容易发生的一个毛病，那就是因为偏爱这个人物，往往拔高或护短。其实，即使是最杰出的历史人物，也不可能超越时代环境的局限。陶澍也是一样。陶澍生活在中国的皇权专制时代，而且是一个仕途得意的封疆大吏。因此，他对皇帝感恩戴德、忠心耿耿。他只是一个改革家，而不是旧思想、旧制度的批判者。他又没有接触更没有了解当时西方的科学成就与民主制度，因而，他的改革难以突破封建体制的牢笼。陶澍生活在科学不发达而且迷信鬼神的时代，因此，他也相信鬼神与命运，不过他并不迷信。在私人生活方面，“不孝有三，无后为大”的宗法思想，使他娶了多房妻妾。这一切，本书都不为陶澍隐讳。然而，这些阴翳，根本不能掩盖陶澍的耀眼光辉。

我阅读完《陶澍全集》初稿之后，曾经写了一首七律颂扬陶澍的历史功绩：

红薯包谷蔸根火，干国良臣文毅公。
浑朴民风毓俊杰，艰难时局造英雄。
甘棠遗爱楚吴外，石屋印心桑梓中。
经世开新垂史册，湖湘崛起领先功。

我们希望读者走近陶澍，真实而全面地了解陶澍。

陶稳固《结构独特，评价中肯，资料详实》

陈蒲清先生在主编《陶澍全集》后，又推出了36万字的《陶澍传》。安化县陶澍研究会的成员，认真阅读了《陶澍传》，都感想颇多。我作为其中的一员，作为有缘参与《陶澍全集》编辑的人员之一，压抑不住内心的激动，想谈谈自己的感受。

《陶澍传》最突出的特点是，结构独具匠心，评价扼要中肯。全书分上、下两篇，上篇讲述陶澍的为人，下篇分析陶澍的著作。全书共18章，每章都有正副标题，正标题突出内容特色，副标题明确论述范畴。如：上篇第一章至第六章，分阶段介绍陶澍的生平与政绩，叙述了陶澍从一个山区神童成长为“干国良臣”的光辉历程，对陶澍创办海运、改革盐政的叙述更是浓墨重彩，因此，收到了“纲举目张、重点突出”的效果；上篇第八章至第十章，从三个方面论述陶澍的历史地位：一、当时经世派的领袖，二、近代洋务派的先声，三、湖湘近代人才群体崛起的先导。又总括地说：“陶澍是我国古代与近代之交最杰出的改革家。”评价扼要中肯，读来十分亲切，又不容置疑。下篇六章，用一章考证陶澍的著作，再分别用五章分析陶澍的奏疏、诗集、文集、《蜀辅日记》，以及陶澍研究陶渊明的专著。有总有分，条分缕析。

有人提出，《陶澍传》下篇的内容与人物传记体裁不符，变成了作品分析。我却认为，文如其人，且书如其人，对陶澍作品的恰当分析和评价，正是写陶澍传记所不可或缺的。尤其是下篇各章的正标题就是对陶澍作品的恰切评价，真可谓画龙点睛之笔，常人难有如此深刻和精当的结语。

《陶澍传》资料丰富而详实，兼采历史事实与民间传说而又把两者严格区分，可以引导人们走近陶澍这个真实而富有传奇色彩的历史人物，也可以破除人们对陶澍的某些错误了解。如：在第十一章“安化人的陶澍情节”中，介绍了陶澍在安化的遗迹、陶澍研究的状况，也介绍了安化颇为流行的关于陶澍的传说。其中有一个讹传，说陶澍错斩盐运使，盐运使之子报父仇，从四十九棺中找到真棺，屠尸取头，于是家人只得为陶澍镶金首而葬，并由此而有四十九座坟墓。此等传说与陶澍陵园的奉旨修筑大相径庭，可是流传却很是广泛。《陶澍传》加以辨析，去伪而存真。又如：《陶澍传》上篇有五篇附录，是对正文的重要补充，可以澄清不少问题。比如有人说什么“陶澍有七房妻妾，肯定是个大贪官”，读读《陶澍传》上篇的附录二“不孝有三、无后为大”，这个似是而非的误解，就不攻自破了。

陈教授的《陶澍传》语言通俗，深入浅出，读起来亲切。书末还有一篇重要文章：《2010年版〈陶澍全集〉勘误》。这是常人所不能为的。《陶澍全集》在陈教授主编下，成功付梓，影响很大。还荣获了2010年全国优秀古籍图书一等奖，这是全国稀有的奖项。可是陈教授在全集出版不久，就发现了一些错误，并且主动承担责任，写了这篇勘误。如：将桃江贺氏族谱序收入全集，其实是收稿者的错误，而陈教授主动承担责任，这真使我佩服得五体投地。难怪我的好朋友谷千帆先生一再跟我说："稳固，你能认识陈蒲清教授，并同他一起做事，那真是你的福泽。陈教授第一是人品很好，其次是学识水平很高。我是最佩服他的。"一篇勘误，证实了谷千帆教授的赞誉确真，也是我对《陶澍传》之刊行最激动的一点。陶澍为自己写的座右铭说："办一事须了一事，如此心乃安然。"陈教授严谨的学术研究风尚，正是体现了这种陶澍精神。

——《古籍新书报》2012年第116期。陶稳固，安化陶澍研究会秘书长。

张文初《渟涵无际　瑰辩洪音》

读陈蒲请先生新著《陶澍传》，不时会想到两个问题：陶澍的魅力何在？《陶澍传》的魅力何在？

不管陶澍是否可以称得上是马克斯·韦伯所说的那种"克里斯马式"的人物，陶澍之具有魅力是不言而喻的。无论是皇帝还是同僚，官场还是民间，正史还是传说，也无论是在科学领域还是在文艺作品中，是过去的叙述还是今天的研究，人们一直在把陶澍作为值得肯定的历史人物加以铭记。陈先生的《陶澍传》虽也谈到陶澍的历史局限，但从开篇到结尾，30多万字，一路写来，赞声不断：在陈先生心中，陶澍的形象是高大的，伟岸的，用陈先生自己的话来说，有"耀眼光辉"。就如读者的我，对于中国古代的历史人物，也许是因为受"粪土当年万户侯"之类情绪的熏陶，素来有不恭心态，但读了陈先生的《陶澍传》，也不由对这位湖南同乡心生膜拜。

陶澍魅力何来？中国民间以富贵寿乐之类的人生指标衡量一个人的值得羡慕之处。陶澍是贵，但未必称得上富，别说无法同今天腰缠亿万、怀抱明星、名车斗艳、豪宅争奇的达官新贵相比，就是在他生活的时代，也不属于富绅。只活了62岁，谈不上高寿。至于其一生的心境感受，按时人的叙述他是一生在忧患之中。较之今日娱乐至死、乐活一生的人士，陶澍的一生无快乐可言。

中国古人说人生的目标是立德立功立言三不朽。依中国古人的观念，陶澍是实现了这一目标的。由此，他在古代士子的心中拥有魅力自不待言。但在今天看来，这所谓三不朽未必还让人欣赏。可陶澍拥有的又不只是让古人欣羡的魅力，他同样有让今人向往的地方。是什么呢？

陈先生说陶澍“是”“中国古代与近代之交最杰出的经济改革家”；“是”“经世派的领袖”、“洋务派的先声”；“是”“湖南近代人才群体崛起的先导”。陈先生的三个“是”是陈先生评叙陶澍的纲领，《陶澍传》全书就是以这三个“是”组建起来的。不知熟悉陶澍和其时代历史的专家们如何看待陈先生的三个“是”，对于陶澍生平懵然无知、因而只能仅仅就文本的逻辑叙述来感受和认知的读者，我对于陈先生的评说是认同的。认同的原因是：在我看来，书中的观点建立在详细丰富的史料依据、高屋建瓴的评价标准、谨严细密的逻辑言说的基础之上。

陈先生的评说成立，陶澍的历史地位得以肯定，陶澍的魅力自然随之生成。不过，读陈先生的《陶澍传》，我觉得，陶澍的魅力不完全是在陈先生以之为立传纲领的三个“是”上。陈先生的具体叙述实际上还给读者提供了更多的、而在我看来也许还是更重要的、透视陶澍魅力的视角。

可以讨论书中实际已经喻示出来的蕴含在陶澍身上的“三个统一”：品德与才能的统一；主观期待与客观效果的统一；自我成功与历史认同的统一。

陶澍是德才兼备的历史人物。《陶澍传》从很多方面展示了陶澍的才能：除了古今罕见的管理与改革国家经济的能力之外，陶澍还有政治、文艺、学术才能。陶澍是历史上难得的全才、通才。与之相应，陶澍宅心仁厚，品格高尚。按中国古代的德行标准，他忠孝双全，仁义兼具，胞民物我，善善恶恶，诚良恭敬，勤廉信美，是儒家心目中理想的修身楷模。从今天的观点来看，陶澍爱民、廉政、守法、公正、尊重人才，关爱亲人，也依然是值得仿效的官员、学子、公民。特别重要的是，从古代到今日，尽管中国精英文化努力提倡德才兼具，但事实上真正才德齐备的人极少。翻开中国历史，人们看惯了有能耐的暴君、奸臣、奸商，也看到了很多“平时袖手谈心性，临危一死报君王”的委琐儒生。要德即无能，有能即无德：这就是中国历史的人才史。在今日中国那些置身官场、商场的“能人”、“庸人”身上，我们依旧可以看到从历史延续下来的分裂。在这样的背景下，当代的读者不能不景仰《陶澍传》中的、也是历史上的陶澍。

陶澍自幼时起就有内圣外王的人生期许。《陶澍传》说，陶澍成年后追述父亲的教诲：“……澍自幼跬步弗离，府君每语以古贤可敬可畏之事，以感发其志气。”修身和治国，心性高标和事功显赫是中国知识分子的两大人生目标。但在历史上，很少有人能真正将这样的目标付之于实践。陶澍实现了。陶澍是幸运的。《陶澍传》以突出的方式叙述了陶澍的幸运：他赈灾抚民、兴修水利、改革漕运、办理盐政，都获得了相当大的成功。《陶澍传》第八章和第九章还以不小的篇幅分析了陶澍幸运的原因。中国古代士人的“不幸”有多种形态，韩愈“一封朝奏九重天，夕贬潮州路八千”是一种不幸。李商隐笔下的贾谊“可怜夜半虚前席，不问苍生问鬼神”是一种不幸，王安石同样咏贾谊的诗中所说的“爵位尽高言尽废，古来何啻万公卿”也是一种不幸。陶澍幸运，历史上普遍存在的诸种不幸都没有在他身上应验。风云际会，心想事成，陶澍的魅力包含这种幸运。

陶澍是成功的。成功者让人羡慕。成功有多种类型。个人目的的实现是一种成功。在中国文化的独特语境中，个人目的常常同社会、历史的进程、民族和大众的需要相悖。真正的成功应该是个人目标和群体需求的统一；个人的成功应该获得历史的认同，能够真正彪炳史册、万古流芳。历史上很少有人能够达到这样的境界。人们不难看到有些所谓的伟大人物，他们的成功就是那种不管死后洪水滔天的成功。他们要的只是个人的胜利。他们不惜以民族的牺牲、大众的血泪来成就自己的狂想，或者实现卧榻之侧不容他人酣睡的独裁。这样的成功最终会遭受历史的诅咒。有些历史人物主观上并不自知个人成功与历史认同的背离，他们忠诚地信守自己的理想、原则，他们为了心目中的权威和高贵奋不顾身、舍生忘死，但结果是他们的理想和原则同他们开了玩笑，粉碎了他们青史留名的期待。这种分裂是普遍出现的情形。像和陶澍有关的历史人物曾国藩等就未必没有这样的悲剧。当曾氏举起屠刀向太平天国的战士们大开杀戒的时候，历史给他留下的“曾剃头”的大名未必是他认同的。陶澍的成功从总体上、从主导面来说超越了这样的层次。陶澍的经济改革虽然并不从根本上变动专制皇朝的经济基础，只是在流通等领域里进行一些具体政策和措施的调整，但这种调整毕竟不仅在当时惠及了万姓，也为后来者的思想和实践探索提供了启示。《陶澍传》前面七章写陶澍的生平，在叙述陶澍一生事迹的同时，从国势分析、民众需求、朝廷嘉许、民众拥戴等多种角度凸显了陶澍所获得的历史认同，从第七章到第十章的有关探讨、比如其中特别谈到的陶澍改革对魏源思想的触发，则从身后影响的层面揭示了陶澍所获得的历史认同的深刻性。

传主的魅力意味着传记的魅力。但在我看来，《陶澍传》魅力不仅是来自于传主陶澍，而是来自于传记本身，来自于陈先生对陶澍的研究和书写。陈先生的治学与书写搜罗宏富而又见解透辟，稽核翔实兼衢路通观，运思平实又风华内蕴。苏轼赞陶渊明的诗歌有著名的八个字："质而实绮，癯而实腴。"陈先生的文章亦当得上这样的评价。用传统汉语思维的简化方式言之，陈先生的思与言可以用"富"、"透"、"腴"三字描述。从早年的文言文基础知识问答，到后来的寓言史研究、方言文字研究、箕子研究，陈先生的著述一直保留和发展着"富"、"透"、"腴"的独特风格。这次的《陶澍传》亦是如此。

"富"在《陶澍传》中至少有两个层面的充分显示。其一，学科知识和研究视角的丰富。《陶澍传》是对陶澍的全方位研究。在陈先生的《陶澍传》撰写之前，已有关于陶澍的传记问世。陈先生在治学上一直是那种不肯走现成路径的学者；笔者对前出的传记不了解，猜想中，陈先生有所破例地萌发撰写《陶澍传》冲动的一大原因当是：突破以往研究角度较为单一的格局，全面地多角度地展示陶澍的生平成就。《陶澍传》从陶澍的生平说到他的著作；从其个人的成就，谈到其所处时代的思想冲突；从他的经世实践说到他的诗歌创作、学术研究；从正史对他的记载，说到民间关于他的传说；从中国古代的科举、官职制度，说到当代世界学术前沿的思想观念。书中关于陶澍的研究涉及古人所说的经学、史学、实学、小学、义理、词章、考据多个领域和今人所说的经济、政治、历史、伦理、军事、地理、教育、科学、文艺、民俗、考古、学术史、地方志等多个学科，多种领域。其二，征引材料的丰富。以博闻强记的独特禀赋占有浩繁翔实的历史资料是陈先生治学的一贯特点。还在早年刚出道撰写《文言文基础知识问答》时，陈先生占有材料之富就曾赢得著名学者如吕叔湘先生等的赞扬。笔者也曾听到许多治文史的当代湖湘学者对陈先生熟谙中国传统文史知识的赞誉。陈先生的著作对材料的征引出入经史、熔铸百科、包容雅俗、笼罩古今，其密度之大和视野之宽，独具慧眼和精细严谨，在中华人民共和国成立以后成长的学者的著述中极为突出。《陶澍传》延续这一特征。翻读书中的每一页都可以看到很多征引的文献。比如第21页述陶澍的仕进之路，涉及的就有司马相如《子虚赋》、嘉庆七年会试的考题、《大学》、《论语》、《孟子》、陆机《文赋》、《四库全书》、陶澍《纪晓岚师双瓦砚歌》、陶澍《纪文达师九十九砚斋第九十九砚歌》、陶澍《祭协揆河间师文》、况周颐《惠风簃随笔》、传说中纪晓岚"儒生上进，路仅存斯，拭目挑拣，澍可为梁"的题词等12条材料。

"透"是陈先生治学和《陶澍传》写作的另一面。陈先生的"透"含多个层面。从纷繁多样的历史文献中挑选最具说服力和最具可接受性的材料，以形成对基本观点的扎实支撑，是一种“透”。此“透”可谓之古人所说的“透脱”。《陶澍传》“引言”撇开近200年来朝野纷起的万千赞词，独挑张之洞和张佩纶对陶澍的赞扬以引领全篇；在材料的选择上显示出的灵活、精当就可以“透脱”言之。从语境来说，引言不是文章核心，不需要端出全书的基本观点，只需要对全书的叙说起引领作用。从言说者来说，二张是重要历史人物，又相对熟悉陶澍，评语具有权威性。就说词内容言，“人才”为古今之重；“道光”体现了对时代的限定，“第一”充分说明了地位之高。二张赞词既言说简省，又高屋建瓴，劈空而下，择其为引领性语料实在是别具慧心。突破矛盾重重、歧义百出、错综复杂的混乱局面，抓住其中的基本线索和各自特征，形成纲举目张、泾渭分明的有序布局，是陈先生的第二种“透”，此可名为“透明”。“透明”遍布全书。以三个“是”定位陶澍，规划全书，是全书最“大”的“透明”。书中的二级标题把陶澍生平、思想、人格、学识以异常清晰的风貌呈现出来，是相对细化的“透明”。陈先生行文喜“条陈”，也极善“条陈”：把纷乱复杂的东西加以条分缕析的叙说。此方式在《陶澍传》中随处可见。第十章第一节概述清朝中晚期湖南政治军事人才群体状况的“四条”，第九章第三节以陶澍回王垣夫的信分析陶澍的思想性格的“三条”，等等都是如此。“条陈”在中国古代是一种特别的文体。本文所谓“条陈”不尽与古代同义。条陈不是抒情叙事，也不是演绎推理。而更类似于“说明”。其好处是杂叙议于一体，理纷繁于清晰。陈先生喜善条陈，我知道与他长年担任成人教学课程、善于体贴学生心理有关。但是不是也源于古代策士文体和奏疏文体的影响？愿以此求教陈先生。披沙拣金、穿透现象的表层，揭示出其深层性的内在规定；在含混模糊隐显互织的现象形态中，离析出被言说事物和对象的区别性，可看作陈先生的第三种“透”，此可称为“透彻”。第九章以“文化三层面说”为依据分析清中叶开始的湖南政治变革的四个阶段，第七章第六节分析道光皇帝的思想性格，第八章阐释中国传统经世思想的核心和渊源等等，都是言说透彻的佳例。尤其值得注意的是陈先生的“透彻”常见于只三言两语就把玄奥莫名、言意模糊的事物、现象、文本说得异常清楚的功力上。比如284页解说杜诗的沉郁顿挫，333页对陶澍《靖节先生集注》、《靖节先生年谱》的《例言》的分析。陈先生在全录《例言》之后，对《例言》所说明的问题作了六个方面的归纳。读者直接读陶澍的《例言》，未必没有模糊之感，陈先生的归纳则使模糊的言说变得特别清晰。

“富”与“透”有一定的矛盾。“富”离开“透”，会导致混乱、纠结。俗语“满山荆棘叫樵夫不知从何下手”，说的就是“富而不透”。同样，“透”离开了“富”会走向简单、生硬、干枯、玄奥。陈先生的“富”与“透”融汇在一起，交相辉映。对历史情形、文献资料、学科知识的丰富把握，在陈先生这里是“富”，也是他的“透”得以成就的基本条件。前面说到的《陶澍传》对经世思想核心和渊源的透彻分析，就得益于陈先生对箕子的深入研究。治中国古代文史的学者容易耽于对史实、材料的偏爱，以既有学术资料的丰富占有而自得，见解偏隘，思想简单，识见浅陋。学界对这样的人易生“两脚书柜”之讥。陈先生有不惮繁难占有材料的兴趣，也有博闻强记的能力，但他从不泥于、耽于单纯的材料占有。在他这里，材料都是鲜活的，有强劲的生命力和思想发生效应。在《陶澍传》中，陈先生“富”“透”交融的秘密可从两个方面看出来。一是陈先生的富不只是“具体材料的富”，而是与“学科知识的富”结合在一起。学科知识同具体的文本材料、历史文献不同，它提供的是视野、视角。视野、视角与具体文献材料结合在一起，必然导致思想的发生。其二，陈先生喜欢也善于作旁通中外连贯古今的、超越有限时空的思考。比如81页评说道光皇帝时说中国古代没有真正的民主制度，这里就隐含了对西方文明的体认。

“富透融合”最终成就了《陶澍传》和陈先生许多著述的特有魅力：一种由学识与才情融成的雍容华贵，由旁征博引、思绪通透、言说畅达而构成的富丽，建立在平淡朴实精当简省基础上的有如闲花淡淡春的疏雅。这些也就是本文试图用“腴”来概说的内涵。不过，要强调指出的是，《陶澍传》的此种“腴”一定不能离开它的对立面而加以理解。“腴”的对立面是“癯”。“癯”者，瘦、贫乏、平淡、简易。《陶澍传》的运思平实显豁，语言平淡如口语；没有高深曲折的思路，没有尖新谲异的意向，没有华丽瑰美的言辞。就其表层而言，“癯”态明显。但就在它的平实、平淡中，会心的读者不难体会到它内蕴的风华。此种风华的构成和显现可以从多种层面分析。说胡林翼的著作时谈到蔡锷、蒋介石用其作军事教材，说左宗棠林则徐长沙夜话，提到“今长沙潇湘大道牌楼口江边，有林左‘湘江夜话’塑像”，这种似与主题游移的闲笔，以其时空的跳接突然开辟了一个宏阔的历史时空，意味丰盈，是“腴”的表现。谈左宗棠70岁高龄戎马新疆，抬着棺材出征，人们会不会想到同是湖南人的当代政治家出任总理时用100口棺材反腐、其中预备自己一口的宣言呢？陈先生写作时未必有此种暗喻现实之意，但历史真实自身具有的相似性可以让人有联想。这也构成了“腴”。除了这些细节上的、直接行文显现出来的“腴”，《陶澍传》和陈先生一贯行文的“腴”更重要之处在于它总是建立在况周颐所说的“拙”、“重”、“大”的运思意向上，其具体内涵就是选择具有重大历史意义和深厚文化内蕴的现象进行思考与言说。《陶澍传》中特别突出的关于陶澍人品和其才能得为时用的机运的书写就是这样的情形。第七章诸节所说“博学爱民”、“廉洁自律”、“勤奋尽职”、“坚毅沉着”、“知人善任”、“和而不同”，都属于陶澍人品的内涵。这类品格无论在古代还是在今天都为民众所重，陈先生对于陶澍的具体言说，自然能触发读者对中国官场的深厚联想。陶澍生前才为世用，死后遍享哀荣，风云际会，襟抱全开。读陈先生的叙述，今天的读者不能不为当今中国社会的逆淘汰而慨叹。这些能够引发的慨叹和联想构成了《陶澍传》平淡、平实背后的丰腴、富丽。

魏源以“洪音瑰辩”称陶澍，林则徐对陶澍有“渟涵无际”的赞扬。笔者认为，这样的赞词表述的也正是《陶澍传》富、透、腴的风格内涵。本文以“渟涵无际瑰辩洪音”为标题，试图双关对陶澍魅力和《陶澍传》魅力的解读。读者其然乎？

——《中国文学研究》2013年第1期。张文初，湖南师范大学教授。

陶用舒《读陈蒲清〈陶澍传〉》

2010年1月，岳麓书社出版了陈蒲清教授主编的《陶澍全集》，是对陶澍著作的大检阅，为陶澍研究提供了坚实的基础和有利的条件。次年10月，岳麓书社又出版了陈蒲清教授的《陶澍传》，则为陶澍研究、特别是其传记研究做出了榜样，为陶澍传记研究的新发展开了一个好头。

《陶澍传》是我见到的人物传记研究中一部有特色的好书。全书的结构即具有与一般人物传记著作不同的特色，一般传记著作均以介绍传主生平事迹和思想功绩为主，再附生平大事年表。《陶澍传》则分为上、下两篇，上篇为事迹篇，共有12章，下篇为著作篇，共有6章。从内容上看，全书由五个部分组成。第一部分是陶澍的生平活动，作者将陶澍的生平划分为五大阶段，即青少年时代的23年、初入官场的18年、主政安徽的5年、巡抚江苏的5年、总督两江的10年。这一部分用了六章的篇幅，约占全书的字数18%。第二部分是论述陶澍的历史地位，这一部分用了五章的篇幅，约占全书字数的20%。第三部分是陶澍大事编年，占全书字数的10%以上。第四部分是对陶澍著作的分析，首先是对陶澍著作的考证，其次，分别对陶澍的奏疏、诗歌、文集、日记、专书等五个部分进行了分析。这一部分用了六章的篇幅，约占全书字数的32%以上。第五部分是散见于各章的十多个附录。许多附录是对正文很好、很重要的补充，有利于我们进一步了解陶澍，而且增加了《陶澍传》的可读性。但是，个别附录似乎与传主的关系不大，如关于“清朝官员的品级”、“清朝的科举考试”、“《陶澍全集》的勘误表”，特别是“《陶澍全集》奏疏分类目录”，长达40页，占全书篇幅的11%以上，更没有必要，也与全书的体例不一。

《陶澍传》对陶澍的历史地位，吸取了学术界研究的成果，准确而全面地评价说：“陶澍是中国古代的最后一位杰出的政治家，同时又是中国近代的最初一位政治家。从全国范围来看，陶澍是中国古代近代之交的杰出政治家，既是鸦片战争前夕经世学派在政治领域的领袖，又是古代经世学派转变为近代洋务派的关键人物。他和林则徐、魏源等人一样，是中国由古代走向近代、由封闭走向世界的里程碑式的人物。从湖南来看，陶澍是“湖南近代人才群体崛起的先导”。上述评价，完全符合陶澍的实际情况。

首先，《陶澍传》将陶澍定位于“中国由古代走向近代、由封闭走向世界的里程碑式的人物”，表明陶澍是中国处于关键时期的关键人物。陶澍活动于中国封建社会的最后几十年，为中国由古代社会走向近代社会作出了重要贡献。鲁迅说：我们伟大的中华民族，“从古以来，就有埋头苦干的人，有拼命硬干的人，有为民请命的人，有舍身求法的人……虽是等于为帝王将相作家谱的所谓‘正史’，也往往掩不住他们的光耀，这就是中国脊梁”。陶澍，就是这类“脊梁”式人物。他虽是封建官僚，却“爱民忧国”，对内主张改革除弊，整饬吏治，力图开辟一片政治清明、国富民安的新天地；对外主张严禁鸦片，巩固边防，开始认识西洋货币的优点。在陶澍带领下，林则徐、魏源等一批人开始睁眼看世界。

其次，《陶澍传》以一章的篇幅，论证陶澍是“经世派领袖”。清嘉庆、道光年间，封建社会的危机加深。这种严峻的形势，激发了中国知识界的爱国热情，他们从古代传统文化中寻找武器，促使经世致用思潮再度兴起，形成一种社会思潮。它猛烈地抨击汉学的烦琐和宋学的空疏；深刻地揭露当时社会的黑暗和腐朽；大力提倡兴利除弊的改革；积极从事有关国计民生大政的研究，坚决主张禁止鸦片和抵抗外来侵略。从而开创了近代爱国经世的新风气，为中国社会由旧传统走向近代化、由封闭走向世界前进了一大步，为近代中国引进西学创造了一定的条件。陶澍是嘉道年间经世思想的信奉者、倡导者、宣传者。由于陶澍位高权重，倡导经世思潮的主要人物，经世官员和经世士子如林则徐、魏源、贺长龄、包世臣、姚莹、龚自珍、黄爵滋、汤鹏等都团结在他的周围，都视陶澍为首领，唯其马首是瞻，并多在他所管辖的两江地区活动。《陶澍传》

更以盐政的整顿和改革为典型，介绍和评论了陶澍的改革业绩与改革活动。

再次，《陶澍传》强调陶澍是“洋务派先声”。之前的陶澍研究者都重视陶澍和左宗棠、胡林翼、曾国藩等人的关系，重点论述了陶澍对他们的培育和影响，强调左、曾、胡是陶澍经世思想的继承者和发扬者。《陶澍传》的认识则更深一层，陈教授从中国封建社会末期的政治经济演变出发，指出变革的第一代是在封建社会内部实行改革的经世致用派，“陶澍是第一代变革者的领袖”。第二代是“提出学习西方技术特别是军事技术（船坚炮利）的洋务派”，其代表人物是左、曾、胡和李鸿章。陈教授指出：“任何社会运动，都是各种社会内外因素共同作用的结果。任何社会流派的出现，都不可能是无源之水，无本之木。洋务运动是鸦片战争以后清朝开明派官僚与知识分子所倡导的一场救亡图存运动，其领导人都具有经世致用思想。”“洋务运动，在本质上是经世派面对资本主义列强侵略所作出的政治回应，即主张学习列强的长处，以救亡而图存。”接着，《陶澍传》从三个方面具体论证了陶澍和洋务派的关系：强调陶澍改革的近代因素，指出陶澍的改革举措，跟洋务思想相通；陶澍对待外来事物的态度，跟洋务思想一脉相通；陶澍对洋务运动的领袖人物具有深远影响，并为洋务运动作了人才准备。此外，陶澍对其后的第三代主张学习西方政治体制变法维新派、第四代主张推翻清王朝的民主革命派，也是有积极影响的。

更次，《陶澍传》提出陶澍是湖南近代崛起的先导、是湖南近代人才群体崛起的先导。湖南古代人才稀少、处于全国落后境地，到清道光时期，湖南人才兴起，一跃而成为全国人才大省。湖南近代人才之盛，一个很直接的原因，即得力于陶澍。民国时期著名史学家萧一山先生指出：清代后期“中兴人才之盛，多萃于湖南者，则由于陶澍种其因，而印心石屋乃策源地也”，如果“不有陶澍之提倡，则湖南人物不能蔚起”。陶澍称为“晚清人才第一人”，当时，全国的许多人才、特别是一些改革派人才都团结在陶澍周围。《清史稿》称：陶澍“用人能尽其长，所拔取多方面节钺有名。在江南治河，治漕，治盐，并赖王凤生、俞德渊、姚莹、黄冕诸人之力，左宗棠、胡林翼，皆识之未遇，结为婚姻，后俱为名臣”。张佩纶曾与张之洞认为“陶实黄河之昆仑，大江之岷也”。视陶澍为近代人才辈出的源头，就像长江和黄河的发源地一样。确实，道光时期，中国出现的两个影响全国的人才群体，都与陶澍有密切关系。其一是“中国近代地主阶级改革派”，陶澍是这个改革派集团前期（鸦片战争之前）的重要领袖和核心。其二是“湘系经世派”，陶澍是其当之无愧的领袖，堪称近代湖南人才兴起的源头。

作者在《陶澍传》的写作缘起中说："为了增强学术性，本书从两方面努力。一，严格尊重历史，以陶澍自己的奏章、诗文以及《清史稿》等文献为主要依据。而且尽量使用第一手资料……二，重视已有的研究陶澍和宣传陶澍的成果，包括专作、论文、小说以及民间传说……但是，对有分歧的看法，不作回避，而是加以考证，据理力争。"又说："为了通俗生动，避免枯燥艰涩，增加可读性，我们作了三点努力：一是避免烦琐的理论论述，二是在介绍人物活动时注意典型事例，还讲述有关知识，三是采用某些关于陶澍的轶闻或民间传说。"作者的这些设想，都在《陶澍传》得到了较好的贯彻。如在史实的考证方面，大的如对陶澍著作的论述与分析，小的如关于陶澍所受处分的介绍，都有自己的观点，而且都超过了"已有的研究陶澍和宣传陶澍的成果"，提出了新的更加完备的看法。又如陶澍的改革，最突出最集中体现在海运、票盐以及水利、赈灾、货币等方面，作者在全面介绍和论述的基础上，以更多的笔墨系统地介绍了陶澍对盐政的整顿和改革。至于，作者充分利用关于陶澍的轶闻轶事、陶澍的民间传说，进行理性的分析，使传主的形象更加丰富、充实，并增加了《陶澍传》的可读性和趣味性。

我认为《陶澍传》的一个特点，是重视对陶澍性格、人品的分析。在历史人物研究中有一个通病，即形而上学的研究历史人物，或者完人，或者混蛋。这一现象产生的原因是复杂的，主要源自于政治原因，即官方的政策；但是研究者忽视对人物性格、品德的研究是一个重要因素。其实，任何历史人物、特别是有权势的政治人物，他们的性格、人品对社会、对国家、对人民、对历史都会产生重大的影响，尤其在一个专制独裁的国家，更是如此。《陶澍传》的作者非常重视对陶澍性格、人品方面的介绍，书中的第七章更是集中地论述了陶澍的性格人品。我非常欣赏陈教授从人物性格出发，所作的一个猜想："陶澍、林则徐性格有差别，禁烟后果会有差别。林则徐比陶澍刚烈，陶澍比林则徐沉稳。""林则徐侧重考虑雷厉风行，陶澍侧重考虑长远影响。""陶澍、林则徐性格有差异，处理问题的方法有差异，结果也就可能有差异。如果是陶澍被派到广东禁烟，那么，禁烟的后果也可能不一样。沉稳冷静处理，结果或许还要好一些。"当然，历史不能假设。但是，作者重视对历史人物性格品德的研究，却是每个历史学者、特别是人物研究者都要学习的榜样。

《陶澍传》的出版，为陶澍传记研究的发展作出了榜样。（下略）

——《湖南城市学院学报》2012年第3期。陶用舒，湖南城市学院教授，陶澍研究专家。

《分类评注 〈古文观止〉》 简介

2015年岳麓书社出版，责任编辑刘文。本书从《古文观止》的222篇文章中精选出68篇作品，又补选了黄宗羲、桐城派、魏源、龚自珍、梁启超、孙中山等所写的10篇古文。所选的78篇文章，分为散文、骈文、辞赋三类，散文又分叙事、记人、论说、写景及书表、序言、赠序、祭文、碑记等九小类。然后把每篇文章都分段注释、评点，并作了诵读指导。附录了原序、文言文朗读和翻译的方法。

前言：精选名篇，分类评点

《古文观止》是适应读者需要的影响最大的传统散文选本。我们编选这本《分类评注〈古文观止〉》，是为了进一步适应读者的需要，帮助读者提高阅读古典名著的能力，打牢国学基础。

中国传统文学，重视抒情与实用，以抒情诗与散文为正宗。中国传统诗文长篇作品很少，而短篇作品的数目浩如烟海，汗牛充栋。一般读者不可能阅读作家的专集，只能通过阅读选本而掌握诗文中的精品。为了适应读者的需要，于是有大量选本出现。正如鲁迅所说的那样："评选的本子，影响于后来的文章的力量是不小的，恐怕还在名家的专集之上，我想，这许是研究中国文学史的人们也该留意的罢。"（《选本》）各种选本相互竞争，就产生了最适合一般读者需要因而最流行的选本。诗歌中最流行的选本，大概是《唐诗三百首》；而散文中最流行的选本，则非《古文观止》莫属。

《古文观止》是清朝康熙年间浙江山阴（今绍兴）人吴楚才、吴调侯两叔侄所编选并加以评注的。他们说，编选的目的是"正蒙养而裨后学"，即帮助青少年掌握古代的文言散文。他们还编写了普及历史知识的《纲鉴易知录》，帮助青少年掌握古代的历史知识。他们是有功于青少年教育的。吴楚才、吴调侯自负地把他们的这个古文选本取名为"观止"。"观止"二字来源于《左传》的"季札观周乐"，意思是说，所接触的对象囊括了精华，无以复加了。这虽然有自夸之嫌疑，但是，《古文观止》的编选确有特色。

第一，数量适中，又囊括了各个时代。《古文观止》选了222篇文章，适合当时读者的需要。这222篇文章，上起东周，下至明末，中华两千多年间各个主要朝代都有作品入选。《古文观止》中没有秦朝与元朝的文章。这是因为，秦朝历史非常短，而且政治暴虐，实行文化专制主义，没有也不可能产生好的文章（李斯的《谏逐客书》写于战国时代）；元朝也历史短暂，不重视知识分子和传统散文。所以，《古文观止》中没有选秦朝与元朝的文章。

第二，重点突出，又兼顾全面。《古文观止》突出了先秦、西汉和唐宋的重点作家作品。这是因为：先秦为中国散文之源头，西汉发展了先秦的优良传统，所以《古文观止》选了先秦、西汉时代所产生的《左传》、《国语》、《战国策》、《史记》等名著中的篇章；唐宋则总结先秦西汉古文与六朝骈文的相反相成的经验，既重视文章的思想内容，又注意写作技巧与语言的锤炼，把记述、写景、说理、抒情熔为一炉，创作了许多脍炙人口的名篇，所以《古文观止》选了韩愈、柳宗元、欧阳修、苏轼等唐宋名家的篇章。但是，《古文观止》没有忽视其他时代的名家，没有忽视其他作家的名篇。如：六朝不是重点时代，但是《古文观止》选了陶渊明等的作品；范仲淹不是唐宋散文的代表作家，但是《古文观止》选了他的脍炙人口的文章。

至于《古文观止》中没有选儒家经书和诸子散文，则是古代选家的一个传统习惯。梁代的《昭明文选》便是这样做的。而且，儒家经书是官方规定的必读书，编入选本没有必要，本书选了《左传》中的一些精彩段落，还算是一种突破；诸子散文，是代表不同哲学、政治观点的学术专著，离开了整体而节取个别篇章，作为一个普及性的入门读物，也许是不适宜的。

第三，应用性强，又体制多样、风格各异。《古文观止》侧重于应用，所选作品大都是日常应用最广泛的议论文、抒情文、写景文或应酬文章。这些文章篇幅适宜，语言精练，易于记诵，便于模仿。这些文章又体裁多样，风格各异，基本上代表了历代散文创作的面貌和成就。当然，《古文观止》中缺少情节曲折细腻的记叙文和传记文，这也许是一个缺陷，但是这个缺陷跟《古文观止》侧重于日常应用有关。

第四，突破门户之见，兼收了少量的辞赋和骈文。辞、赋本是一种韵文，不属于散文。骈文讲究全篇对仗，本来跟古文对立。而且，在没有学好散文之前，学习辞赋和骈文，也不合学习语言的规律。所以，古文选家基本上不收辞赋和骈文。但是，《古文观止》却能打破门户之见，收了《卜居》、《归去来辞》、《阿房宫赋》、《秋声赋》、《赤壁赋》等少量辞赋，收了《北山移文》、《滕王阁序》等少量骈体文。这大概是为了让读者更全面地了解中国文章的发展历史，为了减少沧海遗珠的遗憾。

由于《古文观止》有突出的编选特色，又在长期流传过程中产生了品牌效应，所以，直至目前还没有其他古文选本在读者中的影响超过《古文观止》。

《古文观止》问世几百年以来，一直作为启蒙教本流传城乡，雅俗共赏，无论是在帮助读者学习写作方面，还是在帮助读者掌握文言文规律方面，都起了巨大的作用。现代文学大师巴金，回顾一生创作道路时，多次坦诚地说，《古文观止》中的文章实在是终生难忘之启蒙导师。他在《谈我的散文》中说："我后来写了二十本散文，跟这个启蒙先生很有关系。""像《桃花源记》、《祭十二郎文》、《赤壁赋》、《报刘一丈书》等等。读多了，读熟了，常常可以顺口背出来，也就能慢慢地体会到它们的好处，也就能慢慢地摸索到文章的调子。"现代语言学大师王力在《怎样学习古代汉语》中说："学习古代汉语，我看要多读些好文章。可以读读《古文观止》。"

《古文观止》出了各种版本，我们这本《分类评注〈古文观止〉》，有什么特点呢？

一是精选。学习古文，以熟读多少篇为宜呢？《古文观止》有222篇文章，对于课务繁忙的当代青少年，似乎难以做到篇篇精读，所以只能优中选优。王力先生说，应该从《古文观止》中选择六七十篇左右的文章熟读。我们就按照王力先生所说的这个数目进行选择，从《古文观止》中精选出68篇作品。这68篇文章，不仅最脍炙人口，而且具有代表性。《古文观止》所选的中国散文史上的名家名篇，《古文观止》所选的骈文、辞赋，都保留了。如果能够熟读这几十篇文章，就既可以熟悉散文史上的重要作家，又可以熟悉文言文的基本词汇与句法。有了这样的基础，深造也就不难了。在精选中，我们还扬弃了《古文观止》的个别失误。如：《古文观止》入选的《李陵答苏武书》和苏洵的《辨奸论》，前者是拟作，后者是伪托，我们都剔除了。

二是补充。《古文观止》所选的古文，截止到明朝末年，没有清朝的文章。其实，清朝的古文是颇有成就的。不仅产生了影响文坛的桐城派，而且产生了不少反映近代社会变革的著名篇章。因此，没有清朝古文，《古文观止》就还没有"止"。当然，这不能怪吴氏兄弟，因为他们生活在清朝初年。现代人为了弥补没有清朝古文的不足，曾经编了《续古文观止》、《清文观止》等。我们觉得《续古文观止》、《清文观止》等篇幅太多，清朝古文也只能优中选优。我们补选了黄宗羲、桐城派、魏源、龚自珍、梁启超、孙中山等所写的10篇古文。这10篇文章，都是影响深远的名篇。我们在目录上给这10篇文章加了*号标记，以表示区别。此外，《古文观止》选文，有时跟原作有差异，我们注释补充了相关文字。

三是分类。鲁迅说："分类有益于揣摩文章。"本书所选78篇文章中，散文占63篇，骈文占7篇，辞赋占8篇。散文又分九小类：叙事散文、记人散文、论说散文、写景散文、书表、序言、赠序、祭文、碑记。其中，书表、序言、赠序、祭文、碑记等五个小类是照顾古代文体分类习惯，跟前四小类是交叉关系。骈文仅7篇，辞赋仅8篇，所选的篇目少，不分细类。我们在每类文章之前，都简要地介绍了该类文体的特点与历史。

四是随段评点。随文评点，是学习揣摩文章的一个可以借鉴的传统。《古文观止》本来就有随文评点（见映雪堂本）。我们继承这个传统，并吸收原来评点中的精华。每篇文章除了全文提示，都有分段注释、评点，跟读者一道探讨文心。这样做，也许更能帮助读者掌握文章的命意、布局、遣词、造句。

五是诵读指导。群众中流行一句谚语："熟读唐诗三百首，不会吟诗也会吟。"熟读，就是通过反复诵读，掌握诗歌的三昧。学习古代散文，也跟学习诗歌一样，必须反复诵读。只有通过反复诵读，才能够培养出语感，才能够把握诗文的精髓。所以，本书加强了诵读指导，并且在书后附录了"古文诵读的基本常识"。

此外，书后附录了"文言文今译方法"，并举了三篇例文。读者应熟读原文，译文只是供练习参考而已。

笔者自20世纪80年代初，受马积高师的推荐，应岳麓书社喻岳衡先生邀请，为书社审读了《古文观止》。此后三十多年中，跟岳麓书社和《古文观止》结了不解之缘。现在编选这本融入笔者心得的《分类评注〈古文观止〉》，是为了进一步适应读者的需要。

《古代中朝文学关系史略》 简介

1999年5月湖南人民出版社出版，责任编辑莫金莲。全书九章。第一章介绍中国与朝鲜三千年的文学因缘，第二至第九章分别讲述神话、传说、汉诗、国语诗歌、散文、史传文、寓言、小说的情况。有四个附录：1. 关于朝鲜语与朝鲜文，2. 韩国常用汉字读音，3. 韩国姓氏口诀，4. 古代朝鲜历史年表。书前有北京大学教授韦旭升的序言。

《韩国古典文学精华》 简介

陈蒲清和韩国祥明大学权锡焕教授合作，2006 年岳麓书社出版，责任编辑马美著。本书分上下卷。上卷是韩国古典文学作品选析，分神话传说、古典小说、国语诗歌、古典汉诗、古典散文、古代寓言、古代中长篇小说提要等七个部分。其中许多作品是第一次跟中国读者见面。韩国古典文学作品大多数是用中国式的文言文写作，故本书按照整理中国古典文学的体例整理。首先介绍著作与作者，然后介绍所选的作品，作品部分包括“原文”、“注释”、“译文”、“简析”。“注释”力求准确简洁，“译文”力求忠实畅达，“简析”力求抓住关键。韩国古典文学中的“国语诗歌”的文字情况比较复杂，有的使用韩国文字，有的使用“乡扎标记法”（即用汉字记音），有的直接使用文言文。对于使用韩文或使用“乡扎标记法”的诗歌，把它们翻译为现代汉语；对于直接使用文言文的国语诗歌，则按照整理中国古典文学的体例整理。

本书下卷是韩国古典文学成就评介，包括八项内容：一、韩国自然、人文与语文概况，二、韩国古典文学发展轮廓，三、丰富的神话传说，四、引人入胜的古典小说，五、源远流长的国语诗歌，六、名家辈出的古典汉诗，七、风格古朴的古典散文，八、独具一格的古代寓言。评介的目的是帮助中国读者能够比较全面地掌握韩国古典文学及其各类文体的发展轮廓，并了解韩国古典文学跟中国古典文学的亲密关系。书前有序《山水相连，文化相通》。

2006 年 12 月，湖南师范大学与韩国代表团联合召开发行大会。韩国祥明大学授予陈蒲清促进中韩文化交流“功劳牌”。

《三国遗事注译》简介

陈蒲清和韩国祥明大学权锡焕教授合作注译评介。2009 年岳麓书社出版，责任编辑曾倩。

《三国遗事》，高丽王朝僧一然著。此书系统记述了该国自上古至新罗王朝的历史，系统记述了该国佛教传播的历史，还保存了大量重要文献和民间传说资料，是研究该国历史、文化、宗教、文学、民俗的重要学术著作。

《金鳌新话注译》简介

陈蒲清和韩国祥明大学权锡焕教授合作注译评介。2009 年岳麓书社出版，责任编辑刘果。

《金鳌新话》，朝鲜王朝金时习著。此书标志着该国古代传奇小说的成熟，同时又跟中国古代传奇小说有密切关系，具有深厚的东方文化的意蕴。此书对于中国读者了解该国的文学与文化，了解该国古代文学与中国古代文学的关系，对于促进两国的友好交流，具有重要意义。

《三国遗事》和《金鳌新话》的注释力求准确有据。注释的重点包括：解释疑难词语；阐释中韩两国的文学典故；介绍有关的历史背景。有些特别疑难偏僻的词语典故，我们往往要查阅十种以上的中韩两国的工具书，决不轻易敷衍。极个别的词语，在两国工具书中都查找不到时，才注明“不详”。各篇注释相对独立。有些疑难词语与典故，在不同的小说中出现，为了便于读者阅读，加以重复注释。但是，在某一篇作品中，尽力避免重复注释。注释还纠正了原书的某些失误。我们特别尊重原文，但是，在慎重考虑的基础上也纠正了原文的个别失误。

两书的译文力求达到“信达雅”的标准，做到既忠实于原文，又力求通顺，力求符合现代汉语的规范。其中诗歌翻译的具体做法是：A. 以达意为主要目的，常用两句以上的白话翻译一句文言。B. 保持诗歌讲究节奏与押韵的特点。译诗的押韵，能够跟原诗一致的尽量保持一致。C. 楚辞体的特点是大量使用“兮”字，我们用“啊”对译“兮”，甚至增加了一些“啊”字，以显示楚辞体的特点。其中骈文的翻译，以达意、通顺为主，以保持对偶特点为辅。

《梁元帝评传》简介

应常州文化研究所邀请而写作，上海古籍出版社 2015 年出版。全书分三大部分：一是论述梁元帝萧绎的政治悲剧，力求在展示历史背景和文化背景的基础上给这个人物以公允评价。二是论述梁元帝的学术贡献，考证了他的著作，论述了自成一家之言的《金楼子》。三是讨论梁元帝的文艺创作成就，包括婉丽多情的诗歌，冠绝一时的赋与骈文，以形见理的寓言，工于象人的绘画。附录：梁元帝萧绎年谱。此书受到常州文化所储佩成等同志的高度评价。

二　出版著作总目录

1.《文言文基础知识问答》，湖南人民出版社 1979 年初版，获湖南省优秀图书奖。1988 年第三版改由岳麓书社出版，现在已出第六版。

2.《中国古代寓言选》，湖南人民出版社 1981 年版，1982 年获中南五省优秀图书奖。1983 年增订本改由湖南教育出版社出版。

3.《农村日用大全》（主编），湖南人民出版社，1981 年。

4.《言文对照古文观止》（负责修改定稿并作序），湖南人民出版社，1981 年初版。后改由岳麓书社出版。（1990 年台湾宏业出版社翻印。）

5.《周勃・周亚夫》（译注），中华书局，1983 年。

6.《中国古代寓言史》，湖南教育出版社，1983 年 11 月初版。（1985 年台湾骆驼出版社翻印；1994 年韩国吴洙亨教授翻译，松树出版社出版。）

7.《教学语法答疑》（组织刘衍、刘丽华等编著），湖南人民出版社，1984 年。

8.《欧阳修文选读》（译注），岳麓书社，1984 年。

9.《中学教学语法讲话》（参编），河南人民出版社，1985 年。

10.《文选与习作》（湖南与东北三省、安徽省协作中等师范教材）（参编、主审），湖南教育出版社，1985 年。

11.《文言今译教程》，岳麓书社，1986 年。

12.《史记注译》（参编，译注《五帝本纪》等 20 万字），三秦出版社，1988 年。（获第二届全国古籍优秀图书奖一等奖；台湾古籍出版社翻印。）

13.《中外寓言鉴赏词典》（主编），湖南出版社，1990 年。（获中南五省优秀图书奖；1991 年被国家新闻出版总署、共青团中央推荐为全国青年读书节书目；台湾建安出版社翻印。）

14.《世界寓言通论》湖南教育出版社，1990 年。（1992 年台湾骆驼出版社翻印出版；韩国尹柱弼教授翻译 2010 年出版。中国寓言研究会首届金骆驼奖一等奖；湖南省政府优秀社会科学著作二等奖。）

15.《白话聊斋》（羊春秋、萧艾、刘建国四人合作，本人译注 21 万字），岳麓书社，1990 年。（翻译为法文，取名《蛇人》，外文出版社 1994 年出版）

16. 《白话鬼谷子》，三环出版社，1991 年。

17. 《论衡》，岳麓书社，1991 年。梅季坤参加译注。

18. 《白话墨子》（本人执笔“备城门”等 4 万字），岳麓书社，1991 年。

19. 《诸子百家精华 · 韩非子》（选注），湖南教育出版社，1992 年。

20. 《历代童话精华》（主编），岳麓书社，1993 年。（台湾骆驼出版社 1994 年翻印，更名《中国本土童话》）

21. 《中国古代寓言大系 · 两汉部分》，山西教育出版社，1994 年。

22. 《诸子集成注译 · 论衡》、《诸子集成注译 · 抱朴子》，广东、广西、陕西教育出版社，1995 年。（全国高校古籍整理委员会“八五”规划课题。）

23. 《十三经注译 · 孝经》，广东、广西、陕西教育出版社，1995 年。（同上课题。）

24. 《中国古代寓言史》（修订本），湖南教育出版社，1996 年。

（获湖南社会科学优秀著作一等奖，中国寓言研究会第二届金骆驼奖一等奖。）

25. 《中华史画卷 · 秦汉分册》，海南国际新闻出版中心，1996 年。

26. 《唐诗三百首》（新译新注），新世纪出版社，1996 年。

27. 《寓言三百篇》，新世纪出版社，1996 年。

28. 《吕氏春秋》（点校），团结出版社，1996 年。

29. 《笑林广记》（点校），团结出版社，1996 年。

30. 《颜氏家训》（点校），团结出版社，1996 年。

31. 《春秋繁露 · 天人三策》（收集整理了董仲舒全部作品）岳麓书社，1997 年。

32. 《汉书注译》（本人译注 10 万字），海南国际新闻出版中心，1997 年。

33. 《后汉书注译》（本人译注 8 万字），岳麓书社，1998 年。

34. 《四书注译》，广东花城出版社，1998 年。

35. 《外国寓言大系》（副主编，“亚洲部分”主编），山西教育出版社，1998 年。

36. 《寓言精读丛书》（主编），湖南教育出版社，1998 年。

37. 《陶澍集》（合作），岳麓书社，1998 年。（全国古籍整理“八五”规划重点项目。）

38. 《高中古诗文注释评析》，岳麓书社，1998 年。

39. 《古代中、朝文学关系史略》，湖南人民出版社，1999 年。（湖南省社会科学规划课题。）

40.《文言今译学》，岳麓书社，1999年。（湖南省教委科研资助项目。）

41.《中华爱国诗词散文鉴赏大词典》（参编），重庆出版社，1997年。

42.《中国现代寓言史纲》，湖南教育出版社，2000年。（湖南省委宣传部组织全省10名优秀社会科学专家编写的丛书10本中的一本。）

43.《论语导读》，知识出版社、北岳出版社，2000年。

44.《韩国古典文学与中国古典文学》，海南出版社，2001年。

45.《比较文学教程》（特约撰稿人之一），中国青年出版社，2001年。

46.《中学生版古文观止》，岳麓书社，2002年。

47.《四书》，新疆人民出版社、新世纪出版社，2002年。

48.《箕子评传》，岳麓书社，2003年。又增订为《箕子大传》，南方出版社2011年网络版。

49.《中外文化概略》（主编），国防科技大学出版社，2003年。

50.《湖南当代童话寓言作家略论》（主编），2003年。

51.《韩国古代寓言史》（韩国基金会资助出版），岳麓书社，2004年

52.《中国经典童话》，台湾三言出版社，2004年。岳麓书社翻印。

53.《精选今译古文观止》，中南大学出版社，2004年。

54.《鬼谷子详解》，岳麓书社，2005年。

55.《千家诗》，岳麓书社，2005年。

56.《中国古代经典寓言》，岳麓书社，2005年。

57.《韩国古典文学精华》，岳麓书社，2006年。

58.《论语注译》，广东花城出版社，2007年。

59.《孟子注译》，广东花城出版社，2007年。

60.《中国古代童话鉴赏》，岳麓书社，2007年。

61.《中国古代寓言精品赏析》，岳麓书社，2008年。

62. 儿童版《西游记》，湖南少年儿童出版社，2008年。

63. 儿童版《三国演义》，湖南少年儿童出版，2008年。

64.《三国遗事》（跟韩国权锡焕合作译注），岳麓书社，2009年。

65.《金鳌新话》（跟韩国权锡焕合作译注），岳麓书社，2009年。

66.《古文标点大课堂》，岳麓书社，2009年。

67.《陶澍全集》（主编），岳麓书社，2010年。获2011年度全国古籍优秀图书一等奖。

68. 汉阿对照《论语》（大中华文库），广东花城出版社，2010 年。

69.《陶文毅公年谱》（点校），湖南人民出版社《湖南人物年谱》第二册，2013 年。

70.《陶澍传》，岳麓书社，2011 年。又，南方出版社 2011 年网络版，取名《陶澍大传》。

71.《陶澍的经世思想与经世实践》（参编，写第四章），湖南大学出版社，2012 年。

72.《寓言传》，岳麓书社，2014 年。

73.《中国古代童话小史》，南方出版社 2011 年网络版。又，岳麓书社 2014 年版。

74.《分类评点古文观止》，岳麓书社，2015 年。

75.《仁义箴言——论语导读》，岳麓书社，2015 年。

76.《萧绎评传》，上海古籍出版社，2015 年。

77.《前四史全注全译》，中国标准出版社，2015 年。

78.《陶澍诗文选》，岳麓书社，2015 年。

79.《陶澍选集》，岳麓书社，2015 年。

80.《中国寓言精选》（含古代、现代及各民族民间寓言，待出）

81.《瑟伯寓言》（与陈正凯、陈朝晖合译，待出）

[附录]

1.《澧县方言调查报告》1956 年完成，1960 年由湖南师范学院把 81 个县市报告合编为《湖南省汉语方言普查总结报告》。

2.《现代汉语语法试编》（采用层次分析方法），1972 年益阳师专教材。

3.《益阳地区方言与普通话教学》，1978 年益阳地区教师培训教材。

图书在版编目(CIP)数据

文字缘/陈蒲清著. —长沙:岳麓书社,2015.7(2024.9 重印)
ISBN 978-7-5538-0383-8

Ⅰ.①文... Ⅱ.①陈... Ⅲ.①汉语—语言学—文集
Ⅳ.①H1—53

中国版本图书馆 CIP 数据核字(2015)第 146757 号

WENZIYUAN
文字缘

作　　者:陈蒲清
责任编辑:刘　文(交流与投稿:canghai5000@163.com)
责任校对:舒　舍
装帧设计:罗志义

岳麓书社出版发行
地址:湖南省长沙市爱民路 47 号
直销电话:0731—88804152　88885616
邮编:410006
岳麓书社网址:www.yueluhistory.com
岳麓书社天猫网:http://lzfts.tmall.com

2015 年 7 月第 1 版　　2024 年 9 月第 2 次印刷
开本:710×1000　1/16
印张:31.25
字数:540 千字
ISBN 978-7-5538-0383-8/H·59
定价:98.00 元

承印:唐山楠萍印务有限公司

如有印装质量问题,请与本社印务部联系
电话:0731—88884129